Diccionario Jurídico
de la
Seguridad Alimentaria en el Mundo

El Programa Lascaux (2009-2014) es dirigido por François Collart Dutilleul, Profesor de la Universidad de Nantes.

Los trabajos que dan origen a los presentes resultados se han visto beneficiados con un apoyo financiero del Consejo Europeo de Investigación, a título del 7° programa marco de la Comunidad Europea (7e PC/2007-2013), en virtud de la convención de subvención CER n° 230400.

Estos trabajos reflejan únicamente las opiniones de sus autores y la Unión no es responsable del uso que pueda hacerse de los datos que figuran en las publicaciones.

Diccionario Jurídico de la Seguridad Alimentaria en el Mundo

Dirección científica
François Collart Dutilleul

Coordinación de la obra
Jean-Philippe Bugnicourt

Edición y dirección de la traducción al español
Hugo Alfonso Muñoz Ureña

INIDA
INSTITUTO DE INVESTIGACIÓN EN DERECHO ALIMENTARIO

Esta es una traducción parcial de la obra cuyo título original es:

"*Dictionnaire juridique de la sécurité alimentaire dans le monde*"

Instituto de Investigación en Derecho Alimentario, 2014
INIDA
P.O. Box 161-2400 Desamparados,
San José, Costa Rica

contact@inida.eu

www.inida.eu

Diccionario Jurídico de la Seguridad Alimentaria en el Mundo

INIDA, Serie Diccionarios, Vol. I

1ª edición, 2014

ISBN: 978-2-918382-08-9

LISTA DE AUTORES

Francesco ADORNATO
Profesor, Universita degli studi di Macerata (Italia)

David ANNOUSSAMY
Ex Magistrado (India)

Florence AUBRY-CAILLAUD
Maître de conférences, Université de Bordeaux I (Francia)

Arnaud AUFFRAIS
Abogado, Doctor en Derecho (Francia)

Tarak BACCOUCHE
Maître-assistant, IMC for Sharia & Law (Dubái)

Lucas A. BARROSO
Profesor, Universidade Federal do Espirito Santo (Brasil)

Carine BERNAULT
Maître de conférences, Université de Nantes (Francia)

María Valeria BERROS
Post doctora, Universidad Nacional del Litoral (Argentina)

Françoise BIBIANE YODA
Coordinadora Red "Femmes en Action" (Burkina Faso)

Luc BODIGUEL
Chargé de recherches CNRS (Francia)

Vincent BONNECASE
Chargé de recherches CNRS (Francia)

Jean-Sébastien BORGHETTI
Profesor, Université Paris II Panthéon-Assas (Francia)

Pierre-Etienne BOUILLOT
Doctorando Lascaux, Université de Nantes (Francia)

Laurence BOY †
Profesora, Université de Nice Sophia Antipolis (Francia)

Thomas BRÉGER
Post-Doctor Lascaux, Université de Nantes (Francia)

Jean-Philippe BUGNICOURT
Ingénieur d'étude Lascaux, Université de Nantes (Francia)

Max BUGNICOURT
Maître de conférences, Université de Picardie (Francia)

Julia BUTAULT
Abogada, Doctora en Derecho (Francia)

Michael N. CARDWELL
Profesor, University of Leeds (Reino Unido)

Manuel CARIUS
Maître de conférences, Université de Poitiers (Francia)

Christophe CHARLIER
Maître de conférences, Université de Nice Sophia Antipolis (Francia)

Eduardo CHIZIANE
Doctorando, Université de Poitiers (Francia)

Jean-Pierre CLAVIER
Profesor, Université de Nantes (Francia)

Camille COLLART DUTILLEUL
Doctora en Derecho, Investigadora Lascaux, Université de Nantes (Francia)

François COLLART DUTILLEUL
Profesor, Université de Nantes (Francia)

Marie CORNU
Directora de Investigación CNRS (Francia)

Catherine DEL CONT
Maître de conférences, Université de Nantes (Francia)

Laurent DELCOURT
Investigador, Centre tricontinental (Bélgica)

Laure DESPRÉS
Profesora Emérita, Université de Nantes (Francia)

Isabelle DOUSSAN
Directora de Investigación INRA (Francia)

Jean-Pierre DOUSSIN
Expresidente de Max Havelaar France (Francia)

Sandrine DRAPIER
Maître de conférences, Université de La Réunion (Francia)

Michel FÉDÉRIGHI
Profesor, Oniris (Francia)

Edgar FERNÁNDEZ FERNÁNDEZ
Fellow, Collegium de Lyon (Francia/Costa Rica)

Marine FRIANT-PERROT
Maître de conférences, Université de Nantes (Francia)

Amandine GARDE
Profesora, University of Liverpool (Reino Unido)

Dominique GAURIER
Maître de conférences, Université de Nantes (Francia)

Pascal GLÉMAIN
Profesor, ESSCA (Francia)

Christophe GOLAY
Chargé de recherches, Académie de droit international humanitaire et de droits humains (Suiza)

Rafael GONZÁLEZ BALLAR
Profesor Catedrático, Universidad de Costa Rica (Costa Rica)

Irene HADIPRAYITNO
Investigadora en Postdoctorado, University of Wageningen (Países Bajos)

Otto HOSPES
Profesor, University of Wageningen (Países Bajos)

David HOUDEINGAR
Profesor, Université de Ndjamena (Chad)

Brice HUGOU
Doctorando Lascaux, Université de Nantes (Francia)

Jean-Louis LAMBERT
Profesor Emérito, Oniris (Francia)

Anne-Sophie LAMBLIN-GOURDIN
Maître de conférences, Université de Nantes (Francia)

Olivier LECLERC
Profesor, Université de Saint-Etienne (Francia)

Françoise LE FICHANT
Maître de conférences, Université de Nantes (Francia)

Pierre LEGAL
Maître de conférences, Université de Nantes (Francia)

Marlen León Guzmán
Profesora, Universidad de Costa Rica (Costa Rica)

Erping Li
Profesor, University of Kunming (China)

Blandine Mallet-Bricout
Profesora, Université de Lyon III (Francia)

Claire Malwé
Maître de conférences, Université de Rennes I (Francia)

Miguel Ángel Martín López
Profesor Asociado, Universidad de Sevilla (España)

Séverine Menetrey
Maître de conférences, Université du Luxembourg (Luxemburgo)

Cécile Moiroud
Maître de conférences, Université de Paris I Panthéon-Sorbonne (Francia)

Sonya Morales
Chargée de cours, Université Laval, Quebec (Canadá)

Rafael Munagorri
Profesor, Université de Nantes (Francia)

Hugo Alfonso Muñoz Ureña
Profesor, Universidad de Costa Rica (Costa Rica)

Souheir Nadde-Phlix
Research Fellow, Max Planck Institute (Alemania)

Maï-Anh Ngo
Chargée de recherches, CNRS (Francia)

Laura Otero
Profesora, Universidad de Costa Rica (Costa Rica)

Ghislain OTIS
Profesor Titular, Université d'Ottawa (Canadá)

Irina PARACHKEVOVA
Profesora, Université de Paris Saint-Denis (Francia)

Frédéric PARÉ
Coordinateur Coalition pour la souveraineté alimentaire, Quebec (Canadá)

Geneviève PARENT
Profesora Agregada, Université Laval, Quebec (Canadá)

Valérie PIRONON
Profesora, Université de Nantes (Francia)

François POLET
Investigador, Centre tricontinental (Bélgica)

Gwénaëlle PROUTIÈRE-MAULION
Maître de conférences, Université de Nantes (Francia)

Annabel QUIN
Maître de conférences, Université de Bretagne Sud (Francia)

Olivier RABAEY
Doctor en Derecho (Francia)

Jean-Baptiste RACINE
Profesor, Université de Nice Sophia Antipolis (Francia)

Jean RENARD
Profesor Emérito, Université de Nantes (Francia)

Fabrice RIEM
Maître de conférences, Université de Pau et des pays de l'Adour (Francia)

Denis ROCHARD
Maître de conférences, Université de Poitiers (Francia)

Claire SAAS
Maître de conférences, Université de Nantes (Francia)

Gonzalo SOZZO
Profesor, Universidad Nacional del Litoral (Argentina)

Pascale STEICHEN
Profesor, Université de Nice Sophia Antipolis (Francia)

Juanjuan SUN
Doctora en Derecho, Investigadora Lascaux, Université de Nantes (Francia)

Ivan TCHOTOURIAN
Maître de conférences, Université de Nantes (Francia)

Marina TELLER
Profesora, Université de Nice Sophia Antipolis (Francia)

Sophie THÉRIAULT
Profesora Agregada, Université d'Ottawa (Canadá)

Egizio VALCESCHINI
Director de Investigación, INRA (Francia)

Bart WERNAART
Profesor, University of Eindhoven (Países Bajos)

Sylvestre YAMTHIEU
Doctor en Derecho, Investigador Lascaux, Université de Ngaoundéré (Camerún)

TRADUCCIÓN

DR. Hugo Alfonso MUÑOZ UREÑA
Profesor Asociado, Universidad de Costa Rica (Costa Rica)

DR. Hugo Alfonso MUÑOZ QUESADA
Profesor Catedrático, Universidad de Costa Rica (Costa Rica)

DRA. Marlen LEÓN GUZMÁN
Profesora Asociada, Universidad de Costa Rica (Costa Rica)

Prefacio

Cuando se evoca la seguridad alimentaria en los países en desarrollo, se hace con frecuencia para referirse a una alimentación suficiente y equilibrada. Esta visión reduccionista, enfocada exclusivamente en términos cuantitativos y con acentos humanitarios, resulta en particular de la Declaración Universal sobre la Erradicación del Hambre y la Malnutrición, adoptada con motivo de la 1ª Conferencia Mundial sobre la Alimentación de la FAO, en 1974. Por el contrario, en los países desarrollados, la expresión alude principalmente a la calidad sanitaria de los alimentos. Por ejemplo, en el Derecho Europeo de la Alimentación, la seguridad alimentaria se considera únicamente como "la seguridad de los alimentos". Sin embargo, es necesario tener en cuenta que desde la celebración de la Cumbre Mundial sobre la Alimentación de la FAO en 1996, aparece un cierto consenso internacional en utilizar una definición más amplia de seguridad alimentaria, se dice así que: "existe seguridad alimentaria cuando todas las personas tienen, en todo momento, acceso físico y económico a suficientes alimentos inocuos y nutritivos para satisfacer sus necesidades alimenticias y sus preferencias en cuanto a los alimentos a fin de llevar una vida activa y sana".

La seguridad alimentaria supone la existencia de una oferta de alimentos en cantidad suficiente, diversificada y de calidad. Por ello, resulta importante no hacer distinciones. La problemática del acceso de las personas pobres a una alimentación suficiente se plantea también en los países desarrollados. Y el acceso de todos a una alimentación suficiente en los países en desarrollo debe abarcar, imperativamente, una alimentación de calidad sanitaria irreprochable. La seguridad alimentaria es una exigencia universal e indisociable: un mismo "todo" para "todos".

En la medida en que se alude al acceso de todos a los alimentos, la seguridad alimentaria persistió largo tiempo como un tema debatido principalmente entre las organizaciones no gubernamentales y los responsables políticos: las primeras presentes en el campo y dando alertas a la opinión pública sobre las hambrunas y las dificultades de las poblaciones que carecen de un acceso a los productos básicos; los segundos en busca de respuesta a las crisis alimentarias puntuales, aunque recurrentes o perennes, mediante el suministro de una ayuda alimentaria de emergencia. En la medida en que también atañe a la calidad sanitaria de los alimentos, la seguridad alimentaria fue mucho tiempo responsabilidad de los poderes públicos, que contaban con la confianza de los consumidores. Fue necesario el acaecimiento de graves crisis, tanto en los países en desarrollo (hambruna en Bangladesh en los años 70 y en Etiopía en los años 80), como en los países desarrollados (por ejemplo, la denominada crisis de las "vacas locas" en los años 80 y 90), para que el conjunto de nuestras sociedades tomara conciencia de la magnitud que puede tener la inseguridad alimentaria, de su gravedad y de sus consecuencias.

Si bien con el paso del tiempo y de las crisis, la seguridad alimentaria se convirtió poco a poco en un tema de estudio para las Ciencias Económicas, Biológicas y Agronómicas, el Derecho, por su parte, permaneció ampliamente rezagado; los juristas no abordaban el tema desde su disciplina. Pero, no menos que la Economía, la Biología o la Agronomía, que deben ser tomadas en cuenta sin llegar a someterse a ellas, el Derecho tiene su propia opinión sobre el tema. En efecto, éste cultiva la extraña paradoja de ser a la vez una de las causas de la inseguridad alimentaria en el mundo y una de las palancas sobre la que debe hacerse presión. Y el propósito de la presente obra es, ante todo, poner en evidencia la parte de responsabilidad del Derecho en el fracaso de las políticas destinadas a garantizar el acceso de todos a una alimentación sana y adecuada, así como los intentos exitosos que permiten o han permitido garantizar efectivamente la satisfacción de esta necesidad vital.

Proporcionar un punto de vista jurídico sobre la problemática de la seguridad alimentaria mundial es una nueva y ambiciosa tarea, conducida en el marco del Proyecto Lascaux, programa de investigación en Derecho que cuenta con el apoyo financiero de la Unión Europea y que es acogido por la Universidad de Nantes, Francia[1]. La reunión de trabajo que constituyó el punto de partida se celebró en Nantes, Francia, en las instalaciones de la Facultad de Derecho y Ciencias Políticas en los comienzos de Lascaux, en marzo de 2009. En ese marco se elaboró una lista de "palabras clave" con ayuda de los investigadores presentes y la amable y valiosa contribución de Laurence Boy, Profesora de Derecho en la Universidad de Niza (Francia), quien falleció recientemente y a quien el Diccionario Lascaux debe mucho. Esta lista fue distribuida a centros de investigación y a socios estrechamente vinculados al programa, en Francia, en Europa y en todo el mundo. Los encuentros e intercambios que se han sucedido a lo largo del año 2010 permitieron modificar, enriquecer y afinar lo que en el momento parecía solamente una hoja de ruta. Finalmente, a un centenar de autores, en su mayoría juristas de especialidades y culturas diferentes, pero también economistas, sociólogos, historiadores, etc., se les solicitó su participación en la redacción de las definiciones de las "palabras clave" determinadas, en función de las pautas de la dirección científica y editorial de la obra.

---

[1] El Programa Lascaux es un programa europeo que forma parte del 7° PCRD – Programa específico "IDEAS" – Consejo Europeo de Investigación – *Grant agreement for Advanced Investigator Grant* (Ciencias Sociales, 2008; Convenio de subvención CER n° 230400). Trata sobre el Derecho Europeo de la Alimentación tal como este surge del Reglamento n° 178/2002 de 28 de enero de 2002 y es examinado a partir de las problemáticas de la seguridad sanitaria y alimentaria, del comercio internacional de productos agrícolas y del desarrollo sostenible del sector agroalimentario.

Este modo de operar, que se calificaría de "participativo", se impuso por la naturaleza misma de las cosas, tomando en cuenta tres requisitos que han intervenido para fijar el contenido, el contexto y el horizonte del Diccionario.

En primer lugar, la seguridad alimentaria constituye el corazón de la obra. Para acercarse a ella con ayuda del Derecho, se necesita recorrer todo el espacio que va desde la tierra hasta el alimento y desde los valores que esta seguridad traduce hasta las reglas destinadas a regularla. De esta manera, la seguridad alimentaria se construye desde la finca a la mesa o desde el derecho de la tierra y de la agricultura hasta el derecho del consumo. En el Programa Lascaux, este espacio jurídico de la seguridad alimentaria es dividido en cuatro temáticas:

- El acceso de los campesinos a la tierra y a los recursos naturales, lo que abarca en esencia los temas relativos a la soberanía de los Estados y a las inversiones internacionales (fenómeno de acaparamiento de tierras, agricultura de proximidad y sostenible, agrocombustibles...);

- El acceso de los productores a los medios de producción agrícola, lo que plantea interrogantes relativas a la protección de la biodiversidad y a la apropiación industrial de semillas (patentabilidad de lo vivo y de las semillas, obtenciones vegetales, insumos agrícolas, organismos genéticamente modificados, innovación y conocimientos tradicionales, semillas campesinas...);

- El acceso de los operadores a los mercados y a los medios de comercialización, lo que reenvía a las nociones de globalización y de soberanía alimentaria, nacida esta última de la Sociedad Civil (Organización Mundial del Comercio, gobernanza mundial, subsidios y aranceles, proteccionismo/liberalismo, competencia internacional...);

- El acceso de los consumidores a alimentos de calidad, lo que implica la protección de la salud, así como la promoción de signos de calidad (derecho de la alimentación, agroecología, circuitos cortos, signos de calidad, seguridad sanitaria, información al consumidor...).

De tal forma, todos los actores se movilizan al servicio de la seguridad alimentaria: Estados y autoridades públicas, campesinos y productores, industriales y comerciantes, consumidores y personas sin acceso a una alimentación suficiente. Además, debe tenerse en cuenta que por encima de todos estos actores, al estilo de principios primarios e irreductibles, se encuentran los Derechos Humanos civiles, políticos, económicos, sociales y culturales. Estos Derechos Humanos – o Derechos Fundamentales - aportan los valores que el Derecho se encarga de poner en palabras y en reglas.

Para lograr alcanzar una especie de "derecho de la seguridad alimentaria mundial", guiado por los Derechos Fundamentales, ha sido necesario reunir los conocimientos de especialistas en todas las ramas del Derecho (Derecho del Comercio Internacional, Derecho de la Alimentación, Derecho Agrario, Derecho de la Competencia, Derecho Comercial, Derecho de la Propiedad

Intelectual, Derecho de los Mercados Financieros, Derecho de las Obligaciones, Derecho Ambiental, Derecho de los Bienes, Derecho de los Recursos Naturales, Derecho del Consumo, Derecho Penal...) manteniendo el concepto de seguridad alimentaria como horizonte común.

En segundo lugar, la problemática jurídica de la seguridad alimentaria ha sido colocada en su contexto económico, social y político, tanto local como global. En la medida en que él refleja los valores que una sociedad se otorga a sí misma, el Derecho es permeable a las fuerzas y a las leyes, principalmente económicas, que moldean al mundo y gobiernan las relaciones internacionales contemporáneas. Poner en relieve las carencias del Derecho y los medios jurídicos de acción para garantizar eficazmente la seguridad alimentaria mundial supone, en consecuencia, entender de antemano las implicaciones de la mercantilización de la tierra y de los recursos naturales, así como, en general, las consecuencias de la globalización y de la mecánica del mercado. Por tal razón, determinadas definiciones de esta obra pertenecen a otras Ciencias Sociales distintas del Derecho, las cuales complementan de modo indispensable el Diccionario Jurídico de la Seguridad Alimentaria. Un enfoque jurídico de la seguridad alimentaria atraviesa obligatoriamente las problemáticas de las necesidades fundamentales de las personas, del desarrollo sostenible, del cambio climático, de la sobreexplotación de los recursos, de las energías, de la pérdida de calidad de los suelos, del deterioro de la situación social de muchos campesinos en el mundo, de las guerras, de los avances de las biotecnologías, de los conflictos de uso del suelo, del aumento de la urbanización, etc.

En tercer lugar, para la realización de este tipo de trabajo es importante no dejar de lado ni al tiempo ni al espacio. Cada pueblo del mundo, cada forma de agricultura en el mundo es el producto original de una historia y de una geografía. La historia está llena de experiencias, de tentativas exitosas o vanas, a menudo olvidadas, que vale la pena recordar para aprender lecciones. En cuanto a la geografía, es posible apreciar la variedad de problemas y de soluciones, y medir y respetar la diversidad de las culturas del mundo. También, cabe reconocérsele a los historiadores del Derecho y a los investigadores de todos los continentes su contribución, al poner en perspectiva las cuestiones jurídicas planteadas objeto de la seguridad alimentaria. En el fondo, tal vez es allí donde se encuentra el eje del cuestionamiento para un enfoque jurídico de la seguridad alimentaria: encontrar el Derecho, las reglas, las relaciones sociales que hacen compatibles entre ellas a las diferentes historias y geografías, sin afectar aquello que convierte en única a cada una de ellas. Esta es la razón por la que la seguridad alimentaria sólo puede alcanzarse mediante una sabia combinación de la diversidad de los derechos nacionales o continentales y la uniformidad del Derecho Internacional.

Estos tres requisitos han sido la brújula para elaborar el *Diccionario Jurídico de la Seguridad Alimentaria en el Mundo*, cuyo objetivo principal consiste en posicionar nuevamente al Derecho en el lugar que ocupa o que ha abandonado; en mostrar cómo él alienta, promueve, acompaña o permite hacer; cómo él reacciona o puede reaccionar, enmarcar, prohibir o sancionar; con el propósito de demostrar finalmente su papel en las causas de la inseguridad alimentaria, así como en los remedios que deben ser aplicados o que serán diseñados. Con este propósito, los textos reunidos han sido seleccionados y redactados. Cada noción ha sido definida en términos jurídicos cuando tal definición existe, pero en la mayoría de los casos también se tratan las cuestiones generales o específicas que tales nociones plantean en relación con la seguridad alimentaria, la cual constituye el hilo conductor de la obra. El objetivo consiste no únicamente en poner a disposición del lector –ya sea este jurista o no jurista, especialista o no especialista, decisor o solamente ciudadano- un conocimiento jurídico preciso, útil y pertinente; sino también darle las claves de comprensión para que pueda formular en términos jurídicos las preguntas que él mismo se plantea, y abrir pistas de solución sin llegar a imponérselas, con el fin de estimular su propia reflexión.

Una preocupación constante de pedagogía y claridad condujo a los autores que han contribuido a producir, a instancia de la dirección de la obra, textos en un formato al que están poco habituados, relativamente lejano de aquel de los artículos y de los trabajos científicos ordinarios de cada una de las disciplinas a las que pertenecen; un ejercicio libre y original que se ha ejecutado sin detrimento del rigor y de la precisión de las definiciones. Además, un doble sistema de navegación se diseño para ayudar al lector a que circule dentro de la obra. En primer lugar, se incluyó un índice al final del Diccionario, compuesto por el conjunto de las nociones y expresiones definidas en la obra, a las cuales se agrega una lista de "palabras clave" que no son objeto de definición, pero que reenvían a otros términos del Diccionario. Estas "palabras clave" permiten utilizar la obra y recorrerla sin necesidad de tomar una de sus numerosas puertas de entrada oficiales, sino accediendo directamente a su contenido. En segundo lugar, al final de cada texto redactado, se encuentran palabras que vinculan la definición a otras definiciones del Diccionario. Estas sirven para continuar con la reflexión, estableciendo o sugiriendo vínculos entre problemáticas, períodos o territorios que pueden escapar al espíritu del lector. Así, sobre la temática común de la libertad de circulación de los productos agrícolas, es posible pasar del "GATT" de 1994, garante del libre comercio y de la abolición de los aranceles aduaneros, a las "*Corn Laws*" o a la "Carta de La Habana", de inspiración mucho menos liberal, haciendo un rodeo por la "Soberanía alimentaria" apoyada por ciertos países en desarrollo. En el fondo, cualquiera que sea el sentido hacia donde el lector camine, el Diccionario lo invita a este viaje intelectual.

François Collart Dutilleul y
Jean-Philippe Bugnicourt

A

Abastecimiento

Véase: - Organización común de mercados agrícolas.

Abuso de dependencia económica

Véase: - Derecho de la Competencia.

Abuso de posición dominante (Abuso de dominación)

El abuso de posición dominante (*abuse of domination*) ha sido empleado, en particular, en el Derecho de la Competencia. El proceso de la competencia conduce inexorablemente a la concentración y a la aparición de empresas de excesivo tamaño (Por ejemplo, Standard Oil controla el 90% del mercado de la refinación de petróleo), capaces de imponer sus condiciones frecuentemente abusivas a sus competidores, relacionadas en particular con el precio, bajo la amenaza de su eliminación de los mercados.

Los Derechos Americano (*Sherman Act*), Europeo y nacionales se preocuparon desde un inicio por canalizar estos riesgos, los cuales no surgen de la posición dominante como tal, sino de un abuso de esta última (véase el artículo 102 del Tratado de Funcionamiento de la Unión Europea y, en Francia, el artículo L. 420-2, párr. 1 del Código de Comercio).

El abuso de posición dominante fue adoptado en un principio en prácticamente todos los sistemas jurídicos, bajo la óptica de lo que se denomina el abuso absoluto de la posición dominante, que relaciona a los agentes económicos que intervienen en el mismo mercado horizontal relevante (mercado de fabricantes de aeronaves civiles, mercado funerario). En una etapa reciente se ha planteado la cuestión de los abusos relativos de posición dominante, en las relaciones verticales (abuso de dependencia económica).

El concepto de abuso de posición dominante llegó finalmente a la órbita del Derecho de los contratos que, basado en un principio de autonomía de la voluntad y en la igualdad de las partes era, por definición, ajeno a la noción misma de abuso - contractual. Así, se han dado ciertas evoluciones.

Si queremos sintetizar las principales líneas de pensamiento contemporáneo en boga sobre la materia, se puede afirmar que el abuso de posición dominante se recogió tímidamente y de maneras diferentes, a través de la noción de cláusula abusiva en el Derecho de los Consumidores. Es sistemática y dogmáticamente excluido de las relaciones contractuales entre los profesionales, en nombre del mítico principio de la igualdad y de la aptitud que ellos tienen (ver las relaciones entre los productores y distribuidores). Los desequilibrios contractuales, incluso los más graves, son justificados de esta forma, bajo reserva de un muy tímido avance en Europa del reconocimiento del abuso de dependencia económica o de la noción de desequilibrio significativo.

Bibliografía sugerida: ◆ CHONÉ, A.-S. (2011), *Les abus de domination – Essai en droit des contrats et en droit de la concurrence*, París, Ed. Économica.

LAURENCE BOY †

Véase también: - Derecho de la Competencia.

Acaparamiento de tierras

El aumento en los precios de los grano básicos, perceptible desde inicios del milenio y vertiginoso a partir de la última mitad de 2007, así como el atractivo que desde hace algunos años tienen los agro-combustibles debido al aumento en los precios del petróleo, llevó a una revaluación espectacular de los activos inmobiliarios, que pone de manifiesto, a su vez, un renovado interés y sin precedentes por la producción agrícola.

En un contexto internacional marcado por la presión creciente sobre la tierra –por una parte, demográfica (crecimiento de la población en el Sur, la diversificación de la demanda alimentaria en los países emergentes, la urbanización, etc.); por otra parte, ambiental (reducción de los rendimientos de los cultivos debido al cambio climático, el agotamiento del suelo y de otros recursos productivos, etc.)- y por la gran incertidumbre que pesa sobre los mercados financieros desde la crisis de *subprimes*, se observa en efecto el desarrollo y el fortalecimiento de una doble tendencia, paralela y solidaria a la vez: Por un lado, el aumento exponencial de la inversión extranjera directa en los medios de producción agrícola y en las cadenas alimentarias, que se han multiplicado por cincuenta desde el inicio del Siglo XXI. En segundo lugar y más destacable, la orientación de una parte creciente de estas inversiones hacia la toma de control directo, aunque por medios diferentes (concesiones, adquisiciones, arrendamientos, etc.) de vastas extensiones de tierra en lugares donde están "disponibles", a buen precio y que están siendo utilizados, con el fin de producir directamente alimentos exportables y agro-combustibles (caña de azúcar, aceite de palma, etc.), en lugar de los tradicionales *commodities*, herencia de los grandes monocultivos coloniales. Lo anterior -que probablemente no ha sido lo suficientemente subrayado- cuando no se trata más bien de beneficiarse de los "servicios ambientales" en el contexto de un mercado de carbono, de explotar de una forma más clásica los recursos del subsuelo (agua, minerales, etc.) o de perseguir ganancias puramente especulativas sin un ánimo real de producción, aprovechando las perspectivas "a la alta" en el mercado inmobiliario.

Según el *International Food Policy Research Institute*, cerca de 20 millones de hectáreas cambiaron de propietario entre los años 2005 y 2009, en el marco de estas adquisiciones masivas. En un informe publicado en septiembre de 2010, el Banco Mundial, por su parte, registró entre octubre de 2008 y junio de 2009, 463 proyectos de adquisición a gran escala, efectivos o en proceso de negociación, que abarcan cerca de 46,6 millones de hectáreas. Más recientemente, un grupo de expertos adscrito al Comité de Seguridad Alimentaria Mundial estimó entre 50 y 80 millones el número de hectáreas que se encuentra en proceso de ser concedidas a operadores económicos extraterritoriales. Téngase en cuenta que estas cifras no incluyen ni a los contratos de menos de 1000 hectáreas, ni a la toma de participación de capital extranjero en empresas agrícolas nacionales, ni tampoco reflejan las transacciones entre los actores nacionales.

Por inciertas y aproximadas que sean, entre otras razones por la opacidad que rodea a los contratos y por la falta de información proporcionada por los país anfitriones de la inversión, estas cifras confirman la aceleración del fenómeno del "acaparamiento de tierras", que constituye hoy, sin duda alguna, el mejor indicador de la importancia estratégica y económica que tiene la tierra y la producción agrícola a partir del doble choque provocado por la crisis alimentaria y financiera.

Tema estratégico para una serie de Estados (China, India, países del Golfo, Egipto, etc.), "financieramente ricos", pero importadores netos de alimentos o que se están viendo confrontados al estrechamiento de sus áreas agrícolas. Motivados por el deseo de reducir la dependencia de las importaciones y asegurar su suministro de alimentos y energía, en un clima de alta volatilidad de los precios de los productos básicos, estos países están ahora tratando de externalizar su producción al negociar, ya sea directamente o a través de intermediarios nacionales (fondos soberanos, corporaciones semipúblicas, empresas privadas, bancos de desarrollo, agencias relacionados con los ministerios, etc.), la cesión de tierras en el extranjero, especialmente con los estados "financieramente pobres" y dotados de vastas superficies cultivables.

Sin embargo, la participación, ampliamente mediatizada, de estos Estados en el movimiento de adquisición masiva de tierras no debe ocultar el hecho de que en su mayoría son operadores privados, en pos de objetivos puramente económicos y financieros, quienes constituyen la mayor parte de los inversionistas. Por supuesto, se observan los actores tradicionales del sector agroalimentario (multinacionales, empresas agrícolas, negociantes, etc.), pero también nuevos actores (empresas que buscan nuevas estrategias de crecimiento, compañías financieras, bancos comerciales y de negocios, fondos de inversión, de pensiones y fondos especulativos, fundaciones privadas, etc.). Después de haber abandonado el "mercado de derivados", deprimido desde la crisis financiera, o ansiosos de diversificar su cartera, estos “recién llegados” son cada vez más propensos a mostrar un interés por la tierra, atraídos por las interesantes perspectivas para el retorno de la inversión (del orden de 10 a 20%) que ofrece actualmente la producción de alimentos o de agrocombustibles. También se sienten alentados por los gobiernos de los países de acogida, que se han embarcado en una verdadera estrategia de seducción, en especial, flexibilizando su legislación tributaria e inmobiliaria para volver la tierra atractiva.

Entre las regiones a donde se dirigen estos inversionistas, África ocupa indiscutiblemente el primer lugar. Con grandes extensiones de tierras arables a precios bajos, África concentraría cerca de la mitad de los proyectos de adquisición masiva de tierras, seguida por América Latina (Brasil, Argentina, Perú, etc.), Asia (Filipinas, Pakistán, etc.), Europa Central y Europa del Este. Siendo un continente que con regularidad sufre graves problemas alimentarios y que obtiene sus recursos principalmente de la agricultura, África se encuentra en el medio de las preocupaciones que surgen del acaparamiento de tierra.

Bajo el escrutinio público desde la revelación hecha por el *Financial Times* en medio de la crisis alimentaria, del contrato firmado entre el Gobierno de Madagascar y la compañía surcoreana *Daewoo Logistics*, en el cual se estableció la cesión a esta última de casi 1,3 millardos de hectáreas de tierras demaniales, esta nueva "fiebre por la tierra" ha despertado rápidamente el debate y la controversia en el seno de la Comunidad Internacional. A medida que los estudios y las encuestas realizadas en el campo confirman los graves problemas que plantea esta inversión masiva (desconociendo derechos consuetudinarios, irregularidades y falta de transparencia de los contratos, falta de consulta a las poblaciones afectadas, desalojos forzosos sin compensación, privación de acceso a ciertos recursos esenciales, cesión de las mejores tierras para la producción de bienes exportables o de agro-combustibles en países donde la seguridad alimentaria es inestable, etc.) la necesidad de encontrar una solución se hace cada vez más apremiante.

Después de alentar estas inversiones, alegando que eran una respuesta al déficit en la producción de algunos países y a la debilidad de sus sectores agrícolas desfinanciados, el Banco Mundial promueve ahora un código de "buena conducta" destinado a ser suscrito voluntariamente por Estados e inversionistas, para atenuar los riesgos asociados con sus operaciones. Desarrollado en colaboración con otras organizaciones internacionales (FAO, FIDA, UNCTAD, IFPRI), este código voluntario o "RAI" (*Responsible Agricultural Investment that Respects Rights, Livehoods and Ressources*) contiene siete principios que se supone responsabilizan el accionar de las partes en las negociaciones sobre la tierra y aseguran la distribución equitativa de los beneficios asociados con la inversión desde una óptica de “ganar-ganar”.

Este enfoque minimalista, basado en la responsabilidad social y ambiental de las empresas, no cuenta con un apoyo unánime. En efecto, numerosos actores de la sociedad civil (ONGs, centros de investigación independientes, etc.), sindicatos y movimientos campesinos critican el carácter voluntario del instrumento, es decir, la ausencia de obligaciones, y señalan las evidentes limitaciones del enfoque. Destaca, en particular, la brecha entre estos principios cargados de buenas intenciones y las realidades propias de los contextos locales. Los países en donde se supone que se aplicará el instrumento no son modelos en términos de democracia, de lucha contra la corrupción o de respeto de los derechos de sus poblaciones.

Algunas organizaciones, como la organización campesina internacional *Vía Campesina*, van incluso más allá, argumentando que el código no sólo legitima el proceso de acaparamiento, sino que también justifica un modelo de desarrollo agrícola que ha mostrado todas sus limitaciones en los planos social y ambiental. Mientras que aboga por la prohibición de los "acaparamientos" por cuanto van en contra de la "soberanía alimentaria", estos actores abogan más bien por el fortalecimiento del campesinado local, a través de la implementación de políticas públicas autónomas, diferenciadas según el contexto, adaptadas a las necesidades de las poblaciones locales y concertadas con ellas.

Finalmente, actores internacionales respaldan el enfoque desarrollado por el Relator Especial de Naciones Unidas para el Derecho a la Alimentación, Olivier de Schutter, quien no rechaza explícitamente las inversiones masivas en la tierra, pero, lejos de adherirse al enfoque "voluntarista" del Banco Mundial, señala que "El Estado receptor está obligado a asegurar la protección de los derechos humanos en el territorio sometido a su jurisdicción, y el inversionista tiene la responsabilidad de respetar tales derechos y de no crear obstáculos que impidan al Estado cumplir las obligaciones que le impone el Derecho Internacional." Dentro de esta perspectiva, el acceso y el uso de la tierra y de los otros recursos productivos constituyen elementos indispensables para el respeto de los Derechos Humanos, toda inversión inmobiliaria debería estar condicionada a la aplicación o al fortalecimiento de los marcos jurídicos que concretan de manera efectiva los compromisos internacionales adquiridos en favor de estos derechos -en particular el derecho a la alimentación reconocido entre otros por el Pacto Internacional de Derechos Económicos, Sociales y Culturales- y obligan a los actores involucrados en las transacciones de tierras a su cumplimiento.

Para concluir, lo que muestra el debate sobre el acaparamiento es una línea de división más antigua y fundamental, que opone a los partidarios del *laissez-faire* y a los defensores de las nuevas regulaciones basadas en el reconocimiento de los derechos de las poblaciones y de las soberanías nacionales.

Bibliografía sugerida: • BORRAS, S. M. y FRANCO, J. (2010), Codes de bonne conduite : une réponse à l'accaparement des terres ?, *in Alternatives Sud*, volume XVII-3, p. 57; • COMMITTEE ON WORLD FOOD SECURITY (2011), *Land tenure and international investments in agriculture – A report by the High Level Panel of Experts on Food Security and Nutrition*, High Level Panel of Experts Report, n° 2 (Consultable en línea); • DE SCHUTTER, O. (2010), *Adquisiciones y arrendamientos de tierra a gran escala: una serie de principios y medidas mínimos para abordar el reto de los derechos humanos*, Informe del Relator Especial de Naciones Unidas para el Derecho a la Alimentación, presentado ante el Consejo de Derechos Humanos [A/HRC/13/33/Add.2], (Consultable en línea)

LAURENT DELCOURT

Véase también: – Agrocombustibles - Banco Mundial – Importación neta de alimentos - Seguridad alimentaria - Soberanía Alimentaria.

Acceso a la tierra

Véase: - Menoscabos a la propiedad – Patrimonio común de la Humanidad.

Acceso a los recursos

Véase: – Patrimonio común de la Humanidad.

Acceso al alimento

Véase: - Organización Internacional del Trabajo - Revueltas del hambre – Seguridad alimentaria.

Acción colectiva

Véase: - Acción de grupo.

Acción de grupo

La acción de grupo le permite a uno o más actores ejercer, en nombre de una categoría de personas (clase), una demanda judicial. Este reconocimiento en los procedimientos civiles de la representación jurisdiccional de los conflictos "masivos", existe desde el siglo XIX en los Estados Unidos bajo el nombre de "*class action*". Diversas formas de acciones de grupo aparecieron más tarde, bajo diferentes denominaciones: "recurso colectivo" en Quebec, "derecho de acción popular" en Portugal, acción de grupo en Suecia, en Inglaterra y en el País de Gales.

El objetivo principal de la acción de grupo es la reparación de los perjuicios "masivos": reconocer la justiciabilidad de las situaciones colectivas permite a uno o más demandantes la interposición de una acción jurisdiccional en beneficio de un grupo de personas que, siendo demasiado numeroso para constituirse como partes en una sola instancia, presentan sin embargo cuestiones análogas tanto de derecho, como de hecho, que pueden ser resueltas de manera uniforme por el juez en un único proceso. Dependiendo del sistema jurídico, la acción de grupo se limita al Derecho del Consumo o se extiende a un ámbito más amplio, incluyéndose por ejemplo los derechos cívicos, el Derecho del ambiente o el Derecho de la salud. Según si se opta por el sistema del "*opt in*" o del "*opt out*", las personas afectadas por la acción (consumidores de un producto alimenticio, usuarios de un medio de transporte, residentes de un área afectada por una molestia ambiental...) deben dar su consentimiento expreso para unirse a la acción o, por el contrario, para ser excluidos del grupo. También, algunos países establecen un número mínimo de demandantes como condición para la admisibilidad de la acción (Alemania). El representante del grupo puede ser un abogado (Estados Unidos), uno o más consumidores ("*test claimant*" en Inglaterra y en el País de Gales), una asociación de consumidores (Suecia) o una autoridad pública (el Ombudsman en Suecia). En todos los sistemas que admiten la acción de grupo, el juez tiene amplias facultades: él decide sobre la admisibilidad de la acción que está determinada por la ley (adecuación de la representación del grupo, similitud o conexidad de las cuestiones jurídicas...), autoriza o certifica la acción para evitar las acciones infundadas y garantiza la publicidad del anuncio de apertura de un procedimiento de acción de grupo, para permitirle a los interesados conocer de su existencia. A falta de acuerdo amistoso (muy común en los Estados Unidos), el juez se pronuncia sobre la existencia de responsabilidad y, en su caso, sobre el monto de las reparaciones colectivas y/o individuales (daños y perjuicios) que se concede a los representantes de la clase y a las víctimas. En los sistemas de recuperación colectiva (Estados Unidos, Quebec), si un remanente subsiste tras la liquidación individual de los daños y perjuicios, puede devolvérsele al acusado o ser utilizado en la reparación colectiva o en obras de interés público. En los Estados Unidos, corresponde a un jurado popular determinar la cuantía de las indemnizaciones, las que pueden tener una naturaleza punitiva (*punitive damages*). La fijación de altos montos por daños y perjuicios punitivos ha provocado críticas contra la *class action* estadounidense. Algunos abusos relacionados con importantes montos que perciben por concepto de honorarios profesionales los abogados (*contingent fees*) han sido también criticados, haciéndose hincapié en el riesgo del surgimiento de "abogados cazadores de recompensas".

Como sucede con otros bienes, el consumo de alimentos puede encontrarse en el origen de acciones de grupo. Al tratarse de bienes de amplia distribución y cuyo precio no es muy elevado, pueden afectarse de manera general los intereses económicos de una multitud de consumidores, sin que las consecuencias dañinas sean verdaderamente apreciables a la escala individual. Los alimentos pueden ser el vector de los llamados delitos de "gran escala", que generan enormes beneficios para las empresas, mientras que los efectos de estas acciones se diluyen entre la colectividad de los consumidores. En los Estados Unidos, los consumidores han denunciado la falsedad de ciertas menciones nutricionales y de salud. Dos *class actions* han sido iniciadas contra una compañía agroalimentaria italiana que comercializa una pasta de untar alegando que su producto era "bueno para la salud" y era un elemento de un "desayuno equilibrado". Estas menciones fueron consideradas como propicias a inducir en error al consumidor, debido a la alta cantidad de grasas y azúcares que tenía el producto y, tras un acuerdo alcanzado con la empresa en el 2012, los consumidores estadounidenses obtuvieron individualmente 20 dólares en compensación (monto que equivale a un máximo de cinco envases, en razón de 4 dólares cada uno), ello, en el contexto de un monto global negociado de 3 millones de dólares. Diversas *class actions* han sido instauradas también para exponer el uso abusivo del término "natural" en la publicidad de alimentos, en ausencia de una definición de la noción de "naturalidad" por parte de la *Food and Drug Administration* (autoridad pública encargada, entre otras cosas, del control de los alimentos). Muchas han sido rechazadas o han sido objeto de un acuerdo amigable. Sin embargo, en el caso de *Annie Lam v. General Mills* (2011), el actor logró demostrar el carácter engañoso de la mención "elaborado con fruta fresca" que figuraba en el envase de unos jugos de frutas que solo contenían ingredientes artificiales. Otras *class actions* han sido presentadas en los Estados Unidos entre 2011 y 2012 contra el fabricante de papas tostadas que contienen ingredientes derivados de organismos genéticamente modificados y que eran presentadas como elaboradas a partir de ingredientes naturales. Por último, algunas afectaciones graves a la salud de los consumidores pueden ser, obviamente, objeto de una acción de grupo (por ejemplo, el litigio surgido en Canadá, en 2008, después de una epidemia de listeria que causó veintitrés muertes). Si bien las acciones que reagrupan las víctimas de intoxicaciones alimentarias pueden ser exitosas, aquellas que han pretendido establecer un vínculo entre las técnicas de marketing utilizadas por las empresas de comida rápida (*fast food*) y la obesidad infantil, no han tenido éxito por el momento (véase *Pelman v. McDonald's Corp.*, 2003). En ese sentido, la inclusión de juguetes en los menús de los niños no fue considerada una práctica comercial desleal (véase *Parham v. McDonald's Corp.*, 2012).

La Unión Europea (UE) se orienta hacia la creación de una acción de grupo europea. Es lo que augura la publicación del Libro Verde de 27 de noviembre de 2008, sobre el recurso colectivo de los consumidores. Los contornos de esta acción aún no han sido definidos, pero podría permitir al menos hacer efectivo el derecho de cada consumidor a obtener una reparación de los perjuicios sufridos como consecuencia de una práctica contraria a la competencia (véase la sentencia del Tribunal de Justicia de la UE, de 13 de julio de 2006, *Manfredi*), tal como lo recomienda el Libro Blanco de 2 de abril de 2008, sobre las acciones de daños y perjuicios por incumplimiento de las normas comunitarias de defensa de la competencia. La posibilidad de reparar daños corporales por medio de una acción de grupo ha sido excluida, los medios procesales para compensar colectivamente a los consumidores víctimas de alimentos peligrosos siguen siendo competencia de los Estados miembros.

Bibliografía sugerida: • ANTAKI, N. y DARANKOUM, E. (dir.) (2007), *La justice en marche : du recours collectif à l'arbitrage collectif*, Journées Maximilien-Caron, Montréal, éd. Thémis; • NUYTS, A. (2013), *Cross-Border Class Actions,* Sellier European Law Publisher; • WRBKA, S., VAN UYTSEL, S. y SIEMS M. (2012), *Collective Actions - Enhancing Access to Justice and Reconciling Multilayer Interests?*, Cambridge University Press.

MARINE FRIANT-PERROT

Véase también: – Responsabilidad internacional.

ACP

Véase: - Acuerdo de Asociación Económica.

Acreditación

Véase: - Certificación.

ACTA

Véase: - Falsificación.

Actividades agroalimentarias

En todos los países industrializados, cerca del 70% al 80% de los alimentos que se venden a los consumidores son productos que han sufrido una transformación o envasado fuera de la esfera doméstica. Estos productos son fabricados por las actividades agroalimentarias que conforman un sector económico, las industrias agroalimentarias, que se define por lo general según las clasificaciones estadísticas como el conjunto de actividades que transforman las materias primas suministradas por la ganadería y la pesca en productos para la alimentación humana o animal. Se incluyen las industrias de la carne, láctea, de bebidas, la transformación de los cereales, la fabricación de los piensos y la industria del tabaco. También, se encuentra un conjunto de actividades diversas, que van desde las confiterías hasta los alimentos para bebés. Por el contrario, se excluye a la agricultura y a la distribución y, también, las biotecnologías industriales ("biotecnologías blancas") o la producción de energía (los biocombustibles) o de biomateriales derivados de la biomasa agrícola.

En todos los países industrializados y también en algunos grandes países emergentes, estas actividades ocupan un lugar económico muy importante. En todo el mundo se desarrollan gradualmente a medida que crece la urbanización de la población, el distanciamiento de los consumidores de los centros de producción, la difusión de técnicas industriales y la trasmisión de métodos científicos de producción. Históricamente han sido un vínculo entre la producción agrícola y los mercados de alimentos; se han vuelto hoy la interface entre la alimentación y la salud, se enfrentan a problemas de sostenibilidad y, en particular, a temas considerables de seguridad (*safety*) y de nutrición.

Estas actividades son muy diversas; lo que se explica, en particular, por el origen de la materia prima (animal o vegetal), por el grado de transformación, por la tecnología de procesamiento utilizada, por el tipo de mercado (otras industrias o el consumidor final). Algunos sectores de actividad permanecen cerca de la primera transformación de materias primas (producción de leche o queso), mientras que otros se alejan significativamente (confitería). Por otra parte, no tienen nada en común las industrias con grandes equipos y con importantes consumos de energía, como los ingenios, y las actividades cercanas al comercio, como la panadería artesanal. Sin embargo, unas y otras forman parte de las actividades agroalimentarias.

Las materias primas agrícolas son inestables (perecederas...), tienen características variables y a veces calidad nutricional incierta. Transformadas, se convierten en productos alimentarios más estables, más seguros y que presentan un valor nutricional mejor identificado. Los procesos de transformación pueden implementar nuevas tecnologías (congelación, ionización, ultrafiltración de la leche, extrusión, por ejemplo), pero algunos métodos han existido antes de la agricultura: uso del fuego para cocinar, ahumado, secado o salado. Históricamente la transformación tiene dos objetivos principales. El primero consiste en volver consumibles productos que antes no lo eran, o que lo son más fácilmente o con más sabor en forma transformada. El segundo y más fundamental, es contribuir a la conservación, en el tiempo y mientras se transportan los productos perecederos: poner los arenques en barriles, por ejemplo, ha permitido prolongar el plazo de su conservación de un mes a un año; la producción de queso ha sido una formidable manera de mantener la leche; durante el siglo XIX, las innovaciones tecnológicas tales como la apertización y el nacimiento de la química de los alimentos han permitido la expansión de las técnicas de procesamiento que son la base de la industrialización de los alimentos. El desarrollo de cadenas de frío redujo, en particular, los problemas microbiológicos, favoreciendo también el comercio a larga distancia de productos alimenticios.

A finales del siglo XX, la composición de los alimentos procesados se ha diversificado cada vez más y el proceso de transformación se ha vuelto más y más complejo. La sofisticación de la composición y procesamiento de alimentos es la base de nuevos servicios para mejorar el almacenamiento, la conservación -comercial y doméstica- y, cada vez más, el uso y consumo del producto. Esta responde a las nuevas exigencias ligadas a la evolución de los estilos de vida y de los comportamientos alimentarios, al desarrollo de actividades profesionales en los hogares y a la urbanización: más seguridad y regularidad, más disponibilidad, más facilidad de utilización y más facilidad para reciclar. Las actividades agroalimentarias se han convertido, en los últimos veinte años, en actividades de producción de servicios para el consumo. Las industrias agroalimentarias se han convertido en actividades de ensamble. A partir de una materia prima variable, algunos desarrollan productos intermedios (ingredientes, aditivos...) estables y homogéneos. En la siguiente etapa, otros ensamblan los componentes básicos para elaborar un producto de consumo, incluso confeccionar un "plato preparado". Esta lógica de deconstrucción/reformulación constituye actualmente el corazón de la industrialización de los alimentos. Por supuesto, esto no afecta tan profundamente a los productos que mantienen un fuerte carácter tradicional, local y artesanal.

La función alimentaria es común a las actividades agroalimentarias, pero estas no constituyen una unidad económica homogénea. Se incluyen empresas que van desde la pequeña empresa artesanal regional hasta el gran consorcio industrial multinacional. Sin embargo, en muchos países, las empresas medianas y pequeñas, incluso microempresas, son la mayoría. La industria de la carne es bastante representativa de ciertas especificidades agroalimentarias. Es una industria cuya mano de obra es en su mayoría poco calificada y mal pagada, con un bajo valor agregado y con un bajo volumen de equipos por empleado. En contraste, la industria lechera y, más aún, la que transforma los granos, presentan grandes similitudes con otras industrias no alimentarias. En cuanto a la industria de las bebidas, esta es un buen ejemplo de industria pesada, con grandes aportes de capital y un alto valor agregado (relación entre el valor agregado y el volumen de negocios).

En los países industrializados, Europa y América del Norte (EE.UU., Canadá), las industrias agroalimentarias han adquirido y conservado un peso económico importante, incluso en los países más pequeños (Dinamarca, Países Bajos, Chipre...). En Europa, por ejemplo, se componen de alrededor de 310.000 empresas (algunas de las cuales son líderes mundiales). Ellas representan el 2% del PIB europeo y el 13,5% de los empleos totales del sector de la manufactura en la Unión Europea (UE, 4,5 millones de personas en la década de 2000 para la Europa con 25 miembros). La competencia internacional, los avances tecnológicos y las crisis sanitarias no han alterado esta importancia. En general, se trata de sectores que hasta ahora no han perdido empleos.

El aumento del comercio agroalimentario inter-europeo marca el período entre 1967 y 2000 (crecimiento del 10% al año en promedio). Francia y Holanda son los dos países exportadores más importantes de Europa (Alemania, también se ha convertido en un importante exportador dentro de Europa y en todo el mundo); son 2º y 3º en el mundo detrás de Estados Unidos. El comercio mundial agroalimentario se encuentra aún estructurado en gran medida alrededor de los intercambios transatlánticos (UE/EE.UU.), pero la industria agroalimentaria se ha desarrollado en algunos países emergentes, que se convierten en formidables competidores. Así, desde 1979, Brasil exporta más productos agroalimentarios transformados que productos agrícolas (no procesados) y se erige en la actualidad como potencia agroalimentaria mundial. Por su parte, Argentina es el quinto mayor productor de vino. En la década de los 90 se da un giro importante: el total de productos agrícolas no transformados, que representaba el 64,3% del valor del comercio mundial agrícola y alimentario en 1967, cayó al 56,4% en el año 2000.

Durante los últimos quince años, los poderes públicos, los medios de comunicación y, más tarde, el sector industrial agroalimentario se interesan cada vez más en la alimentación como un factor que contribuye a la salud de la población. En efecto, a nivel mundial se está dando un crecimiento acelerado de las enfermedades de origen alimentario o que son parcialmente atribuibles a desequilibrios nutricionales. Para muestra, la obesidad y el sobrepeso están aumentando rápidamente en poblaciones cada vez más jóvenes. La Organización Mundial de la Salud estima que de la población mundial el 7% (unos 400 millones) son personas obesas y podría alcanzarse el 12% en 2020. En términos generales, en los países en desarrollo, actualmente la proporción de personas que sufren de obesidad es igual a aquella de las personas que sufren de desnutrición. Sin embargo, el sobrepeso y la obesidad juegan un papel importante en la progresión de enfermedades, como problemas cardiovasculares o la diabetes, contribuyendo a un aumento significativo del costo de la atención de estas enfermedades.

Los fabricantes se interesan en el mercado de los "alicamentos", de los alimentos "funcionales", de los suplementos alimentarios, de los alimentos "dietéticos", "light", etc. Las declaraciones nutricionales se multiplican, pero la validez científica de estos mensajes es desigual y su contenido es históricamente variable. Por ejemplo, el descubrimiento de las vitaminas en el siglo XX invirtió la jerarquía de alimentos, dándole a las frutas y legumbres, consideradas previamente como accesorios, un papel indispensable en el mantenimiento de la salud. Están surgiendo controversias jurídicas en torno a la credibilidad de tal o cual declaración, y en torno a las compañías de seguros, que se interesan en esta problemática en cooperación con las empresas agroalimentarias (por ej. en Francia, la relación entre el asegurador MAAF y la sociedad Unilever). La pregunta que surge concierne al impacto de las declaraciones nutricionales sobre los comportamientos alimentarios. Es posible que la información nutricional induzca efectos negativos indirectos sobre la selección de productos por parte de los consumidores. La oportunidad, incluso la legitimidad, de la acción pública en la regulación de las declaraciones depende del balance entre estos diversos efectos.

Para las actividades agroalimentarias, especialmente para las grandes empresas, la declaración sobre propiedades saludables podría ser una manera de restaurar una identidad a sus productos. El asunto no sólo se relaciona con la competencia, también con la sociedad. Se trata del paso de una lógica de alimentación/placer (conjunto de representaciones que constituyen un "modelo culinario") a una lógica de equilibrio nutricional. Con el desarrollo de las declaraciones nutricionales, la salud pública parece haber entrado en el mercado, en la medida en que su definición no depende estrictamente de los objetivos y de los instrumentos del regulador público, sino que también de la actividad de normalización que genera el mercado, "espontáneamente" a nivel de las empresas o a través de organismos de normalización (normas ISO, por ejemplo). Estas evoluciones pueden también agravar contradicciones: los agentes económicos valorizan esencialmente los alimentos a través de los nutrientes, mientras que los poderes públicos adoptan principalmente un enfoque ligado a las grandes categorías de alimentos, con la perspectiva de un régimen global equilibrado. Al final, aparece un conjunto de normas jurídicas (reglas de derecho), científicas (recomendaciones nutricionales) y económicas (estándares de la industria) que contribuyen a la formación de una nueva identidad de los productos alimentarios. Se traducen, en particular, mediante la categorización formal (jurídica y científica) de las declaraciones nutricionales y de los alimentos funcionales.

¿Pueden las actividades agroalimentarias contribuir realmente a la salud nutricional de las poblaciones? En todo caso, es seguro que ellas pueden participar en la degradación de su salud. Este será un tema crucial para ellas y para las poblaciones durante las próximas décadas, pero este no será el único: considerar el impacto de carbono en la producción de alimentos y reducir el desperdicio son preocupaciones no menos importantes.

Bibliografía sugerida: ◆ BUNTE, F., DAGEVOS, H. (Eds.) (2009), The Food Economy. In *Global issues and challenges*. Wageningen Acadamic Publishers; ◆ ESNOUF, C., RUSSEL, M., BRICAS, N. (Eds.) (2013), *Food System Sustainability: Insights from dualine*. Cambridge University Press, *en prensa*; ◆ HIGH LEVEL GROUP ON THE COMPETITIVENESS OF THE AGRO-FOOD INDUSTRY (2009), *Report on the Competitiveness of the European Agro-Food Industry*. European Commission Enterprise and Industry Directorate General Food Industry Unit (Consultable en línea).

EGIZIO VALCESCHINI

Véase también: - Agricultura – Consumo– HACCP.

Acuacultura

Véase: - Acuicultura.

Acuerdo ADPIC

El Acuerdo sobre los Aspectos de los Derechos de Propiedad Intelectual relacionados con el Comercio (ADPIC) fue incorporado en el marco de la

Ronda Uruguay (1986-1994), ronda de negociaciones que conduce a la creación de la Organización Mundial del Comercio (OMC).

La propiedad intelectual (derechos de autor, marcas, patentes, indicaciones geográficas, etc.) ha hecho así su entrada en el sistema resultante de la OMC, en razón de su incidencia sobre el comercio internacional, en particular, sobre la competencia, debido a las distorsiones en los intercambios que encuentran su origen principal en el hecho de que el alcance de los derechos reconocidos al titular de una patente o de una marca, por ejemplo, variaba considerablemente de un Estado a otro. Ahora, el Acuerdo sobre los ADPIC es parte de los acuerdos multilaterales que constituyen un "bloque" indivisible que cualquier Estado debe aceptar necesariamente si desea convertirse en un miembro de la OMC. Una precisión que tiene consecuencias, por ejemplo, en lo que concierne a la protección de las indicaciones geográficas para todos los signatarios.

El Acuerdo ADPIC plantea de manera introductoria dos principios fundamentales: el trato nacional y la nación más favorecida. El trato nacional exige que cada Estado miembro conceda a los nacionales de los demás Estados, un trato no menos favorable que el que otorgue a sus propios nacionales con respecto a la protección de la propiedad intelectual. Se dio la violación de esta regla por parte de la Unión Europea, lo que obligó a modificar los reglamentos comunitarios nº 2081/92 (relativo a la protección de las indicaciones geográficas y de las denominaciones de origen de los productos agrícolas y alimentarios) y nº 2082/92 (Relativo a la certificación de las características específicas de los productos agrícolas y alimenticios) en relación con el acceso de terceros países al sistema europeo de valoración de origen.

En cuanto a la cláusula de la nación más favorecida, esta implica que "con respecto a la protección de la propiedad intelectual, toda ventaja, favor, privilegio o inmunidad que conceda un Miembro a los nacionales de cualquier otro país se otorgará inmediatamente y sin condiciones a los nacionales de todos los demás Miembros". Esta cláusula también se encuentra en otros acuerdos bilaterales, incluida la protección de las obtenciones vegetales.

Las áreas cubiertas por el Acuerdo sobre los ADPIC son múltiples. En los sectores de la agricultura y alimentación, todos los derechos de propiedad intelectual no tienen evidentemente la misma importancia. Las cuestiones esenciales son las relativas a las marcas (arts. 15 a 21), las indicaciones geográficas (arts. 22 a 24) y las patentes (arts. 27 a 34).

El Acuerdo sobre los ADPIC prevé también el establecimiento de un sistema de publicidad de los registros de marcas, que coloca a los titulares de una marca debidamente registrada en condiciones de reaccionar ante el registro de su signo distintivo por un competidor y pedir la anulación (art. 15.5), en aras de la coordinación internacional y de la facilitación del comercio. Las marcas tienen, de hecho, la función de identificar un producto y un negocio y dar, en principio, el monopolio de explotación a sus dueños. Este objetivo de identificación no se logra cuando un operador presenta una marca idéntica o similar. La publicidad registral lo subsana. Por último, hay que señalar que aunque a menudo son percibidas equivocadamente como identificadores de calidad por los consumidores, las marcas son utilizadas en algunos países para paliar la falta o la debilidad de los signos de calidad (denominación de origen, etc.). Sobre este punto concreto, el Acuerdo sobre los ADPIC también considera la posibilidad de conflictos entre las marcas y estos últimos, regulando en particular la presentación de marcas que contienen indicaciones geográficas (por ejemplo, art. 22.3).

Sobre las patentes, es necesario centrarse principalmente en la excepción establecida por el artículo 27.3 b), que parece ser esencial en materia agroalimentaria. El artículo establece que "Los Miembros podrán excluir asimismo de la patentabilidad: [...]; b) las plantas y los animales excepto los microorganismos, y los procedimientos esencialmente biológicos para la producción de plantas o animales, que no sean procedimientos no biológicos o microbiológicos. Sin embargo, los Miembros otorgarán protección a todas las obtenciones vegetales mediante patentes, mediante un sistema eficaz *sui generis* o mediante una combinación de aquéllas y éste". La elección entre estas distintas soluciones incluye consecuencias de primer orden sobre el alcance de la protección conferida y, en particular, sobre la posibilidad de invocar el privilegio de los agricultores que autoriza a la resiembra de las tierras por el usuario de las semillas.

La alternativa propuesta por el artículo 27.3 del Acuerdo sobre los ADPIC representa un desafío considerable en cuanto al objetivo de la seguridad alimentaria. La opción que conduce a la protección por medio de patentes puede, en este sentido, dar lugar a abusos. De hecho, la patente le da un monopolio exclusivo al titular de la patente, que abarca todos los modos de producción y comercialización de un producto, conocido o desconocido. De esta manera, el titular se apropia de las características de una secuencia genética explotada en la producción de semillas o alimentos. Los pueblos indígenas, los primeros "usuarios" de la semilla, entonces no obtienen ninguna ventaja. Este fenómeno, llamado bio-piratería, fue denunciado para la fabricación del chocolate *cupulate*, obtenido de semillas de *cupuaçu* cultivadas en Brasil. Se comprende que, en relación con los riesgos inherentes al derecho de patentes, los países del Sur reivindican la segunda opción abierta por el artículo 27.3 b), a saber, la protección *sui generis*. Este sistema original tiene por objeto impedir la apropiación de los recursos genéticos contrarios a los derechos soberanos de los Estados, así como a reconocer la existencia de bienes colectivos. Esta es, en particular, la opción expresada por la Unión Africana. Sin embargo, esta solución se enfrenta hoy ante un grave problema en la interpretación del texto: para los países del Norte, el sistema *sui generis* contemplado por el Acuerdo no es otro que el sistema de las obtenciones vegetales resultante de la Convención internacional para la Protección de las Obtenciones Vegetales, llamada "Convención UPOV" (1961; revisada por última vez en 1991) y cuyas disposiciones son, en realidad, muy cercanas a los mecanismos del derecho de patentes.

El Acuerdo sobre los ADPIC también define las indicaciones geográficas como "las que identifiquen un producto como originario del territorio de un Miembro o de una región o localidad de ese territorio, cuando determinada calidad, reputación, u otra característica del producto sea imputable fundamentalmente a su origen geográfico." (art. 22.1). Las herramientas de desarrollo, mantienen una economía local con los valores culturales y contribuyen también a establecer una competencia por la calidad que podrá beneficiar, en particular, a los pequeños productores. El nivel de protección de las indicaciones geográficas se distingue según el tipo de producto. Para los vinos y las bebidas espirituosas, la indicación geográfica es la base de un derecho exclusivo donde toda utilización está estrictamente enmarcada; asimismo, los "delocalizadores" (Indicaciones de procedencia susceptibles de evocar un origen diferente de su origen real, por ejemplo, *Bayerischer Gebirgs-Roquefort*), los correctivos (expresiones tales como "clase", "tipo", "estilo" que buscan informar al consumidor de que el producto ha sido fabricado siguiendo la manera del original, sin ser del todo auténtico) y las traducciones están prohibidos (art. 23.1). En cuanto a los otros productos, las penas se aplican ante la constatación de una confusión creada en el espíritu de los consumidores en cuanto al origen del producto (art. 22). Pero este doble nivel de protección debe ser discutido de nuevo por el Consejo de los ADPIC, en particular con respecto a la Declaración de Doha del 14 de noviembre de 2001.

Bibliografía sugerida: • CHARLIER, Ch. (2007), *An Analysis of the Dispute European Communities – Protection of Trademarks and Geographical Indications for Agricultural Products and Foodstuffs*. Journal of World Intellectual Property, 10 (3/4), p. 171; • NGO, M.-A., REIS, P. (2008), *La protection des variétés végétales dans le commerce international : le droit, un outil stratégique*, Propriété industrielle, n° 10, p. 30; • ROCHARD, D. (2002), *La protection internationale des indications géographiques*, Paris, Ed. PUF.

MAI-ANH NGO

Véase también: - Arreglo de Lisboa – Biopiratería – Biotecnologías - Calidad de los productos - Cláusula de la Nación Más Favorecida - Cláusula de Trato Nacional - Denominación de Origen Protegida – Falsificación - Indicación geográfica – Marca - Obtención vegetal - Organización Mundial del Comercio – Patente - Privilegio del agricultor - Seguridad alimentaria.

Acuerdo Comercial Anti-Falsificación

Véase: - Falsificación.

Acuerdo de Asociación Económica

Los Acuerdos de Asociación Económica (AAE) son acuerdos de libre comercio específicos entre, por una parte, la Unión Europea (UE) y sus Estados miembros y, por otra parte, cada una de las siete regiones del grupo de los Estados de África, Caribe y Pacífico (el grupo "ACP" incluye 49 Estados africanos, 16 Estados del Caribe y 15 micro Estados del Pacífico). Estos acuerdos están destinados principalmente a: la promoción del desarrollo sostenible y del crecimiento de los países ACP; la reducción de la pobreza; la mejora de la gobernanza; y la integración progresiva de estos países en la economía mundial. En este sentido, los AAE prevén la integración regional de los países ACP, el establecimiento gradual y asimétrico (a favor de los ACP) de una zona de libre comercio entre la UE y los países ACP, así como la ayuda para el comercio, a través del Fondo Europeo de Desarrollo (FED), destinada a asistir a los países ACP en la aplicación de los AAE.

El primer AAE se firmó en octubre de 2008 con los países del Caribe (Antigua y Barbuda, Bahamas, Barbados, Belice, Dominica, Granada, Guyana, Jamaica, República Dominicana, Saint Kitts y Nevis, San Vicente y las Granadinas, Santa Lucía, Surinam, Trinidad y Tobago, a los que se les unió Haití). Entró en vigencia el 10 de diciembre de 2009. Este acuerdo, que sirvió de modelo para las negociaciones de los AAE con los otros grupos de países ACP, abarca el comercio de bienes y servicios, la inversión, el comercio electrónico, así como las cuestiones relativas a la competencia, la innovación, la propiedad intelectual, la contratación pública y el ambiente. Prevé, entre otras cosas, la aplicación y la integración del objetivo del desarrollo sostenible en todos los niveles de asociación económica y la necesidad de evitar las perturbaciones graves en los mercados de los productos agrícolas, de los alimentos y de los productos de la pesca en los Estados del CARIFORUM, y ello garantizando la seguridad alimentaria e incrementando los medios de subsistencia de las comunidades agrícolas y pesqueras, que son elementos esenciales para erradicar la pobreza y lograr un desarrollo sostenible.

Por su parte, los países de África y del Pacífico han firmado una serie de acuerdos provisionales que cubren únicamente las mercancías, como medidas transitorias para asegurar el régimen comercial entre los países ACP y la UE, en espera de la firma de AAE regionales completos.

Las negociaciones en el marco de los acuerdos de asociación económica son parte de la implementación de un acuerdo mucho más amplio, el Acuerdo de Cotonú, el cual enmarcó las relaciones de la UE (entonces Comunidad Europea - CE) con los países ACP desde junio de 2000 y que comprende la ayuda, el comercio y la cooperación política. El Acuerdo de Cotonú, también llamado "Acuerdo de Asociación ACP-CE", se firmó por un período de veinte años, a partir de marzo de 2000 y hasta febrero de 2020. Entró en vigor en abril de 2003 y fue revisado por primera vez en junio de 2005 y, por segunda vez, en Uagadugú el 4 de noviembre de 2010. En esta última versión se ha puesto el énfasis en determinados objetivos que son considerados prioritarios (lucha contra el cambio climático, seguridad alimentaria, seguridad humana...).

El Acuerdo de Cotonú reemplazó los Convenios de Lomé, firmados por períodos de cinco años, que regían las relaciones ACP-UE desde 1975 y cuya validez fue cuestionada a raíz de la entrada en vigencia de los acuerdos de la Organización Mundial del Comercio (OMC). El trato preferencial y no recíproco otorgado a los países ACP en el marco del régimen comercial de Lomé, que les permitía exportar libremente al mercado europeo, mientras que se gravaba a los productos procedentes de la UE, contravenía a la OMC por cuanto era contrario a la cláusula de la nación más favorecida, que es un fundamento de esta organización. El Acuerdo de Cotonú prevé la eliminación de las preferencias comerciales no recíprocas y su sustitución, a partir del 1º de enero de 2008, por compromisos recíprocos negociados entre septiembre de 2002 y finales de 2007 – los acuerdos de asociación económica-, que los países ACP pueden firmar en grupo o individualmente, teniendo en cuenta su propio proceso de integración regional. En el mismo sentido, siendo esta fase de transición incompatible con las normas comerciales internacionales, ha sido objeto de una derogación en virtud del Acuerdo de Cotonú, hasta el 31 de diciembre de 2007. Finalizado este período, la UE y los países ACP deben estar vinculados mediante AAE, definitivos o provisional, que sean compatibles con las normas derivadas de la OMC.

Sin embargo, la Declaración I que se adjunta al Acuerdo de Asociación que surgió de la revisión de Uagadugú, considera el alto valor de las condiciones preferenciales de acceso al mercado a favor de los países ACP, sobre todo para sectores de productos básicos. También reconoce que una asistencia adicional podría ser necesaria, cuando una mayor liberalización del comercio sea susceptible de provocar una profunda alteración de las condiciones de acceso al mercado para los productores ACP.

En definitiva, el progreso en las negociaciones de los AAE es limitado. El retraso en su conclusión se debe a la falta de acuerdo en ciertas cuestiones que no han sido resueltas por motivo de las estrictas posiciones mantenidas por la UE y de los reclamos de los países ACP que demandan negociaciones equitativas (en particular, con respecto al acceso al mercado y la eliminación de los aranceles) y una situación de "ganar-ganar" para todas las partes. La fecha límite para retirar las preferencias comerciales a los países ACP que han firmado un AAE provisional, pero que no lo han ratificado para esa fecha, ha sido extendida por el Parlamento Europeo hasta el 1º de enero de 2016.

Bibliografía sugerida: ◆ PERROT, D. (2007), *Les relations ACP/UE après le modèle de Lomé, quel partenariat ?*, Bruxelles, Bruylant.

SOUHEIR NADDE-PHLIX

Véase también: - Desarrollo Sostenible – Proteccionismo y libre comercio.

Acuerdo General sobre Aranceles Aduaneros y Comercio

El Acuerdo General sobre Aranceles Aduaneros y Comercio (GATT) de 1994 proviene de un primer texto redactado a fines de la Segunda Guerra Mundial (GATT de 1947). Este acuerdo internacional fue hasta 1994 el sustituto de una organización internacional propiamente dicha que tenía como objetivo la liberalización del comercio internacional. De esta forma, tuvo durante 47 años el doble papel de ser un acuerdo multilateral de libre comercio y constituir un foro para las negociaciones internacionales sobre la reducción de las barreras al comercio. Ocho rondas de negociaciones internacionales fueron celebradas durante este período, la última -la Ronda Uruguay- condujo a la firma de los Acuerdos de Marrakech y a la creación de la Organización Mundial del Comercio (OMC). El GATT forma parte de los acuerdos que establecen a la OMC y que ahora se llama "GATT de 1994".

El GATT de 1994 se articula en torno a cuatro grandes principios jurídicos: la no discriminación, la limitación de los derechos arancelarios, la prohibición de las restricciones cuantitativas al comercio internacional y el principio de transparencia.

El principio de no discriminación se concreta mediante la cláusula de la nación más favorecida (NMF) y el trato nacional (TN). La cláusula de la NMF obliga a los Estados miembros de la OMC a dar un tratamiento equivalente a todo producto similar importado de origen nacional distinto (art. I). Desde el punto de vista económico, se considera a menudo un signo de buena asignación de los recursos, puesto que impide que un socio comercial menos eficiente se favorezca a expensas de otro. Además, asegura que los resultados de las negociaciones bilaterales sobre la reducción de las barreras al comercio internacional sean aplicados al conjunto de los Estados miembros. La cláusula del TN requiere, por su parte, que los Estados no acuerden a los productos importados un trato menos favorable que los productos nacionales similares (art. III). Se aplica tanto a los impuestos internos, como los a las reglamentaciones internas. En un contexto en que las políticas económicas se deciden a nivel de los Estados, las cláusulas NMF y NT permiten evitar que dichas políticas provoquen, directa o indirectamente, la discriminación de los productos similares con fundamento en su origen nacional.

En cuanto a la limitación de los derechos arancelarios, si bien estos se encuentran autorizados por el GATT de 1994, las concesiones arancelarias negociadas son de aplicación obligatoria y un derecho arancelario está sometido a la cláusula de la NMF. En consecuencia, no puede ser aumentada si se encuentra en el nivel acordado. La principal virtud de este principio, además de evitar el deslizamiento hacia el alza de los aranceles, consiste en crear un contexto donde las barreras aduaneras son totalmente predecibles y verificables por cualquier exportador. Si se exceden los límites negociados, el Estado perjudicado podrá solicitar una compensación. Además, se aplica la cláusula NMF, lo que impide la creación de derechos arancelarios discriminatorios.

Para que este edificio sea sólido, es necesario que un Miembro no pueda sobrestimar el valor de una mercancía importada (maniobra que iría en el mismo sentido que un derecho arancelario) o disminuir el valor del mismo bien producido en la economía doméstica mediante la aplicación de impuestos internos diferenciados. Para ello, el GATT prevé reglas específicas para la valoración de mercancías importadas (art. II.3 y art. VII) y evita la diferencia de trato de las mercancías una vez pasada la frontera, mediante el principio de TN. Queda clara así la principal virtud de este principio, que consiste en crear condiciones de competencia que puedan ser anticipadas por todo exportador potencial.

La eliminación de las restricciones cuantitativas al comercio internacional abarca todas las medidas fronterizas que tienen el efecto de reducir el volumen de comercio. Esto incluye tanto las medidas relativas a las importaciones, como a las exportaciones. En este sentido, el objetivo es doble: luchar contra los obstáculos al comercio internacional que no son fácilmente visibles y evitar tener una restricción cuantitativa de las fuerzas del mercado para la fijación del precio. Sin embargo, el texto incluye cuatro excepciones generales: las cuotas impuestas (i) en el marco de una política agrícola estabilizadora (art. XI.2); (ii) en caso de problemas con la balanza de pagos (art. XII); (iii) como una medida de salvaguardia, o (iv) sobre los productos textiles en el marco de las disposiciones del Acuerdo sobre los Textiles y el Vestido. En el caso particular de los productos agrícolas, las excepciones conciernen las cuotas de exportación que permiten hacer frente a una escasez de productos alimenticios en el mercado interno del Estado exportador, así como las cuotas de importación que permiten evitar el agravamiento de una situación de oferta excedentaria en el mercado doméstico del Estado importador. Estas disposiciones reconocen que un mercado agrícola depende de factores naturales exógenos, ajenos al control de los seres humanos (en particular, las condiciones meteorológicas). Para ser aceptadas, las restricciones cuantitativas eventualmente decididas deben cumplir con el principio de transparencia (Comunicación sobre la dimensión de la restricción, su duración, etc.) y producir los menores efectos posibles de distorsión del comercio internacional.

El principio de transparencia contenido en el GATT de 1994 concierne las leyes, reglamentos, decisiones nacionales que afectan al comercio internacional (art. X). Este principio exige que el anuncio de estas disposiciones se realice antes o en el momento de ejecución de la medida respectiva. Por tanto, se opone a la declaración retroactiva de medidas que dificultan el comercio internacional. Además, el artículo X es completado con un procedimiento de revisión regular de las políticas comerciales de los Estados miembros, cuya periodicidad depende de la importancia del Estado en el comercio mundial.

Otras disposiciones completan los cuatro pilares antes descritos para garantizar que los Estados se abstengan de establecer barreras no arancelarias al comercio internacional, en sustitución de los aranceles y las cuotas: regulación del antidumping y de las medidas compensatorias, reglas de valoración en aduana (art. VII), reglas sobre las marcas de origen (art IX), etc. Asimismo, una serie de excepciones generales sobre diferentes temas (protección de la moral pública, protección del ambiente, protección de la salud, seguridad nacional...) permiten derogar las obligaciones del GATT de 1994 (arts. XX y XXI). Sin embargo, para justificar la adopción de una medida limitativa del comercio internacional a través de alguna de estas excepciones generales, el Estado debe demostrar que la medida no constituye una discriminación arbitraria e injustificada y que no se trata de una restricción encubierta al comercio internacional.

Por último, el GATT de 1994 contiene disposiciones institucionales para la solución de controversias comerciales entre los Estados miembros (art. XXII sobre las consultas), el marco normativo para la constitución de uniones aduaneras o de zonas de libre comercio (art. XXIV) y, también, el trato diferenciado y más favorable para los países en desarrollo (art. XVIII).

Christophe Charlier

Véase también: - Acuerdo ADPIC - Acuerdo General sobre el Comercio de Servicios - Acuerdo OTC - Acuerdo sobre la Agricultura - Acuerdo SPS - Cláusula de la Nación Más Favorecida - Cláusula de Trato Nacional - Dumping - Organización Mundial del Comercio.

Acuerdo General sobre el Comercio de Servicios

El Acuerdo General sobre el Comercio de Servicios (GATS) es un anexo de los textos fundadores de la Organización Mundial del Comercio (OMC). Está orientado a regular el comercio de servicios en un contexto internacional y excluye de su ámbito de aplicación a cualquier servicio "que no se suministre en condiciones comerciales ni en competencia con uno o varios proveedores de servicios" (art. I).

El objetivo del GATS se expresa en su preámbulo. En particular, busca "establecer un marco multilateral de principios y normas para el comercio de servicios con miras a la expansión de dicho comercio en condiciones de transparencia y de liberalización progresiva y como medio de promover el crecimiento económico de todos los interlocutores comerciales y el desarrollo de los países en desarrollo". Por ello, el texto pretende facilitar la actividad de los operadores extranjeros en el territorio de los Estados miembros de la OMC dándoles, por ejemplo, el beneficio del tratamiento de la nación más favorecida (los beneficios que disfruta un proveedor de servicios instalado en el país A en virtud de la legislación del Estado B, se extienden de pleno derecho a los proveedores establecidos en el país C; art. II) o del principio de reconocimiento (una autorización para ejercer una actividad de servicios concedida en el Estado A puede ser equivalente a la autorización requerida para realizar la misma actividad en el Estado B; art. VII).

En particular, un aspecto del texto suscita inquietudes en las organizaciones no gubernamentales. Haciendo eco del preámbulo, el artículo XIX del GATS indica que en "cumplimiento de los objetivos del presente Acuerdo, los Miembros entablarán sucesivas rondas de negociaciones, [...] con miras a lograr un nivel de liberalización progresivamente más elevado. Esas negociaciones irán encaminadas a la reducción o eliminación de los efectos desfavorables de las medidas en el comercio de servicios, como medio de facilitar un acceso efectivo a los mercados." Aunque el texto asegura que se prevén ciertas condiciones especiales para los países en desarrollo, el objetivo es claro: a excepción de materias totalmente excluidas (por ejemplo, la seguridad nacional), la liberalización puede afectar sectores sensibles tales como la salud, la energía o el agua. Así, la apertura de un mercado del agua (saneamiento, distribución...) puede constituir una amenaza para la satisfacción de las necesidades fundamentales de los consumidores de agua (con fines alimentarios o no), por ejemplo, en caso de un aumento repentino del precio de la distribución o de la falta de control de la calidad del agua justificada por motivos de costos. Resulta obvio que tal riesgo no siempre se realiza, no obstante, tampoco es virtual. Argentina, Bolivia, Uruguay, Filipinas, así como algunos Estados federados de los Estados Unidos han experimentado reveses como resultado de la privatización de este sector estratégico. Sin embargo, la OMC ha tratado de tranquilizar recordando, por un lado, que la privatización o la desregulación de los servicios no es, en ningún caso, una obligación del GATS y, por otro lado, que los Miembros mantienen la posibilidad de conservar la distribución de agua bajo un régimen de servicio público excluido de la competencia (monopolístico), incluso de reservar la prestación de este servicio a operadores privados nacionales.

Bibliografía sugerida: • BERR, C.-J. (1994), L'Accord général sur le commerce des services, *Annuaire français de droit international*, p. 748 (consultable en línea); • CUCQ, M. (2013), *L'eau en droit international, Convergences et divergences dans les approches juridiques*, Bruxelles, éd. Larcier; • MANCIAUX, S. (2010), La marchandisation de l'eau, in *Droit et marchandisation*, sous la direction d'E. Loquin et A. Martin, Travaux du Centre de recherche sur les marchés et les investissements internationaux, Paris, éd. Litec; • SCHNEIER-MADANES, G. (dir.) (2010), *L'eau mondialisée, La gouvernance en question*, Paris, éd. La Découverte (consultable en línea).

JEAN-PHILIPPE BUGNICOURT

Véase también: – Acuerdo General sobre Aranceles Aduaneros y Comercio - Aguas Argentinas – Derecho al agua – Inversiones Internacionales – Organización Mundial del Comercio.

Acuerdo MSF

Véase: - Acuerdo SPS.

Acuerdo OTC

El Acuerdo sobre Obstáculos Técnicos al Comercio (Acuerdo OTC) busca evitar que las reglamentaciones técnicas nacionales de los Estados miembros de la Organización Mundial del Comercio (OMC) constituyan barreras proteccionistas al comercio internacional.

Dentro de su ámbito de aplicación se encuentran tanto los reglamentos técnicos, como las normas técnicas. En el espíritu del Acuerdo OTC, los primeros son de aplicación obligatoria, mientras que las segundas son voluntarias. Para entrar dentro del campo del acuerdo, estos reglamentos y normas deben referirse a las características del producto y no a las características del proceso de producción. Por último, deben servir a los objetivos descritos como "legítimos". Si bien es cierto que lo que cubre exactamente un objetivo legítimo no está definido en el Acuerdo OTC, el texto da una visión general en su artículo 2.2.

En efecto, estas medidas pueden estar justificadas por motivos muy diferentes. Sin ser exhaustivo, se señalan: la protección de la salud y la seguridad de las personas (normas sobre las características de las pinturas, por ejemplo), la preservación del ambiente (normas de certificación de la sostenibilidad de la pesca o de la agricultura orgánica, por ejemplo), la cuestión de la información de los consumidores (etiquetado sobre la presencia de organismos genéticamente modificados en los alimentos, por ejemplo, cuando este etiquetado no persigue el objetivo de proteger la salud pública - en este caso, el Acuerdo sobre la aplicación de Medidas Sanitarias y Fitosanitarias es relevante) o incluso un objetivo de estandarización de ciertos productos (voltaje de las baterías, por ejemplo).

El Acuerdo OTC excluye de su ámbito de aplicación a los servicios, las especificaciones para la contratación pública y las medidas sanitarias y fitosanitarias (SPS). En cada uno de esos caso, un acuerdo específico ha sido adoptado. La exclusión de las SPS (que son el objeto del Acuerdo SPS) no significa que los productos agrícolas no estén cubiertos por el Acuerdo OTC. Estos sí se encuentran regulados en todos los demás aspectos que no traten sobre SPS. Por ejemplo, la información a los consumidores sobre el origen de un producto agrícola se encuentra en el ámbito del Acuerdo OTC (véase, por ejemplo, el diferendo comercial *Estados Unidos — Determinadas prescripciones en materia de etiquetado indicativo del país de origen*).

Desde la perspectiva de los Estados miembros industrializados, la aplicación del Acuerdo OTC conlleva el riesgo de obstaculizar la búsqueda de un nivel de seguridad, de protección ambiental, etc. que sería considerado demasiado elevado o mal fundamentado y, por lo tanto, no legítimo. Desde la perspectiva de los Estados miembros en desarrollo, la aplicación de este acuerdo es también muy sensible, pues conlleva el riesgo de obstruir la exportación de productos que no cumplirían con los estándares aceptados de seguridad en los territorios donde son importados.

La aplicación del Acuerdo se organiza en torno a grandes principios. Para comenzar, la atención se centra en la no discriminación entre productos similares de origen nacional y extranjero, por un lado (cláusula de trato nacional), o entre productos similares de diferentes países extranjeros, por otra parte (cláusula de nación más favorecida, art. 2.1). Luego, se retrata el deseo de evitar que los reglamentos técnicos constituyan "obstáculos innecesarios al comercio internacional" (art. 2.2) y de la utilización de normas internacionales, cuando existan, como base para los reglamentos técnicos nacionales (art. 2.4). Además, el Acuerdo OTC obliga a los Estados miembros a aceptar como equivalentes los reglamentos técnicos de otros Estados miembros, aun siendo diferente a los suyos, si éstos buscan el mismo objetivo (art. 2.7). Por último, el principio de transparencia (art. 2.9) exige que una variedad de informaciones estén a disposición de todos los Estados miembros interesados en las reglamentaciones técnicas aplicadas por otros miembros, cuando difieran de las normas internacionales o cuando sean adoptadas en ausencia de tales normas.

Dos disposiciones conciernen particularmente a los países en desarrollo (PED). A petición de estos últimos, los Estados miembros deben ser capaces de asesorar a los PED sobre la elaboración de los reglamentos técnicos, sobre el establecimiento de organismos nacionales de normalización y sobre su participación en los trabajos de los organismos internacionales de normalización (art. 11). Por último, el Acuerdo OTC requiere de los Estados miembros (y de los países desarrollados, en particular) la aplicación respecto a los PED de un "trato diferenciado y más favorable", con el fin de tener en cuenta "las necesidades especiales de éstos en materia de desarrollo, finanzas y comercio" (art. 12).

Bibliografía sugerida: • APPLETON, A. E. (2005), The Agreement on Technical Barriers to Trade, in *The World Trade Organization : Legal, economic and political analysis*, bajo la dirección de P. F. Macrory, A. E. Appleton et M. G. Plummer, New York, Springer Science, Volume I, p. 371.

CHRISTOPHE CHARLIER

Véase también: - Acuerdo General sobre Aranceles Aduaneros y Comercio - Acuerdo SPS - Clonación de animales - Codex Alimentarius – Etiquetado - Organización Mundial del Comercio - Principio de Protección de los Intereses del Consumidor - Principio de Transparencia.

Acuerdo sobre la Agricultura

Negociado durante la Ronda de Uruguay, el Acuerdo sobre Agricultura de la Organización Mundial del Comercio (OMC) tiene como objetivo proporcionar un marco jurídico internacional para reducir las barreras al comercio internacional de productos agrícolas. El logro de este objetivo se organiza en torno a tres ejes principales: un mayor acceso a los mercados nacionales, la reducción de la ayuda interna a la agricultura y la reducción de las subvenciones a la exportación para los productos agrícolas. El artículo 20 del Acuerdo, titulado "Continuación del proceso de reforma", muestra que en el espíritu del legislador el Acuerdo no concluye el proceso de integración de la agricultura en la disciplina de la OMC y se están realizando en la Ronda de Doha negociaciones particularmente difíciles sobre el tema.

El acceso a los mercados nacionales se organiza en torno a dos medidas principales, y se prevén posibles derogaciones por medio de clausulas de salvaguardia estrictamente reguladas (art. 5): una es relativa a las barreras arancelarias, la otra a los derechos de aduana. La primera medida consiste en transformar las barreras no arancelarias al comercio internacional de productos agrícolas en barreras arancelarias (art. 4.2). Estas son, de hecho, más visibles y, por lo tanto, más controlables. Para evitar que este proceso de transformación no tenga como efecto el endurecimiento de las condiciones de acceso a los mercados nacionales, los Estados miembros de la OMC deben asegurar un acceso mínimo a sus mercados (si el acceso inicial es inferior al 5% del consumo nacional, es necesario que el acceso después de la transformación no sea inferior al 3% y alcance al menos el 5% en un período máximo de 6 años; si el acceso inicial es mayor que el 5% del consumo nacional, el acceso después de la transformación deberá conservar, por lo menos, su valor inicial). Además, la cláusula de la nación más favorecida se aplica a este proceso para evitar que un Estado pueda discriminar los productos idénticos de diferentes Miembros importadores. En cuanto a la segunda medida, se trata de un compromiso de reducción de los derechos de aduana o aranceles (art. 4.1), diferenciado en función del estado de desarrollo del país (36% en promedio durante 6 años para los países desarrollados, contra 24% en promedio durante 10 años para los países en desarrollo – PED; no es aplicable para los Países Menos Adelantados).

La supervisión de la reducción de la ayuda interna exige que esta última noción esté claramente definida y medida. Así, una parte del Acuerdo está dedicada a este componente, definiéndose la "Medida Global de la Ayuda" (art. 1.a) y proporcionándose una guía para su cálculo (Anexo 3). Esta medida general se entiende por productos agrícolas que se benefician de un "sostenimiento de los precios del mercado", de "pagos directos no exentos" (pagos que dependen de la diferencia de precio entre el precio de referencia y un precio administrado, o que se basan en factores ajenos a la diferencia de precio) o de "cualquier otra subvención no exenta del compromiso de reducción" (subvenciones a los insumos, medidas para reducir el costo de la comercialización, por ejemplo). Cuatro tipos de exenciones, sin embargo, han sido previstas: medidas de asistencia directa o indirecta adoptadas por los Poderes Públicos de los PED (art. 6.2); ayuda que no supere el 5% del valor total de la producción de un producto agrícola (art. 6.4); medidas del compartimento azul (*Blue box*) o del compartimiento verde (*Green box*). La primera, reclamada por las Comunidades Europeas durante las negociaciones sobre la agricultura, agrupa a las medidas de ayuda basadas en "superficies y rendimientos fijos", si se realizan "por el 85% o menos del nivel de producción de base" o para "un número de cabezas fijo" si se trata de ganado (art. 6.5). La *Green box*, por su parte, reúne doce medidas (Anexo 2) excluidas del cálculo de la ayuda por motivos muy diferentes (seguridad alimentaria, asistencia en caso de desastres naturales, etc.).

El compromiso de reducir las subvenciones a la exportación (art. 8) concierne seis tipos principales de subvención (art. 9.1), provenientes de categorías muy diferentes, tales como las subvenciones directas, las ventas de las existencias para fines no comerciales por parte de los Poderes Públicos a un precio inferior a los precios del mercado interno, las subvenciones para reducir los costos de comercialización, etc. El esfuerzo esperado se mide tanto en dinero, como en cantidad de productos exportados que se benefician de subvenciones a la exportación. De esta forma, los países desarrollados se comprometan a disminuir en un 36% en 6 años, el importe de las subvenciones y en un 21% la cantidad de productos que se benefician de los subsidios, teniéndose como base los niveles existentes en el periodo 1986-1990. Estos porcentajes que miden el esfuerzo exigido a los PED son respectivamente del 24% y del 14% durante un período de 10 años. Una flexibilidad estrictamente enmarcada en la gestión de este compromiso se establece en el artículo 9.2 b). Por último, el artículo 13 del Acuerdo (que ha sido calificado de "*Peace clause*") limita el tipo de acciones que se pueden tomar en contra de las subvenciones.

Bibliografía sugerida: ◆ DELCROS, F. (2001), Le statut juridique de l'agriculture à l'OMC – État des lieux au moment du lancement des négociations, *Revue du droit de l'Union européenne*, n° 3, p. 689; ◆ MCMAHON, J. A. (2005), The Agreement on Agriculture, in *The World Trade Organization : Legal, economic and political analysis*, bajo la dirección de P. F. Macrory, A. E. Appleton et M. G. Plummer, New York, Springer Science, Volume I, p. 187.

CHRISTOPHE CHARLIER

Véase también: - Agricultura - Ayudas a la agricultura - Acuerdo General sobre Aranceles Aduaneros y Comercio - Organización Mundial del Comercio.

Acuerdo SPS

La protección de la salud y de la sanidad animal- a través de medidas sanitarias -, así como de la sanidad vegetal - a través de medidas fitosanitarias - es un deber de los Estados. Con el desarrollo del comercio agrícola, la atención prestada por los consumidores a la calidad sanitaria de los productos, el uso en agricultura de ciertos insumos considerados peligrosos o, incluso, gracias al cabildeo de los productores, el desarrollo de la normativa sanitaria y fitosanitaria (SPS) ha sido espectacular. Sin embargo, cuando no están basadas en un motivo sanitario legítimo, estas medidas pueden constituir un proteccionismo encubierto y consideradas como barreras no arancelarias al comercio internacional. El crecimiento de las SPS, así como la diversidad de las situaciones identificadas llevaron a concluir, durante las negociadores de la Ronda Uruguay (1986-1994), sobre la necesidad de un acuerdo específico que rigiera su utilización, en adición a los artículos III, XI y XX (b) del GATT y del Acuerdo sobre los Obstáculos Técnicos al Comercio (OTC).

En efecto, las disposiciones del GATT, en particular los artículos III y XX (b), solamente comprenden el tratamiento de esas normas bajo el criterio de la discriminación cuando, más bien, estas conciernen habitualmente a los productos agrícolas importados, al igual que a los domésticos. El Acuerdo OTC, por su parte, había sido firmado solamente por 32 países en el marco del GATT y parecía demasiado general para ocuparse de las normas SPS que afectan a los productos agrícolas, para los cuales la problemática de la armonización de las normas y la importancia de la referencia a la ciencia como base de su legitimidad, constituían especificidades demasiado exigentes. Así, un trato particular fue reservado para las medidas SPS en el marco de la Ronda Uruguay. Este llevó a la redacción del Acuerdo sobre la Aplicación de Medidas Sanitarias y Fitosanitarias (Acuerdo SPS), dentro del conjunto de los acuerdos que fundan la Organización Mundial del Comercio (OMC).

El objetivo del Acuerdo es garantizar que la liberalización del comercio agrícola no se produzca a expensas de la salud humana, animal y vegetal. Así, el acuerdo afirma el derecho de los Estados miembros de la OMC (los Miembros) de elegir el nivel de protección de la salud que desean lograr, incluso cuando éste sea más elevado que el nivel de protección que se obtendría con el respeto estricto de normas y recomendaciones internacionales. Sin embargo, este derecho está sujeto a límites para que no sea utilizado para levantar barreras injustificadas al comercio internacional.

Un primer tipo de límites es muy cercano de las disposiciones del GATT y centra su atención sobre la discriminación. El artículo 2.3 establece que una medida SPS no debe engendrar una "discriminación" entre los Miembros, ni entre el Miembro que la adopta y otro Miembro. El artículo 5.5 añade que dicha medida no debe constituir una restricción encubierta al comercio internacional y que los miembros evitarán las distinciones arbitrarias o injustificables en los niveles de protección que consideren apropiadas en situaciones diferentes. Finalmente, para el artículo 2.2, una SPS adoptada por un Miembro debe ser "necesaria" para proteger la salud humana, animal o vegetal, y no debe ser "más restrictiva" para el comercio internacional que lo necesario a la luz de su objetivo (art. 5.6).

Un segundo tipo de limitaciones se refiere a los prerrequisitos de orden científico de las medidas que un miembro decide aplicar, en el caso de que éstas no corresponden con las normas internacionales reconocidas. En efecto, el acuerdo SPS impone a los Miembros la obligación de basar sus medidas SPS en "principios científicos" (art. 2.2) y de no mantenerlas sin pruebas científicas suficientes. Este prerrequisito está contenido explícitamente en el artículo 5.1 como una "evaluación" científica de los riesgos, cuyas características son detalladas.

Este segundo tipo de límites es original. En efecto, si bien es cierto puede haber casos en los que la falta de bases científicas de una medida SPS pueda revelar la discriminación (por ejemplo, un país impone una medidas SPS sin evaluación de riesgo sobre un producto importado que no se produce en la economía nacional, pero que compiten con productos sustitutos cercanos), también pueden imaginarse casos en los que una medida no discriminatoria sucumbe ante el examen de la evaluación de los riesgos, pudiendo ser objeto de una condena en relación con los principios que resguarda la OMC. La exigencia científica parece ser más exigente que la ausencia de discriminación. Esta característica del Acuerdo SPS ha tenido, por lo menos, dos efectos: el primero consistió en exponer el Acuerdo SPS a la crítica por la primacía otorgada a la ciencia; y el segundo, menos evidente, fue de otorgar una mayor importancia a los organismos internacionales de normalización en la esfera sanitaria y fitosanitaria (*Codex Alimentarius*, Organización Mundial de la Sanidad Animal - OIE - y la Convención Internacional para la Protección Fitosanitaria- CIPF).

Un conjunto de procedimientos para establecer buenas prácticas también se establece en el Acuerdo SPS. Por ejemplo, en materia de transparencia (art. 7 y Anexo B), los Miembros deberán notificar cualquier nueva medida SPS (o modificación de una medida existente) antes de su aplicación, a fin de dar tiempo de adaptarse a los Miembros exportadores. En materia de procedimiento de control, inspección y aprobación se solicita a los Miembros que se aseguren de que sus procedimientos se inicien y ultimen sin demoras indebidas (Anexo C). Además, en materia de equivalencia, un miembro deberá aceptar una medida SPS diferente de la suya cuando genere el mismo nivel de protección. Por último, se establece un "trato especial y diferenciado" para los países en desarrollo (arts. 9 y 10): facilitar la prestación de asistencia técnica, plazos más extensos para el cumplimiento del acuerdo SPS, excepciones específicas y limitadas en el tiempo.

Las disputas comerciales resueltas sobre la base del Acuerdo SPS y suscitadas desde 1995 (en particular, las controversias *Australia - Salmón*, *CE -*

Hormonas, Japón - Manzanas y *CE - Aprobación y comercialización de productos biotecnológicos*), han permitido reiterar el derecho fundamental de un Estado miembro de adoptar las medidas SPS y las obligaciones que rigen tal ejercicio. También han permitido aclarar la definición de medida SPS, así como las relaciones entre el Acuerdo SPS y otros acuerdos de la OMC, incluido el Acuerdo OTC. Si bien la armonización de las medidas SPS y la admisibilidad de las experticias científicas han sido debatidas en los diferentes arbitrajes, sin duda alguna es la capacidad de adoptar medidas SPS sobre la base de una presunción de riesgo el tema que ha recibido la mayor atención de parte de los comentaristas. Esta posibilidad, contenida en el artículo 5.7, permite en efecto tomar en cuenta la filosofía del principio de precaución en el seno del Acuerdo SPS. Los arbitrajes han permitió la afirmación del ejercicio de este derecho estableciéndole, a la vez, condiciones entre las cuales se incluyen la obligación de presentar una evaluación del riesgo adecuada, aunque sea incompleta.

Bibliografía sugerida: • BOY, L. *et alii* (2003), La mise en œuvre du principe de précaution dans l'Accord SPS de l'OMC – Les enseignements des différends commerciaux, *Revue économique*, 2003/6, Volume 54, p. 1291 (consultable en línea) ; • HOWSE, R. (2000), Democracy, science and free trade: Risk regulation on trial at the World Trade Organization, *Michigan Law Review*, volume 98 (7), p. 2329; • MUÑOZ UREÑA, H. (2004), *Consideraciones sanitarias en el Comercio Internacional –Estudio Introductorio-*, IJSA, San José, p. 276; • PREVOST, D., VAN DEN BOSSCHE, P. (2005), The Agreement on the application of Sanitary and phytosanitary measures, in *The World Trade Organization : Legal, economic and political analysis*, bajo la dirección de P. F. Macrory, A. E. Appleton et M. G. Plummer, New York, Springer Science, Volume I, p. 231; • TREBILCOCK, M., SOLOWAY, J. (2002), International policy and domestic food safety regulation : The case for substantial deference by the WTO Dispute Settlement Body under the SPS Agreement, in *The political economy of international trade law. Essays in honor of Robert E. Hudec*, bajo la dirección de D. L. M. Kennedy et J. D. Southwick, Cambridge University Press, p. 537.

CHRISTOPHE CHARLIER

Véase también: - Acuerdo General sobre Aranceles Aduaneros y Comercio - Acuerdo OTC - Cláusula de Salvaguardia - Clonación de animales - Codex Alimentarius – Coherencia – Diferendos de la OMC – Experticia - Organización Mundial del Comercio – Riesgo - Riesgo ambiental - Seguridad alimentaria.

Acuerdo TBT

Véase: - Acuerdo OTC.

Acuerdos de Maputo

Al emplear el término "Acuerdos de Maputo" se hace referencia, a menudo, a la Declaración sobre la Agricultura y la Seguridad Alimentaria en África, adoptada en Maputo (Mozambique), en paralelo al establecimiento de la

Unión Africana (UA), 2003. Es conocida por el compromiso adoptado por los 53 Estados miembros de la UA, de destinar al menos el 10% de sus presupuestos nacionales al desarrollo agrícola.

El objetivo de los Acuerdos de Maputo se expresa claramente en el preámbulo de la Declaración. Se trata de desarrollar una respuesta africana a la situación de crisis alimentaria crónica, a partir de la constatación de que el continente tiene la capacidad de satisfacer por sí mismo las necesidades de los africanos y que las políticas agrícolas nacionales siguen siendo aún inadecuadas en gran medida, para la satisfacción de estas necesidades. La Declaración presenta así una doble dimensión: en el nivel externo, se busca la emancipación -mayor o menor- de los mecanismos de cooperación internacional. África busca una solución alternativa que consiste en aprovechar plenamente sus recursos y aumentar su producción alimentaria y agrícola, para garantizar la seguridad alimentaria sostenible y la prosperidad económica de sus poblaciones. El texto insiste, a este respecto, sobre el hecho de que el continente es actualmente el mayor beneficiario de ayuda alimentaria del mundo y subraya enérgicamente la "responsabilidad" de los países africanos.

En el nivel interno, se dispone el objetivo ambicioso de incidir en la aprobación de los presupuestos nacionales, imponiendo el destino de una parte significativa de los fondos públicos a la agricultura.

La agricultura africana sufre, en efecto, de un financiamiento público considerado insuficiente, de infraestructuras insatisfactorias para la conducción y el tratamiento del agua, de maquinarias y de investigación agrícola poco desarrolladas, etc. Defectos y retrasos acumulados, en los que los Estados signatarios reconocen que tienen un papel en la aparición de causas agrícolas profundas y regulares. En respuesta, la "redinamización" del sector de la alimentación y la agricultura se incentiva.

Se plantea el subsidio de los insumos, la capacitación de los trabajadores agrícolas, la implementación de programas para asegurar la fertilidad de los suelos, el desarrollo de estrategias de lucha contra las plagas y enfermedades, la facilitación del acceso a los mercados urbanos, la definición de los regímenes de protección social e, incluso, la constitución de reservas alimentarias, sin olvidar la implementación de planes de acción a nivel local, regional y continental (por ejemplo, Programa para el desarrollo integral de la agricultura en África). Todas estas medidas tienen un costo considerable y es por eso que los Estados acordaron adoptar políticas sanas para el desarrollo agrícola y rural y asignar cada año al menos el 10% de los presupuestos nacionales para su implementación.

Sin embargo, para muchos este compromiso sigue siendo letra muerta. A pesar de los Acuerdos de Maputo, cerca de dos tercios de los Estados afectan menos del 6% de su presupuesto anual para el sector agrícola. El origen de estos defectos se encuentra en el hecho de que la Declaración no tiene, en realidad, ningún efecto vinculante y no hay manera de sancionar las deficiencias eventuales de una de las partes firmantes.

EDUARDO CHIZIANE Y
JEAN-PHILIPPE BUGNICOURT

Véase también: – Agricultura - Seguridad alimentaria.

Acuicultura

La Organización de las Naciones Unidas para la Alimentación y la Agricultura (FAO) define la acuicultura como "el cultivo de organismos acuáticos, incluyendo peces, moluscos, crustáceos y plantas acuáticas, que implica la intervención del hombre en el proceso de cría para aumentar la producción, en operaciones como la siembra, la alimentación, la protección de los depredadores, etc. La actividad de cultivo también presupone que los individuos o asociaciones que la ejercen son propietarios de la población bajo cultivo". El término acuicultura se refiere así a todas las actividades humanas tendientes a la cría de especies acuáticas, sea en agua dulce, salobre o marina, donde el hombre tiene el control sobre la población explotada, en particular por la disminución de la mortalidad natural y el aumento de la reproducción.

En 2008 la producción acuícola mundial llegó a 68,3 millones de toneladas contando todas las especies (animales y vegetales); la producción europea alcanzó, por su parte, 2,34 millones de toneladas, que equivalen al 4% de la producción acuícola animal mundial, con un valor de US$ 9,5 miles de millones (9% del valor global). En Francia, la acuicultura marina es una actividad ampliamente integrada en la economía de las zonas costeras, con una producción total de más de 244 mil toneladas, lo que sitúa al país como segundo de la Unión Europea en términos de valor y en tercera posición en términos de tonelaje. La producción de moluscos (conchas) sigue siendo la principal actividad de la acuicultura marina, con una producción de 193 650 toneladas (Francia es el primer productor europeo de ostras), pero la producción nacional francesa se diversifica cada vez más (ostras, mejillones, besugo, rodaballo, salmón, peces de estanque).

Los orígenes de la acuicultura son lejanos: el control del ciclo de crianza de la carpa se remonta a la Edad Media en Occidente, pero este tipo de actividad existe en China desde 2000 años antes de nuestra era. Las primeras formas de acuicultura se desarrollaron de forma arcaica, a medio camino entre la pesca y la crianza. Los depósitos de moluscos fueron explotados en varios lugares del litoral (cosecha a pie de mejillones, la creación por P. Walton en el siglo XIII de jaulas en madera *-bouchots-* para la cría de mejillones), pero no es sino hasta la segunda mitad del siglo XIX que nacen las mariculturas, gracias a los trabajos del naturalista Coste, profesor del *Collège de France*, y del Administrador del Registro Marítimo De Bon, quienes condujeron a dominar la técnica de la captura y del encierro. La cría de ostras nace así en

1852 en Arcachon, donde se otorgan concesiones a quienes figuraban en el registro marítimo. Aparecen los primeros parques de ostras en las zonas intermareales. Sin embargo, es hasta en el siglo XX, en los años 70, que la acuicultura va a modernizarse y diversificarse realmente (piscicultura marina, cría de algas, etc.).

Se trata, sin embargo, de una actividad frágil cuyo desarrollo se enfrenta a muchas limitantes: el dominio de prácticas zootécnicas, el dominio de la calidad del medio (la actividad está muy expuesta a diversas contaminaciones de origen antrópico) y del impacto de la actividad sobre ese mismo medio, variabilidad climática que dificulta el dominio del entorno de producción. A esto se añade la obligación de vender de forma rentable y la dificultad de acceso a sitios adecuados para la crianza. La acuicultura se ve enfrentada a muy numerosos retos, tanto en términos de seguridad alimentaria, de calidad de los productos o de los conflictos por el uso del litoral, lo que explica en parte los problemas de la renovación generacional que enfrenta actualmente este sector.

La acuicultura es practicada en la costa y en la zona intermareal (edificios, estanques, parques, jaulas, pantallas), pero también en el suelo y la columna de agua suprayacentes de las aguas interiores y del mar territorial (maricultura, estanques, jaulas suspendidas). El conjunto de técnicas utilizadas (jaulas en alta mar –*off shore*-, estanques, lagunas, mar abierto, circuitos cerrados) pretende utilizar de manera óptima el espacio disponible para la actividad, en función de sus diferentes requisitos. En ese sentido, las mariculturas requieren de zonas marinas cada vez más grandes y cada vez más distantes de la playa, yendo incluso a utilizar exclusivamente la columna de agua, dejándose de usar el suelo de las aguas interiores o territoriales.

A nivel europeo, la Directiva nº 2006/88/CE de 24 de octubre de 2006 establece los requisitos zoosanitarios aplicables a la comercialización, a la importación y al tránsito de animales de la acuicultura y de sus productos derivados. También establece las medidas mínimas de prevención en relación con los animales de acuicultura y las medidas mínimas de control que deben aplicarse en caso de sospecha o confirmación de la presencia de determinadas enfermedades de los animales acuáticos. Este texto establece asimismo la obligación para las granjas acuícolas y establecimientos de procesamiento, de contar con una aprobación por parte de la autoridad competente de su Estado miembro. Para obtener esta aprobación, las granjas y los establecimientos de procesamiento deben llevar un registro de los movimientos de animales y productos, implementar buenas prácticas de higiene y, en el caso de las granjas acuícolas y los parques de moluscos, estar sometido a un programa de vigilancia zoosanitaria basado en el análisis de los riesgos.

La Directiva establece además una lista de enfermedades exóticas, así como las especies que son susceptibles. El territorio de un Estado o parte del mismo puede ser declarado libre de una enfermedad no exótica si no hay especies susceptibles a esta enfermedad o si el Estado ha puesto en marcha medidas para controlar y detectar la enfermedad durante un tiempo lo suficientemente largo. El Estado debe establecer zonas de amortiguamiento entre su territorio y los de sus vecinos que no estén declarados libres de la enfermedad. Por último, establece normas generales aplicables, en particular, al transporte y a la trazabilidad de los animales (certificación zoosanitaria). Incluye normas de policía sanitaria aplicables a los animales y productos destinados a la crianza y a la repoblación, al estatus de zona libre en la región de origen de los animales o la obligación, en algunos casos, de mantenerlos en cuarentena. Otras condiciones específicas se refieren a los animales y productos destinados al consumo humano, en particular a su estatus sanitario, a las condiciones de higiene de los establecimientos de transformación o de almacenamiento temporal.

La Unión Europea también garantiza la calidad de las aguas para cría de moluscos. La Directiva nº 2006/113/CE, de 12 de diciembre de 2006, define los parámetros de las aguas para cría de moluscos, los valores guía y valores obligatorios, los métodos de análisis de referencia, así como la frecuencia mínima de muestreo y medición. Los parámetros aplicables a las aguas para cría de moluscos conciernen el pH, la temperatura, el color, los sólidos en suspensión, la salinidad, el oxígeno disuelto e incluso la presencia o la concentración de ciertas sustancias (hidrocarburos, metales, compuestos órgano-halogenados). En base a estos criterios, los Estados miembros establecen valores a respetar en las aguas designadas para cría de moluscos. Estos límites pueden ser más severos que los previstos por la Directiva. Cuando se trata de metales o compuestos órgano-halogenados, estos valores también deben cumplir con las normas de emisión fijadas de conformidad con la Directiva nº 2006/11/CE, sobre el vertido de ciertas sustancias en el ambiente acuático.

En Francia, un decreto del 22 de marzo 1983 define la explotación de cultivos marinos como un establecimiento destinado a producciones biológicas que incluyen la captura, cría, refinación, procesamiento, almacenamiento, envasado y envío de los productos del mar y establece el régimen de estas explotaciones, independientemente de si la producción es de animales marinos o vegetales. Este texto también armoniza el régimen jurídico de los cultivos marinos al aplicarse al conjunto de las explotaciones, incluyendo las ubicadas en propiedad privada, pero que necesiten una toma de agua de mar (art. 1, inciso 2 del Decreto). El régimen se basa en un título jurídico global que incluye las estructuras artificiales sumergidas destinadas a cultivos marinos. Se trata de una autorización para operar a largo plazo, bajo la figura de un acto de concesión otorgado por el Prefecto del departamento, bajo propuesta del Director de Asuntos Marítimos, por un período de 35 años prorrogables. Este nuevo régimen permite poner fin al régimen de autorización de ocupación temporal, reuniendo en el acto de concesión todas las autorizaciones necesarias para la explotación: concesión de establecimiento de pesca, de conexión y de utilización de las dependencias del dominio público marítimo.

Bibliografía sugerida: • BEURIER, J.-P. (dir.) (2009), *Droits maritimes*, Paris, éd. Dalloz, coll. Action.

GWÉNAËLLE PROUTIÈRE-MAULION

Véase también: - Organización de las Naciones Unidas para la Alimentación y la Agricultura - Política Pesquera Común.

Adición de sustancias

Muchas sustancias pueden ser añadidas voluntariamente a los alimentos. Estas sustancias se vuelven componentes del alimento y se consideran como ingredientes. En este sentido, se diferencian de los residuos de contaminantes (pesticidas, medicamentos veterinarios...) cuya presencia es fortuita y limitada a un nivel aceptable para preservar la salud de los consumidores. Las sustancias de adición se distinguen también de otros componentes de los alimentos (como por ejemplo, la sal utilizada desde la Antigüedad como agente de conservación), debido a que estas no son normalmente consumidas como alimentos en sí mismos.

Las sustancias adicionadas son incorporadas en los alimentos para desempeñar una función determinada. Algunas sustancias se añaden con fines nutricionales. Así, las vitaminas, los minerales y otras sustancias que tienen un efecto nutricional o fisiológico pueden ser añadidas voluntariamente a los alimentos para restaurar o mejorar su valor nutricional.

Otras sustancias se incorporan a los alimentos con fines tecnológicos. Se trata de mejoradores alimentarios agrupados en tres categorías: los aditivos (conservantes, colorantes...), los aromas y las enzimas alimentarias. Estas sustancias se convierten en componentes de los alimentos y deben distinguirse de los auxiliares tecnológicos, en la medida en que estos últimos no tienen por finalidad estar presentes en el producto terminado.

Los auxiliares tecnológicos o *processing aids* (auxiliares de fabricación) se definen en principio como otras sustancias de adición que no se consumen como un ingrediente alimentario en sí, que son utilizadas voluntariamente con un fin tecnológico, aún si sólo se aplica en la fase de transformación del alimento o de sus ingredientes (ejemplos: agentes de lavado, de congelación, catalizadores...).

Sin embargo, a diferencia de otras sustancias de adición, los auxiliares tecnológicos sólo pueden estar presentes en el producto final bajo la forma de residuos técnicamente inevitables, bajo la condición de que dichos residuos no presenten riesgos sanitarios y no tengan efectos tecnológicos en el producto final. Lo anterior, de conformidad con la definición establecida en la

Unión Europea, por el artículo 3 del Reglamento nº 1333/2008 sobre los aditivos alimentarios.

Cada categoría de sustancias precitadas tiene su propio régimen jurídico particular.

Las sustancias utilizadas con fines nutricionales se rigen por el Reglamento nº 1925/2006 del 20 de diciembre de 2006, sobre la adición de vitaminas, minerales y otras sustancias determinadas a los alimentos. De acuerdo con este texto, sólo las vitaminas y los minerales enumerados en el anexo I, bajo las formas establecidas en el anexo II, pueden ser añadidos a los productos alimentarios comunes. Estas listas pueden ser actualizadas tomando en cuenta el dictamen de la Autoridad Europea de Seguridad Alimentaria (AESA) para las sustancias cuya inocuidad y biodisponibilidad ha podido ser establecida.

El Reglamento de 30 de noviembre 2009 incluyó el boro en la lista de minerales autorizados. Hasta enero de 2014, las disposiciones transitorias permiten el mantenimiento de las normas nacionales en las condiciones definidas por el artículo 17 del Reglamento nº 1925/2006. Además, el enriquecimiento de ciertos alimentos está prohibido (alimentos no transformados) o sujeto a restricciones significativas (bebidas alcohólicas). Para todos los otros alimentos, el enriquecimiento es posible incluso si las vitaminas o minerales en cuestión no están naturalmente presentes en los alimentos (por ejemplo, postre de soya fortificado con calcio).

La adición de sustancias con un fin nutricional debe permitir la reducción de algunas deficiencias alimentarias y no debe conducir a un aporte excesivo y perjudicial para la salud del consumidor.

Por consiguiente, las vitaminas y los minerales pueden ser añadidos respetando la cantidad mínima a utilizar (sea un 15% de los valores nutricionales de referencia -VNR- por 100 g o 100 ml, de conformidad con el anexo XIII del Reglamento nº 1169/2011, con la excepción de las bebidas para las que un porcentaje derogatorio de 7,5% de los VNR por 100 ml se aplica).

Las cantidades máximas que no deben sobrepasarse serán establecidas posteriormente. El consumidor es informado acerca de la presencia de vitaminas y minerales mediante el etiquetado nutricional obligatorio. Debe figurar así la declaración nutricional prevista por el Reglamento nº 1169/2011, con una información relativa a las cantidades totales de vitaminas y minerales presentes en el alimento. Ciertas declaraciones nutricionales, tales como "un nivel garantizado de vitaminas y/o minerales" o "fuente de..." o "rico en...", sirven para valorizar la restitución o la adición de estos nutrientes en el alimento (por ejemplo, la vitamina C en el jugo naranja, la vitamina D en la leche).

El reglamento nº 1925/2006 permite el uso de otras sustancias con un fin nutricional y fisiológico tanto para los alimentos ordinarios como para los complementos alimentarios. No se establece *a priori* una lista para estas otras sustancias autorizadas, pero, por el contrario, se establece un procedimiento para enumerar las sustancias prohibidas, aquellas sujetas a restricciones y aquellas que se encuentran bajo control comunitario.

Hasta el momento ninguna sustancia se encuentra inscrita en alguna de esas categorías. En ausencia de armonización europea, estas sustancias (plantas y extractos de plantas, aminoácidos...) están sujetas a las normas nacionales y al principio de reconocimiento mutuo. El régimen de los extractos de plantas es particularmente complejo, ya que estas sustancias pueden estar comprendidas en la farmacopea y conllevar la recalificación legal del alimento como medicamento.

Las sustancias utilizadas con fines tecnológicos están sujetas a un régimen jurídico que fue parcialmente unificado en 2008. Estas sustancias clasificadas como mejoradores alimentarios reagrupan a los aditivos, los aromas y las enzimas.

Los aditivos son definidos por el Reglamento nº 1333/2008 como “toda sustancia que normalmente no se consuma como alimento en sí misma ni se use como ingrediente característico de los alimentos, tenga o no valor nutritivo, y cuya adición intencionada - con un propósito tecnológico- a un alimento durante su fabricación, transformación, preparación, tratamiento, envasado, transporte o almacenamiento, tenga por efecto, o quepa razonablemente prever que tenga por efecto, que el propio aditivo o sus subproductos se conviertan directa o indirectamente en un componente del alimento.”

Por su parte, los aromas son regulan en el Reglamento nº 1334/2008 de 16 de diciembre de 2008, sobre los aromas y determinados ingredientes alimentarios con propiedades aromatizantes utilizados en los alimentos. Son productos no destinados a ser consumidos en el estado, se utilizan para mejorar o modificar el olor y el sabor de los alimentos.

Por último, las enzimas son regulas en el Reglamento nº 1332/2008 sobre enzimas alimentarias, como un producto obtenido a partir de plantas, de animales o de microorganismos o de productos derivados, incluyendo un producto obtenido por un método de fermentación con ayuda de microorganismos que contienen una o más enzimas capaces de catalizar una reacción bioquímica específica, y que se añade a los alimentos con fines tecnológicos. La fermentación microbiana o fungicida utilizada tradicionalmente para la fabricación de queso o de vinos está excluida del ámbito de aplicación del Reglamento.

Hasta la promulgación del Reglamento nº 1132/2008, las enzimas alimentarias no estaban reguladas como tales y no se encontraban sujetas a un régimen de autorización a menos de que fueran utilizadas como aditivo alimentario o como auxiliar tecnológico. El establecimiento de una legislación sectorial específica para las enzimas unifica su régimen a nivel europeo, incluso para las enzimas utilizadas como auxiliares tecnológicos, que son reguladas normalmente por las legislaciones de los Estados miembros.

Las sustancias que comprenden estas tres categorías de mejoradores alimentarios están sujetas a un procedimiento de autorización uniforme establecido en el Reglamento nº 1331/2008 de 16 de diciembre 2008. Su utilización supone que su inocuidad sea determinada por una evaluación de riesgos realizada por la AESA. El Reglamento nº 234/2011 especificó posteriormente, los procedimientos que se aplican para las solicitudes de utilización de nuevas sustancias y para las modificaciones de las condiciones de utilización o las especificaciones de una sustancia ya autorizada.

Este nuevo dispositivo de evaluación se acompaña de una reevaluación de las sustancias que ya cuentan con una autorización.

Sobre los aditivos, la reevaluación de las sustancias que ya se encuentran en el mercado debe ser realizada de aquí al 2020, de conformidad con el Reglamento nº 257/2010. Mientras tanto, los profesionales deben consultar las listas positivas de aditivos autorizados en toda la Unión Europea, establecidas por los Reglamentos nº 1129/2011 y nº 1130/2011, que completan los anexos II y III del Reglamento nº 1333/2008.

Sobre los aromas, en noviembre de 2010 la AESA concluyó la primera fase de un examen completo sobre la seguridad de 2067 sustancias aromatizantes utilizadas en la Unión Europea. En espera de la elaboración de una lista actualizada, las sustancias aromatizantes que figuran en el repertorio establecido por la Decisión nº 2009/163 de 26 de febrero de 2009 pueden ser utilizadas. Por último, en ausencia de una lista comunitaria para las enzimas, los operadores deberán presentar los expedientes de solicitud de autorización hasta 2013.

El proceso de evaluación de las solicitudes tomará varios años. Hasta que la lista comunitaria de las enzimas alimentarias no sea publicada, se debe hacer referencia a las eventuales disposiciones nacionales.

La presencia de mejoradores alimentarios es señalada al consumidor en la lista de los ingredientes de los alimentos a los que se añaden. De conformidad con el Reglamento nº 1169/2011, sobre la información al consumidor sobre los alimentos, el etiquetado del producto debe mencionar la lista de ingredientes, que engloban a todas las sustancias "incluidos los aromas, aditivos alimentarios y las enzimas alimentarias " (art. 2.2, f).

En el caso de los aditivos, el etiquetado del producto debe mencionar la función que cumple en el producto final (colorante, conservante...), así como la sustancia utilizada indicando su denominación (por ejemplo, Agar agar) o refiriéndose al "número E" correspondiente (ejemplo: E 406).

Para los aromas, el etiquetado debe indicar la mención general "aroma", o una denominación más específica ("Sabor a fresa", "sabor a pizza"), o una descripción más específica ("aceite de esencia de menta", "extracto de ajo"...).

Los aromas calificados como "naturales" contienen únicamente agentes aromatizantes naturales derivados directamente de una materia animal o vegetal. Los "aromas naturales de..." deben ser naturales y la parte aromatizante debe ser obtenida exclusivamente o casi exclusivamente de los materiales de base previstos (la fresa, por ejemplo).

En relación con las enzimas, debe figurar en la etiqueta el nombre de la enzima (por ejemplo, proteasa) o el nombre aprobado por la nomenclatura de la Unión Internacional de Bioquímica y de Biología Molecular (por ejemplo, EC 4 *Lyases*).

MARINE FRIANT-PERROT

Véase también: - Aditivos – Alimento – Etiquetado – Pesticidas.

Aditivos

Los aditivos alimentarios son sustancias que se añaden intencionadamente a los alimentos, para realizar ciertas funciones tecnológicas específicas como su coloración o su conservación. Dentro de la Unión Europea, el Reglamento nº 1333/2008 sobre los aditivos alimentarios refundió la legislación comunitaria sobre la materia y los define como "toda sustancia que normalmente no se consuma como alimento en sí misma ni se use como ingrediente característico de los alimentos, tenga o no valor nutritivo, y cuya adición intencionada – con un propósito tecnológico – a un alimento durante su fabricación, transformación, preparación, tratamiento, envasado, transporte o almacenamiento tenga por efecto, o quepa razonablemente prever que tenga por efecto, que el propio aditivo o sus subproductos se conviertan directa o indirectamente en un componente del alimento."

El aditivo alimentario está sujeto a un régimen de autorización. Su utilización implica que su inocuidad ha sido establecida por medio de una evaluación de los riesgos realizada por la Autoridad Europea de Seguridad Alimentaria (AESA), que existe una necesidad tecnológica suficiente que no puede ser satisfecha por otros métodos económica y tecnológicamente disponibles, y que su uso no induce a error al consumidor.

La evaluación de los riesgos y la autorización de los aditivos alimentarios están integradas en un procedimiento armonizado de autorización para aditivos, enzimas y aromas alimentarios, establecido por el Reglamento nº 1331/2008 y complementado por el Reglamento nº 234/2011. La implementación del nuevo dispositivo de evaluación se acompaña de una reevaluación de aquí al 2020, de los aditivos alimentarios que han sido autorizados antes del 20 de enero de 2009, de conformidad con un calendario establecido por el Reglamento nº 257/2010 de 25 de marzo de 2010, "por el que se establece un programa para la reevaluación de aditivos alimentarios autorizados". Las listas comunitarias actualizadas enumeran los aditivos autorizados en los alimentos o que se destinan a ser incluidos en otros aditivos, enzimas y aromas alimentarios (Anexos II y III del Reglamento nº 1333/2008) y especifican sus condiciones de utilización.

La presencia de aditivos se informa a los consumidores en la lista de ingredientes de los alimentos a los que se añaden. De conformidad con el Reglamento nº 1169/2011 sobre la información alimentaria facilitada al consumidor, el etiquetado de los productos debe indicar la función del aditivo en el producto final (colorante, conservante, edulcorante, etc.), así como la sustancia utilizada según su nombre (por ejemplo, "Agar agar") o mediante referencia al "número E" correspondiente (ejemplo: E 406).

MARINE FRIANT-PERROT

Véase también: - Adición de sustancias – Alimento – Etiquetado.

Administración de sustancias nocivas

La administración de sustancias nocivas es una infracción penal que busca castigar una forma particular de afectación a la integridad física de una persona, causada por la administración de un producto con carácter no letal o a una dosis que no es letal. Esta contemplado en el derecho francés, en el artículo 222-15 del Código Penal: "La administración de sustancias nocivas que hayan atentado contra la integridad física o psíquica ajena" será castigada de acuerdo con la gravedad de los daños sufridos por la víctima y de las circunstancias que rodearon la violencia.

La administración de sustancias nocivas, que está clasificada entre los actos de violencia, es una infracción cercana al envenenamiento por cuanto el modo operatorio es similar. En efecto, la administración de un producto a un tercero es un modo operatorio singular, que acerca a estos dos tipos de infracciones. Sin embargo, son distintas una de la otra por cuanto el producto administrado no es letal per se o, si lo fuese, la dosis no ha sido suficiente en el caso de la administración de sustancias nocivas. Esta última se distingue igualmente del envenenamiento al apreciar el elemento moral (psicológico), la intención de dañar es suficiente para caracterizarla. Por último, su estructura es diferente en la medida en que el envenenamiento es una infracción formal -que no requiere de resultado para ser consumada-, mientras que la administración de sustancias nocivas supone un resultado que se caracteriza por una afectación a la integridad física de otro. Asimismo, la naturaleza y el alcance de tal afectación puede ser muy diferente, desde una incapacidad total para trabajar hasta la muerte de la víctima, pasando por la mutilación o la invalidez permanente.

En lo que respecta al elemento material de la infracción, se trata de la absorción de una sustancia desprovista de carácter mortal o en una dosis no letal, independientemente del proceso utilizado. Esta sustancia puede ser un medicamento, un producto contaminado, tal como la sangre infectada con VIH o, eventualmente, un alimento alérgeno. Es necesario, además, que esta transmisión por ingestión, inhalación, picadura, relaciones sexuales, inyección, haya causado un resultado dañoso. El elemento moral es intencional, lo que supone la demostración del conocimiento del agente sobre la nocividad de la sustancia administrada, así como la conciencia de administrarla. En la hipótesis de la administración de un alimento alérgeno a una persona cuya predisposición alérgica no es conocida por el autor de los hechos, la administración de sustancias nocivas deberá ser excluida, por cuanto el carácter nocivo de la sustancia debe ser apreciado *in abstracto* y el elemento moral estaría ausente. Solamente podría ser considerada una afectación involuntaria. De esta forma, ha podido ser retenida por las jurisdicciones represivas francesas el homicidio involuntario en un caso de fabricación, comercialización, prescripción y venta de cápsulas para adelgazar que contenían una sustancia nefrotóxica cuya absorción provocó tumores cancerosos.

CLAIRE SAAS

Véase también: - Consumo.

Administración del agua

Véase: - Aguas Argentinas – Derecho al agua.

AESA

Véase: - Autoridad Europea de Seguridad Alimentaria.

África

Véase: - Acaparamiento de tierras - Acuerdo de Asociación Económica - Acuerdos de Maputo - Carta del Mandén – Colonización - Gran Muralla Verde.

Agricultura

Hoy en día, la agricultura representa una parte relativamente pequeña de la economía de la mayoría de los países desarrollados: cabe citar el ejemplo de los Estados Unidos, donde las explotaciones agrícolas generan actualmente cerca de 1% del producto interno bruto. Sin embargo, si se toma en cuenta toda la cadena alimentaria, la situación es un tanto diferente. En 2010, el sector agroalimentario representaba el 6,8% de la economía del Reino Unido y el 13,5% de la mano de obra total empleada. Asimismo, los alimentos destinados a las personas y a los animales, junto con las bebidas representaban el 6% de las exportaciones nacionales, por un valor de aproximadamente 20 mil millones de euros. Esta importancia relativa se refleja también en el marco jurídico de la Organización Mundial del Comercio (OMC) en el cual la agricultura, en tanto industria, tiene su propio Acuerdo (Acuerdo sobre la Agricultura, originado en la Ronda Uruguay) y donde el resultado de la Ronda de Doha se basa, en gran medida, en el establecimiento de un consenso sobre las cuestiones agrícolas, como se demostró en la Conferencia Ministerial de la OMC en Cancún, en septiembre de 2003.

En cuanto a la definición jurídica del término "agricultura", cabe señalar que no se propuso tal definición en el Tratado de Funcionamiento de la Unión Europea (TFUE). Por lo tanto, como sostuvo el Tribunal de Justicia de la Unión Europea (TJUE), corresponde a las autoridades competentes de los Estados miembros respectivos, en su caso, definir el alcance de las leyes agrícolas, en relación con las personas y con los bienes afectados. Del mismo modo, el TJUE no ha aportado ninguna definición precisa de lo que constituye una "explotación agrícola", un término que las instituciones de la UE deben definir: en efecto, la expresión puede tener diferentes significados según los objetivos específicos de la normativa comunitaria respectiva. Por otra parte, el TJUE ha confirmado que las relaciones jurídicas entre propietarios y arrendatarios de tierras agrícolas continúan estando, en general, regidas por las legislaciones de cada Estado miembro (véase The Queen c/ Ministry of Agriculture, Fisheries and Food, ex parte Bostock, 1994).

Por el contrario, los "productos agrícolas" sí son definidos en el artículo 38.1 del TFUE como "los productos de la tierra, de la ganadería y de la pesca, así como los productos de primera transformación directamente relacionados con aquéllos". También se afirma expresamente que las referencias a "la utilización del término "agrícola" abarcan también la pesca". En este contexto, resulta conveniente interpretar la expresión "de primera transformación" como sobreentendiendo una clara interdependencia económica entre las materias primas y los productos resultantes de un proceso de producción, con independencia del número de operaciones que intervienen. Por otra parte, los productos incluidos en el Título III del TFUE, sobre la agricultura y la pesca, se encuentran enumerados en el Anexo I; se incluyen: los animales vivos, las carne y los despojos comestibles de carne, el pescado, los mariscos y crustáceos, la leche y los productos lácteos, las hortalizas, las frutas y los frutos secos comestibles, los cereales, las semillas oleaginosas, el azúcar de remolacha y de caña, el vino de uvas frescas, el alcohol etílico, el vinagre y el lino. Sin embargo, no se hace mención a ciertos productos generalmente aceptados como "agrícolas" y que podrían, también, cumplir con la definición general contenida en el artículo 38.1 del TFUE. Así, la lana no se menciona cuando podría ser considerado como un producto de primera transformación. Cabe advertir que, en este caso, el TJUE estableció que la lista presentada en el Anexo I debía prevalecer sobre la definición general de "productos agrícolas", que figura en el artículo 38.1 (CILFIT c/ Ministero della Sanità, 1984).

También, puede señalarse que el Anexo no incluye ni a los árboles ni a los productos forestales, a pesar de que algunos de estos productos, tomados aisladamente, puedan entrar en el ámbito de aplicación del Título III del TFUE.

Como ya ha sido mencionado, a pesar de la ausencia de una definición precisa del término "agricultura" en el Tratado fundador de la Unión Europea, este término puede definirse, sin embargo, para las necesidades de la legislación comunitaria específica. Así, en el caso del régimen jurídico de las ayudas directas, se encuentra la siguiente definición en la que se entiende por "actividad agraria" –agrícola-: "la producción, la cría o el cultivo de productos agrarios, con inclusión de la cosecha, el ordeño, la cría de animales y el mantenimiento de animales a efectos agrícolas, o el mantenimiento de la tierra en buenas condiciones agrarias y medioambientales" (Reglamento nº 73/2009 de 19 de enero de 2009, por el que se establecen disposiciones comunes aplicables a los regímenes de ayuda directa a los agricultores en el marco de la política agrícola común). Aquí, la definición va más allá de la simple producción, para incluir la conformidad con los objetivos ambientales. Esto refleja que se mantiene la obligación establecida en el artículo 11 del TFUE, según la cual los requisitos de protección del ambiente deberán integrarse a la definición y a la aplicación de la Política Agrícola Común, tal como fue confirmado por el TJUE (R. c/ Secretary of State for Environment, Food and Rural Affairs, 2009). Siempre en el contexto del régimen de apoyo directo, también se encuentra una definición de agricultor: "toda persona física o jurídica o todo grupo de personas físicas o jurídicas, independientemente del régimen jurídico que otorgue la legislación nacional al grupo y a sus miembros, cuya explotación esté situada en el territorio de la Comunidad [...] y que ejerza una actividad agraria".

No obstante, esta definición deja espacio para los derechos nacionales. En efecto, los Estados miembros se benefician de cierta libertad cuando interpretan el término "agricultura". Así, el artículo L. 311-1 del Código Rural francés dispone que: se consideran actividades agrícolas todas aquellas que corresponden al control y a la explotación de un ciclo biológico de carácter vegetal o animal y que constituyan uno o más etapas necesarias para el desarrollo de este ciclo, así como las actividades realizadas por un explotador agrícola que está en la prolongación del acto de producción, o que cuenta con el apoyo de la explotación; las actividades de maricultura se consideran agrícolas, a pesar de la situación social propia a aquellos que la practican; de igual forma, las actividades de preparación y de entrenamiento de los equinos domésticos para su explotación, con exclusión de las actividades de espectáculo y de producción y, en su caso, de comercialización, por uno o más explotadores agrícolas, de biogás, de electricidad y de calor por la "metanización", cuando esta producción se deriva por lo menos en un 50% de los materiales provenientes de estas de explotaciones. Esta definición es el resultado de una visión amplia de la agricultura que incluye, en particular, la producción de energías renovables (excepto las instalaciones fotovoltaicas). Por el contrario, en Inglaterra y en Gales, la definición de la agricultura en el contexto de las relaciones entre propietarios y arrendatarios se mantiene sin cambios desde el Agricultural Holdings Act (1986) y, actualmente, el Agricultural Tenancies Act (1995). Esta definición incluye a la horticultura, la fruticultura, el cultivo de granos, la producción lechera, la cría y tenencia de animales de granja, el uso de la tierra de pastos, praderas, huertas, así como el uso de tierras para bosques, cuando se usa complementariamente del cultivo de la tierra para otros fines agrícolas". En consecuencia, el acento continúa estando en las formas tradicionales de producción, sin hacer referencia alguna a las consideraciones ambientales (aunque pequeñas parcelas de bosque pueden ser considerados como “agrícolas”).

A pesar del carácter más preciso de esta definición (ciertamente no exhaustiva) en Inglaterra y Gales, parece ser que existe un consenso en la actualidad sobre el hecho de que la agricultura se extiende mucho más allá de la simple producción alimentaria. Como se reconoce explícitamente en la definición francesa, los cultivos de productos básicos pueden ser utilizados ahora para la producción de energía renovable. Se estima que para el 2020, la producción de biocombustibles representará el 12% de la producción mundial de cereales secundarios, el 16% de la producción mundial de aceite vegetal y el 33% de la producción mundial de azúcar. También existen otros usos finales de los cultivos de productos básicos. Por ejemplo, se constata una utilización creciente de tierras agrícolas para el cultivo de plantas de uso farmacéutico y se estudia la posibilidad de utilizar técnicas de modificación genética para producir vacunas y determinados medicamentos (“farmacultura”).

Además de desarrollar nuevos usos finales para los cultivos de productos básicos, los agricultores diversifican sus actividades en lugar de limitarse a la producción propiamente dicha. Estas iniciativas son ampliamente alentadas por la política de desarrollo rural de la Unión Europea: el eje 3 del Reglamento de Desarrollo Rural de 2005 (Reglamento nº 1698/2005 de 20 de septiembre de 2005) se centra de ese modo en la calidad de vida de las zonas rurales y en la diversificación de la economía rural. Al mismo tiempo, se proporciona una asistencia financiera para la creación y el desarrollo de microempresas, con el propósito de fomentar el espíritu empresarial y potenciar la estructura económica, así como fomentar el desarrollo de las actividades turísticas. Esto plantea, a su vez, cuestiones complejas relativas a saber si una empresa tan diversificada sigue siendo “agrícola”. Los tribunales ingleses y galeses han llegado a determinar hasta que punto los agricultores estaban autorizados para vender productos agrícolas importados en las tiendas de venta de productos agrícolas de la finca, sin salir del ámbito de la protección de la ley sobre las explotaciones agrícolas. Del mismo modo, los tribunales franceses han examinado la cuestión sobre lo que debe considerarse como una “extensión” de la producción agrícola en oposición a una actividad comercial diferente, independiente de la agricultura.

Podría decirse que la diversificación y el desarrollo de una más amplia gama de usos finales de los productos agrícolas reflejan una visión multifuncional de la agricultura que se expresó claramente en el seno de la UE, así como también fuera (especialmente en Japón, Noruega y Suiza). El acento se coloca sobre la provisión de “bienes de interés público” por parte del sector agrícola (además de la ganadería y la producción de cultivos), la protección del ambiente y la mejora del paisaje rural. Parecería que la naturaleza de estos “bienes de interés público” también está en un proceso evolutivo. De ese modo, el papel multifuncional de la agricultura en la lucha contra el cambio climático constituye ahora un objetivo prioritario en el contexto de la reforma de la Política Agrícola Común. Un hecho significativo consiste en que el aporte de dichos “bienes de interés público”, al no estar remunerados por el mercado, se ha indicado en repetidas ocasiones que los pagos específicos a los agricultores podrían estar justificados. Sin embargo, este principio también ha sido criticado, algunos argumentan que no eran más que un medio para presentar otra forma de ayuda financiera otorgada a los agricultores. Estas críticas han sido especialmente virulentas en la renegociación de la Ronda Uruguay para la agricultura.

Cabe recordar que una definición provisional de la multifuncionalidad fue propuesta por parte de la Organización para la Cooperación y el Desarrollo Económico (OCDE). Incluye los siguientes elementos clave: la existencia de múltiples productos, de base y otros, que se producen en forma conjunta por la agricultura y el hecho de que algunos de los otros productos presentan características de externalidades o se trate bienes de interés público, el resultado hace que los mercados de estos bienes no existen o funcionan mal. Dicho lo anterior, como ha señalado la OCDE, la agricultura sigue siendo el corazón de la multifuncionalidad, al ser esta última necesaria para establecer la existencia de una producción conjunta entre la actividad agrícola y los “bienes de interés público”.

Los límites de la agricultura son difíciles de definir. Sin embargo, lo que sí parece bastante claro es que la agricultura conserva en la sociedad una importancia que se extiende más allá de su simple contribución al producto interno bruto, como fue comprobado durante la crisis alimentaria de 2007-2008, cuando las reservas de cereales cayeron a niveles nunca antes vistos y que fueron impuestas prohibiciones y restricciones a la exportación. El costo de las exportaciones de trigo de los Estados Unidos pasó de 209 dólares por tonelada en 2007, a 481 dólares en 2008. En este contexto, no resulta ser sorprendente que la agricultura pueda reivindicar todavía un estatus de excepción en el plano político, un estatus que se encuentra, por naturaleza, en constante evolución.

Bibliografía sugerida: • BOHMAN, M. et *alii* (1999), *The use and abuse of multifunctionality*, Washington, DC, Economic Research Service/USDA (consultable en línea); • CARDWELL, M. N., BODIGUEL, l. (2005), Évolution de la définition de l'agriculture pour une agriculture évoluée : approche comparative Union Européenne/Grande-Bretagne/France, *Revue du marché commun et de l'Union européenne*, n° 490, p. 456; • LE CACHEUX, J. (2012), Agriculture mondiale et européenne : défis du XXIe siècle, *Revue de l'OFCE*, volume 120, p. 197 (consultable en línea); • PISANI, É. (1994), *Pour une agriculture marchande et ménagère*, Paris, éd. La Tour d'Aigues.

MICHAEL N. CARDWELL

Véase también: - Actividades agroalimentarias - Acuerdos de Maputo - Acuerdo sobre la Agricultura - Agricultura integrada - Agricultura orgánica – Agrocombustibles – Agroecología - Asociación para el mantenimiento de la agricultura campesina – Biodiversidad - Biodiversidad agrícola – Bosque – China – Circuitos Cortos – Cooperativa – India.

Agricultura biológica

Véase: - Agricultura orgánica.

Agricultura ecológica

Véase: - Agricultura orgánica.

Agricultura integrada

La agricultura (o producción) integrada es una iniciativa vinculada al concepto de desarrollo sostenible. Esta iniciativa tiene como objetivo la reducción en el uso de los insumos dañinos para el ambiente, al mismo tiempo que busca mantener la productividad de las explotaciones agrícolas. La agricultura integrada se refleja en el empleo de medios técnicos y agronómicos, preventivos o curativos, cuyo uso evita o disminuye el recurso sistemático a las sustancias químicas de síntesis, plaguicidas y antiparasitarios, así como en la aplicación de la rotación de cultivos. Los sistemas agrícolas son modificados para enfrentar de otras maneras las dificultades (enfermedades, plagas...) típicas de las producciones agrícolas.

El término "agricultura integrada" se prefiere a aquellos de "lucha", "gestión" o de "protección integrada", impulsados por la Organización Internacional de Lucha Biológica e Integrada contra los Animales y las Plantas Nocivas, desde la década de 1970. En el plano jurídico, una directiva de la Unión Europea (Directiva "Plaguicidas", nº 2009/128 de 21 de septiembre de 2009) hace referencia, sin embargo, al concepto de "gestión integrada de plagas." Ella lo define como "el examen cuidadoso de todos los métodos de protección vegetal disponibles y posterior integración de medidas adecuadas para evitar el desarrollo de poblaciones de organismos nocivos y mantener el uso de productos fitosanitarios y otras formas de intervención en niveles que estén económica y ecológicamente justificados y que reduzcan o minimicen los riesgos para la salud humana y el medio ambiente. La gestión integrada de plagas resalta el crecimiento de un cultivo sano con la mínima alteración posible de los agroecosistemas y promueve los mecanismos naturales de control de plagas".

De reciente creación (último tercio del siglo XX), el concepto de agricultura integrada se encuentra principalmente en un marco experimental. Está presente en diferentes regiones del mundo. Los Estados y las instituciones internacionales lo ven como una herramienta de la política del desarrollo sostenible. Esto ha conducido a la aparición de un conjunto de normas destinadas a fortalecer el objetivo de reducir los insumos. En este sentido, la producción agrícola integrada es apoyada por la Organización de las Naciones Unidas para la Alimentación y la Agricultura (FAO). De tal manera, existen programas específicos para Asia, Oriente Medio y África Occidental. También es un objetivo de la Unión Europea (véase, por ejemplo, la Directiva "Plaguicidas"). El concepto aparece igualmente con ocasión de los grandes debates nacionales como, en Francia, el *Grenelle de l'environnement* (2008).

La agricultura integrada, desde la perspectiva de la gestión integrada de plagas, se traduce en Francia en el establecimiento de un Plan Nacional de Acción para el uso sostenible de los productos fitofarmacéuticos, llamado "Ecophyto 2018" (que es impulsado por la Directiva "Plaguicidas"). Además de las acciones de formación, sensibilización e investigación y desarrollo, este plan conlleva un control periódico de todos los pulverizadores. Aunque la Directiva busca promover la gestión integrada de plagas mediante los incentivos y la información (en particular en el contexto de las autorizaciones de comercialización), el recurso a las medidas precautorias puede permitir a las autoridades administrativas francesas el favorecimiento de la protección integrada de los cultivos, cuando el uso de los plaguicidas supone un riesgo para la salud pública y el ambiente.

Factor de transición hacia una agricultura sostenible, la agricultura integrada mantiene relaciones estrechas con otros conceptos, sin llegar a confundirse con ellos. Por ejemplo, en Francia se creó en 2002 el sello de la agricultura llamada "razonada" (*raisonnée*). Este sello implica el respeto de un pliego de condiciones que busca, en particular, controlar los riesgos sanitarios. Si bien constituye un avance hacia la agricultura sostenible, se le considera generalmente por debajo de la agricultura integrada, en particular por cuanto ésta última da un carácter excepcional al tratamiento químico de los cultivos, en ausencia de otra solución efectiva. Del mismo modo, la agricultura integrada no es equivalente a la agricultura orgánica, en la medida en que esta última da lugar a una certificación controlada por el Gobierno, que conlleva un etiquetado distintivo e impone condiciones importantes a los operadores en término del recurso a las técnicas "convencionales" (prohibición de las sustancias químicas de síntesis, de los organismos genéticamente modificados, limitación de los insumos).

Bibliografía sugerida: ◆ FERRON, P. (1999), Protection intégrée des cultures : évolution du concept et de son application, *Cahiers Agriculture*, p. 389 (consultable en línea); ◆ LUCAS, Ph. (2007), Le concept de la protection intégrée des cultures, *Innovations agronomiques*, n° 1, p. 15 (consultable en línea); ◆ VEREIJKEN, P. H., VIAUX, Ph. (1990), Vers une agriculture intégrée, *La recherche, L'actualité des sciences,* n° 227, p. 22.

MANUEL CARIUS

Véase también: - Agricultura - Agricultura orgánica - Asociación para el mantenimiento de la agricultura campesina - Desarrollo Sostenible.

Agricultura orgánica

Nacida de la iniciativa de agrónomos, de médicos, de agricultores y de consumidores a principios del siglo XX, la agricultura orgánica, biológica o ecológica se basa en una ideología y en una ética que promueven el respeto por la vida, humana y no humana. De manera más técnica, es un modo de producción agrícola basado en la integración de los agrosistemas en los ecosistemas naturales. Las prácticas de producción se caracterizan principalmente por el recurso a los ciclos biológicos naturales, como la relación sistemática entre la ganadería y los cultivos o el mantenimiento de la biodiversidad de los suelos.

El uso de productos químicos sintéticos está prohibido y el uso de insumos externos para operar, es limitado. Los productos biológicos se basan por tanto, en las técnicas culturales y de gestión de las ganaderías específicas, muy diferentes de la agricultura convencional. Por ejemplo, la fertilidad del suelo es asegurada principalmente por el reciclaje de materias orgánicas (estiércol, residuos de cultivos, etc.), la rotación de cultivos o incluso, la utilización de plantas de crecimiento rápido que permiten cubrir los suelos entre dos cultivos y mejorar sus propiedades agronómicas (los llamados "abonos verdes", como las leguminosas).

En cuanto a la protección de los vegetales, esta se asegura mediante el control biológico, a saber, el uso de depredadores naturales de los agentes nocivos para los cultivos, la preferencia de variedades resistentes a las enfermedades, y de forma más general, el uso de métodos que no afectan a la diversidad biológica (tales como el uso de redes sobre los árboles frutales, por ejemplo). La gestión de la ganadería también comprende técnicas específicas: la alimentación natural de los animales, el respeto a sus necesidades fisiológicas y el bienestar (por ejemplo, zonas de pastoreo al aire libre, prohibición de las mutilaciones...). Por ello, los efectos negativos de la agricultura orgánica sobre el medio ambiente son casi nulos e incluso pueden ser positivos, en particular en términos de calidad de los suelos.

Si en la Unión Europea (UE) la agricultura orgánica ocupa un poco menos del 5% de la superficie agrícola útil, ella presenta una tasa de crecimiento importante, en particular durante el período reciente. Este crecimiento es promovido por las políticas públicas nacionales y europeas. En efecto, se reconoce que el método de producción orgánico lleva a cabo "un papel social doble, aportando, por un lado, productos ecológicos a un mercado específico que responde a la demanda de los consumidores y, por otro, bienes públicos que contribuyen a la protección del medio ambiente, al bienestar animal y al desarrollo rural." (Primer considerando del Regl. nº 834/2007 de 28 de junio de 2007, sobre la producción y el etiquetado de los productos ecológicos). Las normas jurídicas aplicables a la agricultura orgánica tienen un doble propósito: delimitar el mercado de los productos obtenidos bajo este modo de producción en interés de los consumidores y de la lealtad de los intercambios comerciales, por una parte, y promover este tipo de producción favorable para la preservación del ambiente y de la biodiversidad, por otra parte.

A nivel internacional, las directrices para la producción, elaboración, etiquetado y comercialización de alimentos producidos orgánicamente fueron adoptadas en 1999, en el marco del Codex Alimentarius (GL 32-1999 Documento -Revisado 1- 2001). Estas directrices tienen por fin ofrecer un enfoque concertado respecto a los requisitos que fundamentan la producción, el etiquetado y la producción de propiedades de los alimentos producidos orgánicamente.

Se basan sensiblemente en los mismos principios que el derecho de la Unión Europea. Este fue inaugurado en 1991 por el Reglamento comunitario sobre la producción ecológica de productos agrícolas. Limitado en un principio a la producción vegetal, se amplió en 2000 a la producción animal. Desde el 1º de enero de 2009, la nueva legislación entró en vigor con el Reglamento nº 834/2007 de 28 de junio de 2007, a la cual hay que agregar dos reglamentos de la Comisión Europea que definen las modalidades de aplicación (Regl. nº 889/2008 del 5 de septiembre de 2008, relativo a la producción ecológica, su etiquetado y su control, y el Regl. nº 1235/2008 del 8 de diciembre 2008, sobre régimen de importación de productos orgánicos procedentes de terceros países).

Estos textos conservan los principios fundadores de la agricultura orgánica, pero armonizan aún más el derecho aplicable porque sustituyen los pliegos de condiciones establecidos anteriormente por los Estados miembros. Además, se establecen directrices para el control de las explotaciones y de los productos y el nuevo logo europeo es ahora obligatorio (se trata de una marca figurativa que pertenece a la UE), lo que no excluye el uso de logos nacionales o privados, como es el caso de la marca de certificación colectiva AB ("*Certifié AB Agriculture Biologique*"), propiedad del gobierno francés a través del Ministerio encargado de la agricultura.

Para beneficiar del etiquetado "Agricultura Orgánica", los productos agrícolas, incluyendo la acuicultura y aquellos destinados a la alimentación de los animales, ya sean transformados o no, deben obedecer a ciertas reglas. Éstas se refieren en lo concerniente a las prácticas de producción vegetal, al mantenimiento de los suelos, las rotaciones de cultivos, la protección de cultivos o, aún más, el uso de semillas y material de reproducción vegetativa. El uso de insumos, tales como fertilizantes, los productos fitosanitarios y los medicamentos veterinarios también está estrictamente regulado.

Algunos están expresamente prohibidos, tales como los fertilizantes minerales nitrogenados, los estimuladores de crecimiento o los organismos genéticamente modificados. Estos últimos han sido declarados "incompatibles con el concepto de producción ecológica y la percepción de los consumidores de productos ecológicos" (considerando 9 del Regl. nº 834/2007). Para los otros insumos, su uso no sólo debe ser "necesario para el mantenimiento de la producción y esencial para la utilización prevista", sino que todos los productos y sustancias deberán ser de origen vegetal, animal, microbiano o mineral, excepto si los productos o sustancias de esas fuentes no están disponibles en cantidad o calidad suficiente, o si no hay otras soluciones. También resulta obligatorio que los insumos utilizados en circunstancias excepcionales hayan sido el objeto de una autorización específica para la agricultura orgánica y que figuren como tales en el anexo del Reglamento nº 889/2008.

Además, las explotaciones agrícolas son sometidas a un período llamado de conversión, variable según las producciones (duración máxima de dos años), durante el cual los productos no pueden ser comercializados como productos orgánicos.

Sólo los productos que cumplen estas normas de producción pueden comercializarse con el etiquetado de "agricultura orgánica". El control, que es la responsabilidad de los Estados miembros, es asegurado en general, por organismos de certificación acreditados y autorizados y debe llevarse a cabo en todas las etapas desde la producción hasta la comercialización de los productos en su forma final. El incumplimiento de las normas de producción orgánica puede dar lugar no sólo a la eliminación de la calificación, sino también, como es el caso de Francia, a sanciones penales. Para los productos transformados, estos deben incluir al menos un 95% de ingredientes procedentes de la agricultura orgánica. Por último, para ser reconocidos como orgánicos y comercializados como tales, los productos importados de países no miembros de la UE deben proceder de países cuya regulación ha sido evaluado como equivalente por la Comisión Europea (como los Estados Unidos, Argentina, Australia, Costa Rica y la India, por ejemplo).

Además, siendo un método de producción agrícola respetuoso del ambiente, la producción orgánica se beneficia de ayudas públicas. En Francia es así por intermedio de la "Agence Bio" (grupo de interés público de promoción de la agricultura orgánica) y por la aplicación desde 2006, de un crédito fiscal.

Pero es sobre todo en el contexto de la Política Agrícola Común (PAC) que las ayudas son acordadas a los agricultores. Esto es así desde 1992, como parte del pilar de "Desarrollo Rural" de la PAC en tanto medidas agroambientales, y desde 2010, en el marco de las ayudas directas de la PAC, en tanto política de mercados.

En términos más generales, parece que la agricultura orgánica puede beneficiarse de la "ecologización" de las normas jurídicas de la UE, aplicables al sector agrícola: se hace referencia aquí a la modificación de los criterios de selección de semillas vegetales, que debería permitir la puesta en el mercado de semillas mejor adaptadas al modo de producción orgánica o al desarrollo de productos fitofarmacéuticos alternativos a los productos químicos de síntesis, en el contexto de la aplicación de la Directiva nº 2009/128/CE, que establece un marco comunitario de acción para lograr el uso de los plaguicidas compatible con el desarrollo sostenible.

Bibliografía sugerida: ◆ BOSSIS, G. y ROMI, R., Qualité des produits – Agriculture biologique, *JurisClasseur Rural*, fascicule 30. ◆ BOUALILI, H. (2008), Le statut de l'agriculture biologique, *Revue droit rural*, n° 362, étude 4; ◆ HERMON, C. y DOUSSAN, I. (coord.) (2012), *Production agricole et droit de l'environnement*, Paris, éd. Litec; ◆ INRA (2008), *Agriculture et biodiversité, Valoriser les synergies, Expertise scientifique collective*, Paris, éd. Quae.

ISABELLE DOUSSAN

Véase también: - Agricultura integrada - Asociación para el mantenimiento de la agricultura campesina – Biodiversidad - Calidad de los productos – Certificación - Circuitos cortos - Codex Alimentarius - Desarrollo Sostenible – Etiquetado – Marca - Organismo genéticamente modificado - Signo distintivo.

Agricultura sostenible

Véase: - Agricultura orgánica - Biodiversidad agrícola.

Agricultura tradicional

Véase: - Asociación para el mantenimiento de la agricultura campesina - Biodiversidad agrícola.

Agrobiodiversidad

Véase: - Biodiversidad agrícola.

Agrocombustibles

En los últimos años, la producción y el consumo de agrocombustibles han aumentado considerablemente tanto en la Unión Europea como en otras partes del mundo, suscitando importantes controversias sobre sus resultados en el medio ambiente, en el ámbito socioeconómico y financiero global.

La denominación de estos combustibles de origen agrícola es el punto medular de la lucha entre las partes del debate sobre esta opción energética. El término “agrocombustibles” es utilizado por el mundo asociativo y una parte de la comunidad científica, mientras que los Estados y los actores agrícolas y agroindustriales hablan de “biocombustibles”. Sin embargo, la gran desventaja del término “biocombustibles” es que se trata de una desafortunada traducción del inglés “*biofuels*”, que sugiere la idea errónea de que estos combustibles se producen de acuerdo a las normas de agricultura sostenible.

En materia de agrocarburantes, hay que distinguir el etanol -obtenido por fermentación de azúcar de la remolacha, del maíz, del trigo *(froment)*, de la caña de azúcar, etc.- del biodiesel, obtenido por reacción química del aceite vegetal contenido en los granos de colza, de soja, de girasol, o en los frutos de palma de aceite, etc. El etanol puede mezclarse con la gasolina, el biodiesel con el diesel; el uno y el otro en proporciones que dependen del grado de adaptación de los motores de los vehículos.

La producción mundial de agrocombustibles se ha quintuplicado desde el comienzo del nuevo milenio, superando más de 50 millones de toneladas equivalentes de petróleo (tep) en 2009, que es más que el consumo de combustible combinado de Francia y Bélgica el mismo año... Los principales productores son, en orden descendente, los Estados Unidos, Brasil y la Unión Europea. Sin embargo, Canadá y países como Argentina, China, Malasia e Indonesia tienen una capacidad de producción respetable y grandes ambiciones. En toda la Unión Europea, el consumo impulsado por Francia y Alemania, se ha multiplicado por diez entre 2003 y 2010, para alcanzar el 4,7% del combustible utilizado en el transporte.

Lo que conviene calificar como un “boom” de los agrocombustibles deriva directamente de la adopción de políticas públicas para estimular su uso y/o hacerlo obligatorio. De hecho, los costos de producción del etanol y biodiesel siguen siendo mucho más elevados que los combustibles convencionales. En la Unión Europea, la Directiva 2009/28/CE de 23 de abril de 2009, relativa al fomento del uso de energía procedente de fuentes renovables (Directiva denominada “energías renovables”), obliga a cada Estado miembro a aumentar de manera constante la tasa de energía renovable en el transporte, con el fin de alcanzar el 10% en 2020 (energía renovable constituida en un 90% de biocombustibles). En los EE.UU., el programa denominado *Renewable Fuel Standard* establece metas en volumen absoluto: 136 millardos de litros de energías renovables en 2022 (contra 50 millardos en 2010).

Este interés de los tomadores de decisión europeos por los agrocombustibles forma parte de un interés cada vez mayor, desde el cambio del nuevo milenio, por las cuestiones energéticas y climáticas. Con otras energías renovables (eólica, solar, hidráulica), los tomadores de decisión tratan de reducir la creciente dependencia externa de la economía europea, de los recursos energéticos finitos y cada vez más volátiles. De forma paralela, los agrocombustibles, cuya huella de carbono es supuestamente mejor que la de los combustibles fósiles, se espera que participen en los esfuerzos de la Unión Europea en la lucha contra el calentamiento global. Por otra parte, en una dimensión menos evocada, la utilización a gran escala de combustibles de origen agrícola responde simultáneamente a un tercer gran objetivo: ofrecer una nueva salida para una ocupación agrícola fuertemente vulnerable, tras las sucesivas reformas de la Política Agrícola Común.

Lógicamente, la explosión de la demanda de materias primas agrícolas para la industria del etanol y el biodiesel ha agitado el sistema alimentario mundial. De hecho, las cantidades en juego son gigantescas. Los Estados Unidos, el mayor productor y exportador de maíz en todo el mundo, destinó en 2011 más de un 40% de su cosecha para la producción de etanol. Según un estudio de 2011 del muy respetable *Internacional Food Policy Research Institute*, los agrocombustibles han absorbido, en 2010, el 16% de aceite vegetal, el 15% del maíz y el 2% de trigo en todo el mundo. En el contexto de los mercados agrícolas cada vez más internacionalizados, los efectos colaterales problemáticos de estas muestras son por lo menos de tres órdenes.

En primer lugar, los mercados agrícolas son objeto de un debate apasionado ("alimentos vs combustible") y de una avalancha de informes desde la crisis alimentaria de 2007-2008. La parte precisa de responsabilidad de los agrocombustibles en las fluctuaciones de los precios de estos, durante los últimos años no es fácil de determinar, en el tanto que interactúan de manera compleja con otros factores (aumento de la demanda de los países emergentes, fenómenos climáticos, la especulación sobre materias primas). Debido a su papel en la disminución de las reservas internacionales y de su naturaleza inelástica (porque es políticamente limitada), el impacto de esta demanda es, en todo caso, considerable, al punto que en 2011 la Organización de las Naciones Unidas para la Alimentación y la Agricultura (FAO), el Fondo Monetario Internacional (FMI), el Banco Mundial y la Organización Mundial del Comercio (OMC) hicieron un llamado conjunto a los países industrializados para que flexibilicen sus objetivos de consumo.

Por otra parte, directa o indirectamente, las materias primas de la mayor parte de los agro-combustibles que se consumen en la Unión Europea son importadas de los países en desarrollo. Esta oportunidad económica, que en teoría podría beneficiar a todas las zonas rurales, en gran medida ha sido tomada por la agricultura industrial (caña de azúcar en Brasil, la soja en Argentina, el aceite de palma en Malasia, Indonesia y Colombia), debido a la creciente integración de las cadenas de exportación de los productos agrícolas. Sin embargo, el aumento de la presión de los grandes actores económicos sobre las tierras más fértiles y mejor situadas, es un factor de aumento del precio de la tierra y de la evicción de los productores más pobres.

Por último, los primeros balances energéticos y ambientales de los sectores agrocombustibles se han concentrado en las etapas de producción (equipos, fertilizantes, transporte, transformación, distribución) y han subestimado gravemente la dimensión crucial del "cambio de uso de la tierra" (CAS) que causan. Es necesario saber que más del 80% del aumento de la producción agrícola global provocada por esta nueva demanda, será satisfecha por un aumento de las superficies cultivadas a nivel mundial (siendo el resultado de rendimientos más altos). No obstante, según las Naciones Unidas, el cultivo de los ambientes naturales (bosques primarios, praderas, sabanas) es el primer factor de pérdida de biodiversidad en todo el mundo. Además, teniendo en cuenta las emisiones de gases de efecto invernadero resultantes del cultivo de estos "pozos de carbono", se compromete el balance de carbono "positivo" de varios sectores.

Frente a la magnitud de la crítica, la Comisión Europea decidió incluir en la Directiva 2009/28/CE "criterios de sostenibilidad" para garantizar la dimensión "verde" de los agrocombustibles contabilizados. El objeto del artículo 17 es, en primer lugar, promover sólo aquellos cuya huella de carbono es superior al 35% por lo menos equivalente a la de los combustibles fósiles (porcentaje que se eleva al 50% en 2017, luego al 60% en 2018), por otra parte, para resolver el problema del CAS, se excluyen aquellos agrocombustibles cuyas materias primas provienen de tierras que representaban un gran valor en términos de biodiversidad y/o de retención de carbono teniendo como referente el mes de enero de 2008.

Además se olvidan de algunos intercambios ambientales (protección del suelo y agua) y los aspectos sociales, la alimentación y de la tierra (que son objeto de un informe bianual presentado al Parlamento y al Consejo por la Comisión Europea), éstos criterios pecan de no tomar en cuenta un fenómeno familiar para los geógrafos agrarios: los efectos de desplazamiento de la producción agrícola. Obligar a las fábricas de agrocombustibles a aprovisionarse de cultivos europeos o certificados implica la evicción de usos previos (alimentación humana, forraje, la industria), que tienen que recurrir a sectores no controlados. De esa manera, las plantas de biodiesel que ahora absorben la mayoría de colza europea, obligan a la industria alimentaria a plegarse al aceite de palma de plantaciones en Indonesia, donde la deforestación está en pleno apogeo. Por lo tanto, el problema de la CAS no se ha resuelto, sólo se desplazó.

Los efectos indirectos, difíciles de controlar, de las políticas en materia de agrocombustibles no implican necesariamente que deba renunciarse a la biomasa agrícola como fuente de energía. Sin embargo, nos invitan a abandonar los objetivos rígidos para considerar una política flexible e inteligente, cuyos objetivos de consumo serían revisados periódicamente como parte de una gestión de la oferta para satisfacer los intereses de los productores, de los consumidores y del medio ambiente del sur y del norte. Son los agrocombustibles y no éstas últimas dimensiones, que deben servir como "variable de ajuste".

Bibliografía sugerida: • DUTERME, B., POLET, F. (coord.) (2011), *Agro-carburants au Sud : impacts au Sud ?*, Paris, éd. Syllepse, coll. Alternatives Sud; • LABORDE, D. (2011), *Domestic Policies in a Globalized World: What You Do is What I Get. Consequences of biofuel mandates for global price stability*, International Food Policy Research Institute (consultable en línea); • PERSILLET, V. (2012), *Les agrocarburants de première génération : un bilan mitigé*, Synthèse de l'INRA, n° 1 (consultable en línea); • TANGERMANN, S. (2007), Biocarburants et sécurité alimentaire, *Économie rurale*, n° 300 (consultable en línea).

FRANÇOIS POLET

Véase también: - Acaparamiento de tierras – Agricultura – Biodiversidad - Crisis alimentaria - Seguridad alimentaria.

Agroecología

2007 y 2008, dos años en que "el regreso de los estómagos vacíos" de los países del Sur (citando las palabras de Gilles Fumey en *Géopolitique de l'alimentation*, 2008) llegó a los oídos de los países del Norte. La crisis alimentaria más grave desde 1974, causada por el encarecimiento de los alimentos en el mercado internacional, provocó un aumento sin precedentes del número de personas malnutridas.

A la vanguardia de los Objetivos de Desarrollo del Milenio, adoptados en el año 2000, la lucha contra el hambre y la pobreza continúa hoy suscitando grandes preocupaciones, principalmente de parte de la Organización de las Naciones Unidas para la Alimentación y la Agricultura (FAO) que ha mostrado sus inquietudes en la Cumbre Mundial sobre la Seguridad Alimentaria, en 2009, en relación con los efectos de una "disminución crónica de la inversión en la seguridad alimentaria, la agricultura y el desarrollo rural".

El desafío se plantea en los siguientes términos: para alimentar a una población mundial que superará los 9 millardos en el 2050, la producción agrícola debe aumentar en un 70% para esa fecha. Al mismo tiempo, se deben tomar medidas para garantizar el acceso -físico, social y económico- de todos a alimentos suficientes, inocuos y nutritivos. En 2011, los miembros del G-20 precisaron que la necesidad de aumentar la producción y la productividad debe realizarse desde una perspectiva sostenible, imponiendo "las mejoras en la gestión del agua y los suelos, las tecnologías agrícolas mejoradas y un ambiente adaptado y propicio que pueda conducir a una mayor inversión, en particular de parte del sector privado".

Los miembros del G-20 se adhirieron, entre líneas, a los análisis de Olivier de Schutter, Relator Especial de las Naciones Unidas sobre el Derecho a la Alimentación, cuyo informe publicado en el año 2011 veía en la crisis mundial de alimentos el símbolo del fracaso del modelo productivista de la agricultura basado en el uso intensivo de insumos, el riego, la mecanización y la selección de variedades. En razón de este informe, la afluencia indispensable de la inversión extranjera directa en el sector agrícola debe servir para desarrollar un modelo de producción sostenible, propicio para la emancipación económica y social de los países en desarrollo y debe orientarse hacia la concretización progresiva del derecho a una alimentación adecuada en el contexto de la seguridad alimentaria nacional.

La agroecología figura entre estos modelos alternativos de desarrollo agrícola, de manera totalmente compatible con las dimensiones asociadas a la realización del derecho a una alimentación adecuada y de calidad. Siendo una fusión de dos disciplinas científicas – la agronomía y la ecología –, la agroecología es a la vez una ciencia y un conjunto de prácticas. Como ciencia que surge en los años 1970-1980, bajo el impulso de algunos autores americanos (Altieri, Gliessman), la agroecología es definida en el Informe de 2010 de Olivier de Schutter, como la aplicación de ciencia ecológica al estudio, diseño y gestión sostenible de los agro-ecosistemas. Como prácticas agrícolas, inspiradas principalmente en el conocimiento tradicional indígena, este mismo informe la define esta vez como el conjunto de técnicas que permiten "mejorar los sistemas agrícolas mediante la imitación de los procesos naturales." Esta tiene, por principios fundamentales, el reciclaje de elementos nutritivos y la energía sobre el terreno en lugar de la introducción de insumos externos; la integración de los cultivos y de la ganadería; la diversificación de las especies y de los recursos genéticos de los agro-ecosistemas en el espacio y el tiempo; y el énfasis en la interacción y la productividad a través del conjunto del sistema agrícola más que sobre las variedades individuales. Por último, la rehabilitación de los conocimientos tradicionales y el intercambio de experiencias de los propios agricultores se encuentran en el centro del enfoque agroecológico.

La agroecología, que recibe un apoyo cada vez mayor en el seno de la comunidad científica y de las organizaciones internacionales tales como la FAO y el Programa de las Naciones Unidas para el Medio Ambiente (PNUMA), finalmente se puede definir a la luz de su objetivo que traduce, por sí solo, la complejidad de la ecuación a resolver: el aumento adecuado de la productividad agrícola y de la producción en los países con déficit de alimentos se debe combinar con una mejora en las condiciones de vida de los pequeños productores, preservando al mismo tiempo los ecosistemas. Para el Relator Especial de las Naciones Unidas sobre el Derecho a la Alimentación, la agroecología es realmente un concepto coherente que, inmerso en el marco conceptual del desarrollo sostenible, está estrechamente vinculado a los principios fundamentales del derecho de todo ser humano al acceso a una dieta sana y suficiente.

Para que el derecho a la alimentación sea garantizado, es necesario que haya alimentos disponibles. Las técnicas agroecológicas usadas en varias partes del mundo, tales como la gestión integrada de los nutrientes, la agroforestería (introducción de árboles multifuncionales en los sistemas agrícolas), la captación de agua en zonas áridas (que permite cultivar las tierras anteriormente degradadas o abandonadas), la integración de la ganadería en los sistemas de producción agrícola, han demostrado aumentar sensiblemente los rendimientos agrícolas a nivel local. Una constatación validada por el estudio, a gran escala, llevado a cabo a solicitud de los responsables del proyecto de previsiones del Gobierno británico para el futuro de la alimentación y la agricultura en el mundo (los resultados de este estudio, publicado en 2011, informaron de 40 proyectos relacionados con la agroecología, examinados en 20 países africanos en los que se desarrolló la intensificación sostenible durante la década de 2000; en promedio, el rendimiento de los cultivos aumentó más del doble durante un período de 3 a 10 años, lo que ha dado lugar a un aumento de la producción alimentaria total de 5.790.000 toneladas por año, sea 557 kg por familia agricultora).

Las prácticas agroecológicas también garantizarían un mejor acceso a los alimentos, contribuyendo a la reducción de la pobreza rural. Olivier de Schutter insiste, sobre este punto, en el hecho de que las técnicas agroecológicas son maneras de bajo costo para proveer de fertilizantes, a partir de las deyecciones del ganado o de los desechos de los cultivos, o mediante la plantación de árboles, que son verdaderas fábricas para la captación y fijación del nitrógeno al suelo. Consecuencia: la disminución de la dependencia de los pequeños agricultores a los fertilizantes sintéticos, cuyos precios son cada vez más altos y volátiles, así como de las ayudas del Estado.

Los recursos ahorrados pueden ser utilizados por el productor y su entorno para satisfacer otras necesidades básicas y hasta ahora sacrificadas, como la educación o el cuidado de la salud. La agroecología también contribuye a la *adecuación* de la producción agrícola a las necesidades nutricionales de las poblaciones locales. Uno de los elementos clave de las prácticas agroecológicas es, de hecho, diferenciarse de la práctica del monocultivo de cereales que es una de las principales causas del desarrollo de deficiencias nutricionales. Por último, la gestión sostenible del ambiente se encuentra en el corazón mismo de la ciencia y de las prácticas agroecológicas que, fortaleciendo la resiliencia de los ecosistemas agrarios, contribuyen activamente a reducir los efectos del calentamiento global y el aumento de los fenómenos meteorológicos asociados, tales como las sequías y las inundaciones.

Sobre la base de la participación de los agricultores y el intercambio de sus conocimientos, la agroecología se ha desarrollado bajo la influencia de las organizaciones no gubernamentales y por la multiplicación de iniciativas locales (las granjas-escuelas desarrolladas por los movimientos asociativos, por ejemplo). El despliegue a mayor escala de este modelo agrícola sostenible supone un compromiso más importante de los poderes públicos. Este compromiso se observa en la oferta de bienes públicos necesarios para el desarrollo de la agroecología: los servicios de información, las instalaciones de almacenamiento, las infraestructuras rurales, la investigación y el desarrollo en el ámbito agrícola, la educación y el apoyo a las organizaciones y cooperativas de agricultores.

La acción de los poderes públicos deberá inscribirse también en la organización misma de los mercados -según Olivier de Schutter- para proteger a los agricultores frente a la volatilidad de precios y el dumping de productos subvencionados en los mercados locales. Del mismo modo, los sistemas de contratación, incentivos fiscales y programas de crédito y las políticas de uso de la tierra deben tener en cuenta la necesidad de una transición hacia la producción con bajas emisiones de carbono y con baja utilización de insumos internos, donde los agricultores estén involucrados en el desarrollo de las políticas que les afectan.

Bibliografía sugerida: • GLIESSMAN, S. (2007), *Agroecology: the ecology of sustainable food systems*, Boca Raton, Florida, CRC Press; • GODFRAY, Ch. (dir.) (2011), *Le futur de l'alimentation et de l'agriculture*, UK Government's Foresight Project on Global, Government Office Of Science (consultable en línea); • DE SCHUTTER, O. (2011), *La agroecología y el derecho a la alimentación*, Informe del Relator especial de Naciones Unidas para el Derecho a la Alimentación, presentado ante el 16º período de sesiones del Consejo de Derechos Humanos [A/HRC/16/49] (consultable en línea); • VEILLARD, P. (2011), Qu'est-ce que l'agro-écologie ?, *Défis sud*, n° 103, p. 9.

THOMAS BREGER

Véase también: - Agricultura - Desarrollo Sostenible - Seguridad alimentaria.

Agua

Véase: - Aguas Argentinas - Derecho al agua - India.

Aguas Argentinas

La empresa Aguas Argentinas, filial de un grupo francés líder en el sector energético, obtuvo del Gobierno argentino en 1993, la concesión de la distribución de agua potable y del saneamiento de las aguas residuales del gran área metropolitana de Buenos Aires y de la provincia de Santa Fe. Tras sucesivas negociaciones, fueron aumentadas sus tarifas de abastecimiento de agua para compensar el impacto de la devaluación del Peso. El Ministerio de Economía argentino impugnó la decisión del operador y, frente a la desaprobación masiva que el proyecto generó en la opinión pública, el Estado rescindió el contrato en marzo de 2006 sobre la base de un "estado de necesidad"; la profunda crisis económica que sufrió entre 1998 y 2002 justificaba, según él, las medidas adoptadas en relación con su moneda nacional.

De esta forma, Aguas Argentinas se vio autoritariamente desposeída de un "bien". Naturalmente, el litigio fue instaurado, principalmente por el grupo francés, ante el Centro Internacional de Arreglo de Diferencias Relativas a Inversiones (CIADI), instancia de la Organización de las Naciones Unidas creada mediante el Convenio de Washington (1965) y encargada de resolver las controversias entre un Estado y un operador extranjero ligado al primero por las estipulaciones de un contrato. De manera relativamente predecible, el CIADI reconoció en 2010 el carácter injusto e inequitativo del tratamiento dado al operador privado y rehusó considerar que tal tratamiento se justifica por la fuerza mayor o por el estado de necesidad.

La cuestión aquí no es tanto de determinar si las inversiones extranjeras directas constituyen o no un instrumento de progreso económico, social o político para el Estado anfitrión. Más bien, lo importante es enfatizar en la existencia de una oposición entre dos derechos fundamentales en el fondo de la controversia y la manera como esta oposición ha sido tomada en cuenta. Por un lado, el derecho de propiedad de la empresa Aguas Argentinas fue afectado por la devaluación del Peso, así como por la recisión del contrato. Por otro lado, el aumento propuesto por el concesionario para las tarifas de agua privaba, de hecho, a 600.000 habitantes de un barrio pobre y sobrepoblado de Buenos Aires, del acceso al agua potable.

El hecho de que el CIADI haya inclinado la balanza a favor del inversionista no es sorprendente, por cuanto el derecho de propiedad y el derecho al agua no son tratados de manera similar: el primero es abiertamente garantizado por los tratados concluidos entre los Estados en materia de inversión y su protección constituye el corazón mismo de estos textos. También, está esencialmente definido por un conjunto de prerrogativas positivas (poder de uso, de cesión...). Por su parte, el derecho al agua no es el objeto específico de esos textos. Con frecuencia, se encuentra subsumido en circunstancias generales de "interés público" o de "utilidad pública", que son susceptibles de justificar la aplicación de una medida de expropiación, siempre que esté acompañada de una indemnización "pronta y adecuada". A diferencia del derecho de propiedad, éste se presenta como una cáscara vacía, sin un contenido predefinido. La oposición entre estos dos derechos se resume, finalmente, en esta afirmación: el derecho de propiedad le permite defender lo que se tiene, mientras que el derecho del consumidor de agua no le permite obtener lo que no tiene.

La enseñanza del caso *Aguas Argentinas c/ Argentina* no estriba en que los derechos fundamentales llevan a un callejón sin salida y que merecerían ser ignorados o descuidados por tal razón. Más bien, el tribunal del CIADI aceptó la presentación de escritos redactados por cinco organizaciones no gubernamentales, en aplicación del procedimiento del *amicus curiae*. Aunque los resultados son insuficientes, su decisión refleja un esfuerzo de apertura a las consideraciones de interés público, externas a los intereses de los inversionistas. Sin embargo, muestra también que el camino que conduce hacia los derechos fundamentales debe ser complementado por un análisis sistémico, que considere de manera más global el derecho de las poblaciones a acceder a un recurso vital.

Bibliografía sugerida: ◆ BACHAND, R., GALLIÉ, M., ROUSSEAU, S. (2003), Droit de l'investissement et droits humains dans les Amériques, *Annuaire français de droit international*, p. 575 (consultable en línea); ◆ DE GOUVELLO, B. (2010), Que reste-t-il de la gestion privée de l'eau en Argentine ? Retour sur l'échec des délégations à des consortiums internationaux, in *L'eau mondialisée, La gouvernance en question*, bajo la dirección de G. Schneier-Madanes, Paris, éd. La Découverte, p. 177 (consultable en línea); ◆ MAYER, P. (2011), Les arbitrages CIRDI en matière d'eau, in *L'eau en droit international*, Société française pour le droit international, Paris, éd. Pedone; ◆ MUÑOZ U., H.A. (2011), administración del agua y la inversión extranjera directa ¿Cómo se relacionan?, in *Temas de Derecho Público, Estudios en homenaje al Dr. Rafael González Ballar*, Isolma S.A., p. 445.

FRANÇOIS COLLART DUTILLEUL

Véase también: - Acuerdo General sobre el Comercio de Servicios - Carácter justiciable de los derechos fundamentales - Derecho al agua - Derechos Fundamentales - Inversiones Internacionales - Orden público.

Alcohol

Véase: - Consumo – Indicación geográfica – Malnutrición por exceso – Orden público.

Alegaciones

Véase: - Etiquetado.

Alergia alimentaria

Derivado de un término creado en 1906 por el biólogo alemán Von Pirquet (a partir de las palabras griegas *allos*, "otro, diferente", y *ergeia*, derivada de *ergon*, "acción", el término significa literalmente una manera diferente de reaccionar), la alergia se refiere a un padecimiento médico, conocida desde la antigüedad, pero cuya patogénesis no pudo ser identificada sino hasta principios del siglo XX. Las principales causas que provocan manifestaciones alérgicas graves están relacionados con los insectos, los medicamentos y los alimentos.

La alergia alimentaria es un fenómeno patológico, asociado a la hipersensibilidad a una sustancia normalmente inofensiva para la salud. Se considera una forma específica de intolerancia a los alimentos. Encuentra su causa en la ingesta alimentaria por un individuo "atópico" (etimológicamente singular), pero también en la inhalación o contacto con la piel de una proteína alimentaria que activa una reacción del sistema inmunológico que lleva a la liberación de los anticuerpos. Estos anticuerpos liberados provocan, a su vez, la liberación de otras moléculas responsables de los síntomas bajo la forma de manifestaciones inmediatas, tales como problemas respiratorios (asma, rinitis) o manifestaciones retardadas, como un shock anafiláctico o reacciones cutáneas (urticaria, dermatitis atópica) o manifestaciones digestivas (regurgitación, vómitos, estreñimiento, diarrea). De acuerdo con la terminología aceptada, se les denomina antígenos o alérgenos a las sustancias capaces de causar una reacción alérgica que se lleva a cabo en dos etapas: la primera, silencioso (denominada sensibilización) después de la exposición inicial al alérgeno, seguido por un una segunda donde inician los síntomas clínicos ante una nueva exposición. En la población general, la exposición oral a una proteína no da lugar a este tipo de reacciones, sino que es "tolerada". La tolerancia es una reacción fisiológica normal.

Los alimentos alergénicos son muchos y variados: 150 han sido identificados en todo el mundo. Se trata de alimentos clásicos, de alto valor nutricional, que constituyen el alimento básico de la mayoría de la población sin causar ningún efecto secundario. La lista varía en función del país o de la región del mundo, es decir, en función de los hábitos alimenticios y de las propiedades ambientales. La variedad de productos disponibles para los consumidores (frutas exóticas, preparaciones industriales importadas cuya composición es desconocida), los servicios de alimentación, la complejidad cada vez mayor de las recetas, multiplican el número de proteínas alergénicas, mientras que las tecnologías alimentarias influyen también sobre el carácter alergénico de los productos. Además, la prevalencia de alergias alimentarias varía según los países y los medios de colecta de la información. Se puede estimar, en general, que ella varía entre el 1% y el 5% en adultos y entre el 4% al 8% en niños.

Aunque cercanos, la alergia y la intolerancia son sin embargo dos fenómenos distintos. La intolerancia alimentaria puede causar síntomas similares a la alergia (náuseas, diarrea, calambres estomacales), pero se trata de reacciones farmacológicas, metabólicas y tóxicas en las cuales el sistema inmunitario no juega ningún papel. Se identifica de esta manera la intolerancia al gluten (o enfermedad celíaca que afecta aproximadamente al 1% de la población en Europa, en el continente americano, en África del Norte o en el subcontinente indio), la intolerancia a la lactosa, que es el azúcar de la leche (que afecta al 3% de la población de Suecia contra el 99% en China), las intolerancias a los sulfitos que son usados como aditivos alimentarios o empleados en la vinificación y, de forma menos común, aquellas a ciertos colorantes. A diferencia de la intolerancia al gluten, las otras intolerancias no causan ningún daño al cuerpo humano.

La prevención de la alergia es particularmente compleja debido a la dificultad en la comprensión de este fenómeno, en un plano tanto individual como colectivo. En efecto, actualmente no es posible definir un umbral de reacción, es decir, definir para cada alérgeno principal una relación entre la cantidad de alérgeno y la proporción de la población expuesta a un riesgo en caso de ingesta. Ello principalmente en razón de la escasez de datos para los alimentos distintos de la leche, el huevo, el maní y el trigo.

Para los fabricantes, la prevención en materia de alérgenos forma parte de su obligación general en materia de higiene de los alimentos, establecida en Europa mediante el Reglamento nº 852/2004. Para comercializar productos seguros, los fabricantes están obligados a adoptar varios tipos de medidas para limitar el peligro de "alérgenos": primero, las buenas prácticas de higiene; segundo, el método de análisis de peligros y de puntos críticos para su control, llamado HACCP (*Hazard analysis critical control point*), lo que implica un análisis exhaustivo de todos los peligros en relación con un producto alimentario y, tercero, el control de la trazabilidad y la gestión de los productos no conformes. La atención debe centrarse también en el control de los proveedores, de las contaminaciones cruzadas y del etiquetado para asegurarse de la presencia efectiva de ingredientes alergénicos.

Téngase en cuenta también que las autoridades de Australia y Nueva Zelanda han adoptado un enfoque ejemplar. Han establecido tres tipos de umbrales, en estrecha colaboración con los fabricantes y las asociaciones de consumidores, con el fin de adaptar mejor las medidas preventivas en función de los productos: un umbral de reactividad clínica de un individuo, sea la dosis mínima a la que un sujeto va a reaccionar; un umbral de protección de una población de individuos sensibilizados; y finalmente, un umbral tecnológico, que corresponde a la capacidad de gestión, por parte del fabricante, de los diferentes alérgenos. Hasta la fecha, estos diferentes umbrales se refieren solamente a 9 alimentos: leche, huevo, soja, pescado, maní, nueces, ajonjolí, mariscos y gluten.

Sin tener un dispositivo similar, los países de la Unión Europea han adoptado, sin embargo, un marco jurídico para el etiquetado de alérgenos. La legislación europea distingue claramente dos tipos de alérgenos: por una parte, los alérgenos intencionalmente introducidos en un producto comercializado, y por otra parte, los alérgenos cuya presencia en un producto es involuntaria, es decir, fortuita.

En el primer caso, los alérgenos llamados "mayores" han sido identificados. Están sujetos a declaración obligatoria en aplicación de la Directiva 2000/13/CE, que será sustituida por el Reglamento nº 1169/2011 obre la información alimentaria facilitada al consumidor, que entrará en vigor a partir del 13 de diciembre de 2014. Esta obligación de etiquetado concierne a 14 categorías de los alérgenos presentes en el producto terminado, esté preenvasado o no, independientemente de la cantidad. La lista de alérgenos figura en el derecho francés en el Código del Consumo. Incluye los cereales que contienen gluten, los mariscos, los huevos, el pescado, los cacahuetes, la soja, la leche, las nueces, el apio, la mostaza, las semillas de sésamo, los sulfitos, los altramuces y los moluscos. En Canadá y en los Estados Unidos existen listas similares de alérgenos que deben ser declarados en la etiqueta de los alimentos. La ausencia de esta declaración puede conllevar la responsabilidad del fabricante del alimento que causó un accidente en un consumidor alérgico. El fabricante tiene una obligación de resultado, si la información suministrada no es suficiente, se incurre en una falta asimilable a un defecto del producto.

Para los alérgenos cuya presencia en los productos es fortuita (contaminación involuntaria por el contacto con otros productos en la línea de producción o durante el almacenamiento o el transporte), ninguna norma de etiquetado se impone. Sin embargo, la responsabilidad del fabricante no puede ser descartada en caso de accidente. Por ello, algunos fabricantes se ven tentados a colocar una etiqueta "paraguas" o de "prevención", de tipo "Puede contener trazas de..." o "puede contener..." o "rastro posible de...". En Francia, las Autoridades de control consideran que tal práctica debe limitarse a los casos en que no es posible controlar el riesgo de contaminación accidental. Las asociaciones de consumidores se quejan, además, alegando que estas etiquetas no dan información confiable para las personas alérgicas o intolerantes y pueden dar lugar a costes adicionales por la compra de productos "garantizados sin...", que son más costosos. Los productos "sin trigo", "sin huevo", "libre de maní" o "sin soja" son en su mayoría materias primas que han sufrido como máximo una primera transformación.

En Francia, el Consejo Nacional de la Alimentación que reagrupa a todos los representantes de los actores de la cadena alimentaria, en un dictamen de enero de 2010, recomienda en particular mejorar la información y la formación del personal que labora en el sector agroalimentario, en los servicios de alimentación al público, a los artesanos y a los comercios alimentarios de proximidad sobre los riesgos de alergia e intolerancia. Además del esfuerzo que los fabricantes deben producir en cuanto a la identificación y la gestión de los riesgos relativos a de la presencia fortuita de alérgenos que deben ser obligatoriamente declarados. Una de las vías más pertinentes de prevención consiste en definir diferentes tipos de umbrales, como lo ha hecho Australia.

Bibliografía sugerida: • AGENCE NATIONALE DE SÉCURITÉ SANITAIRE DE L'ALIMENTATION, DE L'ENVIRONNEMENT ET DU TRAVAIL (ex-AFSSA) (2008), *Allergies alimentaires et étiquetage de précaution – "Food allergies and advisory labelling"*, Avis (consultable en línea); • CONSEIL NATIONAL DE L'ALIMENTATION (2010), *Comment mieux cerner et satisfaire les besoins des personnes intolérantes ou allergiques à certains aliments ?*, Avis n°s 66 et 68 (consultable en línea); • MUÑOZ U., H. A. (2011), *Principe de transparence et information des consommateurs dans la législation alimentaire européenne*, Ed. Inida.

CECILE MOIROUD

Véase también: - Etiquetado.

Alerta

La alerta tiene como punto de partida la constatación o la sospecha de un riesgo. Constituye la primera etapa de un proceso que, desde la perspectiva de los operadores, tiene tres etapas: a) alerta y evaluación de los riesgos; b) aplicación y gestión de los riesgos; y c) seguimiento, información y establecimiento de reglas y procedimientos para eventualidades futuras, destinadas a corregir los defectos constatados o a prevenir los riesgos sospechados o realizados. Entonces, un sistema de alerta es un conjunto de medidas ordenadas que tiene dos fines: 1) informar sobre la sospecha o la existencia del riesgo y 2) iniciar el proceso de gestión. Dentro de las medidas comprendidas por éste último se encuentran las de restringir la puesta en el mercado, las de obligar al retiro o las de recuperación de los alimentos cuando éstos ya han sido suministrados a los consumidores.

En la Unión Europea, el Reglamento CE 178/2002 regula un Sistema de Alerta Rápida (arts. 50, 51 y 52). La alerta hace alusión a la emergencia, a la responsabilidad de los operadores del sector agroalimentario, al principio de precaución (cuando el riesgo sólo se sospecha) y al objetivo de proteger la salud pública. El texto precisa que el sistema de alerta temprana, establecido como una "red", se basa en la notificación de "los riesgos, directos o indirectos, para la salud humana y que se deriven de alimentos o piensos. En él participarán los Estados miembros, la Comisión [Europea] y la Autoridad [Europea de Seguridad Alimentaria]. Los Estados miembros, la Comisión y la Autoridad designarán, respectivamente, un punto de contacto, que será un miembro de la red" (art. 50.1). El procedimiento de emergencia se activa "cuando un miembro de la red posea información relativa a la existencia de un riesgo grave, directo o indirecto, para la salud humana derivado de un alimento o de un pienso" (art. 50.2). En este caso, la información es "inmediatamente" enviada a la Comisión, que la comparte con los demás miembros de la red.

En realidad, la Unión Europea estableció un Sistema de Alerta Rápida de Alimentos y Piensos (*Rapid Alert System for Food and Feed*) desde 1979. Sin embargo, las crisis alimentarias de la EEB o "de las vacas locas" y de la "Dioxina", mostraron sus deficiencias. En consecuencia, fue reformulado y regulado por la actual legislación alimentaria europea. Las disposiciones que regulan el sistema deben ser leídas en concordancia con el artículo 19 del Reglamento 178/2002 que establece, para los operadores, el equivalente a una obligación de alerta. Se impone, en efecto, a todo "explotador de empresa alimentaria [que] considera o tiene motivos para pensar que alguno de los alimentos que ha importado, producido, transformado, fabricado o distribuido no cumple los requisitos de seguridad de los alimentos", que aplique inmediatamente el retiro del mercado de los alimentos y que informe de ello a las autoridades competentes.

La Unión Europea publica un informe anual disponible en el sitio web dedicado a este sistema de alerta. Este documento enumera las notificaciones de alerta lanzadas durante el año anterior en los estados miembros.

Bibliografía sugerida: ◆ JEANNIN, M.-V. (2004), 1er janvier 2005 : naissance du droit alimentaire européen, *Recueil Dalloz*, p. 3057; ◆ MUÑOZ U., H. A. (2011), *Principe de transparence et information des consommateurs dans la législation alimentaire européenne*, Ed. Inida; ◆ ROHMER, R., SOROSTE, A. (2004), La gestion des alertes et des crises liées à la sécurité des aliments, *Option Qualité*, avril, p. 12; ◆ VAN DER MEULEN, B., VAN DER VELDE, M. (2008), *European Food Law Handbook*, The Netherlands: Wageningen.

MARLEN LEÓN GUZMÁN

Véase también: – Riesgo.

Alimentación

Véase: - Actividades agroalimentarias - Derecho a la alimentación – India - Malnutrición por exceso - Modelo alimentario - Prohibiciones alimentarias - Riesgos Biológicos.

Alimento

Etimológicamente, el término “alimento” viene del latín *alimentum*, derivado del verbo *alere* que significa alimentar. En Derecho, en el siglo XVII, la comida se definió como lo que es necesario a la alimentación, mantenimiento y alojamiento de una persona y por lo tanto corresponde a “pensión alimentaria”.

El concepto de alimento aparece sobre todo en la legislación europea sobre seguridad alimentaria en el sentido más amplio: el Reglamento nº 178/2002 de 28 de enero de 2002 establece, en particular, los principios y los requisitos generales de la legislación alimentaria, y emplea así como sinónimos los términos “producto alimenticio” y “alimento”. En efecto, según el artículo 2 “se entenderá por «alimento» (o «producto alimenticio») cualquier sustancia o producto destinados a ser ingeridos por los seres humanos o con probabilidad razonable de serlo, tanto si han sido transformados entera o parcialmente como si no.” Según esta definición, el agua y las bebidas se incluyen en la calificación de los alimentos; en cambio, están excluidos los animales vivos, las plantas antes de la cosecha, los medicamentos, los cosméticos, el tabaco y sus derivados, los estupefacientes y las sustancias psicotrópicas definidas por la Convención de las Naciones Unidas sobre Estupefacientes de 1961, así como los contaminantes.

Debe señalarse que el término “producto alimenticio” es sistemáticamente utilizado cuando un texto regula las condiciones de fabricación y/o comercialización de un producto destinado al consumo humano. En cambio, el término "alimento" es ampliamente utilizado en alimentos para animales o piensos. Por su parte, "piensos" se define como "cualquier sustancia o producto, incluidos los aditivos, destinado a la alimentación por vía oral de los animales, tanto si ha sido transformado entera o parcialmente como si no" (art. 3 del Reglamento nº 178/2002).

FLORENCE AUBRY-CAILLAUD

Véase también: - Adición de sustancias – Aditivos - Prohibiciones alimentarias.

Alimentos, nuevos

Véase: - Nuevos alimentos.

Alimentos prohibidos

Véase: - Prohibiciones alimentarias.

AMAP

Véase: - Asociación para el mantenimiento de la agricultura campesina.

Ambiente

Véase: - Agricultura orgánica - Agroecología - Riesgos Biológicos.

América Latina

Véase: - Brasil - Colonización - Mercosur.

Amicus curiae

El *amicus curiae*, literalmente "amigo de la corte", es un mecanismo procesal mediante el cual un tribunal invita o autoriza a una persona o entidad a participar en un diferendo existente, con el fin de que le proporcione información que pueda esclarecer su razonamiento.

Tradicionalmente solicitado por el juez de manera excepcional, principalmente el juez del *Common Law* (países anglosajones), el *amicus curiae* funciona ahora de manera espontánea mediando la autorización del tribunal, en procedimientos que presentan cuestiones jurídicas y sociales importantes, tanto en los tribunales nacionales, como ante los mecanismos de solución de controversias internacionales. La participación en calidad de *amicus curiae* permite intervenir a los grupos de interés y, en particular, a las Organizaciones No Gubernamentales (ONGs) en un procedimiento para presentar un punto de vista diferente de aquellos de las partes, con el fin de informar al tribunal sobre asuntos e intereses más amplios que los de las partes.

La primera ilustración notable se dio en materia de inversiones internacionales, el Centro Internacional de Arreglo de Diferencias Relativas a Inversiones (CIADI) ha aceptado, por ejemplo, que ONGs presenten sus observaciones en una disputa comercial que se vinculaba con el acceso al agua de varios cientos de miles de personas (cf. Aguas Argentinas c/ Argentina, julio de 2010). Un segundo ejemplo se puede tomar del contexto de la solución de diferencias de la Organización Mundial del Comercio. Los grupos especiales (paneles) y el Órgano de Apelación han autorizado a las ONGs a presentar escritos de *amicus curiae* sobre la dimensión medioambiental (ejemplo, el caso conocido como "camarones") o social (por ejemplo, el caso de los "asbesto") que tienen las controversias comerciales. De la misma forma, agrupaciones de agentes económicos privados son autorizadas para intervenir bajo esta calidad (por ejemplo, la intervención de un grupo de pescadores en el caso conocido como "salmón").

Los *amici curiae* pueden presentar escritos cuyo objeto y forma son definidos por el tribunal. No tienen la calidad de parte y no tienen tampoco ningún derecho en el procedimiento. El Tribunal no está obligado a responder a sus escritos, cuyo alcance sustancial sigue siendo limitado.

Bibliografía sugerida: ◆ STERN, B. (2003), L'intervention des tiers dans le contentieux de l'OMC, *Revue générale de droit international public*, n° 2, p. 257; ◆ STERN, B. (2007), Un petit pas de plus : l'installation de la société civile dans l'arbitrage CIRDI entre État et investisseur, *Revue de l'arbitrage*, n° 1, p. 3.

SÉVERINE MENETREY

Véase también: - Derechos fundamentales - Organización Mundial del Comercio.

Análisis del riesgo

Entendido de manera general, el análisis del riesgo ha sido siempre un tema fundamental para las autoridades públicas ya que induce a las políticas de protección de la seguridad y de la salud. Se ha visto históricamente concretizado por la adopción de medidas de policía sanitaria, tanto de las autoridades nacionales como de las autoridades europeas, siendo más reciente la intervención de estas últimas. Por lo tanto, el empleo del análisis del riesgo no es novedoso. Sin embargo, debido a las diversas crisis de la década de los 90, el Reglamento n° 178/2002 de 28 de enero de 2002 lo ha transformado en "punta de lanza" del enfoque seleccionado en materia alimentaria. Ahora, él figura como uno de los principios generales de la legislación alimentaria (art. 6) y se basa en tres pilares: la evaluación o determinación, la gestión y la comunicación del riesgo. Evaluación, gestión, comunicación; todas expresiones ampliamente utilizadas hoy en día y que conviene aclarar y distinguir.

De previo, debe señalarse que todas estas expresiones reenvían a la noción de riesgo. Así, lo menos que puede decirse es que son numerosos los textos, tanto internacionales, europeos y nacionales, obligatorios o facultativos, que dan una definición. En consecuencia, el número de ámbitos que se ven implicados es igualmente numeroso. Sin embargo, no se deduce necesariamente una diferencia notoria de contenido. Según el artículo 3.9 del Reglamento nº 178/2002, se trata de una ponderación de la probabilidad y de la gravedad de un efecto perjudicial para la salud, debido a la presencia de un peligro. En otras palabras, el riesgo es la combinación de la gravedad y de la probabilidad de una amenaza a la salud, que puede producirse por el hecho de la existencia de una situación peligrosa.

Varias aclaraciones son necesarias. De esta definición, puede decirse en primer término que es muy cercana de las que prevalecen para los productos no alimenticios, como por ejemplo las máquinas (véase la Dir. nº 2006/42/CE de 17 de mayo de 2006). En segundo término, debe señalarse que si bien correspondía a la definición dada por la Organización Internacional de Normalización (ISO), ya no lo hace debido a que ahora, de conformidad con la norma "ISO 31.000", el riesgo es entendido como el efecto de la incertidumbre sobre los objetivos. Por último, la definición hace justamente una distinción entre los conceptos de riesgo y de peligro, siendo comprendido éste último como "todo agente biológico, químico o físico presente en un alimento o un pienso, o toda condición biológica, química o física de un alimento o un pienso que pueda causar un efecto perjudicial para la salud" (art. 3.14, Regl. nº 178/2002).

Por evaluación (o determinación) del riesgo, debe entenderse todo "proceso con fundamento científico formado por cuatro etapas: identificación del factor de peligro, caracterización del factor de peligro, determinación de la exposición y caracterización del riesgo" (art. 3.11 del Regl.). Con el Reglamento nº 178/2002, se vuelve una fase esencial y preponderante del análisis de riesgo. Esto supone que las autoridades de la Unión Europea tienen una capacidad de experticia a través de una instancia imparcial e independiente. Esta tarea pertenece a la Autoridad Europea de Seguridad Alimentaria (AESA), que fue creada por este mismo reglamento. En concreto, la Autoridad emite dictámenes, de previo a la adopción de directivas o reglamentos. Este es el caso para la fijación de los límites máximos de residuos de plaguicidas (arts. 10 y 12 del Regl. nº 396/2005 de 23 de febrero de 2005), para los materiales y objetos autorizados para entrar en contacto con productos alimenticios (arts. 7 y 10 del Regl. nº 1935/2004 de 27 de octubre de 2004) y también para los residuos de medicamentos veterinarios en los alimentos de origen animal (arts. 4 y 9 del Regl. nº 470/2009 de 6 de mayo de 2009), entre otros posibles ejemplos.

La gestión de riesgos concierne a las instituciones europeas y/o nacionales. El artículo 6 del Reglamento nº 178/2002 enuncia que para "alcanzar los objetivos generales de la legislación alimentaria [...] la gestión del riesgo tendrá en cuenta los resultados de la [*evaluación o*] determinación del riesgo y, en particular, los dictámenes de la Autoridad [...], el principio de cautela [...], así como otros factores relevantes para el tema de que se trate." Debe, por una parte, aplicarse la prevención y/o la precaución y, por otra parte, preverse mecanismos de gestión de crisis. En efecto, gestionar el riesgo no es solamente tratar de prevenirlo, es también tomar en cuenta que el "riesgo cero" no existe y, por lo tanto, prever los instrumentos necesarios para gestionar una eventual crisis.

Sobre el primer aspecto de la gestión de riesgos, la medida adoptada, bajo la forma de reglamento, directiva o decisión, puede ser calificada como una medida de prevención cuando el riesgo es, en términos científicos, conocido y cierto. Por el contrario, la medida es precautoria cuando el riesgo es considerado como desconocido o incierto, en términos científicos (art. 7 del Regl. nº 178/2002). Si en ambos casos el objetivo de las disposiciones adoptadas es gestionar de la mejor manera posible el riesgo, la distinción tiene su razón de ser. El régimen jurídico respectivo de las medidas de prevención y de precaución se diferencia en que las últimas son necesariamente provisionales, proporcionadas y adoptadas en espera de más evidencia científica. Su legalidad depende de ello. La medida de precaución está llamada ya sea a transformarse en una medida de prevención, ya sea a desaparecer cuando las nuevas evidencias científicas revelen que su aplicación no se justifica.

Cabe señalar que los textos normativos basados en el principio de precaución son mucho menos que aquellos que se refieren al principio de prevención. En la actualidad, se encuentran justificados en el principio de precaución, por ejemplo, los reglamentos y directivas relativos a los alimentos genéticamente modificados (véase el Regl. 1829/2003 de 22 de septiembre de 2003). En el pasado, el juez europeo consideró que la decisión de embargo adoptada por la Comisión Europea contra la carne bovina procedente del Reino Unido, en el caso de las "vacas locas", se justificaba a la luz del principio de precaución. Así, la prevención o la precaución han conducido a adoptar un extenso arsenal legislativo, cuyos destinatarios pueden ser los agentes económicos del sector, pero también las autoridades nacionales.

Esto da lugar a obligaciones para unos y otros, con el fin de prevenir la realización del riesgo. Puede tomarse el ejemplo del "Paquete de Higiene" que impone el método "HACCP" a los profesionales (Regl. nº 852/2004 de 29 de abril de 2004) y el establecimiento de planes de los controles oficiales para las autoridades nacionales, en el contexto de la vigilancia de los mercados (Regl. nº 882/2004 de 29 de abril de 2004), pero también de la legislación sobre aditivos (Regl. nº 1333/2008 de 16 de diciembre de 2008) o incluso de aquella aplicable a los “nuevos alimentos” (Regl. nº 258/97 de 27 de enero de 1997).

En relación con el segundo aspecto de la gestión de riesgos, un mecanismo aplicable al conjunto de la cadena alimentaria existe desde la entrada en vigencia del Reglamento nº 178/2002 (V. el cap. IV). Este mecanismo reposa sobre un sistema de alerta rápida (*Rapid Alert System for Food and Feed* o “RASSF”), un mecanismo para la gestión de las emergencias y un mecanismo de gestión de crisis. Los Estados miembros, la Comisión Europea y la AESA participan en el dispositivo y deben informarse mutuamente, con el objetivo de que la acción realizada sea racional.

El mecanismo de gestión de las situaciones de emergencia se utiliza cuando el riesgo es grave y no puede ser controlado de manera satisfactoria por los Estados. La Comisión, por iniciativa propia o a petición de un Estado, puede entonces tomar medidas suspensivas de la comercialización o de la utilización de un alimento o de un pienso. En caso de inacción por parte de la Comisión, los Estados miembros tienen la posibilidad de adoptar medidas provisionales de protección, siempre que informen a la Comisión y a los demás Estados miembros. En lo que respecta al mecanismo de gestión de crisis, este será utilizado solamente si los otros instrumentos no son capaces de gestionar el riesgo de manera adecuada. El sistema de alerta recibe, cada semana, una cantidad importante de información. Sin embargo, no todas se retransmiten como alerta, ni tampoco conducen necesariamente a que la situación sea gestionada por la Comisión. La experiencia ha demostrado que la transmisión de la información es absolutamente esencial, en momentos de crisis naturalmente, pero también fuera de toda crisis. Conscientes de lo que está en juego, las instituciones de la Unión Europea han hecho de la comunicación del riesgo uno de los pilares del análisis del riesgo.

El Reglamento nº178/2002 establece la comunicación del riesgo, definiéndola como “el intercambio interactivo, a lo largo de todo el proceso de análisis del riesgo, de información y opiniones en relación con los factores de peligro y los riesgos” (art. 3.13). Deben estar asociados en este intercambio los responsables de la evaluación y de la gestión del riesgo, los profesionales del sector, los consumidores, la comunidad científica y cualquier otra parte interesada. La circulación de la información está muy presente en el Reglamento.

En primer lugar, de previo a la reglamentación, cuando la AESA tiene a su cargo la evaluación del riesgo, los intercambios tienen lugar entre las instancias de los Estados miembros que cumplen misiones similares a las de la Autoridad. De acuerdo con los artículos 9 y 10 del reglamento, el público también debe ser informado; en este sentido, el sitio de internet de la Autoridad es una importante fuente de información. En segundo lugar, debe indicarse que las medidas de prevención y/o precaución tienden a facilitar el flujo de información.

Puede mencionarse aquí, en particular, la técnica de la trazabilidad que, generalizada por el Reglamento nº 178/2002, se impone actualmente a toda la cadena alimentaria. Al organizar la trazabilidad de los productos, se transmiten informaciones, susceptibles de permitir la localización y, por lo tanto, el retiro de productos que representan un peligro. Su importancia en materia de prevención, así como de gestión de una crisis, no es despreciable.

Por último, la comunicación del riesgo es una obligación para los Estados cuando sospechen o constaten que un alimento o un pienso puede engendrar efectos perjudiciales sobre la salud. Estas informaciones están disponibles a través del sitio web del RASSF. Sin duda, esto constituye un avance en términos de transparencia. Sin embargo, debe tenerse cuidado y asegurarse de que la transparencia no de lugar a que la información que fluye conduzca a conclusiones apresuradas.

Como fundamento del enfoque retenido por las autoridades europeas, el análisis del riesgo también se impone a los operadores económicos, quienes a su vez deben proceder con el fin de cumplir el marco legislativo. Dentro de las empresas y las sociedades, los actores económicos llevan a cabo evaluaciones del riesgo, adoptan medidas de prevención y organizan dispositivos en caso de accidente o de incidente.

Bibliografía sugerida: • BECK, U. (2008), *La société du risque – Sur la voie d'une autre modernité,* Paris, éd. Flammarion; • CHEVASSUS-AU-LOUIS, B. (2007), *L'analyse des risques, l'expert, le décideur, le citoyen,* Paris, éd. Quae, coll. Sciences en question; • PONTIER, J.-M. (dir.) (2001), La gestion administrative des risques en Europe, *Annuaire européen d'administration publique*, volume 24; • RAFFI, R. (2007), La gestion des risques alimentaires dans le droit européen et le droit français, *Petites Affiches*, n° 169, p. 3.

FLORENCIA AUBRY-CAILLAUD

Véase también: - Autoridad Europea de Seguridad Alimentaria - Crisis sanitaria - Derecho Europeo de la Alimentación - Experticia - HACCP - Organismo genéticamente modificado - Principio de precaución - Principio de transparencia - Riesgo ambiental - Seguridad sanitaria – Trazabilidad.

Animal

Véase: - Clonación de animales - Prohibiciones alimentarias.

Annona

Históricamente, mediante el término latino *Annona*, que significaba en primer lugar la "producción del año", se designaba a los "productos destinados al aprovisionamiento", especialmente la producción de trigo y otros alimentos y, a veces también, en un sentido derivado, la "circulación" en función de la cosecha. Solamente la segunda acepción será aquí explicada.

En la época romana, la *annona* es el suministro de trigo y de otros productos alimenticios necesarios para la capital, Roma, y también, a partir del siglo IV, para la capital de la parte oriental del Imperio Romano, Constantinopla. Era vital para la seguridad del Imperio y de las instituciones garantizar un suministro constante y regular de estas dos ciudades a partir de los graneros de trigo que para el Imperio eran: Sicilia, África del Norte y Egipto. En efecto, las producciones de la península italiana y, más importante aún, de la región de Roma (Latium) eran insuficientes, porque la tierra es relativamente pobre. Por consiguiente, pronto fue necesario dirigirse hacia zonas más apropiadas y, sobre todo, más productivas, como Sicilia, desde el momento en que fue reconquistada a los cartagineses, que, habida cuenta de su fertilidad, permitía garantizar un suministro más regular.

Desde el final del período republicano, la disminución en el cultivo de trigo en Italia hace imprescindible la búsqueda de nuevos suministros. En aquella época, el trigo se recibe como un impuesto a las provincias, que se ven así privadas de su propia producción para el beneficio exclusivo de la ciudad de Roma y por lo tanto empobrecidas, o mediante una requisición que es pagada de acuerdo a una tarifa oficial, o finalmente es comprado a los comerciantes. Durante el Imperio, el trigo adquirido de estas formas fue transportado por navíos que eran puestos a disposición del Estado por armadores cuyo destino era Ostia. Se trata de una verdadera noria de navíos de todo tamaño, en su mayoría pequeños, que llegaban a los puertos marítimos de la ciudad de Roma. Una vez allí, el trigo era, por una parte, vendido a precios a los que se les aplicaban impuestos para controlar el mercado y evitar aumentos de inoportunos en los precios y, por otra parte, distribuido gratuitamente a los indigentes, práctica que se remontaba a los inicios del siglo II antes de Cristo. Estas distribuciones terminan siendo regulares y organizadas a partir del Imperio. Sin embargo, sólo el 20% de la población parece haberse beneficiado de este sistema, el número de beneficiarios de la *annona* gratuita había sido fijado en 200 000 personas.

Es entonces durante el Imperio que el sistema fue verdaderamente organizado en torno a una estructura oficial. A la cabeza de la administración de la *annona* está el Prefecto de la *Annona*, un funcionario imperial que estaba bajo la tutela del Prefecto de la Ciudad. Se le recluta de entre la categoría de los Caballeros, categoría social que podría corresponder a una especie de rico burgués de negocios. Es él quien se encarga del aprovisionamiento de productos de primera necesidad como el trigo y el aceite en Roma y, después, en Constantinopla. Él se encarga también de la conservación de las reservas en los graneros públicos, de la lucha contra el acaparamiento y del control de los precios. Para cumplir su misión, el Prefecto de la *Annona* tiene verdaderos poderes de policía y de jurisdicción en el marco estricto de sus actividades. Esta función es fundamental en la medida en que el poder político estaba permanentemente interesado en la preservación de la paz pública y se esfuerza por garantizar un abastecimiento mínimo a la población urbana de las dos capitales del Imperio. El poeta latino satirista Juvenal es quien evoca, en este sentido, la condición necesaria para que se preserve el orden público dándole al pueblo "pan y circo".

Para garantizar una mayor regularidad de los suministros, en el marco de las numerosas reformas que iban a realizarse durante el Bajo Imperio, las leyes imperiales establecieron las condiciones sociales y profesionales en el seno de las corporaciones hereditarias a partir del reinado de Diocleciano. Es así como la corporación de los armadores y jefes de navíos, tan necesaria para transportar esos suministros, obtuvo el reconocimiento de privilegios por las constituciones imperiales desde la época de Constantino: en el 354, por ejemplo, en una constitución dirigida al Prefecto Mastichianus, el Emperador precisa la vocación sucesoria de la Corporación de armadores, cuando uno de ellos fallece sin hijos. Sin duda, él buscaba por este medio fomentar las inversiones en materia de construcción naval. De igual modo, los armadores no podían ser objeto de extorsiones indebidas de ningún tipo, como lo precisó una constitución de Constantino y de su hijo Juliano, dirigida al Prefecto de la Ciudad en el 357.

En contrapartida de tales beneficios, el cuerpo de armadores y jefes de navíos podía ver requisicionadas sus naves por el Estado, para efectuar transportes considerados esenciales. Se encuentran también, al respecto, dos textos del siglo V. Uno se titulaba "De los buques sin excepción", que tenían por objeto evitar que los armadores evadieran tales requisiciones. El segundo de esos textos, del 439, emanó de los emperadores Teodosio y Valentiniano. En él se prescribía que "ningún navío de más de dos mil Bushels [aproximadamente 6 toneladas] podrá sustraerse a los intereses públicos" bajo ningún pretexto, dignidad, religión o privilegio personal.

Muchas otras disposiciones existen también en la primera sección de este libro 11 del Código de Justiniano, titulada "De los armadores o jefes, que transportaban alimentos públicos y de la obligación de embarcar el oro lustral" (impuesto recaudado cada cinco años). Y se especificaban las obligaciones de los marineros de cumplir los plazos con el fin de evitar posibles desviaciones y las medidas para evitar los embargos derivados de los acuerdos entre los marineros para oponerse a las requisiciones.

La gran severidad de estas disposiciones estaba destinada a evitar en la medida de lo posible revueltas entre la población pendiente del aprovisionamiento público. Por ejemplo, Tito Livio y Suetonio afirmaron las medidas que el Estado tomó para garantizar la entrega segura de los alimento esperados. Tito Livio, en su Historia Romana (XXXIII, 49) exponía como, durante la Segunda Guerra Púnica, las necesidades de las tropas estacionadas en España habían llevado al Estado Romano a contratar empresarios privados, cuyos gastos serían reembolsados apenas el Tesoro Público tuviera los medios, pero sobre todo con la garantía, además de la exención del servicio militar, de que su carga sería asegurada por el Estado contra las tormentas y los ataques del enemigo. El mismo autor nos dice un poco después (XXV, 3) que como el Estado garantizaba contra los riesgos de tormenta las mercancías enviadas a los ejércitos, tuvo que comprobarse que no se tratara de falsos naufragios que pretendían beneficiarse de las compensaciones. Por último, Suetonio, en su Vida de Claudio (V, 18) nos dice que, para evitar una hambruna importante, el emperador Claudio, muy preocupado por el aprovisionamiento de Roma, incluso durante el invierno, prometió beneficios específicos a los comerciantes, asumiendo las pérdidas que las tormentas podrían ocasionarles.

Todos estos ejemplos muestran cómo la cuestión del suministro regular y suficiente era de orden público, pues el Estado buscaba prevenir cualquier revuelta provocada por el hambre.

Las constituciones imperiales definían igualmente la calidad del pan que debía ser vendido por los panaderos, así como la calidad del trigo que los medidores y transportistas fluviales debían proporcionar a los panaderos, previendo también que las cantidades no fuesen objeto de reclamación alguna por ninguna persona, ni desviadas hacia ningún otro fin diferente al de la *annona*. Además, otras prescribían que el pan de la *annona* debía ser distribuido a los beneficiarios, no por los propios panaderos, sino "desde los niveles superiores", es decir, desde lo alto de un estrado por los administradores de los servicios de la *annona*. Para verificar que cada uno recibía la medida que se le había asignado, se utilizaba una ficha de bronce que especificaba quien recibía el pan y qué medida le era así determinada.

No es posible reunir el conjunto de las medidas adoptadas en detalle, con frecuencia muy preciso, por los emperadores romanos: su único objetivo era evitar posibles fraudes y que quienes no tenían derecho a la asistencia, no se beneficiaran fraudulentamente de los suministros. Estas medidas, a menudo acompañadas de penas severas, muestran claramente que los fraudes fueron sin duda muy comunes. En todo caso, éstas permitieron mantener una forma de paz social en las capitales del Imperio, pero a un precio, importante para el Tesoro Imperial.

Bibliografía sugerida: • GAUDEMET, J. (1982), *Institutions de l'antiquité*, Paris, éd. Sirey; • GRIMAL, P. (1964), *La civilisation romaine*, Paris, éd. Arthaud, coll. Les grandes civilisations; • HUMBERT, M. (2007), *Institutions politiques et sociales de l'Antiquité*, Paris, éd. Dalloz, coll. Précis.

DOMINIQUE GAURIER

Véase también: - Orden público - Seguridad alimentaria.

Apropiación

Véase: - Patrimonio común de la Humanidad.

Aprovisionamiento

Véase: - Ayuda alimentaria – Importación neta de alimentos - Seguridad alimentaria.

Arbitraje financiero

Véase: - Instrumentos financieros.

Aroma

Véase: - Adición de sustancias.

Arreglo de Lisboa

El Arreglo de Lisboa prosigue a la adopción del Convenio de la Unión de París y del Arreglo de Madrid relativo a la represión de las indicaciones de procedencia falsas o engañosas en los productos; textos en vigencia aun hoy en día. El primero de estos dos textos, cuyo ámbito de aplicación comprende al conjunto de la propiedad industrial, prohíbe solamente las indicaciones falsas relativas a la procedencia de un producto. La protección proporcionada es muy reducida. El segundo, más específico, es el primer texto cuyo objeto es la indicación de procedencia. La protección establecida es más amplia que la prevista en el Convenio de París puesto que, además de la prohibición de las indicaciones falsas, el Arreglo de Madrid prevé también la prohibición de indicaciones que puedan inducir a error al consumidor sobre la procedencia del producto. Sin embargo, a pesar de proteger mejor las indicaciones geográficas, sigue siendo muy limitado en razón del pequeño número de Estados signatarios.

El Arreglo de Lisboa fue firmado en 1958 y ha sido objeto de dos reformas sucesivas (1967 y 1979). Con su entrada en vigencia en 1966, se adopta el "Sistema de Lisboa" y se establece un régimen mucho más completo de protección de las indicaciones geográficas, en comparación con aquellos previstos por los textos precedentes. Por cierto, es el primer acuerdo internacional que ofrece una definición del concepto de denominación de origen (art. 2). Además, éste crea un procedimiento para el registro internacional de denominaciones geográficas protegidas (base de datos "*Lisbon Express*"). El registro internacional mencionado en el artículo 1° protege contra la "usurpación o imitación" y ello sin importar si existe o no un riesgo de confusión e, incluso, si el verdadero origen del producto está indicado o si la denominación geográfica está traducida o relacionada con un término que sugiere deslocalización ("tipo", "estilo", "manera", etc.). En virtud del artículo 8, el Ministerio Público o toda persona jurídica interesada puede iniciar un procedimiento judicial ante los tribunales nacionales, contra una persona que contravenga estas disposiciones, con fundamento en el Arreglo.

Como se observa, la protección que ofrece este acuerdo es mucho mayor a las que prevén los otros instrumentos internacionales. No obstante, no se encuentra libre de limitaciones que afectan de manera importante la eficacia de sus disposiciones. La primera se relaciona con el escaso número de estados signatarios (sólo 27 Estados han ratificado el acuerdo hasta la fecha). La segunda se refiere a las condiciones establecidas por el propio Arreglo. El artículo primero condiciona la protección de las denominaciones de origen en los Estados signatarios, a la existencia previa de un régimen de protección de las denominaciones de origen en el país solicitante del registro internacional. De esta forma, para poder aspirar a la protección concedida por el Arreglo, el Estado signatario debe disponer de un sistema nacional de protección de las indicaciones geográficas. Las denominaciones que han sido registradas serán, por ese hecho, protegidas al amparo del Sistema de Lisboa, en la medida en que éstas serán reconocidas y defendidas en el territorio del Estado al que le atañen (art. 6). No obstante, son pocos los Estados que disponen de esta legislación, por cuanto son raros los que reconocen actualmente a las denominaciones de origen.

Un grupo de trabajo para el desarrollo del Sistema de Lisboa se estableció con el fin de mejorarlo y de hacerlo más interesante para aquellos Estados que aún no lo han firmado. Asimismo, una encuesta fue realizada sobre el tema, por la Oficina Internacional de la Propiedad Intelectual (a la que se hace referencia en el art. 9 del Convenio que instituye a la Organización Mundial de la Propiedad Intelectual), con el objeto de determinar con más claridad las expectativas y necesidades de los Estados y de los diversos agentes económicos. Si el objetivo se llegara a alcanzar, ello permitiría ofrecer una verdadera alternativa a la protección concedida en el marco de la OMC, por el Acuerdo sobre los Aspectos de los Derechos de Propiedad Intelectual relacionados con el Comercio (ADPIC). Más aún en tanto las negociaciones comprometidas en el marco de este texto están estancadas, pues los Estados no logran encontrar un terreno de entendimiento.

Bibliografía sugerida: ◆ GEIGER, C., GERVAIS, D., OLSZAK, N., RUZEK, V. (2010), *L'Arrangement de Lisbonne, un véhicule pour l'internationalisation du droit des indications géographiques ?*, Propriétés intellectuelles, n° 35, p. 691; ◆ LE GOFFIC, C. (2010), *La protection des indications géographiques en France, dans la Communauté européenne et aux États-Unis,* Paris, Ed. Litec, coll. de l'IRPI.

CAMILLE COLLART DUTILLEUL

Véase también: - Acuerdo ADPIC - Denominación de Origen Protegida - Indicación Geográfica Protegida.

Asociación para el mantenimiento de la agricultura campesina

La Asociación para el Mantenimiento de la Agricultura Campesina (AMAP, por su acrónimo en francés) designa un circuito corto de comercialización que tiene por objeto favorecer el mantenimiento de una agricultura local, desarrollando los intercambios directos entre productores y consumidores.

La AMAP está organizada bajo la forma de asociación sin fines de lucro. Reúne a agricultores y consumidores que, en conjunto, definen la cantidad, la diversidad (frutas, verduras, carnes, huevos, queso, pescado...) y un precio justo de los productos básicos que se producen en una temporada. Por contrato, los consumidores que son miembros se comprometen a pagar una parte de la cosecha por adelantado. A cambio, el agricultor se compromete a entregar regularmente los productos procedentes de su explotación. La AMAP tiende a distribuir ciertos riesgos (climáticos, económicos) soportados en general únicamente por el productor y permite a los consumidores asegurarse la calidad y el origen de los productos que consumen. Más allá de este formalismo, la AMAP puede (re)construir los lazos sociales entre los que producen y los que consumen. La información, la sensibilización y la participación de los consumidores que pueden tomar un papel activo en esta relación comercial, para convertirse en un "consumidor-actor". La proximidad del lugar de producción y el de consumo es también un criterio importante para la solidaridad y los vínculos fuertes entre los actores locales.

Este sistema fue introducido en los años sesenta en Japón. Deseando asegurar la calidad del producto para alimentar a sus hijos, las madres se unieron por contrato con un agricultor para producir sin insumos químicos. Desde entonces, se llevaron a cabo experimentos similares, principalmente en Europa y América del Norte. Llamado "*Teikei*" en Japón (que puede ser traducido como "poner la cara del campesino sobre los alimentos"), estas organizaciones toman el nombre de "*Community Supported Agriculture*" en los Estados Unidos y en Canadá, "*Agriculture soutenue par la communauté*" en Quebec, "*Groupes d'achats solidaires de l'agriculture paysanne* " (GASAP) en Bélgica, "*Agriculture contractuelle de proximité*" (ACP) en Suiza. En Francia, la terminología "*Association pour le maintien d'une agriculture paysanne* (AMAP)" fue registrada como marca comercial en el año 2008 ante el Instituto Nacional de la Propiedad Industrial.

Bibliografía sugerida: • ALLIANCE PROVENCE (2003), *Charte des AMAP* (consultable en línea); • LAMINE, C., PERROT, N. (2008), *Les AMAP : un nouveau pacte entre producteurs et consommateurs ?,* Paris, éd. Yves Michel, coll. Société civile.

PIERRE-ÉTIENNE BOUILLOT

Véase también: - Agricultura - Calidad de los productos - Circuitos cortos – Consumo - Desarrollo Sostenible.

Autocontrol

Véase: - Control.

Autoridad de Regulación

Véase: - Derecho de la Competencia.

Autoridad Europea de Seguridad Alimentaria

Como reacción a la crisis sanitaria constituida por el episodio europeo de las "vacas locas", el Reglamento nº 178/2002 de 28 de enero de 2002, por el que se establecen los principios y los requisitos generales de la legislación alimentaria, instituyó la Autoridad Europea de Seguridad Alimentaria (AESA) y estableció procedimientos en el ámbito de la seguridad alimentaria. El objetivo del Reglamento es establecer una base legislativa en el sector agroalimentario, que permita garantizar un alto nivel de seguridad y de protección de la salud humana y de los intereses de los consumidores, al tiempo que asegura el funcionamiento eficaz del mercado.

A través de un sistema heterogéneo, nacional y comunitario, directo e indirecto, el Reglamento establece normas para la prevención y el control de los riesgos, mediante el procedimiento del análisis de los riesgos (que reposa sobre el tríptico evaluación-gestión-comunicación). La evaluación, operación de carácter técnico-científico está exclusivamente confiada a la AESA, cuya tarea consiste precisamente en facilitar a la Comisión Europea (que tiene el poder de decisión política) elementos científicos fiables y necesarios para la gestión del riesgo. La misión de la AESA consiste en emitir dictámenes científicos independientes sobre los riesgos que presentan, por ejemplo, los productos derivados de organismos genéticamente modificados o la presencia de residuos de plaguicidas en los alimentos para los consumidores o para los animales. De esta forma, también juega un papel activo en la comunicación de los riesgos. En el ejercicio de estas tareas preeminentes, la Autoridad debe colaborar con las agencias y los organismos científicos nacionales y crear una red europea, para asegurar un intercambio continuo de información y opiniones sobre los temas más importantes relacionados con la seguridad alimentaria. Constituye el punto de conexión necesario entre las autoridades nacionales, en la gestión del riesgo sanitario.

La Autoridad tiene una Junta Directiva, un Director Ejecutivo, un Foro Consultivo, un Comité Científico y varias comisiones técnicas científicas. Téngase en cuenta que, en virtud del artículo 25 del Reglamento, "la Junta Directiva estará compuesta por 14 miembros nombrados por el Consejo, en consulta con el Parlamento Europeo procedentes de una lista elaborada por la Comisión [...] y un representante de la Comisión. Cuatro de los miembros contarán con historial en organizaciones representativas de los consumidores y otras partes interesadas en la cadena alimentaria."

La Autoridad no puede ser definida ni como independiente ni como reguladora, si se atiende a las tipologías habituales. El fortalecimiento de la dimensión técnico-científica constituye un punto de ruptura en el equilibrio de los intereses protegidos. Desde la perspectiva normativa, la Autoridad también traduce un fortalecimiento de las competencias de la Unión Europea.

La combinación (horizontal/vertical, centro/periferia) sobre la cual se basa la Autoridad, instaura un sistema complejo; un ejemplo de esta complejidad es el "Foro Consultivo" del artículo 27. En efecto, entre los órganos que componen la Autoridad, el Foro Consultivo es el que expresa de manera más clara el deseo y la necesidad de cooperación y de integración de los conocimientos científicos, tanto a nivel europeo como nacional. Compuesto por "representantes de organismos competentes de los Estados miembros que lleven a cabo tareas similares a las de la Autoridad, a razón de un representante nombrado por cada Estado miembro" (art. 27.1), permite intercambiar continuamente entre las diferentes agencias nacionales y la AESA "información relativa a riesgos potenciales y centralizar conocimientos" (art. 27.4). Estos intercambios son importantes en la medida en que las agencias nacionales de seguridad alimentaria (en los países donde existen) funcionan con modelos e instrumentos diferentes, pero persiguen los mismos objetivos y resguardan los mismos intereses fundamentales: la protección de la salud y de los intereses de los consumidores.

A la fecha, la red europea de seguridad alimentaria todavía no ha sido completada, debido, por una parte, a la entrada de nuevos Estados miembros en la Unión Europea desde 2002 y, por otra, a la existencia de diferentes modelos nacionales (como en el Reino Unido) inspirados en el sistema estadounidense de la *Food and Drug Administration* (FDA), en los que las fases de evaluación y gestión del riesgo son distintas.

Sea que se trate de la AESA, de la red europea de agencias nacionales o de la FDA, la ciencia juega un papel clave en la elaboración de las decisiones jurídicas y políticas. Pero el modelo de los Estados Unidos se presenta como un modelo de regulación basado en la ciencia (*science based*), mientras que el modelo europeo es más político (*policy related*).

Bibliografía sugerida: ◆ ADORNATO, F. (2012), The European Food Safety Authority, in *European Food Law,* bajo la dirección de COSTATO, L. y ALBISINNI, F., Milan, éd. Cedame; ◆ GADBIN, D. (2005), Les nouvelles articulations entre expertise scientifique et décision politique : l'exemple de l'Agence européenne de sécurité des aliments, *Revue Droit rural*, n° 329, étude 1; ◆ PETIT, Y. (2002), L'Autorité européenne de sécurité des aliments et la nouvelle approche alimentaire communautaire, *Journal des tribunaux – Droit européen*, n° 93, p. 209.

FRANCESCO ADORNATO

Véase también: - Análisis del riesgo - Derecho europeo de la alimentación – Experticia – Vacas locas (Enfermedad de las).

Auxiliar tecnológico

Véase: - Adición de sustancias.

Ayuda alimentaria

La ayuda alimentaria ha sido siempre uno de los mecanismos de asistencia humanitaria, destinado a proporcionar alimentos básicos a las poblaciones vulnerables o que están en necesidad. Sin embargo, el significado y el contenido de esta ayuda han variado considerablemente en el tiempo.

Inicialmente, se asignó una prioridad absoluta a la ayuda alimentaria. Incluso, se recurrió a ella para drenar los excedentes alimentarios de los países desarrollados. Pero esta ayuda alimentaria sin reflexión ha tenido efectos indeseables. Pudo haber provocado un cambio en los hábitos alimenticios de las poblaciones en donde se distribuyeron o causado prejuicios a los medios de producción local. En la actualidad, una nueva concepción de la ayuda alimentaria emerge, basada en incentivos a las compras en los mercados locales y en nuevas técnicas de producción y distribución.

La ayuda alimentaria es una solución exigente que se frecuentemente utilizada y que debe ser eficaz, habida cuenta de las situaciones de crisis alimentaria actuales y de los altos precios de los alimentos básicos en los mercados internacionales. Desde el punto de vista jurídico, la necesidad de establecer normas internacionales apareció claramente desde muy temprano. Esto se tradujo en la firma de compromisos internacionales por parte de los países donantes, para asegurar y coordinar un suministro estable y garantizar la continuidad de la ayuda alimentaria. El primer tratado concluido en este sentido es del año 1967 y otros han seguido desde entonces.

El texto más reciente se concluyó en 1995 y fue modificado posteriormente en 1999, 2005 y 2009. Se trata del Convenio de Londres relativo a la ayuda alimentaria, que es parte integrante junto con el Convenio sobre el Comercio de Cereales, del Acuerdo Internacional sobre los Cereales. Forman parte la Unión Europea (y sus Estados miembros), así como siete países desarrollados entre los mayores exportadores de productos alimenticios (Australia, Argentina, Canadá, Noruega, Estados Unidos, Japón y Suiza).

Lo más notable de estos acuerdos es el compromiso de los estados parte de "asegurar como mínimo 10 millones de toneladas de ayuda alimentaria anualmente en forma de cereal". En el preámbulo se recuerda, en este sentido, que la finalidad de la convención es "responder a situaciones de emergencia alimentaria y de mejorar la seguridad alimentaria mundial, a través de suministros garantizados de ayuda alimentaria independientemente del precio mundial de los alimentos y de las fluctuaciones de la oferta". Sobre todo, al afirmar que "el objetivo final de la ayuda alimentaria es la eliminación de la propia necesidad de ayuda alimentaria", el texto expresa perfectamente la evolución en la concepción de la ayuda. Entre los otros objetivos expresamente enunciados, se señala: lograr que la ayuda contribuya a aliviar la pobreza y el hambre de los grupos más vulnerables; maximizar el impacto, la eficacia y la cantidad de la ayuda; proporcionar un marco para la cooperación, la coordinación y el intercambio de información entre los países donantes. El organismo responsable de esta última tarea es el Comité de Ayuda Alimentaria.

Los beneficiarios de la ayuda son países menos desarrollados, los países de bajos ingresos, así como los "países de ingresos medianos bajos y otros países incluidos en la lista de la OMC [Organización Mundial del Comercio] de países en desarrollo importadores netos de alimentos [...], cuando experimenten emergencias alimentarias o crisis financieras internacionalmente reconocidas que causen emergencias de escasez de alimentos, o cuando las operaciones de ayuda alimentaria estén destinadas a grupos vulnerables". De manera concordante, el texto indica también que "sólo se proporcionará ayuda alimentaria cuando sea la forma de asistencia más efectiva y apropiada" (art. VIII). Además, se detallan las formas de ayuda: donaciones de alimentos, regalos en efectivo, las ventas de alimentos, ventas a crédito ("pagaderas en plazos anuales razonables escalonados en 20 años o más y con tipos de interés inferiores a los tipos comerciales vigentes en los mercados mundiales"). En el convenio se enumeran también los productos elegibles para la ayuda alimentaria (cereales, leguminosas, aceites, azúcar, etc.) Y precisa, por ejemplo, con el fin de remediar las deficiencias eventuales de las partes, que "[s]i un miembro no puede proporcionar la cantidad especificada [...] durante un año determinado, notificará las circunstancias al Comité lo antes posible y, a más tardar, en el primer período de sesiones celebrado después de concluir ese año. Salvo que el Comité decida otra cosa, la cantidad no satisfecha se sumará al compromiso del miembro para el año siguiente".

El compromiso contraído en el convenio debía expirar el 30 de junio de 2010, pero ha sido prolongado, en primer lugar hasta el 30 de junio de 2011 y luego hasta el 30 de junio de 2012. Están en curso negociaciones para la conclusión de un nuevo acuerdo. Para muchos, el debate es una oportunidad para modernizar la arquitectura general del sistema mundial de ayuda alimentaria, centrándose en la existencia de una respuesta adecuada y eficaz a las emergencias humanitarias. La atención está puesta en la distribución rápida de la ayuda y la necesaria coordinación necesaria entre todas las autoridades implicadas. Los negociadores quieren también profundizar la vía abierta por el articulo XII del convenio, cuyo objetivo es promover el desarrollo agrícola local y garantizar a largo plazo la seguridad alimentaria incitando a los donantes a comprar alimentos de los países en desarrollo, para abastecer al país beneficiario ("comercio triangular"), o incluso dentro de un mismo estado, en los mercados regionales, para el aprovisionamiento de las regiones deficitarias de ese estado ("compras locales"). No obstante, resulta igualmente necesario mantener la atención sobre la composición de la ayuda, en particular sobre la calidad sanitaria de los productos distribuidos.

Bibliografía sugerida: ◆ GRUPO DE TRABAJO INTERGUBERNAMENTAL PARA LA ELABORACIÓN DE UN CONJUNTO DE DIRECTRICES VOLUNTARIAS CON EL FIN DE RESPALDAR LA REALIZACIÓN PROGRESIVA DEL DERECHO A UNA ALIMENTACIÓN ADECUADA EN EL CONTEXTO DE LA SEGURIDAD ALIMENTARIA NACIONAL (2004), *La Ayuda Alimentaria y el Derecho a la Alimentación*, documento informativo, Roma, FAO (consultable en línea); ◆ STEVENS, CH. (1980), *L'aide alimentaire et le monde en développement – quatre études de cas africains*, Londres, overseas development institute.

MIGUEL ÁNGEL MARTIN LÓPEZ

Véase también: – Importación neta de alimentos – Programa Mundial de Alimentos.

Ayudas a la agricultura

Véase: - Acuerdo sobre la Agricultura – Agroecología.

Ayuno

La práctica del ayuno siempre ha estado relacionada, independientemente de las religiones o filosofías que la sustentan, con el control de los impulsos de su propio cuerpo y de una forma de voluntad de controlar mejor a este último para ponerse en situación, a la vez física y mental, de control de sí.

Para limitarnos sólo a las religiones monoteístas, en el judaísmo se practicaba hasta cuatro ayunos anuales, relacionados con la destrucción de Jerusalén por Babilonia: el ayuno del cuarto mes, para recordar el día en que los babilonios abrieron una brecha en las murallas del Templo; el ayuno en el quinto mes también se estableció para recordar esta desgracia; el ayuno del séptimo mes, para recordar la desolación del país que siguió al asesinato del gobernador de Judá, Godolías; por último, el ayuno del décimo mes, para evocar el momento en que los que habían sido deportados a Babilonia supieron la noticia de la caída de Jerusalén. Sin embargo, el ejemplo más conocido es el ayuno de *Yom Kippour*, destinado a "humillar" el alma y que se propone frenar los apetitos corporales en su conjunto, vistos como primera fuente del pecado.

El cristianismo no parece haber retomado el mandato religioso del ayuno, pero esta práctica fue ampliamente seguida en el primer monaquismo egipcio del desierto, donde viven monjes ermitaños que practican mortificaciones ligadas al ayuno, algunas veces muy excecivas, con el fin de dominar los ardores de la carne. Posteriormente, la ley canónica hizo del ayuno una pena destinada a compensar ciertas categorías de pecados. Sin embargo, en algunos momentos del año litúrgico también se ordenó al conjunto de los fieles practicar el ayuno, sobre todo en el período de cuaresma, que se supone representa a Jesús en su estancia de 40 días en el desierto. Pero el rigor de estas reglamentaciones del Derecho Canónico se flexibilizó a partir del Concilio Vaticano II (1962-1965).

En el Islam, el ayuno del mes de Ramadán se considera uno de los cinco pilares de la religión, a menudo realizado antes de la peregrinación. Este ayuno tiene la función de recordarle al ser humano que todo le viene de Dios y así recuperar un estado de necesidad, que lo hace más disponible para poder comprender el mensaje que le concedió Dios mediante la boca del Profeta. Pero también es posible llevar a cabo ayunos muy costosos, es decir supletorios, que son igualmente recomendados. Algunas prácticas sufíes, ligadas al Islam místico, también hacen del ayuno un medio de control de los impulsos del cuerpo para volver su espíritu más disponible para Dios.

Bibliografía sugerida: • *Dictionnaire encyclopédique du christianisme ancien*, Cerf, Paris 1990; • *Dictionnaire du Coran*, éd. Robert Laffont, coll. Bouquins, Paris, 2007.

DOMINIQUE GAURIER

Véase también: - Prohibiciones alimentarias.

B

Banco de desarrollo

Véase: - Fondo Internacional de Desarrollo Agrícola.

Banco Mundial

Fundado en 1944 en la conferencia de Bretton Woods, el Banco Mundial debía en un inicio centrar sus esfuerzos en la reconstrucción de la Europa de posguerra. Pero pronto, esta función fue asumida en el plan Marshall, administrado por la Organización de Cooperación Económica Europea, que mas tarde se convirtió en la Organización para la Cooperación y el Desarrollo Económico (OCDE).

El Banco Mundial se encarga principalmente de la lucha contra la pobreza y, en este contexto, da préstamos con bajas tasas de interés que ofrecen oportunidades de financiamiento para los países en desarrollo, particularmente, en materias de educación, salud, agricultura y gestión de recursos naturales. En efecto, tras haber adoptado un enfoque esencialmente financiero de la pobreza, centrándose primariamente en el tema de la renegociación de la deuda, reorientó su accionar desde la década de 1980 hacia un enfoque más amplio, que abarca aspectos sociales y ambientales, lo que el propio Banco denomina "bienes públicos mundiales" (salud, ambiente, comercio...). El Banco ejerce también una función de asesoría y asistencia técnica.

El Banco Mundial es en realidad, un grupo integrado por cinco instituciones: el Banco Internacional de Reconstrucción y Fomento (BIRF), establecido en 1944 al mismo tiempo que el Fondo Monetario Internacional (FMI); la Corporación Financiera Internacional, establecida en 1955 para fomentar el desarrollo del sector privado; la Asociación Internacional de Fomento creada en 1960 y que otorga préstamos a los países menos desarrollados; el Centro Internacional de Arreglo de Diferencias Relativas a Inversiones (CIADI), creado en 1965 y competente para resolver las controversias relativas a inversiones directas por parte de operadores extranjeros; el Organismo Multilateral de Garantía de Inversiones, creada en 1985 para asegurar los riesgos no comerciales de la inversión internacional realizada en los países en desarrollo.

Bibliografía sugerida: ◆ VINCENT, PH. (2009), *Institutions économiques internationales*, Bruxelles, éd. Larcier

ANNABEL QUIN

Véase también: - Acaparamiento de tierras - Bancos regionales de desarrollo.

Bancos regionales de desarrollo

Los bancos de desarrollo se establecieron en el nivel regional siguiendo el modelo del Banco Mundial. Su principal característica es la de reservar sus intervenciones a los Estados situados en una región geográfica determinada. En cambio, la participación en su capital puede ser mucho más amplia.

El banco regional más antiguo es el Banco Interamericano de Desarrollo, creado en 1959 y que tiene su sede en Washington (Estados Unidos). Su misión es financiar proyectos de desarrollo en América Latina y el Caribe. Luego, en 1963 se creó el Banco Africano de Desarrollo, con sede en Abiyán (Costa de Marfil) y cuya misión consiste en ayudar a los países africanos para estimular su desarrollo; la mayoría de los proyectos financiados lo son también por el Banco Mundial. Por otra parte, el Banco Asiático de Desarrollo, cuya sede está en Manila (Filipinas), fue creado en 1965. Este financia préstamos a los Estados para proyectos específicos, participa en empresas privadas y brinda asistencia técnica. Por su parte, el Banco Islámico de Desarrollo fue fundado en 1974, con sede en Yida (Arabia Saudita). se caracteriza por no pedir prestado en los mercados internacionales de capitales, lo que le permite ofrecer bajas tasas de interés para los Estados receptores. Por último, el Banco Europeo para la Reconstrucción y el Desarrollo fue creado en 1990 tras el colapso de los regímenes comunistas en Europa Central y del Este. Tiene su sede en Londres (Inglaterra) y su misión es promover la transición de estas economías a la economía de mercado y promover la iniciativa privada y el espíritu empresarial.

Bibliografía sugerida: ◆ VINCENT, PH. (2009), *Institutions économiques internationales*, Bruxelles, éd. Larcier.

ANNABEL QUIN

Véase también: - Banco Mundial.

Beneficios (distribución de)

Véase: - Biodiversidad – Biopiratería.

Bien común

Véase: - Bosque.

Bienes comunes

Véase: - Cosas comunes - Cosas fuera del comercio - Patrimonio común de la Humanidad.

Biocombustibles

Véase: - Agrocombustibles.

Biodiversidad

El término "biodiversidad", o diversidad biológica, aparece recientemente (1985), pero el hecho al que hace referencia es obviamente muy antiguo (en realidad no tiene edad). Se quiere decir con la palabra "la variabilidad de organismos vivos de cualquier fuente, incluidos, entre otras cosas, los ecosistemas terrestres y marinos y otros ecosistemas acuáticos y los complejos ecológicos de los que forman parte; comprende la diversidad dentro de cada especie, entre las especies y de los ecosistemas." (art. 2 del Convenio sobre la Diversidad Biológica, firmado en Río de Janeiro en 1992 - CDB). La biodiversidad abarca todas las formas de vida y mantiene su relación tradicional con el Derecho bajo la óptica de la protección del ambiente y de la propiedad industrial: si esta ha comenzado a ser un tema de estudio para los juristas, especialmente desde finales de los 80, es porque está doblemente amenazada por las actividades humanas, ya que todos los otros seres vivos y las personas comparten el mismo mundo físico (contaminación, destrucción de los hábitats naturales, sobreexplotación de los recursos naturales...) y a causa de la apropiación de lo vivo que ha sido posible gracias a los mecanismos jurídicos (contratos, patentes...) que están a disposición de los operadores que desean aprovechar sus riquezas (madera, agua, minerales, plantas medicinales...).

En 2011, la Comisión Europea ha puesto de relieve, en términos líricos, los aspectos del marco jurídico que regula la biodiversidad: esta no es ni más ni menos que "nuestro seguro de vida, nos da alimento, agua potable y aire limpio, abrigo y medicamentos, mitigando los desastres naturales, las epidemias y las enfermedades, y contribuyendo a regular el clima. La biodiversidad constituye también nuestro capital natural, al prestar servicios ecosistémicos en provecho de nuestra economía. Su pérdida y deterioro ponon en peligro esos servicios: desaparecen especies y hábitats, así como la riqueza y el empleo que obtenemos de la naturaleza, y peligra nuestro bienestar."(Comunicación sobre la "Estrategia de la UE sobre la biodiversidad hasta 2020: nuestro seguro de vida y capital natural", 2011). Sin embargo, es el Programa de Naciones Unidas para el Medio Ambiente que inició el movimiento al solicitarle a expertos una reflexión sobre el tema. Esto llevó a la elaboración del Convenio de Río, firmado por la casi totalidad de los Estados y que entró en vigor en 1993 (no es aplicable en los Estados Unidos). Dos protocolos se anexaron a la CDB: el de Cartagena sobre Seguridad de la Biotecnología (2000) y el de Nagoya sobre Acceso a los Recursos Genéticos y Participación Justa y Equitativa en los Beneficios que se Deriven de su Utilización (2010). Finalmente, a estos textos se les añadió un conjunto de principios (14) para orientar la acción de los Estados en la conservación de la biodiversidad. Estos principios fueron reunidos por la Secretaría del Convenio sobre la Diversidad Biológica y son conocidos bajo el nombre de "Principios y Directrices de Addis Abeba" (2004).

El Convenio de Río eleva al rango de "preocupación común de la humanidad" el objetivo de conservación de la diversidad biológica. Este persigue asimismo otros dos objetivos: el uso sostenible de los elementos de la diversidad biológica y la distribución justa y equitativa de los beneficios derivados de la explotación de los recursos genéticos. Expresando la necesidad de un desarrollo sostenible, plenamente en boga en aquel momento, el texto enuncia un cuarto elemento que sostiene todo el edificio y que se divide: la reafirmación de la soberanía de los Estados sobre sus recursos naturales y el reconocimiento del deber de garantizar que el ejercicio de esta soberanía no perjudique a la biodiversidad de los territorios bajo su jurisdicción, así como las de otros Estados o aquellos que no están sometidos a ninguna jurisdicción. El CDB alienta a las Partes a desarrollar estrategias para la conservación de la fauna y la flora, a vigilar con regularidad la evolución del mundo vivo, a compartir informaciones científicas, a crear áreas protegidas, a regular "la liberación de organismos vivos modificados como resultado de la biotecnología que es probable tengan repercusiones ambientales adversas que puedan afectar a la conservación y a la utilización sostenible de la diversidad biológica", etc.

El CDB contiene algunas disposiciones dispersas relacionadas con la biotecnología (Arts. 8, 16 y 19), así como el acceso a los recursos genéticos y la distribución de los beneficios (Arts. 1, 8 y 15). Pero estos dos temas han sido tratados por separado, de forma más amplia, en el Protocolo de Cartagena y en el Protocolo de Nagoya. El primer texto se centra en la seguridad de la biotecnología. El objetivo es precisado en su artículo 1º: "contribuir a garantizar un nivel adecuado de protección en la esfera de la transferencia, manipulación y utilización seguras de los organismos vivos modificados resultantes de la biotecnología moderna que puedan tener efectos adversos para la conservación y la utilización sostenible de la diversidad biológica, teniendo también en cuenta los riesgos para la salud humana, y centrándose concretamente en los movimientos transfronterizos." Con este fin, el Protocolo establece un sistema de notificación para las solicitudes de importación ante el Estado que es capaz, a través de este, de aceptar la introducción de organismos genéticamente modificados (OGM) en su territorio. Toda decisión favorable puede ser revisada si nuevos datos científicos muestran efectos adversos, incluso "potenciales", para la conservación y la utilización sostenible de la diversidad biológica (art. 12). Por último, un Centro de Intercambio tiene la misión de difundir la información sobre, por ejemplo, la comercialización de OGMs en el territorio de un Estado signatario. En cuanto al Protocolo de Nagoya, este persigue "la participación justa y equitativa en los beneficios que se deriven de la utilización de los recursos genéticos, incluso por medio del acceso apropiado a los recursos genéticos y por medio de la transferencia apropiada de tecnologías pertinentes, teniendo en cuenta todos los derechos sobre dichos recursos y tecnologías y por medio de la financiación apropiada, contribuyendo por ende a la conservación de la diversidad biológica y la utilización sostenible de sus componentes."

Con su aparente simplicidad, el concepto de biodiversidad esconde muchas "diversidades": la de los genes, la de las especies (animales, vegetales), la de los ecosistemas (que engloba las relaciones e interacciones entre los seres vivos). De tal manera, se habla a veces de la biodiversidad marina, animal, tropical o silvestre; que son calificativos que ayudan a definir de forma más o menos artificial solamente uno de sus aspectos –que también es una forma de subrayar que, si ella constituye una riqueza, la biodiversidad no se encuentra distribuida uniformemente sobre la superficie del planeta (se considera que Brasil concentra el 20% de la diversidad biológica mundial). No es raro tampoco hablar de la biodiversidad agrícola. Los vínculos entre la diversidad biológica y la agricultura son, en efecto, estrechos pero ambivalentes, sea que se trate de la biodiversidad silvestre o doméstica. Para la primera, los procesos de producción agrícola son dependientes, en parte, del mantenimiento de una cierta diversidad biológica, genética (genes) y específica (especie). El ejemplo de los insectos polinizadores, bien conocido en la actualidad, es significativo ya que se estima que más del 70% de los cultivos dependen amplia o totalmente de la polinización (principalmente árboles frutales, hortalizas, oleaginosas y proteaginosas). Debe citarse también la diversidad microbiana de los suelos, cuya degradación amenaza la fertilidad de las tierras agrícolas. Si bien las amenazas a la biodiversidad silvestre tienen su origen principal en la contaminación industrial y en la urbanización creciente, la agricultura no deja de tener su parte como causa de este fenómeno. Varios estudios ponen de relieve el impacto de los métodos de agricultura intensiva o convencional sobre el estado de los recursos naturales y la biodiversidad, en particular (uso de insecticidas, herbicidas o, incluso, fungicidas). La fertilización de cultivos con fertilizantes tiene efectos comprobados sobre la diversidad de organismos del suelo, pero también sobre la biodiversidad de los organismos relacionados al estatus nutricional de las plantas con un cambio en las cadenas tróficas. El uso agrícola de los OGMs es también susceptible de afectar a la biodiversidad. Por último, hay que añadir a esto la destrucción de muchos elementos seminaturales o infraestructuras ecológicas, como los setos, los matorrales o los humedales debido a la intensificación de la agricultura.

La agricultura es, al mismo tiempo, factor de riesgo para la pérdida de la biodiversidad silvestre y dependiente de su riqueza. Con relación a la biodiversidad de los cultivos y animales domesticados la situación es igual. En efecto, según la Organización de las Naciones Unidas para la Alimentación y la Agricultura (FAO) se estima que alrededor del 75% de la diversidad genética de los cultivos se ha perdido durante el último siglo y que el 90% de nuestras proteínas alimentarias provienen de sólo 15 plantas y 8 especies animales. La biodiversidad domestica es fundamental en términos de seguridad alimentaria para garantizar la diversificación de nuestros recursos alimenticios, pero también para la prevención de las plagas que afectan las plantas y de las epizootias. Sin embargo, los métodos convencionales de producción agrícola han conducido a la reducción de la diversidad doméstica, al empobrecimiento del capital genético disponible. Los motivos son los criterios de selección de las variedades vegetales y de las razas animales, impulsados desde hace medio siglo por las necesidades de la industria agroalimentaria, que contribuyeron a la estandarización de las producciones y al abandono de especies antiguas incapaces de responder a estos estándares.

Las respuestas dadas por el Derecho para estas problemáticas diferentes son, en sí mismas, diversas. A nivel internacional, el vínculo entre la agricultura y la biodiversidad está consagrado en el preámbulo de la CDB, en donde las Partes se declaran "conscientes de que la conservación y la utilización sostenible de la diversidad biológica tienen importancia crítica para satisfacer las necesidades alimentarias [...] de la población mundial...". Se agrega que la biodiversidad incluye a las especies domesticadas y cultivadas, que se definen como toda especie cuyo proceso evolutivo ha sido influenciado por los seres humanos para satisfacer sus necesidades. Pero si la biodiversidad agrícola se encuentra dentro del ámbito de aplicación de la CDB, el texto es demasiado general para adaptarse a las particularidades de las problemáticas agrícolas. Otros textos, más específicos, regulan la biodiversidad domestica como el Protocolo de Cartagena o el Tratado Internacional sobre los Recursos Fitogenéticos para la Alimentación y la Agricultura (TIRFAA). Este último, concluido en 2001 y en vigencia desde 2004, sigue la línea de un primer texto de la FAO 1983, donde se calificaba a esos recursos genéticos como "patrimonio común de la humanidad" a fin de evitar su apropiación, en particular por medio de patentes. Sin embargo, el CDB marcó el final de este enfoque y el TIRFAA tiene como objetivos –que eran ya suficientemente ambiciosos- la conservación y el uso sostenible de los recursos fitogenéticos para la alimentación y la agricultura, y la distribución justa y equitativa de los beneficios derivados de su utilización. Con este fin, se establece un sistema multilateral de acceso y distribución de beneficios, que tiene por objeto facilitar el acceso a los recursos considerados esenciales para la agricultura. No obstante, la aplicación efectiva de este Tratado deja que desear en la medida en que pocos de los Estados signatarios han integrado los recursos que gestionan en el sistema multilateral. En cuanto a los recursos zoogenéticos para la alimentación y la agricultura, actualmente no están cubiertos por un texto específico, a pesar del trabajo y las negociaciones que a este efecto se han tenido en el marco de la FAO.

Asimismo, en virtud del principio de la soberanía de los Estados sobre sus recursos naturales, el CDB reenvía a estos últimos aplicación de acciones concretas para preservar la biodiversidad frente a las amenazas de origen agrícola, de acuerdo con las orientaciones definidas en el marco de la Conferencia de las Partes (COP). Es así como la Decisión III/11 de la COP de 1996 califica las prácticas agrícolas convencionales, que utilizan grandes cantidades de insumos, como "insostenibles" ya que provocan una "degradación en gran escala de la diversidad biológica agrícola y los hábitats por la destrucción de recursos bióticos y abióticos, así como generando una amenaza a la base de recursos naturales en que se apoya la agricultura y planteando problemas socioeconómicos por la destrucción de la base de recursos locales." Por el contrario, otras prácticas agrícolas, tanto tradicionales como modernas, son identificadas como favorable para la diversificación biológica. Su adopción permite conservar los suelos, reducir el abandono de tierras marginales para el cultivo y así evitar el escurrimiento de sustancias químicas y nutrientes. Estos sistemas de producción se basan también en la selección de variedades de cultivos que resisten a las enfermedades, a las plagas y a las presiones abióticas gracias a sus propiedades genéticas. A partir de esta constatación severa, un programa de trabajo del CDB sobre la biodiversidad agrícola fue adoptado por la COP en 2000 (Decisión V/5, anexo). Los objetivos del programa incluyen la evaluación de la situación y las tendencias de la biodiversidad agrícola en el mundo, la identificación de las técnicas, prácticas y políticas para hacerles frente, y el fortalecimiento de las capacidades de los Estados para implementarlos. Además, tres iniciativas sectoriales han sido adoptadas en el marco del programa de trabajo sobre la conservación y el uso sostenible de los polinizadores, la conservación y el uso sostenible de la biodiversidad de los suelos y la biodiversidad para la alimentación y la agricultura. El seguimiento de este programa ha sido objeto de observaciones diversas en las COP posteriores, celebrando avances o lamentando, por el contrario, el progreso insuficiente.

Parece, en efecto, que los Estados Partes o grupos de Estados, como la Unión Europea (UE), se muestran reticentes a la introducción de medidas fuertes para preservar la biodiversidad en contra las amenazas de origen agrícola. Las razones de esta reticencia son sin duda el temor de adoptar restricciones demasiado severas a las producciones agrícolas convencionales y perjudicar su competitividad en los mercados internacionales. Por otra parte, en los países industrializados, la protección de la biodiversidad puede provocar un cuestionamiento de varias de las medidas de apoyo que conforman las políticas públicas agrícolas, las cuales, como la Política Agrícola Común (PAC), han favorecido los modos de producción poco respetuosos del ambiente. Por ejemplo, el quinto programa de acción en materia de medio ambiente de la UE (1992-2000) identificaba la agricultura como un "sector de intervención", señalando que una reforma de la PAC era indispensable. Adicionalmente, una estrategia comunitaria sobre la Diversidad Biológica fue establecida en 1998, que define un marco en el que deben ser desarrolladas las políticas e instrumentos para cumplir con las obligaciones del CDB. En lo que concierne a la agricultura, se identifican los objetivos a alcanzar: el fortalecimiento de la conservación de los recursos genéticos con valor para la alimentación; la promoción de las buenas prácticas agrícolas para preservar la diversidad genética y reducir la contaminación, en particular, al condicionar la ayuda a la agricultura al cumplimiento de los criterios ecológicos; el fortalecimiento de las medidas agroambientales (MAA); y el fomento de las políticas comerciales favorables al respeto de la biodiversidad. Un Plan de Acción a favor de la Biodiversidad en el campo de la agricultura fue adoptado en 2001. La ejecución de este plan se lleva a cabo en buena medida a través de la PAC. De esta manera, el mecanismo de la "condicionalidad", establecido en 2003, condiciona las ayudas concedidas a los agricultores en el contexto de la PAC, al respeto de varias reglamentaciones ambientales, incluidas las relativas a la red Natura 2000 en materia de biodiversidad, así como la aplicación de "buenas prácticas agrícolas y ambientales" de las cuales algunas tienen un impacto en la biodiversidad, como el mantenimiento de elementos seminaturales en las tierras de cultivo (setos, matorrales...). Además, en la parte del "desarrollo rural" de la PAC se implementan ayudas específicas para las prácticas respetuosas del ambiente, por medio de las MAA. Varias de estas medidas se refieren específicamente a la biodiversidad (MAA para el mantenimiento y conservación de los pastizales, la reducción de los insumos, la conservación de razas de animales y variedades vegetales amenazadas por la desaparición, la protección del potencial polinizador de las abejas domésticas o, incluso, MAA implementadas en las zonas Natura 2000). También hay que señalar que la agricultura orgánica goza de ayudas específicas. Cabe señalar, sin embargo, que el presupuesto para estas medidas aun no representa más que una ínfima parte de los financiamientos de la PAC: la cuantía de la ayuda al desarrollo rural, de la cual solamente una parte se asigna a la biodiversidad, fue de un poco más de 1,5 miles de millones de euros para un presupuesto global de 16 mil millones.

Fuera de la PAC, la biodiversidad agrícola también se tiene en cuenta en la legislación de la UE a través de textos específicos. Así, el Reglamento nº 1107/2009 relativo a la comercialización de productos fitosanitarios, en vigor desde el 14 de junio de 2011, prevé la sustitución de los productos que contengan sustancias activas consideradas "preocupantes" por productos que contengan sustancias menos peligrosas, incluso que presenten un bajo riesgo. Pero, es sobre todo la Directiva 2009/128/CE, por la que se establece el marco de la actuación comunitaria para conseguir un uso sostenible de los plaguicidas, cuya trasposición debía realizarse a más tardar el 14 de diciembre de 2011, la que marca un avance real en esta área. En efecto, obliga a los Estados miembros a establecer planes de acción nacionales para la reducción y el uso más prudente de los pesticidas (por ejemplo, en Francia, el Plan Ecophyto 2018). Esta Directiva también obliga a los Estados a aplicar los principios de la "gestión integrada de plagas" para la protección de las plantas, que incluyen la aplicación de métodos y prácticas que sean alternativas a los productos químicos, tales como la rotación de cultivos, el uso de variedades de plantas más resistentes a las enfermedades o el mantenimiento de la infraestructura verde en tierras agrícolas.

Por último, se señala que la preservación de la biodiversidad de las especies domesticas también se tiene en cuenta en el Derecho de la UE. El Reglamento nº 1590/2004 del 26 de abril de 2004, por el que se establece un programa comunitario relativo a la conservación, caracterización, recolección y utilización de los recursos genéticos del sector agrario, fue adoptado para promover y complementar los esfuerzos de los Estados miembros y se aplica a "los recursos fitogenéticos, microbianos y animales que son o pueden ser útiles en la agricultura."

Bibliografía sugerida: ◆ DOUSSAN, I., DUBOIS, J. (dir.) (2007), *Conservation de la biodiversité et politique agricole commune de l'Union européenne, Des mesures agro-environnementales à la condition environnementale*, Paris, La Documentation française ; ◆ HERMITTE, M.-A. (dir.) (2004), *Les ressources génétiques végétales et le droit dans les rapports Nord-Sud*, Bruxelles, Bruylant; ◆ BOISVERT, V., VIVIEN, F.-D. (2010), Gestion et appropriation de la nature entre le Nord et le Sud – Trente ans de politiques internationales relatives à la biodiversité, *Revue Tiers Monde*, n° 202, p. 15 (consultable en línea); ◆ HUFTY, M. (2001), La gouvernance internationale de la biodiversité, *Études internationales*, volume XXXII, n° I, p. 5 (consultable en línea); ◆ INSTITUT NATIONAL DE LA RECHERCHE AGRONOMIQUE (2008), *Agriculture et biodiversité, Valoriser les synergies, Expertise collective*, Paris, éd. Quae.

ISABELLE DOUSSAN Y
JEAN-PHILIPPE BUGNICOURT

Véase también: - Agricultura - Agricultura orgánica - Biodiversidad agrícola – Biopiratería – Bioprospección – Biotecnologías - Bosque - Brasil - Organismo genéticamente modificado - Recursos Naturales - Seguridad alimentaria - Tratado Internacional sobre los Recursos Fitogenéticos para la Alimentación y la Agricultura.

Biodiversidad agrícola

La biodiversidad agrícola o agrobiodiversidad implica una diversificación de las producciones y una apertura a una amplia variedad de especies de animales y plantas, cultivadas o criadas. Existe una definición en la Decisión V/5 de la Conferencia de las Partes del Convenio de Río sobre la Diversidad Biológica (CDB, 1992). Esta abarca, en general, "todos los componentes de la diversidad biológica pertinentes a la alimentación y la agricultura" y, más específicamente, "las variedades y la variabilidad de animales, plantas y microorganismos en los niveles genético, de especies y de ecosistemas que son necesarios para mantener las funciones principales de los ecosistemas agrarios, su estructura y procesos". La Decisión afirma, además, que "la diversidad agrícola es esencial para satisfacer las necesidades humanas básicas de alimentación y para la seguridad de los medios de vida".

Actualmente, la biodiversidad agrícola está amenazada de forma significativa en el mundo. En efecto, existe una tendencia creciente a concentrar la producción de alimentos sólo en unos pocos cultivos e, incluso, a practicar los monocultivos en ciertos territorios. Se observa también una pérdida progresiva de la diversidad genética de los cultivos, así como la disminución de las especies silvestres (polinizadores, plagas, roedores, depredadores del ganado, etc.) y de la población orgánica del suelo y, en general, de toda la flora y la fauna de los ecosistemas agrícolas. Si esta disminución de la agrobiodiversidad no solo está relacionada, por ejemplo, con el uso de productos químicos en la agricultura moderna o si es también el resultado del fenómeno del cambio climático, lo que resulta trascendental es el perjuicio para la Humanidad y que el objetivo de la seguridad alimentaria requiere la protección desde la perspectiva jurídica.

Por supuesto el Convenio de Río tiene en cuenta este aspecto de la biodiversidad, pero no profundiza en él. En realidad, es el trabajo de la Conferencia de las Partes del CDB que debe ser examinado para ahondar sobre el punto. De esta forma, la Decisión V/5 adoptada en Nairobi en 2000, contiene un plan de trabajo que está enteramente dedicado a la problemática. El texto describe un programa que contiene cuatro elementos: evaluaciones, gestión flexible ("adaptable"), creación de capacidad e incorporación.

El objetivo de la campaña de evaluación es llevar "un análisis completo de la situación y tendencias de la diversidad biológica agrícola del mundo [...], así como de los conocimientos locales de su gestión" y compartir esta información entre las Partes. La gestión adaptable busca, por su parte, elaborar un inventario de métodos de producción y de prácticas de gestión que tengan un impacto positivo en los ecosistemas agrícolas, que mejoren la productividad y que desarrollen medios de subsistencia. Por otra parte, la Conferencia de las Partes busca también fortalecer las capacidades de los agricultores, de las comunidades autóctonas y locales y de sus organizaciones "para administrar de manera sostenible la diversidad biológica agrícola de modo de aumentar sus beneficios, y promover la concienciación y medidas responsables". Por último, se alienta una política de integración, que conduzca a los Estados a establecer estrategias nacionales o regionales que incorporen la protección de la biodiversidad agrícola y la promoción de su uso sostenible.

Este programa se complementa con otras tres iniciativas internacionales, por ejemplo, la conservación de los polinizadores y de la biodiversidad del suelo (Decisión VI/5).

El programa fue revisado en su totalidad en la 9ª reunión de la Conferencia de las Partes (Bonn, 19-30 de mayo de 2008). Se constataron algunos avances en esa ocasión, pero se reconoció que aún queda mucho por hacer para lograr una agricultura sostenible. El punto débil de este programa era que el progreso real dependía de la definición y ejecución de planes a nivel nacional. La Conferencia ha fomentado un acercamiento entre la Secretaría del CDB y la Organización de las Naciones Unidas para la Alimentación y la Agricultura (FAO), ha instado a los Estados a asociar más estrechamente a las comunidades autóctonas y locales en el desarrollo e implementación de los planes de acción nacionales y para garantizar el respeto, la preservación y el mantenimiento de los conocimientos, las innovaciones y las prácticas agrícolas. Del mismo modo, se apoya el acceso y la transferencia de tecnologías que contribuyan al desarrollo de prácticas agrícolas sostenibles (Decisión IX/1).

A pesar de estos esfuerzos, la biodiversidad agrícola, que es un "activo vital para lograr los Objetivos de Desarrollo del Milenio" (en palabras de la Decisión IX/1), sigue estando seriamente amenazada. Ella necesita de más atención y, lo más importante, de una protección jurídica eficaz. La Declaración de Córdoba sobre la Biodiversidad Agrícola en la Lucha Contra el Hambre y Frente a los Cambios Climáticos, adoptada en el marco de las Naciones Unidas en septiembre de 2010, va en esta dirección. Contiene una serie de recomendaciones destinadas, en particular, a fortalecer la relación entre instancias internacionales, invitándolas a establecer acciones conjuntas y a apoyar más a los pequeños productores, que son los principales actores en la conservación de la biodiversidad agrícola.

Bibliografía sugerida: ◆ CETIM (1994), *La propriété intellectuelle contre la biodiversité ? Géopolitique de la diversité biologique*, Publicetim, n° 35; ◆ COMMISSION EUROPEENNE, *Plan d'action en faveur de la diversité biologique dans le domaine de l'agriculture*, COM(2001) 162 final; ◆ FRISON, E. (2005), *La biodiversité agricole : aider le monde à atteindre les Objectifs du Millénaire pour le développement*, Paris, éd. Museum national d'histoire naturelle.

MIGUEL ÁNGEL MARTÍN LÓPEZ

Véase también: - Agricultura – Biodiversidad - Biotecnologías - Seguridad alimentaria - Tratado Internacional sobre los Recursos Fitogenéticos para la Alimentación y la Agricultura.

Biopiratería

La Organización de Naciones Unidas para la Alimentación y la Agricultura (FAO) propone una definición estrecha de la biopiratería en su *Glosario de biotecnología para la agricultura y la alimentación*: esta no sólo está constituida por un "patentado de líneas genéticas y posterior privatización de colecciones de recursos genéticos", sino que también implica una "falta de consentimiento por parte del inventor". La Sociedad Civil da una definición más amplia. Por ejemplo, para la Coalición contra la Biopiratería se trata ante todo de la apropiación, en general por medio de derechos de propiedad intelectual, de los recursos genéticos, de los conocimientos y de cultivos tradicionales pertenecientes a los pueblos o a las comunidades campesinas que han desarrollado y mejorado esos recursos. La biopiratería incluye la bioprospección, las patentes sobre organismos vivos (genes y moléculas) y la comercialización de los conocimientos culturales. No se hace ninguna referencia aquí, *a priori*, a la falta de un acuerdo dado por las comunidades "despojadas".

A pesar de las apariencias, la biopiratería no se da siempre fuera del marco de la ley. La práctica se caracteriza fundamentalmente por cuatro elementos: un recurso biológico o un conocimiento sobre el mismo, una comunidad "proveedora" (que cultiva o utiliza el recurso desde hace varias generaciones), una compañía "usuaria" (que prospecta y "descubre" el recurso) y una patente o un certificado de obtención vegetal (legitimado por la posibilidad de patentar seres vivos y por el art. 27 del Acuerdo sobre los Aspectos de los Derechos de Propiedad Intelectual relacionados con el Comercio - Acuerdo ADPIC). Esto se debe a que el registro de patentes (pero también, en algunos casos, de marcas) implica apropiación, privatización del recurso o del conocimiento. Algunos asimilan esta práctica a un saqueo o a un robo, en todo caso, a una amenaza al patrimonio cultural colectivo. Sin embargo, en términos jurídicos, determinar si esta práctica es o no ilegal supone el análisis de las condiciones fijadas por la legislación del Estado de donde provienen los recursos biológicos codiciados, así como aquellas impuestas por el Derecho Internacional, incluidas las que fija el Derecho de Patentes (comenzando con los criterios de la novedad o de la actividad inventiva que deben ser observados). Sólo si la apropiación se realiza fuera del marco establecido por la normativa, podrá ser objeto de una sanción jurídica. Esto significa que si el acto de "piratería" sigue siendo chocante a pesar de su carácter legal, debe buscarse una respuesta en la evolución de las reglas jurídicas.

Los ejemplos de "biopiratería" abundan. En la India se abrió una investigación en 2010, sobre una berenjena genéticamente modificada que una compañía americana de semillas creó a partir de variedades conservadas desde hacía varias generaciones por las comunidades tradicionales; creación realizada en violación de las disposiciones de la ley hindú que contempla la necesidad de una autorización otorgada por las Autoridades Públicas y del consentimiento previo de las comunidades. Los ejemplos del *cupuaçu* o del *neem* son también particularmente evocadores. Una compañía japonesa decidió registrar la marca "*Cupuaçu*" (nombre del árbol cultivado en la Amazonía, cuya pulpa se usa en la fabricación de postres dulces) para los productos que comercializaba en la Unión Europea, Japón y Estados Unidos. Pero, tras la movilización de las autoridades y de las organizaciones no gubernamentales (ONG) brasileñas, la marca fue anulada. En Europa, la Oficina de Armonización del Mercado Interior (OAMI) consideró la marca como meramente descriptiva y, por lo tanto, ilegal. En cuanto al *neem* (también llamado “nim”, “margosa” o “lila india”), árbol de origen indio que tiene la propiedad de repeler los insectos y tiene en la cultura local un estatus "sagrado", ha sido objeto de numerosas solicitudes de patente, incluyendo una adquirida por una multinacional americana. Esta era sobre un método fungicida basado en un aceite extraído del *neem*. Fue anulada en 2001 por la Oficina Europea de Patentes (decisión confirmada en 2005). Se estimó, sobre la base de testimonios y declaraciones juradas (affidávits) de reconocidas personalidades indias, que el objeto mismo del derecho de propiedad intelectual no se distinguía de un conocimiento hindú multisecular y, por lo tanto, que la actividad inventiva, condición para la patente, no se había caracterizado.

Legal o no, el fenómeno de la biopiratería amenaza a los intereses de los países ricos en biodiversidad y en conocimiento tradicional, es decir, por lo general aquellos "del Sur", económicamente menos desarrollados que los "del Norte". Algunas veces es también alentado por estos mismos Estados, tentados por la obtención de beneficios económicos a partir de la explotación del abundante material biológico disponible en sus territorios (acceso a los recursos a través de compensación, registro de una patente contra el pago de diversas tasas e impuestos a lo largo de la validez de la patente...). Sin embargo, debe reconocerse que, aunque la ley nacional se oponga a una patente, el Estado y las comunidades tradicionales serían incapaces de exportar su producción a países donde tales patentes sí han sido otorgadas. El ejemplo de la quínoa, semilla tradicional producida en los Andes resulta muy esclarecedor: una solicitud de patente americana fue presentada en 1994 por dos investigadores que habían aislado una variedad particular de la planta, la cual debía dar una mayor productividad. Por otra parte, se acababan de redescubrir las mil y una virtudes nutricionales de la semilla, que se destinaría a un gran consumo en los países del Norte, escenario que abría grandes las puertas de un nuevo mercado. Sin embargo, por efecto de esta patente, todas las exportaciones hacia los Estados Unidos estaban prohibidas y la situación socioeconómica de los productores bolivianos se deterioró. Afortunadamente, la Universidad de Colorado, titular de la patente, decidió abandonarla en 1998.

Para luchar contra esta práctica, varias estrategias pueden ser consideradas o aplicadas, con un mayor o menor éxito. Estas se conciben tanto dentro del mercado, como fuera de él: Sea que los derechos de los Estados y de las comunidades tradicionales son garantizados como contraparte de los derechos de propiedad intelectual, sea que los recursos biológicos y los conocimientos tradicionales son simplemente excluidos del alcance de la propiedad intelectual. De la misma manera se sugiere, algunas veces, reconsiderar la posibilidad de apropiarse de lo vivo, por ejemplo, calificándolo de patrimonio común de la humanidad (esta opción estuvo en vigor hasta 1992 en el Derecho Internacional, año de la aprobación del Convenio sobre la Diversidad Biológica – Convenio de Río o "CDB"). También se ha considerado protegerse tras la soberanía de los Estados sobre sus recursos naturales, reconocida por varios instrumentos de Derecho Internacional, para interrumpir cualquier "acaparamiento" del material biológico por parte de los operadores privados (debe incluso tenerse en cuenta que la soberanía del Estado le prohíbe autorizar la apropiación, lo que se encuentra lejos de resultar evidente). Otra vía a explorar, menos radical y que se inscribe en una lógica de "dar-dar": aquella del reconocimiento de un régimen distinto de protección del derecho de patentes o de las obtenciones vegetales (sistema *sui generis* formalmente previsto en el art. 27 del Acuerdo ADPIC) y conforme, en particular, con el derecho de las comunidades que utilizan los recursos biológicos o que detentan los conocimientos tradicionales; este sistema podría desarrollar tanto el acceso a los recursos biológicos para los "usuarios", bajo reserva de tener el consentimiento de las poblaciones locales, como organizar la distribución de los beneficios, obligando a los operadores a revelar el origen geográfico de los recursos explotados. Criticado por ONGs, esta solución de equilibrio entre el uso tradicional del "bien" biológico, por una parte, y la explotación comercial de este último, por la otra, es la adoptada por la CDB y por el Protocolo de Nagoya (véanse los Arts. 10.b y 15).

Bibliografía sugerida: ◆ AUBERTIN, C., MORETTI, Ch. (2012), La bio-piraterie, entre illégalité et illégitimité, *Les marchés de la biodiversité*, bajo la dirección de AUBERTIN, C., PINTON, F. et BOISVERT, V., Paris, éd. IRD, p. 91 (consultable en línea); ◆ COMMISSION BRITANNIQUE DES DROITS DE PROPRIETE INTELLECTUELLE (2012), *Intégrer les droits de propriété intellectuelle et la politique de développement*, Londres (consultable en línea).

SYLVESTRE YAMTHIEU Y
JEAN-PHILIPPE BUGNICOURT

Véase también: - Acuerdo ADPIC - Biodiversidad - Bioprospección – Biotecnologías - Patente.

Bioprospección

La bioprospección se encuentra en la encrucijada de otros conceptos tales como la biodiversidad, la biopiratería o incluso la distribución de beneficios. Se define ante todo como una actividad de exploración y extracción de los recursos biológicos, teniendo siempre presente el objetivo de hacer avanzar la investigación o de explotar nuevas materias primas, en particular con fines alimentarios o medicinales. En el fondo, se trata de la historia de la papa, del café, del maíz, que vuelve a ser contada a través de la bioprospección... Constituye un medio de apoderarse de los recursos biológicos *in situ*, directamente en sus territorios de origen, y no *ex situ*, a partir de colecciones privadas o de los raros especímenes de muestra en los jardines botánicos.

El tema de mayor interés para el Derecho versa sobre el régimen jurídico. Las reglas que se aplican a la bioprospección deben ser buscadas en primer término en el contrato establecido con motivo de la actividad entre el prospector (industrial o laboratorio establecido en un país del Norte) y el proveedor, que tiene el derecho sobre los recursos codiciados (autoridad pública o comunidad privada). En efecto, la bioprospección se basa fundamentalmente en un contrato cuyo objeto es particularmente bien destacado por algunas legislaciones. Así, el artículo LP 125-11 del Código del Ambiente de la Polinesia Francesa establece que ese contrato tienen como objeto organizar las obligaciones recíprocas de las partes con respecto a la utilización de los recursos biológicos, de sus derivados o de los conocimientos tradicionales asociados. Se establece igualmente que la Polinesia Francesa se compromete a facilitar el acceso a sus recursos y el usuario debe comprometerse a hacer un uso conforme a lo previsto en el contrato y a compartir los beneficios resultantes con la Polinesia francesa.

Al igual que cualquier transacción contractual, la bioprospección puede verse afectada por disposiciones que son inmediatamente aplicables a la operación, incluso fuera de la voluntad de las partes o en su contra. En teoría, las disposiciones imperativas están justificadas dado lo que está en juego en la prospección: de naturaleza económico y comercial, pero también ambiental, científico, cultural, alimentario... En la práctica, sin embargo, tales disposiciones deberán ser prescritas por la legislación nacional (se piensa en primer término en la ley del Estado del lugar de ejecución de la prospección), en el entendido de que cada país es libre de imponerle a los contratantes restricciones, límites, prohibiciones u obligaciones específicas. En efecto, no existen actualmente reglas internacionales que regulen directamente la actividad. El Convenio de Río sobre la Diversidad Biológica (CBD, 1992) define, por supuesto, un marco para la explotación de los recursos genéticos. Pero el texto se limita a afirmar los principios generales (soberanía de los Estados sobre sus recursos naturales, conservación y uso ecológicamente racional de los recursos, distribución de beneficios, información y participación de las poblaciones locales...). Incluso, el CDB asigna al contrato la tarea de establecer las condiciones de acceso a la biodiversidad local (art. 15.4) y la puesta en obra de la distribución de los beneficios (art. 15.7: La distribución de "los resultados de las actividades de investigación y desarrollo y los beneficios derivados de la utilización comercial y de otra índole de los recursos genéticos con [el proveedor] se llevará a cabo en condiciones mutuamente acordadas.")

La bioprospección no es una práctica inherentemente peligrosa, que atrae a sí el miedo o la desconfianza. Más bien son las condiciones, materiales y jurídicas, en las que ella se ejecuta las que deben ser vigiladas y que pueden dar lugar a ciertos abusos y a la biopiratería. Uno de los puntos críticos sobre los que siempre debe ponerse gran cuidado, es el relacionado con las reservas de derechos de propiedad industrial sobre los descubrimientos logrados a partir de los recursos colectados, en beneficio del prospector, así como las contrapartes que disfrutará el proveedor, pero también las poblaciones locales (desarrollo económico y social, preservación del ambiente, transferencia de tecnología, etc.). En ausencia de verdaderas contrapartes, enfocadas hacia un principio u objetivo de desarrollo sostenible, la aplicación estricta de las normas de propiedad intelectual, esencialmente exclusivas, nutre el sentimiento de hostilidad hacia una práctica denunciada como acaparadora o saqueadora de los recursos biológicos de los países del Sur. Un sentimiento nutrido sobre todo en Brasil, principal proveedor de biodiversidad en el mundo, que, después de haber permitido durante un largo período la exploración y la recolección de plantas en la Amazonía, se muestra desde inicios de 2000, mucho más deseoso de controlar la actividad y de conocer los resultados de la bioprospección.

Bibliografía sugerida: • CAPSON, T. L. (2009), Les contrats de bio-prospection : pour une bio-équité non marchande, in *La bio-équité, Batailles autour du partage du vivant*, bajo la dirección de BELLIVIER, F. y NOIVILLE, Ch., Paris, éd. Autrement, p. 93 (consultable en línea); • FILOCHE, G. y FOYER, J. (2011), La bio-prospection au Brésil et au Mexique, un eldorado ? Entre instabilité des pratiques et permanence des représentations, *Revue d'anthropologie des connaissances*, Volume 5, n° 2, p. 234 (consultable en línea); • MUÑOZ UREÑA, H. A. (2012), Les contrats de bio-prospection, des outils pour le développement durable ?, in *De la terre aux aliments, des valeurs au droit*, bajo la dirección de COLLART DUTILLEUL, F., San José, Costa Rica, éd. Inida, p. 337.

JEAN-PHILIPPE BUGNICOURT

Véase también: - Biodiversidad – Biopiratería – Biotecnologías - Recursos Naturales.

Biotecnologías

La definición del término "biotecnología", contenida en el Glosario de Biotecnología para la Agricultura y la Alimentación, publicado en 2001 por la Organización de las Naciones Unidas para la Alimentación y la Agricultura (FAO), es aquella que adoptó el Convenio de Río sobre la Diversidad Biológica (CDB, 1992). La biotecnología se define como "toda aplicación tecnológica que utilice sistemas biológicos y organismos vivos o sus derivados para la creación o modificación de productos o procesos para usos específicos."

La noción de "sistemas biológicos" incluye los organismos vivos y los componentes de estos organismos (las células y los componentes moleculares de las células), sabiendo que los sistemas biológicos y los organismos vivos son sistemas y organismos que contienen, por definición, materia biológica, es decir, "materia que contenga información genética autorreproducible o reproducible en un sistema biológico" (según la definición del art. 2.1 de la Directiva nº 98/44/CE, relativa a la protección jurídica de las invenciones biotecnológicas). Estas informaciones genéticas están codificadas en los genes, que están formados por ADN y son responsables de las características hereditarias y de la síntesis de proteínas. El conjunto de genes (el genoma) o material genético constituye el "material de origen vegetal, animal, microbiano o de otro tipo que contenga unidades funcionales de la herencia" (según el vocabulario del CDB).

La noción de "derivados" de organismos vivos o sistemas biológicos es muy amplia. Comprende materias no vivas obtenidas a partir de organismos genéticamente modificados (OGM). Por ejemplo, una planta de soja en cuyo genoma fueron introducidos los genes aislados de bacterias que codifican una enzima resistente a un herbicida (principalmente resistencia al glifosato). Esta planta constituye un OGM y la harina de soja que contiene los genes (ADN) que codifican para estas enzimas, que es una materia muerta en la cual estos genes no pueden ejercer su función, es un "derivado" de este OGM. El Protocolo de Nagoya, adoptado con motivo de la 10ª Conferencia de las Partes del Convenio sobre la Diversidad Biológica, propone la siguiente definición del derivado: "un compuesto bioquímico que existe naturalmente producido por la expresión genética o el metabolismo de los recursos biológicos o genéticos, incluso aunque no contenga unidades funcionales de la herencia".

En un sentido amplio, la biotecnología puede ser definida como cualquier técnica que utiliza la materia biológica, de organismos unicelulares o multicelulares (o de los elementos derivados de sistemas biológicos o de tales organismos) para hacer o modificar productos o procesos con miras a usos específicos (u organismos). En consecuencia, las biotecnologías incluyen tanto técnicas utilizadas en organismos enteros -sean estos vegetales o animales, unicelulares o multicelulares- como técnicas empleadas en elementos de estos organismos, tales como células o componentes de las células. Lo anterior, independientemente de la forma o del tamaño de estos organismos o de sus elementos (microorganismos, tales como levaduras o nano-objetos -como proteínas o lípidos-). En sentido jurídico, las biotecnologías puede ser entendidas como el conjunto de técnicas que utilizan la materia biológica (biotecnologías modernas, clásicas y tradicionales), así como los organismos u objetos obtenidos a partir de estas técnicas. Son abordadas esencialmente desde la óptica de la regulación de la investigación, de los derechos de propiedad intelectual y de la gestión de los riesgos sanitarios y ambientales.

De acuerdo con el Protocolo de Cartagena sobre la Seguridad de la Biotecnología (2000), la biotecnología moderna se entiende como "la aplicación de [...] Técnicas *in vitro* de ácido nucleico, incluidos el ácido desoxirribonucleico (ADN) recombinante y la inyección directa de ácido nucleico en células u orgánulos". Esta incluye también la "fusión de células más allá de la familia taxonómica, que superan las barreras fisiológicas naturales de la reproducción o de la recombinación y que no son técnicas utilizadas en la reproducción y selección tradicional". Las biotecnologías modernas se basan en la manipulación de los ácidos nucleicos, lo que se denomina ingeniería genética: todas las técnicas que permitan la realización por parte de un ser vivo de todo o parte del programa genético de otro ser vivo.

Por su parte, las biotecnologías tradicionales o clásicas son técnicas tradicionales de uso, de tratamiento y de transformación de los organismos vivos y de los componentes de estos organismos. Se trata de técnicas que, a diferencia de las biotecnologías modernas, no se basan en la ingeniería genética. Estas técnicas no se apoyan en la manipulación directa del material genético. Las biotecnologías clásicas incluyen las técnicas utilizadas para la reproducción y selección de tipo convencional, los procesos esencialmente biológicos para la obtención de plantas o animales, es decir, que consisten íntegramente en fenómenos naturales tales como el cruce o la selección. También incluyen las técnicas de producción de alimentos basados en la fermentación (transformación bioquímica de sustancias orgánicas debido a las enzimas producidas por microorganismos: bacterias, levaduras). Así, la técnica de fabricación de la cervecera de cebada desarrollada en Mesopotamia en el cuarto milenio antes de Cristo, donde una de las etapas es la fermentación, puede considerarse una biotecnología clásica. La fermentación de la leche por los seres humanos data de 7000 años... Por lo tanto, las biotecnologías clásicas pueden incluir técnicas muy antiguas, incluso ancestrales. Teniendo en cuenta la etimología del término "biotecnologías" –las tecnologías "de la vida"-, las actividades agrícolas tradicionales podrían incluso considerarse como allí comprendidas.

También, el término "biotecnologías" puede utilizarse para identificar objetos surgidos de las técnicas antes mencionadas, como los organismos genéticamente modificados (por ejemplo, el artículo L 531-3 del Código del Ambiente francés hace referencia a los organismos genéticamente modificados o toda otra biotecnología). Los organismos genéticamente modificados pueden ser definidos como organismos cuyo material genético ha sido modificado de una manera que no se produce naturalmente en el apareamiento ni en la recombinación natural (en este sentido, véase el artículo 2.2 de la Directiva nº 2001/18/CE). Son organismos cuyo genoma ha sido alterado mediante ingeniería genética.

A nivel internacional, regional o nacional, varias fuentes específicas son aplicables a la biotecnología. Además de las fuentes sobre la conservación y el uso sostenible de los recursos genéticos y sobre la distribución equitativa de los beneficios derivados de su utilización (CDB, Tratado Internacional sobre los Recursos Fitogenéticos para la Alimentación y la Agricultura), existen dos categorías principales de fuentes de especial importancia en el ámbito de la agricultura y la alimentación: la primera se relaciona con la protección de las biotecnologías por medio de la propiedad intelectual. Esta podría tener un impacto positivo o negativo sobre el acceso a los alimentos y su producción; la segunda corresponde a las fuentes que previenen y gestionan los riesgos asociados con las biotecnologías.

En el derecho internacional, el Acuerdo sobre los Aspectos de los Derechos de Propiedad Intelectual relacionados con el Comercio (ADPIC) establece, por medio de diferentes derechos de propiedad intelectual, normas mínimas de protección que cada Estado Miembro debe prever. Este requisito de una protección mínima se aplica a las invenciones biotecnológicas. En efecto, bajo reserva de ciertas exclusiones posibles a la patentabilidad, podrán obtenerse patentes para toda invención, de producto o de procedimiento, en todos los campos tecnológicos, a condición de que esta sea novedosa, que entrañe una actividad inventiva y que sea susceptible de aplicación industrial (Sin embargo, los Miembros podrán establecer una exclusión con respecto a la patentabilidad, especialmente para las plantas y los animales distintos de los microorganismos y de los procedimientos esencialmente biológicos para la producción de plantas o animales, que no sean procedimientos no biológicos y microbiológicos). Además, el Acuerdo exige que los Miembros otorguen la protección a las variedades u obtenciones vegetales mediante patentes, mediante un sistema "*sui generis*" eficaz (es decir, singular) o mediante una combinación de ambos. Asimismo, la protección de las variedades vegetales es el objeto de un texto específico: el Convenio Internacional para la Protección de las Obtenciones Vegetales del 2 de diciembre de 1961 (Convenio UPOV). En virtud del artículo 2 de este Convenio, cada Parte Contratante otorga derechos de obtentor y los protege. El obtentor es la persona que ha creado, descubierto o desarrollado ("puesto a punto") una variedad. Sin perjuicio de las excepciones previstas por el texto, se requiere la autorización del obtentor para realizar ciertos actos relacionados con el material de reproducción o de multiplicación de la variedad protegida (producción, reproducción, preparación a los fines de la reproducción o de la multiplicación, venta o cualquier otra forma de comercialización, etc.). Esta dualidad se ve reflejada en el Derecho de la Unión Europea, en donde dos instrumentos específicos prevén la protección de las biotecnologías por medio de un derecho de propiedad intelectual: la Directiva nº 98/44/CE de 6 de julio de 1998, relativa a la protección jurídica de las invenciones biotecnológicas y el Reglamento nº 2100/94 de 27 de julio de 1994, relativo a la protección comunitaria de las obtenciones vegetales.

Según el Acuerdo sobre los ADPIC, "la protección y la observancia de los derechos de propiedad intelectual deberán contribuir a la promoción de la innovación tecnológica y a la transferencia y difusión de la tecnología, en beneficio recíproco de los productores y de los usuarios de conocimientos tecnológicos y de modo que favorezcan el bienestar social y económico y el equilibrio de derechos y obligaciones" (art. 7). La protección por medio de la propiedad intelectual es efectivamente de naturaleza a contribuir con la creación, desarrollo y comercialización de las invenciones beneficiosas para las poblaciones, por ejemplo, invenciones que mejoran el rendimiento o las cualidades nutricionales de un alimento (Ej.: el "arroz dorado" o arroz transgénico cuyo contenido de Vitamina A ha sido aumentado). Sin embargo, los instrumentos de protección de la propiedad intelectual, como las patentes, confieren derechos para prohibir determinados actos de explotación de los objetos que ellas cubren. De este modo, la existencia y el ejercicio de los derechos de propiedad intelectual sobre las biotecnologías también puede ir en contra de los objetivos fundamentales de la legislación agroalimentaria y de las políticas públicas: la satisfacción de las necesidades alimentarias de la población, la lucha contra la pobreza, la protección de los derechos de los agricultores, la distribución equitativa de los beneficios derivados de la utilización de los recursos genéticos (prevista en particular en el Tratado Internacional sobre los Recursos Fitogenéticos para la Alimentación y la Agricultura o en el Protocolo de Nagoya). Con la creación de costos de transacción excesivos, la propiedad intelectual puede impedir la producción o la comercialización de biotecnologías (lo que evoca la "tragedia de los anticomunes" de M. Heller). Esto puede ocurrir cuando esta producción o comercialización está subordinada a la explotación de varios objetos complementarios patentados: Entonces, se vuelve necesario pagar varias licencias. A modo de ejemplo, para el cultivo del "arroz dorado" deben obtenerse 11 licencias. Genes que permiten completar la biosíntesis de beta-caroteno, vectores de transformación, pero también promotores y marcadores de resistencia a antibióticos fueron cubiertos por patentes cuyos titulares eran diferentes (o eran parte de acuerdos de transferencia de material). Este fenómeno relacionado con las "marañas de patentes" constituye un riesgo real de las biotecnologías por cuanto es un ámbito altamente propenso a acumulaciones y combinaciones.

La propiedad intelectual también es susceptible de obstaculizar el acceso a los mercados de los países desarrollados, para los agricultores de los países en desarrollo si esta cubre objetos procedentes de estos países en desarrollo. Un reciente estudio europeo se refirió en particular al caso del frijol Énola: una empresa estadounidense de semillas compró una bolsa de frijoles de diferentes colores en México. Después, plantó y replantó los frijoles amarillos durante varias generaciones siguiendo los métodos tradicionales. Así, fue creada una población de plantas que producía sistemáticamente frijoles de color uniforme amarillo. Entonces, la empresa presentó una solicitud de patente norteamericana y exigió el pago de las licencias para la importación de frijoles mexicanos en los Estados Unidos. Las ventas de los importadores se redujeron en más del 90%. Más de 22.000 agricultores en el norte de México, que dependían de la venta de este grano, sufrieron un grave prejuicio económico. Estos agricultores cultivaban y vendían frijoles amarillos mucho antes de que la empresa estadounidense los descubriera. Finalmente, la patente en cuestión fue invalidada por la Oficina de Patentes estadounidense en 2009.

Una segunda categoría de fuentes del derecho específicas a las biotecnologías se refiere a la prevención y a la gestión de los riesgos asociados a estas. En el derecho internacional, el Protocolo de Cartagena sobre la Seguridad de la Biotecnología del Convenio sobre la Diversidad Biológica (2000) tiene como objetivo "contribuir a garantizar un nivel adecuado de protección en la esfera de la transferencia, manipulación y utilización seguras de los organismos vivos modificados resultantes de la biotecnología moderna que puedan tener efectos adversos para la conservación y la utilización sostenible de la diversidad biológica, teniendo también en cuenta los riesgos para la salud humana, y centrándose concretamente en los movimientos transfronterizos" (art. 1). En el ámbito regional, la Unión Europea elaboró un marco jurídico específico para garantizar la seguridad del desarrollo de las biotecnologías modernas. Este marco establece las condiciones bajo las cuales es posible desarrollar, utilizar y comercializar organismos genéticamente modificados (OGM) o productos alimentarios derivados de OGMs. La legislación comunitaria regula en especial los usos confinados de microorganismos genéticamente modificados (Directiva nº 90/219/CE), las diseminaciones experimentales de OGMs en el ambiente (Directiva nº 2001/18/CE), los movimientos no intencionales de OGM entre los Estados miembros, así como las exportaciones de OGM hacia terceros países (Regl. nº 1946/2003). Los OGM destinados a la alimentación humana, los alimentos que contienen OGM o son OGM, así como los alimentos producidos a partir de ingredientes producidos, a su vez, a partir de OGM o que contienen tales ingredientes están regulados por el Reglamento nº 1829/2003. Este Reglamento subordina la comercialización de estos productos destinados a la alimentación humana y de estos alimentos, a una autorización. Asimismo, los OGM y los alimentos derivados de OGM que se comercializan deben cumplir con requisitos de etiquetado y de trazabilidad (véase el Regl. nº 1830/2003 de 22 de septiembre de 2003, relativo a la trazabilidad y al etiquetado de organismos modificados genéticamente y a la trazabilidad de los alimentos y piensos producidos a partir de éstos).

La exigencia de un etiquetado de los alimentos genéticamente modificados existe también en países fuera del continente europeo, como en Australia y Nueva Zelanda. Por el contrario, las legislaciones de varios países del continente americano, incluyendo a los Estados Unidos y a Canadá, no presentan tal obligación. No obstante, la legislación podría evolucionar en estos dos países, donde las preocupaciones ligadas al etiquetado de OGM han vuelto a ser objeto de debate. En los Estados Unidos, este cambio podría deberse a una solicitud realizada por una empresa para comercializar pescado genéticamente modificado, destinado al consumo humano (todos los OGM autorizados previamente eran vegetales). Un proyecto de ley para imponer un etiquetado especial para los alimentos que contienen OGM (*The California Right To Know Genetically Engineered Food Act*) fue presentado en el Estado de California (iniciativas similares también toman forma, sobre todo en Vermont). Además, unos senadores propusieron una enmienda al *Fam Bill* (Ley Agrícola) para permitir a los Estados el establecimiento de un etiquetado obligatorio de los OGM (sin embargo, la propuesta nunca se aprobó). En Canadá, el tema del etiquetado obligatorio de los OGM se discute especialmente en la provincia de Quebec desde la primavera de 2012, tras la venta a los agricultores quebequenses, de semillas de maíz genéticamente modificado destinado a la alimentación humana.

Por medio del debate sobre el fundamento y la oportunidad de un etiquetado obligatorio para los OGM en el ámbito alimentario, puede apreciarse que la problemática ligada a este etiquetado sobrepasa el tema de la protección de la salud humana. Imponer un etiquetado no sólo permite la protección de la salud, también es una manera de respetar las diversas prácticas y convicciones de los consumidores (sociales, éticas, religiosas...). El proyecto de ley del Estado de California lo demuestra (éste fue sometido a un referéndum a finales de 2012, en el que fue rechazado por una pequeña mayoría). Este texto contiene disposiciones que justifican el derecho a saber si los alimentos comprados fueron producidos por ingeniería genética, con base en otras consideraciones a las relacionadas con la protección de la salud, incluso cuando esta protección sigue siendo mencionada: "*without disclosure, consumers of genetically engineered food can unknowingly violate their own dietary and religious restrictions*" (Section 1, g). Del mismo modo, la legislación de la Unión Europea hace referencia a otras consideraciones, en particular de orden social y ético (véase el considerando 3 del Regl. nº 1169/2011 de 25 de octubre de 2011, sobre la información alimentaria facilitada al consumidor). Esta legislación también se refiere a la conveniencia de garantizar el derecho a la información. Por otra parte, surge la interrogante sobre la conciliación entre este derecho a la información y otros derechos. En este sentido, en el derecho estadounidense, tratar de dar a la *Food and Drug Administration* la autoridad para exigir un etiquetado de los OGM en ausencia de una diferencia en la composición del producto podría ser declarada inconstitucional, por cuanto las etiquetas de los productos son consideradas como una expresión comercial protegida por la 1ª Enmienda. Por último, la falta de etiquetado puede tener un impacto negativo en la confianza de los consumidores y conducirlos a rechazar toda una categoría de productos, incluyendo aquellos que no presentan riesgos particulares.

Bibliografía sugerida: ◆ ADLER, J. H. (2012), How not to Label Biotech Foods, *The New Atlantis*, Summer 2012, p. 37 (consultable en línea); ◆ OBERTHÜR, S., GERSTETTER, Ch. *et alii* (2011), *Les droits de propriété intellectuelle sur les ressources génétiques et la lutte contre la pauvreté*, Étude réalisée pour la Commission du développement du Parlement européen (consultable en línea); ◆ ORGANISATION DE COOPÉRATION ET DE DÉVELOPPEMENT ÉCONOMIQUES (2002), *Inventions génétiques, droits de propriété intellectuelle et pratiques d'octroi de licence : éléments d'information et politiques* (consultable en línea); ◆ VIVANT, M. (dir.), *Protéger les inventions de demain – Biotechnologies, logiciels et méthodes d'affaires*, La Documentation Française, Paris, 2003.

ARNAUD AUFFRAIS

Véase también : - Acuerdo ADPIC – Biodiversidad - Biodiversidad Agrícola – Bioprospección - Clonación de animales – Etiquetado - Organismo genéticamente modificado - Principio de Precaución - Principio de Protección de los Intereses del Consumidor - Principio de Transparencia.

Bosque

"Los bosques preceden al hombre, los desiertos les siguen" según Chateaubriand. La frase que sonaba maravillosamente en un universo romántico, toma al principio del siglo XXI un giro inquietante. El bosque primario, rico por su biodiversidad, pulmón verde de la tierra, se sobreexplota. Los incendios destruyen centenares de hectáreas durante los períodos estivales. Los bosques tropicales se someten sin cesar a extracciones cada vez mayores. El bosque africano soporta un conjunto de presiones de todo tipo. Las plantaciones reguladas con fines industriales reemplazan macizos antiguos, sin importar las consecuencias del agotamiento del suelo y del consumo del agua. Las poblaciones aborígenes son obligadas a abandonar su territorio. El panorama global es desolador.

El interés por los bosques reenvía a ligámenes antiguos, indefectibles del hombre. Se presenta de giro en giro como nutricio, un refugio en caso de guerra o de mucho peligro, una tierra de conquistas. Se percibe también peligroso, albergando especies animales y vegetales hostiles al hombre. De este conjunto fundido de temores y virtudes, nace un imaginario forestal que habita en todo hombre. Pero, ante todo, él es necesario para la supervivencia de la especie humana, órgano de regulación climática de la tierra, proveedor de muchos productos indispensables y espacio necesario para el equilibrio económico y social.

El crecimiento global de la población pesa sobre el futuro del bosque, con una presión diferente según los lugares. Si la superficie forestal en Europa está en aumentando, sobre todo en Francia, a pesar de la expansión urbana de difícil control, en otras partes del mundo, como en África y América del Sur, ven sus espacios boscosos reducidos o fuertemente alterados. Estas comprobaciones, a menudo repetidas, son de tal naturaleza que provocan reacciones no exentas de reflejos, en las que se mezclan proyecciones parciales y emociones basadas en el miedo a los desequilibrios ecológicos. Frente a estos rápidos cambios, el bosque debe ser observado bajo una óptica científica, atenta a un abordaje riguroso de las necesidades de producción y de uso. En este contexto, el vínculo con la agricultura y la alimentación se impone naturalmente.

Referirse al bosque da paso a una cantidad de interrogantes. En primer lugar, la evaluación de la superficie forestal mundial es un desafío. Ante la imposibilidad de una mayor precisión, existe consenso sobre un promedio de 4 mil millones de kilómetros cuadrados. En segundo lugar, es difícil someter el bosque al artificio de clasificaciones claras. Los biogeógrafos acostumbran dividirlo en cuatro áreas: boreal, templado, mediterráneo y tropical. Su enfoque, clásico y un poco estático, es complementado en la actualidad con otras formas de clasificación. Los naturalistas, paisajistas, ecologistas y adeptos del análisis patrimonial afinan sus presentaciones. Estas se complementan por un juego de interferencias o de impregnación en una estratificación que, además de la finesa de análisis, permite un conocimiento en constante mejoría de la cobertura forestal repartida sobre el conjunto de la tierra. Sin ninguna duda, el hombre nunca había estado en capacidad de presentar las diversas facetas del bosque, de la forma que puede hacerlo ahora gracias a los instrumentos con que dispone.

Tres elementos de la definición sirven para aclarar la relación entre el bosque y los alimentos. En primer lugar, el concepto de bosque puede ser entendido como un área plantada de madera, que posee una alta densidad de cobertura y una vasta extensión. En la práctica, el bosque se distingue de los pequeños grupos de árboles y de otras plantaciones aisladas que, aunque cubren pequeñas superficies, no carecen de interés en la vida cotidiana (suministro de madera, lugar de refugio, espacio de descanso para las zonas urbanas...), pero no se dedican a la producción, salvo de manera muy local. En segundo lugar, la distinción entre el bosque primario y el que ha sido moldeado pone el acento sobre la acción humana. Europa mantiene un bosque primario residual, mientras que este se concentra en África Central (República Democrática del Congo), en América del Sur (Brasil) y en Asia (Indonesia). Estos vastos espacios son el crisol de una biodiversidad sobresaliente, que contiene especies y elementos únicos de la fauna. En cuanto al bosque secundario, este ha sido transformado por el hombre. Si este responde a veces a necesidades de protección, por ejemplo de fijación de los suelos, como en las dunas en las zonas costeras, está orientado principalmente a la producción, en el marco de los planes de desarrollo. Diseñados para períodos de treinta años, estos dispositivos rectores persiguen los objetivos de enmarcar la naturaleza para favorecer la aparición de ciertas especies y el crecimiento de modelos o de formas de árboles para usos precisos. El ejemplo clásico de los bosques de robles deseados por Colbert (Siglo XVII) se inscribe en esta ortopedia forestal. En tercer lugar, una distinción entre las poblaciones autóctonas, conformadas de especies locales que se reproducen en un entorno primario o plantado, y las poblaciones nacidas de la agrosilvicultura, implantadas para responder a una cultura industrial, como la hevea (caucho) o el álamo. Estos productos clonados obedecen a un monocultivo vulnerable a las enfermedades, frágil frente a las intemperies y poco favorable a la conservación de la biodiversidad de la flora y la fauna.

Si el intento por definir el bosque requiere un enfoque multifacético, retratar sus funciones demanda el mismo ejercicio. Se espera mucho de la conservación y de la buena salud de los bosques: influencia sobre el clima, preservación de la biodiversidad botánica y ecológica, conservación de zonas sensibles, protección de valles en zonas montañosas o de los cordones de dunas costeras... El bosque responde igualmente a funciones sociales esenciales. En regiones altamente urbanizadas, constituye el espacio de liberación de los habitantes urbanos, cuyas necesidades de recursos son grandes. En otros lugares, permite a los habitantes el ejercicio en común de colectas reglamentadas bajo la forma de "*affouages*" (derechos reconocidos a un individuo o a una comunidad de habitantes que les autoriza a abastecerse de leña en un bosque perteneciente al Estado, a una colectividad pública o a un particular). También es la sede de áreas de pastoreo (pastizales) administradas por alguna autoridad local.

Los cazadores, otra categoría de usuarios, también son capaces de extraer cantidades necesarias para que ciertos animales no se reproduzcan en exceso, con el fin de no poner en peligro la "posibilidad" de la zona boscosa determinada (uso o extracción de madera practicado en un bosque sin atentar contra su regeneración; todo exceso en este sentido conduce a la degradación y, después, a la inevitable desaparición de la superficie forestal en cuestión). En cuanto a la economía, la producción de maderas, raras o comunes, constituye una demanda permanente y ello ha sido así en todas las épocas. Los usos de la madera son numerosos. La sociedad contemporánea no escapa a esta regla, aunque existen nuevos materiales compuestos y fuentes diversificadas de energía. Este aspecto económico pesa de manera importante sobre las otras funciones del bosque, las que se ven sometidas a su ley, al punto de provocar destrucciones altamente perjudiciales para el capital maderero, cuya regeneración siempre es larga.

La plantación forestal debe explotarse con prudencia a pesar de la presión del mercado. Su gestión racional es similar a una forma de seguro de vida de la Humanidad. El análisis de la demanda del mercado revela una búsqueda creciente en beneficio de los países industrializados y, más recientemente, de los países emergentes. Las cantidades disputan con la variedad. A la demanda de madera usual de obra, como el roble, y de aquella destinada a la industria, como el pino utilizado en la fabricación de la pasta de papel, se le agrega actualmente la demanda irreflexiva de maderas exóticas utilizadas, sobre todo, en la fabricación de muebles y artículos de decoración del hogar. Esta nueva demanda conduce a la sobreexplotación de los bosques tropicales, acentúa los desequilibrios en la producción e, inevitablemente, conduce a un tráfico difícil de controlar.

En cuanto a las explotaciones dedicadas a una especie particular, son tomadas en cuenta para el cálculo de la estadística forestal mundial en razón de su alcance y cobertura. Sin embargo, estas se parecen más al cultivo de una planta arbustiva que a una población forestal. Los espacios plantados con eucalipto, hevea y palma de laurel corresponden a expectativas industriales específicas y a fuertes demandas globales. Privatizadas, escapan a numerosos controles y limitaciones. Los grupos industriales y bancarios que las poseen tienen gran peso en la economía mundial. Los países que las acogen se encuentran a menudo, dada su situación económica y política, en incapacidad de ejercer prerrogativas soberanas. Esto puede apreciarse en la multiplicación de los bosques de heveas o de palma de laurel en África. Los impactos sobre el suelo y las aguas subterráneas han dado lugar a un conjunto de informes e intervenciones ante las instancias internacionales, sin que las recomendaciones hayan tenido realmente efectos.

En los confines de la vida económica y social, en todas las épocas, se aprecia la relación entre agricultura y silvicultura – *ager* (tierra cultivada) y *saltus* (tierra silvestre), retomando la terminología habitual de los historiadores. En Inglaterra y en Francia, la distinción se hizo desde el siglo XV, para limitar las incursiones de los campesinos en los bosques que ya no iban a ser dependientes del campo. Este compromiso dio lugar a una variedad de aplicaciones según las provincias y, algunas veces, a reacciones violentas, sobre todo en región de montaña. La lectura de costumbres redactadas en el siglo XVI da una visión bastante clara de la composición de las relaciones de poder entre propietarios de terrenos boscosos y usuarios, que revelan las prácticas de uso provinciales autorizadas y, dependiendo del caso, las más amplias exclusiones posibles. Dentro de este marco jurídico de rigor pudieron ser mantenidos hasta 1789 los derechos de pastoreo, de "*affouage*" o de "*marronnage*" (uso que consistían en la entrega de madera de obra resistente para la construcción o reparación de edificios). Durante el siglo XIX, en el contexto del ejercicio exclusivo de la propiedad surgido del Código Civil en Francia, fuertes presiones fueron ejercidas con miras a su extinción. Las resistencias lograrán el mantenimiento de prácticas comunitarias de uso. Tal problemática, regulada hoy en día en Europa, encuentra una traducción en África o en América del Sur, en la que se le obliga al campesino a abandonar el bosque y la agricultura tradicional para dar espacio ya sea a una empresa agrícola mecanizada, típica de la agricultura industrial, ya sea a una plantación forestal donde se producen especies destinadas a la exportación, bajo la forma de monocultivos antes mencionados.

Las amenazas que pesan sobre los bosques son muchas. El medio forestal es sensible y particularmente vulnerable. Los cortes mal realizados tienen consecuencias a largo plazo, imposibilitando la regeneración de especies nativas. El paso excesivamente frecuente de las personas, de animales o de equipos mecanizados compactan los suelos y dificultan el crecimiento de nuevos individuos. En cuanto a los usos repetidos que exceden la "posibilidad" del bosque, lo agotan al punto de hacerlo desaparecer. Estos fenómenos clásicos que los operadores tratan de controlar, se agregan a los fenómenos naturales (alteraciones climáticas, contaminación o fuego). Además, en todos los tiempos las guerras fueron devastadoras. El conjunto de esas amenazas constantes aumenta y, a veces, estas se conjugan a causa de la actividad humana mal controlada. Un ejemplo entre muchos, es el de los efectos de la lluvia ácida sobre cientos de hectáreas en los Vosgos (en Francia) y en Canadá durante las décadas de 1970 y 1980.

La deforestación es hoy en día una de las amenazas más graves y la menos fácil de controlar. Los datos de la tala, en la escala global, no brillan por su precisión. Se ha informado sobre una variación entre 10 y 16 millones de hectáreas taladas y excluidas de los planes de regeneración. Entre los elementos establecidos, después de una aceleración del abandono de los bosques en la década de 1990, una demanda sostenida pero en menor grado se observar entre 2000 y 2010 según la Organización de las Naciones Unidas para la Alimentación y la Agricultura (FAO). Esta se centra sobre todo en el bosque tropical. Las razones de la disminución de la superficie forestal se yuxtaponen y, a veces, se acumulan: sobrepastoreo, urbanización, producción minera, secado de tabaco, sobreconsumo. Los efectos de la globalización de los mercados conducen a impactos directos e indirectos, a veces inesperados. Así, la demanda en aumento de consumo de carne a buen precio, requerida por los restaurantes de comida rápida (*fast-food*) para preparar hamburguesas, ha incitado a los ganaderos de Centroamérica a abrir nuevas áreas de pastoreo en detrimento del bosque. El consumo de soja, esencial para la alimentación del ganado europeo, justificó el cultivo de miles de hectáreas tomadas de la zona boscosa, en particular en Brasil, que contribuyó a dotar a este país de una de las agriculturas más productivas del mundo. Con esta visión económica con efectos globales, no hay que olvidar que la deforestación tiene también como causa la pobreza: los campesinos expulsados de sus tierras van a talar, un poco más lejos, nuevas tierras para sobrevivir.

La búsqueda de tierras arables crece en relación con el aumento general de la población, la demanda de maderas preciosas, incluida la madera tropical, no cesa de progresar. Prueba de ello es la explotación errática de los bosques primarios, que desconoce el tratamiento sostenible al cual estos deberían razonablemente estar sometidos. La sobreexplotación es acompañada del tráfico ilegal y de talas no autorizadas. Se trata de una criminalidad a gran escala, organizada, que evita e incluso absorbe a los dispositivos de certificación, utiliza el bosque para obtener dinero fácil que destina después a la compra de armas y, como lo muestran las encuestas más recientes de la Interpol, participa de los mercados de madera para llevar a cabo el lavado de dinero. Estos mercados están gangrenosos como en África ecuatorial o en Indonesia, y estos son solo algunos casos normalmente notorios, en un ámbito donde los ejemplos de diferente alcance son muchísimos.

El plazo de desaparición del bosque primario ha podido ser programado en esquemas prospectivos que han alertado a la opinión pública, inquietado a las instituciones internacionales y a grupos asociativos. De ello se desprende la creación de un conjunto de observatorios a la imagen del *Tropical Ecosystem Environement by Satellites* (TREES), que vigila la evolución de las copas que cubren una banda planetaria que abarca grandes áreas de América del Sur y de África; y desde 1993, el Instituto Forestal Europeo (EFI), que agrupa a 132 miembros en 36 países. La FAO acaba de implementar un programa de seguimiento por satélite de 10 países de África, que forman parte de la cuenca del Congo. Se espera que las imágenes producidas sean más precisas, para medir la evolución en la cobertura forestal de esta región especialmente sensible y codiciada. La Organización considera intervenir como experto, pero también como socio de los países cubiertos por el dispositivo.

Más allá de las comprobaciones realizadas, planes y programas de acción han sido iniciados por los organismos internacionales. Se pretende regular el consumo de madera enfatizando en los circuitos comerciales, sin descuidar las dificultades de las poblaciones de los países productores, pues sin su contribución nada es posible. Con esta lógica se diseñó en 2008 el Programa de Naciones Unidas para la Reducción de las Emisiones por Deforestación y Degradación del Bosque en los Países en Desarrollo (ONU-REDD). Este proporciona marcos jurídicos nacionales e internacionales y herramientas en forma de convenios; promueve dispositivos de certificación para reducir la tala ilegal. Su objetivo, más amplio, se inscribe en una preocupación climática de reducir los gases de efecto invernadero. Además, planes de acción son regularmente lanzados, como el Programa de apoyo para la aplicación de normas forestales, la gobernanza y el intercambio comercial para los países de África, Caribe y Pacífico (ACP-FLECT). En una primera etapa, este plan tuvo el objeto de promover la aplicación de la zonificación forestal en la cuenca del Congo, con la participación de los actores locales (2010).

Frente a tales evoluciones, la función de la regla jurídica parece estar siendo mal conducida. No faltan modelos de regulación en la historia. El sistema francés favorece la intervención del Estado, deseoso de controlar las zonas boscosas, públicas y privadas, y de orientar la producción. Las ordenanzas de 1669 o de 1827 y la Ley de Orientación Forestal de 9 de julio de 2001 responden a este objetivo. Otros países, como el Reino Unido, adoptan posiciones más liberales, dejando al cuidado de los propietarios la protección de su patrimonio. La regulación por vía de la ley se topa con las limitaciones impuestas por los regímenes de propiedad, que distribuyen los derechos reales entre una propiedad eminente del Estado y una propiedad útil del ocupante, sin perjuicio de una gestión colectiva que reposa sobre usos consuetudinarios. En esta nebulosa agravada por los conflictos armados, es delicado establecer un régimen inmobiliario renovado, respetuoso de las poblaciones y transparente para un observador internacional. El bosque padece esta situación, en la medida en que los conceptos supranacionales de "bienes comunes de la Humanidad" o de "patrimonio común de la Humanidad" pertenecen más a una reflexión colectiva que busca la toma de conciencia, que al enunciado de una norma acompañada de acciones legales; corresponde a cada país adoptar su reglamentación y garantizar la buena adopción y la eficacia de las directrices internacionales de todo tipo.

Sin embargo, acciones más precisas se llevarán a cabo en estrecho ligamen con los circuitos comerciales de los materiales de la madera, cuyos procesos de certificación constituyen la columna vertebral. Estos dispositivos tratan de seguir la cadena de la madera desde la fuente hasta el consumidor, pasando por las fases de transformación y transporte. Buscan establecer una gestión sostenible de la producción, respetuosa del ambiente, de las normas y recomendaciones elaboradas en el nivel internacional. Existe una decena de etiquetas de certificación, pero no todas tienen el mismo reconocimiento y dos de ellas son las más conocidos por los profesionales. Así, en la prolongación de la Conferencia de Río (1992), cuyos compromisos son poco vinculantes, las organizaciones no gubernamentales (ONG) se han dado a la tarea de crear sistemas internacionales de certificación. El *Forest Stewardship Coun-*

cil (FSC) es creado en 1993, y el *Program for the Endorsement of forest certification schemes* (PEFC), implementado en 1999, está presente en 35 países. Estas dos iniciativas globales, al otorgar etiquetas ecológicas, logran relacionar la producción con el consumo. En particular, velan por el respeto de un conjunto de factores sociales, económicos y ambientales. Ambas etiquetas son reconocidas por las Naciones Unidas, por agencias nacionales del medio ambiente y por una serie de ONG. Por el contrario, se señala regularmente la cuestión de la fiabilidad de ciertas certificaciones, cuyo propósito habría sido desviado por quienes participan en el tráfico ilícito.

La imposibilidad de crear un estándar internacional y al mismo tiempo asegurar su respeto, conduce a la aplicación de medidas que tratan de involucrar a las poblaciones autóctonas en el proceso de normalización. Se trata de un paso positivo, un avance tangible, en una temática compleja donde se confrontan, en primer lugar, la modificación de las desregulaciones climáticas y la necesidad de alimentar a las personas y a los animales que viven en la tierra. Este enfoque que parte del hombre, respetuoso de las prácticas autóctonas, es probablemente una manera de mostrarle a los líderes políticos que las lecciones aprendidas en la Conferencia de Río no son letra muerta. Ese silencio ha abierto la vía a muchas facilidades en el curso de los 20 años que siguieron al encuentro. Las turbulencias económicas actuales no permiten prever cambios de actitudes, ni la aparición de un cuerpo de derecho internacional sobre el cual sería posible basar una estandarización de la producción y el intercambio.

Bibliografía sugerida: ◆ BUTTOUD, G. (1983), *L'État forestier. Politique et administration des forêts dans l'histoire française contemporaine*, Paris, éd. INRA; ◆ BUTTOUD, G. (1989), *Les produits forestiers dans l'économie africaine*, Paris, PUF; ◆ CENTRE TRICONTINENTAL (2008), *Déforestation, Causes, acteurs et enjeux, Alternatives Sud*, Paris, éd. Syllepse; ◆ CORVOL, A. (1987), *L'homme aux bois, Histoire des relations de l'homme et de la forêt (XVIIe-XXe siècles)*, Paris, éd. Fayard; ◆ HARRISON, R. (1992), *Forêts, Essai sur l'imaginaire occidental*, Paris, éd. Flammarion.

PIERRE LEGAL

Véase también: - Agricultura - Biodiversidad - Brasil - Certificación - Desarrollo Sostenible – Naturaleza.

Brasil

Históricamente, la construcción de los conceptos de posesión y de propiedad inmueble se confunden durante casi cuatro siglos en el ordenamiento jurídico brasileño, con el proceso de apropiación del territorio que se desarrolla desde la llegada de los navegantes portugueses en 1500 hasta la Ley de la tierra de 1850. Esta se encuentra directamente relacionada con los modelos económicos sucesivamente impuestos por los representantes del poder, que intervienen en el proceso de producción del Brasil colonial (esclavista) y del Brasil imperial (capitalista).

Tan sólo treinta años después del primer contacto con el Nuevo Mundo, el Reino de Portugal decidió colonizar Brasil ante la creciente amenaza de la pérdida de su territorio en beneficio de los invasores extranjeros. La misión recayó en Martim Afonso de Sousa quien, en 1532, recibió del rey Juan III la orden de dividir la América lusitana en "capitanías hereditarias". Correspondía entonces a cada Capitán-donatario la distribución de concesiones de tierra (*sesmarias*) ubicadas en el territorio sobre el cual tenía la autoridad, las que se dedicarían a la construcción de casas de habitación y al cultivo, debiendo ser delimitadas con el fin de acelerar el poblamiento de la colonia y el desarrollo de la producción de azúcar.

Debido a los grandes flujos migratorios provocados por la minería en el siglo XVIII y por la reactivación de la economía agrícola, que tuvieron ambos un fuerte impacto demográfico, la necesidad de tierras se volvió cada vez más apremiante y reveló la inadecuación del régimen "sesmarial" que duró, sin embargo, hasta 1822, antes de ser definitivamente suspendido por decisión de las autoridades. Fue sustituido por un sistema extra-legal de posesión (la simple presencia de un explotante en un terreno hace las veces de derecho); la época estuvo marcada por graves malestares sociales e incesantes conflictos de origen inmueble acompañados, en el plano político, por luchas de poder y grandes diferencias ideológicas.

Hasta la promulgación de la Ley nº 601/1850, como resultado de una mejora en la gobernanza del Imperio, solamente habían sido adoptadas pocas medidas y sin gran eficacia en el sentido de una redefinición y de una regulación de esta estructura inmobiliaria caótica. Conocida como la "Ley de la tierra", el texto logró suspender el usufructo basado en el uso del bien y promover la propiedad privada, conceptualmente abstracta y unitaria. Por lo tanto, permitió abandonar el sistema que reposaba sobre la simple ocupación de las tierras por parte del explotante e introdujo el poder de la voluntad, siguiendo el modelo de las codificaciones europeas del siglo XIX. Esta estructura legal terminará facilitando el traspaso definitivo del patrimonio de las tierras públicas a los particulares. En efecto, en un contexto social en el que existe una mano de obra libre, la propiedad de la tierra se convierte en una ventaja estratégica. En esta transición hacia un individualismo propietario, también fue decisivo el papel jugado por la Ley Hipotecaria de 1864, que crea el registro general de tierras y que lanza las bases de la transcripción como modo de adquisición de la propiedad inmueble.

Pero el sistema de la propiedad privada solo alcanzará su apogeo hasta la República, con la publicación del Código Civil de 1919 que incluye las influencias francesa y germánica, en armonía con las características de la cultura luso-brasileña. No es casualidad, en este sentido, si el contenido del artículo 524 de la antigua codificación civil nacional es similar al del artículo 544 del

Código Civil francés. Ambos definen el derecho de propiedad como un derecho absoluto, sagrado y perpetuo, sin dejar de lado otros calificativos posibles. La era de la comercialización del derecho de propiedad comienza, sin ninguna mención a la propiedad agraria en tanto categoría jurídica, en la redacción de este estatuto civil. Sin embargo, se trata de una concepción moderna y social de la propiedad, que se articula en torno a la idea de que la propiedad obliga, que fue inscrita en la Constitución de 1934. El artículo 113, nº 17, establece deberes inherentes al ejercicio del derecho de propiedad, consagrados de forma permanente en la norma constitucional (más allá de todos los cambios y las reformas constitucionales de 1937, 1946, 1967 y 1988, el derecho no será cuestionado, ni siquiera en tiempos de los gobiernos de excepción, incluido el golpe militar de 1964). No obstante, la concepción civilista aplicada a las relaciones agrarias prevaleció durante mucho tiempo y dio lugar a una exacerbación de las tensiones en la comunidad agrícola y a la incapacidad de la población rural para disfrutar de los beneficios del crecimiento socioeconómico, debido a un fenómeno de concentración de la tierra denominado "latifundio". El nuevo estatus de la tierra resultante de la Ley nº 4504/1964, buscaba corregir las múltiples distorsiones del sistema agrario. El texto innovó al garantizar el acceso a la propiedad de la tierra para todos, condicionado por su función social (art. 2). Este principio básico será aplicado, *mutatis mutandis*, en la Constitución de 1967 y en la Ley Fundamental que se encuentra actualmente en vigor.

Nunca antes el Derecho brasileño contempló un proyecto político tan avanzado como el que fue concebido durante la última Asamblea Constituyente y, por esa misma razón, abierto a las necesidades concretas del entorno social. Sin embargo, a pesar de varios avances, la cuestión agraria carece aun de una solución verdaderamente eficaz, capaz de transformar la realidad nacional. Más de dos décadas después de su entrada en vigor, los diversos intérpretes de la Constitución de 1988 todavía no han sido capaces de hacer valer la legitimación de la propiedad agraria por la función social, como habia sido decidido en 1934; una resistencia que es la consecuencia de una alineación política general siguiendo el pensamiento neoliberal de la economía globalizada. La codificación civil inaugurada en el nuevo milenio, establecida por la Ley nº 10.406/2002, a fin de preservar lo más posible el derecho anterior, confirmó que la visión napoleónica pandectista de la propiedad privada del artículo 1228 seguía siendo satisfactoria. Sin embargo, ha sido atenuada por la consagración de la función social de la propiedad en el primer párrafo del mismo texto, que se encuentra en consonancia con la Constitución de 1988 y la Ley nº 8629/1993 que enmarca la política agraria. Por lo tanto, el derecho de propiedad debe ejercerse respetando sus fines económicos y sociales, y de conformidad con la ley especial, de forma que se preserve la flora, la fauna, las bellezas naturales, el equilibrio ecológico y el patrimonio histórico y artístico, y se prevenga la contaminación del aire y de las aguas.

Esta coyuntura jurídica se enfrenta ahora con el resultado de una ecuación política global y contingente que ha dado al Brasil contemporáneo un futuro económico promisorio, aunque marcado por desigualdades sociales antiguas y profundas. En particular, en cuanto a la cuestión agraria, entre progreso y retrasos, desde la década de 1990 se instala una (re)polarización del discurso, centrada en la tensión entre la reforma agraria por un lado (progresistas) y la modernización técnica por el otro (conservadores). Cabe señalar que esto siempre ha ocurrido durante los ajustes de carácter macroeconómico que requieren la multiplicación de los saldos comerciales externos y favorecen al *agrobusiness* (agricultura a gran escala) de forma absoluta, a expensas de una reforma de la estructura agraria.

El *agrobusiness* representa casi el 10% del producto interno bruto y cerca del 42% de las exportaciones totales, lo que demuestra su importancia para la economía como un factor de equilibrio de la balanza comercial y pone de manifiesto que la agricultura brasileña está concebida actualmente como un sector industrial que no tiene realmente vocación para abastecer al mercado nacional. También, este comercio genera beneficios astronómicos para la inversión agraria a gran escala y para la red comercial que gira a su alrededor. Además, hace de Brasil uno de los principales productores mundiales de café, azúcar, soja y carne bovina. Sin embargo, el sector carece de conocimientos y de tecnologías más modernas y apropiadas para producir más, empleando menos medios. Por lo tanto, la definición del *agrobusiness* en Brasil combina dos elementos: el gran capital agroindustrial y la gran propiedad inmueble. En contraposición, existe la propiedad familiar cuyos resultados son sorprendentes, en comparación con los del *agrobusiness*. Por ello, no deja de justificarse la existencia de dos Ministerios en el seno del Gobierno Federal: el de la agricultura, que promueve la competitividad del *agrobusiness* y el de desarrollo agrario, responsable de la protección de la agricultura familiar y de la reforma agraria.

El último censo agropastoril, realizado en 2006, reveló indicadores inesperados que cuestionan la eficacia reivindicada por el *agrobusiness* en este sector, lo que han denunciado siempre los defensores del agricultor familiar, considerados sin embargo como portadores de una ideología política arcaica. La politización de la cuestión agraria retarda el progreso social, ambiental y económico, favoreciendo a las élites retrógradas respaldadas por sus apoyos políticos y creando un falso dilema en la opinión pública. En particular, los resultados del censo mostraron lo siguiente: la agricultura familiar cuenta con 4,3 millones de explotaciones repartidas en 80 millones de hectáreas, mientras que alrededor de 800.000 estructuras correspondientes a fincas no familiares, ocupan casi 250 millones de hectáreas. La primera, que emplea a 12,3 millones de personas, produce el equivalente de 54 millones de reales brutos (casi 22 mil millones de euros), mientras que la segunda, que ocupa 4,2 millones de trabajadores, alcanzó 89 mil millones de reales (cerca de 36 mil millones de euros). Estos resultados muestran de manera evidente que a lo largo de la década en cuestión (1996-2006), la estructura agraria defectuosa de Brasil se mantuvo. Por cierto, la situación no evolucionó mucho en comparación con estadísticas anteriores. Según el censo agropastoril de 2006, el coeficiente de Gini, con respecto a la concentración de la tierra, fue de 0,854 (siendo 1 el máximo). Estas cifras indican que el modelo actual agropastoril es víctima de graves daños causados por la economía neoliberal, que no cesa de aumentar la práctica de los monocultivos de exportación, el imperialismo agrario en las zonas fronterizas, la degradación del ambiente, así como la falta de acceso a los bienes productivos y de consumo.

Los defectos del sistema agrario no son una novedad. En 1985 se aprobó un primer Plan Nacional de Reforma Agraria con vigencia de cuatro años, oficializado por un compromiso público después de largos debates en el ámbito nacional. No fue sino hasta 2003 que un segundo Plan Nacional fue presentado, con objetivos fijados para 2006. En esta ocasión, se expresó la necesidad de una política de reforma agraria durante los exitosos debates democráticos. Posteriormente, el segundo Plan Nacional fue ampliamente criticado debido al hecho de que su ejecución no tuvo un verdadero efecto sobre la realidad agraria brasileña. Los autores de estas críticas reclamaban la renovación de los objetivos a través del desarrollo de un tercer plan que permitiría cambiar las actitudes y resolver los problemas. A pesar de estas dificultades, es increíble constatar que las situaciones más complejas terminan por arreglarse, tal vez gracias a la enorme capacidad de la sociedad brasileña para resolver las crisis. De hecho, puede decirse que el medio rural evoluciona continuamente y de manera sostenible. Así, la agricultura familiar es responsable del 70% de los alimentos consumidos a diario en el país, lo que garantiza la seguridad alimentaria de una población estimada actualmente en 190 millones de habitantes. Para tener una mejor idea de la importancia económica de esta agricultura familiar, es suficiente recordar que entre 2003 y 2008, un total de 28 millones de brasileños han cruzado la línea de la pobreza, entre los cuales 4,8 millones viven en zonas rurales, lo que representa el 17% de esta población. El volumen de recursos presupuestarios para el Programa Nacional de Fortalecimiento de la Agricultura Familiar se ha incrementado en un 500%. Del mismo modo, los fondos atribuidos al Ministerio de Desarrollo Agrario se han triplicado, alcanzando la suma de 6,3 millones de reales (2,5 mil millones de euros). Por último, resulta pertinente mencionar que la cadena de producción de la agricultura familiar es 89% más productiva que la de la agricultura a gran escala.

De esta manera, por su diversidad climática, su tamaño continental, la calidad de su suelo y la abundancia de recursos hídricos, Brasil tiene una natural vocación agropastoril que lo convierte en el granero del mundo durante los próximos diez años. La Organización de las Naciones Unidas para la Alimentación y la Agricultura (FAO) destacó recientemente la inmensa responsabilidad que el país enfrentará en cuanto al aumento de la producción alimentaria –en un 40% antes de 2019-, lo que contribuirá de forma decisiva a la reducción del hambre y de la malnutrición en el mundo, a la imagen de lo que sucede en el nivel nacional.

Bibliografía sugerida: ◆ BARROSO, L. A., DE MIRANDA, A. G., SOARES, M. L. Q. (dir.) (2012), *O direito agrário na constituição*, Rio de Janeiro, Forense, 3e ed.

LUCAS A. BARROSO

Véase también: – China – Biodiversidad – Bosque – Latifundio – Mercosur – Reforma agraria.

Bretton Woods

Véase: - Banco Mundial – Fondo Monetario Internacional - Organización Mundial del Comercio.

BSE

Véase: - Vacas locas (Enfermedad de las).

C

Cadena agroalimentaria

Véase: - Cártel.

Cadena de frío

En sentido estricto, la cadena de frío o "cadena frigorífica" designa al conjunto de disposiciones y operaciones logísticas y domésticas que buscan mantener un producto (generalmente alimentario) a una temperatura baja durante toda su vida (desde su producción hasta su preparación o consumo final), para garantizar la conservación de sus diversas calidades (higiénicas, organolépticas, nutricionales, comerciales y de servicio). De esta amplia definición de carácter logístico, en general solo se retienen los aspectos relacionados con la higiene (*lato sensu*) de los alimentos, lo que reduce la definición a un campo bastante operativo de persistencia de las características higiénicas correctas. La preservación de estas últimas será asegurada mediante un conjunto operativo de técnicas y materiales que permiten producir y almacenar alimentos, a temperaturas inferiores a los valores que han sido determinados en función de los riesgos higiénicos. La superación de estos valores se designa empleando la expresión "ruptura de la cadena de frío" (En la actualidad es generalmente aceptado que la cadena de frío comienza con las temperaturas de producción o de almacenamiento inferiores a + 10° C).

La ruptura de la cadena de frío crea un riesgo sanitario (por ejemplo, crecimiento bacteriano -salmonella, listeria- causante de intoxicación alimentaria). Por esta razón, existe una serie de textos internacionales, regionales y nacionales que rigen la conservación o el transporte de alimentos: el Acuerdo sobre transportes internacionales de mercancías perecederas y sobre vehículos especiales utilizados en este transporte (Acuerdo ATP, 1970) celebrado bajo el auspicio de la Comisión Económica para Europa de las Naciones Unidas (UNECE) y que es revisado periódicamente (el texto se presenta como un modelo de reglamento que está a disposición de los Estados cuya legislación nacional puede adoptar lo esencial de su contenido); el Acuerdo Europeo sobre transporte internacional de mercancías peligrosas por carretera (Acuerdo ADR, 1957), también preparado por la UNECE; la Directiva nº 89/108/CEE de 21 de diciembre de 1988, relativa a la aproximación de las legislaciones de los Estados Miembros sobre los alimentos ultracongelados destinados a la alimentación humana, etc. Debe señalarse una diferencia de enfoque entre estos textos, ya que las dos primeras fuentes citadas conciben el alimento como un producto potencialmente peligrosos (y definen medidas para evitar los accidentes), mientras que la tercera pretende ante todo la armonización de las legislaciones nacionales para eliminar "obstáculos" a la libre circulación de los alimentos en el territorio europeo; una diferencia de enfoque que muestra, más que nunca, la diversidad de los fines del Derecho (en un caso, al servicio de la protección de la salud humana, en otro, al servicio del libre comercio).

MICHEL FEDERIGHI Y
JEAN-PHILIPPE BUGNICOURT

Véase también: - Acuerdo SPS - Análisis de riesgo - Codex Alimentarius – Control – Higiene – Principio de Precaución – Riesgo – Riesgo biológico - Seguridad alimentaria – Seguridad de los productos.

CADH

Véase: - Convención Americana sobre Derechos Humanos.

Calidad de los productos

Desde la Edad Media, las regulaciones se promulgaron para proteger la salud pública, promover la indicación del origen de un producto o de sus condiciones de producción. Así, en 1303 en Francia, la Carta sobre la Carnicería de Mirepoix regula las ventas de carne de la ciudad con el fin de evitar la intoxicación alimentaria. En 1351, un Edicto Real prohíbe a cualquier vendedor de vino designar un vino de cualquier país con un nombre diferente al del lugar de producción. Las preocupaciones por la calidad de los productos alimenticios no son en absoluto nuevas. Esto se explica por el carácter específico de los alimentos que no sólo agregan un valor nutricional, sino también social y cultural. Alimentarse es un acto físico que incorpora un bien "alimento", que garantiza la seguridad alimentaria (*food security*), el derecho a la vida, poniendo al ser humano al abrigo del hambre, pero también puede poner en peligro la salud, la seguridad sanitaria (*food safety*) de quien se alimenta, del consumidor. Además, comer es un "acto geográfico" que crea un vínculo físico entre el hombre y la tierra; y también es un "acto histórico" que forma parte de la cultura y la civilización.

En la época contemporánea, la cuestión de la calidad de los alimentos asume una dimensión nueva en las sociedades industriales y constituye una gran preocupación para los consumidores, las autoridades públicas y los operadores económicos. La exigencia de calidad concierne tanto las características intrínsecas del producto alimenticio, como sus características extrínsecas, culturales, simbólicas o aun éticas.

La lejanía del lugar de producción como resultado de la urbanización, la industrialización de los alimentos y la globalización del comercio provocan en el consumidor nuevas expectativas que conciernen, por una parte, la calidad sanitaria de los alimentos; y por otra parte, el origen y la identidad de los productos agroalimentarios. Las crisis sanitarias recientes (véase crisis de las "vacas locas") pusieron de manifiesto la existencia de nuevos riesgos para la salud humana y animal ligados a la alimentación y revivieron temores alimentarios. Estas expectativas de calidad sanitaria de los alimentos se fortalecen aún más con la incorporación de las biotecnologías en los alimentos (organismos genéticamente modificados - OGM -, productos derivados de la clonación, las nanotecnologías...) y cuyo riesgo para la salud está todavía mal o poco evaluado, lo que motiva controversias científicas.

Por otra parte, la globalización del comercio y de los hábitos alimentarios también aumentó el atractivo de los consumidores por los productos que indican calidades específicas relativas al territorio, a los métodos y condiciones de producción, o aun a la identidad cultural. La predilección por estas cualidades específicas, particularmente fuertes en los países del sur de Europa, se extiende ahora a todo el orbe. La transición de una sociedad de la escasez a una sociedad de la abundancia de alimentos, a pesar de que casi mil millones de personas todavía están excluidas, provocó que los alimentos sean un instrumento de identidad y de diferenciación social.

El concepto de calidad de los productos agroalimentarios es multidimensional y supera las definiciones generalmente preconcebidas sobre la calidad de los productos y servicios. De acuerdo con la Organización Internacional de Normalización (ISO), la calidad supone el "conjunto de propiedades y características de un producto, proceso o servicio que le confieren su aptitud para satisfacer las necesidades establecidas o implícitas." La calidad también se define por las expectativas del consumidor: la satisfacción, el servicio, la salud y la seguridad (las "4 S"). Estos diferentes significados sobre la calidad resultan insuficientes para dar cuenta de la especificidad de las cuestiones relativas a la calidad de los alimentos y de la multiplicidad de los valores y las expectativas que el alimento encierra.

En general, la definición de la calidad, con respecto a los productos agroalimentarios, reposa sobre la base de la distinción entre calidad sanitaria (seguridad sanitaria) y calidad específica ("calidad diferenciación" o valorización). Este diseño se adoptó por las instituciones internacionales, como la Organización de las Naciones Unidas para la Alimentación y la Agricultura (FAO) y la Comisión Europea en su comunicación "Agenda 2000".

La "calidad seguridad" y la "calidad específica" persiguen objetivos en parte diferentes y se rigen por distintas normas jurídicas, al menos en el seno de la Unión Europea (UE).

La calidad sanitaria de los alimentos es la garantía para el consumidor que los productos comercializados son seguros y saludables y que su consumo no presenta un riesgo para su salud. Las características sanitarias de los alimentos son objeto de regulación por la legislación alimentaria. Según el artículo 14 del Reglamento nº 178/2002 de 28 de enero del 2002, ningún alimento puede ser comercializado si es perjudicial para la salud. Las exigencias de higiene y seguridad de los alimentos son prerrequisitos obligatorios que cada producto puesto en el mercado europeo (originario o no de la UE) debe cumplir. Estas exigencias de calidad se imponen a todos los alimentos, constituyen unas características genéricas (*base line standards*), y no específicas, de los productos. También se incluyen dentro de la calidad genérica el cumplimiento de las obligaciones legales relativas al medio ambiente, al bienestar animal y al nivel de residuos de plaguicidas. Del mismo modo, las normas de comercialización obligatorias que definen los criterios "estéticos", como el calibre de algunas frutas o verduras o la composición de ciertos productos, son características genéricas (véase el Reglamento nº 2010/354).

La finalidad asignada a la "calidad seguridad" es de interés general. Se trata de asegurar un alto nivel de seguridad para la salud humana y animal. Sin embargo, si la promulgación de las normas obligatorias de salud tiene, sin duda, por objetivo garantizar la seguridad de los consumidores, también tiene finalidades competitivas. La calidad sanitaria de los productos europeos es de ese modo una ventaja competitiva en la competencia internacional, por cuanto los consumidores están cada vez más atentos a la dimensión sanitaria de la alimentación. La armonización de las normas en la materia, así como las reglas de comercialización, favorecen el comercio y la libre circulación de mercancías, lo que permite la estandarización de los productos. La definición de estándares de seguridad de los productos alimentarios es además fuente de muchas controversias ante la Organización Mundial del Comercio (OMC), sobre la base del Acuerdo sobre la Aplicación de Medidas Sanitarias y Fitosanitarias (Acuerdo SPS); la prohibición o la limitación de importar productos procedentes del extranjero por razones de seguridad sanitaria entrañan siempre restricciones al libre comercio.

En cuanto a la "calidad específica", se entiende como un conjunto de características que se añadirán a las calidades genéricas de un producto alimenticio. Corresponde a un nivel adicional de calidad que difiere de la calidad genérica, por su naturaleza voluntaria.

Las características específicas pueden estar relacionadas con la composición del producto, los métodos de producción y procesamiento, su origen o aun a su tipicidad. Responden a las expectativas específicas del consumidor contemporáneo de alimentos, particularmente en relación con la valorización de los territorios de producción y de las técnicas de producción, la protección del ambiente o la promoción de los valores éticos y sociales. Mientras que la calidad genérica es un factor de normalización, la calidad específica (o *high quality*) es un factor de diferenciación y de identificación de productos evidenciadas mediante signos de calidad. Estos signos distintivos son simultáneamente instrumentos de comunicación e información al consumidor y herramientas competitivas. En efecto, esta calidad específica se inscribe también y ante todo en una lógica competitiva de la segmentación del mercado y de valorización de las producciones: el signo es una herramienta para atraer al consumidor hacia un producto distinto de los productos masivos, por sus características extrínsecas como su origen o modo de producción orgánica.

En Europa, existe una política pública sobre la calidad de los productos agroalimentarios que distingue la calidad genérica, constituida por la seguridad y el conjunto de normas obligatorias de comercialización, de la "calidad especificidad". Esta se asienta sobre los signos de calidad regidos por el Reglamento nº 1151/2012 y que certifican el origen geográfico del producto (denominación de origen protegida, indicación geográfica protegida...) o el modo de fabricación o producción tradicional (especialidad tradicional garantizada) u orgánica (agricultura orgánica o ecológica). Estos signos se aplican a todos los productos, excepto al vino y a las bebidas espirituosas.

La "calidad especificidad" debe ser leída a la luz de los cambios en la agricultura europea, la globalización del comercio de alimentos y las expectativas del consumidor. La calidad se concibe como un instrumento de información y de comunicación a los consumidores, pero también, según la expresión de la Comisión Europea como una "oportunidad" para la agricultura europea en evolución frente a la competencia mundial. Para la UE, el desarrollo de productos agroalimentarios de calidad específica (*high quality products*) contribuye con la consecución de los objetivos de la Política Agrícola Común (PAC). Los objetivos asignados al desarrollo de estas características específicas son numerosos: el desarrollo local mediante el mantenimiento de producciones de "nicho" no competitivas en el mercado de producciones agrícolas masivas; la mejor distribución del valor agregado de los productos alimentarios, en beneficio de los productores en un contexto de reducción de sus ingresos.

La calidad, según la definición contenida en las políticas públicas europeas y nacionales sobre la calidad, no cumple todas las expectativas de los consumidores de alimentos. En efecto, estas se extienden más allá de las características genéricas obligatorias y de las características específicas certificadas por los signos oficiales de calidad. Se centran en las cualidades extrínsecas de los productos agroalimentarios, tales como los valores sociales y éticos, las condiciones sociales de producción, el bienestar animal, la protección de la biodiversidad y del ambiente... La pérdida de confianza del consumidor en la industria de alimentos, provocada por las crisis sanitarias, la desconfianza hacia los grandes distribuidores, la globalización, la toma de conciencia ambiental, el aumento de las preocupaciones no comerciales *(non trade concerns)* han conducido a ampliar el concepto de calidad de los alimentos. Ahora incluye, además de la "calidad seguridad" y de la "calidad especificidad" que utiliza los signos oficiales, a los aspectos éticos y a las preocupaciones de los ciudadanos que contribuyen a la definición de la calidad del alimento, entendida a la vez como producto nutritivo y bien cultural y con el cual se identifican. Estas características específicas deben permitirle al consumidor elegir su alimentación en función de criterios sanitarios, económicos, sociales, etc. El comercio justo es un ejemplo que toma en cuenta las expectativas del consumidor con respecto a las relaciones económicas, sociales y ambientales.

A estas aspiraciones de los consumidores corresponden los procesos de valorización de los productos. En el mercado, la valorización es un aspecto de competencia cada vez más importante. Los agentes económicos han multiplicado los procesos de diferenciación y las menciones de valorización para la segmentación de los mercados. Estas menciones, que pueden agregarse o sustituirse a los signos oficiales de calidad, abarcan una amplia variedad de aspectos que van desde la calidad gustativa hasta el comercio justo.

El desarrollo de los "signos" que certifican las calidades específicas del producto plantea una serie de interrogantes. Por una parte, las menciones que valorizan, los signos oficiales o los sellos privados, conducen a cambios organizacionales y de costos significativos que repercuten sobre el conjunto de la cadena alimentaria, en particular sobre los productores agrícolas y el consumidor final. La distinción de los productos mediante la valorización de las calidades específicas se acompaña de una diferencia en el precio, de forma tal que puede preocupar que los productos alimentarios de "calidad específica superior" solo sean accesibles para los consumidores informados y solventes. Por otra parte, la multiplicación de estos signos en los productos opaca la legibilidad y la comprensibilidad de las características para el consumidor. Por último, estas menciones solo comprenden ciertos elementos de la calidad siguiendo un enfoque fragmentado. Las diversas características se valorizan principalmente por motivos comerciales, sin mayor consideración de la jerarquía o de la coherencia entre los diferentes aspectos de la calidad. Estos procesos dejan poco espacio para un enfoque global o sistémico de la calidad de los alimentos.

La calidad global o sistémica puede definirse como un enfoque de la calidad de los alimentos que integra al mismo tiempo la seguridad sanitaria; la calidad genérica; la "calidad especificidad" y los modos de producción; las condiciones de producción, transformación y distribución del producto que conciernen a la sociedad y al ambiente. Los circuitos cortos de comercialización y algunas redes de distribución cooperativas se apoyan en este enfoque global, que expresa el deseo de integrar el desarrollo sostenible considerado en su triple dimensión económica, ambiental y social, aplicada a la calidad de los alimentos. En estos canales de venta, la calidad de los alimentos se define de manera amplia y se refiere a las exigencias del comercio justo (calidades ambientales y sociales, incluidas las condiciones sociales de los trabajadores agrícolas). El objetivo es promover el desarrollo del consumo de productos de calidad, respetando una relación equitativa con todos los actores de la cadena, desde el productor hasta el consumidor. También se trata de vincular la compra de alimentos con el desarrollo local, de garantizar a los productores una mayor independencia con respecto a los transformadores o distribuidores y un precio remunerador, y establecer precios asequibles para los productos que cumplen las expectativas de los ciudadanos y de los consumidores.

Las finalidades perseguidas por estos procesos de calidad global no son de ninguna manera incompatibles con las de la política pública. Por el contrario, las extienden y las amplifican. Aunque todavía minoritarias, ellas no cesan de extenderse. Testimonian el carácter complejo y multidimensional de la calidad de los alimentos y de la diversidad de aspiraciones y valores que cristaliza el alimento. Este enfoque sistémico de la calidad de la alimento es parte de la realización del derecho humano a la alimentación, tal como se define en particular en el Protocolo Internacional de Derechos Civiles Económicos, Sociales (1966): el derecho a una alimentación física y económicamente accesible, disponible en cantidad y calidad, sana, nutritiva y respetuosa de las culturas, las tradiciones y las preferencias de los consumidores.

Bibliografía sugerida: ◆ NGO, M.-A. (2006), *La qualité et la sécurité des produits agroalimentaires, Approche juridique*, Paris, éd. L'Harmattan; ◆ DEL CONT, C., FRIANT-PERROT, M. (2009), La qualité des produits agroalimentaires: aspects de droit français, *Rivista di diritto alimentare*, n° 3 (consultable en línea); ◆ CONSEIL NATIONAL DE L'ALIMENTATION (2008), *Avis sur la mise en œuvre de la réforme des signes d'identification de la qualité et de l'origine des produits agricoles et agroalimentaires*, Avis n° 61 (consultable en línea).

CATHERINE DEL CONT

Véase también: - Acuerdo ADPIC - Agricultura orgánica - Asociación para el mantenimiento de la agricultura campesina – Certificación - Crisis sanitaria - Denominación de origen protegida - Especialidad Tradicional Garantizada - Indicación geográfica protegida - Organización común de mercados de productos de la pesca – Pesticidas - Seguridad de los productos - Signos de calidad - Terroir.

Calidad del agua

Véase: - Derecho al agua.

Cambio climático

Véase: - Bosque - Gran Muralla Verde – Transferencia de tecnología – Vulnerabilidad.

Carácter justiciable de los derechos fundamentales

El 10 de diciembre de 2008, exactamente 60 años después de la adopción de la Declaración Universal de los Derechos Humanos, la Asamblea General de las Naciones Unidas aprobó por unanimidad el Protocolo Facultativo del

Pacto Internacional de Derechos, Económicos, Sociales y Culturales (PIDESC), vigente a partir del 5 de mayo de 2013. Esta adopción representa un desarrollo importante en la protección de los derechos fundamentales, tal como el principio de que todas las víctimas de violaciones de estos derechos - civiles, culturales, económicos, políticos y sociales - tienen el mismo derecho de acceso a la justicia, para que todos estos derechos sean justiciables.

Durante décadas, el tema del carácter justiciable de los derechos fundamentales ha ocupado un lugar central en la reflexión sobre estos derechos en el plano internacional. Mientras que el carácter justiciable de los derechos civiles y políticos nunca ha sido cuestionado, en 1951, durante los trabajos preparatorios del PIDESC, algunos Estados, entre ellos la India, propusieron establecer explícitamente la exclusión del control judicial ("justiciabilidad") de los derechos económicos, sociales y culturales (DESC) en el Pacto. Esta propuesta fue rechazada. Pero, en la práctica, los DESC se mantuvieron excluidos del control jurisdiccional durante la Guerra Fría, es decir, hasta 1991. Hoy en día, a pesar de la oposición inicial de algunos Estados, expresada durante las negociaciones del Protocolo Facultativo del PIDESC, la existencia de abundante jurisprudencia presentada durante las negociaciones por una coalición de organizaciones de la sociedad civil – la "Red-DESC" – convenció a la mayoría de los Estados de que los DESC y las obligaciones estatales correlativas (obligaciones de respetar, proteger y cumplir los DESC; obligación de garantizar su ejercicio sin discriminación) eran plenamente justiciables.

En los foros internacionales, dos argumentos han sido presentados contra el carácter justiciable de los DESC. En primer lugar, estos derechos y las obligaciones correlativas de los Estados no son claramente formulados ni tampoco definidos con precisión, lo que no permite que un órgano judicial determine en un caso concreto sometido a su conocimiento, si ese derecho ha sido o no violado. En segundo lugar, un órgano judicial no podría controlar los DESC porque su *naturaleza* no lo permite. Estos derechos sólo podrían ser alcanzados progresivamente, lo que dificulta su revisión judicial; y su aplicación, incluso progresiva, necesitaría de recursos económicos considerables, que sólo las autoridades políticas nacionales podrían suministrar.

Como se demuestra en las negociaciones del Protocolo, estos dos argumentos se han vuelto obsoletos. Hace dos décadas aun podían sostenerse, mientras que los DESC y las obligaciones correlativas de los Estados no estaban claramente definidos y que la jurisprudencia sobre estos derechos no se había establecido con firmeza. Pero tales argumentos ya no son válidos. Si, a diferencia de los derechos civiles y políticos, los DESC no habían sido claramente formulados en los instrumentos de protección de los Derechos Humanos, actualmente sí se encuentran identificados en el Derecho Internacional, especialmente gracias a las observaciones generales del Comité de los DESC y a la práctica estatal posterior.

Todos los Estados reconocen ahora que no hay una diferencia fundamental en la naturaleza de los Derechos Humanos y que todos ellos, por igual, les imponen obligaciones tanto positivas como negativas. También hay una rica jurisprudencia que demuestra que las obligaciones de los Estados correlativas a los DESC son plenamente justiciables. En muchos Estados, así como en los niveles regionales africano, americano y europeo, los órganos judiciales o cuasi judiciales han comprobado violaciones de los DESC y de las obligaciones correlativas de los Estados, y han identificado las medidas a tomar para remediarlas, sin haber sido acusados de invadir la esfera de competencia de los poderes políticos nacionales.

La jurisprudencia sudafricana, con fundamento en una consagración ejemplar de los DESC en la Constitución, resulta particularmente interesante en este sentido. En efecto, la Corte Constitucional de Sudáfrica y muchos tribunales superiores provinciales han efectuado un control sobre el carácter razonable de las medidas adoptadas por el Estado para respetar, proteger y cumplir el derecho a la salud, el derecho a la vivienda, el derecho al agua o el derecho a la alimentación, sobre la base de la interpretación que sobre estos derechos hizo el Comité de los DESC. Esta jurisprudencia sudafricana también ha demostrado que el Estado puede ser condenado por tomar medidas con efectos discriminatorios en el goce de los DESC.

Existen centenares de casos en los cuales las jurisdicciones nacionales han reconocido el carácter justiciable de los DESC. En la mayoría de los casos, los tribunales se basan en los derechos consagrados en su Constitución. En la India, por ejemplo, en el caso más importante en el mundo en favor del derecho a la alimentación - el caso *People's Union for Civil Liberties* -, la Corte Suprema se basó en el derecho a la vida consagrado en la Constitución, para ordenar a los Estados de la India que implementaran programas de distribución de alimentos elaborados por el Gobierno Central; con cierto éxito, ya que las organizaciones que coordinan la campaña hindú sobre el derecho a la alimentación, reconocen que las decisiones de la Corte Suprema han permitido que millones de personas tengan acceso a los alimentos desde 2001.

Una jurisprudencia cada vez más importante demuestra también que las normas del PIDESC pueden ser consideradas como de aplicación directa. En Argentina, por ejemplo, la Cámara Nacional de Apelaciones en lo Contencioso-Administrativo Federal y la Corte Suprema de Justicia se basaron en las normas del Pacto para proteger en numerosos casos los DESC de las personas más vulnerables.

En el caso *Mariela Viceconte*, la Corte Suprema fue requerida por la señora Viceconte, residente de la provincia de Buenos Aires, quien vivía en una región en la cual se propagaba una fiebre epidémica y endémica en 1996. Para hacer frente a la propagación de la enfermedad, el Gobierno había tomado la decisión de producir una vacuna a un costo de 4 millones de pesos. En 1996, mientras que la fiebre amenazaba a 3,5 millones de personas en la Provincia de Buenos Aires, únicamente habían 400 mil dosis disponibles. La señora Viceconte interpuso un procedimiento ante el Tribunal de Primera Instancia, el cual concluyó que no podía obligar al Gobierno a actuar en virtud del principio de la división de poderes. La señora Viceconte recurrió entonces ante la Cámara Nacional de Apelaciones en lo Contencioso- Administrativo Federal que, en su resolución de 2 de junio de 1998, declaró que el PIDESC era directamente aplicable y que el artículo 12 del Protocolo era especialmente pertinente para el caso, por cuanto establecía la obligación para los Estados de adoptar las medidas necesarias para garantizar el tratamiento de las enfermedades epidémicas y endémicas (apartado 2.c) y el acceso a la atención médica en caso de enfermedad (apartado 2.d). En su decisión, la Cámara obligó al Gobierno a producir la vacuna y a garantizar que todas las personas en riesgo estuvieran protegidas.

En septiembre de 2007, en el caso *Defensor del Pueblo c/ Estado Nacional y otra*, la Corte Suprema de Argentina desarrollo un razonamiento similar para proteger el derecho a la vivienda, el derecho a la salud, el derecho a la alimentación, el derecho al agua y el derecho a la educación de las comunidades indígenas que viven en condiciones extremas en la Provincia del Chaco y sin ningún tipo de apoyo de los Gobiernos local y nacional. En su decisión de 18 de septiembre de 2007, la Corte Suprema reconoció la aplicabilidad directa del PIDESC y, para prevenir un daño inminente e irreparable, ordenó al Gobierno nacional y al Gobierno provincial adoptar las medidas de asistencia para la distribución de alimentos y de agua potable a las comunidades indígenas. También destacó la necesidad de implementar medidas estructurales para alcanzar los DESC de las comunidades indígenas en la Provincia del Chaco. El Gobierno nacional y el Gobierno de la provincia fueron obligados a adoptar medidas para identificar al conjunto de comunidades indígenas que viven en ese territorio y a presentar un informe a la Corte sobre la aplicación de los programas de alimentación, salud, asistencia sanitaria, agua potable, educación y vivienda, elaborados para ayudarles, junto con el presupuesto asignado par tales efectos.

Estos avances en el ámbito nacional, que demuestran que las normas del PIDESC pueden considerarse directamente aplicables, han sido completados por los avances en los niveles regional e internacional. Por ejemplo, en el continente americano, en el caso *Sawhoyamaxa c/ Paraguay*, la Corte Interamericana de Derechos Humanos protegió el derecho a la propiedad y el derecho a la vida de los miembros de la comunidad autóctona *Sawhoyamaxa* y, por medio de estos derechos, el derecho a la alimentación. Para hacer frente a las violaciones de los derechos humanos, la Corte determinó que el Estado debía adoptar las medidas legislativas, administrativas y, en general, todas las medidas necesarias para garantizar que los miembros de la comunidad puedan disfrutar, formal y físicamente, de sus tierras ancestrales, dentro del plazo de tres años. También consideró que el Estado debía crear un fondo de desarrollo para la comunidad, de un millón de dólares, para ejecutar proyectos agrícolas, de salud, de agua potable, de educación y de vivienda. Finalmente, la Corte determinó que el Estado debía garantizar el acceso a una alimentación adecuada para todos los miembros de la comunidad, en tanto no se les garantice un total acceso a sus tierras.

En el nivel internacional, la Corte Internacional de Justicia (CIJ) reconoció el carácter justiciable de los derechos consagrados en el PIDESC en 2004. En su opinión consultiva sobre las consecuencias jurídicas de la construcción de un muro en el territorio palestino ocupado, en respuesta a una consultada formulada por la Asamblea General de las Naciones Unidas, la CIJ consideró que el PIDESC incluía varias disposiciones pertinentes. La Corte constató la violación de varios derechos consagrados en el PIDESC, incluido el derecho a la alimentación, y concluyó que Israel debía cesar inmediatamente la construcción del muro, desmantelar las partes del muro construidas en territorio palestino ocupado y reparar todos los daños causados a las personas físicas y jurídicas afectadas, especialmente devolviendo las tierras, huertos y olivares, o indemnizando a las víctimas si la restitución fuera imposible.

Todos estos casos demuestran que ahora es posible tener acceso a la justicia en caso de violaciones a los derechos fundamentales, sean estos derechos civiles y políticos o derechos económicos, sociales y culturales. También muestran que millones de víctimas de violaciones del derecho a la alimentación han accedido a la justicia durante los últimos veinte años. Esta posibilidad debe ser ampliamente discutida con las personas que sufren de desnutrición y malnutrición y con quienes las apoyan, para que las violaciones del derecho a la alimentación ya no queden impunes.

Bibliografía sugerida: ◆ COMISIÓN INTERNACIONAL DE JURISTAS (2010), *Los tribunales y la exigibilidad legal de los derechos económicos, sociales y culturales, experiencias comparadas de justiciabilidad*, Ginebra, CIJ (consultable en línea); ◆ GOLAY, Ch. (2011), *Droit à l'alimentation et accès à la justice*, Bruxelles, éd. Bruylant; ◆ GOLAY, Ch. (2009), *Droit à l'alimentation et accès à la justice : exemples aux niveaux national, régional et international*, Rome, FAO (consultable en línea); ◆ ROMAN, D. (dir.) (2010), *Droits des pauvres : pauvres droits ? Recherches sur la justiciabilité des droits sociaux* (consultable en línea).

CHRISTOPHE GOLAY

Véase también: - Aguas Argentinas - Responsabilidad Internacional.

CARIFORUM

Véase: - Acuerdo de Asociación Económica.

Carta de los Derechos Fundamentales de la Unión Europea

Al tener inicialmente las Comunidades Europeas un objeto económico, los tratados constitutivos no incluyeron la protección de los derechos fundamentales en su texto. La Corte de Justicia de la Unión Europea garantizó progresivamente su protección en el Derecho comunitario, mediante los principios generales del Derecho inspirados en las tradiciones constitucionales comunes a los Estados miembros y en los instrumentos europeos e internacionales de protección de los derechos fundamentales. Sin embargo, en aras de la claridad, la Carta de los Derechos Fundamentales de la Unión Europea fue proclamada en diciembre de 2000. El Tratado de Lisboa, en vigor desde el 1º de diciembre de 2009, le confiere el mismo alcance que los tratados a los cuales se encuenta anexa.

Inspirado ampliamente en el Convenio Europeo para la Protección de los Derechos Humanos y de las Libertades Fundamentales, adoptado bajo los auspicios del Consejo de Europa, la Carta se compone de seis capítulos respectivamente dedicados a la dignidad, a las libertades, a la igualdad, a la solidaridad, a la ciudadanía y a la justicia. Reúne derechos civiles, políticos, económicos y sociales oponibles; y de ese modo, el derecho de la propiedad se consagra generalmente de manera general, prohibiendo su privación salvo por causa de utilidad pública y mediando una indemnización justa (art. 17). La Carta incluye también principios desprovistos de un efecto inmediato que corresponde desarrollarlos al legislador, como los principios de protección del ambiente y de protección al consumidor. Sin embargo, no hace ninguna referencia expresa al derecho a la alimentación; la protección de la salud únicamente es abordada, declinada en un derecho de acceder a la prevención en materia de salud y de beneficiarse de los cuidados médicos y en un objetivo de alto nivel de protección de la salud humana (art. 35).

La Carta de los Derechos Fundamentales se aplica a las actividades de las instituciones y órganos de la Unión, bajo el control de la Corte de Justicia de la UE. Se aplica también a los Estados miembros cuando desarrollen el Derecho de la Unión Europea. Pero, al otorgar un nivel mínimo de protección, no reemplaza los instrumentos nacionales de tutela de los derechos fundamentales y cede ante ellos cuando conceden una mayor protección. Sobre todo, al haber sido su alcance jurídico objeto de controversias entre los Estados miembros y Polonia, la República Checa y el Reino Unido han logrado que un protocolo los dispense del respeto de la Carta, creandose así una desigualdad entre los ciudadanos europeos.

En aras de la coherencia, la Carta establece que el sentido y el alcance de los derechos y principios contenidos en ella deberán ser los mismos que les confiere el Convenio Europeo para la Protección de los Derechos Humanos y las Libertades Fundamentales al cual la Unión Europea previó adherirse. Esta adhesión contribuirá a reforzar la protección de los derechos fundamentales por parte de la UE, pero plantea problemas jurídicos ligados a la coexistencia de dos instrumentos jurídicos para la tutela de los derechos fundamentales.

Bibliografía sugerida: ◆ FAVREAU, B. (dir.) (2010), *La Charte des droits fondamentaux de l'Union européenne après le traité de Lisbonne*, Bruxelles, éd. Bruylant.

ANNE-SOPHIE LAMBLIN-GOURDIN

Véase también: - Derechos Fundamentales.

Carta de Derechos y Deberes Económicos de los Estados

Se conoce bajo el nombre de "Carta de Derechos y Deberes Económicos de los Estados" a la Resolución 3281 (XXIX) de la Asamblea General de las Naciones Unidas. Este texto fue aprobado por una amplia mayoría el 14 de diciembre de 1974, en un contexto fuertemente influenciado, en el ámbito del Derecho Internacional, por la aparición de un derecho del desarrollo, así como por una gran atención prestada a los recursos naturales y, más específicamente, a los derechos de cada Estado sobre los suyos propios (véase, en particular, la Resolución 1803 [XVII] de 14 de diciembre de 1962, "Soberanía permanente sobre los recursos naturales").

Como bien fue señalado por los comentaristas de la época, la Carta afirma o reafirma una serie de principios heterogéneos, que no presentan entre sí una relación inmediata o evidente. Se tratan tanto el respeto de los Derechos Humanos, como la convivencia pacífica, la protección del ambiente, el libre acceso a la alta mar, el intercambio de conocimientos y tecnología, o el control sobre los precios de los "productos primarios". Sin embargo, el conjunto está envuelto en un principio que constituye la base de la resolución: la igualdad soberana de los Estados. Este principio del Derecho Internacional es relativamente antiguo, pero su declaración es, en sí misma, un hecho notable. En efecto, a raíz de la ola de descolonización, los países del Sur se hallaron en ventaja numérica en las Naciones Unidas y sacaron partido de tal composición para que la Asamblea General aprobara un acto donde se reconocía la soberanía de los países – empezando por la propia- en los asuntos económicos, y no solamente políticos; el objetivo era, por supuesto, consolidar la independencia política de los nuevos Estados, garantizando su independencia económica.

Otro elemento importante debe señalarse: al colocar al principio de la igualdad soberana de los Estados como pivote de la Carta, podría pensarse que el texto hace apología del aislacionismo o de la autarquía, que son cercanos a la independencia. Pero no es así. Por el contrario, la Carta promueve la cooperación para la "solución de problemas internacionales de carácter económico y social". Según dice, estos son los fundamentos de las relaciones internacionales al punto de asegurar la prosperidad de todos los países, "independientemente de las diferencias de sistemas sociales y económicos":

soberanía, igualdad, independencia, beneficio mutuo y equitativo, y cooperación... Incluso, incita a que haya más relaciones siempre que estas sean equilibradas. Se pone aquí de manifiesto una cierta ambigüedad por cuanto la Resolución 3281 postula la igualdad, pero busca, al mismo tiempo, garantizarle a los nuevos Estados independientes ciertos derechos particulares, que son exigibles a las naciones ricas e industrializadas. No obstante, estos ajustes son necesarios debido a la diferencia que existe entre la igualdad proclamada por el Derecho y una igualdad que no puede ser constatada en los hechos.

Resulta fundamental esta idea de que el texto no favorece, ni el cierre del comercio, ni el repliegue en sí mismo, sino que defiende el equilibrio. El artículo 14 precisa que "todo Estado tiene el deber de cooperar para promover una expansión y liberalización sostenidas y crecientes del comercio mundial". Sin embargo, la Carta detalla dos puntos. En primer lugar, se establece una clara jerarquía entre el poder del Estado, por una parte, y las multinacionales, por otra: si bien la contribución de estas últimas al desarrollo de los países no se niega, sus actividades deben realizarse con respeto de las políticas económicas, culturales y sociales (art. 2.b). En segundo lugar, la eliminación gradual de las barreras comerciales está programada, pero, en caso de dificultades, "se harán esfuerzos coordinados con objeto de resolver de manera equitativa los problemas comerciales de todos los países, teniendo en cuenta los problemas comerciales específicos de los países en desarrollo." (art. 14). El mismo enfoque que refleja una preocupación constante de equilibrio se reproduce con respecto al tema de los precios de las materias primas agrícolas ("Todos los Estados tienen el deber de cooperar a fin de lograr ajustes en los precios de las exportaciones de los países en desarrollo, con relación a los precios de sus importaciones, con el propósito de promover relaciones de intercambio justas y equitativas para éstos, de manera tal que sean remunerativos para los productores y equitativos tanto para los productores como para los consumidores"; art. 28).

Preocupados naturalmente por la preservación de sus intereses, los promotores de la Resolución 3281 decidieron tomar un camino intermedio, en lugar de rechazar en bloque el sistema de las relaciones comerciales más o menos concebido sobre la base del modelo liberal occidental (el Acuerdo General sobre Aranceles Aduaneros y Comercio -GATT- fue constituido alrededor de los Estados Unidos). Ellos diseñaron un régimen de libre comercio enmarcado y modulable de acuerdo con las necesidades y realidades de cada uno y que constituye un posible modelo, por ejemplo, para el comercio agrícola. Por consiguiente, la Carta describe las condiciones de participación de los países del Sur en el comercio internacional sobre la base de dos principios fundamentales: igualdad soberana y cooperación. El primer principio justifica la diversidad de los sistemas económicos, jurídicos o sociales, lo que es inherente a la independencia política de los Estados y que el texto no trata de eliminar; el segundo contribuye a lograr la vida en comunidad de estos

Estados, garantes del interés de los pueblos, de la manera más armoniosa posible.

Al igual que otros textos ambiciosos, esta colección de reivindicaciones y de principios es hoy, en buena medida, ignorada. Sin duda, este olvido puede ser en parte explicado por el alcance jurídico del instrumento, el cual es casi inexistente. Sólo el Consejo de Seguridad de las Naciones Unidas está, en efecto, habilitado para "producir" Derecho. Los textos de la Asamblea General tienen únicamente un impacto político. En el mejor de los casos, trazan los contornos de un Derecho Internacional en formación.

Bibliografía sugerida: ◆ CASTANEDA, J. (1974), La Charte des droits et des devoirs économiques des États. Notes sur son processus d'élaboration, *Annuaire français de droit international*, p. 31 (consultable en línea); ◆ DUPUY, R.-J. (1989), *La clôture du système international : la cité terrestre*, Paris, éd. PUF; ◆ VIRALLY, M. (1974), La Charte des droits et des devoirs économiques des États. Notes de lecture, *Annuaire français de droit international*, p. 57 (consultable en línea).

JEAN-PHILIPPE BUGNICOURT

Véase también: - Carta de la Habana – Patrimonio común de la Humanidad – Proteccionismo y libre comercio – Soberanía.

Carta de La Habana

Bajo el liderazgo de Franklin D. Roosevelt, la construcción de un sistema de comercio internacional se llevó a cabo al finalizar la Segunda Guerra Mundial.

En 1946, el Consejo Económico y Social de las Naciones Unidas decidió celebrar una Conferencia Internacional con el objetivo de crear una Organización Internacional del Comercio. Esta Conferencia de las Naciones Unidas sobre Comercio y Empleo relaciona simbólicamente, incluso en su título, las dimensiones económicas y sociales que los organizadores del proyecto tenían la intención de tomar en cuenta en las relaciones internacionales emergentes. Concluyó con la firma, el 24 de marzo de 1948, por parte de 53 Estados, entre ellos China y Estados Unidos, de la Carta de La Habana.

El artículo 1° de la Carta establece los objetivos y dispone, entre otras cosas, que los Estados "se comprometen, individual y colectivamente, a promover medidas de carácter nacional e internacional destinadas a [...] asegurar un volumen considerable y cada vez mayor de ingreso real y demanda efectiva; aumentar la producción, el consumo y el intercambio de bienes y contribuir así al equilibrio y a la expansión de la economía mundial [y] promover, sobre una base de reciprocidad y de ventajas mutuas, la reducción de los aranceles aduaneros y demás barreras comerciales, así como la eliminación del tratamiento discriminatorio en el comercio internacional".

Por su ambición y su contenido, el capítulo IV de la Carta prefigura el sistema del Acuerdo General sobre Aranceles Aduaneros y Comercio (GATT) y, más adelante, el de la Organización Mundial del Comercio (OMC). En relación con la política comercial, se abordan los temas de los derechos arancelarios, de un principio de no discriminación, de las medidas antidumping, de las subvenciones, de la propiedad industrial, etc. También, contiene un artículo 45, titulado "Excepciones generales al capítulo IV", que recuerda la cláusula de excepción del artículo XX del GATT. Se trata de una copia idéntica con excepción de un detalle: en la Carta de La Habana, se hace la precisión de que "nada en este Capítulo se interpretará en el sentido de que impida a un Miembro adoptar o poner en vigor medidas [...] adoptadas en cumplimiento de convenios intergubernamentales sobre productos básicos, concertados conforme a las disposiciones del Capítulo VI". Son considerados productos básicos "cualquier producto agrícola, forestal, pesquero o cualquier mineral, en su forma natural o, bien, después de haber sido elaborado en la forma habitualmente requerida para su venta en un volumen substancial en el mercado internacional" (art. 56.1). De esta forma, los promotores de la Carta quisieron separar los temas agrícolas y alimentarios del resto de las discusiones. Esta voluntad se encuentra claramente manifestada en el texto que presentó el Gobierno de los Estados Unidos y que sirvió de base para las negociaciones. El énfasis fue puesto así en la necesidad de recurrir a acuerdos intergubernamentales para el comercio de productos básicos, con el fin de "salir del miedo al desorden".

El artículo 55 de la Carta expresa la misma preocupación con claras convicciones y, por ello, se opta por su reproducción integral: "Los Miembros reconocen que las condiciones que rigen la producción, el intercambio y el consumo de algunos productos básicos, son tales que el comercio internacional de dichos productos podría verse sujeto a dificultades especiales, como la tendencia hacia el desequilibrio persistente entre la producción y el consumo, la acumulación de existencias gravosas y las pronunciadas fluctuaciones de precios. Estas dificultades especiales pueden producir efectos gravemente perjudiciales a los intereses de los productores y a los de los consumidores, así como amplias repercusiones que comprometan seriamente la política general de expansión económica. Los Miembros reconocen que tales dificultades pueden a veces requerir un tratamiento especial al comercio internacional de dichos productos, por medio de convenios intergubernamentales."

El establecimiento de este "tratamiento especial", que no es otra cosa que un régimen específico para los productos agrícolas y de la pesca, tiene varios objetivos, que se detallan más adelante: ayudar al mercado en su rol de equilibrio entre producción y consumo; lograr el pleno empleo; garantizar una cierta estabilidad de precios, así como un precio justo para los consumidores y un ingreso razonable para los productores; conservar los recursos naturales y evitar su agotamiento; corregir las situaciones de escasez. En síntesis, la

Carta de La Habana incluía soluciones sostenibles para garantizar la seguridad alimentaria mundial.

Los artículos 58 y siguientes de la Carta de La Habana describen con más detalle el dispositivo, que se basa íntegramente en la cooperación internacional y la negociación de acuerdos entre Estados. El procedimiento se inicia después de que un miembro "sustancialmente interesado en la producción o el consumo, o en el comercio de determinado producto básico y [que] considere que el comercio internacional de tal producto sufre o puede sufrir dificultades especiales" (art. 58), ha enviado una solicitud de consulta.

Una de las innovaciones más importantes de la Carta de La Habana reside en el derecho otorgado a la Organización de las Naciones Unidas para la Alimentación y la Agricultura (FAO) de inducir a la discusión sobre un acuerdo intergubernamental si constata una alteración en el comercio de un producto básico. Por lo tanto, si los países pobres se enfrentan a una dificultad para abastecer de cereales a sus poblaciones, la FAO puede tomar la iniciativa por estos países, de dirigirse a la Organización Internacional del Comercio (cuya creación estaba prevista en el Capítulo VII de la Carta) e incitar así la discusión sobre un acuerdo intergubernamental. Esto se aprecia claramente en el artículo 67 de la Carta: "A fin de lograr una cooperación adecuada en cuestiones concernientes a los convenios intergubernamentales sobre productos, toda organización intergubernamental que la Organización estime competente, tal como la Organización de Alimentación y Agricultura, tendrá derecho: a) a asistir a las reuniones de cualquier grupo de estudio o conferencia sobre productos básicos; b) a solicitar que se emprenda un estudio acerca de cualquier producto básico; c) a presentar a la Organización cualquier estudio pertinente sobre un producto básico y a recomendar a la Organización que continúe el estudio acerca de dicho producto o que se convoque a una conferencia sobre tal producto."

Sea que emane de un Estado o de la FAO, la solicitud da paso, salvo excepción, a la conformación de un grupo de estudio que comunica sus conclusiones y recomendaciones a la Organización Internacional del Comercio y a los Estados. De seguido, se convoca a una conferencia intergubernamental para "discutir las medidas que convendría adoptar para vencer las dificultades especiales que existan o que puedan surgir" (art. 59) y se invita a cada uno de los Estados interesados a presentar sus observaciones. Por último, en aras de la transparencia, todo acuerdo o proyecto de acuerdo es publicado.

El objeto de los acuerdos negociados puede variar. Lo que sí es seguro es que estos acuerdos permitirían a uno o más Estados la suspensión temporal de las reglas estrictas del libre comercio y del libre mercado. Entonces, estos Estados podrían adaptar sus políticas públicas -por ejemplo, de seguridad alimentaria- a la situación de crisis en la que están inmersos temporalmente. Las medidas adoptadas en concertación pueden justificar tanto la aplicación de un control cuantitativo de las importaciones o de las exportaciones, como la aplicación de una regulación de precios, es decir, cualquier disposición cuyo objetivo sea responder a una situación que crea dificultades y, podría ser el caso, que ponga en peligro el deber del Estado de garantizar la seguridad alimentaria de su población.

Así, desde 1948, la Carta de La Habana daba respuestas a las preguntas que nos hacemos hoy sobre cómo conciliar el comercio internacional con los objetivos de desarrollo económico, de seguridad alimentaria y de conservación de los recursos y del ambiente. Sin embargo, la Carta de La Habana nunca entró en vigor, pues no fue ratificada. La razón: a pesar de que el Presidente Truman de los Estados Unidos apoyaba una ratificación rápida del texto, tuvo que desistir de someterlo a conocimiento de su Congreso, pues éste le era hostil.

Es lamentable el fracaso que implica la no puesta en vigencia de la Carta de La Habana, porque el hecho de permitir que un Estado adoptara medidas de control sobre el comercio de productos agrícolas y alimentarios, después de la convocatoria de un grupo de reflexión y de la consulta con sus pares, parecía ser un mecanismo a la vez razonable y oportuno. Sin duda, habrá que hacer resurgir esta Carta y repensar las relaciones comerciales internacionales -la globalización- teniéndola en cuenta.

Bibliografía sugerida: • DEBLOCK, Ch., HAMEL, B. (1994), Bretton Woods et l'ordre économique international d'après-guerre, *Interventions économiques, Pour une alternative sociale*, n° 26, Dossier spécial « De l'ordre des Nations à l'ordre des marchés – Bretton Woods, cinquante ans plus tard », p. 12 (consultable en línea); • GRAZ, J.-Ch. (1999), *Aux sources de l'OMC – La Charte de la Havane 1941-1950*, Genève, éd. Librairies Droz, Publications d'histoire économique et sociale internationale; • *United Nations Conference on Food and Agriculture* (1943), *Final Act and Section Reports*, Washington: State Department; • WILCOX, C. (1949), *A Charter for World Trade*, New York: The Macmillan Company.

FRANÇOIS COLLART DUTILLEUL

Véase también: - Carta de Derechos y Deberes Económicos de los Estados - Conferencia de Hot Springs - Organización Mundial del Comercio.

Carta del Mandén

Proclamada en Kurukan Fuga en el siglo XIII, la Carta del Mandén o Mandé (del nombre del territorio situado en la cuenca alta del río Níger, entre los actuales territorios de Guinea y Malí) es una importante contribución a la historia del pensamiento, de la democracia y de los derechos humanos. Fue iniciado por Sundiata Keita, para acabar con la esclavitud y las desigualdades vigentes en ese momento en el Imperio del Mandén.

Esta Carta consta de siete capítulos que profesan la paz en la diversidad, la inviolabilidad de la persona humana, la educación, la integralidad de la patria, la seguridad alimentaria, la abolición de la esclavitud y las libertades de expresión y de empresa. Estos capítulos que constituyen los encabezados de los artículos establecen que: "Toda vida es una vida"; "El daño requiere reparación"; "Practica la ayuda mutua"; "Cuida de la patria"; "Elimina la servidumbre y el hambre"; "Que cesen los tormentos de la guerra"; "Cada quien es libre de decir, de hacer y de ver".

La Carta del Mandén aparece así como un conjunto de reglas de conducta destinadas a organizar la vida en sociedad. Se recomienda el respeto de la palabra dada (enunciado 23), de los extranjeros (enunciado 7), de las mujeres (enunciados 14 a 16), de la relación matrimonial y de vecindad (enunciado 40). La educación de los niños es responsabilidad de toda la sociedad (enunciado 9). El enunciado que abre la Carta también presenta a los clanes que componen la sociedad del Mandén: Se trata de diferentes categorías socio-profesionales, principalmente los portadores de la aljaba (16 clanes), los príncipes (4 clanes), los morabitos (5 clanes) y los esclavos (4 clanes).

La Carta del Mandén promueve los derechos humanos y la tolerancia, es decir, principios o valores que son necesarios para resolver las crisis que conoce África y el mundo, sin embargo, sus fuentes y sus similitudes con el "Juramento de los cazadores" alimentan la controversia sobre su fiabilidad. En efecto, el contenido de la Carta se pone en duda porque no existen registros escritos. Si bien no se cuestiona la transmisión de conocimientos a través de la tradición oral en los países africanos, suscitan algunas reservas la fiabilidad de las fuentes no escritas y, en particular, la retranscripción e interpretación del contenido de la Carta del Mandén. Además, el hecho de que el Juramento de los cazadores, que sería anterior a la Carta de Mandén, presenta un contenido muy cercano al de esta (Sundiata Keita, iniciador de la Carta, era considerado también el rey de los cazadores) divide a los autores: algunos simplemente asimilan la Carta al Juramento; otros la presentan como un texto distinto, a pesar de las recomendaciones comunes relacionadas con los derechos humanos.

Más allá de las dudas e incertidumbres sobre su origen, la Carta del Mandén demuestra que el respeto de la dignidad humana y la solidaridad son la base sobre la cual la sociedad africana fue construida. Las diversas crisis (política, económica, social, alimentaria...) que azotan este continente son el resultado de la pérdida, de la dilución o de la disminución de estos valores. En este contexto, sería conveniente popularizar los principios contenidos en la Carta para que inspiren a los líderes de África, en particular, y del mundo, en general.

Bibliografía sugerida: ◆ CENTRE D'ÉTUDES LINGUISTIQUES ET HISTORIQUES PAR TRADITION ORALE (2008), *La Charte de Kurukan Fuga, Aux sources d'une pensée politique en Afrique*, Paris, éd. L'Harmattan; ◆ CISSÉ, Y. T., GUÉNY, C. (2012), *L'histoire de la Charte du Mandé – L'invention au XIIIe siècle des droits de l'Homme en Afrique*, Paris, éd. Esprit frappeur; ◆ CISSÉ, Y. T., KAMISSOKO, W. (2009), *Soundjata la gloire du Mali*, Paris, éd.

Karthala; • FOFANA, A. (2003), *La Charte du Mandé et autres traditions du Mali*, Paris, éd. Albin Michel.

SYLVESTRE YAMTHIEU

Véase también: - Derechos Fundamentales.

Cártel

La teoría de la competencia pura y perfecta (de Adam Smith) fue abandonada desde hace mucho tiempo, la observación de los hechos demuestra que se trataba de una visión del espíritu y que las empresas tienen tendencia sea a aprovecharse de su poder, sea a adoptar comportamientos colusivos. Estos acuerdos o cárteles conducen a menudo a aumentos injustificados de precios (cárteles en la telefonía móvil, por ejemplo), a la exclusión de los competidores o a la repartición de los mercados. Así, el cártel es condenado en todos los sistemas jurídicos que reposan en una economía de mercado, pero únicamente en la medida en que tenga por objeto o por efecto atentar contra la competencia.

El *Sherman Act*, en los Estados Unidos, prohíbe cualquier contrato, asociación o cártel que restrinja el funcionamiento normal del comercio entre los Estados de la Unión o con países extranjeros. Esta misma prohibición se encuentra en términos bastante similares en el artículo 101 del Tratado de Funcionamiento de la Unión Europea (art. 85, luego 81 del antiguo Tratado Constitutivo de la Comunidad Europea) y, en el derecho francés, en el artículo L 420-1 del Código de Comercio.

Aunque no existe una prohibición *per se,* ciertos cárteles, los más graves, se consideran injustificables en la práctica, aun cuando, desde un punto de vista teórico, las autoridades que controlan la competencia pueden conceder una exención (obstrucción a la libertad tarifaria, distribución de mercado). Lo que se condena en principio, es el objeto anticompetitivo (presumido) y/o el efecto anticompetitivo apreciado en función del poder de mercado de las empresas que participan en el cártel. Sin embargo, una exención individual podría ser concedida, en particular si la práctica prohibida tiene por objeto o efecto el asegurar un progreso económico (véase, por ejemplo, el artículo L 420-4 del Código de Comercio francés). Del mismo modo, están previstas exenciones por categorías (determinados acuerdos verticales).

El derecho de los cárteles ha planteado y plantea problemas especiales en el sector agrícola, donde la organización de la profesión y de las cadenas suele basarse en acuerdos que podrían ser calificados como cárteles prohibidos. Las legislaciones sucesivas prevén que algunos acuerdos interprofesionales agrícolas de largo plazo escapan a la prohibición y/o pueden recibir exenciones cuando organizan un sector económico (los vinos de Champagne, por ejemplo) o una parte de éste, y cuando implican medidas de adaptación respecto de situaciones de crisis. Pueden, por ejemplo, beneficiarse de la exención prevista en el artículo L 420-4 del Código de Comercio francés las prácticas que consisten en organizar, para los productos agrícolas o de origen agrícola, bajo una misma marca o insignia, el volumen y la calidad de la producción, así como la política comercial, incluyendo el convenio sobre un precio de cesión común, pero con la condición de que las restricciones a la competencia sean indispensables para alcanzar este objetivo de progreso. Este artículo L 420-4 prevé, por otro lado, que ciertas categorías de acuerdos o ciertos acuerdos, particularmente cuando tienen por objeto la mejora de la gestión de las pequeñas o medianas empresas, pueden ser reconocidos como que cumplen con estas condiciones mediante decreto, adoptado tras el criterio conforme de la Autoridad de la Competencia. No obstante, ha de señalarse que muy pocos de estos decretos han sido adoptados hasta hoy (excepto en materia de signos de calidad en el campo agrícola, o de acuerdos entre productores agrícolas o entre éstos y empresas, cuando conllevan medidas de adaptación a situaciones de crisis).

El derecho de los cárteles ha experimentado evoluciones en los últimos años que dan a las empresas un papel más significativo. En Europa, el Reglamento nº 1/2003 de 16 de diciembre 2002, suprime la obligación de notificar a la Comisión Europea y otorga a todas las autoridades y jurisdicciones de derecho común de los Estados miembros, el derecho de aplicar el artículo 101 §3 del Tratado de Funcionamiento de la Unión Europea, relativo a las exenciones. En lo sucesivo, las empresas deben proceder a la autoevaluación de sus prácticas, lo que modifica profundamente sus estrategias. La responsabilidad de las empresas se acrecienta aun más debido a la aparición, en los últimos años, de los procedimientos de compromisos y de "clemencia". En Francia, la Ley de 15 de mayo de 2001, inspirada en el sistema jurídico de la Unión Europea, prevé una exoneración total o parcial de las sanciones pecuniarias para la empresa que contribuya a establecer la realidad del cártel, al aportar elementos desconocidos por las autoridades de la competencia.

Bibliografía sugerida: ◆ MALAURIE-VIGNAL, M. (2011), *Droit de la concurrence interne et européen*, Paris, éd. Sirey, 5e éd.

LAURENCE BOY †

Véase también: - Derecho de la Competencia - Organización común de mercados agrícolas.

Catástrofe

El concepto de catástrofe reenvía a una serie de hechos que alteran de modo grave el orden normal y ordinario de las cosas. Su gestión remite a las medidas que se adoptan ante este tipo de alteraciones, que suelen clasificarse conforme los diferentes momentos que la integran; cada momento corresponde a la aplicación de estrategias distintas (estrategia previa – prevención; estrategia de gestión de crisis – urgencia; estrategia posterior – reconstrucción).

Existen diferentes tipos de catástrofes que determinan diversos modos de gestión. Su clasificación es una tarea compleja en la que se suele considerar su origen según se trate de eventos naturales o tecnológicos. En el primer caso, se distingue entre catástrofes naturales de índole geológica (como terremotos, aludes, erupciones volcánicas) o de raigambre hidrometeorológica (como huracanes, inundaciones, sequías). En el supuesto de las catástrofes tecnológicas suele referirse a accidentes nucleares, explosiones de grandes industrias, apertura de proyectos hidráulicos, de minería, etc. A las dos categorías expuestas, además, podrían sumarse procesos progresivos de degradación del ambiente que conducen a escenarios catastróficos como, por ejemplo, la desertificación.

Aun cuando esta clasificación aparece correcta y permite ordenar los diferentes escenarios posibles, es cierto que actualmente se torna difícil separar los eventos naturales de las acciones humanas de manera absoluta, en particular, cuando estas acciones son cardinales en el origen de las catástrofes. Ello se observa, verbigracia, en el caso del cambio climático, problemática que, además, ha sido ligada de manera directa con la cuestión alimentaria, por ejemplo, en diferentes pronunciamientos de la FAO. Se estima que en el período 2050-2100 podrían producirse consecuencias potencialmente catastróficas por las dificultades que el calentamiento global generará en los ecosistemas que son necesarios para la agricultura.

Ante este heterogéneo tipo de eventos, la gestión de las catástrofes aparece como un elemento central debido a que conforma el sistema mediante el cual se atiende no sólo a la materialización de los riesgos, sino también, a la consolidación de medidas de prevención y a la elaboración de políticas de reconstrucción y de rehabilitación adecuadas. Las medidas adoptadas antes, durante y después de las catástrofes deben, asimismo, respetar los derechos humanos de quienes se encuentran afectados.

Las estrategias que se determinan para los distintos momentos configuran un sistema de gestión de catástrofes que no sólo se ocupa de gobernar la situación de desastre, sino también, de prevenirla y de diseñar medidas para el tiempo posterior a su acaecimiento. Un sistema de gestión comprende, entonces, medidas preventivas que permitan actuar de manera anticipada mediante, verbigracia, la disposición de información actualizada y completa sobre los riesgos existentes, la construcción de sistemas de alerta temprana, la consolidación de políticas tendientes a reducir la vulnerabilidad; todo lo cual exige una colaboración con la sociedad civil a los efectos de una mejora en la construcción de estrategias de este tipo, posibilitando recuperar experiencias. Asimismo, el sistema se integra por las medidas de emergencia que se refieren a la capacidad de respuesta existente en relación con los impactos ocasionados por el desenvolvimiento de la catástrofe. Las mismas difieren según el tipo de catástrofe de que se trate y se modelizan conforme los distintos momentos de la emergencia. Su objetivo consiste en gobernar la situación catastrófica, lo que implica la existencia de instituciones - estatales y de la sociedad civil - que, de manera articulada, posean la capacidad de gestionar el período de crisis en el que se torna central, verbigracia, el desplazamiento de personas, el acceso a la alimentación, las evacuaciones. Por último, las medidas de reconstrucción y rehabilitación son parte del sistema de gestión y se refieren al momento que sigue a la emergencia. Su objetivo consiste en restablecer la normalidad lo que puede implicar, por ejemplo, la relocalización de poblaciones, la protección de los desplazados, entre otras medidas.

La problemática relativa a las catástrofes ha sido objeto de tratamiento en los diferentes espacios regionales así como, también, en el ámbito internacional. En 2005 se celebró, en el marco de Naciones Unidas, la Conferencia Mundial sobre Reducción de Desastres en Hyogo, Japón. Allí se suscribió la Declaración de Hyogo y se configuró un Marco de Acción para el período 2005-2015. Dentro de las organizaciones representadas en la Conferencia se encontraba la FAO. El Marco de Acción se focaliza en la prevención de las catástrofes y el tema alimentario aparece como una prioridad de acción establecida en el documento. En ese sentido, en el Informe de la Conferencia se expresa, como una forma de reducción de factores de riesgo subyacentes, la necesidad de promover la seguridad alimentaria debido a que se constituye como un factor importante para asegurar la resiliencia de las comunidades frente a amenazas de diferente naturaleza, entre las que se destaca la exposición a sequías, inundaciones y ciclones. También se plantea, dentro de las medidas para fortalecer la preparación para casos de desastres, la promoción de ejercicios periódicos de preparación que incluyen ejercicios de evacuación y acceso a suministros esenciales de socorro alimentario.

Bibliografía sugerida: • BECK, U. (2002), *La sociedad del riesgo global*, Barcelona, Siglo XXI; • ONU (2005), *Informe de la Conferencia Mundial sobre la Reducción de los Desastres*, Kobe, Hyogo (Japón); • MARTIN, G. (2000), La gestion mondiale des risques majeurs, in *La mondialisation du droit*, bajo la dirección de E. Loquin et C. Kessedjian, Travaux du Centre de recherche sur les marchés et les investissements internationaux (CREDIMI), Paris, éd. Litec.

MARÍA VALERIA BERROS

Véase también: – Crisis sanitaria – Mitigación – Responsabilidad internacional.

CEDH

Véase: - Convenio Europeo para la Protección de los Derechos Humanos.

Centro Internacional de Arreglo de Diferencias Relativas a Inversiones

Véase: - Aguas Argentinas - Amicus curiae - Derecho al agua.

Certificación

La certificación es el procedimiento mediante el cual, en materia agrícola y agroalimentaria, se garantiza la conformidad de un producto o de una explotación, con un referente previamente establecido. Puede ser obligatorio en algunos casos en que la calidad garantizada del producto debe ser intrínseca a este (por ejemplo, el caso del "marcado CE", que es una condición para la comercialización de los juguetes en el mercado europeo), pero también puede ser puramente facultativo (ejemplos: "*Fairtrade Max Havelaar*" o el certificado de agricultura ecológica u orgánica). En todos los casos, el certificado emitido después de los procedimientos de control se utiliza para demostrar el cumplimiento del referente por parte del operador que es objeto de certificación. El proceso de certificación tienen diferentes objetivos en función de su forma y de su contenido. Además del interés probatorio, también puede ser una forma de darle valor a su producto o a su empresa en el mercado, en relación con otros productos similares.

En el sector agroalimentario, la certificación puede tomar varias formas (certificación de conformidad derivada del Derecho francés, etiquetas, marcas de certificación) y puede basarse en decenas de referentes. Puede ayudar a probar que las empresas agroalimentarias cumplen con diferentes normas en materia de seguridad sanitaria (norma ISO 22000, HACCP, IFS Food, BRC, CSA/GTP, etc.) o inscribirse en procesos de aseguramiento de la calidad (organoléptica, ambiental, de origen o "natural") de los productos agroalimentarios o de las explotaciones. De esta manera, las marcas de certificación como "*certifié Agriculture biologique*" (certificado Agricultura Orgánica), que garantiza un uso limitado de productos fitosanitarios en la elaboración del producto, así como marcas del tipo "*Bioéquitable*", "*Rainforest Alliance*" o "*Marine Stewardship Council* – Pesca sostenible", que están regidas por el Derecho de Marcas, son relativamente numerosas y garantizan calidades muy diversas. Asimismo, los signos de calidad tales como la Indicación Geográfica Protegida (IGP), la Especialidad Tradicional Garantizada, el *Label Rouge* francés y ciertas denominaciones de origen protegidas, también están sujetos a la certificación que garantiza el cumplimiento del pliego de condiciones que se encuentra asociado a cada producto. Finalmente, el certificado de conformidad de producto (CCP), en el Derecho francés, no sólo garantiza que el producto cumple con los requisitos establecidos por el Estado, sino que también respeta al menos dos recomendaciones sobre la presentación al consumidor de características certificadas del producto (art. R. 641-58 del Código Rural). Estas "características certificadas" pueden referirse a la composición del producto, a sus características o a su proceso de elaboración.

Por ejemplo, los caracoles preparados de Borgoña son objeto de una CCP que garantiza que los caracoles son "salvajes y recogidos en espacios naturales y controlados", que son "preparados con mantequilla AOC Poitou-Charentes fresca" y que existe una "trazabilidad desde la zona de colecta hasta el consumidor". La obtención de un certificado le permite a la empresa que es objeto de esta certificación, colocar el logotipo "*CQ produit certifié*" ("producto certificado control de calidad") en el producto, lo que le permite diferenciarse de otros productos similares.

Cualquiera que sea el medio utilizado, la certificación siempre debe cumplir con las normas generales a las que está sometida. Un operador que desee certificar una calidad deberá solicitar los servicios de un organismo certificador, que controlará el cumplimiento del referente por parte del operador. El organismo de control también debe garantizar su independencia e imparcialidad, siendo objeto de una acreditación (en el sector agroalimentario, la acreditación se realiza a menudo sobre la base de la norma EN 45011-ISO/IEC Guía 65) y, en algunos casos, de una aprobación.

En Francia, la acreditación es expedida por el Comité Francés de Acreditación (COFRAC). Para que la certificación sea reconocida en el territorio de la Unión Europea y a nivel internacional es necesario que el organismo de acreditación participe de acuerdos de reconocimiento mutuo. La asociación *European co-operation for accreditation* (EA) ha establecido un *multilateral agreement* (MLA) que concede el mismo valor a todas las acreditaciones otorgadas por los Estados firmantes de dicho acuerdo. Por lo tanto, todas las certificaciones otorgadas por un organismo (certificador) que ha sido acreditado por una organización miembro de la EA, serán reconocidas en todos los Estados adherentes a la *International laboratory accreditation* (ILAC) o a la *International accreditation forum* (IAF), asociaciones que igualmente han reconocido el MLA.

El referente puede ser emitido tanto por una autoridad pública, como por un operador privado. En Francia, la certificación de "*Haute valeur environnementale*" ("Alto valor ambiental") que garantiza, por ejemplo, que la explotación que utiliza este término cumple con ciertas normas para reducir el impacto de su actividad sobre el ambiente, es un procedimiento iniciado por las autoridades públicas: el organismo certificador debe obtener, además de la acreditación del COFRAC, la aprobación de la Comisión Nacional de Certificación Ambiental, y el referente que sirve de base para el control es establecido por medio de una orden ("*arrêté*") del Ministerio de Agricultura. Del mismo modo, para la certificación europea de "agricultura ecológica", el organismo de certificación también debe ser aprobado por las autoridades públicas (en Francia, por el *Institut national de l'origine et de la qualité*) y debe controlar el cumplimiento de las disposiciones del Reglamento nº 834/2007. Esta marca de certificación es propiedad de un organismo público. Al lado de estos procedimientos, existen otros de naturaleza privada, tal como la marca de certificación "*Fairtrade Max Havelaar*", que garantiza que los productos que llevan este signo se ajustan al pliego de condiciones donde se establecen normas del comercio justo. Este pliego de condiciones ha sido definido por la asociación Max Havelaar en conjunto con un organismo de certificación (la empresa FLO-cert). En este contexto, la certificación conlleva la posibilidad para todos los productos que son certificados, de emplear la marca figurativa "*Fairtrade*", cuyo titular es la asociación internacional "*Fairtrade Labelling Organizations International*" (de la que Max Havelaar es miembro) y el nombre "Max Havelaar"; signos que distinguirán a los productos certificados de la competencia y guiarán -o por lo menos eso se espera- la elección de los consumidores.

El costo de los controles está a cargo de los operadores que buscan la certificación. Esto no está exento de problemas en la medida en que el organismo de certificación puede imponer sanciones por la no conformidad con el referente. Por ejemplo, para las IGP estas sanciones pueden ir hasta la supresión de la habilitación. En este caso, el organismo certificador, que es prestatario de un servicio de control a cambio de una remuneración, perderá un cliente. Aunque la acreditación y la aprobación permiten garantizar la imparcialidad y la independencia del organismo de control, este modo de financiamiento puede generar algunas interrogantes.

Bibliografía sugerida: ◆ GRENARD, A. (1996), Normalisation, certification : quelques éléments de définition, *Revue d'économie industrielle*, Volume 75, p. 45.

CAMILLE COLLART DUTILLEUL

Véase también: - Agricultura orgánica – Bosque - Calidad de los productos - Comercio Justo – Control - Denominación de Origen Protegida - Especialidad tradicional garantizada - Indicación Geográfica Protegida – Marca.

Certificación de conformidad de producto

Véase: - Certificación.

Certificado de Obtención Vegetal

Véase: - Obtención Vegetal.

China

Con su rápido desarrollo económico en los últimos treinta años, China se ha convertido en uno de los países con mayor crecimiento económico. Ahora es el mayor exportador y el segundo mayor importador del mundo. Sin embargo, su productividad global sigue siendo baja y se observan importantes desigualdades regionales en términos de nivel de desarrollo. En relación con el suministro de alimentos, es innegable que se han hecho grandes progresos, pero ciertos problemas relacionados con la seguridad sanitaria (*food safety*) y la seguridad alimentaria (*food security*) siguen siendo actuales y requieren una atención especial.

A pesar del rápido desarrollo industrial, China sigue siendo un país agrícola importante. La población rural es de unos 750 millones de personas (casi el 60% de la población). Durante muchos años, el país ocupó el primer lugar en el mundo por su producción de verduras, frutas, carnes y alimentos de origen acuático. Sin embargo, las tierras agrícolas de China no son muy extensas. Aunque la superficie total abarca 9,6 millones de kilómetros cuadrados, las tierras cultivables representan sólo el 12,5% del territorio. La superficie de tierra cultivable per cápita promedio en China es de sólo 9,3 hectáreas, es decir, el 40% de la superficie media. Sin embargo, a pesar de esta baja proporción, el aprovisionamiento alimentario se encuentra generalmente garantizado, incluso con excedentes disponibles en los mejores años.

Actualmente, los métodos de producción agrícola en China se encuentran en plena transición, pasando de un modo extensivo hacia un modo de producción intensiva. Los progresos científicos y tecnológicos contribuyen en gran medida a estos cambios. Por lo tanto, el número de personas pobres que viven en las zonas rurales ha disminuido de manera significativa, mientras que los objetivos del Milenio, definidos en el año 2000 por las Naciones Unidas están siendo alcanzados poco a poco. Por otra parte, el nivel de vida de los agricultores en algunas partes de la costa oriental de China se elevó gradualmente, hasta equipararse al de los agricultores que viven en las regiones más desarrolladas del país.

Sin embargo, muchos problemas siguen sin resolverse en relación con el suministro de alimentos y el hambre sigue siendo una amenaza importante. Por lo tanto, las principales prioridades de la agenda política son encontrar un método de producción agrícola apropiado, así como una solución al problema del suministro de alimentos para más de 1,3 mil millones de personas.

Cinco desafíos deben superarse para resolver este problema. El primero está relacionado con el aumento continuo de la población china, que crece cada año en 7 millones de personas, lo que conlleva un aumento muy rápido en la demanda de alimentos. El segundo se refiere al hecho de que el área de tierra cultivable está disminuyendo en la medida que la urbanización está creciendo y que la construcción de grandes infraestructuras continua (construcción de represas hidroeléctricas, por ejemplo). El tercero está relacionado con la evolución de los hábitos alimentarios. Esto es particularmente evidente cuando se tiene en cuenta el reciente y fuerte incremento en el consumo de carne, huevos y leche. Los cambios climáticos y las condiciones meteorológicas son también importantes retos para China. La agricultura sigue siendo muy dependiente del clima y las infraestructuras adecuadas son aún poco frecuentes en algunas partes del país. Por lo tanto, sólo 490.000 kilómetros cuadrados de tierra cultivable tienen un sistema de riego bien equipado, lo que representa sólo el 45% de la tierra cultivable. Por último, China se enfrenta al problema de tierras abandonadas: cada vez más agricultores se trasladan a vivir en las ciudades porque los beneficios que pueden obtener de la agricultura son muy limitados, por lo menos insuficientes, dado que el costo de la vida está en constante aumento.

Otra dificultad está relacionada con el desarrollo del comercio internacional. Los vínculos con el mercado internacional de alimentos se refuerzan cada vez más desde la entrada de China en el sistema de comercio multilateral de Organización Mundial del Comercio (OMC). De ello se desprende, en primer lugar, que el mercado interno se ha vuelto más vulnerable a las fluctuaciones de los mercados internacionales y, en segundo lugar, que las empresas multinacionales agrícolas también han acelerado la tasa de penetración de los productos internacionales en la cadena alimentaria nacional. Antes de 1995, China fue el mayor exportador de soja, mientra que en 2006, 28 millones de toneladas de soja fueron importados en China, lo que representa 1,17 veces el volumen de la producción nacional. En 2007, las importaciones netas de soja llegaron incluso a más de 30 millones de toneladas, lo que acentúa aún más el fenómeno de la dependencia. Debido al gran volumen de las importaciones en la última década, la tasa actual de autosuficiencia de China para la producción de soja sólo es del 90%.

Los problemas anteriores están estrechamente relacionados con el sistema chino de la tenencia de la tierra y la transformación social que conoce el país actualmente. Desde 1950, China cuenta con un sistema de propiedad pública de la tierra, haciendo la distinción entre las tierras rurales, de propiedad colectiva y la tierra en las zonas urbanas, propiedad del Estado.

Aunque el sistema de la propiedad colectiva de la tierra parece relativamente justo, también plantea la cuestión de la ineficacia. Tras la aplicación de la Reforma China y de la política de apertura del país en 1978, el sistema de los contratos de tierras rurales se ha aplicado con el objetivo de separar el derecho de administrar la tierra del derecho de poseerla. En este sistema, el derecho de administrar la tierra pertenecía a los agricultores, quienes estaban autorizados a explotar, utilizar, disponer y beneficiarse parcialmente de la tierra. Esto incitó fuertemente a los agricultores a realizar el trabajo agrícola. En consecuencia, la producción agrícola global aumentó considerablemente, lo que permitió garantizar plenamente la demanda de suministro de alimentos en China hasta mediados de la década de 1980. Dado el éxito de este sistema, la Ley sobre los contratos de tierras rurales se introdujo en 2002 para garantizar los derechos e intereses legítimos de las partes en los contratos de tierras en las zonas rurales. Sin embargo, a mediados de la década de 1990 también se lanzó una reforma del sistema económico destinado a crear una economía de mercado.

Como consecuencia, en el litoral oriental han sido creadas muchas áreas de desarrollo económico, que se caracterizan por una industria de transformación orientada hacia la exportación y que se basan en actividades donde se emplea intensamente mano de obra. La creciente urbanización generada por este desarrollo económico ha dado lugar a cambios sin precedentes en las zonas rurales. Se ha hecho cada vez más difícil garantizar la protección efectiva del derecho de los agricultores a explotar la tierra, debido en parte a que el proceso de industrialización y urbanización ha contribuido al aumento significativo de la demanda de la tierra disponible. Esto ha dado lugar a que una gran parte de las tierras agrícolas situadas cerca de las ciudades en las regiones del litoral, hayan sido confiscadas para su conversión en zonas industriales. Con el desarrollo urbano, muchas tierras de cultivo y terrenos de habitación en zonas rurales han sido convertidos en viviendas comerciales. Aunque la Ley de Gestión de las Tierras haya sido modificada en 1998, sigue siendo lamentable la falta de una reglamentación clara en cuanto a la adquisición y la afectación de terrenos, la venta y el traspaso de derechos sobre la tierra o, incluso, los poderes reglamentarios del Gobierno, ello en razón de la debilidad del Estado de Derecho en China.

Esta falta de respeto de las leyes y de los reglamentos que regulan las tierras agrícolas ha dado origen a varios problemas sociales. En primer lugar, muchos agricultores han sido despojados de sus tierras para convertirse en campesinos sin tierra. En segundo lugar, los beneficios potenciales que genera la agricultura son mucho más bajos que los generados por el desarrollo de zonas económicas y por la construcción de viviendas comerciales. En consecuencia, un gran número de agricultores que viven en las zonas costeras o cerca de las ciudades provinciales son reacios a proseguir su actividad agrícola, pues el trabajo en la ciudad puede ser mucho más lucrativo que el trabajo en los campos. La seguridad sanitaria también se ha convertido en un grave problema social en China: las modificaciones del régimen alimentario han llevado a los ciudadanos Chinos a aumentar significativamente el consumo de verduras, frutas y otros alimentos. Por lo general, este tipo de alimentos son producidos principalmente por los agricultores individuales. Motivados por la ambición de ganancias mayores, estos últimos tienden al uso excesivo de productos químicos, como los pesticidas, para aumentar el rendimiento de sus cultivos. Sin embargo, esto lleva a la contaminación de los alimentos que causan problemas de seguridad sanitaria. Desde el 2000, se han reportado un número creciente de enfermedades transmitidas por los alimentos, incluyendo intoxicaciones graves y problemas de salud crónicos. El escándalo de la leche Sanlu, contaminada con melanina, es un buen ejemplo de este fenómeno. Además, el mal uso de insumos químicos, como los pesticidas, ha llevado a la contaminación de los suelos y de las vías fluviales. Por desgracia, en la actualidad, el Gobierno y la sociedad parecen estar más preocupados por la contaminación industrial que por la contaminación agrícola. Finalmente, debemos observar que a pesar de la aparición de los alimentos biotecnológicos ("*tech-food*"), el riesgo potencial ligado al consumo de alimentos modificados genéticamente no es una preocupación pública.

Hoy en día, los principales problemas de seguridad sanitaria están relacionados con las malas condiciones sanitarias en la producción de alimentos, el uso de materiales de mala calidad, el uso frecuente de sustancias tóxicas y la insuficiencia de controles adecuados para detectar las contaminaciones biológicas.

Varias razones pueden explicar la aparición de estos problemas. En primer lugar, múltiples etapas de la cadena alimentaria son vulnerables a la contaminación de los productos: en la actualidad, la producción de alimentos es llevada a cabo principalmente por los agricultores individuales o por pequeñas empresas. Para maximizar sus ganancias, cada vez más agricultores o pequeños productores utilizan o añaden productos químicos para aumentar la productividad y dar mejor aspecto y sabor a sus alimentos, al tiempo que reducen los costos de producción. Por lo tanto, la falta de un control adecuado sobre el uso de estos productos químicos, así como los problemas de seguridad pueden encontrar su fuente en las etapas iniciales de la cadena alimentaria. Pero, durante la etapa de procesamiento de alimentos, el abuso de los aditivos alimentarios y no alimentarios también tiene el efecto de aumentar la cantidad y la gravedad de los problemas de seguridad. Dado el nivel relativamente bajo de los requisitos financieros y técnicos para trabajar en la industria alimentaria en China, hay muchos operadores que no cumplen con los estándares del sector, lo que complica el proceso de la aplicación de la reglamentación en esta etapa. Finalmente, cuando el mercado está saturado de productos alimenticios adulterados a bajo costo, se hace difícil atraer de manera leal a los consumidores hacia los buenos productos alimenticios.

La antigüedad de las leyes y de los reglamentos chinos sobre la seguridad alimentaria es también parte del problema. Antes de la adopción en 2009 de la Ley de Seguridad Alimentaria (en sentido amplio), las normas que rigen la seguridad de los alimentos estaban contenidas en la Ley de Higiene de los Alimentos. Esta última establecía normas insuficientes u obsoletas y medidas disuasivas inadecuadas o ineficaces. En términos de seguridad, un enorme abismo separaba las normas adoptadas en esa ley de las establecidos por la Comisión del Codex Alimentarius. En general, sólo el 40% de las normas contenidas en el Codex y aplicadas internacionalmente se ejecutaban en China a un nivel igual o equivalente. Por otra parte, las sanciones previstas por la Ley de Higiene de los Alimentos fueron insuficientes para disuadir a los operadores de empresas alimentarias de cometer delitos. El texto preveía, por ejemplo, que cualquiera que produjera o comercializara alimentos no conformes a las normas de higiene alimentaria, en violación a la ley y que provocaran una intoxicación alimentaria o una enfermedad causada por las bacterias de origen alimentario, se vería obligado a detener su producción o su venta; los alimentos que causaban la intoxicación o enfermedad serían destruidos; las ganancias ilícitas serían confiscadas y una multa equivalente de 1 a 5 veces la cantidad de ingresos ilegales se impondría, en ausencia de ganancias ilícitas, se impondría una multa de 1.000 a 50.000 yuanes (es decir, un equivalente de 125€ a 6.200€).

Podría decirse que una tercera explicación de los diversos problemas de la seguridad alimentaria, reposa en la dificultad de aplicar la reglamentación en vigencia. En China, la elaboración de reglas detalladas y su cumplimiento son principalmente asegurados por los organismos gubernamentales. La debilidad del Estado de Derecho acentúa el problema del incumplimiento de la ley, de la aplicación laxista y de la tolerancia en relación a la falta de castigo para las personas que transgreden la ley. Asimismo, cabe señalar que la legislación en materia de seguridad alimentaria es interdisciplinaria. Cubre todos los temas relacionados con la alimentación, como la higiene o la calidad. Por lo tanto, el marco normativo sectorial actual crea lagunas o redundancias en las funciones y responsabilidades de las distintas autoridades competentes. Estas dificultades complican el proceso de aplicación y pueden incluso animar a los operadores de empresas alimentarias para tomar ventaja de estos bloqueos y no asumir su parte de responsabilidad.

Por último, el proteccionismo local es también un factor agravante que puede hacer aún más difícil la tarea de garantizar la seguridad alimentaria. Algunas reglamentaciones locales, menos estrictas que las nacionales, pueden aplicarse a las empresas de alimentos locales, ya que estas últimas contribuyen en gran medida a la economía local, a través de los impuestos que pagan o porque algunos funcionarios del Gobierno tienen participación en estas. Peor aún, los Gobiernos locales pueden tratar de proteger a los operadores de empresas alimentarias que obtienen los mayores beneficios. Por ejemplo, los tribunales locales están sujetos a los Gobiernos locales, los jueces pueden ser presionados para no continuar las acciones legales emprendidas por parte de los consumidores, en relación con los alimentos adulterados. Las alianzas entre las empresas de alimentos y el Gobierno hacen que sea aún más difícil para un consumidor individual, obtener justicia. De hecho, estas prácticas reprochables de los Gobiernos constituyen una de las principales razones por las que los problemas de seguridad se suceden uno tras otro en China.

Sin embargo, la seguridad alimentaria ha tomado una gran importancia en el mundo actual y debe ser reconocido el mérito de la entrada en vigor de la Ley fundamental de Seguridad Alimentaria, el 1° de junio de 2009. Esta es considerada como una etapa decisiva en la aplicación del Estado de Derecho en el sector alimentario. Es sobre esta base legal que se introdujo un sistema de reglamentación proactiva basado en la ciencia. El Ministerio de Salud está actualmente comprometido en la aplicación de este sistema reglamentario, con el apoyo de otras autoridades competentes en la materia. El fin perseguido consiste en construir un sistema normativo exhaustivo que abarque toda la cadena alimentaria, desde la finca a la mesa, para proteger la salud y la vida de los consumidores.

Además de la normativa sobre seguridad de los alimentos, la garantía del suministro sigue siendo una prioridad, según lo dispuesto en la Ley sobre la Agricultura. En ese sentido, el Documento Central nº1, publicado anualmente por el Gobierno Central, contiene siempre una política de apoyo al desarrollo de la agricultura. El Documento de 2012 presenta una serie de nuevas políticas destinadas a apoyar las operaciones agrícolas así como a estimular la innovación científica y el desarrollo del sector agrícola.

Por último, un proyecto de ley de los cereales se encuentra actualmente en consulta pública. Para promover la producción de alimentos y la seguridad alimentaria, el texto busca, en realidad, el establecimiento de un marco normativo para la supervisión de los organismos genéticamente modificados (OGM): teniendo en cuenta el hecho de que la tecnología de OGM se aplicó de manera ilegal a la producción de arroz, el proyecto define las exigencias según las cuales ninguna unidad o persona puede aplicar la tecnología transgénica a los alimentos de base sin autorización previa. Por otra parte, se espera que la investigación en laboratorio, los ensayos en campo abierto y los intercambios comerciales internos e internacionales, establezcan un marco de desarrollo estricto. A pesar de las controversias en torno a esta nueva tecnología, que plantea preocupaciones sobre su impacto en el ambiente y la salud humana, podría ayudar a mejorar la productividad de alimentos. Sin embargo, en la actualidad, no es seguro que este proyecto recibirá la aprobación final para que sea votado como ley e implementado.

Bibliografía sugerida: • JIANPING, L. (2010), La protection de la sécurité alimentaire en droit pénal chinois, *Revue internationale de droit économique*, n° 1, p. 123 (consultable en línea).

ERPING LI

Véase también: - Agricultura - Brasil - Higiene - Organismo Genéticamente Modificado - Seguridad Alimentaria.

CIADI

Véase: - Centro Internacional de Arreglo de Diferencias Relativas a Inversiones.

Circuitos cortos

Los circuitos cortos, llamados también cadenas cortas, designan modos de comercialización de productos agrícolas organizados bajo la forma de venta directa (Asociación para el mantenimiento de la agricultura campesina, mercados locales, ventas a domicilio...) o indirecta (mediante un intermediario, como un comerciante). La característica principal es el número reducido de intermediarios entre el productor y el consumidor.

Las relaciones jurídicas que unen a los operadores de los circuitos cortos son diversas. El circuito corto puede adoptar la forma de contratos de venta, asociaciones o cooperativas. Cuando el comprador final es una persona pública, especialmente para restaurantes colectivos (escuelas, hospitales), puede tratarse de un concurso público o de una delegación de servicio público a través de una gestión, una concesión o un arrendamiento de tierras agrícolas cerca del lugar de consumo. A este respecto, en Francia, el Decreto nº 2011-1000 de 25 de agosto de 2011 añadió un nuevo criterio para adjudicar concursos y para la firma de los contratos públicos que permite a la autoridad pública tomar en cuenta los resultados en materia de desarrollo de los abastecimientos directos de productos agrícolas.

Los circuitos cortos ofrecen una mayor transparencia de precios, de calidad y del origen de los productos. Se presentan como una alternativa a los circuitos de los grandes distribuidores, que responde a las exigencias económicas, sociales y ambientales del desarrollo sostenible.

Económicamente, la reducción de los intermediarios evita la fragmentación del margen de ganancia entre los distintos operadores de la cadena, en beneficio de productores y consumidores. En otras palabras, permite ahorrar costos al evitar el margen de ganancia de los intermediarios. Además, al estar a menudo los lugares de producción y consumo cercanos geográficamente, se reducen los costos de transporte. Socialmente, participa en la construcción del vínculo social entre los agricultores y los consumidores, estableciendo una relación de confianza sobre la calidad y la procedencia de los productos. Por último, generalmente estos circuitos buscan un objetivo de preservación y protección del ambiente. Favorecen, en particular, los modos ecológicos de cultivo, al limitar la utilización de insumos químicos mediante la agricultura biológica. También, participan en la conservación de la biodiversidad a través del cultivo de variedades antiguas y no estandarizadas.

En 2010, el 21% de los agricultores franceses estaban involucrados en un circuito corto. En general, se trata de pequeñas explotaciones que emplean más mano de obra que el promedio nacional. En los sectores de hortalizas y de la apicultura (miel), es aproximadamente la mitad de las explotaciones que venden en circuito corto.

Lejos de ser una particularidad francesa, los circuitos cortos también están creciendo en Europa (España, Alemania, Austria, Holanda...). Estas iniciativas nacionales son apoyadas por la Unión Europea y están integradas en la reforma de la Política Agrícola Común. Además, Japón (13.538 explotaciones) parece ser un territorio más propicio para estas cadenas de comercialización que los Estados Unidos (1.700 explotaciones).

Bibliografía sugerida: • BARRY, C. (2012), Un producteur sur cinq vend en circuit court, *Agreste Primeur*, n° 275, (consultable en línea); • CIOLOȘ, D. (2012), *Agricultures locales et circuits courts : pour une dimension locale renforcée de la Politique agricole commune*, Intervention à la Conférence "Agriculture locale et circuits de distribution courts", Bruxelles, 20 avril 2012 (consultable en línea); • MINISTÈRE DE L'AGRICULTURE ET DE LA

PÊCHE (2009), *Circuits courts de commercialisation*, Rapport du Groupe de travail (consultable en línea).

PIERRE-ÉTIENNE BOUILLOT

Véase también: - Agricultura - Agricultura orgánica - Asociación para el mantenimiento de la agricultura campesina – Consumo - Desarrollo Sostenible.

Class action

Véase: - Acción de grupo.

Cláusula Abusiva

Véase: - Abuso de posición dominante.

Cláusula de la Nación Más Favorecida

En el corazón del Acuerdo General sobre Aranceles Aduaneros y Comercio (GATT) se encuentran dos obligaciones asociadas con el principio de no discriminación: las cláusulas de la nación más favorecida (NMF) y del trato nacional (TN).

La NMF le impone a los miembros de la Organización Mundial del Comercio (OMC), que el trato reservado a un producto importado sea equivalente al que se le da a cualquier otro producto similar igualmente importado, pero de origen nacional diferente (art. I). El TN exige, por su parte, que los Estados miembros no concedan a los productos importados un trato menos favorable que el otorgado a los productos nacionales similares (art. III). En un contexto donde las políticas económicas se deciden a nivel de las naciones, estas dos obligaciones permiten evitar que se constituya, directa o indirectamente, una discriminación sobre la base del origen nacional de productos similares.

El enunciado de la NMF en el GATT indica que: “cualquier ventaja, favor, privilegio o inmunidad concedido por una parte contratante a un producto originario de otro país o destinado a él, será concedido inmediata e incondicionalmente a todo producto similar originario de los territorios de todas las demás partes contratantes o a ellos destinado”. Esta versión incondicional de la NMF se aplica tanto a los aranceles aduaneros como a las medidas no arancelarias nacionales. Se establecen excepciones a la NMF en el Acuerdo: las excepciones generales previstas en el artículo XX (Ambiente, Salud...) se aplican, así como las del artículo XXIV (para no obstaculizar la creación de uniones aduaneras y zonas de libre comercio). Esta última limitación a la NMF es considerada como un mal necesario en la creación de áreas geográficas destinadas a promover el libre comercio.

Se le suelen atribuir dos ventajas principales a la NMF. En primer lugar, como protección contra la discriminación, la NMF contribuiría a reducir las distorsiones del mercado, lo que le permitiría a éste funcionar plenamente y organizar con eficacia la asignación de recursos. En segundo lugar, al solicitarle la extensión a favor de todos los miembros, de cualquier concesión que un Estado de forma bilateral ha otorgado a otro, la NMF se considera a menudo un elemento esencial para la promoción del multilateralismo. Además, tendría la ventaja de evitar los costes de una negociación multilateral.

Sin embargo, la NMF no se encuentra exenta de críticas sobre estos dos aspectos. Las primeras críticas cuestionan la característica deseable de la no discriminación. En efecto, se puede demostrar que de acuerdo con el propósito que tenga un Estado, la discriminación de los productos en las fronteras puede ser pertinente. Por ejemplo, si el Estado busca maximizar un ingreso mediante aranceles, la discriminación tarifaria puede ser necesaria para lograr este objetivo. Otras críticas cuestionan la capacidad de la NMF para promover verdaderamente el multilateralismo y el libre comercio: un Estado que anticipa que una concesión acordada a favor de otra parte debe acordársele también a todas las terceras partes, puede preferir denegar tal concesión, mientras que no lo haría de no tener que generalizarla. Por último, la cláusula de la NMF puede promover un comportamiento de "pasajero clandestino": un Estado parte puede estar incitado a no entrar en una negociación multilateral, dejando a otros países negociar, para entrar con posterioridad y tratar así de aprovechar las concesiones que las partes hayan acordado en la negociación, sin realizar esfuerzo alguno. La cláusula de la NMF prohíbe la aplicación de medidas de represalia en el caso del comportamiento de pasajero clandestino en el seno de un acuerdo multilateral.

Un punto sensible de la definición de la NMF está en la noción de "productos similares". En efecto, el GATT no define lo que debe entenderse por "productos similares". Generalmente se recurre a la nomenclatura aduanera, pero bajo un mismo código administrativo, dos productos de orígenes diversos pueden presentar riesgos diferentes para la salud humana. En tales circunstancias, un Estado miembro podría querer discriminar a los productos contradiciendo la NMF, si no logra demostrar que los riesgos son realmente diferentes (ver la reciente disputa *Estados Unidos — Determinadas medidas que afectan a las importaciones de aves de corral procedentes de China*, 2010). Por último, el enunciado otorga una gran importancia al origen de los productos, sin definir tampoco lo que el origen significa. Tomemos el ejemplo de un Estado A que no es Miembro de la OMC, que produce y exporta un bien al Estado B, miembro de la OMC, que a su vez lo exporta a un Estado miembro C. ¿Este último Estado debe considerar este producto como originario de B y aplicar el arancel que le corresponde a los productos similares importados de otros Estados miembros o puede aplicar un arancel más elevado, tomando en cuenta el lugar de producción? ¿Qué pasa si B transforma el producto? Los textos de la OMC no dan una respuesta categórica a estas preguntas, el Acuerdo sobre Normas de Origen es, ante todo, una guía para las negociaciones sobre la armonización a largo plazo de estas normas.

CHRISTOPHE CHARLIER

Véase también: - Acuerdo ADPIC - Acuerdo General sobre Aranceles Aduaneros y Comercio - Cláusula de Trato Nacional - Organización Mundial del Comercio.

Cláusula de Salvaguardia

En general, la cláusula de salvaguardia designa al mecanismo para anular la aplicación del principio de libre circulación (de bienes, de capitales, de servicios o de personas) definido en los acuerdos internacionales. Representa el medio para compensar los efectos de este último. Al ponerla en práctica, los Estados conservan el control, o al menos, un derecho de supervisión sobre el comercio internacional, es decir, sobre los movimientos de importación o de exportación de productos que circulan en su territorio. En teoría, gracias a esta cláusula son capaces de restringir, incluso prohibir, legítimamente el comercio entre los países.

Inmediatamente después de haber sido afirmado el principio de la libre circulación de mercancías en el mercado interior (art. 35), el Tratado de Funcionamiento de la Unión Europea (TFUE) establece que este principio no se opone a “las prohibiciones o restricciones a la importación, exportación o tránsito justificadas por razones de orden público, moralidad y seguridad públicas, protección de la salud y vida de las personas y animales, preservación de los vegetales, protección del patrimonio artístico, histórico o arqueológico nacional o protección de la propiedad industrial y comercial” (art. 36). En el mismo sentido, el Acuerdo General sobre Aranceles Aduaneros y Comercio (GATT) prevé en su artículo XX una serie de “excepciones generales” al comercio internacional (moral pública, salud de las personas, preservación de las plantas...) y el Tratado de Libre Comercio de América del Norte (TLCAN) procede del mismo modo (véase el art. 2101).

La cláusula de salvaguardia proporciona la flexibilidad necesaria a las normas que rigen el comercio internacional o regional. Es un tipo de palanca, una expresión de la soberanía estatal, e incluso en opinión de algunos podría constituir una vía para proteger los derechos fundamentales. Sin embargo, sigue siendo un mecanismo de excepción. Como tal, está sometido a una interpretación estricta, su legitimidad está condicionada y su ámbito de aplicación es a menudo provisional. El artículo XX del GATT establece, por ejemplo, que las medidas aplicadas en virtud de la cláusula de salvaguardia no deben constituir “un medio de discriminación arbitrario o injustificable entre los países en que prevalezcan las mismas condiciones, o una restricción encubierta al comercio internacional”. Estas deben observar los requisitos de necesidad y proporcionalidad, y le corresponde al Estado que trata de protegerse al invocar la cláusula, la demostración de la legitimidad de las medidas adoptadas. No obstante, las jurisdicciones competentes (Órgano de Solución de Diferencias de la Organización Mundial del Comercio – OSD -, Tribunal de

Justicia de la Unión Europea – TJUE -., etc.) son vigilantes y las autoridades públicas deberán, en la mayoría de los casos, desplegar grandes y costosos esfuerzos para convencer a los jueces (esto es particularmente cierto en el ámbito de las biotecnologías, los Estados que son hostiles o que desconfían de los organismos genéticamente modificados – OGM – están obligados a aumentar las experticias científicas para demostrar la existencia de un riesgo para el ambiente o para la salud humana). Además, una cláusula general de salvaguardia, similar a la del artículo XX, puede ser objeto de una "obstrucción" por parte de textos especiales cuya aplicación es prioritaria. Así, el Acuerdo sobre la Agricultura contiene una cláusula "especial" en el artículo 5. El Acuerdo sobre la aplicación de las Medidas Sanitarias y Fitosanitarias (Acuerdo SPS) también prevé una, que establece las condiciones para la no aplicación del libre acceso de los productos al mercado interno: las medidas nacionales deben basarse en razones de protección de la salud y la vida de los seres humanos, de los animales o de preservación de las plantas, pero también "en principios científicos" y deben tener un carácter no discriminatorio. En estas condiciones, la posibilidad de recurrir al artículo XX del GATT para justificar una excepción al libre comercio, si bien se mantiene teóricamente intacta, su aplicación resulta poco probable ante la dificultad de que una medida que repruebe el examen específico impuesto por el Acuerdo SPS, pueda fundamentarse en el artículo XX (véase, por ejemplo, las lecciones de la disputa *Comunidades Europeas - Medidas que afectan a la aprobación y comercialización de productos biotecnológicos*, en la cual todas las medidas de salvaguardia adoptadas por los Estados miembros de la Unión Europea para prohibir los OGM han sido revisadas antes de ser declaradas incompatibles con los textos de la OMC). Por último, a lo interno de la Unión Europea (UE), el margen de maniobra de los Estados miembros depende del hecho de que un texto de fuente europea regule la materia: el objetivo de la construcción de un mercado común interior conlleva la armonización de los textos nacionales y se presume que los textos que la realizan consideran, de previo a su adopción, los intereses superiores que se encuentran expresados en el artículo 36 del TFUE. Resulta claro que ya no es posible para los Estados miembros oponerse a la circulación de un producto en su territorio, por cuanto el texto jurídico que le es aplicable garantiza, en todo el mercado interior, que este producto preserva el ambiente, que es sano, etc.

La cláusula de salvaguardia también tiene un segundo significado, más técnico y restringido. Se utiliza para denotar la situación específica en la que un Estado trata de limitar o prohibir la entrada en su territorio de mercancías, cuya presencia en cantidad muy abundante representa una amenaza para su producción nacional. Dicha cláusula es igualmente clásica en los acuerdos comerciales internacionales. Existe en el Derecho de la UE (art. 66 del TFUE) y adopta el nombre de "medidas de emergencia" en el TLCAN (art. 801). En el sistema de la OMC está expresada en un texto especial: el Acuerdo sobre Salvaguardias dispone que "Un Miembro sólo podrá aplicar una medida de salvaguardia a un producto si dicho Miembro ha determinado, con arreglo a las disposiciones enunciadas infra, que las importaciones de ese producto en su territorio han aumentado en tal cantidad, en términos absolutos o en relación con la producción nacional, y se realizan en condiciones tales que causan o amenazan causar un daño grave a la rama de producción nacional que produce productos similares o directamente competidores" (art. 2.1). Sobre la base de este texto, un puñado de disputas ha sido llevado ante el OSD. Algunas se relacionan con el ámbito agrícola o alimentario. Deben mencionarse especialmente las disputas entre la UE y Corea del Sur, sobre el flujo de los productos lácteos (2000) y la que enfrento a Australia y Nueva Zelanda a los Estados Unidos, sobre la importación en el mercado norteamericano de la carne de cordero (2001): ambos procedimientos dieron lugar a la suspensión de las medidas de salvaguardia nacionales (contingentes).

Bibliografía sugerida: ◆ BOURGEOIS, J. H. J., MARSAL, P. (2000), La clause de sauvegarde dans le commerce international de marchandises, *Revue du droit de l'Union européenne*, p. 101; ◆ MARCEAU, G., DOUSSIN, A. (2009), Le droit du commerce international, les droits fondamentaux et les considérations sociales, *L'Observateur des Nations Unies*, n° 2, volume 27 (consultable en línea).

JEAN-PHILIPPE BUGNICOURT

Véase también: - Acuerdo sobre la Agricultura - Acuerdo SPS – Diferendos de la OMC - Mercados Internacionales - Orden público - Principio de precaución - Proteccionismo y libre comercio – Soberanía – Soberanía alimentaria.

Cláusula de Trato Nacional

Al igual que la Cláusula de la Nación Más Favorecida, la Cláusula de Trato Nacional (TN) es una obligación fundamental del Acuerdo General sobre Aranceles Aduaneros y Comercio (GATT), que contribuye a la aplicación del principio de no discriminación. El TN establece que los Estados miembros de la Organización Mundial del Comercio (OMC) no deben conceder a los productos importados un trato menos favorable que a los productos nacionales similares, una vez traspasada la frontera.

El enunciado del TN en el GATT es el siguiente: "Los productos del territorio de toda parte contratante importados en el de cualquier otra parte contratante no estarán sujetos, directa ni indirectamente, a impuestos interiores u otras cargas interiores, de cualquier clase que sean, superiores a los aplicados, directa o indirectamente, a los productos nacionales similares" (art. III.2). Este enunciado tiene un ámbito muy amplio. En efecto, el término "otras cargas" hace referencia a leyes, reglamentos y prescripciones que afectan la venta, la oferta de venta, la compra, el transporte, la distribución o la utilización de los productos en el mercado interior, así como a otras reglamentaciones cuantitativas interiores que prescriban la mezcla, la transformación o el uso, en cantidades o proporciones específicas, de algunos productos. Todas las medidas, ya sean directas o indirectas, son tomadas en cuenta. Además de los bienes, los servicios y la propiedad intelectual también se ven afectados por el TN, por cuanto se hace referencia a esta cláusula tanto en el Acuerdo General sobre el Comercio de Servicios, como en el Acuerdo sobre los Aspectos de los Derechos de Propiedad Intelectual relacionados con el Comercio (ADPIC). Por último, no hay nada en el enunciado que indique que éste concierne únicamente a las medidas nacionales explícitamente discriminatorias, por lo que una medida que *a priori* no es discriminatoria pero que engendra una discriminación por el hecho de circunstancias particulares, estará en contradicción con el TN.

Como sucede con la cláusula de la Nación Más Favorecida, el concepto de "productos similares" es absolutamente crucial para la aplicación del TN. La referencia a la clasificación arancelaria, o incluso al hecho de que dos productos sean sustituibles entre sí a los ojos de los consumidores, permite la determinación de la similitud.

Algunas excepciones al TN se prevén en el GATT. En primer lugar, el artículo III.8 excluye de su ámbito de aplicación la regulación de las adquisiciones de productos por los órganos gubernamentales, así como la asignación de subvenciones dirigidas exclusivamente a los productores domésticos (véase también las excepciones del art. XXI, relativas a la seguridad nacional). Luego están las excepciones generales del artículo XX (salud, ambiente, etc.). Este último artículo limita la aplicación del TN, sin embargo, incorpora una cláusula de no discriminación en su enunciado.

Dos ventajas se atribuyen al TN. En primer lugar, junto con la Cláusula de la Nación Más Favorecida, constituyen una barrera contra la discriminación y, por lo tanto, participan en la reducción de las distorsiones de los mercados. En segundo lugar, se le ve como una disposición que permite la correcta gestión de un acuerdo de libre comercio incompleto. A diferencia de las medidas proteccionistas adoptadas en la frontera (cuotas, aranceles, etc.), las medidas de política económica interna, que podrían tener efectos proteccionistas, no pueden ser tratadas directamente por un acuerdo de libre comercio. Ello sería demasiado costoso y requeriría una gran cantidad de información para imaginar *ex ante* todas las eventualidades pertinentes. En este contexto, el TN impide que comportamientos oportunistas puedan aprovecharse del carácter incompleto del Acuerdo, disciplinando *ex post* las políticas nacionales.

Christophe Charlier

Véase también: - Acuerdo ADPIC - Acuerdo General sobre Aranceles Aduaneros y Comercio - Cláusula de la Nación Más Favorecida - Organización Mundial del Comercio.

Clonación de animales

La clonación de animales hace referencia a "la replicación por transferencia nuclear de células somáticas (TNCS) para crear réplicas genéticas (clones) de animales adultos que comparten el mismo conjunto de genes nucleares con otro organismo", según se define en el Informe sobre la clonación de animales con fines alimentarios, que la Comisión Europea presentó al Parlamento Europeo y al Consejo el 19 octubre de 2010.

Desde el nacimiento de la primera oveja clonada (Dolly) en 1997, la reproducción animal por clonación no ha dejado de desarrollarse y mejorarse. Este proceso de reproducción artificial tiene aplicaciones que van más allá del contexto de la investigación básica y de la biomedicina. La técnica ha sido utilizada con fines "recreativos", para la reproducción de animales de compañía o también para los llamados animales de élite, como los caballos de carreras. El uso de la clonación ha sido sugerido incluso para la preservación de especies amenazadas. Pero es sobre todo en la agricultura que esta técnica de reproducción ha sido implementada. Los Estados Unidos han optado desde hace varios años por la vía de la clonación de animales de crianza, para multiplicar los reproductores con alto valor agregado genético y aumentar el rendimiento lechero de la especie. La clonación de animales se destina así a la reproducción y no a la producción de carne. Asimismo, debido a sus altos costos y a las dificultades técnicas que han surgido, la clonación se limita principalmente a los bovinos. En Europa, habiéndose realizado el mejoramiento del ato por medio de la selección genómica durante las últimas décadas, la clonación de animales se desarrolla con fines de investigación en los campos de la biología y de la evolución de la vida. Sin embargo, los productos derivados de la clonación de animales no están ausentes de la cadena alimentaria europea, porque la reproducción de ganado bovino se realiza por inseminación artificial. Así, el 99% de las importaciones de semen bovino que realiza la UE, provienen de los Estados Unidos y de Canadá; entonces es el esperma y los embriones derivados de clones y de su descendencia, y no la carne de clones, que son susceptibles de entrar en la cadena alimentaria. En 2010, las autoridades sanitarias británicas y suizas informaron sobre la presencia de leche obtenida de clones y de su progenie en la alimentación europea.

La introducción de esta biotecnología en la alimentación suscita numerosas controversias de ambos lados del Atlántico, oposiciones e interrogantes de orden sanitario y ético que los dictámenes de las autoridades sanitarias no han logrado disminuir en absoluto. En 2008, la *Food and Drug Administration* (FDA), agencia estadounidense de seguridad sanitaria de los alimentos, llegó a la conclusión de que la carne y la leche de clones y de su descendencia no presentaban ningún riesgo para la salud y que la calidad de los alimentos derivados de la clonación no se ve afectada por el uso de esta técnica. Este dictamen ha sido objeto de numerosas críticas por parte de los consumidores, de los grupos de defensa de los animales y también por parte de científicos; el *Center of Food Safety* señaló la debilidad en la muestra de los animales y la falta de estudio de los efectos a largo plazo del consumo de productos procedentes de clones. La Autoridad Europea de Seguridad Alimentaria (AESA) ha realizado también una evaluación científica de los riesgos del uso de esta biotecnología en la alimentación. En un dictamen de 2008, que fue confirmado en 2009 y en 2012, la AESA estimó que no existía un riesgo sanitario o ambiental identificado. Según dice, los productos derivados de la clonación presentan riesgos sanitarios idénticos a los obtenidos de animales cuya reproducción ha sido convencional. También mencionó que no hay evidencia científica que demuestre la existencia de un riesgo para la biodiversidad y el ambiente. En sus conclusiones, la Autoridad señala, sin embargo, que sigue habiendo varias incertidumbres en la evaluación científica de los riesgos debido al número limitado de estudios disponibles, al pequeño tamaño de la muestra y a la ausencia de una metodología común. Por último indicó, como lo hace el Grupo Europeo de Ética de las Ciencias y las Nuevas Tecnologías (GEE), que la utilización de esta técnica vulnera el bienestar de los animales, debido al alto número de malformaciones y a la alta mortalidad de los clones, que se producen en todas las etapas del desarrollo. En este sentido, la clonación de animales también plantea cuestiones éticas relacionadas con el alto grado de sufrimiento de los animales.

A pesar de todas estas reservas e incertidumbres, no existe ninguna normativa sobre la clonación de animales ni en los Estados Unidos ni en la Unión Europea, que permita limitar la producción y/o circulación de dichos productos o imponer una trazabilidad y una información al consumidor. En el estado actual de la legislación alimentaria, el ciudadano consumidor de alimentos no puede ejercer ni su derecho a la información, ni su derecho a elegir una alimentación conforme con el conjunto de sus expectativas, sanitarias y éticas. La complejidad y multiplicidad de las problemáticas (económicas, sanitarias, éticas), combinada con el temor de una disputa comercial contra los Estados Unidos, en el contexto de la Organización Mundial del Comercio (OMC), explica el disenso de las instituciones europeas con respecto a la regulación jurídica de los alimentos derivados de la clonación de animales. Tal regulación podría resultar contraria a las reglas europeas de la libre circulación de mercancías o a las reglas del comercio internacional. La ausencia de un riesgo sanitario identificado o sospechado por las autoridades científicas es el principal obstáculo para la adopción de una legislación europea. En efecto, en el Derecho Europeo, cualquier prohibición o restricción “precautoria” a la producción y a la comercialización está sujeta a una demostración científica de un riesgo sanitario o ambiental. Como se dijo, ese riesgo no ha sido establecido por la AESA. Una restricción eventual a la producción o a la comercialización basada en el bienestar y la salud de los animales sólo tendría un alcance que se limitaría a los animales clonados y a sus descendientes, quedando excluidos los productos derivados de ellos. En las relaciones comerciales multilaterales, limitar el acceso al mercado europeo o imponer un etiquetado obligatorio podría dar lugar a un diferendo ante la OMC: el Acuerdo sobre la aplicación de Medidas Sanitarias y Fitosanitarias (Acuerdo SPS) y el Acuerdo sobre Obstáculos Técnicos al Comercio (Acuerdo OTC) exigen que cualquier restricción al comercio basada en la preservación de la salud humana o animal o del ambiente, debe apoyarse en evidencia científica de la peligrosidad de los productos. El Órgano de Solución de Diferencias (OSD), juez de la OMC, ha juzgado en varias ocasiones, principalmente en el caso *Comunidades Europeas – Hormonas* (1998), que la ausencia de evidencia científica sobre la inocuidad de los productos no es suficiente para justificar una restricción al comercio.

Bibliografía sugerida: • DEL CONT, C., FRIANT-PERROT, M. (2011), Clonage animal : quel cadre normatif pour la viande clonée ? Enjeux sociaux, éthiques et juridiques, in *Droit, sciences et techniques, Quelles responsabilités ?*, Paris, éd. Lexisnexis; • WEIMER, M. (2010), The regulatory challenge of animal cloning for food, The risk of risks regulation in the European Union, *European Journal of Risk Regulation*, volume 1, p. 31 (consultable en línea); • PETETIN, L. (2009), Clone wars? The challenge of clone food in EU, US and WTO law, *Environnemental Law Review*, p. 246.

CATHERINE DEL CONT

Véase también: - Acuerdo OTC – Acuerdo SPS - Biotecnologías - Organismo genéticamente modificado.

Cobertura (operación de)

Véase: - Instrumentos financieros.

Codex Alimentarius

El Codex Alimentarius es un esfuerzo institucionalizado de elaboración y compilación de normas, directrices y recomendaciones de orden técnico –y, en principio, no jurídico- relacionadas con los alimentos. Estas normas cubren una variedad de temas tales como la composición de los alimentos, los límites máximos permisibles en materia de residuos y contaminantes, los mecanismos de control de la inocuidad, el etiquetado, etc. Además, el Codex se ha convertido en un foro donde se resuelven algunos de los debates más espinosos en relación con los alimentos y donde se delinean, en consecuencia, las relaciones comerciales del futuro (véase, en particular, la expectativa sobre la posición del Codex sobre los riesgos ligados a los alimentos derivados de la biotecnología moderna y las reacciones contrastantes sobre la elección de no aplicar el principio de precaución a los productos derivados de organismos genéticamente modificados).

Esta labor de normalización (o "estandarización") se desarrolla desde 1963 por una Comisión Internacional que tiene su origen en una Conferencia Conjunta de la Organización Mundial de la Salud (OMS) y de la Organización de las Naciones Unidas para la Alimentación y la Agricultura (FAO). La idea surge de la constatación hecha desde 1950, sobre la contradicción entre las legislaciones nacionales y la escasa atención prestada por las mismas, a los principios de protección de la salud propios de la alimentación y de la nutrición. El Codex Alimentarius es una referencia para los Gobiernos y las industrias alimentarias. En particular, lo es para los países más pobres, que encuentran en el Codex una base técnica para el desarrollo de sus legislaciones nacionales.

La Comisión del Codex Alimentarius es una institución que reúne a una multitud de Estados, de organizaciones internacionales y regionales y de actores de la sociedad civil (organizaciones no gubernamentales, representantes de la industria...), teniendo los Estados el estatus de miembros (con derecho a voto) y los demás el de observadores (acceso a documentos, oportunidad de presentar sus puntos de vista, participación en los debates). Sus sesiones de trabajo son públicas. Para que una norma sea integrada al Codex, los trabajos preparatorios deben ser sometidos a una serie debates técnicos antes de que la versión final sea sometida a votación.

La Comisión sesiona desde la década de 1960. Pero no fue sino hasta mediados de la década de 1990, con la adopción del Acuerdo General sobre Aranceles Aduaneros y Comercio (GATT) en 1994, que la Comisión del Codex Alimentarius adquiere su importancia actual. En efecto, las normas de referencia elaboradas por el Codex son útiles para la armonización de las reglamentaciones nacionales y, por lo tanto, favorecen el comercio internacional al eliminar las posibles contradicciones entre las legislaciones del país productor y del país importador del alimento. Es esta función armonizadora lo que justifica la atención que les presta la Organización Mundial del Comercio (OMC). De esta manera, remiten a estas normas tanto el Acuerdo sobre Obstáculos Técnicos al Comercio (OTC), como el Acuerdo sobre la aplicación de Medidas Sanitarias y Fitosanitarias (SPS). Adicionalmente a la armonización, el Codex Alimentarius ejerce una influencia decisiva en el desarrollo y aplicación de las legislaciones nacionales, ya que, como lo indica el artículo 3.2 del Acuerdo SPS: "las medidas sanitarias o fitosanitarias que estén en conformidad con normas, directrices o recomendaciones internacionales son necesarias para proteger la salud y la vida de las personas y de los animales o para preservar los vegetales y se presumirá que son compatibles con las disposiciones pertinentes del presente Acuerdo y del GATT de 1994". En otras palabras, los Estados que hacen suyas las normas técnicas del Codex no están obligados a demostrar la legitimidad de las medidas adoptadas en virtud de estas normas.

Este mecanismo ha llevado a los Estados a interesarse de forma creciente en el Codex Alimentarius, pues se ha convertido, de hecho, en uno de los lugares en donde se produce el derecho del comercio internacional. Sin embargo, cabe señalar la existencia de una seria polémica: al convertirse la norma del Codex en una “norma estándar”, compatible con las reglas comerciales internacionales, los Estados miembros de la OMC se ven más o menos obligados a adoptarla, incluso aunque se hubieran opuesto a su aprobación en el seno del Codex. Este efecto sobre la soberanía de los Estados ha sido relativizado por el Órgano de Solución de Diferencias de la OMC por cuanto, en el caso *CE - Hormonas* (1996), el Órgano de Apelación (OA) confirmó que los Estados miembros gozan de un margen de maniobra. Sin embargo, esta flexibilidad tiene su lado negativo. Si bien conservan la opción de no alinearse con la normativa del Codex, los Estados soberanos se ven entonces obligados a justificar sus legislaciones en el caso de una impugnación ante las instancias de la OMC. Situación que puede ser complicada en la práctica, sobre todo, ante la jurisprudencia del OA que presenta ciertas ambigüedades, como se ilustra con el ejemplo de la disputa entre la Unión Europea (UE) y Perú, sobre el uso del nombre “sardinas” para los productos importados en Europa (*Comunidades Europeas — Denominación comercial de sardinas* 2001). Perú cuestionó la compatibilidad de un reglamento europeo con el derecho de la OMC. Tal reglamento prohibía la comercialización bajo el nombre “sardinas” de productos en conserva que no eran de la especie *Sardina pilchardus*. Estaba en juego la interpretación del artículo 2.4 del Acuerdo OTC: “Cuando sean necesarios reglamentos técnicos y existan normas internacionales pertinentes [...], los Miembros utilizarán esas normas internacionales, o sus elementos pertinentes, como base de sus reglamentos técnicos, salvo en el caso de que esas normas internacionales o esos elementos pertinentes sean un medio ineficaz o inapropiado para el logro de los objetivos legítimos perseguidos...”. Así las cosas, Perú invocaba a su favor una norma técnica del Codex que asimilaba las especies *Sardina pilchardus* y *Sardinops sagax,* pescada esta última en el Océano Pacífico. En un primer momento, el OA reconoció que esta norma era en efecto una “norma internacional pertinente” antes de constatar, en un segundo momento, que la Unión Europea no la había adoptado como base de su legislación. Ante el proceder de la UE, se examinó de seguido si la norma del Codex era eficaz o apropiada para garantizar los objetivos del reglamento europeo: transparencia del mercado, protección del consumidor y lealtad en la competencia. Considerando que las disposiciones relativas al etiquetado de la norma del Codex eran suficientes para lograr estos objetivos, el OA estimó que la UE no tenía ninguna razón válida para separarse de ella y su reglamento fue entonces declarado incompatible con el Acuerdo OTC.

Bibliografía sugerida: • DOUSSIN, J.-P. (1994), GATT, *Codex Alimentarius* et libre circulation des denrées alimentaires, *Option Qualité*, n° 117, p. 11; • LASSALLE-DE SALINS, M. (2012), *Lobbying de l'agroalimentaire et normes internationales : le cas du* Codex alimentarius, Paris, éd. Quæ; • MBENGUE, M. M., THOMAS, U. P. (2004), Le Codex alimentarius, le Protocole de Cartagena et l'OMC : une relation triangulaire en émergence ?, *Revue européenne des sciences sociales*, XLII-130, p. 229 (consultable en línea); • MUÑOZ

UREÑA, H. A. (2004), *Consideraciones Sanitarias en el Comercio Internacional, Estudio Introductorio*, Costa Rica, IJSA.

HUGO ALFONSO MUÑOZ UREÑA Y
JEAN-PHILIPPE BUGNICOURT

Véase también: - Acuerdo OTC - Acuerdo SPS - Agricultura orgánica - Empaque – Etiquetado – HACCP – Higiene - Organización Mundial del Comercio - Seguridad de los productos.

Coexistencia de usos de la tierra

Los usos de la tierra son múltiples y se basan en diversas fuentes legales: en los orígenes de la Humanidad e incluso tradicionalmente, el uso de la tierra tiene como principal propósito la producción de frutos o la ganadería, actividades necesarias para la supervivencia y el desarrollo de la especie humana. Sin embargo, gradualmente, se han desarrollado otros usos: el suelo puede ser utilizado como soporte para la producción o extracción de materiales (madera, bambú...), la construcción de edificios destinados a la habitación, la administración, la industria, el almacenamiento de productos naturales o manufacturados, así como a la construcción de caminos u otras infraestructuras de interés general. Más recientemente, ha sido utilizado como soporte de elementos de alta tecnología, tales como los paneles solares o las turbinas eólicas, para producir electricidad. Estos diferentes tipos de usos deben ser puestos en perspectiva con las fuentes jurídicas de las que pueden provenir. Jurídicamente, el uso es de hecho una manifestación de la influencia material que se puede ejercer sobre una cosa. Puede encontrar su origen en la apropiación pública o privada de la tierra (derecho de propiedad) o en su simple posesión jurídica o consuetudinaria; también puede ser el resultado de un derecho que ha sido adquirido mediante el uso de una tierra perteneciente a un tercero (a través de un arrendamiento, un préstamo de uso, una servidumbre...). De esta forma, el uso de una cosa se manifiesta concretamente mediante el derecho de aprovechamiento (derecho de desbrozar, de cultivar, de crear un paso, de construir...), incluso de no aprovechar, de acuerdo al destino que libremente puede definir la persona que lo utiliza o, por el contrario, que ha sido prescrito por una norma que establece los contornos del uso (ley, contrato...).

Es dentro de este contexto jurídico que debe considerarse la problemática de la coexistencia de usos. En efecto, un terreno puede ser utilizado, en primer lugar, para usos variados y simultáneos, que pueden generar interacciones e interferencias, tanto entre los usuarios de la tierra en cuestión, como en relación con la vecindad. En segundo lugar, un mismo terreno puede ser objeto de usos sucesivos; el uso previo puede dejar rastros más o menos perjudiciales para un usuario posterior, por ejemplo, en el caso de una contaminación del suelo con impacto duradero.

Con respecto a la primera hipótesis (coexistencia de usos simultáneos), debe reconocerse que el uso de las tierras amerita ser regulado si se excluyen las tierras vírgenes, poco frecuentes en la actualidad, y en la medida en la que quiere evitarse que la problemática de la coexistencia se transforme en un conflicto de usos y entre usuarios. El uso de la tierra puede provocar, en primer término, un daño a un terreno vecino (en particular, por la expansión de una contaminación). Hoy en día, esta cuestión se plantea particularmente acerca de la diseminación eventual de organismos genéticamente modificados (OGM) de un campo de cultivo "OGM" a un campo "no OGM". La legislación europea prevé esta hipótesis mediante la imposición, de forma bastante imprecisa, de zonas "de amortiguamiento" entre los campos. Pero si nos atenemos a los usos simultáneos en una misma tierra, uno de los principales retos de su coexistencia es, sin duda, la apropiación de sus frutos o, en general, de sus utilidades. Esto puede hacerse de una manera pacífica, compartiendo o repartiendo los usos de la tierra, o de una manera conflictiva, cuando varias personas consideran que tienen sobre un mismo bien un derecho de uso, que se manifiesta bajo diversas formas.

Algunas veces compartir es necesario, ciertas utilidades pueden ser esenciales para la supervivencia de la Humanidad, como lo es el agua dulce: la presencia de una fuente de agua en un terreno puede motivar una normativa específica, que limite los atributos que tradicionalmente caracterizan al derecho de propiedad privada, incluso que afirme el carácter colectivo de los recursos hídricos, tal como ha sido plasmado recientemente en el derecho de Quebec. Sobre la base de un interés superior, las utilidades de un bien esencial pueden ser compartidas en vez de ser objeto de apropiación privada. Pero otras utilidades, sin ser tan esenciales, pueden fomentar también la aplicación de un uso compartido de la tierra. Por ejemplo, es el caso de la creación de un derecho de paso sobre el terreno de otro. Este tipo de derecho puede traducirse en la existencia de una servidumbre, constitutiva de un derecho llamado "real", que se adhiere a la misma tierra y que se transmite con ella: todos los propietarios sucesivos de la tierra deberán aceptar el paso de los terceros según los términos especificados en el contrato, en la ley o en el uso que ha tenido lugar durante mucho tiempo. La necesidad de pasar por el terreno de otro para tener acceso a su propio terreno puede, por ejemplo, justificar la existencia de un derecho de paso creado con el único fin de acceder a la tierra enclavada (servidumbre legal de enclave). En el mismo sentido, existen también derechos de bombeo o de paso de canalizaciones por el terreno de otra persona. El beneficio de estas utilidades puede ser otorgado por la ley, la costumbre o por un contrato, a título gratuito u oneroso. La pregunta que se plantea es la relativa a la asignación de los costes de mantenimiento (del paso, de la bomba...) entre el o los beneficiarios de la utilidad y el propietario del terreno.

Otras situaciones jurídicas también pueden conducir a compartir el uso de la tierra entre varias personas. Es el caso de las propiedades colectivas que se presentan de formas diversas en los diferentes sistemas jurídicos. Las propiedades colectivas se encuentran particularmente desarrolladas en los derechos africanos (tradicionalmente no se considera que la tierra africana sea susceptible de una verdadera apropiación privada), en el derecho chino o en los estados socialistas en los que la propiedad colectiva tenía una importancia primordial, tanto sobre la tierra como sobre los medios de producción. Además, en algunos territorios, la problemática de la coexistencia de los usos de la tierra se renueva por el efecto del nomadismo. La cuestión de la legitimidad de una propiedad colectiva más que individual, que implica el compartir los usos de la tierra, fue objeto de numerosos debates filosóficos en Europa durante los siglos XVIII y XIX (véanse los escritos de Rousseau, Proudhon, Marx, Bastiat...). Esta se renueva hoy ante la problemática de la tenencia de la tierra comunitaria reivindicada por los pueblos autóctonos que fueron despojados de sus tierras por la aplicación de un derecho colonial que ignoró sus derechos originarios. El debate ha sido llevado ante varias instancias jurisdiccionales en los continentes africano, americano y europeo (por ejemplo, los pueblos Nisga'a en Columbia Británica, Inuit en Groenlandia, Endorois en África, Saramaka en Surinam...). Lo anterior conlleva una reflexión no solamente sobre la necesaria coexistencia de usos, sino también sobre el concepto mismo de propiedad, en la medida en que los derechos de los autóctonos no se derivan de las fuentes clásicas del derecho de propiedad, sino de la idea de un derecho ancestral, que no está justificado en título alguno.

Finalmente, en el derecho contemporáneo, existen formas más abstractas y temporales de propiedad colectiva, como la indivisión, que se basa en el concepto de cuota-parte sobre un bien privado: cada propietario de un derecho indiviso puede ejercer sobre la cosa los atributos derivados del derecho de propiedad (incluyendo el uso), de forma concurrente y de acuerdo con las reglas establecidas por la ley o el contrato. Esta situación acaba con la repartición material del bien, cuando un propietario indiviso lo exige, lo que evidentemente pone fin a la coexistencia temporal de usos.

La coexistencia de usos simultáneos en la misma tierra puede ocurrir también cuando el propietario otorga mediante un contrato, a uno o más terceros, el derecho de usarla. Puede ser, por ejemplo, un contrato de arrendamiento, de préstamo o de usufructo. En este caso, el titular de los poderes sobre la tierra (persona pública o privada) transmite voluntariamente el derecho de uso de esta a otra persona, eventualmente contra un pago (alquiler o canon). Pero él conserva un título sobre la tierra, que puede ser el derecho de nuda propiedad en el caso de que el derecho de propiedad haya sido desmembrado para reservar el usufructo (y, por tanto, el uso) a favor de un usufructuario, en la medida en que el ordenamiento jurídico particular lo permita. Por otra parte, cuando la tierra se arrienda a coarrendatarios o se presta a coprestatarios, se deriva directamente una coexistencia simultánea de usos, cuyas modalidades es preferible prever mediante un contrato. El uso no conforme con los términos contractuales podría generar una responsabilidad colectiva o individual de los cocontratantes, en los términos que la ley debe definir.

El titular de los derechos sobre la tierra también puede decidir mantener determinados usos y conceder otros, o los mismos de forma concurrente, a uno o varios terceros: en este caso, se produce de nuevo una distribución necesaria de los derechos de uso, que conviene organizar de manera convencional o según los términos de la ley. Un ejemplo típico en el Derecho francés es el contrato de aparcería (*métayage*), basada en la asociación del arrendatario y el arrendador, quienes comparten los beneficios y los costos de la explotación.

Si bien idealmente el uso de la tierra puede ser compartido o correctamente distribuido, también puede convertirse en objeto de situaciones conflictivas. La tierra puede ser objeto de actos de posesión contradictorios. Así, en los países de tradición de Derecho Civil, cualquier propietario privado es a la vez el titular del derecho de uso de la cosa o de recolecta de sus frutos, puede si así lo desea no tomar ventaja de este uso o de estos frutos, es decir, abandonar materialmente la cosa. Si un tercero, para quien la cosa tiene utilidad, se vuelve su poseedor mediante el ejercicio de una influencia material sobre esta (para recoger los frutos o hacer pastar a su rebaño), el Derecho puede reconocerle al final de un cierto tiempo un verdadero título sobre la cosa: quien hasta entonces no era más que un poseedor puede convertirse en propietario, pues parece lógico privilegiar, en esta hipótesis, a quien pone de relieve la utilidad económica de la cosa a expensas de quien no obtiene ninguna utilidad. Este fenómeno se denomina "prescripción adquisitiva". Existe acá un verdadero conflicto de usos simultáneos entre un propietario y un simple poseedor.

La hipótesis de una coexistencia de usos ya no simultáneos, sino sucesivos, no resulta ser menos delicada pues implica una coexistencia de usos de la tierra en el tiempo. Cuando las explotaciones industriales han provocado una contaminación del suelo y de las aguas o que han sido enterrados desechos, las acciones afectarán necesariamente los usos posteriores de los fundos. En la medida en que los usos del suelo en cuestión sean muy diferentes, la coexistencia será aún más difícil de manejar; como sería el caso de un terreno industrial transformado en zona agrícola. Por lo general, los conflictos de uso en el tiempo perseguirán el objetivo de modificar el destino de los suelos: cuando una tierra cultivada está destinada a seguir siendo agrícola, no se da una oposición de usos en el tiempo; por el contrario, desde el momento en que se da un cambio (de hecho o previsto) en el destino (piénsese en los incendios forestales voluntarios para hacer los fundos cultivables o habitables), existirá la posibilidad de conflictos de uso en el tiempo.

Bajo inspiración europea y francesa, la coexistencia de usos en el tiempo puede encontrar una respuesta en la legislación sobre las instalaciones "clasificadas" o que funcionan bajo el régimen de autorización previa, que presentan riesgos para la seguridad de las personas o para el ambiente. Serán así personas físicas o jurídicas, calificadas de "último operador", quienes estarán obligadas a devolver el sitio a su estado correcto, es decir, desprovisto de riesgos para las personas y los fundos. La buena o mala fe de estos operadores es totalmente indiferente para la obligación, como lo es la existencia de un derecho de propiedad. La solución se justifica porque lo importante no es castigar una conducta fraudulenta, sino el restablecimiento efectivo en buen estado del suelo, para que puedan ser posibles los nuevos usos.

Sin embargo, esta legislación fragmentada no puede servir para resolver todas las dificultades. Los mecanismos propios al derecho de la responsabilidad y al derecho de los contratos deben participar cuando los daños subsistan en los usos sucesivos, que provocarán mayores conflictos de usos. Los contratos que transfieren los derechos de propiedad o derechos de uso pueden contener cláusulas que limitan (cláusulas de exoneración parcial o total de los riesgos, de gastos, de la responsabilidad), que reparten (cláusulas de garantía) o que extienden en el tiempo esta responsabilidad (obligaciones post contractuales). Los desmembramientos de propiedad también pueden ordenar con el tiempo estos usos sucesivos de los suelos (arreglo de servidumbres, derecho de superficie). Pero se sabe que también "el uso puede impedir el uso": ciertas contaminaciones son de tal magnitud que no habrá más posibilidad de uso de la tierra durante décadas, incluso siglos (la ilustración es dada por las catástrofes de Chernóbil y Fukushima). Además, algunos cultivos o ciertos tipos de agricultura pueden empobrecer también los suelos (monocultivos de maní, por ejemplo). La coexistencia de usos no puede incluir un uso abusivo, que destruya todo interés en la tierra. Pero el reconocimiento de uso de la tierra relacionado con los ritos funerarios puede tener incidencias igualmente definitivas sobre los futuros usos de la tierra, sin que se trate de un uso abusivo.

La necesidad de maximizar la rentabilidad de los fundos puede justificar a veces las sucesiones de usos o el no uso del suelo en el tiempo. El ejemplo obvio es el barbecho, que puede ser impuesto por la ley o por contrato al titular del derecho de uso, quien no podrá obtener beneficio durante eses tiempo en que la tierra se deja reposar.

Bibliografía sugerida: • OTIS, G., LAURENT, A. (2011), Le défi des revendications foncières autochtones : la Cour européenne des droits de l'homme sur la voie de la décolonisation de la propriété ?, *Revue trimestrielle des droits de l'Homme*, n° 89, p. 43; • CHOUAÏBOU MFENJOU, M. (2002), *L'Afrique à l'épreuve du développement durable*, préface M. Sinkondo, Paris, éd. L'Harmattan; • GAIN, M.-O. (2011), *Le droit rural, l'exploitant agricole et les terres*, Paris, éd. Litec.

FRANÇOISE LE FICHANT Y
BLANDINE MALLET-BRICOUT

Véase también: - Menoscabos a la propiedad.

Coherencia

La coherencia designa una relación de armonía o de organización lógica entre unos elementos. En Derecho Agroalimentario resulta difícil encontrar en el derecho positivo un verdadero "principio" de coherencia, mas resulta posible entablar una búsqueda de coherencia en al menos dos frentes.

Por un lado, es importante que el gran conjunto de las reglas que componen el Derecho Agroalimentario se articulen de manera armoniosa. Sin embargo, la fragmentación o, incluso, la contradicción que puede existir entre las diversas normas elaboradas por los Estados dificultan tal articulación. En las relaciones (verticales) entre las normas de origen interno y las normas de origen internacional, es el principio de jerarquía el que permite resolver los eventuales conflictos. Sin embargo, en las relaciones (horizontales) entre las normas internacionales, ningún principio de jerarquía existe hasta ahora, de manera que las reglas relativas a la libertad de las inversiones y del comercio en el sector agrícola pueden entrar en contradicción con otras obligaciones igualmente adquiridas por los Estados, en particular, el respeto de los derechos humanos, sociales y ambientales de las generaciones presentes y futuras, que conllevan el derecho a una alimentación adecuada. Dada la especificidad del bien alimentario, que tiene su origen en la tierra y su finalidad en los seres humanos, el Relator Especial de las Naciones Unidas sobre el Derecho a la Alimentación -seguido por el colectivo "Avocats pour la cohérence" ("Abogados para la coherencia")- ha abogado en favor de la coherencia del Derecho de la Organización Mundial del Comercio (OMC) con las obligaciones anteriormente adquiridas por sus miembros en el propio marco de la organización o en otros foros internacionales, continentales o nacionales. Véase, por ejemplo, el artículo 11 del Pacto Internacional de Derechos Económicos, Sociales y Culturales (PIDESC), ratificado por la mayoría de los miembros de la OMC y que reconoce "el derecho fundamental de toda persona a estar protegida contra el hambre". La jurisprudencia del Órgano de Solución de Diferencias (OSD), que forma parte del sistema de la OMC, sigue siendo reticente, al menos hasta ahora, a considerar otros textos normativos que no sean los tratados fundadores para dar un contenido efectivo a los conceptos que figuran en ellos como, por ejemplo, desarrollo sostenible o seguridad alimentaria.

Por otra parte, a esta incoherencia entre textos se añade a veces la incoherencia comprobada o sospechada de las medidas sanitarias y fitosanitarias adoptadas por los Estados. Tal es el caso, por ejemplo, de los países o grupos de países -la antigua Comunidad Europea, en este caso- que prohíben la importación de carne bovina tratada con hormonas, mientras que admite la producción y comercialización de cerdos tratados con hormonas. Otro ejemplo: Australia, cuando impone restricciones a la importación de salmón del Atlántico por razones de salud pública, al tiempo que permite la producción y comercialización local de una langosta portadora de la misma enfermedad. En estos casos, el OSD realiza un examen de coherencia que evoca el principio Angloamericano de *estoppel*, también conocido como "la prohibición de contradecirse en detrimento de otro". La aplicación de este examen de coherencia le permite al OSD verificar que la medida objeto de disputa no se analiza como una discriminación arbitraria o una restricción encubierta al comercio. No obstante, en todos estos casos, la incoherencia en la conducta del Estado es un obstáculo para el reconocimiento, por el OSD, de una excepción al libre comercio fundada sobre la base de factores legítimos no comerciales. Con motivo del caso "hormonas" (WT/DS26/R/USA, 18 de agosto de 1997), el Grupo Especial observó, sin embargo, que "la coherencia no es una obligación que se impone a los Miembros, sino un objetivo que ha de tenerse en cuenta al interpretar el párrafo 5 del artículo 5" del Acuerdo sobre la Aplicación de Medidas Sanitarias y Fitosanitarias (Acuerdo SPS).

Para promover la seguridad alimentaria y el desarrollo sostenible, la idea de imponer una obligación positiva de coherencia a los Estados podría de esta forma hacer su camino.

Bibliografía sugerida: ◆ BRODEUR, J. et alii (2010), *Pour une meilleure cohérence des normes internationales. Reconnaître la spécificité agricole et alimentaire pour le respect des droits humains*, Cowansville (Québec), éd. Blais, Bruxelles, éd. Bruylant; ◆ DE SCHUTTER, O. (2009), *Documento de referencia para la elaboración del informe que se presentará al Consejo de Derechos Humanos en su sesión de marzo de 2009, tras la misión del Relator Especial ante la Organización Mundial del Comercio* (A/HRC/10/005/Add.2) (consultable en línea).

VALERIE PIRONON Y
CATHERINE DEL CONT

Véase también: - Acuerdo SPS - Organización Mundial del Comercio.

Colonización

La cuestión de la colonización surgió de forma cada vez más crucial durante el desarrollo de las expediciones marítimas llevadas a cabo por dos pueblos, que se aferraban a navegar los mares, Portugal y España. Españoles y portugueses se aventuraron por los océanos, el Atlántico para los españoles y el Pacífico para los portugueses, durante la segunda mitad del siglo XV. En 1493 estas dos potencias obtuvieron la consagración por parte del papado romano, de su dominio sobre los espacios terrestres y marítimos "descubiertos": el Papa Alejandro VI dividió el mundo entre los dos países con la Bula Inter Caetera, mientras que un año después, un tratado entre estos dos países debió desplazar un poco más hacia el oeste los límites de distribución definidos el año anterior y consagrar esta nueva división en 1494, con el Tratado de Tordesillas. Los españoles lograron el reconocimiento de una casi propiedad de los territorios de América Central y de una parte de América del Sur, mientras que los portugueses alcanzaron el reconocimiento de sus posesiones en la costa occidental de África y en el Mar Rojo y del Océano Índico hasta en India y China.

Sin embargo, esta situación fue sólo temporal y fue posible, en particular, gracias a que ninguna otra potencia europea estaba en capacidad de oponérseles con una flota consecuente. Pero con la llegada del siglo XVI y, especialmente, en el siglo XVII, otras potencias marítimas aparecieron en Europa: Inglaterra, Francia y los Países Bajos septentrionales de las Provincias Unidas. Desde entonces las rivalidades no cesaron entre los países europeos y se enfocaron de forma más tardía a otras áreas más grandes, como China, los países de Indochina, India, el oeste de América del Norte y después África, durante el siglo XIX. Por cierto, esta tierra fue objeto de las rivalidades entre potencias europeas (Francia, Gran Bretaña, España, Bélgica, Portugal, Italia y el Imperio alemán).

En la literatura antigua de los teóricos del Derecho Internacional, la colonización no fue dejada de lado e incluso algunos le consagraron obras específicas. Entre ellos, el más famoso fue Francisco de Vitoria (1480-1546): Él dedicó dos lecciones a la cuestión de los Amerindios de América del Sur en el marco de la colonización española, en los cuales invalida completamente la famosa Bula Papal de 1493, al sostener que los indígenas no tenían que convertirse desde el primer anuncio del Evangelio, en oposición a la regla prevista en el Requerimiento del jurista español Juan López de Palacios Rubios, promulgada en 1513 e invalidando asimismo cualquier guerra conducida en contra de estos pueblos en nombre de la religión. Por último y lo más importante, él enunciaba que el pretendido "derecho de descubrimiento" no permitía a los españoles la reivindicación de una soberanía por medio de un derecho de ocupación sobre pueblos y territorios, por el hecho de que dichos territorios habían estado ocupados antes de la llegada de los españoles y que estos pueblos estaban gobernados de forma legítima. Sin embargo, Vitoria enunciaba como un derecho natural el derecho de comunicación entre todos los pueblos. Vitoria también debatía sobre la situación de los pueblos conquistados: nadie tenía el derecho de someterlos a esclavitud, por cuanto los pueblos indígenas pertenecen a la especie humana y el pretexto basado en la religión no justificaba en modo alguno un trato degradante.

Por su parte, el holandés Grotius (1583-1645), en su *Mare Liberum* de 1609, defendía que los portugueses no podían reclamar un derecho de descubrimiento y por tanto, no podían oponerse a las tentativas realizadas por otros países de explorar los territorios en nombre de una donación pontificia en sí misma inválida, porque nadie puede dar lo que no posee, como lo hizo el Papa Alejandro VI en 1493. Pero, bajo la presión de la realidad de la vida internacional, Grotius fue conducido a modificar sus puntos de vista que propiciaban la plena libertad de navegación y, en consecuencia, a admitir que esta libertad podía ser restringida como resultado de los tratados que confieren un monopolio exclusivo a un país. Cuando sus tres libros sobre el Derecho de la guerra y de la paz aparecidos en 1625, Grotius estableció los elementos que a partir de entonces son reconocidos respecto de las cuestiones relacionadas con las comarcas de ultramar: el "descubrimiento" de territorios ocupados por no-cristianos no da poder alguno sobre estos pueblos; por lo que los europeos tienen que obtener la autorización de los gobernantes locales para establecerse en sus territorios o si no, realizar la conquista por las armas. Los europeos también pueden hacer que les concedan un derecho exclusivo de comerciar por medio de tratado. Puede concluirse así que Grotius reconocía plenamente la personalidad internacional de las comunidades autóctonas.

Grotius fue seguido en esto por Samuel von Pufendorf (1632-1694), quien defendió los derechos de los pueblos indígenas, incluso reconociéndoles su derecho legítimo a resistir a sus atacantes, principalmente a los aventureros europeos, aunque Pufendorf también admitía sin dificultad la superioridad de las culturas europeas. Sin embargo, esto no convertía a estos pueblos en bestias salvajes, que podrían ser tratadas como tales.

Christian Wolff (1679-1754) señala también que ningún extranjero puede instalarse en los territorios y tomar posesión allí donde los pueblos indígenas los poseen en común; es probable que él haya tenido en mente el destino reservado a los pueblos amerindios de América del Norte frente a los colonos.

Emeric de Vattel (1714-1767) planteó, por su parte, lo que sería a partir de entonces un criterio absoluto y que justificaría todas las expoliaciones de los pueblos autóctonos por parte de los colonos hasta el apogeo del colonialismo en el siglo XIX: es una obligación que todos los pueblos deberán cumplir, por cuanto constituye una obligación natural, que consiste en cultivar la tierra; de ese modo cualquier tierra no cultivada será *a priori* considerada como no ocupada y, pues, ocupable por el primer ocupante que podrá tomar posesión para cultivarla. Así, se podrá expulsar legítimamente a las poblaciones, por cuanto únicamente tienen sobre estos terrenos de cacería derechos inciertos al no estar cultivadas las tierras. En realidad, Vattel, como buen europeo, ignora todo sobre la propiedad colectiva de los territorios de caza, a pesar de ser bien administrados, por cuanto la cultura de los pueblos cazadores le es totalmente desconocida. Debe señalarse que con ocasión de la colonización en América del Norte, los colonos acabarán por atacar también a las comunidades agrícolas amerindias, con el fin de apoderarse de sus tierras y de enviarlos cada vez más lejos. La propiedad agrícola se concebía a partir del modelo de la propiedad individual, no había cabida para una modalidad de propiedad colectiva en beneficio de la etnia o del grupo social instalado. Desde entonces, la colonización europea, expoliadora de las comunidades locales, tenía las manos libres para someter no sólo a los territorios, sino también a los pueblos que se "civilisaba" contra su voluntad, con la fuerza de las armas y el menosprecio de sus simples derechos humanos.

La colonización parece haber conservado a lo largo de su historia, el carácter permanente de expoliación de los pueblos autóctonos, haciendo prevalecer principalmente el derecho de la metrópoli colonizadora sobre los derechos locales. A veces, como en África del Norte, en África negra, o en los territorios de la antigua Indochina, la metrópoli supo dar cabida a los derechos consuetudinarios locales, pero con un carácter accesorio y sobre todo en el marco de una clara separación entre colonos y colonizados, con la creación de los distintos estatus del indigenado. Sin embargo, la administración de estos derechos se mantuvo bajo el control de las jurisdicciones coloniales, ya que las instancias judiciales de los pueblos colonizados sólo regían en determinados ámbitos y únicamente como primera instancia.

Bibliografía sugerida: ◆ GAURIER, D. (2005), *Histoire du droit international public. Auteurs, doctrines et développement de l'Antiquité à l'aube de la période contemporaine*, Rennes, Presses universitaires de Rennes, coll. Didact-Droit ; ◆ GROTIUS, H. (1999), *Le droit de la paix et de la guerre*, trad. Pradier-Fodéré, Paris, éd. PUF, coll. Léviathan ; ◆ DE VITORIA, F. (1966), *Leçons sur les Indiens et sur le droit de la guerre*, trad. M. Barbier, Genève, éd. Droz.

DOMINIQUE GAURIER

Véase también: - Pueblos autóctonos - Soberanía.

Colorante

Véase: - Adición de sustancias – Aditivos.

Comercialización

Véase: - Circuitos cortos.

Comercio equitativo

Véase: - Comercio justo.

Comercio internacional

Véase: - Acuerdo sobre la Agricultura - Acuerdo General sobre Aranceles Aduaneros y Comercio - Acuerdo OTC - Acuerdo SPS - Acuerdos de Asociación Económica - Carta de La Habana - Cláusula de la Nación Más Favorecida - Cláusula de Trato Nacional - Comercio Justo - Conferencia de Hot Springs – Dumping – Mercados internacionales - Organización Mundial del Comercio.

Comercio justo

El comercio justo es un concepto cuyos orígenes se encuentran en una iniciativa adoptada alrededor del año 1950, por las comunidades anabaptistas estadounidenses, que organizan compras directas de productos hechos a mano con las comunidades desfavorecidas de Puerto Rico, Palestina y Haití. Se trataba de un comercio de tipo caritativo que se podría calificar de "solidario".

Con el auge de la idea de Tercer Mundo, sostenida por Alfred Sauvy, aparece una crítica cada vez más fuerte del comercio internacional que se apoya sobre una relación en la que el más fuerte se enriquece a expensas del más débil. Se propugna la creación de "otro comercio", pasando por redes paralelas creadas al margen de los circuitos "normales". De solidario, este comercio pasa a ser "alternativo". Continúa siendo comercio, basado en la confluencia de una oferta y de una demanda, pero también se convierte en un acto político, así como en instrumento de desarrollo en beneficio de los socios del Sur. Es en esta época que nace la idea, retomada por la Conferencia de las Naciones Unidas para el Comercio y el Desarrollo (UNCTAD), en su primera Asamblea General en 1964: "Trade, not Aid" ("el comercio, no la caridad"). Una red de tiendas asociativas se pone en marcha bajo el título de "*Magasins du Monde*" –tiendas del mundo- u otras denominaciones semejantes. Este tipo de comercio aún existe, está representado, en Francia, por la Federación "*Artisans du Monde*" -Artesanos del Mundo-. Se habla al respecto de comercio justo "integrado", que abarca todos los eslabones de la cadena respectiva.

En 1988, el comercio justo experimenta otra forma que va a multiplicar sus efectos y a darlo a conocer al público en general (en 2010, al menos el 95% de los consumidores de los países desarrollados conocen el comercio justo, mientras que en el año 2000 esta proporción no alcanzaba el 10%). La idea consiste en hacer que el encuentro entre la oferta y la demanda de productos surgidos del comercio justo se pueda llevar a cabo en los circuitos clásicos de distribución y consumo. Así, los productos son seleccionados por aquellos consumidores "responsables" o "ciudadanos" teniendo en cuenta a la vez su valor de uso y su valor social o ambiental. Pero para ello, fue necesario organizar un sistema que permitiera garantizar a éstos últimos que las calidades mencionadas son reales y controladas, exigencia tambien hecha por las empresas llamadas a comprometerse en este tipo de comercio. Esto ha conducido a la creación de una estructura asociativa internacional que desempeña el papel de facilitador y de contralor. La primera asociación fue establecida en los Países Bajos con el nombre de un héroe mítico de la descolonización: Max Havelaar. Actualmente, esta asociación está reagrupada con otras similares en la Federación Internacional de Comercio Justo. Se habla aquí de comercio justo "certificado" (*labellisé*) que se basa, como todas las certificaciones, en un marco de referencia que describe las exigencias que deben cumplir los productos (los "estándares") y en un control independiente que garantiza el respeto de estos requisitos.

Cualquiera que sea la forma de comercio adoptado, los requisitos que deben cumplir los diferentes actores son los mismos y estos se derivan de una definición adoptada internacionalmente: "El Comercio Justo es una relación de intercambio comercial basada en el diálogo, la transparencia y el respeto que busca una mayor equidad en el comercio internacional. Contribuye al desarrollo sostenible ofreciendo mejores condiciones comerciales y asegurando los derechos de los pequeños productores y trabajadores marginados, especialmente del Sur. Las organizaciones de Comercio Justo tienen un claro compromiso con el Comercio Justo, como el núcleo principal de su misión. Apoyadas por los consumidores, están activamente comprometidas en apoyar a los productores, sensibilizar y desarrollar campañas para conseguir cambios en las reglas y prácticas del comercio internacional convencional" (Definición adoptada por el grupo de asociaciones FINE que reagrupa a las organizaciones internacionales que participan en las dos formas de comercio precitadas).

Más específicamente, los requisitos son de tres clases: económicos, sociales y ambientales. En el plano económico, los productores tienen la garantía de recibir un precio mínimo que cubra el costo de producción, pero permitiendo también obtener un beneficio necesario para hacer frente a las necesidades humanas básicas (salud, educación...). Esta garantía es el resultado de contratos a largo plazo con las organizaciones de productores, reconocidas como verdaderos interlocutores en las negociaciones. En el plano social - y este es el objetivo principal del comercio justo, que no se dirige a los individuos que actúan solos, sino agrupados- el objetivo es el fortalecimiento de las organizaciones de productores, al mismo tiempo que la garantía de los derechos de los trabajadores (aplicación de las normas de la Organización Internacional del Trabajo). El fortalecimiento de las organizaciones se facilita por el pago, por parte de los agentes económicos del sector, de una prima llamada "de desarrollo", que está destinada a la financiación de proyectos comunitarios. Por último, en el plano ambiental, la idea es fomentar las prácticas agrícolas sostenibles y orientarlas, siempre que sea posible, a la agricultura orgánica que goza de un precio superior garantizado.

El sistema en su conjunto se construye a partir de relaciones de tipo contractual. Esto es cierto en el sistema asociativo integrado: las tiendas "*Artisans du Monde*" compran sus productos en la central de compra que han contribuido a crear, la cual a su vez compra a otras centrales o directamente a las agrupaciones de productores, principalmente mediante negociaciones sobre el precio y la calidad de los productos. Pero esto también es cierto para el comercio certificado. Los "estándares" internacionales son la base de estos contratos, pero su modificación es libre y el nivel de compromiso puede variar dependiendo de las empresas. Algunas se comprometen profundamente en el mantenimiento "personalizado" de tal o cual grupo de productores, otras se limitan a comprar y transformar productos suministrados por intermediarios, desde luego, con una trazabilidad garantizada.

Del mismo modo, la construcción e implementación del sistema de garantía se basa en reglas de Derecho Privado. En el comercio certificado, Fairtrade International, cuya gobernanza se comparte en partes iguales entre las organizaciones de productores del Sur y las asociaciones que promueven el comercio justo en el Norte, elabora el contenido de los "estándares" y el control es realizado por una compañía independiente que ella creó -FLOCert- y que está acreditada bajo la norma ISO 165, relativa a los organismos de certificación. Además, puede señalarse en Francia la creación, por iniciativa de la bien conocida sociedad de certificación en agricultura orgánica –Ecocert— de una certificación de empresas que respeta un pliego de condiciones muy cercano al de Fairtrade Internacional y que garantiza al mismo tiempo el respeto de las normas de la agricultura orgánica. En el comercio justo asociativo integrado, la primera garantía nace de la confianza que tiene el comprador en la lealtad de la asociación militante a la que él se dirige, pero la organización internacional a la cual las asociaciones nacionales se adhieren –Word Fair Trade Organización— decidió establecer progresivamente una certificación, ya no de productos, sino de organización: es la seriedad de la organización lo que es reconocido.

A veces, la intervención de autoridades públicas es solicitada por algunas organizaciones de consumidores u otros representantes de la "Sociedad Civil", que establecen a menudo el paralelo con las normas de la agricultura orgánica, reglamentada desde hace bastante tiempo en Francia, a nivel europeo e incluso mundial, por la Comisión del Codex Alimentarius. De hecho, un enfoque estatal o pluriestatal de estas cuestiones es difícil. La Comisión Europea resolvió de manera perentoria la cuestión al proclamar “la importancia de mantener la naturaleza no gubernamental del comercio justo y de otros sistemas similares en la UE", agregando que una “reglamentación pública podría interferir con la labor de los sistemas privados dinámicos” (Comunicación del 5 de mayo de 2009 sobre la *contribución al desarrollo sostenible: el papel del comercio justo y de los sistemas no gubernamentales de garantía de la sostenibilidad comercial*, COM (2009) 215 final).

En Francia, se aprobó una disposición en la Ley n° 2005-882 del 2 de agosto de 2005, que coloca al comercio justo en el ámbito del desarrollo sostenible y describe que organiza intercambios de bienes y servicios entre países desarrollados y productores desfavorecidos ubicados en países en desarrollo. El texto no prevé una reglamentación del comercio justo, pero crea una comisión cuyo rol es "reconocer" a las personas físicas o jurídicas que aseguran el cumplimiento de las condiciones establecidas anteriormente. Debe señalarse que la Autoridad encargada de la competencia rindió, en 2006, un dictamen sobre la legalidad de la fijación de un precio mínimo. Se consideró que la disposición era compatible con el Derecho de la Competencia, pues sus efectos se sitúan principalmente fuera de la zona geográfica cubierta por los derechos francés y europeo, y los actores de la cadena operan en esta zona, conservándose una libertad de comportamiento de naturaleza a preservar la competencia y a dejar abierto el abanico de precios posibles para la venta al consumidor.

El comercio justo interviene en las tres esferas del desarrollo sostenible: económico, social y ambiental. Se puede afirmar que este tipo de comercio le permite a los productores desfavorecidos del Sur cumplir concreta y efectivamente con sus obligaciones: respetar los trabajadores, adoptar prácticas agrícolas adecuadas, evitar el éxodo rural y fortalecer el control de los habitantes sobre su propio futuro. Olivier de Schutter, Relator Especial de las Naciones Unidas sobre el Derecho a la Alimentación, reconoció en este sentido el papel altamente ejemplar del comercio justo en la promoción y protección de los derechos humanos (Consejo de Derechos Humanos, 13ª reunión, 1999). En especial, debe destacarse aquí el importante papel desempeñado por el comercio justo en el surgimiento de líderes en los ámbitos económico, social y político. Mediante la adopción de disposiciones para apoyar a la agricultura familiar y para garantizar el respeto al acceso a la tierra y a las fuentes de agua, estos se ven claramente fortalecidos.

Otra cuestión se enmarca en la relación entre el comercio justo y la Organización Mundial del Comercio (OMC). La referencia al desarrollo sostenible, en general, y al ambiente, en particular, aparece en diversos textos surgidos de los Acuerdos de Marrakech de 1994. La OMC no niega que estas cuestiones deben tenerse en cuenta en la organización del comercio global, pero ello sigue siendo a menudo una simple declaración de principios. Las medidas adoptadas en este ámbito por los Estados se consideran en su mayoría, a falta de justificaciones suficientes, como obstáculos al comercio, es decir, como medidas de proteccionismo encubierto. Favorecer el comercio justo, mediante la flexibilización de las reglas de entrada en un espacio económico determinado, por ejemplo mediante la reducción o eliminación de los aranceles para estos productos, debería poder ser considerado como lícito en la medida en que el posicionamiento favorable se basa en normas objetivas tal como se mencionó antes. En todo caso, se trata de un campo de estudio que debe ser profundizado.

Bibliografía sugerida: • BECHEUR, A., TOULOUSE, N. (2008), *Le commerce équitable – Entre utopie et marché*, Paris, éd. Vuibert; • DOUSSIN, J.-P. (2011), *Le commerce équitable*, Paris, éd. PUF, coll. Que sais-je ?, 2e édition; • GENDRON, C., TORRES, A. P., BISAILLON V. et alii (2009), *Quel commerce équitable pour demain ?*, Montréal, éd. Ecosociété, Paris, éd. Charles-Léopold Meyer; • STIGLITZ, J. E., CHARLTON, A. (2007), *Pour un commerce mondial plus juste*, Paris, éd. Fayard.

JEAN-PIERRE DOUSSIN

Véase también: - Certificación - Derechos fundamentales - Desarrollo Sostenible - Organización Mundial del Comercio - Trabajadores agrícolas.

Comisión de Examen de las Prácticas Comerciales

Véase: - Derecho de la Competencia.

Commodities

Véase: - Materias primas agrícolas.

Competencia

Véase: - Abuso de posición dominante - Competencia desleal - Denominación de origen protegida - Derecho de la Competencia – Dumping - Indicación geográfica protegida - Organización común de mercados agrícolas - Signo distintivo.

Competencia desleal

En el sistema de economía de mercado basada en la ley de la oferta y la demanda, cualquier operador económico puede proporcionar bienes y servicios como le parezca, por cuanto nadie tiene el derecho exclusivo sobre su clientela. Esta libertad encuentra su límite natural en los derechos de los demás. De ese modo, ningún agente económico debe comportarse de manera contraria a los usos y leyes propios de la actividad comercial. Cualquier violación del principio de libre comercio para captar ilegítimamente a los clientes o en perjuicio del derecho de otros, constituye competencia desleal.

Desde una perspectiva clásica, la competencia desleal se manifiesta de cuatro formas principales: puede dar lugar, en primer término, a la desorganización de las empresas rivales por el comportamiento deshonesto, como la práctica de los precios excesivamente bajos; la apropiación de la cadena de distribución de otros; la incitación a un empleado a abandonar a un competidor; la creación de una empresa competidora por un antiguo empleado o también el desarrollo de actividades paracomerciales con el propósito de eludir las normas del derecho mercantil, mediante formas alternativas de empresa tales como la asociación, el sindicato o el partido político. La competencia desleal puede, en segundo término, realizarse mediante la denigración de la empresa rival, por ejemplo, cuando un operador da a conocer al público informaciones falsas o exageradas acerca de una empresa rival, sus empleados, sus productos o servicios, su solvencia, su seguridad, sus accionistas significativos o sus directores, para arrebatarle la clientela a la empresa denigrada. Ella puede, en tercer término, consistir en el uso de prácticas destinadas a causar confusión en el espíritu de los consumidores, en particular con la imitación de un nombre comercial o nombre de dominio, de la insignia o de signos de identificación para la clientela. Por último, constituye un acto de competencia desleal el parasitismo económico, práctica que consiste en beneficiarse indebidamente de los esfuerzos de un competidor (inversión, publicidad), al colocarse en posición de seguir sus pasos con el fin de obtener una ventaja competitiva, sin soportar costo alguno (hipótesis llamada del "pasaje clandestino" o del "*free-riding*") o también desviando el éxito de otro mediante el plagio de su trabajo, por imitación de un producto o por usurpación de su notoriedad.

La deslealtad constituye, en la mayoría de los países que adoptan el sistema de economía de mercado abierta, uno de estos comportamientos culpables del agente económico, el cual puede ser sancionado por una acción de reparación o de cesación; independientemente de la buena o la mala fe. Si las principales formas de competencia desleal así identificadas en las economías liberales no son, desde luego, igualmente conocidas en todas partes (o son débilmente sancionadas, como por ejemplo, en algunos países emergentes), lo cierto es que en el conjunto de mercados, los comerciantes honestos esperan ser protegidos legalmente contra conductas o prácticas que hacen en última instancia ilusoria la lealtad en la competencia económica.

Bibliografía sugerida: ♦ MARTIN, M. (2012), *Le droit français de la transparence et des pratiques restrictives de concurrence*, Presses universitaires d'Aix-Marseille; ♦ TERRYN, E., VOINOT, D. (2012), *Droit européen des pratiques commerciales déloyales*, Evolution et perspectives, Bruxelles, éd. Larcier.

SANDRINE DRAPIER

Véase también: - Derecho de la Competencia - Signo distintivo.

Competencia internacional

Véase: - Acuerdo General sobre Aranceles Aduaneros y Comercio – Derecho de la Competencia - Mercados internacionales – Signos distintivos.

Complemento alimentario

Véase: - Adición de sustancias.

Comunales

Véase: - Colonización.

Comunicación del riesgo

Véase: - Alerta - Análisis del riesgo – Riesgo.

Comunidades autóctonas

Véase: - Biodiversidad agrícola – Bosque - Colonización - Pueblos autóctonos.

Concentración

Véase: - Cártel - Derecho de la Competencia – Latifundio.

Conferencia de Hot Springs

En enero de 1941, el presidente Roosevelt pronunció su "Discurso sobre las Cuatro Libertades" y calificó indirectamente a la agricultura y a la alimentación del mundo como una condición para la paz, al enunciar que esta última "consiste en estar libre de la necesidad". La idea hará camino, especialmente a través de la Carta del Atlántico y hasta la organización de Conferencias Internacionales bajo el auspicio de los Estados Unidos, convocadas con el claro objetivo de establecer las bases de un nuevo orden mundial, próspero y pacífico.

Una de estas conferencias se dedicará específica y enteramente a la agricultura y a la alimentación, lo que indica que el aislamiento de estas dos cuestiones en el ámbito internacional fue aceptado de forma espontánea. Organizada en mayo de 1943, la Conferencia de Hot Springs se celebró con la convicción de que la erradicación del hambre y de la pobreza es una condición para la paz. Tiene el gran mérito de haber establecido un vínculo, en el seno de las políticas públicas implementadas a nivel nacional e internacional, entre la cuestión de los recursos naturales, la cuestión agrícola y la cuestión de la alimentación. Heraldo de la futura Organización de las Naciones Unidas para la Alimentación y la Agricultura (FAO), concluyó en términos edificantes: el acta final de la conferencia se refiere explícitamente a la alimentación como un derecho de la Humanidad y recomienda la aplicación de una política de abundancia y, por lo tanto, de desarrollo de la explotación de los recursos de la agricultura y de aumento de la producción de recursos alimentarios. También, alienta al comercio internacional de alimentos y a la cooperación internacional con el objetivo de erradicar el hambre y solicita el compromiso de los Estados en el sentido de adoptar medidas para garantizar la seguridad alimentaria de sus poblaciones. Se evocan las necesidades alimentarias particulares de las poblaciones vulnerables y el pago de precios suficientes a los productores. Asimismo, se reconoce la necesidad de una intervención directa del Estado, "de la finca a la mesa" como se diría actualmente. Por último, se establece el objetivo de limitar las fluctuaciones en los precios de los productos agrícolas y alimenticios.

Si bien los Estados remitirán a otras negociaciones la resolución sobre las modalidades concretas de estas relaciones comerciales en formación, al no llegar a un acuerdo de principio sobre los medios, la Conferencia de Hot Springs permitió fijar un objetivo esencial y para realizarlo, se exalta nada menos que una forma de intervencionismo económico en la explotación, la gestión y el comercio de los recursos naturales con carácter alimentario. Así, se está muy lejos de la consideración de mercancías ordinarias y del establecimiento de un mercado autorregulado, para acercarse a las reivindicaciones que hacen hoy en día numerosas organizaciones no gubernamentales.

Al afirmar en términos tan claros la idea de excluir a ciertos "bienes" del circuito comercial clásico, la comunidad internacional parece haber aprendido las lecciones de la Historia. La idea fue retomada en otras dos conferencias que tuvieron lugar en la misma época: la de Filadelfia (1944), que refunda la Organización Internacional del Trabajo y postula, entre otros principios rectores, que el trabajo no es una mercancía; y la de Bretton Woods (1944) que, a la vez que promueve el comercio internacional, en particular mediante un conjunto de disposiciones formalizadas unos años más tarde en el Acuerdo General sobre Aranceles Aduaneros y Comercio (GATT), establece un sistema monetario internacional organizado en torno al dólar estadounidense, pero con una fijación al oro y que evita que la moneda sea únicamente regulada por el mercado.

Al final de cada una de estas conferencias, la economía pierde su autonomía y se ve sometida a la política. La tierra y los recursos alimentarios que contiene y produce, el trabajo así como la moneda, ya no se consideran mercancías ordinarias, sometidas a la ley de los mercados autorregulados. Sin embargo, el mercado y el libre comercio han prevalecido y la Conferencia de Hot Springs terminó siendo olvidada, a pesar de un intento de adoptar un instrumento internacional que fue la Carta de La Habana.

Bibliografía sugerida: • GRAZ, J.-Ch. (1999), *Aux sources de l'OMC – La Charte de la Havane 1941-1950*, Genève, éd. Librairies Droz, Publications d'histoire économique et sociale internationale.

FRANÇOIS COLLART DUTILLEUL

Véase también: - Carta de La Habana - Derecho a la alimentación - Organización Mundial del Comercio.

Confiscación

Véase: - Menoscabos a la propiedad.

Conservante

Véase: - Adición de sustancias – Aditivos.

Consumo

Durante la mayor parte de la historia de la especie humana, e incluso en la actualidad para las poblaciones rurales de los países en desarrollo, la escogencia de los alimentos ha estado limitada por las condiciones climáticas de los entornos ecológicos de los hábitats. Los espacios de bosques adecuados para la caza, después la ganadería, habían favorecido el consumo de carne, mientras que en las zonas más cálidas y más secas, fueron los cultivos, principalmente de cereales, los que se desarrollaron, orientando hacia dietas más vegetarianas. Pero el conjunto de las poblaciones parece preferir la carne, sin duda en parte debido a que proporciona sensaciones de saciedad más fuertes y duraderas. Y como la casi totalidad de las poblaciones estuvo a menudo en busca de la saciedad, se observa una progresiva sustitución en la dieta, de los productos vegetales por los productos cárnicos.

No obstante, fuera de los espacios particularmente favorables para la ganadería, la producción de carne es relativamente costosa, pues requiere la transformación, por vía del animal, de proteínas vegetales en proteínas animales. La preferencia por la carne solo podía ser satisfecha cuando el nivel de vida lo permitía. Las carnes eran entonces consumidas principalmente por los ricos y se convirtieron en símbolo de progreso económico y social. Es sobre todo durante los últimos cincuenta años que se da la evolución más rápida. Así, al final del siglo XX, la proporción de calorías aportadas por las carnes es dos veces más importante en los países ricos que en los países en desarrollo.

Sin embargo, desde hace unos treinta años, puede constatarse el inicio de una inversión en la tendencia más que milenaria, de sustitución entre alimentos vegetales y animales. El consumo del conjunto de vegetales (cereales, verduras y frutas), que disminuía en beneficio de los productos cárnicos, se encuentra en aumento en las fracciones más ricas de la población mundial. Los productos de origen vegetal son nuevamente atractivos, sin duda al amparo de los cambios en los discursos de los nutricionistas. No obstante, el vegetarianismo se mantiene como una actitud marginal fuera de países como la India, donde persiste por razones religiosas. Es más bien una especie de "neo-vegetarianismo" lo que se desarrolla.

En efecto, el desarrollo importante de la urbanización aleja a los humanos de los entornos naturales y, por ende, de la fauna. Los animales silvestres y el ganado son tan desconocidos para "los urbanos" que, con el tiempo, los asimilan a las mascotas que están a su alrededor. El carácter considerado "no comestible" de estos animales de compañía se extiende así al conjunto de los animales y, en especial, a los de crianza. Pero los consumidores urbanos occidentales siguen comiendo carne, siempre y cuando no tenga la imagen del animal en su plato. Las piezas que identifican a los animales (como las cabezas, patas, vísceras) desaparecen de los platos y las preferencias por los músculos molidos u ocultos (como la carne o el pescado empanizados) se desarrolla. La imagen de la sangre es rechazada y se da una reducción en el consumo de la carne roja (de bovino, de caballo...), en favor del consumo de carnes blancas, de pescados y otros animales acuáticos, así como de productos lácteos. Este consumo de proteínas animales "blancas" puede ser descrito como neo-vegetarianismo.

Este neo-vegetarianismo se acerca a las dietas tradicionales y los occidentales, principalmente los nutricionistas, lo han comparado con la dieta mediterránea, en especial la de Creta. Si estas dietas son similares en cuanto a su composición, hay que señalar que sus determinantes son muy diferentes y que estas no conciernen a los mismos grupos sociales. La dieta mediterránea se constituyó en una zona de clima templado, favorable para el desarrollo temprano de la agricultura, especialmente de cereales. El tríptico simbólico de esta dieta (pan, vino, aceite de oliva) es en gran medida el resultado de las condiciones climáticas que los egipcios, los griegos y los romanos supieron explotar. Esta dieta, con una alta proporción de pan, verduras y frutas, sigue estando presente en Francia, en las fracciones de más edad de la población rural. Sin embargo, es en las poblaciones acomodadas urbanas y, especialmente entre las mujeres, que se desarrollan las nuevas dietas menos cárnicas. De esta forma, no se encuentran determinadas por las limitantes ecológicas y económicas, como la dieta mediterránea tradicional. Se trata de dietas voluntarias, elaboradas según las nuevas representaciones dietéticas y los discursos nutricionistas.

En efecto, la evolución de los estilos de vida, asociada con el desarrollo económico y la transformación de los entornos de vida, ha conducido a una reducción de las actividades físicas, del gasto de energía y, por lo tanto, de las necesidades en aportes energéticos. Las actividades físicas disminuyen con los cambios en la organización del trabajo (mecanización, automatización, robótica, confort), el aumento del tiempo libre (el tiempo dedicado a ver la televisión es mayor al dedicado al deporte), la mecanización y comodidad de los medios de transporte.

Sin embargo, al mismo tiempo, las disponibilidades de alimentos han cambiado considerablemente. El aumento significativo de la producción y de la productividad en todos los niveles de la cadena (agricultura, industria, distribución, servicios de alimentación), junto con el desarrollo global del comercio, ha dado lugar a un rápido crecimiento en la disponibilidad de alimentos, así como a una disminución relativa de los precios. Las poblaciones, cuyos ingresos han aumentado considerablemente durante el mismo período, se vieron confrontadas a una situación que nunca había sucedido en la historia de la especie humana: la abundancia. Mientras que, en un contexto de escasez, las restricciones económicas son elementos determinantes para los hábitos alimentarios, estos se vuelven menos importantes en el contexto de la riqueza actual, al menos para las clases acomodadas de los países pobres y la mayoría de los individuos de los países ricos.

Después de haber vivido casi siempre en un ambiente de escasez, los humanos por lo general tienen "miedo de que haga falta". Por ello, en el nuevo entorno de abundancia, las poblaciones responden inicialmente aumentando de forma significativa su consumo. Pero a medida que el gasto calórico tiende a disminuir, el consumo de alimentos se vuelve excesivo. El desequilibrio alimentario conduce así a una situación completamente nueva en la historia de la Humanidad: el desarrollo de la obesidad. La malnutrición por insuficiencia (que afecta a más de mil millones de seres humanos) se encuentra ahora secundada por una malnutrición por exceso. El número de personas con sobrepeso es hoy en día mayor al de aquellos que sufren hambre.

Las consecuencias de sus regímenes alimentarios cuantitativamente excesivos (percepción de saturación, aumento de peso, obesidad) hacen que cada vez más personas (especialmente las más ricas) tomen conciencia de que "comen demasiado" y de que deben reducir su consumo. Ya no buscan tanto alimentos que "llenan bien la barriga", sino alimentos más ligeros, de donde surge la ola de productos *light* a finales de los años ochenta. Las carnes, que eran muy apreciadas por los humanos que buscaban la saciedad, se vuelven así menos atractivas. Actualmente, estamos siendo testigos de evoluciones opuestas según los grupos de poblaciones a nivel mundial: el consumo de carne comenzó a declinar durante la década de 1980 en los países más ricos, mientras que continúa aumentando en los países en desarrollo.

El final del siglo XX se caracterizó también por la aceleración de la globalización y por el desarrollo de la urbanización que alejan a las personas de las limitaciones propias de su entorno ecológico. La globalización modifica la oferta mediante una ampliación de las especies exóticas disponibles y mediante una reducción de los efectos estacionales. Los franceses introdujeron en su repertorio alimentario al maíz y al brócoli (siglo XVI), a los aguacates (siglo XVII) o a los kiwis (siglo XX) y ahora comen fresas en Navidad. Ellos casi han abandonado el consumo de productos como las coles y los nabos, que eran una parte importante de las raciones de invierno, especialmente para las poblaciones rurales. Las confrontaciones culturales relacionadas con la migración, con los viajes de negocios y de vacaciones, con la televisión y la Internet, han contribuido a reducir el peso cultural de ciertos productos –y sobre todo de recetas– que eran símbolos de identidad; han desarrollado mestizajes culinarios. De esta manera, en Francia, recetas emblemáticas de la gastronomía rural como el *pot-au-feu* han sido ampliamente sustituidas por el cuscús y la pizza, al mismo tiempo que los restaurantes asiáticos, mexicanos, libaneses, turcos o los *fast-foods* se desarrollaron, sobre todo en los espacios urbanos.

Las importantes evoluciones del entorno (económico, técnico y sociocultural) también modifican los estilos de vida. La evolución de las actividades está parcialmente condicionada por las limitaciones de tiempo. Las veinticuatro horas diarias se reparten entre el tiempo no disponible (descanso y cuidado del cuerpo) y el tiempo disponible que se distribuye entre las actividades productivas y las actividades de consumo, también llamadas de esparcimiento. Al aumentar los ingresos, como en el transcurso de la segunda mitad del siglo XX, el tiempo empleado en el esparcimiento se encuentra en progresión continua. Los comportamientos alimentarios se insertan en el conjunto de las actividades y, por ello, están determinados por las limitaciones espaciotemporales ligadas a estas actividades.

Ahora bien, para comer no solo hace falta dinero, también hace falta tiempo puesto que la mayoría de los productos alimenticios vendidos no son directamente consumibles. Así, el consumidor debe terminar la transformación de los productos que compra semi terminados. Es la misma situación que cuando confeccionaba sus prendas de vestir antes del desarrollo del *prêt-à-porter* (listo para usar). Para llevar a cabo esta transformación doméstica se requieren equipos y trabajo, es decir, ciertas competencias (*savoir-faire*). Se necesita también tiempo disponible o el tiempo que se pueda dedicar. Todavía esta actividad es considerada culturalmente de manera bastante mayoritaria como propia del rol femenino de madre criadora. En las organizaciones tradicionales de producción (agricultura, artesanado, pequeño comercio) que eran familiares, las mujeres podían alternar las actividades domésticas y profesionales en el mismo lugar. En los países desarrollados, las mujeres ya no trabajan de la misma forma. Es debido al desarrollo del asalariado y al aumento de la distancia entre el hábitat y los lugares de producción, que se reduce su tiempo disponible para las actividades domésticas. Y en nuestras sociedades de consumo, el tiempo libre y de esparcimiento compite con las actividades domésticas. Para una parte creciente de la población, la limitación del tiempo disponible pasa a ser más importante que aquella de los ingresos. Entonces, los compradores y preparadores de alimentos están cada vez más interesados en los productos que combinan servicios de conservación y preparación, estos productos pueden ser descritos como "*prêts-à-manger*" (listos para comer).

Por lo tanto, se observa una transferencia de la producción doméstica alimentaria hacia el sistema de mercado. Esto se refleja principalmente por una disminución del autoconsumo, una creciente demanda de productos *prêts-à-manger* y una frecuentación cada vez más importante de los diversos servicios de alimentación (restaurantes, etc.). Las evoluciones de la oferta alimentaria (desarrollo de la industria, nuevas formas de distribución y de servicios de alimentación) también contribuyen al cambio en los comportamientos. La segunda mitad del siglo XX fue testigo del paso de la producción doméstica de prendas de vestir a la compra de *prêt-à-porter*. En el mismo sentido, a principios del siglo XXI, el *prêt-à-manger* remplaza gradualmente a la cocina doméstica.

Las personas jóvenes son quienes dedican menos tiempo a su alimentación. Al respecto, es interesante recordar que la edad determinara, en primer lugar, las características fisiológicas que modulan parcialmente las necesidades nutricionales y, por lo tanto, el consumo. Corresponden, en segundo lugar, a etapas del ciclo de vida a las que se asocian patrones de vida: actividades profesionales, presencia de niños. Pero, en sociedades tan cambiantes como las modernas, la edad ilustra también las generaciones a las que corresponden períodos históricos. Así, el consumo importante de frutas y verduras entre las personas mayores se relaciona con hábitos adquiridos en contextos de gran autoconsumo, por parte de poblaciones predominantemente rurales. En contraste, el consumo entre los más jóvenes (que son más urbanos) de aperitivos (*snacks*), refrescos azucarados, postres lácteos y de comida rápida (*fast-foods*) está relacionado con la aparición más reciente de estos productos como respuesta a los cambios en los patrones de vida.

En el transcurso de la mayor parte de su historia, los seres humanos se abastecieron de alimentos en su territorio. Desde hace algunos siglos y de forma acelerada al final del siglo XX, el desarrollo a nivel mundial de la urbanización, de los transportes, de la industrialización y de las cadenas de gran distribución, transformaron a las personas en compradores de alimentos, los que se han convertido en mercancías como los otros bienes de gran consumo. Los intercambios alimentarios que se efectuaban en forma de donaciones pasan a ser así relaciones comerciales. Alejados de los sistemas de producción alimentaria, las personas ya no tienen vínculos sociales con sus proveedores de alimentos. La mercantilización de los alimentos y la monetización de los intercambios alimentarios perturban a las personas y les hacen perder la confianza respecto a sus proveedores de alimentos, a los que no conocen. Las relaciones comerciales entre los agentes profesionales de la cadena alimentaria puede ser reguladas de la misma forma que se hace con otros sectores de actividad. Sin embargo, parece que las relaciones comerciales entre los consumidores y sus proveedores de alimentos, suscitan interrogantes que el derecho aplicable al comercio de la alimentación aun no ha integrado por completo.

La aceleración del desarrollo económico y el concomitante crecimiento en el uso de los recursos naturales, ha comenzado a plantear numerosas interrogantes sobre el desarrollo sostenible, donde la preocupación por alimentar a la población mundial en 2050 ocupa un lugar importante. De esta forma, los discursos maltusianos resurgen, sobre todo de parte de ciertos ecologistas. Pero los agroeconomistas especializados recuerdan que, a nivel mundial, el potencial agrícola puede ser suficiente para alimentar a una población creciente, en la medida en que la productividad agrícola puede ser ampliamente incrementada. Más de la mitad de los seres humanos que padecen hambre son campesinos pobres que producen sin mecanización ni insumos y sobreviven con el autoconsumo. La otra mitad de malnutridos está constituida por habitantes urbanos muy pobres, que tienen alimentos disponibles en su entorno, pero que tienen ingresos insuficientes para comprarlos. De esta manera, la seguridad alimentaria a nivel mundial lanza un cuestionamiento a las políticas de precios, de ayuda alimentaria y a las reglas de la Organización Mundial del Comercio. Y, al igual que sucede con el derecho a la vivienda, organizaciones no gubernamentales comienzan ha desarrollar la idea del "derecho a la alimentación".

Mientras que los seres humanos fueron nómadas, se desplazaban hacia zonas más favorables cuando ya no tenían alimentos suficientes para sobrevivir en su entorno. Con la sedentarización y la definición de territorios (protegidos por la propiedad privada y la fuerza militar), las migraciones se han vuelto más limitadas. ¿Las poblaciones ricas, que han acaparado las zonas geográficas más favorables y que son en gran medida responsables del cambio climático, aceptarán compartir estas zonas con las poblaciones que emigrarán debido a que ya no pueden sobrevivir en donde habitan? El derecho internacional de las migraciones tendrá que conectarse con el de la alimentación. ¿Presenciaremos el desarrollo de un estatus de "refugiado climático"?

La búsqueda de tierras cultivables se hace sentir en ciertas zonas geográficas y algunos países están empezando a comprar tierras en el extranjero, para garantizar su autoaprovisionamiento alimentario. Así, el derecho inmobiliario deberá integrar estos aspectos internacionales.

Hay que recordar que las desigualdades sociales no tienden a disminuir, ni siquiera en los países ricos, y que la parte de poblaciones muy pobres que sufren malnutrición corre el riesgo de mantenerse. Muchos observadores parecían considerar que la preocupación alimentaria de las sociedades modernas había pasado de la cuestión cuantitativa a la búsqueda de lo cualitativo (cualidades organolépticas y sanitarias). Sin embargo, a nivel mundial, ambos aspectos parece que continuarán aun durante bastante tiempo. La seguridad alimentaria sigue siendo un problema importante para los mil millones de personas que sufren de malnutrición, mientras que la inocuidad de los alimentos está bien garantizada para las poblaciones más ricas, donde un número cada vez mayor de personas (que ya suman mil millones) tienen regímenes alimentarios cuantitativamente excesivos. Así, la Política y el Derecho de la alimentación se convierten cada vez más en temas de gobernanza mundial.

Bibliografía sugerida: • GUILLOU, M., MATHERON, G. (2011), *9 milliards d'hommes à nourrir – Un défi pour demain*, Paris, éd. François Bourin; • LAMBERT, J.-L. (1987), *L'évolution des modèles de consommation alimentaire en France*, Paris, éd. Lavoisier Tec&Doc; • MONTANARI, M. (1985), *La faim et l'abondance – Histoire de l'alimentation en Europe*, Paris, éd. Seuil.

JEAN-LOUIS LAMBERT

Véase también: - Actividades agroalimentarias - Administración de sustancias nocivas - Asociación para el mantenimiento de la agricultura campesina - Circuitos cortos – India - Malnutrición por exceso - Modelo alimentario - Principio de protección de los intereses del consumidor - Prohibiciones alimentarias - Seguridad alimentaria.

Consumo sostenible

Véase: - Circuitos cortos – Desarrollo sostenible.

Contaminante

Véase: - Adición de sustancias – Residuo.

Contenciosos de la OMC

Véase: - Diferendos de la OMC.

Contrato

Véase: - Abuso de posición dominante - Acaparamiento de tierras - Asociación para el mantenimiento de la agricultura campesina - Comercio Justo - Instrumentos financieros - Menoscabos a la propiedad

Contrato a plazo

Véase: - Instrumentos financieros.

Contrato de gestión de riesgo de precios

La actividad agrícola está expuesta, por su naturaleza, a diversos riesgos que afectan los precios. De este modo, si durante un año las cosechas son particularmente abundantes, habrá más alimentos disponibles en el mercado (incremento de la oferta), mientras que las necesidades de alimentos varían en una proporción menor (estancamiento de la demanda). A partir de ese momento, los precios van a bajar, lo que castigará a los agricultores que necesitan dinero para vivir y apoyar su actividad. Simétricamente, las fluctuaciones de los precios también pueden afectar la demanda, por cuanto un comerciante que compra la producción de un agricultor puede temer un incremento del precio provocado, por ejemplo, por una situación de escasez.

Estas son las incertidumbres relativas al valor de los bienes que conducen a las personas a invontar los medios para lograr una mayor estabilidad en la actividad agrícola y así nacen los primeros contratos de gestión de riesgo del precio. La finalidad de estos acuerdos consiste en fijar en el tiempo el precio que una de las partes está dispuesta a pagar y la otra a recibir, y esos convenios representan los antecedentes de aquellos acuerdos que se celebraban desde finales del siglo XX en los mercados financieros (*Chicago Board of Trade*, *Euronext* , etc.) que son los contratos a plazo (*futures* o *forward*) y los contratos opcionales (*options*).

En el caso de los contratos a plazo, las partes se pondrán de acuerdo a partir de la formación del contrato, respecto de la cosa (en este caso, los productos agrícolas) y el precio, pero van a diferir su ejecución en el tiempo (la entrega de los productos, por ejemplo). Por lo tanto, con independencia de los elementos que podrían producir variación de la economía general del contrato, las partes quedarán permanentemente vinculadas por su compromiso y estarán obligadas a ejecutar el contrato de acuerdo con las condiciones preestablecidas. De ese modo, cada una de ellas se protege de un cambio desfavorable en el precio, pero al mismo tiempo no pueden acogerse a un eventual beneficio.

El contrato de opción consiste en conferirle al beneficiario de la opción el derecho, pero no la obligación, de comprar (*call*) o de vender (*put*) un bien después del transcurso de un período determinado. En contrapartida, este otorgará al vendedor de la opción una prima, quien podrá conservarla independientemente de que la opción sea o no utilizada. Económicamente, el interés del contrato opcional en relación con el contrato a término, radica sobre todo en la posibilidad que ofrece a los agricultores de beneficiarse de precios más altos, cubriéndose al mismo tiempo contra las pérdidas. De hecho, el contrato a término neutraliza a la vez las posibilidades de ganar y el riesgo de pérdidas. Sin embargo, el contrato opcional le permite hacer una opción y renunciar a utilizarla (dejándole la prima al vendedor de la opción) si los precios suben, para vender su mercancía por medio de un contrato de compraventa clásico con ejecución inmediata.

Por su estructura, los contratos de gestión del riesgo de precios congelan el valor de las mercancías entre el momento de la formación del contrato y el de su ejecución. Desconectando de ese modo el valor de un artículo de las tendencias del mercado, estos contratos favorecen las operaciones de cobertura y de especulación. Sin embargo, este último punto inquieta por cuanto la especulación se ha convertido durante mucho tiempo en el corazón de un debate entre sus detractores, que la ven como un amplificador de la volatilidad de los precios; y sus partidarios, que consideran no sólo que no tiene ningún impacto sobre los precios, sino también que es indispensable para el buen funcionamiento del mercado.

Con un espíritu de precaución, algunos Estados están adoptando un conjunto de medidas para frenar el uso de estos contratos. Pero en el nivel individual, un solo contrato no es suficiente para desestabilizar los precios. Esta es la razón por la cual ciertas reformas se orientan hacia una limitación del número de contratos que cada operador puede realizar, en lugar de una prohibición (como, por ejemplo, en los Estados Unidos en 2010, la *Dodd–Frank Wall Street Reform and Consumer Protection Act*, o "*Dodd-Frank Act*"). Esto pretende evitar que algunas personas se encuentren en una posición demasiado dominante en el mercado.

Bibliografía sugerida: ◆ BONNEAU, Th., DRUMMOND, F. (2010), *Droit des marchés financiers*, Paris, éd. Economica, 3e éd; ◆ SIMON, Y., LAUTIER, D. (2008), *Marchés dérivés de matières premières*, Paris, éd. Economica, 3e éd; ◆ DE VAUPLANE, H., BORNET, J.-P. (2001), *Droit des marchés financiers*, Paris, éd. Litec, 3e éd.

BRICE HUGOU

Véase también: – Especulación - Instrumentos financieros – Materias primas agrícolas.

Contratos que dan acceso a la tierra

Véase: - Acaparamiento de tierras – Coexistencia de usos de la tierra – Derecho a la tierra – Inversiones internacionales.

Control

La legislación alimentaria ha definido los roles de los actores de la cadena alimentaria, cuyo aspecto en común es el relativo al control. En torno a las actividades de control, los explotadores verifican la seguridad de los alimentos y las autoridades someten a examen las acciones de los explotadores. Teniendo objetos diferentes, este término no representa diferencias en cuanto a su contenido. Así, el término control puede entenderse como el examen que se hace de lo que ha sido efectuado.

Bajo una perspectiva objetiva, este examen implica una comparación de las acciones puestas en marcha en relación a criterios o parámetros previamente establecidos. Las acciones son diversas comprendiendo la vigilancia, la inspección, la constatación, la verificación, la toma de muestras o cualquier otra forma de examen.

El control puede tener varios objetos: garantizar la inocuidad de un producto que se comercializa (por ejemplo, el control "sanitario", en particular mediante el cumplimiento de las normas HACCP) o luchar contra ciertas prácticas que distorsionan la competencia o crean confusión en los consumidores (por ejemplo, el control de la utilización de una indicación geográfica tal como la Denominación de Origen Protegida). Bajo una perspectiva subjetiva, el control puede ser realizado por los diferentes actores de la cadena alimentaria. El control "oficial" es aquel efectuado por las autoridades competentes. Igualmente, los exámenes pueden ser efectuados por terceras partes - diferentes al explotador o a las autoridades oficiales-. Finalmente, el control debe ser realizado por los explotadores. En este último caso, se trata del llamado "autocontrol". Éste constituye una obligación específica de la legislación alimentaria europea. Dicha obligación se encuentra basada en la responsabilidad primaria del propietario del establecimiento o de una empresa del sector alimentario, de la alimentación animal o de la producción vegetal así como de las actividades de producción, transformación y comercialización, nacional o internacional y de las actividades conexas. La obligación de autocontrol fue establecida con el fin de que los explotadores se aseguren de la inocuidad de los alimentos por sí mismos.

Bibliografía sugerida: • LEÓN GUZMÁN, M. (2011), *L'obligation d'autocontrôle des entreprises en droit européen de la sécurité alimentaire*, San José, Costa Rica, éd. Inida.

MARLEN LEÓN GUZMÁN

Véase también: - Certificación - Denominación de Origen Protegida - Derecho Europeo de la Alimentación – HACCP – Higiene - Vacas locas (Enfermedad de las).

Control de precios

Véase: - Annone – Corn Laws – Orden público – Revueltas del hambre.

Convención Americana sobre Derechos Humanos

Véase: – Derecho a la tierra – Derecho Consuetudinario – Derechos Fundamentales – Economía de subsistencia – Pueblos autóctonos.

Convención de Montego Bay

Véase: – Patrimonio común de la Humanidad.

Convenio de Aarhus

Véase: - Principio de Transparencia.

Convenio de Londres sobre ayuda alimentaria

Véase: - Ayuda alimentaria.

Convenio Europeo para la Protección de los Derechos Humanos

Véase: – Derecho a la alimentación – Derecho a la tierra – Derechos Fundamentales.

Convenio Internacional para la Protección de las Obtenciones Vegetales

Véase: - Privilegio del agricultor - Privilegio del obtentor.

Convenio sobre la Diversidad Biológica

Véase: - Biodiversidad - Biodiversidad agrícola – Bioprospección – Biotecnologías.

Convenio UPOV

Véase: - Convenio Internacional para la Protección de las Obtenciones Vegetales.

Cooperativa

Constituye una forma específica de estructura societaria que puede ser opuesta a las sociedades capitalistas, en la medida en que los asociados-miembros no persiguen el objetivo de recoger dividendos al final del ejercicio; la sociedad cooperativa ejecuta una actividad en la que sus miembros participan directamente, lo que permite la reducción de costos y la participación de todos los miembros en el ahorro realizado. El vínculo cooperativo condiciona la relación jurídica entre los miembros y la cooperativa.

Desde el siglo XIX, los Gobiernos han fomentado particularmente la conformación de estas agrupaciones. En Francia, es esencialmente por medio de una Ley Marco de 10 de septiembre de 1947 (modificada por una ley de 17 de julio de 2001), que se establece el estatuto de las sociedades cooperativas de interés colectivo, con un carácter de utilidad social. Su creación requiere la aprobación del Prefecto del departamento donde está la sede de la sociedad. Salvo cuando se indique expresamente lo contrario, estas sociedades están sometidas al régimen de las sociedades anónimas o al de las sociedades de responsabilidad limitada. La Ley nº 2008-649 de 3 de julio de 2008, introdujo la figura de las sociedades cooperativas europeas en el Derecho francés (su existencia está prevista en el Reglamento de la Unión Europea nº 1435/2003 de 22 de julio de 2003).

Las sociedades cooperativas son particularmente activas en el sector agroalimentario. Existen también sociedades cooperativas de comerciantes detallistas que son bastante eficaces, sin embargo, las sociedades cooperativas de consumo han sufrido serios reveses antes de prácticamente desaparecer. Las sociedades cooperativas obreras de producción, disponen de un régimen particular y están experimentando actualmente un resurgimiento. Por último, las sociedades cooperativas de construcción, cuyo objetivo es reducir el costo de la construcción en beneficio de los asociados que habitarán las viviendas construidas por la cooperativa, están mostrando cierta eficacia en las viviendas sociales.

A menudo confrontadas a sectores donde la competencia es extremadamente fuerte, algunas sociedades cooperativas de comerciantes detallistas o de naturaleza agroalimentaria han tenido que evolucionar perdiendo un poco de su relación de cooperación. En ese sentido, la gestión democrática de estas empresas va perdiéndose poco a poco, pero los jueces tratan de compensar la pérdida en el vínculo cooperativo recurriendo al derecho de los contratos, para proteger a los asociados-cooperadores (los agricultores), ligeramente debilitados frente a las grandes cooperativas de las que son miembros.

FRANÇOIS LE FICHANT

Véase también: - Agricultura – Mujeres.

Corn Laws

Se agrupan bajo el término general "*Corn Laws*" o "Leyes sobre los granos", las diferentes medidas de protección arancelaria a través de la imposición de impuestos, en Inglaterra, a la importación y exportación de los diversos grano, sobre todo a partir de los siglos XVII y XVIII, con el fin de favorecer a las producciones locales. Estas leyes fueron introducidas en 1815 bajo el nombre de "*Importation Act*" -ley de importación-. En efecto, durante el año 1813, una comisión de la Cámara de los Comunes recomendó la exclusión de la importación de granos extranjeros, hasta que el precio del trigo producido en Inglaterra ascendiese hasta las 4 libras por *quarter* (lo que equivale a 218,8 kg). Este era el precio que Thomas Malthus consideraba justo. Para él, sería peligroso para Gran Bretaña importar trigo a un precio inferior, porque esto reduciría la remuneración de los campesinos y, además, los industriales sufrirían de la pérdida de ingresos de los propietarios de terrenos, los *Landlords*, y de sus granjeros, o *tenants*. Cuando llegó la paz, en 1814, el precio del trigo se redujo y es en este punto que el gobierno *Tory* de Lord Liverpool se propuso lograr la aprobación de esta ley, lo que provocó graves disturbios en Londres. Los liberales, como David Ricardo, habían rechazado durante mucho tiempo tales medidas en nombre de su fe en la libertad de comercio. En efecto, Ricardo pensaba que Gran Bretaña podría utilizar su capital y su población a su favor.

Finalmente, esta ley de 1815 tuvo como resultado el mantener el precio del pan más alto de lo que hubiera estado si hubiesen sido permitidas importaciones libres de granos, lo que no favorecía para nada a las categorías sociales trabajadoras. De seguido, varias peticiones fueron enviadas al Parlamento y se formaron diversas asociaciones, principalmente en Birmingham, Nottingham y Londres, a partir de 1833, para oponerse a estas medidas proteccionistas sobre los granos. En 1838 es cuando fue fundada en Manchester la *Anti-Corn Law Association* (que se convirtió en 1839, en la *Anti-Corn League*), compuesta principalmente por miembros pertenecientes a la clase media, procedentes de los industriales del Norte.

El propósito de esta "Sociedad" era obtener la abrogación de las *Corn Laws*. Diversos argumentos fueron utilizados para este propósito: en primer lugar, las *Corn Laws* eran obsoletas y sólo traían beneficios a los terratenientes y a los granjeros, por lo que era totalmente egoísta de la parte estas personas utilizar su poder en el seno del Parlamento para mantener esta normativa. Además, se le criticaba a las *Corn Laws* no haber tenido el efecto esperado de reducción del precio del pan, sino por el contrario, haber favorecido un impuesto adicional sobre las clases más pobres; despojados de su dinero, estos ya no tenían con qué comprar los productos industriales. Los industriales se vieron entonces obligados a pagar salarios más altos de lo que podían, lo que constituía una queja adicional. Asimismo, si la eliminación de los impuestos de protección favorecía a la industria, cabía preguntarse por qué no beneficiaría igualmente a la agricultura. También se argumentaba que los países extranjeros, que podrían exportar trigo a Inglaterra sin tener que pagar impuestos, gastarían el dinero ahorrado comprando productos industriales ingleses, lo que favorecería la baja en el precio de los alimentos y una mejor perspectiva para el empleo. Por último, la Sociedad recurrió a un argumento moral al emplear un lema que sus seguidores propagaron: "Dios hará prosperar los esfuerzos justos de los hombres ligados contra los tiranos que niegan la comida al laborioso".

Los dos principales dirigentes de la Sociedad fueron Richard Cobden y John Bright. Estas dos grandes figuras no tuvieron dificultades para recaudar los fondos necesarios para difundir sus ideas por medio de volantes, de un periódico llamado *The Anti-Corn Law Circular*, de reuniones públicas y, también, mediante el apoyo de candidaturas al Parlamento de hombres favorables a la abrogación de estas leyes. Sin duda, las oposiciones no faltaron, tanto desde la prensa, con el *Times* que se había aliado con los terratenientes, como de la masa del partido de los *Tories*, compuesta casi en su totalidad de estas mismas personas. Esta oposición de los terratenientes fue canalizada a través del Duque de Richmond, quien en 1844 formó una *Central Agricultural Protection Society*, cuyo objetivo era procurar el mantenimiento de las *Corn Laws*.

De forma bastante paradójica, fue un ministro que representa los intereses de la clase terrateniente, Sir Robert Peel, quien resolvió abolir las *Corn Laws*. La hambruna que asoló Irlanda a raíz de la crisis de la papa de 1845-1846, que causó la muerte de miles de irlandeses y la fuga de muchos otros hacia los Estados Unidos, fue acompañada de una crisis en Inglaterra relacionada con una mala cosecha de trigo, debido a un verano muy húmedo. Mientras que los *Whigs*, liderados por Lord John Russell, no pudieron llevar a cabo la abrogación de las *Corn Laws*, fue un *Tory*, conservador en política pero liberal en el plano de la Administración, quien inició el proceso legislativo para su abrogación. Es de esta manera que las *Corn Laws* fueron definitivamente abrogadas el 26 de junio de 1846, los partidarios de Peel se unieron a los miembros irlandeses del Parlamento, a los miembros del Parlamento de la Sociedad de opositores a las *Corn Laws* y a la mayoria de los *Whigs*. Solo unos pocos *Whigs* se opusieron, así como los viejos *Tories* favorables al proteccionismo.

Esta abrogación llegó un poco tarde para rescatar a los irlandeses, sin embargo, promovió rápidamente una era de prosperidad en Gran Bretaña, reduciendo el precio del pan, apoyando al empleo y mejorando globalmente el nivel de vida de las masas, a pesar de las profecías de mal agüero de los propietarios de las tierras. La agricultura británica no sufrió inmediatamente de la competencia extranjera, los agricultores reaccionaron adoptando una política llamada de *high farming* a partir de 1850, que consistía en una mejoría de los suelos mediante el drenaje, el uso de nuevos fertilizantes y un progreso del maquinismo agrícola. Sin embargo, desde 1873 y hasta 1914, la agricultura entró en un período de depresión debido a varios factores, principalmente el clima, pero también por la competencia del trigo y de las producciones animales extranjeras: en 1895, la tercera parte de la carne consumida era importada principalmente de Nueva Zelanda y de Argentina.

De esta forma, si las profecías que habían visto una amenaza en la abrogación de las *Corn Laws* fueron, sin duda, un poco prematuras, con el tiempo probaron ser correctas. Debe señalarse que las condiciones sociopolíticas habían cambiado: los terratenientes no dominaban ya el Parlamento, especialmente por cuanto ahora todos los trabajadores varones de la industria tenían el derecho a votar; ya no era posible, por tanto, revocar la abrogación.

Bibliografía sugerida: ◆ ADAMS, L. P. (1969), *Agricultural Depression and Farm Relief in Britain 1813-1852*, Cass; ◆ MAC CORD, N. (1975), *The Anti-Corn Law League 1838-46*, Allen and Unwin; ◆ MAY, T. (1975), *Agriculture and Rural Society in Britain 1846-1914*, Arnold; ◆ WOODWARD, L. (1962), *The Age of Reform 1815-1870*, Oxford University Press.

DOMINIQUE GAURIER

Véase también: – Derechos aduaneros y barreras no arancelarias – Proteccionismo y libre comercio.

Cosas comunes

Las cosas comunes (*res communes*) son en principio cosas que están fuera de la esfera de la propiedad. Como se desprende de la definición dada en el artículo 714 del Código Civil francés, no pertenecen a nadie, por lo que su uso es común a todos, lo que no excluye que este uso pueda ser reglamentado por la autoridad pública. En este sentido, se diferencian de las *res nullius*, que son cosas que aún no han sido objeto de apropiación, pero que puede serlo en virtud de una ocupación en el sentido jurídico del término (corresponden a esta categoría, por ejemplo, la captura de peces en el mar o la extracción de animales de caza).

En realidad, la noción de cosa común se emplea poco en nuestros sistemas jurídicos y ello en razón, por un lado, de la dificultad (o del rechazo) de concebir lo inapropiable y, por otro lado, de la incertidumbre sobre el concepto de uso común a todos. El tema se discute en particular en relación con el agua y el aire que, al ser susceptibles de ciertas formas de apropiación, no serían en principio calificados como cosas comunes. Sin embargo, en Quebec la situación parece ser diferente. El aire y el agua son efectivamente tratados como cosas comunes sobre las cuales nadie, ni siquiera el Estado, tiene la propiedad (véase el art. 913 del Código Civil de Quebec). Este estatus demanda que la relación con estas cosas sea concebida de manera diferente a los términos característicos de la propiedad, pero no impide en modo alguno que el Estado legisle para regular el uso; su intervención tiene lugar en tanto "guardián", en el interés de todos. A pesar de este estatus particular, se observa que el principio no es inflexible: algunas modulaciones han sido consentidas por el Derecho de Quebec y se ha desarrollado un comercio del agua.

Puede establecerse un paralelismo entre los conceptos de cosas comunes y de dominio público en materia de propiedad intelectual, en razón de las nociones de libertad y gratuidad a las que éste último hace referencia: Todo el mundo puede extraer libremente de estos recursos inmateriales sin agotarlos y, por tanto, sin privar a los demás de su disfrute. El dominio público, esfera de libre explotación, resulta ser, sin embargo, una noción más amplia que la de las cosas comunes porque incluye tanto obras que ya no están sometidas a monopolio (que han "caído en el dominio público"), como elementos que pura y simplemente no son susceptibles de apropiación (ideas, hipótesis, conocimientos, datos brutos, etc.). Si bien las obras ya no son económicamente apropiables al finalizar el monopolio de explotación, siguen siendo de manera indivisible la propiedad de su creador en el sentido moral y personal.

Definitivamente, la referencia a las cosas comunes sigue siendo poco operativa, reducida por algunos a una simple facultad de usar las cosas o, a veces, a una manifestación de la libertad de comercio y de industria. También, es lo que causa su fragilidad, viéndose comprimida por el crecimiento de los derechos de propiedad. La noción de acceso o de servidumbre de acceso podría brindarle la estructura o, dentro del ámbito del Derecho de los Bienes, las nociones de bienes no mercantiles o de cosas fuera del comercio. No obstante, no es seguro que estas categorías resulten ser más eficientes.

Bibliografía sugerida: • CANTIN-CUMYN, M. (2007), La notion de chose commune et les conflits d'usages, *Lex electronica*, volume 12, n° 2, p. 1 (consultable en línea).

MARIE CORNU

Véase: - Cosas fuera del comercio - Patrimonio común de la Humanidad – Pueblos autóctonos.

Cosas fuera del comercio

A grandes rasgos, las cosas fuera del comercio son aquellas que han sido retiradas de la circulación jurídica por diversas razones. Para comprender el alcance de la noción es necesario revisar los conceptos de comercialidad y de extra comercialidad.

Una primera precisión invita a distinguir entre las cosas fuera del comercio y las cosas inapropiables. Durante mucho tiempo se confundieron los caracteres extra comercial y extra patrimonial. En efecto, el uso de la palabra "cosa" sugiere que esta categoría no podía concernir a los "bienes" por cuanto estos últimos son por naturaleza, desde una perspectiva jurídica, apropiables o apropiados. Pero actualmente se admite la posible apropiación de las cosas fuera del comercio. Desde hace bastante tiempo, había sido demostrado en relación con los bienes de dominio público, en el sentido que los concibe el Derecho Administrativo francés. De esta forma, no existe incompatibilidad entre propiedad y extra comercialidad.

A pesar de lo anterior, la relación de propiedad no tiene lugar en los mismos términos para todas las cosas fuera de comercio. Algunas de ellas se encuentran pura y simplemente fuera del ámbito de la propiedad – se trata de *cosas* y no de *bienes*-, mientras que otras, a pesar de estar retiradas del comercio son, por el contrario, objeto de apropiación por parte de personas públicas o privadas. El criterio de la extra patrimonialidad no resulta decisivo, ni tampoco lo es el criterio de la gratuidad, aunque a veces la ley prohíbe en este campo, las operaciones en las que se obtiene beneficio.

De manera positiva, la comercialidad se puede definir de forma más o menos restrictiva. En un sentido amplio, esta concierne todo acto jurídico que persigue el objetivo de crear, modificar o extender los derechos. Las cosas en el comercio jurídico se pueden adquirir, transmitir, ya sea por contrato a título oneroso o gratuito, desmembrarse, etc. En un sentido más estricto, puede referirse a la inalienabilidad, a la imposibilidad de un comercio lucrativo (prohibición de un derecho patrimonial sobre el cuerpo humano, por ejemplo) o a la imposibilidad de dispersar material o jurídicamente un bien. En realidad, el carácter fuera del comercio resulta ser una noción totalmente relativa, cuya técnica adopta formas más o menos radicales según el objetivo que se persiga.

Las cosas fuera del comercio se definen por esta imposibilidad de ser objeto de circulación, sin que, por ello, sea especificada su naturaleza o los rasgos que las caracterizan. En virtud de este imperativo de la no comercialidad, la noción abarca todo tipo de cosas; es un calificativo abierto del cual no siempre se logra captar sus justificaciones, a veces percibidas como herencia de lo sagrado (elementos y productos del cuerpo humano, cadáver, sepulturas), a veces derivado de lo ilícito (productos peligrosos, sustancias venenosas, cosas falsificadas), a veces fundadas en la imposibilidad de una apropiación privativa (cosas comunes, clientelas civiles), en el efecto neutralizante de los derechos colectivos sobre la cosa (dominio público, recuerdos de familia) o, incluso, en la dimensión personal (derechos de la personalidad, derecho moral de autor). La lista no se agota aquí, algunas veces los motivos de la extra comercialidad pueden combinarse: la protección de las sepulturas puede vincularse tanto al régimen de dominio público como a su dimensión sagrada o familiar, es decir, personal.

De la observación sobre la disparidad de los elementos retirados del comercio y de las justificaciones que lo rigen, se cae fácilmente en cuenta de que no existe una esencia común de estas cosas. El denominador común sería el régimen de extra comercialidad. Sin duda, puede realizarse un ejercicio de clasificación a partir del cual podrían emerger familias de cosas fuera del comercio. Pero, en realidad, hay pocas cosas que han sido pura y simplemente retiradas del comercio jurídico. La mayoría de las cosas calificadas como tales son en parte indisponibles. Acerca de la interrogante sobre el grado de comercialidad, puede resultar útil volver a la justificación por la cual se les califica como fuera del comercio, aunque sólo sea para comprender los contornos y, si fuera necesario, para poner a prueba los límites. El enfoque también puede ayudar a aislar con mayor claridad la categoría de las cosas que, de forma radical y absoluta, debe ser retirada del mercado. En particular, puede aclararse la facultad de levantar la prohibición.

La calificación como fuera del comercio puede implicar, por ejemplo, la protección de la salud pública o de la seguridad. Pueden relacionarse las sustancias venenosas y los productos peligrosos, para los cuales podemos asumir que el carácter de fuera del comercio se presenta como un imperativo para la autoridad pública. Pero, incluso en esta categoría de cosas ilícitas, la noción muestra sus límites. Por ejemplo, el Derecho de la Unión Europea retira del mercado europeo los alimentos y productos para animales que no sean seguros. Se consideran fuera del comercio en el seno de la Unión, pero estos productos no lo son necesariamente fuera de la Unión. El Reglamento nº 178/2002 de 28 de enero 2002 define los alimentos que no son seguros como aquellos que, por un lado, son nocivos para la salud y, por otro lado, no son aptos para el consumo humano. En este último caso, y bajo ciertas condiciones, la exportación es posible. Esto demuestra que el concepto tiene una geometría variable, incluso en los campos de interés para la salud pública.

Marie Cornu

Véase también: – Cosas comunes – Patrimonio común de la Humanidad.

COV

Véase: - Obtención Vegetal.

Crédito

Véase: - Banco Mundial - Bancos regionales de Desarrollo.

Crisis alimentaria

En 2008, el tema del "hambre" regresó repentinamente a las agendas políticas y a los medios de comunicación internacionales, a causa del aumento repentino de los precios de los cereales (75% de alza para el arroz, 120% para el trigo, etc.), lo que provocó una ola sin precedentes de disturbios urbanos en casi cuarenta países (Haití, México, Camerún, Senegal, Filipinas, Indonesia...). El pánico invadió a la comunidad internacional, que se vio claramente sorprendida por la gravedad de la situación. Fue calificado de "tsunami alimentario y humanitario", como si se tratara de un cataclismo natural e inesperado; también de "primera crisis mundial de alimentos", este aumento repentino de los precios redujo a decenas de millones de personas a la pobreza, anulando, según el presidente del Banco Mundial, todos los esfuerzos realizados desde el milenio para combatir la pobreza.

Combinando sus efectos con los de la crisis financiera de algunos meses más tarde, esta "crisis" hizo que el número de personas desnutridas en el mundo aumentara a una cifra sin precedentes desde los años 1970, de casi mil millones de personas. Con la reactivación de los miedos ancestrales de un déficit de alimentos, esta crisis marcará un punto de inflexión importante, una ruptura, en el enfoque del desarrollo que seguían hasta entonces las organizaciones internacionales, lo que las obligó a rehabilitar el desarrollo agrícola - campo largamente relegado a un segundo plano de las prioridades, en favor de la agenda de la buena gobernanza - en sus estrategias para luchar contra el hambre y la pobreza.

Si bien se dio rápidamente un consenso sobre la necesidad de rehabilitar la agricultura en las estrategias de desarrollo, las interpretaciones que se han propuesto sobre la crisis no son unánimes. Para algunos, el aumento de los precios de los productos se debe principalmente a una combinación de impactos repentinos, inesperados y exógenos: malas cosechas en algunos de los principales países productores (Australia, Ucrania, etc.); reducción de las existencias internacionales y alza simultánea en los precios del petróleo, que provocaron una serie de comportamientos perversos e irracionales por parte de los participantes en el mercado (compras anticipadas con carácter preventivo, especulación, reacciones proteccionistas de algunos países exportadores, etc.), que condujeron a un aumento desproporcionado de los precios que, sin embargo, estarían llamados a volver a bajar y recuperar su equilibrio inicial con el regreso de las buenas cosechas (ya anunciadas para la primavera de 2008).

Para otros, sin negar los efectos coyunturales, consideran que este espectacular aumento de los precios refleja, más bien, un desequilibrio estructural duradero, bajo el efecto combinado de varios factores endógenos que afectan la oferta alimentaria. Entre ellos, se mencionan: la disminución de los rendimientos de la agricultura intensiva; la pérdida irreversible de las tierras de cultivo debido al cambio climático; el agotamiento de recursos; la creciente demanda de los países emergentes, asociada al cambio en los hábitos alimentarios de su población; el cambio en el uso del suelo (urbanización, carreteras, represas, proyectos de minería...); o incluso la sustitución de cultivos alimentarios por cultivos energéticos. En este sentido, el Relator Especial de las Naciones Unidas sobre el Derecho a la Alimentación, Olivier de Schutter, considera que los agrocombustibles son los principales responsables del aumento de los precios de los productos básicos, unido a fenómenos especulativos.

Teniendo en cuenta la crisis desde la perspectiva única de una disociación entre la oferta y la demanda, sea esta disociación de naturaleza coyuntural o estructural, y situando sus causas fundamentalmente del lado de un déficit de producción, estas dos posiciones dominantes están lejos de satisfacer a ciertos expertos. Al considerar estas explicaciones parciales, limitadas o, incluso, sesgadas, estiman que es necesario buscar las causas de la crisis fuera de los determinantes directos del alza de los precios. Cualquiera que sea el peso y el papel de las causas dadas para explicar este aumento repentino, estos esquemas explicativos no permiten entender por qué tantas personas en el mundo están en una situación de malnutrición crónica, mientras que la producción aumenta tan rápido, incluso más rápido que el crecimiento demográfico y que en los últimos años ha alcanzado niveles récord; o por qué una disminución relativamente modesta y transitoria de la producción fue suficiente para sumir a millones de personas en la pobreza extrema, mientras que las reservas disponibles pueden teóricamente alimentar a toda la población mundial.

Sin duda, el crecimiento horizontal (a través de la extensión de las áreas de cultivo) y vertical (a través de un mayor crecimiento de la productividad y de los rendimientos) es esencial para afrontar los retos del crecimiento demográfico; resulta ser perfectamente posible (sólo 1,5 mil millones de hectáreas se encuentran actualmente en explotación de las 3,3 mil millones de hectáreas disponibles). Pero, como señala el economista hindú Amartya Sen, el hambre es más un problema de acceso a los alimentos que un problema de disponibilidad de alimentos. En otras palabras, es inútil aumentar la producción mientras que algunas personas no tengan los medios para comprar la comida. ¡Las personas están hambrientas sobre todo porque son pobres!

Este es el corazón del análisis que estos expertos realizan sobre la crisis: la crisis no habría tenido un impacto tan grande si las poblaciones afectadas por el alza de los precios no hubieran sido tan vulnerables a causa de su pobreza. Así, esta crisis ha puesto de manifiesto sobre todo, la creciente vulnerabilidad de las poblaciones pobres urbanas, que se han vuelto ampliamente dependientes de las importaciones de alimentos. Y este aumento de la dependencia es, en sí mismo, el resultado de decisiones políticas razonadas y de las políticas económicas deliberadas que lo único que han hecho es empobrecer a un gran segmento de la población rural (pequeños agricultores familiares, trabajadores agrícolas, campesinos sin tierra, etc.), el cual constituye actualmente la aplastante mayoría de personas que padecen hambre.

Al poner a competir a las pequeñas explotaciones con los gigantes agroindustriales internacionales, las políticas de apertura y de liberalización de los mercados agrícolas - junto con la desvinculación del Estado respecto de los sectores agrícolas locales – han diezmado rápidamente a los pequeños productores incapaces de hacerle frente a la caída de los precios que se produjo (casi constante en términos reales desde la Segunda Guerra Mundial y así, hasta el incremento reciente); los precios se alinean generalmente al nivel de los productores más competitivos. Al mismo tiempo, al fomentar la sustitución de los cultivos alimentarios locales por monocultivos de exportación, más apreciados en los mercados internacionales, estas orientaciones conllevan la privación de importantes reservas de producción alimentaria en muchos países.

Algunos de ellos, otrora autosuficientes, se han convertido, en unos pocos años, en peligrosamente dependientes del mercado internacional para alimentar a su población, especialmente la de sus ciudades dilatadas por la afluencia de campesinos empobrecidos. En estas condiciones, un fuerte aumento de los precios internacionales sólo podía afectar directamente a las poblaciones urbanas pobres – privadas de cualquier red de seguridad -, erosionando súbitamente su poder adquisitivo. No es casualidad que los disturbios urbanos más graves – llamados impropiamente "revueltas del hambre", pues eran rara vez realizadas por personas hambrientas – tuvieron lugar en los países que han sacrificado gran parte de su campesinado, apostando a las importaciones "a buen precio".

En esta perspectiva, la crisis alimentaria de 2008, más que una simple desconexión de la oferta y de la demanda, refleja sobre todo la insuficiencia del modelo agroalimentario actual y el fracaso de las políticas económicas que lo sustentan.

Es evidente que las instituciones internacionales parecen tener muy poco en cuenta este análisis, a pesar de que reconocen que la falta de inversión en los sectores agrícolas locales ha aumentado la vulnerabilidad de los países. Al favorecer una lectura limitada de la crisis, ofrecen soluciones para estimular a cualquier costo la producción, a incrementar la productividad y aumentar la oferta de alimentos. También, junto a un fortalecimiento de los mecanismos de alerta y de algunas medidas paliativas de emergencia, abogan por: un aumento sustancial de la ayuda y la inversión, pública o privada, para sectores agrícolas; la implementación de políticas públicas para apoyar a los sectores agrícolas locales; la difusión de nuevas tecnologías donde faltan, para aumentar la productividad; o, incluso, reformas tributarias y del régimen sobre la tierra para que esta sea atractiva, donde es abundante, lamentablemente con el riesgo de fomentar el proceso actual de acaparamiento. A pesar de que ahora reconocen el papel central de la agricultura familiar en la lucha contra el hambre, siguen alentando la continuación, con algunos ajustes menores, de las negociaciones de la Organización Mundial del Comercio (OMC) sobre la liberalización del sector agrícola, con el pretexto de que los productos alimentarios de base sólo representan entre el 15% y el 20% del comercio internacional.

Para una gran mayoría de los movimientos campesinos y muchas de las organizaciones de la sociedad civil, estas nuevas estrategias internacionales para el desarrollo agrícola no son más que viejas recetas con nuevos ropajes.

Cuestionando el rol asignado por las organizaciones internacionales a los inversores privados, estos actores exigen más bien un replanteamiento radical del actual modelo agrícola y, sobre todo, de las políticas de liberalización del mercado agrícola, a las que acusan de haber preparado el terreno para la crisis. Para ellos, la única respuesta adecuada al problema del hambre requiere un fortalecimiento de los pequeños campesinos, mediante: la implementación de programas integrales de reforma agraria; la aplicación de políticas agrícolas adaptadas al contexto y la necesidad de la población; y, sobre todo, la adopción de nuevas medidas de protección que garanticen precios estables, altos y remunerativos a los pequeños productores.

El concepto de "soberanía alimentaria", planteado como un derecho internacional, resume de alguna manera sus propuestas. Se refiere a la capacidad de cualquier Estado o grupo de Estados de poner en marcha las políticas agrícolas más adecuadas para su población, sin que esta estrategia dañe a las poblaciones pobres de otros países. Elaborado en 1996 por la organización campesina internacional *Vía Campesina*, el concepto tiene el mérito de reintroducir, en un entorno socioeconómico cada vez más inestable, la cuestión de la regulación pública en el centro de los debates sobre el futuro de la agricultura; reabriendo y prolongando de esa forma un viejo debate de los siglos XVIII y XIX, que oponía a los padres fundadores de la economía en relación con la especificidad del hecho alimentario. La nueva alza de los precios a principios de 2011 da a sus defensores (de los campesinos) argumentos de peso.

Bibliografía sugerida: ◆ BRUNEL, S. (2009), *Nourrir le monde, Vaincre la faim*, Paris, éd. Larousse; ◆ DELCOURT, L. (2008), Mobilisations dans le Sud face à la crise alimentaire, in *État des résistances dans le Sud – 2009, Face à la crise alimentaire*, Paris, éd. Syllepse; ◆ OYA, C. (2011), Agriculture in the World Bank: blighted harvest persists, in *The political economy of development*, The World Bank, Neoliberalism and development research, bajo la dirección de K. Bayliss, B. Fine et E. Van Waeyenberge, Londres, Pluto Press, p. 146; ◆ PARMENTIER, B. (2009), *Nourrir l'Humanité, Les grands problèmes de l'agriculture mondiale au XXIe siècle*, Paris, éd. La Découverte, 2e éd.

LAURENT DELCOURT

Véase también: - Acaparamiento de tierras – Agrocombustibles – Catástrofe – Especulación - Revueltas del hambre – Seguridad alimentaria – Soberanía alimentaria.

Crisis sanitaria

La Nube de Chernóbil (1986); la crisis de las "vacas locas" también llamada crisis de la EEB, por la encefalopatía espongiforme bovina (en 1990 y después, en 1996); el asunto de la sangre contaminada (1991); las polémicas relacionadas con las hormonas de crecimiento (1992); el amianto y la dioxina (1999); dramas vinculados con la listeriosis, la legionelosis, la hepatitis C;

la canícula (2003); el episodio de la gripe aviar (2004); el escándalo del medicamento "Mediator" (2011)... Lo anterior evoca algunas de las crisis sanitarias más graves y más recientes que agitaron a la población francesa, europea e incluso internacional.

Bajo esta misma denominación de "crisis sanitaria" se encuentran reunidos los fenómenos que pueden afectar gravemente a la salud de las personas o de los animales, pero de manera muy variable. ¿Qué significa la palabra "crisis"? En el siglo XIV hacía referencia a la fase decisiva de una enfermedad. Por transposición, designaba un momento crítico de un proceso (siglo XVII), antes de que la idea de desorden o desequilibrio grave se impusiera. Utilizada ahora en el vocabulario social, económico y político, la crisis es sinónimo de malestar y puede estar estrechamente ligada a las nociones de carácter repentino y de miedo. La crisis también está relacionada con la severidad de los efectos constatados. Por eso, la ausencia de un gran número de muertes, incluyendo muertes inmediatas, asociada a la falta de información, hacen que algunas crisis no sean percibidas como tales en el momento de los hechos. Al contrario, las consecuencias previsibles de ciertas crisis en los seres humanos han podido ser sobrestimadas a la luz de los primeros síntomas comprobados. Tal fue el caso, por ejemplo, de la evolución de la EEB y de la gripe aviar en los seres humanos.

Si no es fácil proponer una definición precisa ni percibir, *a priori*, los contornos exactos de una crisis sanitaria, la experiencia ha demostrado la deficiencia de un enfoque exclusivamente nacional, fragmentado o parcelario de la seguridad de los productos en un contexto marcado por la globalización del comercio y de los riesgos. También es importante tener en cuenta que cada crisis motivó de inmediato las reformas basadas en el concepto de evaluación del riesgo, pero también la aparición de una política basada en la seguridad.

Las diversas crisis antes mencionadas han provocado, tanto en el nivel europeo como en el nivel nacional, las reformas basadas en la mejora de lo que se denomina la evaluación de los riesgos.

En el seno de la Unión Europea (UE), el anuncio del Gobierno británico expresando una posible transmisión a los seres humanos de la EEB (1996), produjo un cambio profundo en la política de protección. Desde esta perspectiva se procedió a una redistribución de competencias dentro de la Comisión Europea en lo relativo a la preparación de los textos normativos, fueron transferidas de la Dirección de la Agricultura a la Dirección que se encarga de la protección de la salud pública y de los consumidores. Asimismo, la crisis de la EEB provocó una refundición de la legislación alimentaria, que se concretó en un texto trascendental conocido como "*Food Law*": el Reglamento nº 178/2002 de 28 de enero de 2002, por el que se establecen los principios y los requisitos generales de la legislación alimentaria. La novedad consiste en encargar la realización de la evaluación de los riesgos a todo actor de la cadena alimentaria, así como a las autoridades públicas. Este mismo texto crea una institución clave, la Autoridad Europea de Seguridad Alimentaria, encargada de la evaluación de los riesgos y de la experticia científica en la UE. Este dispositivo europeo de evaluación cumple con los requisitos del Derecho Internacional, en este caso, con las exigencias del Acuerdo sobre la aplicación de las Medidas Sanitarias y Fitosanitarias (Acuerdo SPS), que es parte del derecho de la Organización Mundial del Comercio (OMC) y de las normas del Codex Alimentarius. En efecto, todo Estado debe basar científicamente sus decisiones de policía sanitaria para así evitar toda condena por obstruir el comercio internacional.

En Francia, se respondió a las diferentes crisis sanitarias en 1993, 1998, 2004 y 2011 de manera similar, es decir, con la creación o reorganización, por ley, de instituciones personalizadas y especializadas, llamadas agencias sanitarias, bajo la tutela del Ministerio encargado de la salud. Estas agencias se encargan de identificar y caracterizar los riesgos que presentan, en particular, los medicamentos (*Agence nationale de sécurité du médicament* – ANSM) así como los alimentos (*Agence nationale de sécurité sanitaire de l'alimentation, de l'environnement et du travail* – ANSES). Estas reformas institucionales son la expresión de una nueva política que ya no está fundada en el concepto de orden público, sino en la noción de seguridad.

Las crisis sanitarias provocaron respuestas políticas inmediatas, a menudo adoptadas bajo el impulso de la emoción. Sin embargo, estas respuestas se relacionan desde la década de 1960, con el desarrollo continuo del Derecho del Consumidor. El derecho a la seguridad constituye la reivindicación más constante de las organizaciones de consumidores, en todos los países de economía de mercado. Cuando la Comunidad Europea implementó, a partir de 1975, un programa para una política de protección del consumidor, la protección de la salud y la seguridad figuraba a la cabeza de los imperativos comunitarios. Esta toma de conciencia sobre la peligrosidad de numerosos productos que circulan y son intercambiados más allá de las fronteras provocó una evolución del Derecho. En el seno de la UE, la Directiva nº 2001/95/CE de 3 de diciembre de 2001 estableció una obligación general de seguridad y el Reglamento nº 178/2002 la retoma al definir la noción de alimentos que no son seguros. En Francia, el código del consumo precisa además que los productos y servicios deberán ofrecer el nivel de seguridad que se pueda esperar legítimamente de los mismos y no atentar contra la salud de las personas (art. L 221-1). Tradicionalmente, los tribunales hacen recaer la obligación de seguridad sobre todos aquellos que participan en la producción y distribución de los productos, desde el fabricante hasta el último vendedor. Los textos nacionales y los comunitarios (véase la Directiva de 25 de julio de 1985, sobre la responsabilidad por productos defectuosos) canalizan la obligación hacia el productor.

El requisito de seguridad constituye una obligación compuesta, que consiste en primer lugar, en la obligación de llevar a cabo los controles previos para asegurar que el producto es conforme con los reglamentos y con las normas vigentes y que presenta la seguridad que se puede esperar de ese producto. A esta obligación de control inicial se ha agregado más recientemente, en 2004, el deber de informar adecuadamente a los consumidores sobre los riesgos, pero también una obligación de controlar los riesgos que puedan conducir a un retiro del producto, a una advertencia efectiva y precisa dirigida a los consumidores, así como la recuperación de los productos que ya están en posesión de estos últimos.

De parte de los poderes públicos nacionales, la obligación de seguridad condujo a la adopción de nuevos principios de organización y de acción en el seno de la política sanitaria y alimentaria: principio de la evaluación del riesgo (cuyo objeto es disociar la experticia de la gestión de los riesgos); principio de precaución (destinado a actuar aun en caso de duda sobre los riesgos); principio de imparcialidad (que busca evitar los conflictos de intereses de los expertos y de quienes adoptan las decisiones); y principio de transparencia (para desarrollar el derecho de información y de participación de los pacientes y de los consumidores). Puede apreciarse también la aparición de nuevos mecanismos de indemnización del riesgo por parte de la solidaridad nacional (por ejemplo, el riesgo médico que asume en Francia, la Oficina Nacional de indemnización de los accidentes médicos). Por último, la jurisprudencia francesa ha evolucionado al señalar la responsabilidad no sólo del Estado por la falta de prevención en el caso de la tragedia de la sangre contaminada o del amianto, sino también en relación con las empresas responsables de la seguridad de los empleados. Ahora, la responsabilidad en materia de seguridad laboral recae sobre los jefes de las empresas y ya no es más una obligación de medios (de hacer todo lo posible para garantizar la seguridad), sino una obligación de resultado (de garantizar la seguridad).

Las sucesivas crisis sanitarias han hecho hincapié en que la protección de la salud pública ocupa una posición central en la acción de las autoridades públicas, en los niveles nacional, europeo e internacional. Misión soberana, la protección de la salud humana y la seguridad sanitaria de los alimentos se encuentra acompañada por la consagración de una obligación de seguridad a cargo de todos los actores públicos o privados.

Las situaciones de crisis o las alertas pueden ser más frecuentes hoy que ayer, pero dan testimonio sobre todo de una mejor vigilancia, en particular gracias a las redes de alerta nacional y europea, al mismo tiempo que existe mayor sensibilidad por parte de la opinión pública en torno a estos temas. Aun más, en una sociedad donde el individuo parece tener prioridad sobre cuestiones colectivas, las crisis sanitarias revelan la existencia de riesgos colectivos. Sin embargo, estas crisis sanitarias no son suficientes para hacer olvidar una situación permanente y siempre preocupante de malnutrición en numerosos Estados. ¿Cómo concebir la seguridad sanitaria de las personas y de los alimentos sin asociarla con la seguridad alimentaria, es decir, con el acceso a una cantidad suficiente de alimentos de calidad para todos en el conjunto de países del mundo?

Bibliografía sugerida: ◆ GODARD, O. *et alii.* (2002), *Traité des nouveaux risques, Précaution, crise, assurance*, Paris, éd. Gallimard; ◆ TABUTEAU, D. (2002), *La sécurité sanitaire*, Paris, éd. Berger-Levrault, 2e éd.

CECILE MOIROUD

Véase también: - Análisis del riesgo – Calidad de los productos – Catástrofe – Crisis alimentaria – Derecho Europeo de la alimentación - Higiene - Reglamento Sanitario Internacional - Riesgos Biológicos - Seguridad de los productos - Vacas locas (Enfermedad de las).

Cristianismo

Véase: - Ayuno - Prohibiciones alimentarias.

Cultura

Véase: - Modelo alimentario - Prohibiciones alimentarias.

Curso

Véase: - Contrato de gestión del riesgo de precios – Especulación - Instrumentos financieros.

D

Daño ambiental

Véase: - Biodiversidad – Responsabilidad internacional.

Daño ecológico

Véase: - Biodiversidad – Responsabilidad internacional.

Daños a la propiedad

Véase: - Menoscabos a la propiedad.

Daños de vecindad

Véase: - Coexistencia de usos de la tierra – Organismo genéticamente modificado – Responsabilidad internacional.

Declaración

Véase: - Actividades agroalimentarias - Adición de sustancias.

Deforestación

Véase: - Bosque.

Denominación de origen protegida

La Denominación de Origen Protegida (DOP) constituye, junto con la Indicación Geográfica Protegida (IGP), la Especialidad Tradicional Garantizada (ETG) y la marca de certificación "Agricultura Orgánica", uno de los cuatro signos de calidad del derecho de la Unión Europea.

Su régimen, inspirado en gran medida en las denominaciones de origen controlado francesas, está establecido para los productos agroalimentarios en el Reglamento n° 1151/2012 y para los productos vitivinícolas en el Reglamento nº 491/2009 (llamado Reglamento único de las "OCM"). El Reglamento nº 510/2006, que regía hasta el 3 de enero de 2013 las DOP y las IGP fue abrogado por el Reglamento de 2012, que armoniza los regímenes de las DOP, de las IGP y de las ETG. El derecho de la Unión Europea define la DOP como un nombre que identifica un producto "originario de un lugar determinado [...] cuya calidad o características se deben [...] a un medio geográfico particular, con los factores naturales y humanos inherentes a él, y [...] cuyas fases de producción tengan lugar en su totalidad en la zona geográfica definida." La denominación debe reflejar así un verdadero vínculo que une al producto con su origen geográfico –su región- y de donde proviene su singularidad. Es la fuerza de ese vínculo lo que distingue a la DOP de la indicación geográfica protegida. En efecto, las condiciones relativas al origen geográfico de los productos que gozan de una IGP son mucho menos estrictas que las de la DOP, en la medida en que es suficiente que una sola de las etapas de fabricación del producto se efectúe en el área geográfica respectiva (sea la producción, la elaboración y/o la transformación).

Las solicitudes de registro de una DOP deben ser presentadas ante la autoridad nacional competente, la cual, después del examen y la validación del pliego de condiciones, transmite el expediente a la Comisión Europea. Si la DOP es registrada, entonces los operadores beneficiados deberán someterse a ese pliego de condiciones y a diversos procedimientos de control. Este control es lo que sustenta la garantía asociada a la DOP, de que el producto cumple con las especificaciones establecidas en el pliego de condiciones y tiene, por ello, una singularidad que proviene de su región (se trata de una garantía de "calidad", no de cualidades organolépticas).

Los requisitos para el control del respeto del pliego de condiciones por parte de los operadores beneficiados de una DOP (y que también es aplicable a las IGP) se rigen por el Reglamento nº 882/2004 sobre los controles oficiales. Si se constata un incumplimiento al pliego de condiciones, estos procedimientos pueden dar lugar a sanciones previstas en el derecho nacional y también pueden conducir a la eliminación de la DOP. Cualesquiera que sean las modalidades de control adoptadas por cada Estado, sus costos son asumidos por los operadores sobre los que recaen tales controles, pero el Estado puede contribuir con ellos. Este método de financiamiento provoca algunas dudas, por cuanto los organismos de control son financiados por quienes son controlados. Aunque los organismos de control se someten a una acreditación y a una aprobación donde deben justificar su imparcialidad e independencia, no es ilegítimo imaginar su renuencia a suspender o, incluso, a retirar la autorización de la que se beneficia uno de sus clientes.

El beneficio de una DOP le permite utilizar a los respectivos operadores la denominación registrada, en tanto que denominación de origen protegida. Solamente las personas habilitadas tendrán pues la posibilidad de usar el nombre geográfico protegido. Sin embargo, si bien Francia y, más ampliamente, la Unión Europea, tienen un arsenal jurídico para la protección efectiva de las denominaciones protegidas en Europa, no ocurre lo mismo en muchos otros países del mundo y la protección de las denominaciones de origen europeo es difícil en el ámbito internacional. Son pocos los Estados que reconocen el sistema jurídico que protege las denominaciones y estos prefieren utilizar el derecho de marcas. En la actualidad, ciertas DOP que gozan de gran renombre son utilizadas de forma criticable en varios países. El Arreglo de Lisboa, así como las negociaciones realizadas en el marco del Acuerdo sobre los Aspectos de los Derechos de Propiedad Intelectual relacionados con el Comercio (ADPIC) son medios que, posiblemente, conducirán a una mejor protección internacional de las denominaciones europeas. Pero las negociaciones son difíciles y aún no han concluido.

Bibliografía sugerida: ◆ BARQUE, F. (2009), Le droit communautaire des appellations d'origine et indications géographiques en matière viticole, *Revue trimestrielle de droit européen*, n° 4, p. 743; ◆ CHEN, C. (1997), Le statut légal des appellations d'origine contrôlées au États-Unis d'Amérique, *Revue de droit rural*, n° 249, p. 35; ◆ LORVELLEC, L. (1997), Réponse à l'article du Professeur Chen, *Revue de droit rural*, n° 249, p. 44; ◆ OLSZAK, N. (2006), Les nouveaux règlements européens sur les appellations d'origine et indications géographiques protégées et les spécialités traditionnelles garanties, *Revue de droit rural*, n° 343, p. 9; ◆ POTTIER, C. (2003), Le système européen de protection et de valorisation des produits agroalimentaires par les appellations d'origine protégées, les indications géographiques protégées et les attestations de spécificité, *L'Observateur de Bruxelles*, n° 51, p. 17.

CAMILLE COLLART DUTILLEUL

Véase también: - Acuerdo ADPIC - Arreglo de Lisboa - Calidad de los productos – Certificación – Control - Indicación Geográfica Protegida - Signo de calidad - Signo distintivo – Terroir.

Dependencia económica

Véase: - Abuso de posición dominante - Cooperativa.

Derecho a la alimentación

El derecho a una alimentación adecuada es un derecho humano universal y es el más reconocido en los textos jurídicos internacionales, regionales y nacionales relativos a los derechos económicos, sociales y culturales. Siendo una condición necesaria para la vida humana y por sus estrechos vínculos con problemáticas globales complejas, este derecho ha sido objeto de varios debates en los que se ha enfatizado sobre la urgencia de aportar respuestas.

La Organización de las Naciones Unidas (ONU) fue creada después de la Segunda Guerra Mundial con el objetivo principal de mantener la paz y la seguridad internacionales. En su seno, la Comisión de Derechos Humanos (sustituida en 2006 por el Consejo de Derechos Humanos) dedicó los tres primeros años de su existencia a redactar la Declaración Universal de los Derechos Humanos (DUDH), que fue adoptada por la Asamblea General el 10 de diciembre de 1948.

El artículo 25 de la DUDH menciona el derecho humano a "un nivel de vida adecuado que le asegure, así como a su familia, la salud y el bienestar, y en especial la alimentación". Originalmente, la idea era crear un sistema internacional de protección de derechos humanos. Sin embargo, debido a las opiniones divergentes, se tomó la decisión de elaborar dos pactos en lugar de uno. De esta forma, en 1966 la ONU adoptó el Pacto Internacional de Derechos Civiles y Políticos (PIDCP) y el Pacto Internacional de Derechos Económicos, Sociales y Culturales (PIDESC), los cuales entraron en vigor en 1976. El artículo 11 del PIDESC reconoce específicamente "el derecho de toda persona a un nivel de vida adecuado [...incluida la] alimentación [adecuada]."

Tras la adopción del PIDESC, un sistema internacional de protección de los derechos humanos fue creado para facilitar la aplicación de los principios contenidos en el Pacto. Los Estados Parte del PIDESC deben presentar informes al Comité de Derechos Económicos, Sociales y Culturales, establecido en 1985, sobre las medidas adoptadas y los progresos realizados para garantizar los derechos enunciados en el PIDESC. En cuanto a la situación actual de los derechos económicos, sociales y culturales de las Naciones Unidas, puede citarse el establecimiento de un Protocolo Facultativo al PIDESC (adoptado mediante Resolución de la Asamblea General, aprobada el 10 de diciembre de 2008, A/RES/63/117). Una vez en vigor, este Protocolo permitirá que el Comité de Derechos Económicos, Sociales y Culturales reciba también comunicaciones individuales e interestatales. Hasta la fecha, el Protocolo ha sido ratificado por ocho Estados (Argentina, Bolivia, Bosnia y Herzegovina, El Salvador, Ecuador, España, Mongolia y Eslovaquia), siendo necesarias diez ratificaciones para su entrada en vigencia.

También pueden citarse varios eventos históricos como las tres Cumbres Mundiales promovidas por la Organización de las Naciones Unidas para la Alimentación y la Agricultura (FAO), con el fin de discutir el contenido del derecho a la alimentación.

La primera Cumbre Mundial se celebró en 1996, en respuesta a las preocupaciones planteadas por el no cumplimiento de los objetivos de la Declaración de la FAO sobre la Erradicación del Hambre y la Malnutrición, adoptada en 1974 en el marco de la Conferencia Mundial de la Alimentación. Fueron adoptados allí dos compromisos importantes. El primero consiste en reducir a la mitad el número de personas que sufren subalimentación antes de 2015; este objetivo fue reafirmado en la Declaración del Milenio, adoptada por la Asamblea General de las Naciones Unidas en 2000. El segundo es un compromiso de aclarar el contenido del derecho a una alimentación adecuada y el derecho fundamental de toda persona a no padecer hambre. En cuanto a este segundo punto, las Naciones Unidas han respondido concretamente mediante la adopción de la Observación General 12 sobre el Derecho a la Alimentación (1999). Este texto define con más precisión el término "alimentación adecuada" y pone de relieve las diferentes obligaciones de los Estados miembros en relación con el derecho a la alimentación ("El derecho a la alimentación adecuada se ejerce cuando todo hombre, mujer o niño, ya sea sólo o en común con otros, tiene acceso físico y económico, en todo momento, a la alimentación adecuada o a medios para obtenerla. El derecho a la alimentación adecuada no debe interpretarse, por consiguiente, en forma estrecha o restrictiva asimilándolo a un conjunto de calorías, proteínas y otros elementos nutritivos concretos. El derecho a la alimentación adecuada tendrá que alcanzarse progresivamente"; Párr. 6)

En 2001, otra Cumbre Mundial se llevó a cabo por iniciativa de la FAO. Esta Cumbre sirvió en especial para dar el mandato a la FAO sobre la creación del Grupo de Trabajo Intergubernamental (GTI) encargado de apoyar los esfuerzos de los Estados miembros encaminados a alcanzar la realización progresiva del derecho a una alimentación adecuada, en el contexto de la seguridad alimentaria nacional. Después de la celebración de una serie de reuniones entre marzo de 2003 y septiembre de 2004, el GTI entrego la versión final de las "Directrices voluntarias en apoyo de la realización progresiva del derecho a una alimentación adecuada en el contexto de la seguridad alimentaria nacional" Estas directrices proporcionan orientaciones prácticas sobre 19 temas y se basan en tres dimensiones fundamentales del derecho a la alimentación: la adecuación, la disponibilidad y la accesibilidad.

Una tercera Cumbre Mundial sobre la Alimentación fue celebrada en noviembre de 2009: la Cumbre Mundial sobre la Seguridad Alimentaria. La declaración final de la cumbre reafirmó el objetivo de reducir a la mitad el número de personas que padecen hambre y malnutrición antes de 2015, que había sido establecido en la primera Cumbre. También se especificaron una serie de compromisos y medidas para garantizar la seguridad alimentaria.

El estado actual de avance del derecho a la alimentación se basa esencialmente en el trabajo realizado por el Consejo de Derechos Humanos y su predecesora, la Comisión de Derechos Humanos. La Comisión nombró varios grupos de trabajo, así como expertos independientes llamados "Relatores Especiales sobre el Derecho a la Alimentación", para analizar los retos actuales y dar recomendaciones adicionales para hacer frente a estos desafíos. Jean Ziegler fue el Relator Especial sobre el Derecho a la Alimentación entre 2000 y 2008; Olivier de Schutter le sucedió en 2008 y otra Relatora Especial, Catarina de Albuquerque, fue nombrada para examinar el problema del acceso al agua potable y al saneamiento. Los expertos del Comité Consultivo del Consejo de Derechos Humanos también han nombrado relatores especiales, cuyo trabajo consiste principalmente en la revisión de la literatura. El Sr. Asbjørn Eide fue nombrado Relator Especial sobre el derecho a la alimentación en 1992 y en 1998, y el Sr. El Adji Guissé fue el Relator Especial para el acceso al agua potable entre 2004 y 2008.

En cuanto al derecho a la alimentación, el artículo 11 del Pacto Internacional de Derechos Económicos, Sociales y Culturales establece que: "1. Los Estados Partes en el presente Pacto reconocen el derecho de toda persona a un nivel de vida adecuado para sí y su familia, incluso alimentación, vestido y vivienda adecuados, y a una mejora continua de las condiciones de existencia. Los Estados Partes tomarán medidas apropiadas para asegurar la efectividad de este derecho, reconociendo a este efecto la importancia esencial de la cooperación internacional fundada en el libre consentimiento. 2. Los Estados Partes en el presente Pacto, reconociendo el derecho fundamental de toda persona a estar protegida contra el hambre, adoptarán, individualmente y mediante la cooperación internacional, las medidas, incluidos los programas concretos, que se necesitan para: a) Mejorar los métodos de producción, conservación y distribución de alimentos mediante la plena utilización de los conocimientos técnicos y científicos, la divulgación de principios sobre nutrición y el perfeccionamiento o la reforma de los regímenes agrarios de modo que se logren la explotación y la utilización más eficaces de las riquezas naturales; b) Asegurar una distribución equitativa de los alimentos mundiales en relación con las necesidades, teniendo en cuenta los problemas que se plantean tanto a los países que importan productos alimenticios como a los que los exportan."

En el párrafo 8 de la Observación General 12, el Comité de Derechos Económicos, Sociales y Culturales considera que el "contenido esencial" del derecho a la alimentación adecuada comprende "la disponibilidad de alimentos en cantidad y calidad suficientes para satisfacer las necesidades alimentarias de los individuos, sin sustancias nocivas, y aceptables para una cultura determinada [y] la accesibilidad de esos alimentos en formas que sean sostenibles y que no dificulten el goce de otros derechos humanos."

Como es el caso de todos los Derechos Humanos, el Estado tiene obligaciones en relación con el derecho a la alimentación. Tiene así la obligación de respetarlo, protegerlo y realizarlo (Observación General 12, Párr. 15). Los Estados parte deben cumplir su obligación de dos maneras. En primer lugar, deben actuar *inmediatamente*, por ejemplo, aplicando medidas no discriminatorias y luchando contra el hambre en situaciones de emergencia. En segundo lugar, los Estados parte en el PIDESC deben adoptar las medidas necesarias para lograr *progresivamente* la plena realización del derecho a una alimentación adecuada, también llamado "principio de realización progresiva". Este principio requiere que los Estados parte avancen "lo más rápido posible" para lograr este objetivo. El artículo 2.1 del PIDESC invita a cada Estado parte a comprometerse a "adoptar medidas, tanto por separado como mediante la asistencia y la cooperación internacionales, especialmente económicas y técnicas, hasta el máximo de los recursos de que disponga, para lograr progresivamente, por todos los medios apropiados, inclusive en particular la adopción de medidas legislativas, la plena efectividad de los derechos aquí reconocidos."

Al ratificar el PIDESC y otros tratados internacionales que reconocen el derecho a la alimentación, los Estados se comprometen a respetar, proteger y aplicar este derecho. El deber de los Estados de respetar este derecho los obliga a no tomar ninguna medida que tenga el efecto de impedir a los individuos el acceso a una alimentación adecuada y a alimentarse. En efecto, el derecho a una alimentación adecuada debe, ante todo, ser realizado por los propios beneficiarios, a través de sus actividades económicas o de otro tipo. La obligación de proteger implica que los Estados adopten medidas para garantizar que los terceros (individuos, grupos armados, empresas, etc.) no priven a los individuos del acceso a una alimentación adecuada. Como parte de esta obligación, el Estado podría entonces ser considerado responsable de violaciones del derecho a una alimentación adecuada por parte de actores no estatales. La obligación de aplicar el derecho a la alimentación requiere que el Estado adopte medidas positivas para facilitar y garantizar el acceso a la alimentación. Por ejemplo, como último recurso, los Estados deben distribuir víveres cada vez que un individuo o grupo, por razones ajenas a su voluntad, sea incapaz de asegurar por sus propios medios el derecho a una alimentación adecuada.

Si bien el artículo 11 del PIDESC reconoce el derecho universal de todo ser humano a una alimentación adecuada y en general se considera, con toda razón, como su fundamento normativo, el hecho de restringir el derecho internacional a la alimentación a este artículo del PIDESC impide expresar el carácter esencial del mismo. Un estudio de los instrumentos internacionales relativos a los Derechos Humanos muestra que el derecho a la alimentación tiene especial importancia en un contexto mucho más amplio, no sólo porque es tratado de manera directa, sino también porque está considerado como indisolublemente vinculado con otros derechos humanos o temáticas.

La libertad de vivir sin miseria se menciona en el preámbulo de ciertos instrumentos internacionales de Derechos Humanos como uno de los factores a tener en cuenta en el marco de la adopción de instrumentos. Entre estos textos puede citarse: a la Declaración Universal de los Derechos Humanos, al Pacto Internacional de Derechos Civiles y Políticos y al Pacto Internacional de Derechos Económicos, Sociales y Culturales. El derecho a la alimentación también es reconocido como un derecho independiente en los textos que buscan proteger a un grupo específico de individuos; en este sentido, el artículo 27 de la Convención sobre los Derechos del Niño, el artículo 12.2 de la Convención sobre la Eliminación de todas las Formas de Discriminación contra la Mujer, el artículo 28 de la Convención sobre los Derechos de las Personas con Discapacidad, así como otros varios artículos de los Convenios de Ginebra y de los Protocolos relativos al derecho humanitario reconocen, también, el derecho a la alimentación en el contexto específico de los beneficiarios de estos tratados.

Lejos de ser un derecho aislado, el derecho a la alimentación está estrechamente relacionado con los otros Derechos Humanos y, por ello, se le menciona con frecuencia tanto en su contexto, a menudo haciendo hincapié en la importancia de una alimentación adecuada para ayudar a la realización de otro derecho humano y viceversa. Múltiples observaciones generales formuladas por los órganos de seguimiento de los tratados de las Naciones Unidas (como el Comité de Derechos Humanos y el Comité de Derechos Económicos, Sociales y Culturales) destacan, por ejemplo, la interdependencia entre el derecho a la alimentación, por una parte, y las disposiciones antidiscriminación, el derecho a la autodeterminación, el derecho a la salud, el derecho a la vida y el derecho a la protección social, por otra parte. En estas observaciones generales, el derecho a la alimentación se menciona también en el contexto (más temático) del derecho al agua potable y al saneamiento, del derecho a una vivienda adecuada, del derecho de las personas mayores, de la relación entre las sanciones económicas y el respeto de los derechos económicos, sociales y culturales, de la igualdad de género, así como de otras formas de discriminación.

El derecho a la alimentación es reconocido también en los textos jurídicos regionales y nacionales. De manera más particular, en estos niveles pueden encontrarse prácticas de los Estados y casos judiciales en relación con el derecho a la alimentación.

A nivel regional, el derecho a la alimentación está consagrado expresamente en los artículos 14 y 20 de la Carta Africana de los Derechos y del Bienestar del Niño; en los artículos 7.5 c) y 9.2 b) de la Convención de la Unión Africana sobre la protección y asistencia a las personas desplazadas en África; el artículo 12 del Protocolo de San Salvador (Protocolo Adicional a la Convención Americana sobre Derechos Humanos); los artículos 3, 7 y 17 de la Declaración de El Cairo sobre los Derechos Humanos en el Islam; el artículo 7.1 de la Carta asiática de los Derechos Humanos. Con respecto a la Carta Social Europea, esta no reconoce explícitamente el derecho a la alimentación, aunque podría sostenerse que ciertos derechos que ella contiene, como el derecho a la seguridad social (art. 12), pueden contribuir a la realización del derecho a la alimentación.

El derecho a la alimentación está reconocido en las constituciones nacionales de varios países. Según un estudio de la FAO publicado en 2011, el derecho a la alimentación está expresamente reconocido en la Constitución de 23 países y es reconocido bajo la forma de un principio general en otros 33 países. Por último, debido al efecto directo de las disposiciones internacionales, el derecho a la alimentación tiene efectos en al menos 51 Estados más, en los cuales el ordenamiento jurídico es especialmente permeable al Derecho Internacional (en principio, el Derecho Internacional no es directamente aplicable en los ordenamientos internos, este debe ser objeto de una recepción; por ejemplo, un convenio internacional debe ser ratificado para producir efectos). En total, el derecho a la alimentación es jurídicamente justiciable en 107 países. Sin embargo, el impacto real del derecho humano a la alimentación solo puede evaluarse a través de investigaciones más amplias sobre los sistemas constitucionales de las naciones y del análisis en profundidad de la jurisprudencia internacional en la cual se invocan disposiciones sobre Derechos Humanos.

Bibliografía sugerida: ◆ KENT, G. (2005), *Freedom from want: The Human Right to Food,* Washington D.C. : Georgetown University Press; ◆ KNUTH, L., VIDAR, M. (2011), *Constitutional and Legal Protection of the Right to Food around the World*, Right to Food Studies, Rome: FAO (consultable en línea); ◆ NIVARD, C. (2010), Le droit à l'alimentation, in *Droits des pauvres, pauvres droits ?, Recherches sur la justiciabilité des droits sociaux*, bajo la dirección de Diane Roman, p. 233 (consultable en línea); ◆ ZIEGLER, J. (2003), *Le droit à l'alimentation,* Paris, éd. Mille et une nuits.

IRENE HADIPRAYITNO Y
BART WERNAART

Véase también: - Conferencia de Hot Springs – Derecho a la tierra - Derecho al agua - Derechos Fundamentales - India - Recursos pesqueros – Seguridad alimentaria - Soberanía alimentaria.

Derecho a la salud

Véase: - Derecho a la alimentación - Derecho al agua.

Derecho a la tierra

Más de la mitad de los mil millones de personas que padecen hambre en el mundo son pequeños agricultores, pastores, pescadores artesanales y comunidades indígenas que viven y trabajan en las zonas rurales de los países en desarrollo. Espectadores de una disminución significativa en sus parcelas cultivadas bajo el efecto de las políticas públicas que favorecen a las explotaciones a gran escala destinadas a la exportación de productos agrícolas o a la producción de agrocombustibles, son en su mayoría incapaces de obtener un precio de la venta de productos agrícolas lo suficientemente elevado como para vivir y mantener su actividad. Estas poblaciones también están expuestas a la constante amenaza de la expropiación, del acaparamiento de sus tierras vinculado a la promoción de grandes proyectos de inversión minera e industrial. Debido a que sus medios de subsistencia dependen directamente de su capacidad de explotar los recursos naturales de la tierra en donde viven, los campesinos y los habitantes de zonas rurales y forestales en los países en desarrollo son hoy las primeras víctimas de la inseguridad alimentaria mundial. Siguiendo un patrón de agricultura de pequeña escala ahora insostenible, los pequeños agricultores a menudo tienen que conformarse con tierras poco propicias para la agricultura (suelos áridos, zonas montañosas sin riego), cuando no son simplemente privados de la tierra a causa de la inseguridad jurídica que caracteriza la ocupación del suelo en muchas zonas rurales y forestales en los países en desarrollo y del difícil reconocimiento de los títulos de propiedad consuetudinarios. Privados de sus instrumentos de trabajo, de la tierra y del agua, estos campesinos "pobres" no pueden resistir la competencia de los grandes operadores. Peor aún, carecen ahora de los medios necesarios para alimentarse y sustentar sus necesidades y las de sus familias.

Lo anterior revela la estrecha relación entre el acceso a la tierra y el respeto del derecho a una alimentación adecuada y de calidad. Una relación reafirmada por la Resolución del Consejo de Derechos Humanos de las Naciones Unidas de septiembre de 2012, que aprueba el proyecto de Declaración sobre los derechos de los campesinos y de otras personas que trabajan en las zonas rurales. Promovida por la organización Vía Campesina, esta Declaración afirma que la lucha contra el hambre y la pobreza en el mundo no va a encontrar una respuesta satisfactoria y sostenible si no se presta atención a la realidad de los campesinos en los países en desarrollo y a su capacidad de acceder a las tierras de cultivo, con el fin de llevar a cabo una actividad agrícola susceptible de contribuir a la satisfacción de las necesidades alimentarias locales. En el corazón de este acto declaratorio se encuentra la invocación explícita de un "derecho a la tierra" (art. 4), cuya legitimidad jurídica se basa en la realización de otros derechos fundamentales consagrados en el Derecho Internacional; en primer lugar, el derecho de acceso a un nivel de vida adecuado y el derecho a la alimentación (art. 25 de la Declaración Universal de los Derechos Humanos de 1948 y art. 11 del Pacto Internacional de Derechos Económicos, Sociales y Culturales - PIDESC), así como el derecho de los pueblos a disponer libremente de sus riquezas y de sus recursos naturales (art. 1º del PIDESC) en virtud del cual los Estados están obligados a adoptar todas las medidas necesarias para garantizar que los pueblos no se vean privados de sus medios de subsistencia.

Partiendo de esta relación entre el derecho a la alimentación y el acceso a la tierra, el Relator Especial de las Naciones Unidas sobre el Derecho a la Alimentación, Olivier de Schutter, señala que si este derecho a la alimentación exige que los Estados en ciertas circunstancias proporcionen alimentos a las personas incapaces de satisfacer por sí mismas sus necesidades alimentarias, también les obliga a abstenerse de adoptar medidas que puedan privar a las personas del acceso a los recursos productivos de los que dependen para producir sus propios alimentos (obligación de respeto). Además, es su responsabilidad proteger este acceso de cualquier ataque por parte de terceros (obligación de proteger) y fortalecer el acceso y el uso por parte de los pueblos de los recursos y medios que aseguren su subsistencia, en particular la seguridad alimentaria (obligación de realizar) (Observación general nº 12 sobre el derecho a la alimentación, párr. 16).

Para las poblaciones vulnerables que viven en las zonas rurales de los países en desarrollo y más dependientes de la tierra para su supervivencia, la realización del derecho a la alimentación obliga a los Estados a garantizar una mayor seguridad en la tenencia y explotación de la tierra en la que viven estas personas y llevan a cabo sus actividades agrícolas. El derecho a la alimentación y la obligación de "proteger" que conlleva, debe conducir a completar o mejorar la protección de los derechos de propiedad reconocidos a estas poblaciones. Sin embargo, la seguridad en la tenencia de la tierra no aporta respuestas suficientes y adaptadas únicamente con el reconocimiento de los derechos individuales de propiedad, el establecimiento de catastros y la creación de un mercado de derechos sobre la tierra según el modelo occidental; este tipo de protección de la propiedad de la tierra podría exponer a las poblaciones rurales locales a los riesgos de la asignación desigual de los títulos de propiedad en beneficio de las elites locales y de los inversores extranjeros (riesgo vinculado con la corrupción de los gobiernos locales), así como a la negación de ciertas formas consuetudinarias de tenencia de las tierras comunales y de los derechos de uso colectivo. Más bien, conviene inspirarse en las evoluciones del Derecho Internacional y en las iniciativas regionales para la protección del acceso a la tierra de los pueblos autóctonos. El Convenio nº 169 de la Organización Internacional del Trabajo (OIT) y la Declaración de las Naciones Unidas sobre los derechos de los pueblos indígenas (resolución 61/295 de 13 de septiembre de 2007) prevén ciertas garantías específicas a favor del derecho de los pueblos autóctonos a la delimitación y a la protección de sus tierras, imponiendo a su vez una obligación a los Estados de prohibir toda expulsión forzosa, así como cualquier acto que tenga por objeto o por efecto el despojo de los pueblos autóctonos de sus tierras, territorios o recursos. En el nivel regional, la Corte Interamericana de Derechos Humanos y la Comisión Africana de Derechos Humanos y de los Pueblos han reconocido que la posesión consuetudinaria de las tierras por los pueblos autóctonos tiene efectos equivalentes a los de un título de plena propiedad concedido por un Estado y que los derechos de las comunidades autóctonas sobre sus tierras incluyen también los derechos sobre los recursos naturales que allí se encuentran. Finalmente, estas instancias han afirmado que los derechos de uso colectivo que se derivan del derecho consuetudinario deben ser reconocidos y protegidos por el ordenamiento jurídico y que la propiedad comunal – un derecho de la comunidad, más que del individuo – constituye otra solución para el reconocimiento de los derechos de propiedad individual. Estas orientaciones para el reconocimiento jurídico de las formas consuetudinarias de tenencia y uso de las tierras, en beneficio de los pueblos autóctonos y de los pequeños agricultores, han sido retomadas por la Organización de las Naciones Unidas para la Alimentación y la Agricultura (FAO) en sus Directrices voluntarias sobre la "gobernanza responsable de la tenencia de la tierra, la pesca y los bosques en el contexto de la seguridad alimentaria nacional" (2012). Estas directrices son reconocidas actualmente por un conjunto de legislaciones nacionales, especialmente en África.

Más allá de garantizar los derechos sobre la tierra, la responsabilidad del Estado con respecto al derecho a la alimentación de las personas vulnerables que viven en las zonas rurales, también supone que los Gobiernos faciliten a estos grupos de población el acceso real a la tierra, por cuanto carecen de otros medios para producir alimentos o para obtener un ingreso que les permita comprar comida suficiente, adecuada y culturalmente aceptable. Esta responsabilidad de los Estados derivada del derecho a la alimentación (art. 11 del PIDESC) debe conducir a reformas agrarias que consisten en un proceso de redistribución justa de las tierras en beneficio de los pequeños agricultores. La experiencia demuestra que este tipo de reformas puede contribuir no sólo a la reducción de la pobreza rural y a la mejora de la seguridad alimentaria (fortalecimiento de la disponibilidad y asequibilidad económica de los alimentos, reducción de los riesgos de malnutrición...), sino también puede jugar un papel social fundamental en la promoción del acceso de las mujeres a la tierra y a su participación en la agricultura local.

Bibliografía sugerida: ◆ BOUQUET-ELKAÏM, J. (2011), Le droit des peuples autochtones à la terre : de la reconnaissance au règlement des conflits d'usage. Étude de cas de l'exploitation du nickel calédonien, in *De la terre aux aliments, des valeurs au droit*, bajo la dirección de F. Collart Dutilleul, San José, Costa Rica, éd. Inida, p. 39 (consultable en línea); ◆ CONSEJO DE DERECHOS HUMANOS (2012), *Final study of the Human Rights Council Advisory Committee on the advancement of the rights of peasants and other people working in rural areas,* A/HRC/19/75 (consultable en línea); ◆ MERLET, M. (2010), Différents régimes d'accès à la terre dans le monde, Le cas de l'Amérique latine, *Mondes en développement*, n° 151, p. 35 (consultable en línea); ◆ DE SCHUTTER, O. (2010), *Acceso a la Tierra y Derecho a la Alimentación*, Informe del Relator Especial de las Naciones Unidas sobre el derecho a la alimentación, A/65/281 (consultable en línea).

THOMAS BREGER

Véase también: Derecho a la alimentación - Derechos de los campesinos - Reforma Agraria - Soberanía Alimentaria.

Derecho al agua

La definición del derecho al agua depende de sus fuentes (definición formal) y de su contenido (definición material). De acuerdo con la primera definición, el agua es un alimento vital para la supervivencia del ser humano. El derecho al agua sería entonces un derecho humano y pertenecería, por lo tanto, al Derecho Internacional Humanitario. El artículo 11 del Protocolo Internacional de Derechos Económicos, Sociales y Culturales (PIDESC), que reconoce "el derecho de toda persona a un nivel de vida adecuado" y también el derecho fundamental "a estar protegido contra el hambre", ilustra perfectamente este enfoque (véase también la Resolución nº 15/9 del Consejo de Derechos Humanos de 30 de septiembre de 2010, según la cual "el derecho humano al agua potable y el saneamiento se deriva del derecho a un nivel de vida adecuado y está indisolublemente asociado al derecho al más alto nivel posible de salud física y mental"). Por ejemplo, la Carta de las aguas del Río

Senegal (2002) ha erguido expresamente el derecho al agua al rango de un "derecho humano fundamental" (art. 4).

Sin embargo, por varias razones este reconocimiento del derecho al agua por las normas del Derecho Internacional sigue siendo muy limitado. En primer término, existen razones jurídicas. Muchos acuerdos y convenios aún no están en vigor y otros instrumentos, como la famosa Observación General nº 15/2002 del Comité de Derechos Económicos, Sociales y Culturales (organismo de la ONU) tienen un valor simplemente interpretativo. En su gran mayoría, los Estados son reacios a aplicarlos. Muy a menudo, estos instrumentos internacionales simplemente imponen obligaciones de medios a los Estados, dejándoles un amplio margen de apreciación. Por ejemplo, el artículo 14.2 h) de la Convención sobre la Eliminación de todas las Formas de Discriminación contra la Mujer, firmada en el marco de las Naciones Unidas en 1979, obliga a los Estados a "adoptarán todas las medidas apropiadas [en lo que concierne a] los servicios sanitarios, la electricidad y el abastecimiento de agua". Es muy similar el artículo VII del Convenio africano sobre la Conservación de la Naturaleza y los Recursos Naturales (Convenio de Argel, 1968), que establece que los Estados contratantes se esforzarán por garantizar a las poblaciones un suministro adecuado y continuo de agua, tomando para ello las medidas que sean apropiadas (véase también, en América del Norte, la Carta de los Grandes Lagos, 1985). En general, las convenciones internacionales promueven un enfoque global, coherente, participativo y evolutivo (teniendo en cuenta las incertidumbres y los avances científicos) de la problemática del agua, incluyendo las dimensiones sociales, económicas y ambientales. Hacen hincapié en la necesidad de una toma de conciencia global de las dificultades de acceso al agua y establecen los principios para un acceso equitativo y para una gestión racional de las fuentes. Evidentemente, estos instrumentos no definen ni las políticas a seguir, ni las medidas apropiadas.

Además, las obligaciones internacionales (información, concertación, cooperación, uso equitativo y razonable de los ríos, mantenimiento de las obras...) plantean verdaderas dificultades en cuanto a su aplicación. Estas deben conjugarse con los principios de la igualdad soberana, de la integridad territorial, del beneficio mutuo y de la buena fe de los Estados involucrados. Sin embargo, la puesta en práctica de estos principios hará depender de consideraciones eminentemente políticas, la eficacia de las normas internacionales sobre el derecho al agua. Los numerosos convenios de la Cuenca del Nilo (1929 y 1959, en particular), así como las tensiones que existen en torno a la región de los Grandes Lagos, ilustran perfectamente la situación: la Carta de los Grandes Lagos, su Anexo (2001) y el Acuerdo (2005) no han resuelto el conflicto de intereses de las partes (Estados Unidos, Canadá, pero también los Estados Federados fronterizos -6 del lado estadounidense, 2 del lado canadiense). Mientras que algunos quieren aprovisionar a su población situada fuera de la cuenca, Michigan se opone a cualquier derivación de agua que comprometa gravemente sus posibilidades de desarrollo. Por su parte, el estado de Nueva York es favorable a mantener los volúmenes en niveles suficientes, para satisfacer sus enormes necesidades de electricidad. Por último, los textos internacionales sólo definen débilmente las sanciones por el incumplimiento de los Estados a sus obligaciones. La falta de jurisdicción internacional que sancione las violaciones al derecho al agua muestra esta debilidad: las decisiones del Tribunal Internacional del Agua (ubicado en Ámsterdam) no son vinculantes. Asimismo, las declaraciones y los protocolos propuestos por las organizaciones intergubernamentales y no gubernamentales a menudo solo expresan deseos piadosos (Carta de Montreal de 1990; Declaración de Dublín de 1992; Agenda 21 de 1992; Pacto de Estambul de 2009) .

En segundo término y lo más importante, hay razones económicas que limitan el alcance del derecho al agua. Cuando existe el deseo de garantizar ese derecho humano, los Estados en desarrollo encuentran la dificultad para financiar proyectos de infraestructura básica. No estarán dispuestos a invertir en grandes proyectos y, sin duda, prefieren participar en proyectos más modestos y que tengan un retorno inmediato. Por ello, en lugar de resolver su déficit en agua, sólo lo reducen. En concreto, las necesidades reales de los Estados varían en función de las limitaciones del medio, de las actividades de la población y de su densidad. Por lo tanto, desde esa perspectiva sería difícil responder a las necesidades específicas de cada Estado, por medio de normas internacionales. Las dificultades que enfrenta Somalia, por ejemplo, difieren significativamente de aquellas de Rusia. Es por lo que, para muchos países, varios instrumentos se han quedado en el papel. La falta de efectividad del Derecho Internacional al Agua hace que los Estados estén obligados por un deber moral de proporcionar agua a sus poblaciones, más que por obligaciones jurídicas *stricto sensu*. La situación es un poco diferente cuando el derecho al agua está consagrado en un acuerdo bilateral o multilateral. Es más probable, en efecto, ver aplicadas sus disposiciones. Los intereses en juego imponen a los respectivos Estados dar concesiones recíprocas. La Carta de los Grandes Lagos constituye un buen ejemplo: el enfoque global basado en la integridad de la cuenca (Principio I: Los recursos naturales y el ecosistema de la cuenca deben ser considerados como formando un todo) y la "responsabilidad compartida" (*shared responsability*) sobre la conservación y protección de las fuentes de agua de la cuenca (Principio III) imponen que ninguna autorización de derivación o de aumento de consumo de agua pueda ser concedida sin el consentimiento y acuerdo de los Estados afectados. Además, los Estados deben facilitar el acceso de los ciudadanos a los tribunales, lo que refuerza la justiciabilidad del derecho al agua.

La legislación europea sobre el acceso, la cantidad, la calidad, el precio y el condicionamiento del agua se encuentra, probablemente, entre las más eficaces en la materia. Los Estados miembros de la Unión Europea (UE), por ejemplo, tuvieron que incorporar en su derecho nacional la Directiva marco nº 2000/60/CE, de 23 de octubre de 2000. En la actualidad hay más probabilidades de verlos aplicar las obligaciones contenidas en su propia legislación, aunque, aun así, es importante no hacer generalizaciones. En este caso, además de la alimentación y la salud, el agua está en relación directa con el ambiente, la industria y el turismo, la agricultura y la energía (hidroeléctrica, pero también nuclear). Estos aspectos son abarcados por el derecho nacional, incluso por el derecho de la UE, ya que afectan directamente a las poblaciones y grupos sociales y, por lo tanto, están en contacto directo con la soberanía de los Estados. Por tanto, parece que la efectividad del derecho al agua y su justiciabilidad ganan en consistencia, en la medida en que la norma es apropiada por el Estado o cualquiera de sus colectividades (provincias, cantones, regiones, municipios, distritos...). Esto requiere reconocer a los principios de subsidiariedad (la acción pública debe destinarse a la entidad más pequeña capaz de asegurar pertinentemente su eficiencia) y de sustitución (la autoridad en un nivel superior debe intervenir para suplir las deficiencias de la autoridad inferior) un mayor espacio.

Aun más fundamental, según una definición material, el término "derecho al agua" es entendido como "el derecho de todos a disponer de agua suficiente, salubre, aceptable, accesible y asequible para el uso personal y doméstico" (véase la Observación General nº 15/2002). Pero, en realidad, según el uso que se haga del agua, su cantidad y la calidad del usuario, pueden identificarse *grosso modo* varios significados posibles del derecho al agua.

En una primera acepción "individual", el derecho al agua significa la posibilidad para cualquier persona de satisfacer sus necesidades personales y domésticas en agua potable. Este primer derecho al uso estrictamente privado del agua es un derecho fundamental (en este sentido, por ejemplo, el art. 47, inciso 3, de la Constitución Política uruguaya) y es parte integral de los Derechos Humanos (véase nuevamente la Resolución de la Asamblea General de 28 de julio de 2010, sobre el derecho humano al agua y el saneamiento o el art. 20-I y III de la Constitución Política boliviana de 2008). Este derecho humano al agua debe ser reconocido de la forma más amplia posible: los apátridas, indígenas y nómadas (Gitanos en Europa, por ejemplo) deben beneficiarse en condiciones razonables y sin grandes dificultades (instalación de puntos de toma de agua cercanos por medio de fuentes, camiones cisterna...). Además, las sanciones económicas establecidas contra un Estado (medidas de embargo, restricciones) no deben ser tales que dificulten o limiten el derecho fundamental al agua (véase la Observación General nº 15/2002, párr. 32). En el mismo sentido, la destrucción, en caso de conflicto armado, de las instalaciones, reservas de agua potable, embalses y obras de riego viola manifiestamente el Derecho Humano al Agua (art. 29 de la Convención de Nueva York). De acuerdo con esta primera acepción, este derecho otorga un derecho de prioridad a los usos personales que buscan satisfacer las necesidades vitales sobre cualquiera de los demás usos (véase la Observación General nº 15/2002, párr. 6), que se aplica *a fortiori* en caso de conflicto armado (arts. 5, 7 y 10 de la Convención de las Naciones Unidas sobre el Derecho de los usos de los cursos de agua internacionales para fines distintos de la navegación). Este derecho de prioridad ha sido señalado por la Observación General nº 15/2002 (párr. 7) para asegurar la "subsistencia de los pueblos indígenas". La prioridad significa, en particular, que en caso de escasez el derecho al agua debe tener preferencia sobre el uso del agua para las actividades industriales y el turismo. Así, el "conflicto entre varios usos de un curso de agua internacional se resolverá [...] teniendo especialmente en cuenta la satisfacción de las necesidades humanas vitales" (art. 10.2 de la Convención de Nueva York, 1997) y a los usos domésticos del agua (Carta de las aguas del río Senegal, art. 9.2). Un derecho a una cantidad mínima y constante de agua (20 a 25 litros por día y por persona, de acuerdo con la Organización Mundial de la Salud – OMS). El Derecho Internacional Humanitario (Convenios de Ginebra, 1949; el conjunto de Reglas mínimas de las Naciones Unidas para el Tratamiento de los Reclusos, adoptadas en 1955) consagra, por ejemplo, este derecho para los detenidos y los prisioneros de guerra. A nivel nacional, países como Bélgica (1994), Hungría (1995) y Sudáfrica (*Water Services Act*, 1997) fueron capaces de determinar una "norma mínima" para la cantidad básica de agua: las personas que no tienen suficientes recursos financieros deben disfrutar de esta cantidad mínima gratuitamente.

En una segunda acepción, el derecho al agua incluye, de forma más general, el derecho a la conexión a una red de distribución (derecho al "medidor") y el derecho a los servicios de saneamiento (véase la Resolución de la Asamblea General de las Naciones Unidas de 28 de julio 2010). Este derecho es tan importante como el primero. Afecta a la salud y al confort de los usuarios. Pero -y este es la tercera acepción, menos "individual" y más "colectiva"-, el derecho al agua abarcaría las necesidades en agua que aprobaría un conjunto de personas que ejercen una misma actividad o que pertenecen a una misma entidad política o a un grupo social específico. Este derecho colectivo incluye realidades muy diferentes: se reconoce para una agrupación de oficios (por ejemplo, agricultores), para un grupo de personas que, debido a su vulnerabilidad, merece una atención especial (víctimas de desastres naturales, indigentes, trabajadores migrantes, comunidades indígenas...), también para una región determinada (zona rural o urbana desheredada) o, en fin para un Estado o un conjunto regional (países rivereños del Nilo, cuenca del Mekong...). Cuando el derecho al agua concierne a un grupo de personas, el Derecho Internacional Humanitario establece la igualdad de trato con los nacionales y la garantía de acceso al agua en condiciones equitativas (véase art. 6 de la Carta de las aguas del río Senegal, principio de no discriminación). Puede citarse, por ejemplo, el artículo 28 de la Convención sobre los Derechos de las Personas con Discapacidad (2006), que insta a los Estados a "asegurar el acceso en condiciones de igualdad de las personas con discapacidad a servicios de agua potable". El acceso efectivo al agua debe tener en cuenta las limitaciones de orden cultural y la condición física y financiera del grupo en cuestión. Pero el ejercicio del derecho colectivo al agua es a menudo difícil. Las cuestiones relativas a la repartición del agua (cuotas), a los "derechos de agua", al volumen y a la calidad del agua son fuente de tensiones y, a veces, de conflictos entre grupos sociales (por ejemplo, entre pastores y agricultores en el este de África), entre regiones (entre el Sureste y el Suroeste de los Estados Unidos) o entre Estados federados ribereños (India, Estados Unidos...).

Por último, está el delicado tema del comercio de agua. A nivel nacional, el derecho al agua no prohíbe su comercio desde el momento en que se cumplan las necesidades vitales de la población (respeto al derecho de prioridad y al mínimo de agua). Pero se presentan problemas acerca del precio, de la inocuidad y de la trazabilidad de agua, de su importación, de su exportación, así como de su condicionamiento. Algunas veces las normas estatales y comunitarias rigen este comercio, aunque el agua no sea una mercancía como las demás. En el Derecho Comunitario, es regulado por la Directiva nº 2009/54/CE de 18 de junio de 2009, sobre explotación y comercialización de aguas minerales naturales. A nivel internacional, el déficit de agua experimentado por algunos Estados los ha llevado a satisfacer sus necesidades recurriendo al mercado global de agua. Participan especialmente en este mercado del comercio internacional de agua los países vecinos: el Estado que no consume su cuota de agua tiene a menudo la tentación de cederle a sus pares situados del otro lado de la frontera sus "derechos de agua". En este sentido, existe un comercio hidroeléctrico entre algunas provincias de Canadá (Ottawa, Quebec) y los Estados Unidos. Además, se llevan a cabo negociaciones regulares entre Jordania e Israel, sobre la cesión de derechos de agua. Sin embargo, la Observación General nº 15/2002, antes citada (párr. 35) pone en aviso a los Estados contra cualquier acuerdo para liberalizar el comercio que impediría o restringiría el Derecho Humano al Agua. Para concluir, se señala que la Constitución Política uruguaya autoriza "por los tres quintos de votos del total de componentes de cada Cámara, [...] el suministro de agua, a otro país, cuando éste se encuentre desabastecido y por motivos de solidaridad" (art. 47).

Técnicamente, el derecho al agua requiere la disponibilidad y accesibilidad del agua. Disponibilidad significa que el agua debe ser constante, en la calidad suficiente y responder a los diversos usos personales y domésticos. Debe ser de calidad, es decir, apta para el consumo humano y debe tener un sabor, color y olor aceptables. El agua también debe ser física, económica y legalmente accesible. La accesibilidad física significa que el agua esté cerca del usuario que la utiliza sin peligro. Esto conlleva la existencia de instalaciones y servicios adecuados y en cantidad suficiente. La accesibilidad económica postula un costo asequible (*affordability*) y razonable del agua, determinado, aunque sea en parte, tomando en cuenta los recursos financieros de los diferentes usuarios (precio económico). En este sentido, las medidas adecuadas como las subvenciones, la asistencia social, los impuestos de solidaridad, las tarificaciones progresivas, permiten volver el precio del agua socialmente más justo. En todo caso, el costo del agua no debe comprometer en modo alguno la satisfacción de otras necesidades vitales o esenciales. En cuanto a la accesibilidad jurídica, comprende el derecho de toda persona a ser informada sobre las principales cuestiones relacionadas con el agua (acceso a la información), de participar en la elaboración de planes de acción y de poder participar efectivamente en el proceso de toma de decisiones en materia de gestión del agua.

Sin embargo, el reconocimiento del derecho al agua no conlleva necesariamente su justiciabilidad. El derecho al agua, en tanto derecho específico, es ampliamente desconocido. El Derecho Internacional no exige a los Estados obligaciones firmes y, por lo tanto, vinculantes para garantizar la efectividad del derecho al agua. Sin embargo, existe un consenso al admitir que los Estados parte en el PIDESC tienen "el deber constante y continuo en virtud del Pacto de avanzar con la mayor rapidez y efectividad posibles hacia la plena realización del derecho al agua." (Observación General nº 15/2002, párr. 18). Por lo general, es sólo de esta manera que los Estados están obligados a respetar, proteger y aplicar el derecho al agua. Deben respetarlo absteniéndose de limitar, reducir o prohibir el acceso. Además, el Estado no debe inmiscuirse arbitrariamente en los sistemas consuetudinarios de distribución del agua (Observación General nº 15/2002, párr. 21). La obligación de proteger, que incumbe a los Estados, les impone el deber de impedir que terceros capten ilegalmente el agua o que la contaminen. Estos terceros, empresas públicas o privadas de distribución de agua, deben estar sometidos al control del Estado, que debe implementar una política que fomente y facilite a los usuarios el pleno ejercicio de sus derechos al agua. Esta política participativa busca la promoción de acciones, planes, programas y estrategias para garantizar una mejor información a los usuarios sobre sus derechos al agua (véase, por ejemplo, en la región de los Grandes Lagos, los arts. 503.2 y 504 para las primeras naciones y tribus del Acuerdo, 2005). En concreto, los Estados deben respetar idealmente tres obligaciones: en primer lugar, la obligación de legislar, es decir, de promulgar los textos legales para reconocer y hacer efectivo el derecho al agua en sus ordenamientos jurídicos internos; en segundo lugar, la obligación de rendir cuentas al Comité de supervisión sobre la aplicación del PIDESC en cuanto al Derecho al Agua; y, en tercer lugar, la obligación de continuar los esfuerzos realizados para alcanzar los objetivos previstos. Sin embargo, estas obligaciones son claramente obligaciones de medios (y no de resultado) y su contenido es poco vinculante.

En el ámbito nacional, y con pocas excepciones, el recurso a los tribunales para sancionar las violaciones del derecho al agua es poco frecuente. La sanción es decidida sobre fundamentos indirectos (Principio de Precaución, Derecho a la Salud, Derecho Penal). Pero las cosas empiezan a evolucionar. Por ejemplo, la Corte Constitucional de Sudáfrica ha prohibido en dos ocasiones, los cortes de agua en caso de incumplimiento de pago (Decisiones de 4 de octubre de 2000, caso *Grootboom* y del 17 de mayo de 2002, caso *Highveldridge Residents Concerned Party*). Esta posición es compartida por otros Estados: una decisión de la Corte Suprema del Estado de Paraná (2002), confirmada por la Corte Suprema de Brasil, ordenó el restablecimiento del suministro de agua y, en consecuencia, anuló la decisión de interrupción del agua por falta de pago. En Argentina, la Corte Suprema de la Provincia de Neuquén ordenó a las autoridades provinciales proporcionar agua potable a un barrio sin suministro (Caso *Colonia Valentina Rural*, 1998). Otras decisiones de los tribunales argentinos han seguido la misma solución. Así, la provincia de Córdoba fue condenada en octubre de 2004, a suministrar 200 litros de agua potable todos los días a los accionantes, hasta su conexión a la red de distribución (*ídem para* Buenos Aires, caso *Usuarios y consumidores c/ Agusa del Gran Buenos Aires*, 2002). En Europa, la Corte de Casación francesa, ha afirmado expresamente la existencia de una obligación de resultado a cargo de una comuna, para suministrar a sus administrados agua apta para el consumo (Resolución de la Première chambre civile de 28 de noviembre de 2012, n° 11-26814). Este avance prometedor podría afectar la vida de todos los usuarios y hacer que el derecho al agua sea un derecho humano universalmente reconocido y respetado.

Bibliografía sugerida: ◆ CONSEIL D'ÉTAT (2010), *L'eau et son droit*, Études et Documents du Conseil d'État (consultable en línea); ◆ COULEE, F. LEMAIRE, S. (dir.) (2011), *L'eau en droit international*, Société française pour le droit international, Paris, éd. Pédone; ◆ SMETS, H. (2006), *Le droit à l'eau dans les législations nationales*, Agence française de développement (consultable en línea).

TARAK BACCOUCHE

Véase también: - Acuerdo General sobre el Comercio de Servicios – Carácter justiciable de los Derechos Fundamentales - Derecho a la Alimentación - Derechos Fundamentales.

Derecho Consuetudinario

En muchos países, en particular los que conocieron la colonización europea, la persistencia de los sistemas consuetudinarios de tenencia de la tierra, al margen del derecho estatal puede verificarse mediante la observación sociológica y antropológica. El sustantivo *costumbre* y el adjetivo *consuetudinario* se utilizan aquí para explicar el hecho de que el origen de la elaboración y la adopción de las normas respectivas no está en el legislador ni en ninguna emanación del Estado, sino en el grupo infra estatal en tanto colectivo etnocultural autónomo. Esta terminología evoca prácticas normativas endógenas no escritas, sin limitar totalmente el fenómeno a lo gestual y a la oralidad. No debe cometerse el error de asociar la costumbre a un arcaísmo jurídico y por ello hacer caso omiso de su permeabilidad a las transformaciones sociales.

A menudo visto como un obstáculo para la unidad política, la modernidad y el desarrollo, la normatividad consuetudinaria de origen precolonial se enfrentó a las pretensiones "civilizadoras" y uniformizadoras de los Estados coloniales y postcoloniales. En la mayoría de los continentes, los Estados se apegaron, mediante diversos métodos, a imponer a las poblaciones locales sistemas de derecho que negaban una diversidad jurídica vivida y reivindicada por los pueblos. La postura monista o hegemónica del Estado genera a menudo inseguridad, incluso deficiencias del derecho, causada por la ausencia de norma consensual. Por lo tanto, los conflictos de tierras provocados por el choque entre la tenencia consuetudinaria y los derechos demaniales que se arroga el Estado, perjudican a la seguridad inmobiliaria y alimentaria de las poblaciones rurales, a menudo empobrecidas. Por ejemplo, cuando el Estado aplica la presunción de demanialidad de las tierras no tituladas, se le permite la concesión del patrimonio consuetudinario a particulares que realizan así el despojo de los derechos consuetudinarios y siembran el germen de conflictos de reivindicaciones de la tierra. Los derechos de acceso a la tierra y a los recursos originados en el derecho consuetudinario son a menudo ignorados o negados por las políticas públicas de tierras que, en muchos casos, tienden a instaurar el modelo occidental de la propiedad individual plena. Si se implementa de mala manera, este proceso puede conducir a la inseguridad alimentaria de los más pobres y de los más vulnerables - a menudo mujeres -, que se verán privados de los derechos consuetudinarios de uso de la tierra por la concentración del patrimonio inmobiliario entre los más poderosos. Así, donde la costumbre autorizaba la superposición de derechos de uso y de recolección en un mismo espacio, tales como el derecho de la comunidad a extraer madera y a tener acceso a una fuente de agua, la propiedad individual exclusiva crea un monopolio sobre los recursos, a menudo esenciales para la supervivencia de quienes no pueden adquirir una parcela de tierra.

Los principales actores internacionales de la cooperación para el desarrollo (Programa de las Naciones Unidas para el Desarrollo, Banco Mundial) y la seguridad alimentaria (Organización de las Naciones Unidas para la Alimentación y la Agricultura) admiten ahora que existe un riesgo de crisis social, que puede empobrecen a las poblaciones cuando el Estado ignora los mecanismos consuetudinarios de gestión del patrimonio de la tierra. Estos actores pensaron durante mucho tiempo que la tenencia consuetudinaria no proporcionaba la seguridad necesaria para una utilización óptima y equitativa de la tierra y los recursos. Ahora se admite que, en muchos países en desarrollo donde el Estado es débil o no tiene recursos suficientes, la costumbre, a pesar de sus deficiencias en cuanto a la legibilidad y a la previsibilidad, ofrece a menudo a las poblaciones rurales pobres un dispositivo culturalmente legítimo, accesible y poco costoso para regular el acceso a la tierra. Así, el control comunal de la tierra o el control por medio del linaje tradicional, cuando han sido capaces de conservar su eficacia, pueden permitir a la persona disfrutar de una solidaridad y de una red de protección comunitaria contra el hambre.

La inalienabilidad consuetudinaria de la tierra, hasta hace poco considerada como contraria al modelo sacrosanto de la libre circulación mercantil de los bienes, también puede ser percibido como una protección para los más pobres contra las devastadoras consecuencias económicas y alimentarias de la pérdida de su tierra fértil, sobre todo por parte de inversores extranjeros, cuyos acaparamientos de tierra en África tienen hoy dimensiones nunca antes vistas.

Cuando la relación consuetudinaria con la tierra y con los recursos está reconocida y protegida por la ley, es susceptible de integrar la economía formal cualesquiera que sean sus características. Sin embargo, no resulta simple la definición de los dispositivos inter normativos específicos que deberían ser utilizados para organizar la relación entre el derecho consuetudinario y el derecho estatal. Un pluralismo jurídico de coordinación deberá reemplazar la posición jerárquica del derecho colonial. No obstante, los protagonistas de este diálogo de tradiciones jurídicas tendrán numerosos retos a superar para promover la seguridad alimentaria sostenible para todos, incluyendo, la regulación de ciertas prácticas consuetudinarias potencialmente poco conformes con los derechos fundamentales de las personas - especialmente de las mujeres - o con el desarrollo sostenible, la gestión pacífica y ordenada de los conflictos consuetudinarios y la lucha contra la subutilización de ciertas tierras consuetudinarias, por lo demás fértiles o ricas en recursos alimentarios.

También, el Derecho Internacional es cada vez más receptivo al derecho consuetudinario de las comunidades autóctonas y locales, como lo muestra en particular la labor de los órganos de control de la aplicación de los tratados de la ONU sobre los Derechos Humanos, así como la jurisprudencia de la Corte Interamericana de Derechos Humanos sobre las reivindicaciones autóctonas de las tierras. El Derecho Internacional de los Derechos Humanos, con base en el principio de la no discriminación, ha reconocido la costumbre autóctona como la fuente autónoma de un derecho de "propiedad", digno de protección contra toda violación arbitraria. Esta evolución no ha alcanzado aun el sistema del Convenio Europeo de Derechos Humanos, pero el Tribunal de Estrasburgo no podrá permanecer mucho tiempo al margen de un movimiento que realiza una descolonización necesaria de nuestra manera de ver las tradiciones jurídicas no occidentales, en lo que respecta a la relación con la tierra y sus recursos.

Bibliografía sugerida: • COMMISSION ON LEGAL EMPOWERMENT OF THE POOR (2008), *Making the law work for everyone* (consultable en línea); • KNIGHT, R. S. (2010), *Statutory recognition of customary land rights in Africa: an investigation into best practices for lawmaking and implementation*, Rome, FAO (consultable en línea); • OTIS, G., LAURENT, A. (2011), Le défi des revendications foncières autochtones : la Cour européenne des droits de l'homme sur la voie de la décolonisation de la propriété ?, *Revue trimestrielle des droits de l'Homme*, volume 89, p. 43.

GHISLAIN OTIS

Véase también: - Colonización – Derecho a la tierra – Mujeres – Pueblos autóctonos.

Derecho de la Competencia

El derecho de la competencia está ligado al liberalismo económico que marcó el fin del Antiguo Régimen, el advenimiento de la revolución burguesa en Francia y el ascenso de la burguesía en Inglaterra y Estados Unidos. En efecto, la libertad de comercio postula la libertad de competencia. Estos fenómenos van acompañados de la afirmación no sólo de las libertades políticas (*Déclaration des droits de l'homme et du citoyen* en Francia y *Bill of Rights* en Estados Unidos), sino también de las libertades económicas, de las cuales son gemelas. En Francia, la Ley de 2 y 17 de marzo de 1791 (llamada "*Décret d'Allarde*") establece el principio de la libertad de comercio y de industria, mientras que la Ley "*Le Chapelier*", que tres meses después siguió el mismo paso, prohibió por su parte las corporaciones, es decir, toda forma de agrupamiento económico o social (en especial buscaba abolir las corporaciones del Antiguo Régimen). El artículo 419 del antiguo Código Penal más tarde sancionará el delito de coalición tendiente a distorsionar el juego de la competencia. En realidad, este texto casi nunca se usó en el campo económico.

Pero la competencia no sólo tiene ventajas. Ella acarrea en sí misma su propia destrucción. En principio, es favorable para el consumidor y esta conlleva la innovación. Sin embargo, sin ninguna regla, el mercado puede conducir a las empresas a ponerse de acuerdo (cárteles) o a abusar de su fuerza (abuso de poder económico), lo que puede afectar a los competidores, al consumidor o a la economía en general.

Asimismo, es clásico recordar que el verdadero Derecho de la Competencia nació en los Estados Unidos con la *Sherman Antitrust Act* de 2 de julio de 1890, primera tentativa de limitar los comportamientos anticompetitivos de las empresas (posiciones dominantes y cárteles). Esta legislación será completada por la *Clayton Antitrust Act* en 1914. En Francia, el primer texto importante en el Derecho de la Competencia es la Ordenanza de 30 de junio de 1945, texto marcado por el fin de la Segunda Guerra Mundial, una economía de escasez y un fuerte intervencionismo estatal (defendido por el economista inglés Keynes). Su principal objetivo era luchar contra la inflación y el mercado negro; le daba al Gobierno amplias facultades en la fijación de precios y sancionaba las prácticas colectivas contrarias a la competencia (cárteles y abuso de posición dominante), que se distinguían de las prácticas individuales (negativa de venta, prácticas discriminatorias). La Ordenanza de 1° de diciembre de 1986, que abrogaba la de 1945 y que afirmaba la libertad de los precios y de la competencia, marcará el verdadero paso de una "administración" de la competencia, en donde el Ministro de la Economía era todopoderoso, a un verdadero "derecho" de la competencia con la creación de una autoridad administrativa independiente: el Consejo de la Competencia, que ahora se llama la Autoridad de la Competencia, a la que se le trasladó el poder de establecer sanciones pecuniarias y órdenes. Este texto fue codificado en 2001.

Sin embargo, el Derecho de la Competencia había sido impulsado fuertemente por el Derecho Comunitario. Los Tratados de Roma de 1957 se veían como una respuesta a la Segunda Guerra Mundial. Para restaurar y mantener la paz en Europa, la respuesta elegida fue de carácter económico: la creación del mercado común, que más tarde se convertiría en el mercado único. El artículo 28 del Tratado Constitutivo de la Comunidad Económica Europea establece por tanto la libre circulación de mercancías (en la actualidad, este principio está consagrado en los Arts. 34 a 326 del Tratado de Funcionamiento de la Unión Europea - TFUE). Este fue completado con el principio de libre circulación de personas, de servicios y de capitales. Como corolario, estas libertades se afirman con la sanción de las prácticas anticompetitivas (cárteles malos y abuso de posición dominante).

A partir de la década de los 70, el Derecho de la Competencia estuvo marcado por un reflujo del papel del Estado, orquestado por la doctrina neoliberal de la Escuela de Chicago (dirigidos por, Hayek), fundada sobre una confianza absoluta en el liberalismo para garantizar la "eficiencia económica". Frente a este pensamiento, se desarrolla una doctrina más favorable para una vuelta del Estado, al menos a favor de un control del Estado para corregir las "miopías del mercado". Se asiste entonces, al lado del derecho tradicional de la competencia, a la emergencia de regulaciones sectoriales, así como a la transformación del Derecho de la Competencia, de un derecho principalmente represivo y sancionatorio hacia una regulación flexible de la competencia.

El Derecho de la Competencia es de una gran complejidad y sutileza, puesto que admite la competencia del Derecho Francés y del Derecho Europeo y obliga a la apertura hacia el Derecho de los Contratos, de la Propiedad, en particular de la Propiedad Intelectual, y el Derecho Público.

La libertad de competencia se interpretó con anterioridad como prohibiendo al Estado el inmiscuirse en la vida económica y, durante mucho tiempo, la intromisión de las colectividades públicas (servicios públicos industriales y comerciales) se mantuvo marginal. La cuestión que rápidamente se planteó como consecuencia fue sobre la sumisión de las empresas públicas al Derecho de la Competencia. Dentro de un espíritu liberal, el Derecho comunitario y el interno (art. L 410-1 del Código de Comercio francés) someten al Derecho de la Competencia toda "empresa", cualquiera que sea su estatus, a partir de que interviene en un mercado. Esta concepción amplia de la noción de empresa que ejerce una actividad económica explica que el Derecho de la Competencia tiene vocación a regular toda actividad humana a partir de que ésta puede calificarse como económica. Sin embargo, la empresa escapa a este derecho en tres tipos de hipótesis: cuando ésta implementa una función indelegable del Estado –"*mission régalienne*"- (en principio, la policía, la justicia, la educación...); cuando ejerce una actividad social explícitamente fundada en la solidaridad (Seguridad social, por ejemplo); y en la escogencia de un contratante.

Los derechos americano, comunitario y francés se aferran a la lucha contra las prácticas anticompetitivas (el "Gran" Derecho de la Competencia) que afectan el mercado –los cárteles y los abusos de posición dominante- encomendando su control a autoridades administrativas independientes (*US Antritrust Agency*, Comisión Europea, Autorité de la Concurrence en Francia), sometidas, ellas mismas, al poder del juez. Es a partir de la delicada y capital noción de "mercado pertinente" (*relevant market*) que las prácticas son valoradas. La definición del mercado de referencia es una condición indispensable para la aplicación de las leyes antimonopolio. Se define como el lugar de confrontación entre la oferta y la demanda de productos sustituibles entre sí, pero no sustituibles por otros bienes o servicios. Se trata de una noción que evoluciona, como los propios mercados (frutas y verduras según la temporada, convergencia entre la telefonía y la televisión), pero sometida al control del juez.

Los derechos de la competencia no sancionan las prácticas anticompetitivas a menos de que tengan por objeto (práctica intencional) o por efecto la distorsión del juego de la competencia. Se trata principalmente de acuerdos (o cárteles) sobre los precios, que limitan el acceso al mercado, que buscan la repartición de mercados o de fuentes de abastecimiento, así como el abuso de la dominación: abuso de posición dominante en el derecho interno y comunitario; abuso de la dependencia económica en derecho interno. Además, pareciera que en materia de abuso de posición dominante, la jurisprudencia de la Unión Europea es más exigente que la de los Estados Unidos, al imponer a toda empresa en posición dominante una "responsabilidad particular con respecto a la estructura del mercado", debiéndose abstener, en particular, de toda acción susceptible de atentar contra la competencia, ya de por sí debilitada por el hecho de su posición dominante. En esta perspectiva, los derechos de la competencia han desarrollado la teoría de las instalaciones o facilidades esenciales. Esta puede forzar a una empresa, pública o privada, que controla una instalación esencial en un mercado principal (vías férreas, por ejemplo) a facilitar el acceso a ella sin discriminar a sus competidores cuando estos deseen participar en un mercado secundario (por ejemplo, el transporte de pasajeros o de mercancías). Bajo la influencia del Derecho Comunitario, la teoría ha sido ampliamente utilizada por las autoridades reguladoras sectoriales ante la apertura a la competencia de ciertos mercados (telefonía, energía...). Esta es una de las ilustraciones de la evolución reciente del Derecho de la Competencia.

Los propios responsables de las autoridades de competencia subrayan el paso de un Derecho de la Competencia más bien coercitivo a una regulación flexible de la competencia. Estas autoridades han sido dotadas de medios - los procedimientos negociados en sentido amplio (compromisos, clemencia, transacción)- que les permiten responder a la necesidad de reforzar la disuasión de las prácticas anticompetitivas más graves, obteniendo al mismo tiempo una mayor eficacia del Derecho de la Competencia, mitigando la asimetría de información, en particular en materia de carteles, y alentando a las empresas a elegir voluntariamente el conformarse con los objetivos de competencia contemplados por los poderes públicos. Estos procedimientos de incitación, que prevén a cambio una forma de cooperación, una reducción o una exención de la sanción, son inseparables de la amenaza de sanciones rigurosas, esenciales para lograr la eficiencia y la eficacia reforzadas del Derecho de Competencia y demuestran una sensible evolución de este último.

En cuanto al Derecho francés, se desmarca del derecho comunitario e incrimina de manera autónoma las prácticas restrictivas de competencia (el "Pequeño" Derecho de la Competencia; art. L 442-6 del Código de Comercio). A diferencia de las prácticas anticompetitivas, estas últimas no necesitan que sea probada una infracción al mercado; ellas están *per se* prohibidas, para proteger principalmente el contratante contra su socio contractual mediante un control del contrato (formación, equilibrio contractual y ruptura). Estás pertenecen a un orden público económico y son controladas, no por la Autoridad de la Competencia, sino por los jueces ordinarios, pero con ciertas particularidades procesales. La precitada Ley de 15 de mayo de 2001 estableció una Comisión de Examen de las Prácticas Comerciales, cuya función consiste en formular dictámenes o recomendaciones sobre los modelos de contratos. Sin embargo, a pesar de numerosas reformas, sigue siendo difícil luchar contra las prácticas restrictivas de los grandes distribuidores, en particular, con respecto a los pequeños productores agrícolas.

Bibliografía sugerida: ◆ MALAURIE-VIGNAL, M. (2011), *Droit de la concurrence interne et européen*, Paris, éd. Sirey, 5e éd; ◆ BOY, L., REIS, P. (dir.) (2011), *Les procédures négociées en droit de la concurrence*, Les Dossiers de la RIDE, n° 4, Bruxelles, Larcier.

LAURENCE BOY †

Véase también: - Abuso de posición dominante – Cártel – Dumping - Margen hacia atrás - Organización común de mercados agrícolas.

Derecho de los contratos

Véase: - Abuso de posición dominante - Comercio Justo.

Derecho del Consumo

Véase: - Abuso de posición dominante.

Derecho Europeo de la Alimentación

En sus inicios, el Derecho Europeo de la Alimentación, relativo a la seguridad sanitaria, tenía por objeto principal las condiciones de intercambio en el comercio. No existía ninguna política sanitaria integrada en Europa, dándose preferencia a las directivas en lugar de los reglamentos (instrumentos de unificación del Derecho), a fin de mantener las especificidades de cada Estado miembro. La armonización se refería a los alimentos, desde la óptica de la libre circulación de mercancías. Fue así como bajo el fundamento del artículo 100 del Tratado de Roma, fueron adoptadas diversas directivas que trataban entre otros aspectos, de la composición de los alimentos, de la información de los consumidores y de la lealtad en la competencia (chocolate, mermeladas, jugo o zumo de frutas...).

El Tribunal de Justicia de las Comunidades Europeas (ahora rebautizado como Tribunal de Justicia de la Unión Europea - TJUE) dio un paso decisivo en la construcción de una legislación alimentaria a escala europea ("comunitaria") con la decisión "Cassis de Dijon", del 20 de febrero de 1979. En esta se establece el principio de equivalencia de las reglamentaciones nacionales sobre los alimentos: con esta decisión, la normativa de un Estado miembro adquirió una dimensión comunitaria porque bastaba con que un interesado cumpliera con los requisitos exigidos por tal normativa, para que el producto que comercializaba fuera admitido en el territorio de los otros Estados miembros.

Este enfoque fragmentario y nacional del derecho de la alimentación provocó, en realidad, el mantenimiento de grandes diferencias entre los Estados, la conservación de barreras aduaneras (por medio de los controles fronterizos) y obstáculos técnicos a la libre circulación de productos alimenticios y agrícolas. Por ello, en 1985 la Comisión propuso "un nuevo enfoque", que llevó a la adopción del Acta Única Europea de 1986 y al establecimiento de un mercado único. A su vez, esto dio lugar a una mayor armonización de las reglas sobre la producción de alimentos, su comercialización, los controles, las condiciones de importación... En particular, los controles aduaneros se sustituyeron por controles en el punto de embarque y en el punto de destino. De este modo, la salud pública se convirtió en un campo de intervención comunitaria. El Tratado de Maastricht, que entró en vigor el 1° de noviembre de 1993, consolida lo anterior al adicionar dos nuevos títulos al Tratado de 1957, dedicados a la "Salud Pública" y a la "Protección de los consumidores".

Sin embargo, este "nuevo enfoque" no resistió el anuncio del Gobierno británico, en marzo de 1996, sobre un posible vínculo entre la encefalopatía espongiforme bovina (EEB) y la nueva variante de la enfermedad Creutzfeldt Jakob. La crisis de las "vacas locas" provocó una profunda desconfianza de los consumidores europeos con relación a la seguridad y a la calidad de los alimentos, así como la desconfianza en relación con las instituciones europeas. Con el fin de restaurar la confianza perdida, Europa dio un nuevo giro y se inició la elaboración de un Derecho de la Alimentación renovado. Esto dio lugar a un replanteamiento total de la legislación existente.

A nivel institucional, a partir de 1997 se observa una profunda reorganización de la Comisión, con el fin de separar los poderes legislativo, científico y de control. Esto ha dado lugar a la transferencia de la función legislativa (preparación de propuestas de directivas, reglamentos y decisiones) de la Dirección de Agricultura a la Dirección encargada de la protección de los consumidores y de la salud pública, así como a la creación de organismos específicamente encargados de la evaluación científica de los riesgos, que prefiguraron la Autoridad Europea de Seguridad Alimentaria (AESA), creada en 2002. Finalmente, esto dio lugar a la creación de la Oficina Alimentaria y Veterinaria (OAV), encargada de vigilar la correcta aplicación de las normas comunitarias en los ámbitos alimentario y veterinario.

A nivel procedimental, el Tratado de Ámsterdam (1997) amplió el procedimiento de codecisión del Consejo y del Parlamento Europeo en los ámbitos "veterinario y fitosanitario con el objetivo directo de proteger la salud pública" (art. 4-b). Pero, es en el nivel sustancial donde los cambios más importantes se han producido.

En efecto, la UE ha iniciado un proceso de refundición completa de su legislación alimentaria, ilustrado por la adopción del Reglamento nº 178/2002 de 28 de enero de 2002, por el que se establecen los principios y los requisitos generales de la legislación alimentaria, se crea la Autoridad Europea de Seguridad alimentaria y se fijan procedimientos relativos a la seguridad alimentaria.

Esta reforma que entró en vigor en enero de 2005, renovó todo el marco jurídico del sector económico de la alimentación: los organismos e instituciones responsables de la gestión de los temas relacionados con la seguridad de la alimentación, los procedimientos a aplicar en caso de crisis o de sospecha de crisis, las normas de fondo aplicables a los Estados y a las empresas del sector agroalimentario...

El Reglamento nº 178/2002 crea la AESA, responsable de la evaluación del riesgo y la experticia científica en la Unión Europea (arts. 22 a 49) y cuya misión es ser una "referencia científica independiente en la evaluación del riesgo y ayudar a asegurar el correcto funcionamiento del mercado interior" (considerando 34). Asimismo, establece un sistema de alerta temprana y organiza los procedimientos de gestión de crisis y de las situaciones de emergencia (arts. 50 a 57). Igualmente, el Reglamento crea un Comité Permanente de la Cadena Alimentaria y de Sanidad Animal, para ayudar a la Comisión y organiza un procedimiento especial llamado "de comité" (arts. 58 y 59). Finalmente, se estableció un procedimiento de mediación "...cuando un Estado miembro considere que una medida adoptada por otro Estado miembro en el ámbito de la seguridad alimentaria es incompatible con el presente Reglamento, o que es probable que esa medida afecte al funcionamiento del mercado interior, remitirá el asunto a la Comisión, que informará inmediatamente al otro Estado miembro de que se trate" (art. 60).

Es sobre todo en el plano de las reglas de fondo que la metamorfosis resulta ser evidente. Por vez primera, el mismo texto normativo se aplica a todos los productos, alimentos y componentes alimentarios, sea que se trate de la alimentación destinada al ser humano o a los animales. El mismo Reglamento se aplica también a todos los actores del sector: agricultores, comerciantes minoristas, artesanos, grupos industriales, distribuidores, transportistas...

En cuanto al fondo, la Unión Europea ha desarrollado un nuevo Derecho Alimentario completo, global y unificado. Este nuevo derecho se construye siguiendo una estructura piramidal. En la cima, encontramos que el Reglamento nº 178/2002 establece su propia jerarquía de normas, sienta los principios generales (principio de precaución, principio de transparencia, principio de información a los ciudadanos y consumidores sobre los riesgos, principio del análisis del riesgo y principio de protección de los intereses de los consumidores), las obligaciones generales (en relación con la importación, la exportación, las normas internacionales) y los requisitos generales (en relación con la seguridad de los alimentos, la seguridad de los piensos, la trazabilidad, la presentación de los alimentos, la responsabilidad de los operadores y la de los Estados).

Bajo esta cima se encuentran reglamentos de aplicación, en un número limitado; una evolución importante porque la UE ha abandonado, en esencia, el método de la armonización jurídica mediante directrices en favor de la uniformización por medio de reglamentos.

Si estas reglas de fondo son generales, no son por ello menos explícitas y algunas de ellas conciernen directamente a las empresas. En la gestión cotidiana, deben cumplir e integrar tareas específicas, principalmente en lo que respecta a la trazabilidad (art. 18). También, deberá ejercerse y tener una mayor capacidad de respuesta a los cambios reglamentarios, a las informaciones profesionales, a las observaciones formuladas por los consumidores, etc.

La iniciativa del control y de la acción corresponde ahora a la empresa, a través de la obligación de autocontrol que debe ejecutarse sin esperar los controles efectuados de forma esporádica por la Administración. Cada operador debe siempre estar listo para actuar, sin esperar una decisión o una solicitud de las autoridades públicas. En efecto, de acuerdo con el artículo 19, si un explotador "considera o tiene motivos para pensar" que un alimento que se comercializa puede ser perjudicial para la salud, aun cuando no esté seguro, debe actuar de inmediato: informar a las autoridades competentes, a sus proveedores o clientes y, eventualmente, a los consumidores. Las empresas tienen así una responsabilidad mucho más grande. El Derecho Agroalimentario parte de que la responsabilidad se encuentra inscrita en los ámbitos de la precaución y de la prevención, a diferencia del Derecho Civil que, hasta ahora, la inscribe más bien en el de la reparación.

Sin embargo, exceptuando a la obligación de seguimiento de los productos derivada de la Directiva del 3 de diciembre de 2001, no hay otra obligación que sea totalmente nueva. En realidad, el contexto jurídico es lo que evoluciona. Algunas de estas obligaciones son simplemente retomadas sin un gran aporte (por ejemplo, información del consumidor, lealtad...). Otras son precisadas y reforzadas (ejemplos: control del respeto de las reglas y procedimientos, en cada una de las etapas de actividad; cooperación con las autoridades competentes). Finalmente, otras han sido profundamente renovadas (por ejemplo, la trazabilidad) .

Esta base del Derecho Europeo de la Alimentación ha sido completada por múltiples reglamentos que se refieren a los operadores, a los productos y a los consumidores. Una vez más debe distinguirse, en este conjunto, dos tipos de textos: algunos son principalmente reglamentos científicos y técnicos, destinados mayormente a los ingenieros y farmacéuticos que a los juristas; otros tienen un carácter propiamente jurídico y generan derechos y obligaciones para los Estados, los operadores o los consumidores.

En la primera categoría encontramos, entre otros, la prohibición o los límites máximos de muchos componentes químicos, el porcentaje de presencia de residuos, los métodos de muestreo, de toma de muestras, de análisis y de control de diversos alimentos o componentes, las condiciones de uso de los diferentes materiales que entran en contacto con los alimentos, los criterios microbiológicos aplicables, los criterios de pureza, las reglas de etiquetado específicas para los productos que incluyen ciertos componentes, las condiciones especiales para la importación de ciertos alimentos, etc.

La segunda categoría de textos define un derecho original y nuevo, constituido en primer lugar por reglas generales, de naturaleza sanitaria y comercial, aplicables al conjunto del sector agroalimentario ("de la finca a la mesa") y que incluyen a los Estados y a los operadores. En segundo lugar, encontramos también las reglas relativas a las obligaciones sanitarias de las empresas (reglas de higiene que deben seguir todos los operadores del sector, que se ven completadas por un dispositivo de controles oficiales), así como las normas sobre la calidad sanitaria de los productos, su composición y las condiciones de su elaboración. Estas últimas incluyen la regulación de los aditivos, de los auxiliares tecnológicos y, también, las condiciones de uso de la biotecnología (este dispositivo aún no ha sido completado debido a las dificultades que genera la búsqueda de un consenso sobre los organismos genéticamente modificados, la clonación o los procedimientos de autorización para los denominados "nuevos alimentos" – *novel food*).

Por último, deben añadirse los requisitos relativos a la calidad comercial de los productos (conjunto del dispositivo sobre los signos de calidad, tales como las denominaciones de origen, las indicaciones de origen, la agricultura orgánica o ecológica...), a los derechos de los consumidores (textos relacionados con las menciones nutricionales o de salud, la publicidad y el etiquetado de los productos alimenticios) y a los productos sujetos a un régimen específico (bebidas espirituosas, alimentos dietéticos y suplementos alimentarios, alimentos para bebés, chocolate...).

Bibliografía sugerida: • COLLART DUTILLEUL, F., NIHOUL, P. (dir.) (2012), *Código del Derecho Europeo de la Alimentación*, San José, Costa Rica, éd. Inida; • FRIANT-PERROT, M. (2004), La sécurité alimentaire : nouveaux enjeux pour les secteurs agricoles et alimentaires, *Revue Droit rural*, n° 327, étude 3; • LEÓN GUZMAN, M. (2011), *L'obligation d'autocontrôle des entreprises en droit européen de la sécurité alimentaire*, San José, Costa Rica, éd. Inida; • MUÑOZ UREÑA, H. A. (2011), *Principe de transparence et information des consommateurs dans la législation alimentaire européenne*, San José, Costa Rica, éd. Inida.

FRANÇOIS COLLART DUTILLEUL

Véase también: - Análisis del riesgo - Autoridad Europea de Seguridad Alimentaria - Control - Principio de precaución - Principio de protección de los intereses del consumidor - Principio de Transparencia - Trazabilidad - Vacas locas (Enfermedad de las).

Derecho Penal

Véase: - Administración de sustancias nocivas - Estado de necesidad.

Derechos aduaneros y barreras no arancelarias

La década de 1980 marcó un punto de cambio en la relación mantenida entre la agricultura y la liberalización del comercio internacional. De la segunda mitad de la década de 1950 hasta 1986, la agricultura se excluyó de las negociaciones comerciales multilaterales. El sector agrícola se caracterizaba por una proliferación de regímenes especiales que impidieron la liberalización del comercio de las materias primas agrícolas descritas en el Acuerdo General sobre Aranceles Aduaneros y Comercio (GATT). El empleo frecuente de subvenciones a las exportaciones y de barreras no arancelarias opuestas a las importaciones en este dominio produjeron, sin embargo, el efecto de crear profundas distorsiones comerciales. El costo excesivo de las políticas intervencionistas, conducidas principalmente por los Estados Unidos y Europa, y sus efectos cada vez más negativos en el comercio internacional de productos agrícolas llevaron a los Estados Partes del GATT a acordar la integración de la agricultura en las negociaciones de la Ronda de Uruguay en 1986. El objetivo: adoptar un acuerdo comercial multilateral sobre la agricultura que permitirá aportar un mínimo de disciplina al comercio y a las políticas de apoyo que lo sustentan.

Al final de estas negociaciones (1986-1994), un Acuerdo sobre la Agricultura (AA) se concluyó y fue anexado a los textos fundadores de la nueva Organización Mundial del Comercio (OMC). Su objetivo consiste en liberalizar el comercio de productos agrícolas y minimizar los efectos de las políticas agrícolas sobre el comercio internacional, en defecto de prohibir toda política agrícola nacional. Los miembros de la OMC se comprometieron a establecer un sistema de comercio agrícola "justo" que garantiza el "acceso al mercado". Si la construcción de un "mercado justo" de los productos agrícolas justifica una limitación de las ayudas a la producción y de las subvenciones a las exportaciones, el "acceso al mercado" supone a la vez un control y una restricción de todas las barreras arancelarias y no arancelarias a las importaciones. Restringiendo el comercio internacional, estas barreras arancelarias y no arancelarias contribuyen en efecto a mantener los precios artificialmente altos en el mercado nacional y ello en detrimento de los consumidores locales. Desde este punto de vista, el AA provoca un cambio importante: el paso de una situación en la cual una multitud de medidas no arancelarias entrababan el comercio de productos agrícolas, a un régimen donde la protección se concede únicamente para los aranceles (derechos de aduana) consolidados, acompañados de compromisos de reducción.

El primer objetivo del AA es hacer "transparentes" los niveles de protección aplicados en las fronteras, transformando las barreras no arancelarias a las importaciones en derechos aduaneros. Las barreras no arancelarias abarcan en principio las medidas de naturaleza administrativa que se caracterizan por no reposar sobre los mecanismos de precios. Las medidas prohibidas por el artículo 4.2 del AA son, por ejemplo, las restricciones cuantitativas a la importación (cuotas, contingentes), los procedimientos discrecionales de licencias de importación, los acuerdos de autolimitación de las exportaciones, el recurso a las subvenciones o a los monopolios nacionales para apoyar la producción agrícola nacional, el cumplimiento de normas técnicas, ambientales y sanitarias y las medidas no arancelarias aplicadas por intermedio de empresas comerciales del Estado. Con excepción de las restricciones cualitativas justificadas por razones de salud o de seguridad, estas medidas no pueden ser mantenidas y deben ser, en un primer momento, sustituidas por los derechos de aduana (o "equivalentes arancelarios"). Es el principio de la arancelización. Los derechos de aduana obtenidos vía arancelización se agregan a los derechos de aduana existentes. Una vez que las barreras no arancelarias se convierten en derechos de aduana, éstos deben reducirse en un promedio de 36% en 6 años para los países desarrollados (en el período comprendido entre 1995-2000). Esta reducción debe ser al menos de un 15% para los países desarrollados y de un 10% para los países en desarrollo países en desarrollo por línea arancelaria o categoría de productos (carne bovina, carne de aves...). La reducción es gradual y se hace por divisiones anuales. Los países menos avanzados (PMA) no están sometidos a esta reducción. Al final del período de aplicación, todos los aranceles se consolidan en el nivel final y no pueden ser aumentados. Se trata del principio de consolidación.

Sin embargo, el acuerdo da la posibilidad a los países en desarrollo de no arancelizar su protección y de consolidar los derechos de aduana a tasas libres ("tasas máximas"). En efecto, bajo el impacto de los programas de ajuste estructural, la mayoría de los países en desarrollo disponían en el momento de la conclusión del AA, de niveles de protección muy bajos. La arancelización habría sido extremadamente desfavorable para estos países. Si fuese necesario, la tasa máxima les permite aumentar su nivel de protección. Estos países no tienen la obligación de reducir esta tasa.

Además de bajar el nivel de protección en las fronteras, el AA también ha previsto un umbral mínimo de importación para los productos que hayan sido objeto de arancelización. Los Estados deben acordar, para cada producto, un acceso corriente equivalente al promedio de las importaciones del período 1986-1988. Además, cada país firmante se comprometía a lograr, de aquí al 2000 para los países desarrollados y al 2004 para los países en desarrollo, un acceso mínimo igual al 5% del consumo medio nacional correspondiente al período 1986-1988 (3% en 1995) para los productos importados que fueron objeto de una arancelización.

Los principios arancelización y de consolidación de las barreras de acceso a los mercados subsisten acompañados de algunas excepciones. Entre ellas, la cláusula de trato especial (Anexo 5 del AA) en virtud de la cual los países pueden, en determinadas condiciones, seguir utilizando medidas no arancelarias, en particular para productos alimentarios de base en los países en desarrollo (arroz para Filipinas, queso y carne ovina para Israel...). Una de las condiciones consiste en que las posibilidades de acceso a los mercados en forma de contingentes de importación progresivamente aumentados, sean ofrecidos para los productos en cuestión.

Una cláusula de salvaguardia específica al AA también permite a un Estado agregar un suplemento al arancel aduanero existente (art. 5), cuando enfrente una situación de fuerte crecimiento en el volumen de las importaciones o ante una caída significativa de los precios de los productos importados. En este caso, el objetivo consiste en proteger a los productores locales. El derecho adicional no puede ser superior del 30% del derecho de aduana normal y únicamente puede mantenerse hasta el final del año en que se aplicó. En la práctica, la utilidad de esta cláusula experimenta una limitación importante, por cuanto no puede ser invocada por los países que han optado por una arancelización de "tasa máxima", que es el caso de muchos países en desarrollo. Esta cláusula únicamente ha sido utilizada por diez miembros, de los cuales seis son países en desarrollo, entre 1995 y 2001.

A estos mecanismos excepcionales previstos por el AA se agrega también la posibilidad de recurrir a las cláusulas de salvaguardia previstas por el GATT u otros acuerdos de la OMC. Entre estas medidas se distinguen aquellas aplicadas con arreglo a las disposiciones relativas a la balanza de pagos (arts. XII y XVIII del GATT), las cláusulas generales de salvaguardia (art. XIX del GATT), las excepciones generales (art. XX del GATT), del Acuerdo sobre la Aplicación de Medidas Sanitarias y Fitosanitarias (Acuerdo SPS), del Acuerdo sobre Obstáculos Técnicos al Comercio (Acuerdo OTC), etc. Por último, conviene mencionar los regímenes de acceso preferencial de los países en desarrollo a los mercados de los países desarrollados, puestos en práctica en el marco de los Acuerdos de Asociación Económica (AAE). Sobre la base de a un trato preferencial y no recíproco en favor de los países en desarrollo (sin aranceles para las exportaciones de los países en desarrollo, con aranceles para las importaciones provenientes de los países industrializados), la validez de los regímenes preferenciales ha sido puesta en duda después de la entrada en vigor de los Acuerdos de la OMC.

La apertura de los mercados agrícolas y el aumento del comercio internacional han sido aprovechados globalmente para mejorar la seguridad alimentaria mundial, pero esto se ha logrado a costa de una fractura cada vez mayor entre los países industrializados y los países en desarrollo, los cuales se han convertido en el lapso de una década, en los importadores netos de productos agrícolas. El impacto negativo de la liberalización del comercio sobre los productos agrícolas había sido considerado además por los negociadores de la AA. Estos últimos habían previsto un aumento significativo en los precios de los bienes agrícolas en los mercados internacionales, susceptible de gravar severamente las importaciones y la provisión de alimentos en los países en desarrollo y en el seno de los PMA (véase el art. 16 del AA). Una Decisión de Marrakech sobre medidas relativas a los posibles efectos negativos del programa de reforma en los países menos adelantados y en los países en desarrollo importadores netos de alimentos fue adoptada a este respecto (1994). Prevé, a expensas de los países desarrollados, la aplicación de los cuatro mecanismos destinados a permitir a estos países mantener un nivel suficiente de importación de alimentos (ayuda alimentaria, financiamiento a corto plazo de las importaciones comerciales de cantidades normales de productos alimentarios, concesión de condiciones favorables de créditos a la exportación agrícola, asistencia técnica y financiera con el propósito de mejorar la productividad agrícola). Pero aun hoy, el texto no se ha aplicado de manera satisfactoria.

De acuerdo con las observaciones del Relator Especial de la ONU sobre el Derecho a la Alimentación llevadas a cabo en 2008, la eliminación de las barreras al comercio de productos agrícolas ha entrabado directamente la realización del derecho a la alimentación y la seguridad alimentaria en los países en desarrollo, en razón de la excesiva dependencia de estos países con respecto al comercio internacional. Esta dependencia ha llevado, en muchos países en desarrollo, a una pérdida significativa de los ingresos de exportación cuando los precios de los productos de exportación disminuyen, y coloca en dificultad a los agricultores locales incapaces de hacer frente a la competencia de las importaciones a bajo precio que invaden los mercados nacionales. Finalmente, ella engendra problemas de balanza de pagos para estos países importadores netos de productos alimentarios cuando los precios de estos productos aumentan, exponiendo las poblaciones al espectro de la escasez de alimentos. Los disturbios de 2007-2008, provocados por el aumento de precios de los alimentos en los mercados internacionales, constituyeron una dramática ilustración.

Bibliografía sugerida: • CARREAU, D., JUILLARD, P. (2010), *Droit international économique*, Paris, éd. Dalloz, 4e édition.

THOMAS BREGER

Véase también: - Acuerdo General sobre Aranceles Aduaneros y Comercio - Cláusula de salvaguardia – Corn Laws – Mercados internacionales – Seguridad alimentaria.

Derechos de los campesinos

Los campesinos pueden considerarse un grupo social vulnerable, marginado y necesitado de una mayor protección en sus derechos humanos. Constituyen un gran porcentaje de la población mundial en situación de pobreza e, incluso, de la que pasa hambre e inseguridad alimentaria. Siendo esto así, es comprensible la reivindicación reciente de reforzar sus derechos. Esta tarea es liderada en la escena internacional por *Vía Campesina*, la cual, tras un largo proceso de debate, promovió en junio de 2008 en la ciudad de Yakarta, la adopción de la Declaración de los Derechos de los Campesinos y Campesinas. La misma es primordialmente una reivindicación de la sociedad civil, a través de esta amplia red. No tiene reconocimiento oficial por los Estados ni por la Organización de las Naciones Unidas, aunque en el seno de algunas de sus instituciones, es el caso del comité asesor del Consejo de Derechos Humanos, ya empieza a hablarse de ella.

Desde el punto de vista de la técnica jurídica, la cuestión que se plantea es si estos derechos (de los campesinos y campesinas) son una categoría nueva, una creación *ex novo*, o si se trata de la defensa o refuerzo de la aplicación a un colectivo particular, de derechos humanos ya existentes. Debe señalarse que algunos de los derechos incluidos en la Declaración de Yakarta ya existen. Estos pertenecen a la categoría de derechos civiles y políticos o a la categoría de derechos económicos, sociales y culturales (igualdad, protección de la integridad física, acceso a la justicia, libertad de expresión, etc.). No obstante, en otros casos son más novedosos en el contexto del orden internacional, como el derecho a la tierra y al territorio (art. IV), el derecho a las semillas y al saber tradicional agrícola (art. V), el derecho a los medios de producción agrícola (art. VI), el derecho a la información y a la tecnología agrícola (art. VII), la libertad de determinar precios y mercados (art. VIII), el derecho a la protección de los valores agrícolas (art. IX), o incluso a la diversidad biológica (art. X).

Otra cuestión jurídica que plantean estos derechos es su naturaleza jurídica, esto es sobre si se trata de derechos individuales o derechos colectivos. Esta última categoría, aún discutida por algunos, está presente en el orden internacional y parece que es en ella donde se incardinarían estos derechos de los campesinos. Pero, más allá de esas consideraciones, lo importante será encontrar vías para darles reconocimiento y eficacia jurídica. Una vía que podría ser interesante es estudiar su relación con el derecho al desarrollo. Este derecho es también en parte colectivo y tiene más recorrido internacional, y debiera poder dar respuesta a las necesidades de un grupo tan amplio como el de los campesinos y campesinas. Otra vía interesante consiste en analizar su relación con los derechos de los agricultores. Estos últimos han sido acogidos por el Tratado Internacional de Protección de los Recursos Fitogenéticos para la Alimentación y la Agricultura (TIRFAA, 2001). El artículo 9 del tratado compromete a las partes firmantes a garantizar los derechos de los agricultores, tomándose medidas particulares para proteger los conocimientos tradicionales, garantizar la repartición de los beneficios ligados al uso de los recursos biológicos cultivados o asegurar la participación de los agricultores en la toma de decisiones políticas. Esto supone, sin duda, un avance de gran interés.

El contenido que recoge dicho artículo presenta similitudes reales con la Declaración de Yakarta. Teniendo en cuenta que el TIRFAA ha sido firmado por un gran número de Estados y que entró en vigor en 2004, la reivindicación de los derechos de los campesinos podría apoyarse idealmente sobre este instrumento. Esto supone una convergencia de las dos expresiones. Sin embargo, los derechos de los campesinos son, en el papel, más amplios que los derechos de los agricultores. En una óptica de desarrollo y mejoría del nivel de vida, sería positivo que desde ya estos últimos se abran progresivamente al contenido de los primeros (en ese sentido, la convergencia debe buscar un enriquecimiento y no un empobrecimiento propio del sentido inverso) y que las obligaciones que se impongan a los Estados sean reforzadas.

Bibliografía sugerida: ♦ BENGOA CABELLO, J. A. (2010), Los derechos de los campesinos, in *De la terre aux aliments, des valeurs au droit*, bajo la dirección de F. Collart Dutilleul, San José, Costa Rica, éd. Inida, p. 19 (consultable en línea).

MIGUEL ÁNGEL MARTÍN LÓPEZ

Véase también: - Derecho a la tierra - Reforma agraria - Soberanía alimentaria - Tratado Internacional sobre los Recursos Fitogenéticos para la Alimentación y la Agricultura.

Derechos Fundamentales

Véase: - Acaparamiento de tierras - Aguas Argentinas - Amicus curiae – Carácter justiciable de los derechos fundamentales - Carta del Mandén - Comercio Justo - Derecho a la Alimentación - Derecho al agua - Orden público.

Desarrollo (Derecho al)

Véase: - Carta de Derechos y Deberes Económicos de los Estados.

Desarrollo sostenible

En 1987, en el marco de la Organización de las Naciones Unidas (ONU), la Comisión Mundial sobre el Medio Ambiente y el Desarrollo -conocida como la Comisión Brundtland- definió el desarrollo sostenible como "el desarrollo que satisface las necesidades de la generación presente sin comprometer la capacidad de las generaciones futuras para satisfacer sus propias necesidades. Encierra en sí dos conceptos fundamentales: el concepto de "necesidades", en particular las necesidades esenciales de los pobres, a las que se debería otorgar prioridad preponderante; [y] la idea de limitaciones impuestas por la capacidad del medio ambiente para satisfacer las necesidades presentes y futuras."

Hoy en día, esta definición sigue siendo una referencia. El término "desarrollo sostenible" es la traducción de la terminología inglesa "*sustainable development*", pero también se emplea los adjetivos "duradero", "sustentable" o los términos "sostenibilidad", "consumo sostenible", "producción sostenible", etc. En el sentido común, el adjetivo "sostenible" hace alusión a la persistencia, a la estabilidad o a la resistencia de un bien o de una actividad que concilia el crecimiento económico y la preservación de los recursos naturales en beneficio de la sociedad actual y futura. En otras palabras, se trata de tener en cuenta en la acción y en la reflexión, a las preocupaciones económicas, ambientales y sociales que constituyen los tres pilares del desarrollo sostenible. Sin jerarquizar necesariamente a estos pilares, el desarrollo sostenible implica al menos su asociación con el fin de satisfacer las necesidades de las generaciones presentes y futuras, es decir, de manera antropocéntrica. Esta precisión es importante porque, en la práctica, el concepto de desarrollo sostenible se utiliza a veces en forma parcial: con gran facilidad se dice que una empresa que valoriza económicamente sus desechos "está haciendo desarrollo sostenible", por cuanto limita su consumo de recursos naturales, mientras maximiza sus ganancias. Sin embargo, para inscribirse realmente en la lógica del desarrollo sostenible falta la consideración de los aspectos sociales. No obstante, debe admitirse que no resulta fácil definir con claridad el contenido de los pilares del desarrollo sostenible: el pilar económico se refiere a la idea de crecimiento económico, lo que se consigue en particular mediante la mejora de la productividad y el enriquecimiento. En cuanto al pilar ambiental, se refiere principalmente a la protección de los ecosistemas y a la conservación de la biodiversidad. También, se trata de la lucha contra el cambio climático. Por último, el pilar social consiste en el progreso y el bienestar social. Esto implica particularmente la calidad de vida, la protección de los intereses de los consumidores y la reducción de la pobreza... En este esquema resulta difícil ubicar la consideración de los aspectos sanitarios, que se relacionan tanto con el pilar medioambiental como con el pilar social.

Los orígenes del desarrollo sostenible se atribuyen de manera casi unánime al trabajo iniciado por el Club de Roma. Este grupo de reflexión conformado en 1968, que reunía a científicos y a altos dirigentes de organizaciones públicas y privadas, introdujo una reflexión común sobre los problemas globales a los que debería enfrentarse una sociedad en vías de globalización. Es a su solicitud que un equipo del Instituto de Tecnología de Massachusetts publicó un informe sobre la evolución de la población humana atendiendo a la explotación de los recursos naturales hasta 2100. Con ayuda de equipos informáticos balbuceantes, este informe que combinaba las ciencias sociales con modelos matemáticos generó el debate sobre el desarrollo y el futuro del mundo, al reunir previsiones sobre el crecimiento de la población, el agotamiento de los recursos, el suministro de alimentos, las inversiones de capital y la contaminación, en un solo modelo del futuro del mundo. Los resultados de su trabajo se encuentran en el Informe Meadows (1972), que se distribuyó a los responsables políticos de todo el mundo. Luego, en 1975, la Conferencia de Estocolmo oficializa un vínculo entre el desarrollo y la preservación del ambiente. En 1980, es cuando aparece la primera mención oficial de desarrollo sostenible en la Estrategia Mundial para la Conservación de los recursos vivos. Fruto de una colaboración entre las organizaciones no gubernamentales (ONG) ambientales y los organismos de las Naciones Unidas, esta estrategia se basa en el desarrollo sostenible que permite "mejoras reales en la calidad de la vida humana y al mismo tiempo conserve la vitalidad y diversidad de la Tierra". El desarrollo sostenible fue posteriormente retomado en discusiones interestatales sobre la asociación de las problemáticas ambientales y de desarrollo, para ser estructurado finalmente a través de los acuerdos ambientales internacionales. En 1987, a petición del Programa de las Naciones Unidas para el Medio Ambiente (PNUMA), la Comisión Mundial sobre el Medio Ambiente y el Desarrollo prepara el Informe Brundtland, que presenta con bastante precisión todos los aspectos del desarrollo sostenible.

En 1992, la Conferencia de las Naciones Unidas sobre el Medio Ambiente y el Desarrollo adoptó la Declaración de Río, que es el primer acuerdo interestatal que formaliza el desarrollo sostenible como la asociación del progreso económico, de la justicia social y de la preservación del ambiente. En la actualidad, el desarrollo sostenible se menciona en numerosos instrumentos internacionales, como los Acuerdos de Marrakech que establecen la Organización Mundial del Comercio (1994) o en el preámbulo del Tratado de la Unión Europea (2009). En este último, los Estados miembros se comprometen a tomar en cuenta el "principio" del desarrollo sostenible que está "basado en un crecimiento económico equilibrado y en la estabilidad de los precios, en una economía social de mercado altamente competitiva, tendente al pleno empleo y al progreso social, y en un nivel elevado de protección y mejora de la calidad del medio ambiente." Asimismo, ha sido incorporado en muchas constituciones y leyes nacionales.

Puede reprochársele al desarrollo sostenible su carácter discursivo y "encantador", que implica una naturaleza jurídica incierta. En Derecho, se le califica como: concepto, principio, estrategia, objetivo o noción marco. Su naturaleza tanto internacional como nacional parece ser esencialmente declarativa. En efecto, a menudo se critica la falta de obligatoriedad y de normatividad de las reglas que mencionan al desarrollo sostenible. Sin embargo, el desarrollo sostenible tiene el mérito de reunir todos los debates sobre el Derecho: aparece en numerosas ramas jurídicas, ya sea en Derecho Internacional, en Derecho Público, en Derecho Privado o en la Filosofía del Derecho. Plantea la cuestión sobre la jerarquía de los objetivos perseguidos por el Derecho y pone en duda la coherencia de las normas y de los sistemas jurídicos.

En el ámbito agroalimentario, el desarrollo sostenible permite analizar la adecuación de los valores que él promueve con las lógicas que siguen las normas aplicables a este sector. Como el alimento permite satisfacer una de las necesidades primarias del hombre y de su descendencia y que su producción depende en gran medida de los recursos naturales, el desarrollo sostenible puede, por ejemplo, utilizarse para comprobar la coherencia y el equilibrio de las obligaciones que están contenidas en los contratos de inversión internacional en terrenos agrícolas. En este sentido, conviene verificar el lugar dado a los valores del desarrollo sostenible en estos contratos. Se puede analizar si los contratos toman en cuenta el destino de las poblaciones locales, la protección del ambiente y el interés económico de todos los interesados y cómo lo hacen. La causa de estos contratos de inversión podría ser también un elemento interesante: este tipo de operaciones puede justificarse por las necesidades alimentarias del país de origen del inversionista, así como por la simple búsqueda de beneficios o de reservas.

Bibliografía sugerida: • COLLART DUTILLEUL, F. (2008), La régulation juridique du développement durable et le droit agroalimentaire européen, in *Production et consommation durables : de la gouvernance au consommateur-citoyen*, bajo la dirección de G. PARENT, Québec, canada, éd. Yvon Blais, p. 393; • COLLART DUTILLEUL, F., FERCOT C., BOUILLOT, P.-É., COLLART DUTILLEUL, C. (2012), L'agriculture et les exigences du développement durable en droit français, *Revue de droit rural*, n° 402, p. 18; • COMISIÓN MUNDIAL SOBRE EL MEDIO AMBIENTE Y EL DESARROLLO (1989), *Nuestro Futuro Común*, Informe de la Comisión Mundial sobre el Medio Ambiente y el Desarrollo (Comisión Brundtland) (consultable en línea); • MACNEILL, J. (2006), The Forgotten Imperative of Sustainable Development, *GreenLaw - Journal of the Pace Environmental Law Programs*, volume 10, n° 1, p. 2; • REIS, P. (2008), *Concurrence entravée et concurrence excessive : la liberté d'accès au marché et le développement durable* (consultable en línea).

PIERRE-ÉTIENNE BOUILLOT

Véase también: - Acuerdo de Asociación Económica - Agricultura integrada - Agricultura orgánica – Agroecología - Asociación para el mantenimiento de la agricultura campesina – Bosque - Circuitos cortos - Comercio Justo - Fondo Internacional de Desarrollo Agrícola - Gran Muralla Verde - Inversiones internacionales - Organización común de mercados agrícolas - Organización común de mercados de productos de la pesca - Recursos pesqueros – Seguridad alimentaria.

Desarrollo sustentable

Véase: - Desarrollo sostenible.

Desecho

Véase: - Residuo.

Desequilibrio contractual

Véase: - Abuso de posición dominante.

Desequilibrio significativo

Véase: - Abuso de posición dominante.

Desertificación

Véase: - Bosque - Gran Muralla Verde - Suelo.

Desertificación rural

Véase: - Agricultura.

Diferendos de la OMC

La creación en 1995 de la Organización Mundial del Comercio (OMC) fue acompañada por el establecimiento de un mecanismo de solución de diferencias, que le dio un espacio preponderante al Derecho y cuyo buen funcionamiento es unánimemente reconocido. El mecanismo ha sido establecido mediante el Entendimiento Relativo a las Normas y Procedimientos por los que se Rige la Solución de Diferencias, anexo a la Carta de la OMC; se trata de un mecanismo de solución de controversias entre Estados. Como tal, el sistema de solución de diferencias solamente puede ser aplicado por los Estados miembros de la Organización, excluyéndose a los operadores privados quienes no tienen acción sobre la base de los acuerdos (salvo la posibilidad de obtener protección de sus intereses a través de los recursos interpuestos por los Estados, como lo ilustra el ejemplo del diferendo *Estados Unidos — Artículo 211 de la Ley Omnibus de Asignaciones de 1998* que en el fondo trataba de un conflicto entre dos empresas establecidas en uno y otro lado del

Atlántico, acerca de la titularidad y la explotación de la marca de ron "Havana Club").

El mecanismo, modo progresivo de solución de controversias, deja un espacio cada vez más importante al Derecho a medida que se avanza en sus etapas. Después de una fase preliminar de consultas, el procedimiento se divide en dos momentos. El primero tiene lugar ante un Grupo Especial (o "panel") que emite un informe. Si no se está de acuerdo con las recomendaciones del Grupo Especial, la controversia podrá ser sometida al Órgano de Apelación ante el cual terceras partes (Estados interesados, organizaciones no gubernamentales - ONG) también podrán ser oídos en calidad de *amicus curiae*. La decisión es formalmente adoptada por el Órgano de Solución de Diferencias (OSD), que es un órgano político integrado por los representantes de los Miembros, salvo si emerge un "consenso negativo" contra esta decisión.

Aunque sigue siendo objeto de debate la cuestión sobre si el sistema de solución de diferencias tiene un carácter jurisdiccional, debe reconocerse que el procedimiento conduce a una decisión donde se da un pronunciamiento jurídico (es decir, sobre el fundamento de los Acuerdos) que obliga a las partes en controversia. En este aspecto, el sistema de solución de controversias implementado parece reunir los atributos de un tribunal arbitral, el cual tiene la particularidad - como todo juez – de decidir el diferendo en virtud del derecho pertinente (*jurisdictio*). No obstante, cabe reconocer el lugar cada vez más importante de la experticia en los diferendos de la OMC, es decir, de los elementos no jurídicos que contribuyen a la elaboración de la decisión. La explicación radica en la creciente complejidad de los litigios, la importancia de la incertidumbre científica y las cuestiones políticas relacionadas con numerosos conflictos. El espacio adquirido por los expertos en el seno del OSD ha llevado incluso a algunos observadores a afirmar que los miembros de los grupos especiales no fueron otra cosa que los árbitros de la experticia científica.

Desde la creación del mecanismo en 1995, más de un centenar de diferendos han estado relacionados con productos agrícolas y alimenticios. En general, al Estado demandado se le reprocha haber obstruido la libertad de comercio internacional de bienes agroalimentarios, al prohibir o limitar la importación de productos procedentes del extranjero, por razones oficialmente vinculadas con el imperativo (a largo plazo) del desarrollo económico, de la protección del ambiente o de la seguridad sanitaria (*food safety*). Por el contrario, a nuestro conocimiento, hasta la fecha ningún litigio se ha centrado en la aplicación de políticas nacionales de lucha contra el hambre o la malnutrición (*food security*).

Algunos diferendos, no menos importantes, están vinculados con la agricultura, pero no tratan sobre la aplicación del Acuerdo sobre la Agricultura (AA). El importante diferendo *Bananas*, que se refería al Acuerdo sobre

Procedimientos para el Trámite de Licencias de Importación, sirve de apoyo a nuestra afirmación. Sin embargo, lo más corriente es que los diferendos estén relacionados con la aplicación combinada del AA y de otros acuerdos, como el Acuerdo sobre la Aplicación de Medidas Sanitarias y Fitosanitarias (Acuerdo SPS), el Acuerdo sobre Obstáculos Técnicos al Comercio (Acuerdo OTC) o incluso, sin ser exhaustivos, el Acuerdo sobre los Aspectos de los Derechos de Propiedad Intelectual relacionados con el Comercio (ADPIC). Lo que está en juego en estos litigios para el Estado demandado ante el OSD es considerable. Cuando, al implementar el sistema de solución de diferencias, se constata que ha habido una violación de los Acuerdos, el Estado demandado debe poner fin a la política objeto del litigio, de lo contrario se expone a la aplicación de contramedidas. Estas medidas de retorsión pueden relacionarse con productos y sectores de actividad diferentes o sin relación con el objeto del litigio (véase, por ejemplo, con ocasión del diferendo "Hormonas", la aplicación de aranceles a la mostaza francesa o las máquinas italianas de café expreso, cuyos productores fueron a la quiebra, pues los Estados Unidos eran su principal mercado).

Un pequeño recorrido por algunos diferendos sometidos a la jurisdicción de la OMC permite poner de relieve algunos de los principios en los que se basa el sistema multilateral de comercio.

Principio de no discriminación y noción de producto equivalente (o similar). La aplicación de los principios que rigen el sistema multilateral de comercio ha dado lugar a que el OSD se pronuncie sobre el concepto de "producto equivalente" o "similar". En efecto, solo en la medida en que los productos son reconocidos como equivalentes es que los Estados pueden reclamar una violación al principio de no discriminación, sobre la base de los artículos I y III del Acuerdo General sobre Aranceles Aduaneros y Comercio (GATT). En concreto, la adhesión (en bloque) a los Acuerdos de la OMC, conlleva para los Estados la adhesión a dos conjuntos de obligaciones que figuran en el GATT: en primer lugar, los Estados se comprometen a aplicar a los productos originarios de todos los Estados partes en la Organización, el mejor trato arancelario ofrecido a cualquiera de ellos; se trata de la llamada cláusula de la nación más favorecida. En segundo lugar, los Estados se comprometen a aplicar las mismas restricciones arancelarias (por ejemplo, la tasa del IVA) y no arancelarias (por ejemplo, las condiciones para la comercialización) a los productos nacionales e importados; es la llamada cláusula del trato nacional. En ambos casos, la cuestión de la equivalencia es la piedra angular para la apreciación de las discriminaciones. Para apreciar esta equivalencia (*likeliness*), el enfoque adoptado por el OSD consiste en razonar por producto y no por modo de producción (*process*). Más específicamente, en la jurisprudencia han sido enunciados cuatro criterios de equivalencia, en particular en el caso "Amianto" (*Comunidades Europeas — Medidas que afectan al amianto y a los productos que contienen amianto*, 2001), que son: las propiedades físicas de los productos, sus usos finales, su capacidad para satisfacer los deseos y las demandas específicas de los consumidores y su clasificación internacional para efectos arancelarios. Este análisis permite, por ejemplo, tener como equivalentes a un maíz genéticamente modificado (OGM) y a un maíz que no ha sido modificado genéticamente. Entonces, la adopción de una política nacional de trato diferenciado entre los dos productos se analizará como una discriminación entre productos equivalentes, lo que no resulta evidente en la medida en que los dos productos no son necesariamente sustituibles desde la perspectiva de la clientela, suponiendo que esta esté informada. Al mismo tiempo, resulta posible preguntarse si "las preferencias del consumidor", criterio más subjetivos que incluye todas las expectativas y preocupaciones de los consumidores, no podría ser invocado como una de las excepciones a la libre circulación de los bienes agroalimentarios.

Excepciones a la liberalización del comercio: factores legítimos no comerciales (*non trade concerns*). Para justificar un obstáculo al comercio, el Estado demandado tiene la posibilidad (al menos en teoría) de invocar factores legítimos no comerciales (art. XX del GATT) a los que parece ser no sólo deseable, sino también posible vincular el imperativo de seguridad alimentaria. Aunque el sistema no sea hermético, este no ha permitido hasta la fecha afirmar la existencia de un obstáculo legítimo. Para convencer al OSD sobre la legitimidad de un obstáculo basado en el imperativo de la seguridad sanitaria, el Estado o grupo de Estados debe demostrar que el obstáculo responde realmente a un objetivo firme de seguridad sanitaria frente a un riesgo conocido.

En los casos en que las pruebas científicas son insuficientes, el Estado puede basarse en el artículo 5.7 del Acuerdo SPS, que reconoce en estos casos la adopción de las medidas provisionales "sobre la base de la información pertinente de que disponga" al mismo tiempo que precisa que "en tales circunstancias, los Miembros tratarán de obtener la información adicional necesaria para una evaluación más objetiva del riesgo y revisarán en consecuencia la medida sanitaria o fitosanitaria en un plazo razonable." En otras palabras, el Acuerdo reconoce a los Estados el derecho de definir el nivel de precaución que ellos consideran apropiado, siempre que presenten argumentos y una evaluación científica de los riesgos. Para la aplicación de este texto, el Órgano de Apelación ha exigido la reunión de cuatro condiciones acumulativas: que los datos científicos sean insuficientes, que la medida sea provisional, que los autores de la medida estén tratando de reunir nuevos datos y que esto se haga dentro de un plazo razonable (véase especialmente *Japón — Medidas que afectan a los productos agropecuarios*, 1998). Este texto ha sido invocado pocas veces por los Estados demandados en el contexto del mecanismo de solución de diferencias y nunca con éxito, debido a la interpretación restrictiva adoptada. Esto se ve reflejado en el caso "OGM" en el cual el Grupo Especial consideró, esencialmente, que la insuficiencia de evidencia científica - primera condición para la aplicación del artículo 5.7 del Acuerdo SPS – debía distinguirse de la incertidumbre científica. De esta forma, pueden adoptarse medidas de salvaguardia durante el tiempo necesario para reunir las pruebas científicas necesarias siempre que el procedimiento sea eficiente y no dilatorio, que no era precisamente el caso del procedimiento implementado en la especie por la UE. Por el contrario, si existe una evaluación que concluyó sobre la inocuidad y la seguridad de los OGM, poco importa que esta sea cuestionable. Esto le permite al Grupo Especial excluir la aplicación del artículo 5.7 del Acuerdo SPS en el caso de las restricciones impuestas a la importación de productos genéticamente modificados, por parte de algunos Estados miembros de la UE (*Comunidades Europeas — Medidas que afectan a la aprobación y comercialización de productos biotecnológicos*, 2006).

De manera más general, el Derecho de la OMC deja poco espacio para los fines legítimos no objetivables científicamente. Las preocupaciones no comerciales, tales como las preocupaciones sociales y éticas o el derecho a la información de los consumidores, no son admitidas como factores que legitimen una restricción al comercio. El sistema probatorio que ha sido puesto en práctica parece, en efecto, imponerle a los Estados la obligación de aportar una prueba imposible (*probatio diabolica*). El Estado no sólo debe aportar la prueba de que la medida adoptada es legítima y proporcionada (prueba positiva), sino además que ella no constituye una restricción encubierta al comercio (prueba negativa). Si bien, los Estados demandados en el contexto del sistema de solución de controversias a menudo han pecado por falta de coherencia en su política (criticando, por ejemplo, la carne bovina tratada con hormonas proveniente del extranjero, pero tolerando la carne porcina con hormonas producida localmente), cabe preguntarse si el sistema permite realmente la defensa de políticas nacionales destinadas a promover sosteniblemente valores no mercantiles sobre los intereses cortoplacistas del comercio, en particular, por el hecho de que no es posible analizar una política de prevención como un obstáculo legítimo, independientemente del objetivo a largo plazo que persiga.

Excepciones a la liberalización del comercio: la protección del ambiente. La protección del ambiente no es ignorada en los Acuerdos de Marrakech, cuyo preámbulo establece "el objetivo de un desarrollo sostenible [...] procurando proteger y preservar el medio ambiente e incrementar los medios para hacerlo, de manera compatible con sus respectivas necesidades e intereses según los diferentes niveles de desarrollo económico". Es a la luz de ese considerando que debe leerse el artículo XX del GATT, así como el conjunto de excepciones que permiten obstaculizar legítimamente el comercio internacional (véase, por ejemplo, el Acuerdo OTC que permite a los Miembros la adopción de medidas para preservar la vida o la salud de las personas, las plantas o para proteger el ambiente). Sin embargo, el grado en que una barrera al comercio internacional puede estar justificada por la protección del ambiente es estrecho, como lo ilustra el caso *Tortugas - camarones* (*Estados Unidos — Prohibición de importar ciertos camarones y sus productos*, 2001). En este diferendo se enfrentaron los Estados Unidos a cuatro países en vías de desarrollo (India, Malasia, Pakistán y Tailandia), se refería a la aplicación de medidas estadounidenses que restringían las importaciones de camarones procedentes de países que adoptaban métodos de pesca muy distantes de aquellos impuestos por la legislación local. En apoyo de esta restricción, los Estados Unidos invocaron la protección del ambiente y, especialmente, la preservación de una especie de tortugas marinas. Sin embargo, la medida fue considerada como una restricción ilegítima al comercio debido a que los Estados Unidos habían iniciado negociaciones con países exportadores, pero no con los países exportadores denunciantes. Un razonamiento similar fue seguido en el último diferendo *Atún* (*Estados Unidos — Medidas relativas a la importación, comercialización y venta de atún y productos de atún*, 2012). En la especie, las disposiciones estadounidenses sobre el etiquetado "*dolphin safe*" (sin riesgo para los delfines) fueron calificadas como obstáculo ilegítimo al comercio de atún, en la medida en que no se estableció que los métodos de pesca que se beneficiaban de este sello fueran menos perjudiciales para los delfines que el método de pesca de cerco, que había sido excluido de tal etiquetado. Si bien condena las medidas nacionales que fueron puestas bajo su conocimiento, el Órgano de Apelación reconoce el derecho de los Estados miembros de la Organización a proteger el ambiente cuando la legislación adoptada sea imparcial y no disimule una restricción al comercio. No obstante, el Órgano de Apelación deja manifiesta su preferencia por la conclusión de un acuerdo multilateral sobre el ambiente, en vez del recurso al artículo XX.

Excepciones a la liberalización del comercio: la protección de la salud. La protección contra los riesgos sanitarios ha sido tomada en cuenta en el Acuerdo SPS, aplicado por primera vez en el famoso caso de "Hormonas" (*Comunidades Europeas — Medidas que afectan a la carne y los productos cárnicos –hormonas-*, 1997). Es interesante notar que esta controversia relativa a la importación en Europa de carne bovina tratada con hormonas agotó todas las etapas posibles del procedimiento de solución de diferencias previstas en el Entendimiento. Inició en 1989, después de la prohibición del uso de hormonas sintéticas de crecimiento en la alimentación del ganado destinado a la producción de carne en el seno de la Unión Europea. En 1996, los Estados Unidos y Canadá accionaron ante la OMC argumentando que el embargo decretado en Europa era incompatible con el Acuerdo SPS (arts. 2, 3, 5 y 12), el cual permite a los países miembros establecer libremente normas sanitarias (su nivel de seguridad sanitaria) siempre que estas normas tengan una base científica, teniendo en cuenta que las normas establecidas por la Comisión del *Codex Alimentarius* son autoridad en esta materia. Para justificar la legitimidad de la restricción, la UE sostiene que la prohibición de las hormonas se aplica por igual a todos los animales, independientemente de su origen, y que se adoptó sobre la base del principio de precaución. En consecuencia, a su parecer no existe ninguna discriminación o restricción encubierta al comercio. Sin embargo, para los expertos designados por el Grupo Especial, la posición de la UE supera las prescripciones del Codex. Entonces, le corresponde aportar la prueba científica de que la preservación de la salud pública requiere normas más estrictas que aquella del Codex. Ante la falta de certeza científica acerca de los riesgos, el principio de precaución no podría, por tanto, ser invocado. El Grupo Especial, seguido más tarde por el Órgano de Apelación, concluye que Europa no cumplió con las prescripciones del artículo 5 del Acuerdo SPS en la medida en que no se ha llevado a cabo una evaluación científica del riesgo. Aun mejor, el Órgano de Apelación considera que la restricción europea peca por falta de coherencia, al constatar que el ato porcino es criado con hormonas de crecimiento en Europa (se encuentra el mismo razonamiento en el caso del salmón australiano, *Australia — Medidas que afectan a la importación de salmónidos*, 1995). Así, en el caso *Hormonas*, las medidas europeas fueron clasificadas como restricciones al comercio incompatibles con las obligaciones suscritas en los Acuerdos. Quedando Europa expuesta a sanciones importantes, este diferendo concluyó finalmente con la firma de un acuerdo en mayo de 2009. En virtud de este último, los Estados Unidos se abstienen de exportar carne bovina tratada con hormonas de crecimiento a Europa, a cambio de lo cual se aumentan los aranceles aduaneros a las importaciones en su territorio, a ciertos productos de la UE (queso, cebolla, mostaza, trufa...). Sin embargo, desde marzo de 2012 fueron levantadas estas medidas aduaneras, ante el compromiso de la UE de aumentar de manera significativa el volumen de las importaciones de carne bovina de alta calidad estadounidense y canadiense (criada sin hormonas).

Bibliografía sugerida: ◆ BLIN, O. (dir.) (2009), *Regards croisés sur le règlement des différends de l'Organisation mondiale du commerce (OMC)*, Bruxelles, éd. Bruylant; ◆ DEL CONT, C. (2008), Préoccupations non commerciales et régulation du commerce multilatéral : du *free trade* au *fair trade* ?, in *Production et consommation durables : de la gouvernance au consommateur-citoyen,* Québec, éd. Yvon Blais, p. 279; ◆ LUFF, D. (2004), *Le droit de l'Organisation mondiale du commerce, Étude critique,* Bruxelles, éd. Bruylant;

CATHERINE DEL CONT Y
VALERIE PIRONON

Véase también: - Cláusula de salvaguardia – Etiquetado – Experticia – Orden público – Organismo genéticamente modificado - Organización Mundial del Comercio – Principio de Precaución – Soberanía.

Dignidad

Véase: - Derechos Fundamentales – Pobreza – Seguridad humana.

Distribución

Véase: - Abuso de posición dominante - Margen hacia atrás.

Disturbios del hambre

Véase: - Revueltas del hambre.

Diversidad cultural

Véase: - Acuerdo General sobre Aranceles Aduaneros y Comercio - Cláusula de salvaguardia – Modelo alimentario – Patrimonio común de la Humanidad - Prohibiciones alimentarias.

Dominium

El *dominium* tiene tres significados. En primer lugar, se refiere al ámbito en el que un *dominus*, un poseedor, un propietario, ejerce sus prerrogativas. Se trata entonces, de una "propiedad" en el sentido jurídico del término. En un principio, la palabra *dominus* (derivada de *domus*, la casa) designaba al amo de la casa y es, por extensión, que el término designa todo aquello sobre lo que el amo puede ejercer su poder, es decir una "propiedad" en el sentido más amplio.

La noción de *dominium* fue dividida en dos en la época feudal: El *dominium directum*, o domino directo, que permitía al detentor el control de la propiedad, pero no le concedía la facultad de explotar los recursos. Estos últimos dependían del *dominium utile*, que permitía al tenedor su explotación. Actualmente, el Derecho Civil francés solo conoce una única forma de propiedad, que es la propiedad plena. Pero también se admite la distinción entre el "nudo propietario", que es quien posee el derecho de disponer del bien y el "usufructuario", que es quien goza del bien sin poder disponer de él. Existe también la copropiedad, que es una propiedad compartida entre varios y que los angloamericanos denominan "*condominium*".

En segundo lugar, por extensión, el *dominus* es también quién, en su calidad de amo o dueño de la casa, designa al anfitrión que recibe a sus amigos; de aquí la segunda acepción del término *dominium*, como "la comida, el festín".

Por ultimo, sin duda bajo la influencia del griego *δεσποτησ,* que evoca "al tirano, al déspota" y, de manera más amplia, "al amo del pueblo", el *dominus* designa "al señor". El *dominium* tiene entonces el sentido de "los amos, los tiranos, las dominaciones".

Bibliografía sugerida: ◆ GAFFIOT, F. (1934), *Dictionnaire illustré Latin-Français*, Paris, éd. Hachette.

DOMINIQUE GAURIER

Véase también: - Acaparamiento de tierras - Reforma agraria.

Dumping

El "Dumping" (el término proviene del inglés *to dump*, verter, deshacerse de) designa la práctica de vender un producto a un precio inferior a su coste (lo que corresponde a una venta con pérdida), con el fin de eliminar la competencia o para evitar su instalación. La compañía espera así ganar cuotas de mercado o aumentar sus precios después de la desaparición de sus rivales.

Considerado como desleal, el dumping es desarrollado en Derecho de la Competencia, pero sobre todo en el Derecho del Comercio Internacional. En los acuerdos de la Organización Mundial del Comercio (OMC), el dumping es entendido como una venta realizada en otro país a un precio inferior al aplicado en el país de origen de la empresa. El objetivo es, por supuesto, conquistar una participación en el mercado. La empresa se apoya habitualmente en subvenciones a la exportación otorgadas por el Estado del lugar donde se da la producción (por ejemplo, los subsidios estadounidenses al algodón). En este caso, las reglas de la OMC permiten al país víctima del dumping a aplicar un arancel anti-dumping, para compensar las subvenciones y defender así a sus productores nacionales

En Derecho de la Competencia, el dumping puede ser sancionado en virtud de las prácticas anticompetitivas, como precio depredador y en el derecho de las prácticas restrictivas de la competencia como, en Francia, mediante el artículo L 420-5 del Código de Comercio, que prohíbe las ofertas de precio o prácticas de precios de venta a los consumidores abusivamente bajos.

Por extensión, el dumping es también el "dumping social". Se trata del hecho de que una empresa contrate trabajadores extranjeros a los que se les propone una remuneración inferior al salario habitual. La expresión también se utiliza para un país cuya legislación social es menos estricta para los empleadores que las normas vigentes en otros países. En la misma línea, también se habla de "dumping fiscal", para describir el hecho de que un Estado apliqué impuestos más bajos que el de los países vecinos, con el fin de atraer capitales extranjeros (los famosos paraísos fiscales). Asimismo, se denuncia el "dumping ecológico" o "ambiental", que corresponde al establecimiento de normas ambientales menos estrictas que las que se aplican en otros países, para favorecer a las empresas locales frente a la competencia en el extranjero.

Bibliografía sugerida: ◆ DONNADILLE, S. (2011), *Dumping, antidumping et concurrence – Analyse économique*, Éditions universitaires européennes.

LAURENCE BOY †

Véase también: - Acuerdo General sobre Aranceles Aduaneros y Comercio - Derecho de la competencia.

Economía de subsistencia

Una economía de subsistencia se define generalmente como una economía basada en el autoconsumo, es decir, la producción por un grupo pequeño, familiar o no, de los bienes y servicios requeridos para satisfacer sus necesidades básicas, sin que sea necesario recurrir al comercio con el exterior del grupo, excepto marginalmente. La economía de subsistencia está estrechamente vinculada con las formas tradicionales de propiedad de la tierra, con aspectos tanto colectivos como transgeneracionales, lo que la convierte de hecho en inalienable. Casi todos los agricultores en el mundo vivían en este sistema hasta el siglo XVIII y todavía es el caso de la mayoría de ellos, sobre todo en los países pobres.

Hay algunos países en el mundo donde la gran mayoría de la población sigue viviendo en una economía de subsistencia. Este es el caso, por ejemplo, de algunos Estados insulares del Pacífico Sur, como Papua Nueva Guinea, Islas Salomón y Vanuatu. A pesar de un bajo nivel de tecnología y una carencia casi total de capital financiero, la productividad del trabajo agrícola es relativamente alta, gracias al clima tropical cálido y húmedo y a una exuberante vegetación. Debido a que la tierra sigue siendo abundante, a pesar del acelerado crecimiento demográfico tras el colapso de la población causado por la colonización, una pequeña cantidad de trabajo permite a los habitantes rurales disfrutar de una vida sobria, pero social y culturalmente equilibrada. Alrededor de las ciudades y en las zonas aptas para los cultivos extensivos, la minería o el turismo, la presión sobre la tierra pone, sin embargo, en peligro el mantenimiento de este tipo de economía que es: respetuosa del ambiente, tanto que la presión demográfica no conduce a la sobreexplotación de la tierra; socialmente eficaz, garantizando el acceso de todos a la tierra y la solidaridad dentro del grupo; especialmente resiliente a los choques externos, como la actual crisis global.

En un sentido realista, toda economía debería ser calificada como una economía de subsistencia porque "los hombres, al igual que todos los seres vivos, no pueden vivir de forma sostenible sin un entorno físico donde encuentran su sustento" (Polanyi). Ciertamente, Atenas y Roma en la Antigüedad y Gran Bretaña en el siglo XIX eligieron asegurar una gran parte de la subsistencia de su población por medio de importaciones de granos, gracias al dominio político y militar de los mares asegurado por su imperio. En la actualidad, muchos países dependen para sus aprovisionamientos de mercados financiarizados de productos agrícolas. Sin embargo, en un mundo finito con recursos naturales gravemente limitados y frente a la crisis ambiental que crece inexorablemente, la producción agrícola se convertirá en un importante reto mundial en el siglo XXI y la soberanía alimentaria será una necesidad política y social clave.

Desde finales del siglo XVIII, los economistas liberales sostienen que el bajo nivel de producción de las economías de subsistencia se explica por la baja productividad del trabajo. Esta última no permitiría producir un excedente, es imposible acumular riquezas y crear un capital productivo que, a su vez, aumentaría la productividad del trabajo. Una economía de subsistencia se ve como sinónimo de pobreza y la propiedad tradicional de la tierra como una de las principales causas del subdesarrollo.

A lo largo de la Colonia, estas concepciones justificaron la apropiación, a menudo extremadamente violenta, de las tierras de los pueblos indígenas por parte de los colonos europeos y su inserción forzada en la economía de plantación, a veces mediante la destrucción de sus cultivos tradicionales, a veces por la fijación de impuestos monetarios, a veces por el trabajo forzado o la esclavitud. Todavía influyen directamente en las estrategias de desarrollo recomendadas por los organismos internacionales: para ellos, es esencial reformar la propiedad tradicional de la tierra, registrando a los propietarios, para garantizar la seguridad jurídica de los contratos de arrendamiento a largo plazo y permitir la "extracción del valor comercial". Se trata de promover el turismo internacional, la minería o los grandes cultivos de exportación (algodón, cacao, café...), que requieren inversiones financieras y técnicas significativas, fuera del alcance de la población local. De acuerdo con la lógica liberal, la alta productividad del trabajo permite el pago de salarios más altos y la inserción de los agricultores, empleados u obreros, en una economía monetaria y en el mercado mundial. En la práctica, sin embargo, son muy pocos los puestos de trabajo creados. Y, por último, la destrucción de los cultivos y de la economía de subsistencia, que anteriormente permitían a las respectivas poblaciones satisfacer sus necesidades básicas, o la migración hacia las ciudades de las poblaciones privadas de sus tierras, donde su horizonte se encuentra limitado por una pobreza que ahora sí es real y de la que no hay esperanza de escape, no se toma en cuenta. En efecto, esta economía tradicional destruida solo contribuía marginalmente a los indicadores de riqueza monetaria comúnmente utilizados para medir el desarrollo, como el Producto Nacional Bruto. Por el contrario, las nuevas actividades - turismo, minería y cultivos de exportación - contribuyen y aparecen así como una creación neta de riqueza.

Bibliografía sugerida: • MARSHALL, G. (1998), Subsistence economy, in *A Dictionary of Sociology*, Oxford, Oxford University Press; • POLANYI, K. (2011), *La subsistance de l'Homme. La place de l'économie dans l'histoire et dans la société*, Paris, éd. Flammarion; • REGENVANU, R. (1998), The traditional economy as a source of resilience in Vanuatu, in

In Defense of Melanesian Customary Land, bajo la dirección de T. Anderson et G. Lee, AID/WATCH (consultable en línea).

LAURE DESPRES

Véase también: - Colonización – Pueblos autóctonos – Soberanía alimentaria.

Economía solidaria

Véase: - Asociación para el mantenimiento de la agricultura campesina.

EEB

Véase: - Vacas locas (Enfermedad de las).

EFSA

Véase: - Autoridad Europea de Seguridad Alimentaria.

Embalaje

Véase: - Empaque.

Empaque

El empaque se entiende como el material que envuelve al alimento y que no forma parte de él. En este sentido, se considera empaque tanto el embalaje utilizado para el transporte, como cualquier otra forma de envase, recipiente o envoltorio del alimento. Un producto alimenticio puede ser así recubierto por más de un empaque. En cambio, ha de aclararse que no se considera un empaque, por ejemplo, a la cáscara de las frutas.

En términos de funcionalidad, el empaque sirve para proteger la integridad del alimento. La forma en que está diseñado puede simplificar el transporte y el almacenamiento de los alimentos, tanto para los profesionales como para los consumidores. También el empaque puede volver más sencillo para los consumidores (y eventualmente para los profesionales) la gestión de las reservas de alimentos, al permitir la separación de las porciones que serán preparadas de inmediato, de aquellas que serán consumidas más tarde. Por último, el diseño del empaque puede ayudar a atraer la atención del consumidor, convirtiéndose así en una herramienta de marketing.

La consideración del empaque alimentario desde una perspectiva jurídica no resulta algo obvio, ya que generalmente se le da un carácter secundario, siendo el alimento lo principal para el Derecho. El empaque no está destinado a cambiar la naturaleza del bien que preserva, sino que, por el contrario, sirve para proteger su integridad, para que siga siendo inocuo y apto para el consumo. Es la calidad de los alimentos lo que, *a priori*, acapara la atención de los legisladores y, por ello, es desde este punto de vista que el Derecho se manifiesta. En la medida en que el empaque interactúa con el producto que envuelve, el uso de "nuevos materiales" que entran en contacto con los alimentos están sujetos a una autorización previa (véase, en el caso de la Unión Europea, los requisitos del Regl. nº 1935/2004).

Sin embargo, la legislación europea va más allá al otorgar un lugar importante al empaque, en particular en el caso de los alimentos envasados de previo a su comercialización. El hecho de estar "preempacado" o "preenvasado" conlleva dos tipos de consecuencias jurídicas: en materia de información al consumidor y en materia de responsabilidad de los profesionales en el seno de la cadena de producción.

Con respecto a la información al consumidor, la legislación impone obligaciones específicas que se aplican solamente a los alimentos preempacados. En este mismo sentido, existen reglas especiales y excepciones para los alimentos que se venden sin estar previamente empacados, es decir, a granel o en el marco de servicios de alimentación (restaurantes, comedores...). En la práctica, el empaque constituye el soporte material del etiquetado y esta situación (de hecho) no ha sido ignorada por la legislación alimentaria. Se ha definido un conjunto de obligaciones de información que toman la forma de "menciones obligatorias" del etiquetado, las que solo pueden figurar en presencia del empaque. Este enfoque no es exclusivo de las legislaciones europeas: es ampliamente utilizado en las legislaciones nacionales y regionales alrededor del mundo. Del mismo modo, las normas del Codex Alimentarius sobre la materia siguen este esquema, centrándose en la información que debe acompañar a los alimentos que han sido previamente empacados. El empaque de los alimentos se vuelve así un condicionante de la información de los consumidores.

En cuanto a la responsabilidad de los profesionales, el empaque previo de los alimentos también modifica las reglas. En efecto, la responsabilidad sobre la seguridad y la conformidad de los alimentos recaerá, en general, sobre quién realiza el empaquete. Por tanto, esto reduce considerablemente el perímetro de responsabilidad de los actores que se encuentran entre la operación de empaque y el consumo final del producto.

Hugo Alfonso Muñoz Ureña

Véase también: - Codex Alimentarius – Etiquetado – Principio de transparencia.

Encefalopatía espongiforme bovina

Véase: - Vacas locas (Enfermedad de las).

Enclave

Véase: - Menoscabos a la propiedad.

Enclosures

Véase: - Colonización – Latifundio.

Engaño

Véase: – Falsificación.

Envenenamiento

Véase: - Administración de sustancias nocivas.

Envoltura

Véase: - Empaque.

Enzimas

Véase: - Adición de sustancias – Aditivos.

ESB

Véase: - Vacas locas (Enfermedad de las).

Espacios marítimos

Véase: - Acuicultura – Recursos naturales.

Especialidad Tradicional Garantizada

Inicialmente establecida en el Reglamento nº 2082/92 de 14 de julio de 1992, la expresión "Certificación de características específicas" fue definitivamente reemplazada por la de "Especialidad Tradicional Garantizada" (ETG), al ser considerada más evocadora. Actualmente la ETG es regulada por el Reglamento nº 1151/2012 de 21 de noviembre de 2012.

El signo "ETG" constituye, junto con la Denominación de Origen Protegida (DOP), la Indicación Geográfica Protegida (IGP) o incluso la Agricultura Orgánica, uno de los sistema concebidos por la Unión Europea para proporcionar una protección jurídica a las denominaciones de los productos agrícolas destinados a la alimentación humana y de los productos alimenticios, que se distinguen claramente de otros productos agrícolas o alimenticios similares que pertenecen a la misma categoría y, esto, con motivo de su composición y/o de su método de producción tradicional. La protección concedida se aplica sin perjuicio de la normativa existente para las marcas o las indicaciones geográficas. Asimismo, dado que está ausente el riesgo de confusión o de competencia desleal, un mismo producto podría llevar a la vez un signo comunitario como la mención "ETG" y un signo distintivo nacional, como una marca, individual o colectiva, debidamente registrada.

Los productores, reunidos en una agrupación, son quienes definen un pliego de condiciones, para solicitar posteriormente su inscripción en el registro comunitario, una vez que la solicitud fue examinada en el plano nacional. El acceso a la denominación registrada como "ETG" está abierto a cualquier productor, incluso de un tercer país, siempre que el uso sea conforme con el pliego de condiciones registrado y que el productor recurra a autoridades u organismos de control de acuerdo con la normativa comunitaria.

Lamentablemente, de todos los signos comunitarios de valorización de los productos agroalimentarios, la mención "Especialidad Tradicional Garantizada" es el menos utilizado. A principios del año 2013 solo 39 denominaciones habían sido registradas como ETG, por ejemplo: para Italia, "Mozzarella"; para España, "Jamón Serrano" y "Leche Certificada de Granja": para Francia, "*Moules de Bouchot*" –"Mejillones de Bouchut"-.

DENIS ROCHARD

Véase también: - Calidad de los productos – Certificación - Indicación geográfica - Signo de calidad - Signo distintivo.

Especies invasivas

Véase: - Biodiversidad – Pesticidas.

Especies protegidas

Véase: - Biodiversidad – Cosas fuera del comercio – Economía de subsistencia – Organismo genéticamente modificado.

Especulación

Especular es tomar una posición riesgosa en el mercado, la que se supone anticipa la evolución futura de los precios. A partir de ahí, ¿cómo negar que la especulación contribuye a la formación de los precios de los productos alimentarios? En efecto, este procedimiento siempre ha sido inherente a los mercados de materias primas agrícolas y, en general, al comercio internacional. Sin embargo, la especulación toma actualmente un aspecto y una amplitud particulares, que sin duda las convierten en una de las causas de la crisis alimentaria que afecta a muchos países.

Así, en su origen, la especulación no es un "mal", sino más bien un aspecto beneficioso para los actores de la cadena alimentaria. Esta se volvió posible gracias a la aparición de contratos a término sobre los productos alimenticios, que permitieron aplazar en el tiempo la ejecución de una transacción de compra o de venta de estos productos. Poco a poco, a partir del siglo XIX, estos contratos a término se convirtieron en verdaderos instrumentos financieros, negociados en mercados a plazo, distintos de los mercados físicos de materias primas (por ejemplo, el *Chicago Board of Trade*, fundado en 1848) y dotados de una cámara de compensación. El fin original consistía en garantizarle a los vendedores y compradores potenciales de mercancías la existencia de una *cobertura*, es decir, una especie de seguro contra el riesgo de volatilidad de los precios de los productos básicos. En concreto, los vendedores o compradores adquieren en los mercados a término una posición inversa de aquella que tienen en los mercados físicos, para compensar las pérdidas eventuales. En suma, la especulación es indispensable para la aplicación de esta cobertura. Los mercados a plazo se presentan incluso como una de las soluciones a la inestabilidad de los ingresos agrícolas. Además, el desarrollo de los instrumentos financieros derivados permitió a la especulación reforzar la liquidez de los mercados. Asimismo, las transacciones concluyen rara vez con su terminación en el plazo previsto; las opciones y las promesas son revendidas rápidamente. En cualquier caso, un vendedor siempre está seguro de encontrar un comprador y viceversa...

Igualmente, una especulación excesiva acentúa inexorablemente la tendencia de los precios en los mercados físicos y amplifica los movimientos a la alza o a la baja. En estas circunstancias, ella perturba los mercados en lugar de estimularlos. La afirmación es válida para cualquier mercado. El problema es que se está aquí ante uno de los mercados más importantes – el de los productos alimentarios, donde las consecuencias de una burbuja especulativa son aún más graves que en un mercado financiero. Desafortunadamente, estos excesos y sus tristes consecuencias ya son una realidad.

Los excesos de la especulación provienen en particular de una transformación en la estructura de los mercados a plazo, que se "financiarizaron". En efecto, durante los últimos diez años, los instrumentos financieros negociados en estos mercados son utilizados masivamente por simples inversionistas que no son ni compradores ni vendedores potenciales de productos agrícolas. Ellos están motivados exclusivamente por los rendimientos de estos instrumentos. Actualmente, los derivados de materias primas son activos como otros tantos que figuran en los portafolios de los inversionistas y resultan ser muy solicitados por algunos fondos muy especulativos (los *hedge funds*). Este entusiasmo se explica por la tendencia actual al alza de los precios de los productos agrícolas, que es una consecuencia inevitable de su escasez y del aumento de la población mundial. La magnitud del fenómeno es tal que en el curso de la última década, los fondos invertidos en estos instrumentos se multiplican por veinte. Esta financiación de los mercados a plazo amplifica considerablemente el alza de los precios de los productos agrícolas subyacentes y provoca una volatilidad de sus precios hasta ahora sin precedentes.

La mayoría de los especialistas estiman hoy que estos excesos de la especulación contribuyeron a agravar la crisis alimentaria. Los "disturbios del hambre" que estallaron en los países más pobres del mundo en 2007 y 2008 lo confirman de manera elocuente. Por ello, la regulación de los mercados de instrumentos financieros derivados de materias primas agrícolas parece convertirse actualmente en una prioridad para los Gobiernos. Es inconcebible dejar que la especulación conduzca a un aumento desmedido de los precios de los productos alimentarios. Tanto el G20 como las autoridades europeas y estadounidenses han expresado su voluntad de regulación. Además, por primera vez, en junio de 2011 se organizó un G20 sobre agricultura. En otras palabras, se está en presencia de un "cambio de paradigma" donde se pasa de un principio de libertad a un sistema de control.

No obstante, la regulación de estos mercados es una tarea difícil. Algunas medidas ya han sido tomadas en ese sentido en los Estados Unidos, y están en preparación en Europa.

En el nivel internacional, la Organización Internacional de Comisiones de Valores (OICV; en inglés: *International Organization of Securities Commissions* - IOSCO) formuló recomendaciones para el mejoramiento de la regulación y supervisión de los mercados de derivados de materias primas. El 23 de junio de 2011, un G20 agrícola se fijó por primera vez el objetivo de volver más seguros los mercados bursátiles de materias primas agrícolas mediante un conjunto de medidas: aumentar la producción y la productividad agrícolas, a través de una iniciativa internacional de investigación para el mejoramiento del trigo; mejorar la información y la transparencia de los mercados agrícolas gracias a un nuevo sistema de información (*AMIS* en inglés), iniciado en Roma el 16 de septiembre de 2011; reducir los efectos de la volatilidad de precios para los países más vulnerables; regular los mercados financieros, en particular en lo relativo a los mercados de los derivados de materias primas.

En los Estados Unidos, algunas iniciativas se han emprendido para limitar las intervenciones de los *hedge funds* en los mercados de productos derivados y para prohibir las intervenciones en estos mercados cuando no existe la intención de entregar físicamente la materia prima subyacente. En octubre de 2011, la *Commodity Futures Trading Commission* (CFTC), que regula los mercados a término en Estados Unidos, decidió limitar las posiciones especulativas.

En definitiva, regular la especulación sobre las materias primas agrícolas supone dos tipos de esfuerzos. En primer lugar, una mayor transparencia de los instrumentos financieros derivados y de los mercados a término que, por el momento, son débilmente supervisados por los reguladores financieros. En segundo lugar, la regulación requiere el establecimiento de medidas concretas y armonizadas para el conjunto de los mercados, que limiten la toma de posiciones estrictamente financieras, es decir, aquellas que están desprovistas de una intención de entregar los productos alimentarios.

Sin embargo, existen críticas sobre estos intentos de regular la especulación. Para algunos, la especulación es un "mal necesario", por cuanto tiene a la vez aspectos negativos y positivos. Los defensores de esta opinión estiman que, a largo plazo, las negociaciones en los mercados físicos siempre terminan por regular el exceso de especulación (por ejemplo, los vendedores que aprovechan el aumento de los precios para vender sus productos y de ese modo limitan el fenómeno especulativo). Para ellos, las causas del incremento de los precios residen en los fenómenos reales (la oferta y la demanda en los mercados físicos, las cosechas, el clima, etc.). Las soluciones se encontrarían, por tanto, más en el ámbito de la política alimentaria que en el de la regulación de los mercados (por ejemplo, aumentar las reservas, reducir la producción de biocombustibles, alentar hábitos alimenticios más "razonables" y combatir, especialmente, el despilfarro de alimentos). Al respecto, cabe señalar que desde 2009, Francia apoyó la creación de un sistema global de almacenamiento de alimentos. La oferta de los productores, sometida a los cambios climáticos y a las variaciones de precios se encontraría así regulada por el almacenamiento de alimentos no perecederos en el corto plazo.

Estas críticas, de inspiración neoliberal, subrayan atinadamente que ninguna regulación del mercado puede, por sí sola, resolver un problema de insuficiencia de la producción. Sobre el particular, la experiencia histórica muestra que la formación de burbujas especulativas no está necesariamente vinculada con un desequilibrio verdadero entre la oferta y la demanda. En efecto, a diferencia de los mercados ordinarios, los mercados financieros se caracterizan por la inestabilidad crónica. Según André Orléan, por cuanto los bienes intercambiados en estos mercados son activos, un aumento de sus precios no conduce a una disminución de la demanda, sino más bien a un aumento suplementario de esta última, debido a que su rentabilidad se incrementa. Los especuladores adoptan un comportamiento mimético, cada uno imitando lo que otros hacen. Así que no existe ninguna fuerza que llame a mantener los precios dentro de límites razonables, hasta la explosión de la burbuja, que provoca entonces una caída exagerada de los precios. En ambas fases, en estos mercados particulares que son el mercado inmobiliario y el mercado de las materias primas agrícolas (donde se intercambian bienes que son, al mismo tiempo, activos financieros y "mercancías" indispensables para las poblaciones), los impactos sociales de estos precios excesivamente altos, luego excesivamente bajos, resultan ser devastadores. Por ello, la regulación de estos mercados implica, sobre todo, hacer la especulación más costosa y más difícil, para reducir su atractivo para los inversionistas y limitar, en última instancia, su influencia en la fijación de precios.

Bibliografía sugerida: ◆ BOUSSARD, J.-M., DELORME, H. (dir.) (2007), *La régulation des marchés agricoles internationaux*, Paris, éd. L'Harmattan; ◆ COMISION EUROPEA (2011), *Abordar los retos de los mercados de productos básicos y de las materias primas*, COM (2011) 25 final; ◆ G 20 (2011), *Action plan on food price volatility and agriculture* (consultable en línea); ◆ ORLEAN, A. (2009), *De l'euphorie à la panique : penser la crise financière*, CEPREMAP, éd. Rue d'Ulm/Presses de l'École normale supérieure (consultable en línea).

Irina Parachkevova,
Marina Teller y
Laure Despres

Véase también: - Crisis Alimentaria - Instrumentos financieros - Materias primas agrícolas - Revueltas del hambre – Riesgo.

Estado de necesidad

El estado de necesidad, también llamado "situación de peligro", constituye una causa de irresponsabilidad penal tanto en el Derecho Penal francés como en otras jurisdicciones europeas (Alemania, Austria, Inglaterra y Gales...). En términos generales, corresponde a la situación en la cual el autor actúa para protegerse a sí mismo o proteger a un tercero, o a un bien, frente a un peligro actual o inminente. Los actos condenables penalmente cometidos en esta circunstancia deben ser actos necesarios para salvaguardar a la persona o al bien. Además, esta medida deberá ser proporcional a la gravedad de la amenaza.

Aunque similar a la legítima defensa y a la coacción, la necesidad constituye, sin embargo, una causa autónoma de irresponsabilidad penal que se funda en un conflicto entre los intereses en juego. Para salvaguardar un interés superior, el interesado no tiene más opción que sacrificar el interés que aparece como menos importante, realizando un acto incriminado por el Derecho Penal. En el Derecho Penal francés, la cláusula general sobre el estado de necesidad está prevista en el artículo 121-7 del Código Penal. Otras disposiciones especiales existen, en particular, en materia de vertidos de hidrocarburos al mar (Véase la Regla 11 a, del anexo I del Convenio Internacional para Prevenir la Contaminación por los Buques, conocido como "Convenio MARPOL", del 2 de noviembre de 1973).

La jurisprudencia francesa es cauta al aplicar esta causa objetiva de irresponsabilidad penal, en particular, en los casos de destrucción deliberada de cultivos de organismos genéticamente modificados. Si bien algunos tribunales de primera o de segunda instancia han acogido este argumento de defensa, la Sala Penal de la Corte de Casación se ha opuesto a ello de manera constante, estimando que el peligro actual o inminente para el ambiente o para la salud de los consumidores no se caracteriza en presencia del cultivo de arroz o de maíz transgénicos. Esta solución prevalece aun para el caso de cultivos en campo abierto, efectuados sin la delimitación de un perímetro de seguridad, a pesar de que el riesgo de propagación de polen en el entorno no puede excluirse.

Asimismo, según esta misma Corte de Casación, la respuesta que consiste en la destrucción de un bien no parece ser adecuada para preservar el interés protegido, que podría caracterizar el derecho a un ambiente sano. Además, el carácter necesario - y por lo tanto proporcional – de la respuesta se cuestiona: la destrucción no parece ser el mejor medio para repeler el peligro, con exclusión de todos los demás medios que sean menos peligrosos para los terceros. En efecto, otras vías, tales como demandas judiciales, pueden ser – y lo son también - consideradas por los "*faucheurs volontaires*" (segadores voluntarios) para enfatizar su desobediencia civil.

En Francia, el legislador se ha mostrado reacio a aceptar el estado de necesidad en la hipótesis de cultivos autorizados, al establecer en el 2008, de forma autónoma, el delito de destrucción de parcela de cultivo autorizada en el art. L. 671-14 del Código Rural.

Bibliografía sugerida: ◆ BODIGUEL, L., CARDWELL, M. (2010), Genetically Modified Organisms and the Public: Participation, Preferences, and Protest, in *The Regulation of Genetically Modified Organisms: Comparative Approaches*, Oxford University Press, p. 1; ◆ DESPORTES, F., LE GUNEHEC, F. (2011), *Droit pénal général*, Paris, éd. Economica, 18e éd.

CLAIRE SAAS

Véase también: - Organismo genéticamente modificado - Responsabilidad internacional.

Estados importadores netos de alimentos

Véase: - Importación neta de alimentos.

Estandarización

Véase: - Normalización.

Etiquetado

El etiquetado corresponde a la acción de etiquetar y al resultado de esta acción. La legislación alimentaria europea se centra en el producto final, más que en el proceso en sí mismo, definiendo el etiquetado en el Reglamento nº 1169/2011 de 25 de octubre de 2011, sobre la información alimentaria facilitada al consumidor como: "las menciones, indicaciones, marcas de fábrica o comerciales, dibujos o signos relacionados con un alimento y que figuren en cualquier envase, documento, rótulo, etiqueta, faja o collarín, que acompañen o se refieran a dicho alimento".

El etiquetado es una modalidad de información al consumidor que forma parte de la obligación general de información prevista, específicamente en el Derecho francés en el artículo L. 111-1 del Código del Consumo. El etiquetado de los alimentos reviste un carácter específico, por cuanto el consumidor está particularmente atento a la escogencia de los productos que ingiere. Influido por consideraciones de orden sanitario, económico, ambiental, social y ético, el consumidor debe disponer de información apropiada sobre los alimentos. Las interrogantes planteadas son mayores en presencia de productos elaborados, transformados o "manipulados" por la industria; los productos brutos se presumen más próximos a la naturaleza y más saludables. Por ello, el etiquetado se encuentra muy regulado, para que no se induzca al consumidor en error, de acuerdo con el principio establecido en el artículo 8 del Reglamento nº 178/2002 y para proporcionarle las informaciones decisivas para su elección.

El etiquetado no se limita únicamente a la etiqueta, pues se extiende a cualquier documento que acompañe o se refiera a un alimento. Tampoco debe reducirse la información al consumidor únicamente al etiquetado, aunque este, sea escrito o gráfico, constituye una herramienta privilegiada para informar a los destinatarios del producto. Nuevos tipos de información desmaterializada permiten ampliar los elementos para la escogencia alimentaria de los consumidores (aplicaciones para *Smartphones*...).

El etiquetado se rige en Europa esencialmente por el Reglamento nº 1169/2011, comúnmente llamado Reglamento "INCO" que refundió y actualizó los textos existentes, al abrogar en particular la Directiva nº 2000/13 sobre el etiquetado, la presentación y la publicidad de los productos alimenticios y la Directiva nº 90/496 relativa al etiquetado sobre propiedades nutricionales de los productos alimenticios. Aplicable a partir del 13 de diciembre de 2014, este nuevo cuerpo legislativo permite simplificar y racionalizar las normas sobre la información a los consumidores en la escala europea, relativas a todos los alimentos destinados al consumidor final, incluidos los que se ofrecen en los establecimientos que brindan servicios de alimentación o "colectividades". Define con precisión los contornos del etiquetado obligatorio y establece los requisitos generales para las menciones informativas voluntariamente realizadas por los explotantes. Los operadores que deben cumplir estas obligaciones son quienes tienen una influencia directa en el etiquetado (fabricantes, importadores y distribuidores -para las marcas de los distribuidores o "MDD"). Sin embargo, los distribuidores deben garantizar la conformidad de los etiquetados y empaques de los productos, pues su responsabilidad podría verse comprometida si se determina "que notoria o supuestamente, según la información de que disponen", que las informaciones sobre los productos no son conformes con la legislación alimentaria.

Este reglamento marco se completa con legislaciones sectoriales relativas: a ciertos alimentos (chocolate, miel, aguas minerales...) o categorías de alimentos (alimentos para lactantes y niños de corta edad, alimentos destinados a una dieta especial...), a ciertos componentes alimentarios (aditivos...) o a ciertos métodos y procesos de producción de alimentos (organismos genéticamente modificados - OGM...).

El etiquetado es una modalidad de la información obligatoria, cuyo contenido varía según la forma de empaque. Cuando los productos alimenticios se presentan previamente empacados, la unidad de venta que conforman el alimento y su empaque está sometida a exigencias más estrictas en materia de información, por cuanto se trata, en términos del vocabulario de los sociólogos de la alimentación, de "reidentificar" al alimento para romper la barrera simbólica de celofán y recrear un ligamen entre el producto y sus raíces. Sin embargo, las informaciones obligatorias no pueden aumentarse para satisfacer las expectativas de los consumidores o de algunos de ellos. En efecto, las menciones obligatorias se inscriben en un marco prescrito por las normas de la Organización Mundial del Comercio (OMC) y deben estar justificadas para no ser consideradas como una barrera al comercio. A título de ejemplo, cabe citar el diferendo iniciado el 17 de diciembre de 2008 por México, quien solicitó la apertura de consultas con los Estados Unidos en relación con las disposiciones imperativas en materia de etiquetado respecto de la indicación del país de origen: el 29 de junio de 2012, el Órgano de Apelación de la OMC confirmó que el etiquetado obligatorio sobre el origen del ganado bovino constituía un obstáculo técnico al comercio que entrababa los intercambios entre los Estados Unidos y México (*Estados Unidos — Determinadas prescripciones en materia de etiquetado indicativo del país de origen*).

Las menciones de etiquetado obligatorias europeas deben, en consecuencia, estar justificadas y entrar en tres categorías definidas por el artículo 4 del Reglamento nº 1169/2011: I) la información sobre la identidad, la composición, las propiedades o las otras características de los alimentos; II) la información sobre la protección de la salud y el uso seguro de los alimentos, en relación con los requisitos sanitarios establecidos en el artículo 14 del Reglamento nº 178/2002; III) la información sobre las características nutricionales. El artículo 9 del Reglamento INCO prevé así una lista de doce menciones obligatorias: denominación del alimento; lista de los ingredientes; mención sobre los alérgenos importantes; cantidad de determinados ingredientes; cantidad neta del alimento; fechas de uso; condiciones de conservación y de uso; datos del operador responsable de la información; país de origen o de procedencia; modo de uso; grado alcohólico volumétrico (para las bebidas que contengan más de 1,2% de alcohol por volumen); y declaración nutricional. A esta lista se añaden menciones complementarias para seis categorías de alimentos específicos: los alimentos envasados bajo atmósfera protectora que usan gas de envasado, los edulcorantes, el regaliz, la cafeína para la cual se inserta una advertencia dirigida a los niños y a las mujeres embarazadas o en periodo de lactancia, los fitoesteroles y la mención sobre la fecha de congelación para algunos alimentos (anexo III del Regl. nº 1169/2011).

Ciertas informaciones se consideran determinantes para la escogencia del consumidor: la composición, la fecha de uso y la procedencia figuran entre las mayores preocupaciones. En cuanto a la composición del alimento, ningún ingrediente debe escondérsele al consumidor. Este último debe poder identificar los principales alérgenos peligrosos para su salud y conocer cualquier molécula química utilizada en la receta del producto. Sin embargo, el uso de términos científicos o de códigos opacos como los empleados para los aditivos, limita su comprensión sobre la información transmitida. Reforzada por la crisis de las "vacas locas", la indicación del origen de los alimentos y de sus ingredientes constituye también una expectativa de los consumidores en el contexto de la globalización comercial. La mención del origen o de la procedencia, que ya es obligatoria para determinados productos como la carne bovina, la miel, el aceite de oliva o las frutas y verduras, también le será impuesta a las carnes porcina, ovina, caprina y de aves de corral, se encuentren frescas, refrigeradas o congeladas, en virtud del Reglamento nº 1169/2011. El texto también establece que el origen geográfica del alimento ha de ser especificado cuando su omisión pueda inducir a los consumidores en error. En cuanto a las fechas de uso, se distingue entre la fecha de caducidad para los productos alimenticios microbiológicamente muy perecederos y la fecha de duración mínima. Los alimentos cuya fecha límite de consumo ha sido superada se consideran peligrosos de conformidad con el artículo 14 del Reglamento nº 178/2002.

Siguiendo un objetivo de salud pública y de lucha contra la obesidad, la Unión Europea ha optado también por introducir el etiquetado nutricional obligatorio (vigente a partir de 2016), tal como lo han hecho otros países como Estados Unidos o Canadá. La declaración nutricional obligatoria que figurará en el mismo campo visual, deberá indicar el valor energético y los nutrientes obligatorios (cantidad de grasas, de ácidos grasos saturados, de carbohidratos, de azúcares, de proteínas y de sal). El valor energético y todos los nutrientes obligatorios estarán acompañados, en su caso, por los nutrientes facultativos (ácidos grasos monoinsaturados, poliinsaturados, polialcoholes, almidón, fibra alimentaria, vitaminas y minerales) que se expresarán por 100g/ml y pueden completarse de forma voluntaria por una expresión por porción o por unidad de consumo (siempre y cuando la porción sea cuantificada, así como el número de porciones que contiene el envase). Este fortalecimiento de las señales relacionadas con la calidad nutricional de los alimentos ha provocado un gran debate en las instancias europeas. El objetivo era evitar la confusión en el espíritu del consumidor sobre el contenido nutricional del producto, sin llegar a simplificar demasiado las informaciones como en el sistema de código de colores que sigue el modelo del semáforo ("*traffic light*"). Además, el compromiso sobre el etiquetado obligatorio ofrece la posibilidad para que los fabricantes coloquen una referencia voluntaria relativa a los "IRA" o "ingestas de referencia armonizadas" (GDA). El valor energético y los nutrientes pueden así ser expresados como porcentajes de ingesta de referencia con la mención "Ingesta de referencia de un adulto medio (8400 kJ/2000 kcal)".

Estas reglas generales se complementan con textos específicos que informan a los consumidores acerca de las técnicas utilizadas para elaborar los alimentos que despiertan desconfianza, incluso rechazo, por parte de los consumidores (OGM, nanotecnologías, tratamiento ionizante...). De esta forma, una mención obligatoria acompaña a los alimentos que consisten o que contienen OGM; de conformidad con el Reglamento nº 1830/2003: "Este producto contiene organismos modificados genéticamente" o "Este producto contiene [nombre del o de los organismos] modificado[s] genéticamente" Además, la presencia fortuita o técnicamente inevitable de OGM le es señalada al consumidor cuando los alimentos contienen OGM en una proporción mayor al 0,9% de cada ingrediente. Los tratamientos ionizantes también están sujetos a una mención informativa obligatoria ("tratado con radiación ionizante" o "irradiado") en virtud de la Directiva nº 1999/2/CE.

Formalmente, todas las menciones obligatorias son, al menos, escritas en el idioma nacional. El Reglamento INCO también establece, en aras de una mayor legibilidad para los consumidores, que toda las menciones obligatorias debe consignarse en un tamaño de fuente de al menos 1,2 milímetros para envases cuya superficie mayor es de al menos 80 cm^2 y de 0,9 milímetros para envases más pequeños. Además, dicha información se indicará en un lugar destacado para que sea fácilmente visible, claramente legible y, en su caso, indeleble. Si la información obligatoria debe ser expresada con palabras y números en un idioma fácilmente comprensible para los consumidores de que se trate, el Parlamento Europeo no se opone a la ilustración de estos mensajes mediante pictogramas o símbolos. Estas menciones gráficas pueden agregarse a los mensajes escritos y cifrados e incluso se contempla la posibilidad futura de preferir a veces la imagen a las palabras.

En cuanto a los alimentos que no han sido previamente envasados, las menciones obligatorias del etiquetado son mínimas. Para estos productos que se venden "a granel", es decir, que se presentan a la venta sin envase o que son empaquetados a petición del cliente en el momento de la compra (por ejemplo, frutas o verduras a granel, pan, embutidos...), un rótulo o una pancarta deben colocarse cerca del producto ofrecido a la venta, mencionando la denominación de venta, el estado físico del producto (por ejemplo, descongelado) y el precio de venta (por ejemplo, por pieza o por peso, según el caso). A partir de 2014, se añadirá la indicación de los principales alérgenos inscritos en el anexo II del Reglamento nº 1169/2011.

Además de las menciones obligatorias, el etiquetado generalmente contiene una gran cantidad de información sobre el producto, voluntariamente proporcionada por los operadores ("libre de OGM", "sin aditivos", "natural", "artesanal", "fuente de vitaminas", etc.). Su naturaleza publicitaria puede resultar confusa para los consumidores a quienes se les dificulta distinguir las informaciones obligatorias de las promesas de *marketing*. Este etiquetado voluntario está sujeto a la obligación general de no inducir al consumidor en error, en virtud del artículo 16 del Reglamento nº 178/2002, en concordancia con el artículo 7 del Reglamento nº 1169/2011 y con las legislaciones sectoriales relativas a las declaraciones voluntarias (En particular, Regl. nº 1924/2006 relativo a las declaraciones nutricionales y de propiedades saludables). Esta exigencia de lealtad concierne a todas las prácticas comerciales y se extiende a "la presentación de los alimentos y, en especial, a la forma o el aspecto que se les dé a estos o a su envase, al material usado para este, a la forma en que estén dispuestos así como al entorno en el que estén expuestos" (art. 7 del Regl. nº 1169/2011). Para erradicar las prácticas más agresivas, se prohíben ciertas menciones pues son consideradas en sí mismas engañosas de manera irrefutable (declaraciones terapéuticas según el art. 7.3 del Reglamento n° 1169/2011). Además, textos específicos regulan ciertas menciones sobre: la composición de los alimentos (por ejemplo, en Francia, el "libre de OGM" se rige por un decreto de 30 de enero de 2012); las características de determinados productos (mermeladas, miel...); la calidad vinculada al origen y al método de elaboración o producción; y los beneficios nutricionales de los productos. Por lo tanto, las declaraciones nutricionales y de propiedades saludables se rigen por el Reglamento nº 1924/2006 (sistema de listas de declaraciones permitidas genéricamente y de autorizaciones individuales – declaraciones relativas a la reducción del riesgo de enfermedad). La verificación de la veracidad del vínculo entre el alimento y la salud se realiza mediante una experticia científica, a cargo de la Autoridad Europea de Seguridad Alimentaria.

Los etiquetados no conformes con los textos o susceptibles de inducir en error a los consumidores pueden ser objeto de sanciones penales previstas en los derechos de los Estados miembros, con fundamento en los textos relativos a las prácticas comerciales engañosas (art. L. 121-1 del Código del Consumo francés) y a los fraudes y falsificaciones (art. L. 213-1 y siguientes del mismo Código).

Bibliografía sugerida: • CONSEIL NATIONAL DE L'ALIMENTATION (2002), *L'information des consommateurs relative aux denrées alimentaires*, avis n° 37 (consultable en línea); • FRIANT-PERROT, M. (2011), Valorisation des produits agricoles et agro-alimentaires et information des consommateurs dans la proposition de Règlement européen concernant l'information des consommateurs sur les denrées alimentaires COM 2008 (40) final, in *Aspects juridiques de la valorisation des denrées alimentaires*, bajo la dirección de F. Collart Dutilleul et R. González Ballar, San José, Université du Costa Rica, p. 203; • MACMAOLÁIN, C. (2007), *EU food law : Protecting consumers and health in a common market*, Oxford, Hart Publishing; • OPTEM (2005), *Les attitudes des consommateurs à l'égard de l'étiquetage*, Direction générale Santé et protection des consommateurs, Commission européenne (consultable en línea)

MARINE FRIANT-PERROT

Véase también: - Acuerdo OTC – Aditivos - Adición de sustancias - Agricultura orgánica - Alergia alimentaria – Biotecnologías – Codex Alimentarius – Diferendos de la OMC – Empaque - Organismo genéticamente modificado - Principio de protección de los intereses del consumidor.

Evaluación del riesgo

Véase: - Análisis del riesgo.

Exclusión social

Los conceptos de inclusión y exclusión sociales tienen su origen en el discurso de la política social de la Unión Europea, en particular en Francia y en el Reino Unido.

El concepto de "exclusión social" hizo su aparición en Francia en la década de 1970. Se utilizaba entonces para referirse a determinada categoría de personas que estaban excluidas del sistema de bienestar social más que como un concepto directamente relacionado con la pobreza. El Estado empleaba este término para describir a grupos de personas que vivían al margen de la sociedad y que podrían representar una amenaza para el orden social existente. Durante la década de 1980, la "exclusión social" se convirtió en un término político de uso corriente en la Unión Europea y reemplazó aquel de "pobreza", que ya no se consideraba como un término adecuado para describir la situación de una parte de la población. El término "exclusión social" denotaba no sólo la carencia de recursos materiales, sino también la falta de derechos y de la fuerza de interacción mutua.

Con el tiempo, cada vez más intelectuales se han enfocado en las instituciones, estructuras y convenios que, por su aprobación tácita, son responsables de diversos actos de exclusión. Según Kabeer, las desigualdades generan exclusión social cuando los diferentes mecanismos institucionales que permiten la distribución de recursos y la atribución de valores, funcionan de manera que privan sistemáticamente de recursos y del reconocimiento a grupos particulares de individuos, lo cual les impide participar plenamente en la vida de esta sociedad.

Los estudios empíricos han demostrado que las políticas orientadas hacia la inclusión social no necesariamente son buenas para las personas excluidas, ni tampoco son deseadas por estas últimas. Si las políticas de inclusión social no toman en serio las opiniones y valores de las personas pobres, pueden conducir a la integración negativa; en otras palabras, a una inclusión social en condiciones desfavorables.

Se distinguen tres tipos (o dimensiones) de inclusión social: económica, política y cultural. La inclusión económica concierne la participación en las relaciones comerciales y los sistemas económicos. La inclusión política corresponde a la participación en la elaboración de los distintos acuerdos institucionales tales como las políticas, las leyes, los convenios y los contratos. La inclusión cultural se refiere a la incorporación de valores, de principios y de normas en los intercambios económicos y en los procesos políticos. Estas tres dimensiones son interdependientes. Se puede considerar la inclusión política y la inclusión cultural como mecanismos de inclusión económica. La inclusión política y la inclusión económica tienen necesidad de la inclusión cultural para funcionar y, al mismo tiempo, su funcionamiento confiere valor a los conceptos de cultura.

Bibliografía sugerida: • VAN BERKEL, R., MØLLER, I. H., WILLIAMS, C. C. (2002), The concept of inclusion/exclusion and the concept of work, in R. van Berkel et I. H. Møller (dir.), *Active Social Policies in the EU : Inclusion through Participation,* Bristol: The Policy Press; • HOSPES, O. (2011), Unpacking the discourse on social inclusion in value chains, in Helmsing, A. H. J. et Vellema, S. R. (dir.), *Value chains, social inclusion and economic*, New York : Routledge; • KABEER, N. (2000), Social exclusion, poverty and discrimination : towards an analytical framework, *IDS Bulletin*, volume 31, p. 83; • PEACE, R. (2001), Social exclusion: a concept in need of definition?, *Social Policy Journal of New Zealand*, volume 16, p. 17.

OTTO HOSPES

Véase también: - Pueblos autóctonos.

Exención

Véase: - Cártel.

Experticia

La experticia se ha convertido en un concepto omnipresente en los procesos de toma de decisiones. La noción evoca los conocimientos al servicio de un juicio, un saber articulado sobre un poder. Sin embargo, las nociones de experticia y de expertos deben ser definidas con mayor precisión. En el ámbito alimentario la experticia puede intervenir en contextos tan diversos como en una decisión judicial, una autorización administrativa, la elaboración de una norma internacional o incluso la evaluación de un daño por parte de una compañía de seguros. Esta diversidad no es un obstáculo para la aparición de problemas comunes y recurrentes tales como la independencia de los expertos, los conflictos de interés o la participación pública de los ciudadanos en los procesos en que se sienten excluidos.

En un sentido amplio, desde la etimología *expertus*, el experto es una persona experimentada, que dispone de conocimientos en un campo determinado. Hay tantas especialidades de expertos como ámbitos de conocimiento (botánica, hidrología, toxicología, etc.) Esta definición sigue siendo ampliamente utilizada en la práctica: los medios de comunicación solicitan un "experto" para conocer su opinión sobre la crisis alimentaria; las instituciones de la Unión Europea y las organizaciones internacionales buscan un "experto" para formar un grupo de trabajo o para preparar una decisión compleja. Estas designaciones son aproximativas: no se oponen a la existencia de los así llamados expertos (autoproclamados) o la confusión entre la persona encargada de realizar una experticia y aquella que se supone que debe tomar una decisión sobre la base de ese criterio.

En un sentido estricto, el experto es la persona designada en el contexto de una experticia. Si partimos de la experticia para referirnos al experto, se desplaza el problema de la definición. Sin embargo, se pueden utilizar tres criterios para caracterizar la experticia y distinguirla de otros dispositivos (asesoría, mediación, arbitraje). En primer lugar, la experticia se lleva a cabo en el contexto de la toma de decisiones, potencial o futura, que a menudo se especifica en la tarea confiada al experto. De seguido, la experticia se concreta en la existencia de una solicitud formulada por una institución (tribunal, administración, asociación) con respecto a quien o quienes la van a realizar, ya sea de manera individual o en grupo y son quienes reciben la denominación de *expertos*. El análisis jurídico permite identificar las personas unidas por los vínculos contractuales o estatutarios. Por último, la experticia es organizada por reglas de procedimiento más o menos precisas y detalladas según las instituciones y las circunstancias. Estas reglas determinan las obligaciones de los expertos, los plazos y el desarrollo de las operaciones de experticia.

Estas dos definiciones de experticia deben servir para comprender su unidad y considerar la diversidad de contextos en los que se desarrolla.

En el ámbito agroalimentario, las primeras experticias estuvieron relacionadas con la seguridad de los alimentos, para certificar la calidad de los productos antes de la puesta en el mercado o en virtud de una sanción después de un daño causado por los alimentos. La relación entre la experticia y la seguridad sanitaria de los alimentos se establece en Francia, bajo el Antiguo Régimen, en el que se utilizaron las organizaciones profesionales (carniceros, maestros pasteleros o chefs) para detectar alimentos en mal estado o afectados por alguna enfermedad antes de que se colocaran en los estantes. Por ejemplo, el "*langueyeur de pourceaux*" era el responsable de detectar los cerdos leprosos mediante el examen de su lengua antes de ser llevados al matadero.

La policía sanitaria de los alimentos se encuentra en el origen de una evolución de la experticia en diferentes ámbitos: la experticia jurisdiccional ante los Tribunales, la experticia pública ante las administraciones, la experticia técnica o de gobernanza ante los organismos europeos, regionales e internacionales.

La experticia jurisdiccional ha tomado lugar en el seno de los tribunales. Las experticias son presentadas para ayudar a los jueces a apreciar la peligrosidad de ciertos alimentos o para establecer el fraude en las acciones civiles, penales o administrativas. Los sistemas legales pueden estar basados en principios diferentes. Por lo tanto, el derecho francés de la experticia pone a disposición de los jueces, listas de expertos habilitados a los que pueden llamar para aclarar sus decisiones. Estos expertos comprenden especialidades identificadas por un Decreto del Ministro de Justicia. El ámbito agroalimentario figura dentro de las especialidades disponibles para la institución judicial, según las diferentes áreas que reflejan la lógica del sector industrial: "controles cualitativos y análisis", "ingeniería, normas sanitarias", "estructuras y equipos", "materiales e instalaciones" , "los productos y semiproductos alimenticios", "almacenamiento, transporte", "todas las formas de servicios de alimentación", "transformación de productos", "salud veterinaria", "calidad y seguridad alimentaria". En otros sistemas jurídicos, como en Gran Bretaña o en los Estados Unidos, no hay especialidades y competencias definidas *a priori*. Corresponde a las partes de la controversia y no al juez, elegir los expertos más adecuados, si no para defender sus causas, al menos para presentar los hechos tal como lo desean.

La experticia pública es asignada por las administraciones. En muchos países occidentales, durante el presente siglo se ha observado la creación de agencias estatales independientes, responsables de la evaluación de riesgos, dejándose la gestión de estos riesgos, a menudo, en manos de las autoridades públicas. Tras varias crisis alimentarias en los países europeos (encefalopatía espongiforme bovina, listeria, dioxinas...) las agencias de experticia responsables de la seguridad alimentaria se han establecido en los Estados y en el seno de la Unión Europea, con tareas de evaluación y de recomendación en el ámbito de los alimentos.

En Francia, la Ley nº 98-535 del 1º de julio 1998, organizó un dispositivo de vigilancia sanitaria y refuerzo del control de la seguridad sanitaria. Una Agencia Francesa de Seguridad Alimentaria (AFSSA) recibió la tarea de contribuir a garantizar la seguridad sanitaria en el campo de la alimentación, desde la producción de materias primas hasta la distribución al consumidor final. Desde una ordenanza del 7 de enero de 2010, que fusiona la AFSSA y la Agencia Francesa de Seguridad Sanitaria del Ambiente y del Trabajo (AFSSET), estas tareas han sido asignadas a la Agencia nacional responsable de la seguridad sanitaria de la alimentación, medio ambiente y del trabajo (ANSES) .

A nivel de la Unión Europea, la creación de una Agencia encargada de la seguridad sanitaria de los alimentos fue propuesta por la Comisión Europea desde la publicación del Libro Blanco sobre seguridad alimentaria, el 12 de enero 2000. La idea, objeto de consulta, fue retomada en una propuesta de Reglamento del Parlamento Europeo y del Consejo, presentada por la Comisión para establecer los principios y los requisitos generales de la legislación alimentaria, crear la Autoridad Europea de Seguridad Alimentaria y fijar procedimientos relativos a la seguridad de los alimentos. La Autoridad Europea de Seguridad Alimentaria (AESA) fue finalmente establecida por el Reglamento nº 178/ 2002, aprobado el 28 de enero de 2002 y su sede se encuentra en Parma, Italia.

El Reglamento traduce la adopción, por parte de las instituciones comunitarias, de un "enfoque integral" sobre todos los alimentos y todos los tipos de riesgos que generan. La misión de la Autoridad Europea de Seguridad Alimentaria fue establecida en el artículo 22 del Reglamento: "La Autoridad facilitará asesoramiento científico y apoyo científico y técnico de cara a la labor legislativa y política de la Comunidad en todos aquellos ámbitos que, directa o indirectamente, influyen en la seguridad de los alimentos y los piensos. La Autoridad facilitará información independiente acerca de todos los temas comprendidos en estos ámbitos e informarán sobre los riesgos". La AESA convoca a los expertos internos, contratados por ella, así como a una red de expertos externos.

La experticia también ocupa un lugar en las instituciones internacionales especializadas como se evidencia en la Organización de las Naciones Unidas para la Alimentación y la Agricultura (FAO). A fin de mejorar el nivel de la nutrición, la productividad agrícola y la calidad de vida de las poblaciones rurales, la FAO se basa en el conocimiento de expertos en diversos campos (agrónomos, ingenieros forestales, nutricionistas, estadísticos, etc).

De acuerdo con las demandas democráticas de la globalización, la experticia se concibe como una red de competencias y de conocimientos que se encuentran a disposición de los países miembros y sus poblaciones. El intercambio de la experticia con el objetivo de elaborar las políticas públicas, se traduce en programas de inversión o de proyectos normativos lo que implica tener en cuenta tanto el contexto local y la diversidad de intereses en juego, complementarios pero también divergentes. El deseo de llevar el conocimiento al campo no puede ocultar los desafíos normativos y de competencia a nivel mundial. Así, la elaboración de normas alimentarias internacionales adoptadas por la Comisión del Codex Alimentarius desde 1963 ha sido objeto de especial atención, ya que se consideran puntos de referencia en el marco del Acuerdo sobre Medidas Sanitarias y Fitosanitarias (Acuerdo SPS) de la Organización Mundial del Comercio (OMC), respecto de los cuales los Estados no pueden emanciparse (dado que podrían ser acusados de crear restricciones ilegítimas al comercio internacional) para apoyar las justificaciones específicas y, en particular, científicas.

Entre los problemas planteados por la experticia, la independencia y la imparcialidad se han convertido en preocupaciones recurrentes, principalmente, para evitar conflictos de intereses. La experticia incluye asuntos, en particular sobre el plano económico. Si la creación de una experticia débil tiene un costo, el control de parte de un operador puede tener un costo mucho mayor en términos sociales y humanos. Las poblaciones son conscientes y solicitan participar de manera más activa que en el pasado, respecto a la concepción y la realización de las experticias.

Disponer de una experticia de calidad supone que los expertos solicitados prueben el ejercicio independiente e imparcial, respecto a las personas interesadas en su evaluación, empezando por las industrias agroalimentarias. Este requisito se aplica a todos los expertos, sin importar el contexto en el que intervienen. Sin embargo, es en relación con la Autoridad Europea de Seguridad Alimentaria que las discusiones sobre este tema han sido más intensas. La Autoridad ha sido cuestionada en varias ocasiones a causa de los conflictos de intereses de los expertos que ella solicita, en relación con la industria (ya sea que se trate de miembros de la institución o que se soliciten puntualmente sus servicios): la selección de los expertos ligados a las firmas del sector; el caso de la "puerta giratoria" ("*pantouflage*" o "*revolving door*") de los miembros de la Autoridad en el seno de firmas de la industria agroalimentaria; las divergencias entre las evaluaciones de la Autoridad y aquellas realizadas por las agencias nacionales; el predominio de especialistas en biología molecular, en detrimento de los ecólogos...

En respuesta, la Autoridad Europea de Seguridad Alimentaria ha adoptado reglas destinadas a evitar conflictos de interés - reales o aparentes - en su seno, sin conseguir silenciar todas las críticas. Los miembros de la Autoridad que ejercen funciones de dirección, así como el conjunto de expertos a los cuales consulta, están obligados a brindar anualmente una declaración de intereses, cuyo contenido se encuentra a disposición del público y debe ser tomada en cuenta en la selección de expertos. Una de las dificultades en la materia consiste en determinar el plazo y el tipo de relaciones a considerar. En este sentido, la Autoridad Europea de Seguridad Alimentaria ha decidido imponer la declaración de los vínculos de naturalezas variadas comprendiendo los cinco años anteriores a la declaración. Deben reportarse principalmente los vínculos económicos, la pertenencia a un órgano de dirección o de un comité consultativo científico, una relación de empleo, los servicios de asesoría, beneficios de fondos de investigación, la existencia de vínculos familiares. Las declaraciones anuales de intereses deben ser examinadas para la conformación de los grupos de científicos y antes de cada reunión. La decisión de contratar a un experto o de encomendarle una tarea de dirección o de animación en el seno de un grupo de trabajo, toma en cuenta la existencia de estas relaciones de interés.

Sin embargo, la existencia de estos vínculos no es vista necesariamente por la Autoridad Europea de Seguridad Alimentaria como un obstáculo para el nombramiento de un experto. Ella invita a determinar para cada relación de interés, si constituye un conflicto que se opone a la designación, sobre la base de la tarea que la Autoridad propone encomendar al experto. Para ello, la Autoridad ha desarrollado una gradación con el objetivo de determinar las consecuencias ligadas a la existencia de cada tipo de interés (conflicto inexistente, posible, existente): participación en todas las actividades, participación variable según las tareas requeridas, exclusión de determinadas actividades de los expertos (AESA, *Implementing act to the policy on declaration of interests procedure for identifying and handling potential conflicts of interest*, 8 de septiembre de 2009).

Esta gradación permite a los expertos con vínculos probados de interés, pero no considerados como constitutivos de un verdadero conflicto de intereses, participar en las actividades de la Autoridad Europea de Seguridad Alimentaria. Esta alternativa evita reducir fuertemente el grupo de expertos potenciales. Sin embargo, también es una fuente de preocupación para los ciudadanos europeos.

La participación de los ciudadanos y de las partes interesadas en la experticia se refleja en los sentimientos de desconfianza y en la inquietud por restablecer la confianza. La desconfianza de los agricultores y los consumidores frente a experticias en las que perciben la importancia de la toma de decisiones, sin ser asociados a estas en la forma como les gustaría. La experticia suministrada por los especialistas se ve entonces como un procedimiento opaco o sesgado por los conflictos de intereses o por una proximidad muy grande de los expertos con los poderes públicos o privados. Para restablecer la confianza en la experticia y la calidad de los informes proporcionados, los procedimientos establecidos tienden a integrar en los diferentes niveles y en diferentes modalidades, la participación de los ciudadanos y las partes interesadas. Conferencias de ciudadanos han permitido la formulación de opiniones sobre cuestiones técnicas por personas sin conocimientos especializados. En Europa, el debate sobre la oportunidad de cultivar plantas a partir de organismos genéticamente modificados (OGM) y consumir los alimentos derivados ha dado lugar a iniciativas procedimentales. Las experimentaciones no son sólo técnicas, sino que también son sociales y legales.

A raíz de las iniciativas de los países escandinavos, se celebró la primera conferencia de los ciudadanos sobre el uso de OGM en la agricultura y la alimentación en Francia, en 1998. Ella corresponde a la idea de una democracia participativa ejercida en la propia etapa de la experticia. El balance es mixto: para los optimistas, se da aquí la aparición de un nuevo modelo de democracia técnica que debe ser consagrado en la Constitución como el referéndum; para los pesimistas, no se trata más que de la puesta en escena de un debate público que apenas permite la participación directa de los ciudadanos susceptibles de pesar sobre la experticia y las decisiones.

La participación de los ciudadanos y de las partes interesadas se ejerce también directamente, en relación con los procedimientos vigentes en las instituciones especializadas en la experticia. Diversas instancias nacionales se esfuerzan en desarrollar una experticia socioeconómica, integrando a las asociaciones de consumidores y representantes de los sectores afectados. Los textos (cartas, declaraciones, códigos de conducta) están tratando de dar un lugar a esta participación, como se muestra, por ejemplo, en la Carta de apertura a la sociedad de organismos públicos de investigación, experticia y evaluación de riesgos sanitarios y ambientales, firmada el 9 de septiembre de 2011, principalmente por la ANSES. Este requisito también se afirma en el ámbito europeo e internacional. Desde su creación, la AESA ha establecido los principios básicos y las normas de funcionamiento que han sido aprobadas por su Consejo de Administración. Para ellos, la Autoridad tiene un deber de apertura y de transparencia en todos sus trabajos. Por ejemplo, se ha comprometido a abrir sus reuniones para organizar consultas con las partes interesadas y el público, con el fin de garantizar el pleno acceso a todos los documentos. Sin embargo, quedan progresos por realizar en este tema para que la experticia y los expertos evolucionen de una cultura tecnocrática hacia un enfoque más democrático.

Bibliografía sugerida: ◆ CALLON, M., LASCOUMES, P., BARTHES, Y. (2001), *Agir dans un monde incertain, Essai sur la démocratie technique*, Paris, éd. Seuil; ◆ FERRIÈRES, M. (2002), *Histoire des peurs alimentaires, Du Moyen-âge à l'aube du XXe siècle*, Paris, éd. Seuil; ◆ VOS, E. I. L. (2010), Responding to Catastrophe: Toward a new Architecture for EU food safety regulation?, in C. F. Sabel et J. Zeitlin (dir.), *Experimentalist Governance in the EU*, Oxford University Press, p. 151;

OLIVIER LECLERC Y
RAFAEL ENCINAS DE MUNAGORRI

Véase también: - Acuerdo SPS - Análisis del riesgo - Autoridad Europea de Seguridad Alimentaria.

Expropiación

Véase: - India - Menoscabos a la propiedad.

Extractos vegetales

Véase: - Adición de sustancias.

F

Falsificación

La violación de un derecho de propiedad intelectual es jurídicamente calificada como una falsificación. En el Derecho francés, la falsificación es un delito sancionado con multa y con pena de prisión. El falsificador puede también ser obligado a indemnizar a la víctima por el perjuicio sufrido. Por ejemplo, si una marca se registra para designar una bebida a base de cacao, el competidor que retoma idénticamente esta marca o la imita para vender sus propios productos es un falsificador.

El término "falsificación" no está necesariamente presente en los textos internacionales o europeos, no obstante la violación de los derechos de propiedad intelectual sí es sancionada. Así, el artículo 41 del Acuerdo relativo a los Aspectos de los Derechos de Propiedad Intelectual relacionados con el Comercio (ADPIC), anexo al Acuerdo que establece la Organización Mundial del Comercio (OMC), impone a los Estados Miembros el deber de incluir en sus legislaciones nacionales los procedimientos "que permitan la adopción de medidas eficaces contra cualquier acción infractora de los derechos de propiedad intelectual [...], con inclusión de recursos ágiles para prevenir las infracciones y de recursos que constituyan un medio eficaz de disuasión de nuevas infracciones". El artículo 61 del mismo texto obliga a los Estados a sancionar penalmente "al menos" los "casos de falsificación dolosa de marcas de fábrica o de comercio o de piratería lesiva del derecho de autor a escala comercial". Del mismo modo, en el seno de la Unión Europea, el artículo 3 de la Directiva nº 48/2004/CE de 29 de abril de 2004, relativa al respeto de los derechos de propiedad intelectual, obliga a los Estados miembros a adoptar "las medidas, procedimientos y recursos necesarios para garantizar el respeto de los derechos de propiedad intelectual". Además de medidas civiles y administrativas que se prevén en la misma Directiva, los Estados miembros mantienen la libertad de aplicar "otras sanciones adecuadas" (art. 16), en particular las de naturaleza penal.

La globalización se aplica también a los productos falsificados. Éstos circulan cada vez más rápido de un país a otro y se ejerce una fuerte presión internacional para fortalecer la lucha contra la falsificación. El Acuerdo Comercial Anti-Falsificación (ACTA), que fue negociado fuera de todas las estructuras e instituciones existentes (en particular, OMC), constituye un buen ejemplo. Los países más desarrollados pretenden establecer una protección efectiva de los derechos de sus ciudadanos en todo el mundo. Los dispositivos para prevenir y sancionar la falsificación tienden así a estandarizarse.

Pero incluso si las legislaciones nacionales se vuelven similares, existen diferencias muy significativas en la práctica, algunos Estados no están en capacidad de asegurar el respeto de los textos legales aplicables en su propio territorio.

Bibliografía sugerida: ◆ ARHEL, P. (2011), L'accord commercial anti-contrefaçon: version finale, *Propriété industrielle*, étude 8; ◆ ARHEL, P. (2007), Lutte contre la contrefaçon des droits de propriété intellectuelle dans le cadre de l'organisation mondiale du commerce, *Petites Affiches*, 24 août, n° 170, p. 3; ◆ REMICHE, B., CASSIERS, V. (2009), Lutte anti-contrefaçon et transferts de technologies Nord-Sud: un véritable enjeu, *Revue internationale de droit économique*, n° 3, p. 277.

CARINE BERNAULT

Véase también: - Acuerdo ADPIC.

Falsificación de productos alimentarios

Véase: - Calidad de los productos - Falsificación.

FAO

Véase: - Organización de Naciones Unidas para la Alimentación y la Agricultura.

Fertilizantes

Véase: - Residuo.

FIDA

Véase: - Fondo Internacional de Desarrollo Agrícola.

Financiamiento

Véase: - Banco Mundial - Bancos regionales de Desarrollo.

Fiscalidad ambiental

Véase: - Desarrollo sostenible.

FMI

Véase: - Fondo Monetario Internacional.

Fondo Internacional de Desarrollo Agrícola

El Fondo Internacional de Desarrollo Agrícola (FIDA) fue establecido en 1977, de seguido a la Conferencia Mundial de la Alimentación organizada bajo el auspicio de la Organización de las Naciones Unidas para la Alimentación y la Agricultura (FAO). Es una institución especializada de las Naciones Unidas, así como la FAO, la Organización Internacional del Trabajo (OIT) o el Fondo Monetario Internacional (FMI).

Como su nombre lo indica, el FIDA ejerce la actividad de un banco de desarrollo que obtiene la mayoría de sus recursos de sus miembros donantes (los Estados). Financia o apoya una serie de proyectos en todo el mundo. Según las cifras publicadas en el Informe Anual de 2011, 240 programas se ven directamente beneficiados, principalmente en África, Asia y América Latina, lo que representa un volumen total de 4 miles de millones de euros.

El Marco Estratégico 2011-2015, que define el plan de acción del FIDA, precisa que su única misión es mejorar la seguridad alimentaria y la nutrición y trabajar para que las poblaciones rurales, hombres y mujeres, superen la pobreza. Asimismo, recuerda a este respecto que casi mil millones de personas viven en áreas rurales con menos de 1 euro al día. Para ello, el Fondo financia programas de modernización de la agricultura, de desarrollo de mecanismos de micro-financiación, de políticas de acceso a semillas y a las tecnologías o de conservación de los recursos naturales... El Marco Estratégico también hace hincapié en el desarrollo de una agricultura campesina dirigida hacia el mercado, más productiva y sostenible, y bien integrada en las economías rurales dinámicas, en las que la importancia de los vínculos entre las zonas urbanas y rurales es cada vez mayor y las actividades no agrícolas, en el seno y alrededor de las cadenas productivas, ofrecen aun más oportunidades empresariales y de empleo para los habitantes pobres de las zonas rurales ".

Al igual que otras instancias internacionales (Organización para la Cooperación y el Desarrollo Económico -OCDE-, en primer lugar), el FIDA genera cantidad de información útil y constituye un indicador, entre otros, de la evolución del estado de la población rural mundial. Ha publicado numerosos estudios e informes, en su mayoría disponibles en Inglés.

Bibliografía sugerida: • SAUVIGNON, É. (1978), Le Fonds international de développement agricole, *Annuaire français de droit international*, p. 660 (consultable en línea).

JEAN-PHILIPPE BUGNICOURT

Véase también: - Desarrollo sostenible.

Fondo Monetario Internacional

Fundado en 1944, durante la llamada Conferencia de Bretton Woods, el Fondo Monetario Internacional (FMI) se encargó en primer lugar de la estabilidad de la bolsa hasta que la decisión del presidente Nixon puso fin a la convertibilidad del dólar en oro. Luego, el FMI se ha convertido en un actor clave en el seguimiento de las políticas macroeconómicas de los Estados y del otorgamiento de ayudas para aquellos que tienen dificultades coyunturales, bajo la reserva del respeto de un requisito de condicionalidad que ha sido duramente criticado, al estimarse un reflejo de la aplicación de las políticas monetaristas de la Escuela de Chicago, las cuales no toman en cuenta las particularidades locales.

Reúne a 187 Estados miembros que participan en el Fondo mediante la suscripción de cuotas partes consignadas en derechos especiales de giro (DEG). Estos últimos constituyen una moneda utilizada no como medio de pago, sino como unidad de cuenta. La asignación de cuotas partes entre los Estados miembros fue criticada por considerarse que ella confería demasiado poder a los países desarrollados – especialmente a los Estados Unidos - y no tomaba en cuenta la evolución del poder respectivo de los Estados. Estas críticas condujeron a una reforma realizada en la 14ª revisión general de cuotas partes, aplicable en el 2013, que dobla el número de cuotas partes y fortalece la representación de los países emergentes y en desarrollo, sin alterar la de los países menos desarrollados.

El FMI cuenta con un Consejo de Gobernadores, integrado por representantes de todos los Estados miembros que constituye el Pleno del FMI. Está asistido por dos comités ministeriales: por una parte, el Comité Monetario y Financiero Internacional (CMFI); y por otra parte, el Comité para el Desarrollo. Además, el Consejo de Gobernadores nombra a los 24 miembros del Consejo de Administración, órgano permanente de gestión del Fondo. Este elige como su cabeza a un Director General por un período renovable de cinco años. Tradicionalmente, el puesto es ocupado por un europeo, mientras que el presidente del Banco Mundial es un estadounidense.

Bibliografía sugerida: ♦ VINCENT, Ph., *Institutions économiques internationales*, éd. Larcier, Bruxelles, 2009.

ANNABEL QUIN

Véase también: - Banco Mundial – Conferencia de Hot Springs.

Fondo Mundial para la Protección Social

La idea de un Fondo Mundial para la Protección Social es el resultado de un pronunciamiento conjunto del Relator Especial de las Naciones Unidas para el Derecho a la Alimentación (Olivier de Schutter) y del Relator Especial de las Naciones Unidas sobre la extrema Pobreza y los Derechos Humanos (Magdalena Sepúlveda), que tuvo lugar en Nueva York, el 9 de octubre de 2012. Relativamente cercano en cuanto al contenido a los trabajos de la Organización Internacional del Trabajo (OIT) para el establecimiento de un piso o base de protección social para todos, la iniciativa es sobresaliente por cuanto reúne en una misma propuesta los problemas de pobreza, inseguridad alimentaria, cambio climático y fluctuaciones de los precios agrícolas mundiales, logrando poner en relieve la interconexión de los problemas y su globalidad (en este sentido, cabe destacar que el Fondo Mundial para la Protección Social es conocido a veces bajo el nombre de "Fondo Mundial para la Seguridad Alimentaria"). También, la iniciativa sobresale porque formula una respuesta concreta a preguntas que tardan en recibirla, a partir de las observaciones y experiencias de ambos relatores.

El punto de partida de la propuesta es la constatación de la desigualdad entre los Estados y entre los individuos en cuanto a la capacidad de asumir las consecuencias de los accidentes o acontecimientos suficientemente graves como para poner en peligro la existencia de las personas o de menoscabar su dignidad (el desempleo, la enfermedad, la sequía, el alza de precios de los productos agrícolas y alimenticios...). Los países con economías frágiles no siempre tienen fondos para financiar una cobertura en beneficio de su población, especialmente de los más pobres que viven en zonas rurales, y dependen de los seguros privados cuando esta solución existe y cuando es accesible para los pobres. De no presentarse esta situación, esas poblaciones permanecen en estado de vulnerabilidad frente al alza de los precios agrícolas, que los mantiene en todo momento en un estado de precariedad. Pero, señalan ambos relatores, que si se dedicara el 2% del producto interno bruto mundial para garantizar este derecho humano fundamental, podría otorgarse una protección social básica para todos los pobres del mundo.

Otras rutas no siempre pueden ser exploradas y el ejemplo de la India y de la solución implementada en el año 2005, dirigida a la consecución de un verdadero derecho al trabajo, así lo muestra. Inicialmente, la *Mahatma Gandhi National Rural Employment Guarantee Act* garantiza legalmente a los adultos que residían en zonas rurales, un empleo no calificado de 100 días al año, con un salario mínimo (ahora, se ha elevado a 180 días). Los primeros resultados de esta ambiciosa reforma resultan prometedores. Destinado a luchar contra la pobreza rural y a mejorar la vida de las personas que viven en zonas rurales a través de proyectos de interés general (reforestación, construcción de caminos, de pozos, de redes de saneamiento y de irrigación...), el dispositivo ha tenido como efecto positivo permitir que las mujeres accedan al trabajo y frenar el éxodo rural. Sin embargo, es demasiado costoso para ser extendido a los países más pobres (India invierte cerca de 6 mil millones de euros al año para implementar esta ley). El Fondo cuya creación se considera, sería una forma de salir del atolladero. Permitiría llenar la brecha de financiamiento requerido para el establecimiento de una base mínima de protección para los países menos adelantados. Se haría cargo, de la misma forma que lo hace un asegurador o reasegurador, de los riesgos de la inseguridad alimentaria, particularmente difíciles de soportar financieramente. También, asesoraría a los Estados que recurren a los reaseguros de los operadores privados para hacer frente a estos riesgos y subsidiaría, de ser necesario, el pago de las primas.

Bibliografía sugerida: • BACHELET, M. (dir.) (2011), *Piso de Protección Social para una globalización equitativa e inclusiva*, Informe del Grupo consultivo Convocado por la OIT con la colaboración de la OMS, Ginebra (consultable en línea).

JEAN-PHILIPPE BUGNICOURT

Véase también: - Seguridad Alimentaria - Trabajadores agrícolas.

G

Ganadería

Véase: - Acuicultura.

GATS

Véase: - Acuerdo General sobre el Comercio de Servicios.

GATT

Véase: - Acuerdo General sobre Aranceles Aduaneros y Comercio.

Generaciones futuras

Véase: - Desarrollo sostenible - Principio de no regresión.

Gestión de recursos marinos

Véase: - Organización común de mercados de productos de la pesca - Política Pesquera Común.

Gestión del agua

Véase: - Derecho al agua - Suelo.

Gestión del riesgo

Véase: - Análisis del riesgo.

Gestión integrada

Véase: - Agricultura integrada.

Gran Muralla Verde

La desertificación, fenómeno casi planetario, encuentra en África, particularmente en el sur del Sahara, un rostro específico de calamidad. Ello contribuye en gran medida a la expansión y multiplicación de zonas endémicas de pobreza y a la migración. Por sus efectos perniciosos y recurrentes, la desertificación ha producido una fuerte degradación de los recursos naturales, una disminución de las producciones agrícolas, una situación de inseguridad alimentaria y un balance socioeconómico que impacta muy negativamente los efectos del desarrollo económico de la inmensa mayoría de los países del espacio sahara-saheliano.

En la actualidad, más de dos tercios de la superficie del continente africano están cubiertos de desierto o gravemente degradados. La desertificación, el cambio climático y el desarrollo del continente son los retos más importantes del siglo XXI, que interpelan a todos y cada uno -la Comunidad Internacional y las poblaciones africanas- y contra los que debe ser aportada una respuesta apropiada. La iniciativa de construir un muro de verdor desde Dakar a Yibuti, adoptada por la 7ª Conferencia de Jefes de Estado y de Gobierno de la Comunidad del Sahel-Sahara, que se celebró en Ouagadougou, Burkina Faso, en junio de 2005, y que se conceptualiza bajo el apelativo de la "Gran Muralla Verde", es parte de este compromiso.

La particularidad de la Gran Muralla Verde, banda de vegetación multiespecies de alrededor de 7.000 kilómetros de largo y 15 kilómetros de ancho, consiste en unir a todos los países concernidos (Burkina Faso, Malí, Mauritania, Níger, Nigeria, Senegal, Chad, Sudán, Etiopía, Eritrea, Yibuti) en la misma lucha contra la desertificación y el cambio climático y según un nuevo enfoque de desarrollo integrado de las zonas áridas y semiáridas, a menudo totalmente desamparadas.

El objetivo principal de la Gran Muralla Verde es contribuir a la lucha contra el avance de la desertificación y a la valorización de las zonas del Sahara-Sahel, por medio de una restauración y un manejo sostenible de los recursos naturales y de la lucha contra la pobreza. Por lo tanto, no se trata solamente de un problema estrictamente ambiental: el proyecto pretende ser más global, busca reducir la erosión del suelo, así como restablecer, desarrollar y diversificar la agricultura en el Sur del Sahara; crear nuevas fuentes de producciones agrícolas; luchar contra las migraciones de la población; y garantizar el control de los recursos hídricos. La instalación de la Gran Muralla Verde se hace, asimismo, siguiendo un enfoque participativo ascendente, asociando a las poblaciones en la concepción, la aplicación y la conservación de los logros.

Por sus objetivos y los impactos previstos, la construcción de la Gran Muralla Verde integra varios mecanismos relacionados con el desarrollo y el ambiente, en particular el desarrollo sostenible, la lucha contra la pobreza, la reducción de las migraciones ambientales y económicas y, por último, el desarrollo limpio.

Bibliografía sugerida: ◆ DIA, A., DUPONNOIS, R. (dir.) (2010), *Le Projet majeur africain de la Grande muraille verte – Concepts et mise en œuvre*, Institut de recherche pour le développement; ◆ HERTSGAARD, M. (2011), Un enjeu de lutte contre la famine – La Grande muraille verte d'Afrique, *Le Monde Diplomatique* (consultable en línea); ◆ ADIGBLI, K.

E. (2009), *La Grande muraille verte pour arrêter la désertification*, Inter Press Service (consultable en línea).

DAVID HOUDEINGAR

Véase también: - Desarrollo Sostenible - Recursos Naturales - Seguridad alimentaria.

Grandes distribuidores

Véase: - Circuitos cortos – Derecho de la Competencia.

H

HACCP

El acrónimo HACCP corresponde a la denominación inglesa *Hazard Analysis and Critical Control Points*, es decir, "Análisis de peligros y puntos críticos de control". El HACCP es un sistema de control de la inocuidad de los alimentos desarrollado por la industria alimentaria norteamericana, a petición de las autoridades aeroespaciales en los años sesentas. En ese momento el objetivo fue el mismo que hoy: asegurar la inocuidad de los alimentos. Por tratarse de medidas desarrolladas en la industria, su utilización se extendió rápidamente, integrándose en los usos comerciales y contractuales.

Actualmente el HACCP ha llegado a ser tanto un procedimiento técnico como una obligación de los explotadores alimentarios. Como procedimiento técnico tiene como objetivo la gestión de riesgos constatados. Esta gestión es llevada a cabo mediante tres actividades principales: a) la determinación de los puntos críticos a través del análisis; b) la evaluación de los riesgos y; c) el desarrollo de las acciones de reducción o eliminación. Teniendo como objetivo la inocuidad de los alimentos, la aplicación del HACCP constituye también una obligación en el sector alimentario. Esta obligación fue establecida tanto a nivel internacional como comunitario. En relación al primero, este procedimiento fue introducido en el Derecho del Comercio Internacional mediante la armonización de la norma "Principios generales de la higiene de los alimentos" CAC/RCP 1-1969 del Codex Alimentarius (FAO/OMS). En ciertos países como, por ejemplo, Costa Rica y El Salvador (ambos de América Central), las normas del Codex Alimentarius son de aplicación obligatoria. Es decir, implementar el sistema HACCP es una obligación de los actores del sector.

A nivel comunitario europeo, el artículo 5 del Reglamento nº 852/2004 establece la obligación de los explotadores alimentarios de aplicar y mantener los procedimientos permanentes basados en los principios del HACCP. Estos principios son los siguientes: i) identificar todo peligro que sea necesario prevenir, eliminar o llevar a un nivel aceptable; ii) identificar los puntos críticos a los niveles en los cuales un control es indispensable para prevenir o eliminar un peligro o llevarlo a un nivel aceptable; iii) establecer los puntos críticos de control, los límites críticos que diferencian la aceptabilidad de la inaceptabilidad mediante la prevención, la eliminación o la reducción de los peligros identificados; iv) establecer y aplicar los procedimientos eficaces de vigilancia de los puntos críticos de control; v) establecer las acciones correctivas a desarrollar cuando la vigilancia muestra que un punto crítico de control no ha sido gestionado ; vi) establecer procedimientos de ejecución periódica para verificar la efectividad de las medidas previstas y vii establecer los documentos y los expedientes en función de la naturaleza y el tamaño de la empresa.

Bibliografía sugerida: • GIOVANNUCCI, D., MORTON, S. (2007), Food quality issues: understanding HACCP and others management techniques, in *A guide to developing agricultural markets and agro-entreprises*, p. 3; • LEÓN GUZMÁN, M. (2011), *L'obligation d'autocontrôle des entreprises en droit européen de la sécurité alimentaire*, San José, Costa Rica, éd. Inida; • VAN DER MEULEN, B., VAN DER VELDE, M. (2008), *European Food Law Handbook*, The Netherlands: Wageningen.

MARLEN LEÓN GUZMÁN

Véase también: - Análisis del riesgo – Control – Higiene - Seguridad alimentaria.

Hacer padecer intencionalmente hambre

La alimentación puede constituir un medio de presión sobre la totalidad o una parte de una población, cuyo acceso al agua potable y a la comida en cantidad y calidad puede depender de la coyuntura política o económica de un país o de una región del mundo. David Marcus, profesor de Derecho en la Universidad de Arizona, propone una tipología que distingue cuatro grados de las prácticas que pueden provocar hambruna ("*faminogenic policies*" o prácticas "faminógenas"). Únicamente las de primer grado y, en determinadas condiciones, las de segundo grado serían eventualmente susceptibles de una calificación penal.

El cuarto grado consiste en prácticas no deliberadas conducidas por Gobiernos corruptos o incompetentes, que son incapaces de tomar las medidas necesarias para evitar el colapso del mercado, de satisfacer las necesidades de sus ciudadanos y de impedir el hambre a pesar de no ser un resultado perseguido como tal. En cuanto al tercer grado, corresponde a una situación de indiferencia: aun cuando los Gobiernos tengan conocimiento de las dificultades de abastecimiento y dispongan de los medios para hacer frente a ellas, no los utilizan. Reúsan intervenir para suplir las dificultades de suministro y, por tanto, de acceso a los alimentos, lo que caracteriza una omisión que no equivale, desde luego, a la comisión. Al parecer, faltaría el elemento moral.

Por su parte, el segundo grado corresponde a la hipótesis en la cual se implementan deliberadamente ciertas políticas públicas. Entre las consecuencias de esta implementación puede figurar una hambruna. A pesar de esta comprobación, se mantienen las políticas. Se podría hablar de una puesta en peligro de la vida de otro en la medida en que la acción de los Gobiernos no busca provocar directamente una hambruna, pero asume conscientemente el riesgo, incluyendo la aceptación de un resultado dañino. Finalmente, el primer y último grado sería la hambruna intencionalmente provocada. El hambre se utilizaría verdaderamente como un medio de exterminación de toda o parte de una población. El umbral de intervención del Derecho Penal se vería así superado.

Si se descarta la insuficiencia y la ausencia de alimentación familiar o individual, que puede ser sancionada como abandono en el Derecho penal francés, la privación deliberada de alimentación constituye una infracción prevista por todo un conjunto de instrumentos internacionales. Tiene así una dimensión masiva que la distingue del abandono y es condenable, sea como genocidio, sea como un crimen de guerra.

De este modo, tratándose del primero grado, en la Convención para la Prevención y la Sanción del Delito de Genocidio (1948), este está definido en su artículo 2 (c) como "cualquiera de los actos mencionados a continuación, perpetrados con la intención de destruir, total o parcialmente, a un grupo nacional, étnico, racial o religioso, como tal: [...] Sometimiento intencional del grupo a condiciones de existencia que hayan de acarrear su destrucción física, total o parcial". Esta formula se encuentra también en el artículo 2.2 (c) del Estatuto del Tribunal Internacional para Ruanda y en el artículo 4.2 (c) del Estatuto del Tribunal Internacional para la ex Yugoslavia. Claramente esta formulación de "condiciones de existencia" incluye el acceso a los recursos necesarios para satisfacer las necesidades vitales, de las cuales forman parte la alimentación y el agua. Este análisis se apoya en diversos elementos que se derivan de los textos normativos, pero también de la jurisprudencia. La jurisprudencia del Tribunal Penal Internacional para Ruanda (TPIR) confirma este análisis. El TPIR precisa que la fórmula utilizada en el texto permite cubrir los métodos de destrucción que no conducen inmediatamente a la muerte de los miembros del grupo. De ese modo, las condiciones de existencia incluyen las violaciones, el hambruna padecida por un grupo de personas o la reducción de las prestaciones médicas por debajo del umbral mínimo requerido, a sabiendas de que una u otra de estas acciones tiene como consecuencia efectiva la destrucción de la totalidad o de una parte del grupo respectivo.

Desde el establecimiento de la Corte Penal Internacional (CPI), la privación deliberada de la alimentación también puede constituir una infracción bajo la competencia de la Corte, como crimen de lesa humanidad o de genocidio. En efecto, el artículo 7 del Estatuto de Roma (que creó y rige a la CPI) prevé, por un lado, lo que se entiende por crimen de lesa humanidad "cualquiera de los actos siguientes cuando se cometa como parte de un ataque generalizado o sistemático contra una población civil y con conocimiento de dicho ataque". Ahora bien, entre estos actos aparece el "exterminio" (art. 7.1 b), definido como "la imposición intencional de condiciones de vida, entre otras, la privación del acceso a alimentos o medicinas, entre otras, encaminadas a causar la destrucción de parte de una población" (art. 7.2 b). Además, esto se confirma en el artículo 7.1 b) 1° de los Elementos de los Crímenes, donde se precisan los elementos constitutivos de las infracciones contempladas en el Estatuto. Por otro lado, en cuanto al genocidio, el artículo 6 c) del Estatuto de Roma se refiere específicamente al genocidio mediante el sometimiento intencional a condiciones de existencia que acarreen la destrucción física total o parcial de un grupo. Los Elementos de los Crímenes añaden en virtud del artículo 6 c) que "la expresión "condiciones de existencia" podrá incluir, entre otras cosas, el hecho de privar a esas personas de los recursos indispensables para la supervivencia, como alimentos o servicios médicos, o de expulsarlos sistemáticamente de sus hogares."

Aparecen así un conjunto de acusaciones que corresponden con claridad a la privación deliberada de alimentación como uno de los elementos materiales del genocidio. Pero, sobre todo, la cuestión del elemento moral se torna grave. Si se trata de genocidio, se requiere un dolo especial (intención específica). De esta forma, en la sentencia *Akayesu* (1998), el TPIR sostuvo que el dolo especial del crimen de genocidio radica en la intención de destruir, total o parcialmente, a un grupo nacional, étnico, racial o religioso como tal. Esta exigencia de una intención particular es la que hace la especificidad del delito de genocidio. De igual manera, resulta necesario distinguir la hipótesis en la cual el agente quería matar a un individuo en razón de su pertenencia a un grupo y con el fin de destruir total o parcialmente a ese grupo, de la hipótesis en la cual el agente actuó con conocimiento de que sus acciones podían atentar de modo más particular contra un grupo de personas, pero sin desear ese resultado. En otras palabras, la imprudencia, incluso calificada, no sería suficiente. La situación en la cual un Gobierno elabora y aplica políticas públicas que causan hambrunas en una región particular del país, habitada por un grupo determinado de personas, es insuficiente para que se caracterice el dolo especial del genocidio, a menos que la intención específica de destruir total o parcialmente a este grupo particular sea caracterizada. La política puede ser deliberada sin que el resultado de exterminio de un grupo específico sea querido. En la Historia, no todos los episodios de hambruna que provocaron la destrucción de todo o parte de un grupo social pueden ser calificados jurídicamente como genocidio. Abstrayéndose de cualquier consideración relativa al principio de legalidad de los delitos y de las penas, así como a la aplicación de la ley penal en el tiempo, ciertamente puede discutirse la calificación de la deportación de los Hereros y Namas en el desierto Omaheke, parte del Kalahari (en Namibia), o la de los Armenios en los desiertos de Siria y Mesopotamia, por cuanto fueron precisamente estas últimas prácticas las que inspiraron a Raphaël Lemkin, la pluma de la Convención sobre el Genocidio. Por ejemplo, el envenenamiento de los pozos por el ejército alemán en Namibia era un acto deliberado que tendía a establecer condiciones de existencia para provocar la destrucción de un grupo particular de personas, sobre la base de la orden de exterminio (*Vernichtungsbefehl*) emitida por uno de los generales del Rey Guillermo II, Lothar von Trotha. La deshidratación y el hambre también fueron la causa de muchas muertes entre los Armenios deportados: algunos sobrevivientes atestiguaron sobre la orden dada a sus torturadores de no utilizar sus armas, para dejarlos, por el contrario, perecer por ausencia de alimentación o por agotamiento. Con el mismo espíritu, en América del Norte, el sacrificio sistemática de los búfalos buscaba privar a la población indígena americana de su fuente principal de alimentación para hacerla sufrir de hambre.

Por el contrario, las políticas adoptadas por Stalin en Ucrania, a principios de 1930 y, más tarde, las adoptadas en Corea del Norte, Etiopía o Camboya de los Jemeres Rojos, cuyos efectos fueron devastadores para toda o parte de la población, parecen escapar a esta calificación jurídica. La razón se orienta a considerar que el exterminio de un grupo particular no era pretendido por la aplicación de estas políticas públicas. Sin embargo, el hecho de que las regiones afectadas con mayor dureza en un país también sean a menudo las que albergan los grupos de resistencia política más importantes o más activos, como sucedió en Ucrania (véase lo que los Ucranianos llaman *Holodomor*) y en Etiopía, plantea interrogantes. ¿Este hecho es idóneo para comprobar la existencia de un dolo especial? Si bien la movilización del Derecho Penal Internacional está lejos de excluirse, continúa siendo altamente frágil ante las enormes problemáticas.

Cuando se trata de crímenes de guerra, el artículo 54 del Protocolo Adicional I a los Convenios de Ginebra de 1949 (1977) tiene como objetivo la protección de los bienes indispensables para la supervivencia de la población. Se prohíbe el uso de la hambruna contra la población civil como método de guerra, de lo cual se infiere la prohibición de cualquier atentado realizado contra los productos alimentarios y las zonas agrícolas que los producen. Además, el comentario oficial de la disposición, redactado por el movimiento de la Cruz Roja Internacional, sostiene que la acción de causar una hambruna puede ser considerada como un crimen de genocidio. En el mismo sentido, el artículo 8 del Estatuto de Roma definió los crímenes de guerra y, en particular, la privación deliberada de alimentos. El artículo 8.2 b) xxv) indica: "Hacer padecer intencionalmente hambre a la población civil como método de hacer la guerra, privándola de los objetos indispensables para su supervivencia, incluido el hecho de obstaculizar intencionalmente los suministros de socorro de conformidad con los Convenios de Ginebra". Sin hacer referencia a los obstáculos de la aplicación de la ley penal en el tiempo, algunos autores estimaron que Etiopía había recurrido a la hambruna como arma de guerra para atacar a las regiones que albergaban la resistencia política más fuerte, en particular Eritrea, la cual se independizó después.

El hambre puede ser utilizada como un instrumento destinado a exterminar un grupo de poblaciones. Actualmente existen las calificaciones jurídicas en Derecho y pueden ser llevadas ante la Corte Penal Internacional o ante las jurisdicciones internas. Sin embargo, sólo el primer grado de prácticas "faminógenas" de la tipología de Marcus es abarcada por estas calificaciones penales previstas en el Estatuto de Roma, que pueden considerarse de modo acumulativo contra las personas físicas, independientemente de su calidad. Es así como dos órdenes de detención de la CPI pesan sobre el Presidente de Sudán, Omar al-Bashir, en virtud de los artículos 7.1 b (exterminio como crimen de lesa humanidad) y 6 c (genocidio mediante sometimiento intencional a condiciones de existencia que acarrean la destrucción física total o parcial de un grupo); la contaminación de pozos y bombas de agua, así como la destrucción de los alimentos en la región de Darfur condujeron, entre otros elementos, al Procurador a perseguir.

Bibliografía sugerida: • MARCUS, D. (2003), Famine crimes in international law, *American Journal of International Law*, volume 97, p. 245 (consultable en línea); • POIRET, A. (2012), *Namibie : le génocide du IIe Reich*, film documentaire, Bo Travail ! Prod. (consultable en línea).

CLAIRE SAAS

Véase también: - Responsabilidad Internacional - Seguridad Humana.

Halal

Véase: - Prohibiciones alimentarias.

Hambre

Véase: - Hacer padecer intencionalmente hambre - Revueltas del hambre.

Hambruna

Véase: - Annona - Hacer padecer intencionalmente hambre - Revueltas del hambre.

Harinas animales

Véase: - Vacas locas (Enfermedad de las).

Harinas de carne y hueso

Véase: - Vacas locas (Enfermedad de las).

Higiene

En el sector de la alimentación, la higiene es una cuestión de primer orden que permite determinar si un alimento puede ser consumido sin ningún riesgo para la salud.

El término se refiere, en efecto, a las condiciones y a las prácticas que buscan proteger la salud humana, en particular previniendo la aparición de enfermedades o intoxicaciones resultantes de la ingesta de alimentos.

En 1983, la Comisión del Codex Alimentarius publicó un Informe sobre la seguridad de los productos alimentarios y su papel en la salud y el desarrollo, que muestra como los conceptos de "inocuidad alimentaria" e "higiene alimentaria" permanecieron confundidos durante mucho tiempo. Fueron definidos indiferentemente, como "las condiciones y medidas necesarias durante la producción, elaboración, almacenamiento, distribución y preparación de los alimentos para asegurar que sean inocuos, saludables y aptos para el consumo humano". El Derecho Chino ilustra muy bien esta confusión pues hasta 2009, de previo a la reforma de la legislación alimentaria, consideraba casi exclusivamente el imperativo de la seguridad sanitaria bajo el ángulo de la higiene. Sin embargo, ni la nueva ley sobre la higiene de los alimentos, ni aquella relativa a la seguridad alimentaria ofrecen una definición clara de lo que es higiene alimentaria. Todavía no hay un marco normativo específico en China para establecer requisitos obligatorios en esta materia.

No obstante, con el desarrollo de la industria alimentaria, la inocuidad de los alimentos ha comenzado a distinguirse gradualmente de la higiene. En efecto, el uso regular, incluso excesivo, de sustancias químicas, así como la progresiva utilización de las nuevas tecnologías (nanotecnología, productos resultantes de organismos genéticamente modificados -OGM- o de la actividad de clonación animal), han creado conciencia de la exposición de los consumidores a los nuevos riesgos o peligros que afectan la calidad de sus alimentos. Se sale así del campo estricto de la higiene de los alimentos, aunque sigue siendo un elemento importante de la seguridad sanitaria. En consecuencia, sigue estando en el centro de las preocupaciones de las autoridades públicas, de los consumidores y de los operadores del sector agroalimentario. Sin embargo, debe tenerse en cuenta que las prioridades de las condiciones sanitarias en el proceso de producción de alimentos han evolucionado y ya no es tanto la limpieza del entorno en el que se produce el alimento lo que retiene la atención, sino más bien los problemas de contaminación biológica invisible.

La Organización Mundial de la Salud (OMS) ha dado así a la higiene de los alimentos su propia definición en una guía para el refuerzo de un programa nacional de inocuidad de los alimentos (1996). Se trata del conjunto de condiciones y medidas necesarias para garantizar la inocuidad y salubridad de los alimentos, en todas las etapas de la cadena productiva; la seguridad sanitaria consiste en garantizar que los alimentos no provocan daño al consumidor cuando se preparen y/o se consumen de acuerdo con el uso previsto. Más recientemente, los textos básicos sobre higiene de los alimentos adoptados por la Comisión del Codex Alimentarius en 1997, pusieron de relieve la importancia de un enfoque que comprenda toda la cadena alimentaria para garantizar la higiene de los alimentos.

No hay duda que el establecimiento de un sistema eficaz de control de la higiene es esencial para evitar los efectos adversos para la salud pública de las enfermedades e intoxicaciones de origen alimentario, así como la alteración de los alimentos. Bajo esta perspectiva, garantizar la higiene de los alimentos "de la finca a la mesa" implica que todos los actores de la cadena alimentaria -agricultores, industriales, distribuidores, consumidores- asuman su parte de responsabilidad para asegurar que los alimentos sean inocuos y aptos para el consumo. Entre estos actores, los operadores del sector alimentario, así como los productores y los distribuidores, tienen la responsabilidad principal de velar por la higiene alimentaria en el marco de las actividades bajo su control, mientras que los consumidores también tienen que desempeñar un papel clave impidiendo la contaminación de los alimentos, al seguir cuidadosamente las pautas recomendadas y aplicar las medidas apropiadas de higiene.

Cabe señalar que las prácticas de higiene en las diferentes etapas de la cadena de producción pueden variar dependiendo de los productos alimentarios o de las respectivas operaciones. Por esta razón, el Comité del Codex Alimentarius sobre Higiene de los Alimentos (CCFH), así como otros de sus comités, han elaborado varios Códigos de higiene aplicables a determinados tipos de alimentos u operaciones específicas, tales como el Código de prácticas de higiene para los huevos y los productos de huevo (CAC/RCP 15-1976) y el Código de Prácticas de higiene para las Frutas y Hortalizas Frescas (CAC/RCP 44-1995).

A pesar de las diferencias observadas en las prácticas de higiene, se pueden identificar algunos principios generales que proporcionan una base sólida para asegurar la higiene de los alimentos. Los Principios Generales de Higiene de los Alimentos (CAC/RCP 1-1969) identifican los principios básicos aplicables a lo largo de la cadena alimentaria, principalmente aquellos relacionados con la higiene ambiental, la higiene de las operaciones y la higiene corporal en la producción primaria, los establecimientos de producción y de transformación de alimentos y el transporte. Este documento también recomienda la adopción de un sistema basado en el Análisis de Peligros y Puntos Críticos de Control (HACCP) con el fin de mejorar la inocuidad de los alimentos. Desde esta perspectiva, es conveniente tener en cuenta los principios generales desarrollados en el sistema de HACCP, cuyo objetivo es identificar, evaluar y controlar los riesgos que son decisivos para la seguridad alimentaria.

Este sistema de control es ampliamente utilizado en los Estados Unidos y en Europa. Los Estados Unidos han implementado los principios establecidos por el Codex Alimentarius, mientras que la Unión Europea (UE), a través de la Directiva 93/43 y, en especial, de los Reglamentos nº 852/2004 (relativo a la higiene de los alimentos) y nº 183/2005 (relativo a la higiene de los alimentos para animales), ha promovido la elaboración de guías de buenas prácticas de higiene donde se aplican los principios del HACCP. Sin embargo, a pesar de la aparente gran cercanía entre los dos socios, hay que señalar que los programas de prerrequisitos para este sistema son diferentes. Las buenas prácticas en vigencia en el seno de la UE difieren considerablemente de los procedimientos de saneamiento estándar estadounidenses.

Bibliografía sugerida: ◆ COMITE DE EXPERTOS EN INOCUIDAD DE LOS ALIMENTOS (1984), *Importancia de la inocuidad de los alimentos para la salud y el desarrollo*, FAO/OMS (consultable en línea).

JUANJUAN SUN

Véase también: - China - Codex Alimentarius - Control – Crisis sanitaria – HACCP - Riesgo - Riesgos biológicos – Seguridad alimentaria – Seguridad de los productos.

I

Importación neta de alimentos

En la comunidad internacional actual existe un número considerable de Estados que no son capaces de producir alimentos para satisfacer las necesidades de su propia población y que dependen para ello de su adquisición en los mercados internacionales. Son Estados importadores netos de alimentos, en la medida en que el volumen de las exportaciones (de cereales, por ejemplo) es inferior al de las importaciones. A título de ejemplo, el continente africano, en su conjunto, gasta anualmente 33 billones de dólares en la importación de alimentos básicos. Ello contrasta con la ayuda oficial al desarrollo que recibe, la cual, durante el mismo período, es de solamente 3 billones.

Por lo general, la situación de estos países es preocupante en relación con la seguridad alimentaria. La dependencia los hace vulnerables y sensibles a las crisis provocadas por las subidas de precios, como ocurrió a causa de la especulación masiva sobre los mercados financieros en 2009. La Organización Mundial del Comercio (OMC) ha reconocido de forma expresa a esta categoría de Estados. En concreto, ello se hace en la llamada Declaración de Marrakech del 15 de abril de 1994, anexa a los Acuerdos del mismo nombre. Esta Declaración establece la necesidad de conceder un "un trato diferenciado y más favorable a los países en desarrollo, con especial atención a la situación particular de los países menos adelantados" y destaca especialmente la situación de los "países en desarrollo importadores netos de productos alimenticios, con objeto de promover medidas positivas que les permitan alcanzar sus objetivos de desarrollo." El Comité de Agricultura de la OMC cuenta con una lista de los Estados en esta situación, la cual es actualizada anualmente (Cuba, Egipto, Gabón, Honduras, Jamaica, Jordania, Kenia, Mongolia, Marruecos, Namibia, Pakistán, Perú, San Kitts y Nevis, San Vicente y las Granadinas, Senegal, Sri Lanka, Trinidad y Tobago, Túnez, Venezuela...).

La Declaración de Marrakech no contiene ninguna mención a soluciones estructurales para remediar esta dependencia. Esta establece cuatro mecanismos de respuesta: provisión de ayuda alimentaria, financiación a corto plazo para la compra de alimentos, créditos favorables para la exportación de productos agrícolas y asistencia financiera para la mejora de la productividad agrícola. Solamente esta último podría ser útil para modificar el estado actual de las cosas, aunque, hasta la fecha, ha tenido una muy escasa aplicación. La ayuda oficial al desarrollo en este ámbito ha sido poca.

Consecuentemente, son necesarias medidas de *lege ferenda* para tender hacia la eliminación de la condición de importador neto de alimentos. Las mismas debieran quedar recogidas en los textos que resulten de las negociaciones en curso sobre la reforma del comercio agrícola de la OMC (Ronda de Doha) y, primordialmente, deben conceder mayor capacidad de protección a la producción nacional y más flexibilidad en el uso de los instrumentos arancelarios.

Además, sería necesario considerar que estas medidas derivan del propio derecho a la alimentación. El razonamiento jurídico debiera concluir que la referida dependencia alimentaria atenta contra este derecho. Los primeros pasos en este sentido están empezándose a dar y así, en su sesión del año 2010, el Consejo de Derechos Humanos pidió al relator especial sobre este derecho que estudiara la adecuación del mismo a las referidas situaciones de dependencia de importaciones de alimentos básicos.

MIGUEL ÁNGEL MARTÍN LÓPEZ

Véase también: - Acaparamiento de tierras - Seguridad alimentaria - Soberanía alimentaria.

Imputabilidad

Véase: – Productos defectuosos.

Indemnización

Véase: - Menoscabos a la propiedad – Productos defectuosos.

India

La alimentación de la India es claramente deficiente en cantidad. La mitad de la población sufre de desnutrición. Esta deficiencia se distribuye de forma desigual y varía considerablemente según la región y según la clase social. Una centena de distritos sufre de desnutrición intensa bordeando la penuria. Sin embargo, el Gobierno tiene almacenados millones de toneladas, de lo cual una buena parte se pudre bajo lonas y el país ¡exporta alimentos! Esto es porque una parte de la población no tiene los medios financieros para comprar lo que necesita.

La alimentación es igualmente defectuosa en calidad, principalmente vegetariana; el consumo de carne y pescado sigue siendo bajo. La dieta básica se compone de cereales y legumbres. El consumo de frutas y verduras frescas equivale apenas a dos tercios del promedio mundial.

El Gobierno trata de satisfacer las necesidades básicas de las clases más pobres mediante un sistema de racionamiento y de suministro de alimentos de forma gratuita o a precios muy bajos. La palabra clave es la seguridad alimentaria. La Corte Suprema ha declarado que el derecho a la alimentación es un derecho fundamental comprendido dentro del derecho a la vida, el cual está consagrado en la Constitución.

Las necesidades de alimentos aumentan por el crecimiento demográfico y por el aumento gradual en el consumo individual. India representa el 16% de la población mundial, pero ocupa sólo el 2,5% de las tierras emergidas. De la superficie total de 330 millones de hectáreas, sólo el 45% se cultiva y el 11% lo es a doble cosecha. La tierra cultivable se ha incrementado sustancialmente en los últimos cincuenta años. Las posibilidades futuras de crecimiento son reducidas, por cuanto las tierras restantes son en gran parte bosques, desiertos o espacio residenciales. Al contrario, 6 millones de hectáreas cultivadas se han convertido para satisfacer las necesidades de vivienda en las regiones vecinas de ciudades o para la extracción de minerales, la construcción de grandes represas o la instalación de nuevas fábricas durante los últimos 15 años. 15% de las tierras se volvieron incultivables, al menos temporalmente, por el uso excesivo de fertilizantes químicos. Ante este problema de escasez de la tierra, algunas empresas comienzan a comprar tierras arables en África.

En este contexto, la adquisición de tierras de cultivo para otros fines merece atención. En algunos casos, en efecto, los propietarios seducidos por los precios interesantes vendes sus tierras. Pero, en general, la adquisición de tierras se realiza por vía de una expropiación forzosa en beneficio de una empresa pública, mixta o privada, que el Estado atrae ofreciéndole el suelo. Pero esta operación es fuente de problemas. El avalúo de la tierra no se lleva a cabo sobre bases correctas, el precio de la oferta es inferior al precio de mercado y obliga a los interesados a asumir las costas de un litigio. En todos los casos, las personas pierden sus hogares y sus medios de subsistencia, sin mencionar el valor sentimental asociado al apego a su tierra ancestral. Las organizaciones no gubernamentales abogan por la rehabilitación de los expropiados mediante la oferta de un empleo en el proyecto de desarrollo, o de un terreno agrícola de igual valor en los alrededores. El Gobierno elaboró un proyecto de ley que modifica la ley de expropiación forzosa de 1894, la cual ha experimentado pequeñas reformas, siendo la más reciente de 1984. Su preocupación consiste en poder adquirir con facilidad los terrenos necesarios. Sin embargo, este proyecto tiene mucha oposición porque no protege suficientemente los intereses de los propietarios. Su consideración, que es necesaria, aumentaría el precio de la tierra y, en consecuencia, el costo del proyecto.

Además de las tierras, la agricultura requiere agua. 52% de las tierras cultivadas son irrigadas a partir de las represas o de estanques, el resto depende del agua de lluvia. El país recibe un promedio de 1,100 metros cúbicos de agua por año. Pero la precipitación es muy desigual, solo llega a 100 mm en el noroeste del país, mientras que en el noreste alcanza un récord de 10.000 milímetros. Además, el 16% de las aguas pluviales se evapora. Así, un tercio del país es seco, y la mitad de este tercio es casi desértica. Las precipitaciones son muy irregulares, variando de 1 a 5 en la misma región por los caprichos del Monzón, creándose una alternancia entre sequía e inundaciones.

La India compensa la falta de lluvia y de irrigación mediante el bombeo de aguas subterráneas, pero el nivel de éstas se reduce 30 centímetros por año. Conviene dar marcha atrás. La única esperanza es la existencia de procesos de riego más económicos, pero esto requiere un equipamiento y un cambio en las prácticas agrícolas. El Gobierno concede subvenciones para equipamiento y ofrece capacitación a los agricultores interesados. Sin embargo, éstos no manifiestan aún mucho entusiasmo. Además, los procesos tal como existen no son adecuados para todos los cultivos, como por ejemplo el arroz inundado y los encierros de palma de betel.

Con todos estos datos, la India ocupa el segundo lugar en producción agrícola. Una parte de la cosecha, estimada en 30%, se pierde por las malas condiciones de pilado (descascarillado) y de almacenamiento. La agricultura ocupa 52% de la mano de obra y contribuye en un 10% al producto nacional bruto. 75% de la tierra está sembrada con cereales. Gracias a lo que se denominó una "revolución agrícola", que consistió en el cultivo de nuevas tierras y mejores métodos de cultivo, la India, que importaba productos alimenticios en 1950, satisface la demanda desde 1980 e, incluso, la supera. Pero se espera que la demanda crezca progresivamente y que se diversifique.

En la actualidad, la India está en medio de una aguda crisis agrícola, que provoca que los agricultores se suiciden (en promedio 10.000 por año). Ante la imposibilidad de vivir de la agricultura, todo un pueblo en el estado de Punjab fue puesto en venta. Las causas de la crisis son muchas: la pequeña dimensión de las propiedades, los costos crecientes de funcionamiento (electricidad, agua de riego, fertilizantes químicos), la ineficacia progresiva de los plaguicidas, la sobrepoblación rural, los precios de los alimentos demasiado bajos y variables, la competencia internacional provocada por la política de libre comercio de alimentos fuertemente subvencionados en los países exportadores... La falta de rentabilidad, junto con la elevada tasa de interés de los préstamos de dinero, que causa un endeudamiento permanente y creciente. Los agricultores que no pueden afrontar la situación recurren al suicidio (55% de los agricultores en estado de deuda). Sólo el 10% de los agricultores están cubiertos por el seguro de cosechas. Estas causas se ponen en acción de manera diferente según los Estados, a causa de la pluviosidad, la educación, la demografía y los cultivos sembrados. La crisis es especialmente grave en el estado de Maharastra, importante productor de algodón, y en los estados limítrofes de Karnataka y Andhra Pradesh.

El Gobierno está tratando de ayudar a los agricultores en desgracia de varias formas: distribución de semillas seleccionadas, control del precio de los fertilizantes, compra de cosechas para el almacenamiento a un precio mínimo. Pero los agricultores no están, en general, satisfechos con el precio establecido. El Gobierno procede periódicamente al perdón total o parcial de la deuda. La última medida que data del 2006, garantiza a toda familia que lo solicite, un trabajo remunerado durante 100 días. Sólo que esta política, que ofrece un salario por un trabajo relativamente sencillo, aleja a los trabajadores de las tareas agrícolas y crea, con ello, un nuevo problema que consiste en la falta de mano de obra o en el aumento de salarios.

Los agricultores reclaman ayudas a la producción, más que ayudas al consumo, practicadas por el Gobierno. Se trata de un problema importante y complejo. La ayuda al consumo deprecia los alimentos y tiende a bajar los precios de forma desfavorable para los agricultores. La ayuda a la producción podría permitir a los agricultores la venta de sus productos a un precio inferior, consiguiendo, a la vez, una ganancia suficiente. Sin embargo, los precios de los bienes esenciales nunca podrían llegar a un nivel tan bajo como el dado por el Gobierno a los estratos más pobres de la población. Este precio es uno de los puntos esenciales de la propaganda electoral, sobre el cual los partidos ofrecen cada vez más. Por lo tanto, el cambio de política solicitada por los agricultores no tiene ninguna posibilidad de realizarse. Continúa siendo cierto que el Gobierno se ha comprometido de una manera que afecta necesariamente a los agricultores. Por otro lado, la agricultura india necesita protección ante la competencia de países que subsidian su agricultura. El Gobierno debe encontrar una solución a corto plazo que permitirá a la agricultura salir de su crisis actual. Aunque el Gobierno Federal tome medidas en el sector agroalimentario, los detalles de la política varían según los Estados federados (que son 28).

El camino de salvación sostenible parece ser una segunda revolución verde, que aumentaría significativamente los rendimientos y reduciría el costo de retorno. Todavía existen muchas posibilidades: una mejor protección de las cosechas, un mejor uso de la tierra y la creación de especies más eficientes en agua, de crecimiento más rápido y más resistentes a las enfermedades y a los insectos. Se están realizando investigaciones en todas estas direcciones. Existe un Consejo Nacional de Investigación Agrícola, presidido por el Ministro de Agricultura, que orienta 50 universidades agrícolas y 100 institutos.

Los progresos técnico-agrícolas que pueden razonablemente esperarse son susceptibles de provocar un descenso en el costo de producción, benéfico para los agricultores. Pero también dará lugar a un aumento de la producción que la población no está económicamente en posibilidad de absorber. Los agricultores deberán entonces contar con las exportaciones, marcadas por las fluctuaciones de precios. La agricultura ha sido desde siempre un juego de azar y continúa siéndolo.

Bibliografía sugerida: • ACHARYA, S. S. (2001), Sécurité alimentaire et nouvelle politique agricole en Inde, *Tiers-Monde*, Volume 42, n° 165, p. 129; • DORIN, B., LANDY, F. (2002), *Agriculture et alimentation en Inde – Les vertes années (1947-2001)*, Paris, INRA; • ETIENNE, G. (1966), *L'agriculture indienne ou l'art du possible*, Paris, PUF.

DAVID ANNOUSSAMY

Véase también: - Agricultura – Colonización – Consumo - Derecho a la Alimentación - Seguridad alimentaria.

Indicación de procedencia

Véase: - Arreglo de Lisboa - Denominación de Origen Protegida - Indicación Geográfica - Indicación Geográfica Protegida.

Indicación geográfica

Es frecuente que un producto que lleva en la etiqueta una referencia geográfica sea puesto en el mercado, a disposición del consumidor. Según sea el caso, esta mención constituirá una marca comercial (por ejemplo: "*Cochons de Bretagne*" –Cerdos de Bretaña- contiene una referencia a una región del oeste de Francia), una indicación de procedencia (por ejemplo, "Fabricado en España"), una denominación de origen protegida (DOP) o una indicación geográfica protegida (IGP) o, incluso, una simple declaración que busca valorizar una zona de producción (por ejemplo, las denominaciones "Montaña" o "Producto de montaña"). Quien comercializa productos alimentarios puede tener un interés económico en hacer figurar en el embalaje tales declaraciones, sea porque estas son simplemente distintivas, sea porque garantizan una cierta calidad: Tal referencia puede servir para personalizar la producción y así tener un medio para identificar el producto en relación con los de sus competidores. Asimismo, la DOP italiana "*Prosciutto di Parma*" es al igual que otras denominaciones de origen protegidas en Europa, la garantía de alta calidad. El uso de una referencia geográfica también conlleva riesgo, en la medida en que sea propicia a inducir a los consumidores en error o a perjudicar a los productores. Ha sido de esta forma en los incontables litigios interpuestos por los productores del vino de Champaña (*Champagne*) en contra de todo aquel que comercializa productos que hacen mención a "*Champagne*" en su etiqueta.

Todas estas declaraciones tienen en común el uso de una referencia a la geografía, sin embargo, no todas son calificadas como "indicaciones geográficas" (IG) en términos jurídicos. Algunas solamente lo pretenden. En el derecho francés, por ejemplo, el Código de la Propiedad Intelectual clasifica en la categoría de las IG a las "*appellations d'origine*" -denominaciones de origen- (sometidas a un régimen de derecho nacional), las DOP, las IGP y algunas denominaciones utilizadas para los vinos y las bebidas espirituosas. Lo que excluye *a priori* a las indicaciones de procedencia, a las marcas comerciales que incorporan una referencia geográfica y a las declaraciones de tipo "producto de montaña" que buscan valorizar un origen. Este enfoque relativamente restrictivo coincide más o menos con el adoptado por la Organización Mundial del Comercio. El artículo 22 del Acuerdo sobre los Aspectos de los Derechos de Propiedad Intelectual relacionados con el Comercio (ADPIC) define las IG como "las que identifiquen un producto como originario del territorio de un Miembro o de una región o localidad de ese territorio, cuando determinada calidad, reputación, u otra característica del producto sea imputable fundamentalmente a su origen geográfico."

Por lo tanto, las IG son todas las declaraciones para las cuales la mención de un lugar evoca también una cierta calidad en el espíritu de los consumidores. La precisión requiere dos aclaraciones: En primer lugar, cuando la referencia geográfica sugería una calidad particular, pero ha dejado de sugerirla, queda fuera de la categoría de las IG. Se trata aquí del supuesto de las denominaciones genéricas que la Organización Mundial de la Propiedad Intelectual define como una indicación o nombre "que, si bien guarda relación con el lugar del que procede originalmente el producto, es idéntica al término habitual en lenguaje corriente que es el nombre común utilizado para dicho producto." Este es el caso del "Camembert", queso cuya notoriedad con el tiempo se volvió, de cierta forma, contra sus primeros productores (téngase en cuenta, sin embargo, que el "*Camembert de Normandie*" sí es una DOP). En segundo lugar, hay menciones que se encuentran en el límite de la definición, en una zona gris. Por ejemplo, las indicaciones de procedencia, en principio, sirven para informar a los consumidores y al Estado importador (en especial a sus autoridades aduaneras) sobre el origen de un producto. Por esta razón, no se les suele consideran como IG. Sin embargo, algunas indicaciones de procedencia son suficientes para intuir una cierta calidad, a pesar de la falta de precisión. Así, un jamón curado "fabricado en Italia" o etiquetado "Garantía de origen italiano" será considerado por los consumidores, con o sin razón, como superior a un jamón curado producido en Bélgica, debido a que Italia es un país mundialmente reconocido por este tipo de productos. Evidentemente, el reto es saber si el Derecho debe decidir, sobre la base de consideraciones subjetivas, si integra o no la indicación de procedencia como una IG. En este sentido, debe observarse que la cuestión sobre la necesidad de un estudio de opinión de la población de un Estado miembro de la Unión Europea, con el fin de comprobar su reacción ante un nombre en particular, fue planteada ante el Tribunal de Justicia (TJUE), por ejemplo, en una controversia relativa a la denominación "Bud"; finalmente, el juez europeo reenvió al derecho nacional para resolver la cuestión (*Budějovický Budvar*, 2009).

En relación con el régimen jurídico de las IG, el artículo 22.2 del Acuerdo ADPIC establece que las indicaciones geográficas otorgan una protección, por medio del derecho de los Estados miembros, contra "la utilización de cualquier medio que, en la designación o presentación del producto, indique o sugiera que el producto de que se trate proviene de una región geográfica distinta del verdadero lugar de origen, de modo que induzca al público a error en cuanto al origen geográfico del producto" y, en general, contra cualquier acto que constituya una competencia desleal. Además, en aras de la cooperación internacional, el texto insta a los miembros a no reconocer marcas comerciales que contengan una indicación geográfica y que, por ello, son "de naturaleza tal que induzca al público a error en cuanto al verdadero lugar de origen" y a la calidad del producto.

Bibliografía sugerida: ◆ LE GOFFIC, C. (2010), *La protection des indications géographiques, France – Union européenne – États-Unis*, Paris, INPI, éd. Litec.

JEAN-PHILIPPE BUGNICOURT

Véase también: - Denominación de Origen Protegida - Especialidad Tradicional Garantizada - Indicación Geográfica Protegida – Marca - Signo de calidad.

Indicación Geográfica Protegida

La Indicación Geográfica Protegida (IGP), al igual que la Denominación de Origen Protegida (DOP), la Agricultura Orgánica o la denominación de la "Especialidad Tradicional Garantizada" (ETG), fue concebida por la Unión Europa para promover y proteger la designación de los productos agroalimentarios. La IGP (así como la DOP) fue originalmente consagrada por el Reglamento nº 2081/92 de 14 de julio de 1992 y posteriormente regulada por el Reglamento nº 510/2006 de 29 de marzo de 2006. En la actualidad, se encuentra regida por el Reglamento N° 1151/2012, sobre los regímenes de calidad de los productos agrícolas y alimenticios.

La IGP es un signo de identificación de la calidad y del origen geográfico. Designa un producto agrícola o alimenticio como originario de un lugar específico y que presenta un elemento o una característica o cuya reputación puede ser esencialmente atribuida a una zona geográfica en donde se lleva a cabo al menos una de las etapas de la producción del producto (sea la producción, la elaboración y/o la transformación). Expresión de una "relación con el origen", la IGP se distingue de la DOP en la medida en que esta última consagra un verdadero "vínculo con el terruño", por cuanto el entorno geográfico donde se origina el producto agroalimentario es responsable de su calidad, de su estado general y es donde deben realizarse obligatoriamente las diferentes operaciones que van de la producción a la transformación.

La IGP es siempre una denominación geográfica que designa un lugar más o menos amplio; en casos excepcionales un país, pero más a menudo hace referencia a una región o localidad. Excluidos en su origen del sistema DOP-IGP, los vinos se integraron a él con ocasión de la reforma del mercado vitivinícola de la Unión Europea efectuada en 2008, y se beneficiaron con una definición de IGP adaptada a las particularidades de este producto.

Corresponde a los productores asociados definir un pliego de condiciones que precise el producto del que reclaman la protección. Después del análisis por parte de las autoridades nacionales (en Francia, l'*Institut national de l'origine et de la qualité*–INAO) y del criterio favorable de la Comisión de la Unión Europea, la denominación del producto se inscribe en un registro europeo. El término protegido está desde entonces reservado para quienes tienen este derecho, por encontrarse geográficamente situados en el lugar determinado y que cumplen con los requisitos previstos en el pliego de condiciones. La IGP garantiza una protección eficaz contra la falsificación y la competencia desleal; la acción originada por la competencia desleal conduce más bien a sancionar los comportamientos desleales que, sin constituir una verdadera falsificación de un derecho de propiedad intelectual, buscan beneficiarse de la notoriedad de la denominación registrada para tratar de vender productos sustancialmente diferentes.

Ejemplos de IGP francesas incluyen al "jamón de Bayona", a las "ostras de Marennes-Oléron" o las "fresas del Perigord"; en el resto de Europa, la "coppa di Parma" (Italia), el "jambon d'Ardenne" (Bélgica) o la "newmarket sausage" (Reino Unido).

Denis Rochard

Véase también: - Acuerdo ADPIC - Arreglo de Lisboa - Calidad de los productos – Certificación - Denominación de origen protegida - Indicación geográfica - Signos distintivos.

Industrias agroalimentarias

Véase: - Actividades agroalimentarias.

Información

Véase: - Malnutrición por exceso – Principio de Transparencia.

Injerencia

Véase: - Intervención.

Ingreso mínimo

Véase: - Derechos Fundamentales – Exclusión social.

Inocuidad

Véase: - Acuerdo SPS - Análisis del riesgo – Cadena de frío - Codex Alimentarius – Control – Higiene – Principio de Precaución – Riesgo – Riesgo biológico - Seguridad alimentaria – Seguridad de los productos.

Instrumentos financieros

De forma general, los instrumentos financieros son bienes particulares propios de las transacciones financieras y que nacieron históricamente de la práctica financiera, antes de ser regulados por el Derecho. De hecho, ni los especialistas de Derecho Financiero, ni los legisladores europeos o nacionales, los definen con precisión. Puede decirse, en términos simples, que se trata de una categoría transversal de bienes que reagrupa diversos "productos" financieros. Dentro de esta categoría, hay "títulos financieros" -bienes desmaterializados, negociados en los mercados financieros clásicos- (por ejemplo, acciones u obligaciones). Sin embargo, los instrumentos financieros incluyen también "contratos financieros", es decir, simples acuerdos que permiten a su beneficiario realizar tal o cual operación sobre un producto negociado en un mercado (por ejemplo, comprar acciones o mercancías) y que pueden circular por separado. En la jerga profesional, esos contratos financieros son a menudo llamados "derivados", por cuanto éstos son subyacentes al bien principal. Además, son calificados por la ley como "instrumentos financieros a plazo", ya que prevén una fecha diferida para la realización de la transacción.

Los instrumentos financieros sobre materias primas agrícolas son una forma particular de los contratos financieros. Se trata de "productos derivados" destinados, al menos inicialmente, a proteger a los compradores y vendedores de estas materias primas frente a las fluctuaciones de precios. La preocupación es legítima, por cuanto los precios de estos productos son naturalmente inestables, dependientes de los vaivenes de las cosechas, del clima, del transporte, del almacenamiento, etc. Los instrumentos financieros se desarrollaron a partir del siglo XIX, con la aparición de los primeros mercados a plazo de materias primas en los Estados Unidos y en Europa. Actualmente existen mercados a plazo de productos agrícolas casi en todo el mundo.

Los instrumentos que se negocian allí son, en concreto, contratos que permiten concluir una transacción para la compra o venta de productos agrícolas, pero cuya ejecución se difiere en el tiempo. Las variantes son numerosas (contratos a plazo, *options* -opciones-, *swaps* -permutas-...), pero todos estos instrumentos circulan independientemente de los productos agrícolas subyacentes. La mayoría de las transacciones se liquidan antes de su vencimiento, mediante una simple reventa del contrato o la realización de una transacción en sentido opuesto. Las entregas reales de mercancías son muy raras. Sin embargo, esto no es un efecto perverso. Al contrario, la especulación es inherente a estos instrumentos y parte de su finalidad. Cumplen, sobre todo, una función de seguro. Para neutralizar el riesgo de la subida o la caída de los precios, los agentes económicos del sector agroalimentario asumen una posición inversa en el mercado a plazo, a la que tienen en el mercado físico, lo que les permite compensar sus pérdidas. Llamamos a ésta una operación de "cobertura".

En principio, el desfase entre los precios en los mercados físicos y los mercados a plazo es bastante débil. Pero, precisamente, esta interdependencia de los precios incrementa la especulación en los mercados a plazo. Sucede así porque el mercado a plazo descansa sobre una anticipación del riesgo, que amplía las variaciones de los precios de los productos alimenticios. Cuando los precios están a la baja, el mercado a plazo contribuye a acentuar la caída y viceversa. Sin embargo, llevado al extremo, este sistema puede conducir a la insolvencia de los operadores y, por tanto, a un "krach", como el del azúcar en el año 1974 o el del trigo en 1932.

Actualmente, la especulación inherente a los instrumentos derivados de materias primas se acentúa por un movimiento de "financiarización" de los mercados a plazo, lo que implica un impacto negativo en los precios de los productos agrícolas y conduce a una voluntad política, cada vez más fuerte, a favor de la regulación.

Bibliografía sugerida: ◆ BOUSSARD, J.-M., DELORME, H. (dir.) (2007), *La régulation des marchés agricoles internationaux*, Paris, Ed. L'Harmattan; ◆ CARFANTAN, J.-Y. (2009), *Le choc alimentaire mondial, Paris*, Éd. Albin Michel; ◆ HOVASSE, H. (1987), *Le droit des marchés a terme de marchandises*, Paris, Ed. Economica.

IRINA PARACHKEVOVA Y
MARINA TELLER

Véase también: – Especulación - Materias primas agrícolas.

Insumos

Véase: - Agricultura orgánica - Pesticidas.

Intervención

En sentido amplio, la intervención se define como el conjunto de medios, medidas o acciones, coercitivas o no, mediante los cuales una persona (física o jurídica, pública o privada) interviene, sin derecho, título o autorización, en los casos contemplados en el ámbito de la competencia de otra persona y, por su intervención, la sustituye en todo o en parte. En un sentido más restringido, la intervención designa las medidas coercitivas adoptadas por un sujeto de Derecho Internacional (organización estatal o internacional) en relación con otro sujeto de Derecho Internacional.

Este concepto es antiguo, polémico y recurrente. Resurge cada vez que una población víctima de una catástrofe humanitaria es abandonada a su suerte. Se asienta sobre los cimientos morales de la indignación contra el mal, la rebelión contra la injusticia y la culpa por no actuar. Se basa en las fuentes de la "guerra justa" o "causa justa" examinada por San Agustín desde la antigüedad y, después, por Santo Tomás de Aquino en la Edad Media. Fue teorizada por los padres del Derecho Internacional Público, como Francisco de Vitoria y Hugo Grocio. De inspiración liberal, este concepto recuerda que los derechos y libertades de la persona humana deben superar cualquier otra consideración. Esta convicción inspirará la creación de la Cruz Roja a Henry Dunant, al conmoverse por la suerte de unos combatientes abandonados en su agonía en el campo de batalla de Solferino.

A principios de la década de 1980, rebelándose contra los acontecimientos que sacudieron Biafra (al sur de Nigeria) y con motivo de la reflexión y del compromiso de los médicos franceses, Bernard Kouchner y Mario Bettati, se proclama el derecho de intervención. Frente a una crisis, cualesquiera que sean los obstáculos políticos o diplomáticos, deben emplearse todos los medios necesarios para proporcionar asistencia a las víctimas. La simplicidad de este concepto cautivará rápidamente el interés entre las filas de la sociedad civil. La idea se extenderá en la opinión pública, cada vez más sensible ante las crises por la mediación y el uso de las nuevas tecnologías de la información y de la comunicación. Pero esta relativa popularidad del derecho de intervención se debilita al carecer de reconocimiento internacional dentro de la diplomacia de la ONU y de la doctrina del Derecho Internacional. El principio de la intervención, bajo la forma de un deber o de un derecho, continúa siendo muy controversial en razón de los riesgos de desviación hacia fines imperialistas o colonialistas como ha ocurrido.

Dos razones principales se oponen a su consagración por parte de un texto general. La primera es que la Carta de las Naciones Unidas estipula los principios de no intervención, la igualdad soberana y la integridad territorial de los Estados. Sin embargo, este argumento debe ser relativizado, por cuanto en la mayoría de situaciones de violaciones graves de los derechos humanos existen posibilidades de actuar. Muchas de las intervenciones humanitarias, armadas o no, se han llevado a cabo y pueden ser llevadas a cabo en el marco del respeto al Derecho Internacional. Esta comprobación invita entonces a interrogarse acerca de la necesidad de conferir una existencia y un contenido jurídicos al concepto de intervención. La segunda razón tiende a que el sistema de las Naciones Unidas se fundó para preservar la paz y con la intención, consecuentemente, de prevenir conflictos. Sin embargo, la intervención es intrínsecamente subversiva de las relaciones internacionales. ¿Es entonces una casualidad que la Asamblea General de las Naciones Unidas abandone gradualmente el concepto de intervención en favor de la Responsabilidad de Proteger (“R2P”)?

Pero el principal obstáculo para la intervención es la pasividad de los Estados, motivada en el egoísmo y en los intereses nacionales. A pesar de las consideraciones elementales de humanidad y de todas las razones para actuar, los gobiernos no siempre están dispuestos a sacrificar los esfuerzos inherentes a los compromisos (inversiones financieras, riesgo de pérdida de vidas humanas). La falta de acción de las Naciones Unidas y, en particular de los Estados Unidos y de Europa, frente a las hambrunas recurrentes en Somalia y en el Cuerno de África no es tampoco ajena a las memorias de las intervenciones fallidas. En todo caso, la inacción está a menudo menos vinculada a la falta de regulación, que a la falta de voluntad.

Bibliografía sugerida: ◆ BETTATI, M. (1996), *Le droit d'ingérence, mutation de l'ordre international*, Paris, éd. Odile Jacob; ◆ CORTEN, O., KLEIN, P. (1992), *Droit d'ingérence ou obligation de réaction*, Bruxelles, éd. Bruylant, éd. de l'Université de Bruxelles, collection de droit international; ◆ SOCIETE FRANÇAISE DE DROIT INTERNATIONAL (2008), *La responsabilité de protéger*, Paris, éd. Pedone.

OLIVIER RABAEY

Véase también: - Crisis alimentaria – Seguridad humana – Soberanía.

Intolerancia alimentaria

Véase: - Alergia alimentaria – Riesgos biológicos.

Invasión

Véase: - Menoscabos a la propiedad.

Invención

Los convenios internacionales sobre derechos de propiedad intelectual no definen el concepto de invención. Por ejemplo, el Acuerdo sobre los Aspectos de los Derechos de Propiedad Intelectual relacionados con el Comercio (Acuerdo ADPIC) se limita a establecer dos categorías de invención - de productos y de procesos (art. 27). Sin embargo, la Organización Mundial de la Propiedad Intelectual (OMPI) dio la siguiente definición de la invención: "Una nueva manera de hacer algo o una nueva solución técnica a un problema" (véase también el preámbulo de la primera Ley Francesa sobre las Patentes, en la que se hace referencia al concepto de *idea nueva*). La página web de la OMPI incluye también otra definición: "Una patente es un derecho exclusivo concedido a una invención, es decir, un producto o procedimiento que aporta, en general, una nueva manera de hacer algo o una nueva solución técnica a un problema".

El Derecho europeo no establece ninguna definición positiva de la invención. El artículo 52 del Convenio de Múnich sobre la concesión de patentes europeas (CPE) establece una lista no exhaustiva de elementos que no se consideran invenciones. Se trata de descubrimientos, teorías científicas y métodos matemáticos, creaciones estéticas, planes, reglas y métodos para el ejercicio de actividades intelectuales, para juegos o en el campo de las actividades económicas, así como de programas informáticos y presentaciones de información. Estos elementos se excluyen de la patentabilidad en la medida en que una solicitud de patente los considere como tales. Por lo tanto, descubrir un fenómeno natural (por ejemplo, fermentación) o encontrar una sustancia en la naturaleza (por ejemplo, un microorganismo) no son invenciones en el sentido del Derecho de patentes europeo, aunque sí son descubrimientos científicos. Sin embargo, las aplicaciones prácticas de un fenómeno natural o de un producto natural son invenciones: el uso práctico de una secuencia de ADN destinada a dotar a una planta de resistencia a un herbicida puede ser descrito como una invención. Del mismo modo, el uso práctico de un producto natural o de un fenómeno natural puede ser un paso dentro de un método de invención, tal como el uso de un microorganismo de fermentación para elaborar un producto. Antiguas patentes (francesas) lo ilustran, como aquellas de Merck o de Pasteur, que se refieren respectivamente a la producción de vitamina B12 o a la fabricación y conservación de la cerveza.

La jurisprudencia de la Oficina Europea de Patentes define tradicionalmente la invención como una solución técnica a un problema técnico. En efecto, el concepto de invención implica una contribución de orden técnico en relación con el estado de la técnica. En otras palabras, la noción de invención implica una creación práctica. La invención supone salir del campo de la ciencia pura, del campo teórico. Una contribución en el plano científico, por más importante que sea, no constituye una invención pues resulta necesario identificar una aplicación práctica de esta contribución para que pueda ser considerada una invención. Así, cuando Pasteur ofrece una explicación científica para la esterilización (la destrucción de la comida es causada por microorganismos de varios tipos, cuyo desarrollo puede ser controlado en muchos casos, mediante la acción del calor), no crea una invención. Sin embargo, cuando decenas de años atrás, Nicolás Appert utiliza el calor empíricamente para la fabricación de conservas, él sí crea una invención. De hecho, la apertización es una solución técnica a un problema técnico: un conjunto de diferentes etapas para conservar los alimentos, preservando sus propiedades naturales (encerrar en botellas o frascos las sustancias que se desea conservar; cerrar estos recipientes con muchísimo cuidado; someter estos envases al calor de "baño María"; retirar la botella del baño María al cabo del tiempo establecido). Del mismo modo, cuando Pasteur propuso el calentamiento del vino a 55° C para evitar su alteración, dio una solución técnica a un problema técnico (práctico). Un nuevo invento de proceso nació: la pasteurización.

Entre las legislaciones nacionales, cabe señalar que el Derecho japonés de patentes proporciona una definición positiva de la invención: se trata de una creación muy avanzada de ideas técnicas que utiliza una ley de la naturaleza (Ley nº 121 de 13 de abril 1959, varias veces modificada). Otros derechos, como el de la India o el de Rusia, proporcionan una lista de elementos que no constituyen inventos (Ley del 19 de septiembre de 1970, sobre las patentes -enmendada en 2005-; art. 1350, inciso 5 del cap. 72 del Código Civil de la Federación de Rusia). Entre esos elementos, el Derecho hindú menciona expresamente a los métodos de la agricultura y de la horticultura (art. 3 h). Por otra parte, el Derecho ruso, al igual que lo hace la jurisprudencia europea, emplea la noción de "solución técnica" para el invento susceptible de ser protegido por medio de una patente.

El Derecho de patentes de los Estados Unidos adoptó un enfoque inverso al del Derecho europeo: este menciona una lista de elementos que pueden constituir invenciones. El parágrafo 101 del Título 35 del Código de los Estados Unidos establece que quien invente o descubra cualquier procedimiento nuevo y útil, cualquier máquina, fabricación o composición de materias, o cualquier mejora nueva y útil, puede obtener una patente, bajo las condiciones y los requerimientos establecidos en ese título. En vista de esta disposición, "todo lo que ha sido hecho por el hombre bajo el sol" puede ser una invención (en palabras de un informe sobre la Ley de Patentes estadounidense: "*a person may have "invented" a machine or a manufacture which may include anything under the sun that is made by man but it is not necessarily patentable under section 101 unless the conditions of the title are fulfilled*"). Al igual que en el Derecho europeo, los descubrimientos y las teorías científicas no constituyen en sí mismas invenciones patentables. La Corte Suprema ha precisado que las leyes de la naturaleza, los fenómenos naturales y las ideas abstractas no son patentables. Estos elementos no son objeto de protección mediante una patente ya que son las herramientas básicas del trabajo científico y tecnológico; la monopolización de estas herramientas mediante la concesión de una patente podría sofocar la innovación, más que promoverla.

Esta jurisprudencia pone de manifiesto que la concesión de un derecho exclusivo de explotación de las invenciones, a través de una patente, es el resultado de una elección hecha por la sociedad para fomentar la investigación y promover el progreso tecnológico. En el Derecho estadounidense, esta elección se expresa en la Constitución (art. I, secc. 8), que autoriza al Congreso "*to promote the progress of science and useful arts by securing for limited times to authors and inventors the exclusive right to their respective writings and discoveries*". El hecho de que la Sociedad conceda o no un derecho exclusivo de explotación de las invenciones depende así de su "buena voluntad"; retomando las palabras de Jefferson: "*inventions then cannot, in nature be a subject of property. Society may give an exclusive right to the profits arising from them, as an encouragement to men to pursue ideas which may produce utility, but this may or may not be done, according to the will and convenience of society, without claim or complaint from anybody* ."

Por lo tanto, la invención se puede definir de manera positiva como una creación del hombre, inmaterial y técnica, que permite resolver un problema técnico. Sin embargo, el límite entre el producto natural no patentable y el producto que es el resultado de la intervención humana (y por lo tanto una invención patentable) tiende a desaparecer, por ejemplo, en el campo de las biotecnologías.

Bibliografía sugerida: • VIVANT, M. (dir.) (2003), *Protéger les inventions de demain, Biotechnologies, logiciels et méthodes d'affaires*, Paris, éd. La Documentation Française.

ARNAUD AUFFRAIS

Véase también: - Bioprospección – Biotecnologías – Obtención vegetal – Patente.

Inversiones internacionales

Las inversiones internacionales en materia de recursos naturales (la tierra, lo que esta contiene y lo que produce) se dirigen hacia las explotaciones agrícolas, forestales, petroleras o mineras. Ellas también pueden orientarse hacia la explotación de las capas freáticas y, en general, del agua. Estas inversiones son cada vez más frecuentes en los países en desarrollo y cada vez más cuestionadas por los efectos sociales negativos que pueden ocasionar. Estos efectos sociales se manifiestan claramente, en primer lugar, cuando el foco de inversión internacional se encuentra en grandes extensiones de tierra. Estas operaciones, denominadas "acaparamientos", suelen ir acompañadas de la expulsión de los campesinos que a partir de ese momento se encuentran sin tierra, o de una disminución de las tierras destinadas a la producción de alimentos a causa del desarrollo de los cultivos no alimentarios (producción de agrocombustibles...) y de las explotaciones del subsuelo, de la sobre explotación minera, acuífera y forestal, así como de los daños ambientales tanto del suelo como del subsuelo.

Además, el acaparamiento a gran escala de los recursos naturales desvía estos recursos hacia el país inversionista. De ello se desprende que los recursos naturales del país de acogida no se pueden asignar a las necesidades de su población. Este fenómeno afecta a más de 80 millones de hectáreas de tierras agrícolas, por lo esencial en los países del Sur, ahora bajo el control de los Estados, organizaciones o empresas extranjeras.

Tratándose de las tierras agrícolas, el marco general del Derecho Internacional de la inversión extranjera proviene de la Resolución 1803 (XVII) de la Asamblea General de las Naciones Unidas del 14 de diciembre de 1962. Este texto establece el principio fundamental de la soberanía de cada Estado sobre su territorio y sus recursos naturales. Debemos mencionar además, la Carta de Derechos y Deberes Económicos de los Estados, resultado de la Resolución 3281 del 12 de diciembre de 1974, que permite a estos regular la inversión extranjera, reglamentar las actividades de las sociedades transnacionales, nacionalizar, expropiar y transferir la propiedad de bienes extranjeros. En realidad, muchas resoluciones confirman este primer principio (Resoluciones 3201 y 3202 del 1 de mayo de 1974, relativas al establecimiento de un nuevo orden económico internacional; Resolución 3362 del 16 de septiembre de 1975; Resolución 34/150 de 17 de diciembre 1979; Resolución 41/128 de 4 de diciembre 1986...). Debemos agregar el Convenio sobre la Diversidad Biológica (Río, 1992) y, en particular, el Protocolo de Nagoya, aprobado el 29 de octubre de 2010. Este Protocolo establece la distribución justa y equitativa de los beneficios derivados de la utilización de los recursos genéticos: cuando un inversionista extranjero explota la tierra y los recursos genéticos del país anfitrión, el inversionista debería estar obligado a compartir con este último los beneficios obtenidos de la explotación de estos recursos. Pero esos textos todavía no tienen un efecto obligatorio.

La Declaración de las Naciones Unidas adoptada en Nueva York el 13 de septiembre de 2007, reconoce a los pueblos autóctonos el derecho a "definir y elaborar las prioridades y estrategias para el desarrollo o la utilización de sus tierras o territorios y otros recursos". Es por esto que: "Los Estados celebrarán consultar y cooperarán de buena fe con los pueblos indígenas interesados por conducto de sus propias instituciones representativas a fin de obtener su consentimiento libre e informado antes de aprobar cualquier proyecto que afecte a sus tierras o territorios y otros recursos, particularmente en relación con el desarrollo, la utilización o la explotación de recursos minerales, hídricos o de otro tipo".

Más allá de estos textos de carácter general, las inversiones internacionales - llamadas "inversiones directas en el extranjero o extranjeras" (IED) - están ahora en cerca de 3.000 tratados bilaterales. La mayoría de estos tratados no desposeen a los Estados signatarios de su soberanía en relación de los sectores en los cuales las inversiones pueden ser realizadas. Un Estado puede siempre restringir la inversión extranjera en los sectores que considere esenciales o sensibles como la banca, los seguros, la energía o la explotación de la tierra y los recursos naturales. En cuanto al fondo, los textos prevén en general que los inversionistas extranjeros reciban un trato justo y equitativo, lo que significa el mismo trato que a los nacionales, así como el beneficio del trato acordado a inversionistas que resulta de la aplicación del principio de la nación más favorecida, si este último resultara más ventajoso.

También conceden al inversionista el derecho a repatriar los beneficios. Prevén que el inversionista no será expropiado y que su empresa no será nacionalizada, sino es por causa de utilidad pública y mediante una compensación adecuada. Según la jurisprudencia arbitral del Centro Internacional de Arreglo de Diferencias Relativas a Inversiones (CIADI, vinculado a las Naciones Unidas), la indemnización corresponde al valor real de las inversiones lo que limita, más a menudo y drásticamente, la posibilidad de que un país en desarrollo tome la decisión de expropiar. No cabe duda de que sería justo también considerar el importe de la ganancia (y por lo tanto, los "retornos de la inversión") o la amortización ya obtenida por el inversionista expropiado. Sin embargo, los 3.000 tratados bilaterales tienen por objeto esencialmente, la protección de los inversionista extranjeros y sus bienes. Por lo general, no establecen compromisos ni imponen obligaciones que limiten la libertad de empresa del inversionista.

1

Una precisión se hace necesaria. Con la entrada en vigor del Tratado de Lisboa en 2009, la Unión Europea (UE) adquirió la competencia en cuestiones relacionadas con la política comercial común, en lugar de los Estados miembros. La UE ya ha hecho uso de esta competencia, al adoptar un texto europeo, el Reglamento nº 1219/2012 de 12 de diciembre de 2012, por el que se "establecen disposiciones transitorias sobre los acuerdos bilaterales de inversión entre Estados miembros y terceros países". Este Reglamento regula el destino de los tratados bilaterales firmados por los Estados miembros antes de 2009, así como aquellos concluidos entre 2009 y 2012. Se define con mayor precisión, "en qué términos y condiciones y según qué procedimientos los Estados miembros están autorizados a modificar o celebrar acuerdos bilaterales de inversión" (art. 1º). Por lo tanto, desde ahora será necesario una mirada cuidadosa a la legislación de la UE y no sólo a los tratados bilaterales de los cuales los Estados miembros son partes.

Uno de los acuerdos de la Organización Mundial del Comercio (OMC) también se refiere a las inversiones internacionales, en la fase de comercialización de una mercancía que un inversionista produce en el extranjero. Este acuerdo tiene un alcance general y se aplica a las mercancías procedentes de la actividad agrícola. Se trata del Acuerdo sobre las medidas en materia de inversiones relacionadas con el comercio (MIC). Bajo reserva de excepciones en beneficio de los países en desarrollo, se prohíben todas las medidas que tengan como objetivo limitar el derecho de utilización de los productos importados o que obligan a comprar una cantidad de productos de origen nacional o que limite el derecho a la exportación de bienes locales.

Aplicado a la tierra y a la agricultura, esto significa que el impacto económico de la inversión en la tierra no puede ser limitado por medidas nacionales que vinculan a la compra de semillas e insumos del país anfitrión o que limitan el derecho de importarlas o restringir el derecho a exportar la producción agrícola realizada por el inversionista (véase, en este sentido, el diferendo *Canadá– Administración de la Ley sobre el examen de la inversión extranjera*, resuelto en 1984 y, por ende, anterior al Acuerdo sobre las MIC) .

Considerando el poder de los efectos de las inversiones extranjeras a gran escala, especialmente en los países en desarrollo, diferentes instituciones han propuesto respetar principios que limitan ese poder y considerar el interés primordial del país de acogida. Así, los Principios de Ecuador fueron creados en 2003 por los principales bancos internacionales y el Banco Mundial para financiar proyectos por valor de al menos $10 millones ($50 millones en el origen). Estos principios conducen principalmente a categorizar los proyectos (Principio 1), clasificados de A a C por los bancos que los financian, según la importancia de sus impactos sociales y ambientales.

Cuando se clasifican como A o B (proyectos con impactos significativos), las inversiones previstas deben conducir a una evaluación de sus consecuencias y el inversionista cuyo proyecto es financiado debe proponer las medidas adecuadas para mitigar o gestionar esas consecuencias (Principio 2). Esta evaluación es realizada en función de criterios claramente definidos (Principio 3).

Cuando las inversiones internacionales son realizadas por fondos soberanos, los cuales no deben ser financiados por los bancos, no existen líneas directrices en cuanto a su impacto en el país de acogida. Los Principios de Santiago, desarrollados en 2008, tienen como objetivos: "i. contribuir a mantener la estabilidad del sistema financiero mundial, estable y la libre circulación del capital e inversiones; ii. cumplir con todos los requisitos normativos y de declaración de información en los países en los que invierten; iii) invertir en función de los criterios relacionados con la rentabilidad y el riesgo económico y financiero; iv) establecer una estructura de gobierno sólida y transparente que cuente con controles operativos adecuados, gestión del riesgo y rendición de cuentas".

En términos generales, también se puede hacer referencia a los 10 Principios Facultativos sobre el comportamiento corporativo, desarrollado por el *Global Compact* de las Naciones Unidas. Entre estos, el segundo principio establece la obligación de las empresas de asegurar que sus sociedades no sean cómplices de la violación de los Derechos Humanos.

También existen principios que apuntan específicamente a las inversiones internacionales en las tierras agrícolas de los países en desarrollo. Podemos citar, los Principios para la Inversión Agrícola Responsable (Principios "RAI"), desarrollado por la Organización de las Naciones Unidas para la Alimentación y la Agricultura (FAO), el Fondo Internacional de Desarrollo Agrícola (FIDA), la Conferencia de las Naciones Unidas Conferencia sobre Comercio y Desarrollo (UNCTAD) y el Banco Mundial. Estos principios enuncian que las inversiones no ponen en peligro la seguridad alimentaria, sino que más bien la fortalecen. Imponen la transparencia de las operaciones, la consulta y la participación de las poblaciones afectadas, la sostenibilidad social y ambiental. Sin embargo, estos principios son casi universalmente rechazados por las organizaciones no gubernamentales y la sociedad civil, en la medida que legitiman el fenómeno del acaparamiento de tierras que, por su propia existencia, compromete la seguridad alimentaria y el desarrollo de los países del Sur. También son criticados por el Relator Especial de la ONU sobre el Derecho a la Alimentación quien, por su parte, desarrolló diez principios que deben regir los contratos de inversión en tierras agrícolas.

Estos principios tienen por objetivo garantizar la transparencia de las negociaciones con la participación de las poblaciones afectadas, el consentimiento de las comunidades locales, la utilización de contrapartes de los contratos de inversión de una manera que beneficie a la población local, la prioridad dada a las producciones creadoras de puestos de trabajo, la adopción formas de explotación respetuosas del medio ambiente, la afectación de una parte de la producción para el abastecimiento de las poblaciones locales, etc.

Por su parte, el Comité de Seguridad Alimentaria Mundial de la FAO (CSA) desarrolló en 2011 las Directrices voluntarias sobre la gobernanza responsable de la tenencia de la tierra, la pesca y los bosques en el contexto de la seguridad alimentaria nacional. Entre estas, algunas recomendaciones se dirigen a los Gobiernos de los países receptores de la inversión extranjera. Estas directrices tienen como objetivo: organizar en cada país un debate público que involucre a las poblaciones pobres, sobre las alternativas de uso de las tierras y el desarrollo de la agricultura; subordinar la inversión extranjera en las tierras agrícolas y en los recursos naturales a un consentimiento previo, libre e informado, por parte de los ciudadanos involucrados, con el fin de privilegiar el reconocimiento de los derechos a la tierra de los pequeños agricultores y de los pueblos autóctonos, con un énfasis particular sobre la situación y los derechos de las mujeres; dar la prioridad a las inversiones en el sector de las pequeñas explotaciones y de los sistemas alimentarios de sustitución.

Cuando se están realizando inversiones a gran escala, el CSA recomienda que los Gobiernos y las comunidades locales puedan ser aconsejados por el Servicio de Tenencia de la Tierra de la FAO. Otras recomendaciones se dirigen a los inversionistas y a sus Gobiernos a fin de que los primeros asuman la responsabilidad legal de respetar los Derechos Humanos en los países de acogida y que los países de origen de las inversiones adopten una legislación obligando a sus empresas a respetar tales derechos en el país anfitrión.

Pero todos estos principios y recomendaciones siguen siendo facultativos. No pueden ser obligatorios si no se reflejan en los mismos términos del contrato de inversión. De hecho, las inversiones en tierras agrícolas están condicionadas por la celebración de contratos estándar (venta, alquiler, préstamo, contrato de integración...). En concreto, se realizan a través de contratos que dejan a los inversionistas una mayor libertad de inversión, producción y gestión de la explotación. Prácticamente siempre son acordados de manera oscura, debido en parte a que estos contratos no implican compromisos fuertes de los inversionistas. De lo contrario, no habría ninguna razón para no hacerlos públicos. Pero, ¿cómo saber si un contrato de inversión es satisfactorio?

Debe evaluarse en función de criterios tales como el empleo de los agricultores locales (en lugar de una mano de obra importada por el acaparador), la producción de bienes útiles para la alimentación de las poblaciones (en lugar de biocombustibles o de materias primas para el destino no alimentario), la comercialización de los productos alimenticios en el Estado en el que se producen (y no para la exportación), el uso de métodos de cultivo que protejan el ambiente (en lugar de los métodos que pueden agotar la tierra al final de un contrato cuya duración es muy larga), la determinación de las inversiones realizadas con garantías financieras para el respeto de los compromisos (por ejemplo, bonos o garantías bancarias en primer grado), las contrapartes económicas y financieras específicas debidamente establecidas en el propio contrato y que sean significativas para el país anfitrión, la prohibición de ceder el contrato o subarrendar la tierra sin el consentimiento del Estado soberano y sin la garantía de que se asumirán los compromisos por parte del nuevo operador...

Bibliografía sugerida: ♦ COLLART DUTILLEUL, F. (2012), La problématique juridique des investissements dans les terres agricoles des pays en développement, in *La promotion de l'investissement pour la production agricole : aspects de droit privé*, Uniform Law Review/ Revue de droit uniforme, n°s 1-2.

FRANÇOIS COLLART DUTILLEUL

Véase también: - Acaparamiento de tierras - Acuerdo General sobre el Comercio de Servicios - Aguas Argentinas - Desarrollo sostenible – Latifundio - Orden público – Pueblos autóctonos.

Irán

Véase: – Reforma agraria.

Islam

Véase: - Ayuno - Prohibiciones alimentarias.

J

Judaismo

Véase: - Prohibiciones alimentarias.

Justiciable

Véase: - Carácter justiciable de los derechos fundamentales.

K

Kosher

Véase: - Prohibiciones alimentarias.

L

Label Rouge

Véase: – Certificación – Signo de calidad.

Latifundio

Un latifundio es una extensión de tierra rural significativa o considerable - en el sentido de que supera la extensión promedio de las propiedades-, que pertenece a una sola persona. Se desarrolló históricamente en la época romana, a partir del siglo II antes de Cristo. Estas grandes fincas, que eran constituidas por los romanos ricos a partir de las tierras conquistadas, eran explotadas con ayuda de esclavos. Se practicaba la agricultura extensiva (vino, aceite) cuya rentabilidad se debía principalmente al bajo costo de producción. Existían principalmente en Italia, Sicilia y África. Por extensión, los latifundios son grandes explotaciones, a menudo de varios miles de hectáreas, constituidos en detrimento de los pequeños campesinos y son foco de gran parte de las revueltas agrarias. Se encuentran sobre todo en América Latina (haciendas en Argentina, *fazendas* en Brasil) que operan sobre todo con una perspectiva exportadora y que, desde la época colonial en la que se desarrollaron, han ido dando paso a las inversiones extranjeras. Al igual que en la época romana, estas explotaciones demuestran la desigualdad que caracteriza el acceso a la tierra en los países en los cuales se desarrollan.

Los latifundios han dado lugar tradicionalmente a diversas problemáticas cruciales. La concentración de la propiedad privada en pocas manos, lo que conlleva no sólo un problema legal sino fundamentalmente social, político y económico de distribución de recursos. La sub-explotación que solía acompañar a los latifundios; en efecto, siendo propiedades "rurales", su efectiva explotación agrícola o pecuaria es connatural a su función social, por lo que la cuestión central aquí es la "reforma agraria" y la creación de incentivos económicos u obligaciones legales que conlleven a mejorar los niveles de explotación del suelo.

A estos problemas que podríamos denominar clásicos hoy se suma uno nuevo. Desde la década de los 2000, se observa una nueva forma de desarrollo de latifundios, principalmente por intervención de sociedades o de Estados extranjeros que invierten masivamente en la tierra agrícola de los países en desarrollo. Estas inversiones se realizan sobre enormes superficies, mediante la adquisición a precios muy bajos, de concesiones o arrendamientos de muy larga duración, en general pagando un alquiler muy bajo y con condiciones fiscales muy atractivas. Este fenómeno, cada vez mas importante, ha sido llamado una "inversión" o un "acaparamiento de tierras".

Cuando se produce por un acaparamiento de tierras, el latifundio es observado con preocupación por parte de Gobiernos y diversos movimientos que luchan por diferentes causas – asociaciones de pequeños productores, movimientos por la reforma agraria, etc.-. A diferencia de los latifundios clásicos, estos nuevos latifundios, lejos de subexplotar el suelo, lo explotan de manera máxima y homogeneizante. En el caso de los latifundios cerealeros que tienen como fin la producción alimentaria o de energía (agrocombustibles), generan como efecto directo la pérdida de la diversidad biológica agrícola. También, la utilización por los latifundistas de sustancias químicas o de cultivos transgénicos, que prometen una mayor productividad, contribuye a marginalizar las explotaciones agrícolas o pecuarias regionales o locales que cuentan con mercados menos favorecidos y que usan prácticas agropecuarias alternativas (biológica, ecológica u orgánica).

Un segundo problema asociado a los nuevos latifundios es el de la distribución de la tierra explotable agropecuariamente. En efecto, la concentración de la tierra rural susceptible de ser objeto de actividad agraria es focalizado como un objetivo de los procesos de los movimientos sociales que luchan por la "reforma agraria". Estos buscan redistribuir la propiedad de la tierra en manos de quienes no tienen acceso a la misma como, verbigracia, es el caso del Movimiento de los Trabajadores Rurales sin Tierra (MST) en Brasil que constituye uno de los movimientos sociales más importantes y organizados en América Latina. En otras palabras, la constitución de estos nuevos latifundios va en sentido inverso de la reforma agraria que pretende colocar la propiedad de la tierra rural en manos de los trabajadores rurales. La eliminación del latifundio ha sido la finalidad, por ejemplo, de la normativa dictada en Venezuela en el año 2001, la Ley de Tierras y Desarrollo Rural, que lo explicita como objetivo en su artículo 1°, seguido lo cual estructura un régimen de afectación de uso y redistribución de las tierras.

Los latifundios constituidos con fines de conservación de la naturaleza son muchas veces objeto de sospecha, pues se encuentran situados en territorios estratégicos desde el punto de vista de los recursos naturales que albergan – agua potable, biodiversidad, etc.- y entran en conflicto con las producciones locales, dado que los fines conservacionistas son incompatibles con el uso agropecuario de esas tierras.

Más allá de su aparente diversidad, existen problemas más o menos comunes a los diferentes tipos de nuevos latifundios. Estos constituyen un factor de disgregación del tejido social rural ya que la compra de los campos o su arrendamiento por parte de los latifundistas afecta a los pequeños propietarios de tierra, a las pequeñas poblaciones rurales, al campesinado que aún habita en el campo, pues incentiva la migración interna desde el campo a la ciudad con la consiguiente pérdida de diversidad cultural. También, existe conflictividad entre los latifundios y los pueblos indígenas, dado que en diversas ocasiones la constitución de los latifundios terminan por abarcar el territorio que detentan o reivindican pueblos indígenas.

En relación con el problema específico del acaparamiento de tierras, se critica la "extranjerización de la tierra" y se reconocen las implicaciones desde la perspectiva estratégica y de la seguridad nacional. Frente a la extranjerización de la tierra algunos países han reaccionado mediante el dictado de leyes que limitan las inversiones extranjeras en tierras rurales. Esto ha sucedido, verbigracia, en Argentina a través de la Ley nº 26.737/2011 que conforma el Régimen de Protección al Dominio Nacional sobre la Propiedad, Posesión o Tenencia de las Tierras Rurales; mediante la reinterpretación de la Ley N°5709/1971 llevada a cabo en Brasil. A ello se suma la proliferación de debates parlamentarios sobre este problema en otros países latinoamericanos como Uruguay, Colombia, Ecuador).

Bibliografía sugerida: ◆ CENTRE NATIONAL DE LA RECHERCHE SCIENTIFIQUE (1995), *Du latifundium au latifondo : un héritage de Rome, une création médiévale ou moderne ?*, Actes de la table ronde internationale du CNRS organisée à l'Université Michel de Montaigne (Bordeaux III), Paris, De Boccard; ◆ ESTEVAM, D. (2009), Mouvement des sans-terre du Brésil : une histoire séculaire de la lutte pour la terre, *Mouvements*, n° 60, p. 37 (consultable en línea); ◆ INTERNATIONAL ENCYCLOPEDIA OF THE SOCIAL SCIENCES (2008), "Latifundia", *Encyclopedia.com* (consultado el 8 de junio de 2013).

MARÍA VALERIA BERROS,
FRANÇOIS COLLART DUTILLEUL Y
GONZALO SOZZO

Véase también: - Brasil - Inversiones internacionales.

Lavado

Véase: - Adición de sustancias.

Ley Modelo Africana

Véase: - Derechos de los campesinos.

Leyes sobre los granos

Véase: - Corn Laws.

Libre comercio

Véase: - Derechos aduaneros y barreras no arancelarias - Proteccionismo y libre comercio.

Licencia

La licencia es un contrato por el cual el titular de un derecho de propiedad intelectual (derechos de autor, patentes, marcas...) autoriza a su contratante a explotar este derecho. La libertad de contratación permite que los socios consideren un gran número de figuras diferentes en cuanto a la duración, al alcance de los derechos concedidos por la licencia, al carácter exclusivo o no de la explotación que gozara el licenciatario, quien debe, a su vez, pagar regalías a quien otorga la licencia.

Situada en el corazón mismo de la propiedad intelectual, al constituir el medio por el cual el titular de los derechos obtiene un beneficio económico de su posición, la licencia se encuentra también en la encrucijada de numerosos caminos empedrados de preocupaciones de orden público. En este sentido, la licencia no es sólo una operación tradicional donde se realiza un intercambio económico entre dos socios, es también el medio de difusión de obras o de invenciones a las que el público puede aspirar. Por ello, este poder de conceder licencias es también, correlativamente, el poder que se origina en la naturaleza exclusiva de los derechos de propiedad intelectual y en la libertad contractual, de rechazar tales explotaciones contractuales. Puede temerse allí un ejercicio del derecho de propiedad intelectual poco compatible con las expectativas sociales, cuando la negativa a conceder licencias se combina con una falta de explotación por parte del propio titular de los derechos. Imagínese el caso de una patente otorgada a una invención médica que el titular no desea ni explotar a título propio, ni dar la explotación en licencia. La imposibilidad, jurídicamente organizada, para los enfermos de acceder a estas nuevas soluciones terapéuticas sería socialmente insoportable en tales circunstancias.

El derecho de la propiedad intelectual y, particularmente el derecho de las patentes, funda en el mecanismo de la licencia la esperanza de una flexibilización del monopolio, cuando el efecto de la regla jurídica corre peligro de producir un desorden económico o social inaceptable. Así, el titular de los derechos, en virtud de una licencia que se le impone, ve sus prerrogativas privadas de su carácter exclusivo y transformadas en un simple derecho a la remuneración.

Estos mecanismos correctivos han sido establecidos en la mayoría de las legislaciones nacionales y figuran en diversos instrumentos internacionales (por ejemplo, art. 5 *bis* del Convenio de París para la Protección de la Propiedad Industrial; art. 46 del anexo 1 sobre las patentes de invención del Acuerdo de Bangui por el que se establece una Organización africana de la propiedad intelectual; art. 31 del Acuerdo ADPIC...).

Sin embargo, estas licencias siguen siendo excepcionales, como lo demuestra el escaso número de hipótesis previstas por la ley, así como las condiciones estrictas de otorgamiento y explotación de estos contratos por ella definidas.

El derecho francés ofrece varias aplicaciones. Una patente otorgada para los medicamentos veterinarios pueden colocarse bajo una licencia obligatoria, cuando la economía de la ganadería lo exija (art. L. 5141-13 del *Code de la santé publique*). Esto se aplica también cuando una variedad vegetal es indispensable para salvaguardar la vida humana o animal o cuando ésta sea de interés para la salud pública (art. L. 623-17 del *Code de la propriété intellectuelle*) o, incluso, de manera general, para *satisfacer las necesidades de la economía nacional* (art. L. 613-18 del mismo código). Además, en el marco de la normativa de la UE, el Reglamento *sobre la concesión de licencias obligatorias sobre patentes relativas a la fabricación de productos farmacéuticos destinados a la exportación a países con problemas de salud pública*, de 17 de mayo de 2006, permite la exportación de medicamentos con precios diferenciados, a los países pobres que no tienen los medios para producirlos. También puede mencionarse el supuesto, en el derecho francés, de las licencias judiciales impuestas por falta de explotación de una invención patentada o por razón de dependencia.

Constituye otra aplicación el dispositivo legal previsto en el Código de la Propiedad Intelectual francés, que reconoce a los agricultores el derecho de utilizar en su propia explotación, sin la autorización del obtentor, para fines de reproducción o multiplicación, el producto de la cosecha que han obtenido por el cultivo de una variedad protegida (art. L623-24-1). El ejercicio de este derecho está sujeto al pago de una indemnización al titular de la obtención vegetal, salvo cuando se trate de pequeños agricultores que están exentos del pago de esa contraprestación.

Bibliografía sugerida: • BOIZARD, M. (2005), Licence de dépendance entre brevet et certificat d'obtention végétale: le point d'équilibre ?, *Propriété industrielle*, Etude n° 24; • CLAVIER, J.-P. (2011), Les dérogations au monopole en Droit des brevets, *in* F. COLLART DUTILLEUL et R. GONZÁLEZ BALLAR (Dirs.), *Aspectos jurídicos de la valorización de los productos alimentarios*, Actas del coloquio internacional realizado en San José, Costa Rica, 28 et 30 de noviembre de 2010, Siedin-UCR, p. 97. Publicación consultable en los sitios web del Programa Lascaux (www.droit-aliments-terre.eu) y del Instituto de Investigaciones Jurídicas de la Universidad de Costa Rica (www.iij.ucr.ac.cr).

JEAN-PIERRE CLAVIER

Véase también: - Marca – Obtención vegetal – Patente.

M

Malnutrición

Véase: - Consumo - Malnutrición por exceso.

Malnutrición por exceso

A nivel mundial, la malnutrición por exceso concierne a más de mil millones de personas cuyo consumo de calorías es superior a sus necesidades. Este fenómeno representa uno de los principales factores de riesgo de enfermedades no transmisibles (ENT) y es responsable de aproximadamente 2,8 millones de muertes anuales en todo el mundo. Sin embargo, el desarrollo de estrategias de prevención para hacer frente a la creciente incidencia de las ENT y, en particular, a los problemas de sobrepeso y obesidad enfrenta a los decisores políticos a varios retos.

La primera fuente de dificultad surge del hecho de que la malnutrición por exceso es un fenómeno relativamente reciente. Muchas políticas están todavía en sus balbuceos. De esta forma, algunos países han introducido impuestos sobre los productos alimenticios con el fin de mejorar el estado de salud de la población mediante el cambio de los hábitos alimentarios, al mismo tiempo que se generan ingresos públicos significativos. En la actualidad, todavía es difícil predecir cómo responderán los consumidores a los aumentos de precio derivados de la alza de impuestos sobre los alimentos ricos en azúcar o grasa. En particular, no puede excluirse la posibilidad de que algunos consumidores reemplazarán productos gravados por alimentos igualmente malos para su salud. Los impuestos sobre los productos alimenticios deben ser desarrollados de forma que se incluyan todos los posibles productos sustitutivos. Las autoridades públicas deben evaluar periódica y sistemáticamente la eficacia de las políticas que aplican y, también, revisar tales políticas en la medida que los datos fácticos se vuelven más claros.

Asimismo, las políticas nutricionales sólo pueden ser eficaces si se basan en un enfoque multisectorial, que refleje la multiplicidad de las causas fundamentales de la malnutrición por exceso. En efecto, las condiciones de vida de las personas, así como la pobreza, la desigual distribución de la riqueza, la falta de educación, los determinantes sociales, políticos, comportamentales, ambientales de la salud, así como aquellos relacionados con el género, son todos factores que contribuyen a la prevalencia de sobrepeso y obesidad. Por lo tanto, la lucha contra la malnutrición por exceso requiere la integración de políticas que abarquen el conjunto de ámbitos tales como la salud, la alimentación, los consumidores, los medios de comunicación, la agricultura, el comercio, la competencia, las políticas fiscales, la educación, la juventud, la igualdad y la exclusión social: todos tienen un papel que desempeñar en la reversión de las tendencias actuales. Le concierne al sector de la salud la difícil tarea de coordinar las acciones requeridas de la parte de todos los actores relacionados, en cada etapa del proceso de elaboración de políticas.

Además, la malnutrición por exceso se ha convertido en un problema a escala mundial, que requiere una respuesta articulada en varios niveles. La globalización de los mercados de alimentos ha producido, en particular, un cambio en la dieta, la alimentación rica en glúcidos complejos y en fibras ha sido abandonada en favor de una alimentación que contiene una mayor proporción de grasas y azúcares. Además, el aumento de la inversión extranjera directa en la industria de transformación, así como el desarrollo de los supermercados han permitido que los alimentos transformados sean más accesibles para un mayor número de consumidores en todo el mundo. Como los mercados de alimentos están cada vez más integrados a la escala global, las respuestas políticas a la malnutrición por exceso no pueden quedar confinadas dentro de las fronteras nacionales. Las organizaciones internacionales, y en particular la Organización Mundial de la Salud (OMS), tienen un papel clave que desempeñar en la obtención de pruebas, en la difusión de las buenas prácticas y en la determinación de la agenda a nivel local, regional, nacional y global.

Por último, el enfoque multisectorial y multinivel, necesario para revertir las tendencias de sobrepeso y obesidad, conlleva la participación de muchos intervinientes en el proceso de elaboración de las políticas. Estos incluyen a los actores locales, como las escuelas y las organizaciones comunitarias, pero también actores privados de envergadura mundial, tales como la industria alimentaria o los representantes de la Sociedad Civil. Por lo tanto, los méritos y el diseño de las intervenciones reglamentarias destinadas a promover una alimentación más saludable son a menudo refutados con ímpetu y los intervinientes tienden a estar muy divididos sobre el tema.

Mientras que las distintas partes interesadas están en general de acuerdo en que el suministro de información nutricional suficiente, clara y fiable es una parte integrante de las políticas de prevención del sobrepeso y de la obesidad, sus opiniones difieren a menudo sobre lo que se entiende por "suficientes, claras y fiables". El tiempo que tardó la Unión Europea en adoptar el Reglamento nº 1924/2006, relativo a las declaraciones nutricionales y de propiedades saludables en los alimentos y el Reglamento nº 1169/2011, sobre la información alimentaria facilitada al consumidor, es particularmente revelador de las dificultades que surgieron en el contexto de la normativa sobre información al consumidor. Los debates posteriores han planteado preguntas más fundamentales sobre el papel que las medidas informativas pueden tener para remediar el problema de la malnutrición por exceso. El paradigma de que la información del consumidor le “da los medios” para tomar decisiones más saludables ha sido cuestionado a la luz de un organismo de investigación del comportamiento que afirmó que los consumidores no siempre utilizan estas informaciones para mejorar su alimentación. Más allá de la regulación de la información, es de vital importancia mejorar el entorno en el que se toman las decisiones alimentarias.

La regulación del marketing alimentario destinado a los niños ha sido siempre objeto de controversias especialmente animadas. Durante años, las asociaciones de consumidores y de salud pública han llamado la atención sobre el hecho de que la exposición de los niños al marketing alimentario de la “comida chatarra” tiene repercusiones negativas en su salud y han solicitado así su estricta regulación. Por el contrario, los opositores a esta regulación argumentan que cualquier restricción del marketing alimentario destinado a los niños es violatoria del derecho fundamental de los operadores del sector alimentario a promover sus productos, sus servicios de alimentación y sus marcas. Una evaluación de la proporcionalidad basada en la evidencia y que cuente con una fuerte voluntad política podría ayudar a conciliar estos puntos de vista aparentemente inconciliables. Si bien el derecho a la libertad de expresión está protegido, este no es absoluto: las autoridades públicas pueden restringir la libertad de expresión comercial por razones de salud pública, siempre y cuando sean capaces de justificar que esta limitación es proporcional, dicho en otros términos, la restricción no sólo debe ser legítima, sino que no debe ser más restrictiva de lo necesario para responder a las preocupaciones sobre la obesidad infantil.

A la luz de la evidencia actual, que establece que el marketing alimentario influye de modo negativo las escogencias, las preferencias, el consumo y el comportamiento de los niños, los operadores industriales ya no pueden pretender que las prácticas comerciales no juegan ningún papel en la malnutrición por exceso. Por ello, han adoptado una serie de medidas de autoregulación para limitar la comercialización de alimentos poco saludables dirigida a los niños. Sin embargo, este enfoque se enfrenta a dos retos principales. En primer lugar, las medidas adoptadas por los operadores industriales tienen lagunas importantes que las hacen en gran medida ineficaces. En segundo lugar, y más trascendental, los conflictos de intereses son inevitables, la principal motivación para los operadores del sector alimentario es aumentar sus ganancias, a la vez que optimizan la venta de sus alimentos y servicios de alimentación. Ellos no actúan en el mejor interés del niño y lo único que los anima a limitar el marketing alimentario destinado a los niños es el temor de una intervención legislativa más rigurosa. Esto no es suficiente para justificar que las responsabilidades en materia de protección de la salud pública sean transferidas del dominio público al privado. Las autoridades públicas tienen que revisar las pruebas existentes y desarrollar políticas eficaces que limiten el impacto del marketing alimentario de la "comida chatarra" sobre los niños y que sean conformes con el conjunto de recomendaciones de la OMS sobre la *promoción de alimentos y bebidas no alcohólicas dirigida a los niños*, que fue aprobado por unanimidad por la Asamblea Mundial de la Salud, mediante la Resolución WHA63.14. No hay ninguna razón que justifique que se siga autorizando la promoción de alimentos que se sabe tienen efectos adversos para la salud. Esto cobra aún más importancia cuando se aprecia que los presupuestos públicos dirigidos a la educación nutricional no pueden igualar los presupuestos que asignan los operadores del sector alimentario para la promoción de alimentos poco saludables dirigida a los niños. Si nos ocupamos de forma eficaz del problema de la malnutrición por exceso, la retórica de los Derechos Humanos debería alejarse del enfoque limitado de la industria sobre el derecho a la libertad de expresión, para centrarse en el derecho a una alimentación (nutritiva).

Como afirma Olivier de Schutter, Relator Especial de la ONU sobre el Derecho a la Alimentación: "es simplemente inaceptable que, aun sabiendo que hay vidas en juego, no podamos ir más allá de las medidas promocionales blandas que finalmente recaen sobre los hombros de los consumidores sin prestar atención al eslabón del suministro dentro de la cadena alimentaria." Esto no quiere decir que la ley es una panacea; esta no puede, por sí misma, cambiar los estilos de vida. Sin embargo, esta puede ser una herramienta poderosa para influir en el entorno en el que vivimos con el fin de promover opciones más saludables y, con ello, promover cambios en el estilo de vida.

Bibliografía sugerida: • FRIANT-PERROT, M., GARDE, A. (2011), La publicité alimentaire et la lutte contre l'obésité infantile en droit français et en droit anglais, *Petites affiches*, n° spécial, n° 199, p. 27; • GARDE, A. (2010), *EU Law and Obesity Prevention*, Kluwer; • DE SCHUTTER, O. (2011), *El derecho a una alimentación adecuada: el nexo entre agricultura, alimentación y salud*. Informe del Relator Especial sobre el derecho a la alimentación presentado al Consejo de Derechos Humanos, A/HRC/19/59 (consultable en línea); • SASSI, F. (2010), *Obesity and the Economics of Prevention – Fit not Fat*, Rapport OCDE, éd. Edward Elgar.

AMANDINE GARDE

Véase también: – Consumo – Principio de transparencia.

Mar

Véase: - Acuicultura – Patrimonio común de la Humanidad.

Marca

La marca es un signo que permite identificar un producto o servicio y que lo distingue de los ofrecidos por los competidores. Este signo puede consistir en palabras, logos, formas... Se protege por medio de un derecho de propiedad intelectual si se registra en una oficina nacional (en Francia, es el Instituto Nacional de la Propiedad Industrial –INPI-) o regional (para la Unión Europea y la marca comunitaria, es la Oficina de Armonización del Mercado Interior –OAMI-). El titular es el único que puede utilizar la marca dentro del territorio pertinente para designar los productos o servicios identificados en el momento del registro. Esta exclusividad se le concede por un período de 10 años, indefinidamente renovable.

El derecho de marcas da la posibilidad a un operador de reservarse el uso de un signo. Pero también es posible presentar una marca colectiva. En este caso, el solicitante deberá definir un reglamento para el uso de su marca y cualquier persona que respete este reglamento puede, por ejemplo, poner la marca en sus productos. Una marca colectiva puede incluso garantizar ciertas calidades o características del producto. Entonces, se le llama marca de certificación.

El recurso a tales marcas es particularmente importante en el sector alimentario. En primer lugar, estas marcas pueden, en algunos casos, utilizarse para proteger signos de calidad. En este sentido, la agricultura orgánica es uno de los signos oficiales de identificación de la calidad y del origen sometido al Reglamento nº 834/2007 de 28 de junio de 2007. Sin embargo, el Ministerio de Agricultura francés también ha registrado una marca colectiva de certificación « *Agriculture biologique* » -"Agricultura orgánica"-, para permitir la identificación de productos alimentarios de origen agrícola que cumplan con los requisitos exigidos por la normativa que rige a los productos orgánicos. La Unión Europea también ha adoptado un logotipo protegido para la agricultura orgánica (Reglamento nº 271/2010 de 24 de marzo de 2010). Por lo tanto, la marca colectiva de certificación y el signo de calidad coexisten.

En segundo lugar, estas marcas de certificación también se utilizan en algunos países, sobre todo en Estados Unidos, para proteger las indicaciones geográficas. En Europa, por el contrario, se decidió adoptar una reglamentación específica que permite imponer a los productores un pliego de condiciones vinculante, cuyo respeto es asegurado por un organismo independiente. Esta diferencia de enfoque puede parecer anecdótica pues, en ambos casos -marca de certificación o régimen de indicaciones geográficas- se busca garantizar la calidad de un producto. La diferencia se centra entonces en el origen de esta garantía. La marca garantiza la calidad del producto tal como ha sido definida por el registrante, mientras que el respeto del pliego de condiciones aplicables a las indicaciones geográficas es impuesto por la ley y controlado por un organismo independiente.

Bibliografía sugerida: ◆ BERNAULT, C., COLLART DUTILLEUL, C. (2011), Articulation du droit national, communautaire et international des signes de qualité: l'approche européenne, in *Aspects juridiques de la valorisation des denrées alimentaires*, bajo la dirección de F. COLLART DUTILLEUL et R. GONZÁLEZ BALLAR, Actes du colloque international de San José, Costa Rica (28-29 novembre 2010), p. 13, Publicación consultable en los sitios web del Programa Lascaux (www.droit-aliments-terre.eu) y del Instituto de Investigaciones Jurídicas de la Universidad de Costa Rica (www.iij.ucr.ac.cr).; ◆ LE GOFFIC, C. (2011), *La protection des indications géographiques – France, Union européenne, États-Unis*, Paris-, éd. Litec.

CARINE BERNAULT

Véase también: - Acuerdo ADPIC - Agricultura orgánica - Indicación geográfica – Licencia - Signos de calidad - Signos distintivos.

Marca colectiva

Véase: - Marca - Signos distintivos.

Marca de certificación

Véase: - Certificación – Marca - Signos distintivos.

Margen hacia atrás

No existe una definición legal de "márgenes hacia atrás" (*marge arrière*) a pesar de su importancia central en la relación comercial proveedor-distribuidor y en la formación de los precios.

Los márgenes hacia atrás son sumas de dinero pagadas por el proveedor al distribuidor, por lo general al final del año. También se conoce como "retro-facturación" o "retro-comisión". Estas sumas de dinero otorgadas por el proveedor (productor, industrial...) al distribuidor (a menudo, una central de compras), adoptan la forma de descuentos expresados en porcentaje del precio de venta original del producto y/o de facturación de beneficios correspondientes a los servicios de cooperación comercial "destinados a promover la relación comercial" (según la fórmula del art. L 441-7-2 del Código de Comercio francés). Puede tratarse, por ejemplo, de destacar los productos en los estantes de los supermercados o en los catálogos promocionales.

En el derecho francés, estas sumas facturadas por el distribuidor o por su intermediario deben tener contrapartes reales y proporcionadas y, por lo tanto, corresponder a servicios efectivamente prestados y justificados por un interés común (art. L 442-6-I-2 del Código de Comercio). Por el contrario, la facturación de servicios ficticios o desproporcionados constituye una práctica restrictiva de la competencia. Por último, desde 2008, los márgenes hacia atrás pueden ser tomados en cuenta para calcular el umbral de la venta a pérdida (art. L. 442-2 del Código de Comercio). Ahora, ellos pueden ser deducidos del precio de compra efectivo pagado sobre la factura de compra que sirve como base de cálculo al distribuidor para efectos de la fijación del precio de reventa del producto al consumidor final y para determinar su "margen hacia delante".

Bibliografía sugerida: ◆ GENTY, N., DELESALLE, D., DEBERDT, E. (2008), « LME : ultime réforme des relations commerciales », *Revue Lamy Droit des affaires*, n° 31, p. 56.

CATHERINE DEL CONT

Véase también: - Derecho de la Competencia.

Materias primas agrícolas

Las materias primas agrícolas son el eslabón crucial en la cadena de seguridad alimentaria. Arroz, trigo, maíz, y también cacao, café, colza, girasol y palma (que se destina para los "agrocombustibles"), todas estas materias primas condicionan el equilibrio alimentario del planeta. Ellas son objeto de intercambio en mercados bursátiles específicos: así, el precio del cacao se cotiza en Nueva York, el café robusta en Londres, el trigo en Chicago, el maíz en París, el caucho en Osaka, etc. Las materias primas son seleccionadas por los actores del mercado para constituir índices, de los cuales los más conocidos son el *Reuters/Jefferies Commodity Research Bureau Index* (RJ/CRB), el *Goldman Sachs Commodity Index* (S&P GSCI) et el *Dow Jones AIG Commodity Index* (DJ AIG CI). El mundo de los negocios y del comercio ha desempeñado un papel importante en la definición y armonización de las materias primas, a través de contratos entre productores y compradores.

Las materias primas no deben ser confundidas con los productos básicos, a los que también se les llama "*commodities*". Las materias primas son únicamente los productos extraídos del suelo, del subsuelo o del mar, antes de cualquier transformación (productos agrícolas, minerales, petróleo crudo, madera...), mientras que el término *commodities* se refieren a las materias primas que han sufrido una transformación inicial, para su uso en un proceso industrial: lingote de cobre, harinas, gasolina... La característica de estas últimas es la estandarización que permite su uso indiferenciado en la industria. De esta forma, el petróleo crudo es una *materia prima*, mientras que el diesel es un *commodity*.

Algunas cifras muestran el alza de los mercados bursátiles dedicados específicamente a las materias primas: entre 2006 y 2010, los capitales que participaron en las bolsas de materias primas agrícolas se elevaron en un 2300% según Jean Ziegler, antiguo Relator Especial de las Naciones Unidas sobre el Derecho a la Alimentación. El entusiasmo de los inversores por estas materias primas se debe a varios fenómenos: una creciente demanda de alimentos, especialmente en los países emergentes; valores considerados como "refugio" en tiempos de crisis financiera; una rareza frente a la creciente demanda, lo que genera oportunidades para los actores de los mercados. Así, los mercados de materias primas se abrieron a una "financiarización" creciente que conduce a asimilarlos a una clase de activos en las carteras de los inversores. Sin embargo, el papel de la especulación en los mercados de materias primas no ha sido aún claramente establecido, los estudios son contradictorios sobre sus ventajas y desventajas.

A nivel internacional, la Organización Internacional de Comisiones de Valores (OICV) ha establecido recomendaciones para mejorar la regulación y supervisión de los mercados de derivados de materias primas. No obstante, deben señalarse los límites actuales del regulador: algunos actores en los mercados de materias primas, tales como filiales comerciales (*trading*) de los grandes grupos industriales o de los grandes comerciantes, no están sujetos a ninguna regulación. Además, la regulación sólo puede ser internacional, lo que la vuelve aún más difícil. Por ejemplo, los principales contratos que se cotizan en Francia se refieren al trigo o al maíz, mientras que los otros mercados de materias primas (petróleo, metales, etc.) se encuentra en Londres, Chicago, Nueva York, o incluso en Suiza o en Asia.

Bibliografía sugerida: • BOUSSARD, J.-M. et DELORME, H. (dir.), *La régulation des marchés agricoles internationaux*, éd. L'Harmattan, Paris, 2007; • CLERC, D. (2005), Comment fonctionnent les marchés de commodités?, *Alternatives économiques,* n° 236; • HUCHET-BOURDON, M. (2012), Est-ce que la volatilité des prix des matières premières agricoles augmente? Une étude historique, *OECD Food, Agriculture and Fisheries Working Papers*, Éditions OCDE, n° 52, p. 57 (consultable en línea); • *Plan d'action sur la volatilité des prix alimentaires et sur l'agriculture*, consultable en línea; • ZIEGLER, J., *Le droit à l'alimentation*, éd. Mille et une nuits, Paris, 2003.

IRINA PARACHKEVOVA ET
MARINA TELLER

Véase también: – Especulación - Instrumentos financieros - Recursos naturales.

Medicamento veterinario

Véase: - Adición de sustancias.

Medidas sanitarias

Véase: - Acuerdo SPS - Derechos aduaneros y barreras no arancelarias.

Medio Oriente

Véase: - Acaparamiento de tierras – Derecho a la tierra – Derecho al agua – Responsabilidad internacional.

Melk

Véase: - Menoscabos a la propiedad.

Menciones

Véase: - Acción de grupo - Etiquetado.

Menoscabos a la propiedad

La propiedad, sea esta individual o colectiva, puede ser objeto de menoscabos de diversa índole, que pueden limitar o incluso impedir los atributos del propietario sobre su bien. Pueden distinguirse los menoscabos causados a la propiedad que tienen un origen legal y que están justificados por un interés superior, de aquellos aceptados voluntariamente por el propietario o, también, de los ejercidos por terceros sin autorización legal o convencional.

Sin duda, el menoscabo más importante al derecho de propiedad de origen legal es la expropiación: el Estado o una colectividad pública decide apropiarse de un terreno (en el que pueden o no existir edificaciones) por medio de una decisión de autoridad, que implica la transferencia de la propiedad inmobiliaria. Se trata de un menoscabo irremediable y radical a la propiedad, que debe fundamentarse en un motivo de interés general, como la construcción de una carretera. También, este daño da lugar a una indemnización justa al propietario expulsado. Al menos, esta es la normativa aplicable en muchos sistemas jurídicos respetuosos de la propiedad privada (véase, por ejemplo, el art. 545 del Código Civil francés, relativo a la expropiación por causa de utilidad pública, que prevé una indemnización justa y previa), a pesar de que a menudo las expropiaciones dan origen a litigios ante los tribunales nacionales, continentales (véase, en particular, la famosa sentencia del Tribunal Europeo de Derechos Humanos: *Sporrong y Lönnroth c/ Suecia*, de 23 de septiembre de 1982) o internacionales (véase, por ejemplo, la jurisprudencia del Centro Internacional de Arreglo de Diferencias relativas a Inversiones – CIADI). En algunos Estados, la cuestión de la expropiación ha provocado fuertes resistencias de parte de los propietarios expulsados, debido a la ausencia total de indemnización o a indemnizaciones insuficientes asociadas a métodos violentos de expropiación o a hechos de corrupción que se vinculan con las autoridades que toman la decisión. En este sentido, China conoce desde hace varios años un desarrollo notable de las expropiaciones, pues en determinadas regiones las tierras agrícolas son objeto de fuerte codicia por parte de los promotores inmobiliarios.

La confiscación es cercana a la expropiación, por cuanto constituye también una forma de apropiación de un bien por parte del Estado. Pero se trata, en principio, de una sanción penal aplicada por una infracción, sanción que es a menudo especial, y que se aplica sobre un bien determinado. Sin embargo, pueden encontrarse, sobre todo en la historia, hipótesis de confiscación aplicadas al patrimonio integral de un individuo. Se trata de una sanción particularmente grave, cuya aplicación se considera debería ser excepcional.

En cuanto a la requisición, esta constituye una operación del Poder Público, realizada por una autoridad administrativa o militar, con el fin de atribuirse la propiedad o únicamente el uso de un bien a título temporal. La requisición puede darse sobre un inmueble, en el sentido jurídico del término (por ejemplo, un terreno o una vivienda) y también debe dar lugar al pago de una indemnización. Dado el alcance del menoscabo a la propiedad o al uso de los bienes, la requisición debe, en principio, estar justificada por razones de interés público. Este es el caso, por ejemplo, del derecho francés, que prevé tal posibilidad en tiempos de guerra, para facilitar la defensa del territorio.

Otro fenómeno jurídico de menoscabo a la propiedad es la ocupación de un territorio de un Estado, en tiempos de guerra o en tiempos de paz, por las fuerzas armadas de otro Estado. Se trata entonces de una presencia temporal, que no conlleva ninguna toma real de posesión: el menoscabo a la propiedad se concreta simplemente por esta presencia –militar– que puede impedirle temporalmente a un propietario el ejercicio de la totalidad de sus atributos sobre su tierra. Esta situación debe distinguirse claramente de aquella en la que un territorio está siendo "ocupado" en sentido jurídico, es decir, que es tomado en posesión por un individuo o grupo de individuos cuando hasta ahora no tenía dueño. Por supuesto, esta situación es cada vez más rara; algunas legislaciones excluyen tal hipótesis, en principio, al decidir que todo territorio sin dueño pertenece al Estado.

Finalmente, existen situaciones de ocupación de otro orden, que se llevan a cabo en hipótesis de crisis mayor y que se encuentran así fuera del marco legal. El movimiento de los Sin Tierra en Brasil, es un ejemplo elocuente: esta organización altermundialista desarrolla una estrategia de ocupación masiva de las tierras, en particular aquellas que son dejadas en barbecho y que, por ello, les es aplicable según se afirma, el artículo 184 de la Constitución brasileña, que prevé la aplicación de medidas de expropiación en el caso en el que el bien rural no cumpla con su función social. La instalación de campamentos (*acampamentos*) en dichas tierras pretende esencialmente atraer la atención de las autoridades públicas, invitándolas a actuar y a poner en práctica una reforma agraria basada en mayor medida en la asignación de las tierras a los campesinos, que en la venta o la puesta a disposición de las tierras a los inversores o a los grandes terratenientes.

Otro tipo de menoscabo a la propiedad, de fuente legal, se manifiesta a través del mecanismo de la prescripción adquisitiva. En efecto, algunos sistemas jurídicos reconocen efectos jurídicos importantes a la posesión pública y no violenta de un terreno: En este sentido, véase por ejemplo, el derecho francés (art. 2272 del Código Civil), el derecho de Quebec (arts. 1910 y siguientes del Código Civil) o el derecho inglés (*Limitation Act*, 1980), cuando una persona ejerce un control material, incluso jurídico, sobre una propiedad que no le pertenece, durante un largo período, sin que el verdadero titular reaccione a esta situación. En particular, este es el caso cuando una persona lleva a pastar su rebaño o recoge la hierba en el terreno que no le pertenece y esto, con regularidad, a la vista de todos, sin ninguna reacción del propietario. Transcurridos varios años, la ley puede reconocer en favor del poseedor un verdadero título de propiedad, que contraría el derecho de propiedad originalmente ejercido sobre el bien. Se entiende que esta solución se basa en el deseo de favorecer al poseedor, que aprovecha el bien, al contrario que el propietario, que lo abandonó. El Tribunal Europeo de Derechos Humanos ha aceptado, tras fuertes vacilaciones, este tipo de menoscabos a la propiedad, pero relacionando artificialmente la prescripción adquisitiva con una simple "regulación del uso de la propiedad" (Ver *Pye Ltd. c/ Reino Unido*, 30 de agosto de 2007). La prescripción adquisitiva conduce así a una verdadera transferencia de la propiedad, pasando del propietario original al poseedor. En algunas civilizaciones, la posesión tiene, de hecho, una importancia fundamental como modo legítimo de uso o de apropiación de las tierras. Es así en los rituales musulmanes sunitas, en los que la posesión tiene un papel particularmente creador: una tierra pasa de la calificación de "tierra muerta" (sin propietario y sin proporcionar ningún beneficio) a la de "tierra viva" gracias al trabajo del hombre. La tierra vivificada se vuelve así la propiedad del hombre que la ha cultivado (*melk*).

Por su parte, la Unión Europea ha puesto en marcha una forma original de menoscabo a la propiedad, con el objetivo de regular el mercado de determinados productos agrícolas: las cuotas de producción (cuotas lecheras, cuotas de remolacha, derechos de plantación de la vid...). Las cuotas de producción constituyen un menoscabo a la propiedad pues se trata de una imposición hecha a los propietarios de la tierra, por los poderes públicos, que consiste en limitar la producción de tal o cual bien agrícola. Sin embargo, el menoscabo a la propiedad es comedido, porque solo concierne el destino del uso de las tierras. Asimismo, la cuota no alcanzada puede ser cedida a un tercero bajo ciertas condiciones, como un bien intangible. En ese sentido, algunas cuotas tienen un gran valor.

Por último, determinados menoscabos legales a la propiedad pueden ser simplemente parciales y no entrañar ninguna transferencia de propiedad: por ejemplo, un enclave, cuando solo es posible acceder a un terreno pasando por otro. En esta hipótesis, el legislador puede imponer un derecho de paso en favor del propietario del terreno, que le permita acceder a su terreno enclavado. A menudo, este tipo de limitación al derecho de propiedad resulta de la disposición natural de los lugares y, a veces, de una legislación restrictiva que puede, por ejemplo, prohibir toda construcción en un terreno (lo que constituye un menoscabo a su uso), por cuanto se sitúa en el borde de una vía de circulación a gran velocidad. En este sentido, el derecho francés conoce la problemática de las denominadas "servidumbres legales" (art. 649 y siguientes del Código Civil).

Al lado de estos menoscabos de origen legal, encontramos este mismo concepto de "servidumbre" y, más ampliamente, de límite a los derechos de propiedad de otros, por ejemplo, en la hipótesis de convenios entre dos propietarios, que tiene por objeto la organización de un derecho de paso, de bombeo, construcción, etc., en beneficio de uno de los propietarios y en detrimento del otro. Este derecho puede estar ligado a la persona del propietario que se beneficia y estar eventualmente establecido por un período determinado o, por el contrario, estar ligado al fundo y ser transmitido con él.

Este tipo de menoscabo voluntario a su propio derecho de propiedad, en beneficio de terceros, debe entenderse en el contexto de las relaciones de buena vecindad o en el de las divisiones sucesivas de terrenos que implican la preservación de tal o cual organización existente (paso, bomba de agua...). Por ejemplo, un propietario puede negociar con un vecino el paso de una tubería subterránea en el terreno de este último, si se trata del trazado más corto para llegar a su propio terreno, mediante el pago de una suma como contraparte por este beneficio. También, el paso de una tubería puede resultar de la división de un terreno, en el cual había sido enterrada la tubería que abastecía a una vivienda construida en ese terreno, inicialmente unitario.

Estos menoscabos parciales y convencionales a la propiedad de un vecino existen desde hace mucho tiempo en Europa: en derecho francés, la existencia de ciertas "servidumbres" se remonta a varios siglos.

También podríamos preguntarnos si los contratos de arrendamiento de muy larga duración podrían constituir un menoscabo a la propiedad, en la medida en que, por medio de este tipo de contrato, el propietario pierde todo uso de su tierra durante años. Un ejemplo evidente es el arrendamiento de muy larga duración (*emphytéotique*) en el derecho francés, acordado por un plazo (renovable) de entre 18 a 99 años y que confiere al arrendatario el derecho a usar la tierra, a construir, a subarrendar el bien, a cosechar los frutos, etc., mediante una cuota pagada al propietario y una obligación de cuidar el bien inmueble, objeto del contrato. Sin duda es cuestionable considerar que este tipo de contrato puede constituir un menoscabo a la propiedad, puesto que el arrendador se despoja voluntariamente del uso y de una forma de disfrute de su tierra, porque él obtiene una renta y adquiere la propiedad de las plantaciones y edificaciones al final del contrato. En cambio, si el contrato de arrendamiento de muy larga duración puede dar lugar a una transferencia forzada de la propiedad en favor del arrendatario, con base en un "título moral" que sería establecido por un texto legal durante la vigencia del contrato, podríamos razonablemente preguntarnos si no se estaría aquí ante un verdadero menoscabo a la propiedad del arrendador. Sin embargo, el Tribunal Europeo de Derechos Humanos, al conocer un caso como este a la luz del Derecho Inglés, consideró que un arrendamiento de larga duración que en última instancia permite al inquilino obtener la venta forzada de la propiedad en su beneficio, no era violatorio del articulo 1º del Primer Protocolo del Convenio Europeo de Derechos Humanos y de las Libertades Fundamentales (*James et al. c/ Reino Unido*, 21 de febrero de 1986). Para llegar a esta conclusión, el tribunal se basó principalmente en una concepción muy amplia del "interés público", al admitir que una transferencia forzada de propiedad, realizada de un individuo a otro, puede responder a una utilidad pública si se da en el marco de una política "de orden social, económico u otro".

Por último, cabe evocar algunos menoscabos a la propiedad que no encuentran su origen ni en la ley ni en una convención. Una primera hipótesis muestra que la propiedad no podría considerarse como un derecho absoluto, incluso en los sistemas jurídicos que lo afirman de manera categórica y simbólica (como, en Francia, el art. 544 del Código Civil y los arts. 2 y 17 de la Declaración de los Derechos del Hombre y del Ciudadano). De esta manera, el concepto de abuso del derecho de propiedad ha sido admitido en varios sistemas jurídicos de Europa: nadie puede disfrutar de su derecho de propiedad con el único fin de perjudicar a un tercero, por ejemplo, cultivando en su propio terreno plantaciones destinadas únicamente a disminuir la exposición solar del terreno vecino.

Una segunda hipótesis muestra, por el contrario, que el derecho de propiedad sigue estando sólidamente protegido cuando sufre un menoscabo incluso sin intención. De esta forma, no puede invadirse impunemente un terreno vecino, por ejemplo, construyendo una casa cuyos cimientos se prolongan incluso en la otra propiedad. La jurisprudencia francesa, en particular, es muy firme a este respecto: sanciona con la destrucción total las invasiones aun cuando se trate de unos pocos centímetros...

Bibliografía sugerida: • BLEIL, S. (2012), *Vie et lutte des Sans Terre au sud du Brésil. Une occupation au Paranà,* préface L. Boltanski, Paris, éd. Karthala, coll. Signes des temps; • LECOCQ, P., LEWALLE, P. (coord.) (2005), *Contrainte, limitation et atteinte à la propriété,* Bruxelles, éd. Larcier; • REBOUL-MAUPIN, N. (2012), L'empiètement en droit immobilier – Vers un renouveau de la sanction applicable à l'empiétement sur le terrain d'autrui, *Revue Trimestrielle du Droit Immobilier*, n° 4.

BLANDINE MALLET-BRICOUT

Véase también: - Coexistencia de usos de la tierra – Reforma agraria.

Mercado

Véase:– Corn Laws – Derecho de la Competencia – Mercados internacionales – Proteccionismo y Libre comercio – Signos distintivos.

Mercados internacionales

La globalización del comercio de productos agrícolas y de los alimentos permitió la aparición de los mercados internacionales, es decir, lugares de intercambio cuyas fronteras geográficas no corresponden a las de los Estados. Hoy en día, aunque el 90% de los productos agrícolas se siguen consumiendo en el país de producción, estos intercambios representan el 9,2% del comercio mundial según las estadísticas de la Organización Mundial del Comercio (OMC) del año 2011. No obstante, el sector alimentario no se limita a la producción agrícola (cereales, arroz, semillas oleaginosas, carne, leche y productos lácteos, papas, frutas y verduras, etc.). Este sector engloba el mercado del procesamiento de productos agrícolas, el mercado de semillas y fertilizantes, la distribución en todas sus formas e, incluso, aunque no se relaciona con el comercio internacional, los servicios de alimentación. Sin embargo, los trastornos que afectan a los mercados mundiales de materias primas agrícolas son los más estigmatizados. La inestabilidad crónica de los mercados - en particular la volatilidad de los precios (a la alza o a la baja) – constituye un hecho aleatorio para los pequeños productores expuestos a estas fluctuaciones y un peligro para la seguridad alimentaria mundial.

Desde el punto de vista económico, la globalización se basa no sólo en el desarrollo del comercio internacional de productos alimentarios, sino también en la explosión de la inversión extranjera en tierras agrícolas y en la transformación de los productos alimentarios en productos financieros. Se está aquí ante tres fases de la globalización identificadas por Charles Albert Michalet. La primera es aquella de la economía internacional, durante la cual se desarrollaron las ventas internacionales (importaciones y exportaciones) de productos agroalimentarios que son, tal vez, los primeros bienes que fueron objeto del comercio internacional. La segunda fase es aquella de la economía multinacional: corresponde a la adquisición de derechos de propiedad o de explotación de tierras agrícolas por parte de inversionistas extranjeros, algunas veces en asociación con inversionistas locales, y la producción a menudo se destina a la exportación en todo o en parte, hacia el país o área regional de origen del inversionista. La última fase, aquella de la economía global, está dominada por la lógica financiera. Aunque la aparición de los mercados financieros no es la única manifestación, resulta ser un ejemplo notable. De nuevo, afecta las formas en que se comercian las materias primas agrícolas, las cuales se han convertido en su mayoría en bienes "subyacentes", en los intercambios de productos financieros en los mercados a plazo.

Históricamente, la primera internacionalización importante de los mercados de productos agrícolas se sitúa a principios del siglo XX, cuando el desarrollo del transporte y la comunicación permitió organizar materialmente su comercio en el nivel mundial. Ciertamente, el siglo XX pasó por varios periodos en los cuales el Estado aplicó políticas nacionales para la gestión de la producción agrícola y la estabilización de los precios: durante las dos guerras mundiales, la Gran Depresión de la década de 1930 y el colapso de los años 1972-1976 en el mercado de materias primas. Sin embargo, cada uno de estos períodos de dirigismo estatal (y de proteccionismo) fue seguido por un retorno al liberalismo, acentuado después de la incorporación de la agricultura en las negociaciones de la Ronda Uruguay del Acuerdo General sobre Aranceles Aduaneros y Comercio (GATT). Al mismo tiempo, el costo y la relativa ineficacia de las políticas agrícolas condujeron a algunos Estados a abandonarlas, mientras que otros se reorientaron hacia una lógica de mercado, como fue el caso en Europa de la Política Agrícola Común (PAC) al punto de considerar el abandono de las cuotas lecheras en 2014.

Esta globalización ha sido posible por el Derecho que dio a los operadores (exportadores, inversores, financieros) el acceso a los mercados regionales e internacionales, aplicando el principio de la libertad de comercio y de industria más allá de las fronteras de los Estados. De esta forma, el principio de libre circulación de los productos agrícolas se impuso en el nivel regional mediante el establecimiento de zonas de libre comercio, donde se unen países con niveles de desarrollo económico variables, orientadas hacia el comercio, tanto interior como exterior. Es así en la Unión Europea (UE), donde el comercio interno no tolera restricciones arancelarias ni medidas de efecto equivalente a restricciones cuantitativas. Y si la PAC contiene todavía excepciones, su reforma se dirige hacia la banalización del régimen del comercio de los productos agrícolas. Lo mismo sucede en el plano internacional, donde la celebración del GATT, y posterior creación de la OMC, abrieron a los exportadores de numerosos estados el acceso a la clientela de los Estados extranjeros, al favorecer la reducción de los aranceles y al levantar las barreras no arancelarias a las importaciones. El sector agroalimentario no se excluye del sistema multilateral de comercio como lo demuestra la existencia misma de un Acuerdo sobre la Agricultura. Para los bienes agroalimentarios que están presentes en los mercados internacionales existe un desfase entre el espacio global en el cual se intercambian y el espacio rural en el cual se producen.

A esta globalización de los mercados corresponde una competencia global y, por lo tanto, obstáculos a la competencia que están repartidos en todas las cadenas de suministro agrícola, en particular en el nivel de los insumos agrícolas (semillas, fertilizantes), en el de la transformación de los productos alimentarios y en el del transporte. Sin embargo, no existe un derecho mundial de la competencia que resguarde el mantenimiento de la estructura de competencia del mercado o que prohíba comportamientos anticompetitivos de las empresas en los mercados internacionales. En otras palabras, las fronteras del mercado no son las mismas que las fronteras del Derecho. Corresponde así a los Estados, o a los grupos de Estados, el adoptar un derecho de la competencia efectivo para luchar contra los esfuerzos de monopolización de las empresas extranjeras o aun contra los cárteles de exportación, que tanto uno como el otro son susceptibles de elevar los precios de los alimentos en el mercado local. Al mismo tiempo, los propios Estados pueden verse obligados a adoptar medidas que distorsionan la competencia en los mercados internacionales. La adopción de estas medidas puede, sin embargo, justificarse por una razón imperiosa de interés general. Para frenar los crecientes precios de las materias primas agrícolas, los Estados pueden aplicar medidas de emergencia tales como: control de precios, subsidios a los productores, prohibiciones de exportación, e intervención directa del Estado en la producción y distribución de determinados productos.

Cabe preguntarse si estas medidas soportarían un examen a la luz de las normas que rigen el sistema de comercio multilateral. Por cuanto, si bien el derecho de la competencia está ausente de la OMC, la necesidad de preservar la lealtad en el comercio internacional se encuentra indirectamente presente en el "paquete" de acuerdos de la OMC, como lo demuestra la admisión de medidas nacionales anti-dumping o también las negociaciones de la Ronda de Doha sobre las subvenciones a las exportaciones agrícolas. Además, incluso si los acuerdos no contienen ninguna prohibición a los cárteles y a los abusos de posición dominante, el mecanismo de solución de diferencias no es completamente hermético a los problemas de competencia como lo demuestra el caso de "Telmex" (*México — Medidas que afectan a los servicios de telecomunicaciones*, 2000). Sin embargo, si la aplicación del mecanismo puede llevar a condenar las prácticas imputables a los Estados miembros de la Organización sobre la base de los Acuerdos, los comportamientos de las empresas privadas continúan fuera de su alcance. De ello se desprende que las intervenciones del Gobierno para estabilizar los mercados agrícolas son justiciables a la luz del derecho de la OMC, mientras que los comportamientos desestabilizadores de las empresas no lo son.

De manera más general, el derecho de los mercados internacionales se presenta a veces como un "no derecho", por cuanto obliga a los Estados y libera a los operadores que pueden, al mismo tiempo, disfrutar de un amplio acceso a los mercados exteriores y sustraer el ejercicio de su comercio de la aplicación del derecho de los Estados, incluso cuando el comercio se refiere a bienes de primera necesidad, como los productos agrícolas y alimentarios. En efecto, cualquier venta internacional de mercancías puede estar sujeta al derecho elegido por las partes contratantes, el cual puede ser un derecho estatal o incluso un derecho no estatal, elaborado a partir de principios y usos del comercio internacional, espontáneo o codificado, y aplicado por los árbitros del comercio internacional. Esto es lo que se llama la *lex mercatoria*. Ciertamente, los operadores continúan limitados por el orden público estatal que los somete al cumplimiento de las leyes de policía en sus relaciones mutuas y a las leyes de Derecho Público en sus relaciones con el Estado. Es por esta razón que la ley del país importador podría restringir las importaciones de productos agroalimentarios para protegerse contra un flagelo sanitario o para promover el desarrollo sostenible de la agricultura local. Sin embargo, tales medidas nacionales, que reflejan los intereses públicos que los Estados han optado por hacer prevalecer, son consideradas obstáculos al comercio internacional. Su aplicación se encuentra subordinada a verificar su legitimidad y su proporcionalidad por parte de las jurisdicciones o "cuasi jurisdicciones" internacionales tales como el Órgano de Solución de Diferencias de la OMC o el Tribunal de Justicia de la Unión Europea (TJUE), convertidas por ese hecho (o de hecho) en censores de las políticas económicas, sociales y ambientales de los Estados. Las condenas frecuentes de los Estados muestran que los intereses públicos que defienden ceden a menudo ante los intereses de los mercados internacionales, a los que el derecho concede la primacía, lo que alimenta las críticas a la globalización.

Bibliografía sugerida: • ABDELGAWAD, W. (dir.) (2008), *Mondialisation et droit de la concurrence, Les réactions normatives des États face à la mondialisation des pratiques anticoncurrentielles et des opérations de concentration*, Travaux du CREDIMI, Paris, éd. Litec; • JACQUET, P., LORENZI, J.-H. (dir.) (2011), *Les nouveaux équilibres agroalimentaires mondiaux*, Paris, PUF, Les Cahiers du Cercle des économistes; • LOQUIN, É., KESSEDJIAN, C. (dir.) (2000), *La mondialisation du droit, Travaux du Centre de recherche sur le droit des marchés et des investissements internationaux* (CREDIMI), Paris, éd.; • LORVELLEC, L. (2002), La liberté de circulation des marchandises agricoles, in *Écrits de droit rural et agro-alimentaire*, Paris, éd. Dalloz, p. 554.

VALERIE PIRONON

Véase también: - Cláusula de Salvaguardia - Orden público - Organización Mundial del Comercio - Soberanía.

Mercosur

El "Mercado Común del Sur", conocido como Mercosur, es el fruto de un proceso de integración regional. Si bien nació como un bloque comercial, luego de 20 años ha desarrollado su actividad de integración en diferentes aristas y direcciones; por ello hoy se habla de un "Mercosur político", un "Mercosur educativo", un "Mercosur productivo", un "Mercosur social", un "Mercosur cultural", etc. Se trata, en efecto, tanto del aumento del volumen de los intercambios intrazona, de la aplicación de un arancel externo común y único, como de compromisos políticos en pro de la paz y la democracia (véase el Protocolo de Ushuaia sobre Compromiso Democrático en el MERCOSUR, la República de Bolivia y la República de Chile, 1998) o de la cooperación en materia cultural (Protocolo de Integración Cultural de Mercosur de Fortaleza, Brasil, 1996).

El Mercosur fue fundado por Argentina, Brasil, Paraguay y Uruguay, mediante la firma del Tratado de Asunción, el 26 de marzo de 1991. En 1996, Chile y Bolivia ingresaron como Estados asociados y luego lo solicitó Venezuela. Este tratado plantea como objetivos centrales la ampliación del mercado comercial mediante la libre circulación de bienes, servicios y factores productivos entre los países miembros, el establecimiento de un arancel externo común y la adopción de una política comercial común; la coordinación de políticas macroeconómicas y sectoriales; y el compromiso de armonización de las legislaciones de los Estados miembros.

El Tratado de Asunción estableció la estructura orgánica del Mercosur, que luego ha sido completada a través del Protocolo Adicional al Tratado de Asunción sobre la estructura institucional de Mercosur de Ouro Preto (1994).

El Protocolo revisita la estructura institucional que organiza el Tratado de Asunción, previendo tres organismos de carácter intergubernamental y con capacidad para la toma de decisiones: (a) El Consejo del Mercado Común (CMC), que es el órgano superior de Mercosur y que tiene a su cargo la función de dirigir políticamente el proceso de integración regional; (b) El Grupo Mercado Común (GMC), que es el órgano ejecutivo y cuenta para ello con una Secretaría Administrativa. Propone proyectos de Decisión al CMC y tiene por misión tomar las medidas necesarias para el cumplimiento de las Decisiones; y (c) La Comisión de Comercio de Mercosur (CCM), que se ocupa de asistir al GMC, le compete velar por la aplicación de los instrumentos de política comercial común, se ocupa de la política comercial con terceros países, organismos internacionales y acuerdos de comercio y se pronuncia mediante Directivas y Propuestas. El Protocolo de Ouro Preto completa la estructura institucional de Mercosur con: (d) el Foro Consultivo Económico Social (FCES) que es el órgano de representación de los sectores económicos y sociales, tiene una función consultiva y se expresa mediante recomendaciones que dirigen al GMC y (e) la Secretaría Administrativa de Mercosur (SAM), que actualmente constituye una pieza de un valor clave en la profundización del proceso de integración regional (dado su carácter solidario derivado del hecho de que Argentina y Brasil aportan el 97% de los fondos y Uruguay y Paraguay el 3% y se distribuyen de manera inversamente proporcional). En el marco de esta Secretaría funciona el Fondo de Convergencia Estructural del Mercosur (FOCEM), cuyo objetivo es financiar proyectos que se presentan en cada uno de sus cuatro programas. En particular, interesa destacar que en el Programa de Desarrollo de la Competitividad de la actividad productiva del Mercosur pueden presentarse proyectos destinados, entre otros, a: certificación de la calidad de productos y procesos; trazabilidad y control de la sanidad de animales y vegetales; garantía de la seguridad y de la calidad de esos productos y subproductos de valor económico. El FOCEM cuenta también, en el marco de la Secretaría, con una Unidad Técnica que evalúa y realiza el monitoreo de cada uno de los proyectos aprobados. Por último, un Parlamento fue creado en 2005. Uno de los objetivos de esta nueva institución es la promoción del desarrollo sostenible de la región con justicia social y respeto de la diversidad cultural de las poblaciones.

La institucionalidad de Mercosur incluye también un sistema para la solución de controversias que fue acordado en el Protocolo de Olivos (2002). El Tribunal Permanente de Revisión, con sede en la ciudad de Asunción, garantiza la aplicación de las disposiciones del Tratado de Asunción, del Protocolo de Ouro Preto, de las Decisiones del CMC, de las Resoluciones del GMC y Directivas de la Comisión de Comercio de Mercosur. El sistema de solución de controversias prevé una instancia de negociación directa, luego un procedimiento optativo ante el GMC y, finalmente, un Procedimiento Arbitral ante tribunales arbitrales *ad hoc* cuyos laudos son revisables ante el Tribunal Permanente de Revisión. Se señala que los Estados partes, al igual que los particulares pueden accionar ante el Tribunal y que éste puede emitir también opiniones consultivas.

El año 2011 se caracterizó por dos hechos relevantes: El primero, el reinicio y avance en las negociaciones entre Mercosur y la Unión Europea; el segundo, el tema de la ampliación en la integración del Mercosur. Con respecto a la primera cuestión, estas relaciones comenzaron en 1995 con la firma del Acuerdo marco Interregional de cooperación y, luego, a partir de 2004 entraron en un estancamiento. Las negociaciones actuales persiguen el objetivo de celebrar un acuerdo de cooperación interregional que incluirá, entre otros puntos, pautas sobre medidas sanitarias y fitosanitarias y sobre denominaciones de origen. En la Unión Europea este acuerdo encuentra resistencia debido a los efectos que puede generar sobre la actividad agrícola europea. En relación al segundo fenómeno, se ha acelerado el proceso de ampliación del Mercosur producto de las conversaciones llevadas a cabo con Ecuador y Bolivia, así como por el ingreso definitivo de Venezuela al Mercosur.

El Mercosur interviene particularmente en las materias de agricultura, ambiente y Derechos Humanos. La agricultura familiar es una cuestión a la cual Mercosur ha prestado particular atención. En efecto, un Fondo de Agricultura Familiar del Mercosur (FAF Mercosur) fue creado para financiar proyectos y programas de estimulo de este tipo de agricultura y permitir la más amplia participación de los actores sociales en actividades vinculadas al tema, con el fin de fortalecer las políticas públicas que plantean un tratamiento diferenciado de la agricultura familiar. En el campo ambiental, el Acuerdo Marco sobre Medio Ambiente de Mercosur (2001) introduce la cuestión ambiental como un principio de la integración regional, pues hasta el momento el plexo del Tratado de Asunción, sus Protocolos y Acuerdos complementarios no trataban la cuestión. A partir de aquí, la integración regional debe considerar al medio ambiente. Se reafirma el compromiso con los principios sobre ambiente y desarrollo que fueron declarados en Rio de Janeiro en 1992. El Acuerdo propone llevar a cabo acciones entre las cuales figuran: la promoción de la protección del ambiente y el aprovechamiento más eficaz de los recursos naturales; la consideración del componente ambiental en todas las políticas sectoriales que se tomen en Mercosur; la promoción del desarrollo sostenible; la efectiva participación de los ciudadanos en las decisiones sobre cuestiones ambientales; el fomento de la internalización de los costes ambientales. Por último, en lo que respecta a los Derechos Humanos, un hito relevante lo constituye la creación del Instituto de Políticas Públicas de Derechos Humanos en 2009, con sede en Buenos Aires.

GONZALO SOZZO

Véase también: – Brasil.

Microcrédito

No existe, en el Estado, ninguna definición legal o reglamentaria del término "microcrédito". Esta es la razón por la cual el microcrédito se confunde a menudo con la "micro finanza", que sin embargo, en la práctica, no es más que uno de los elementos constitutivos de esta, como lo son también el "micro seguro" y la movilización del ahorro local.

En los países en desarrollo (PED) coexisten dos tipos de microcrédito en las zonas rurales: el crédito de garantía soldaria y las mutuales de ahorro y de crédito.

Experimentado en la década de 1970 en Bangladesh, el modelo del Banco Grameen (bancos comunales) del profesor Muhammad Yunus (Premio Nobel de la Paz en 2006) consiste en un crédito de garantía solidaria, respaldado por un intermediario bancario. Es un préstamo otorgado a un grupo compuesto por cinco individuos, ligados solidariamente entre ellos. Funciona bajo un control social piramidal: si un miembro incumple, entonces el grupo en su totalidad queda excluido del banco que respalda el microcrédito. En las zonas rurales, el riesgo es menor tomando en cuenta el conocimiento entre las personas originarias de un mismo pueblo, de la misma comunidad. Sin embargo, es diferente en las áreas urbanas, donde la asimetría de información entre los miembros (individuos son más anónimos frente a los demás) y el riesgo moral (es decir, el riesgo de comportamiento oportunista) son más fuertes. Este modelo es adecuado en las áreas rurales más densas y demuestra que incluso los más pobres de los pobres son capaces de desarrollar y administrar crédito solidario. Resulta menos eficaz en el caso de las zonas con baja densidad de población, por los costos de transacción (procedimientos u operaciones que permitan intercambios mutuamente beneficiosos) que son muy elevados, debido a la dispersión y a la lejanía de la población, especialmente en el caso de las economías de localidades pastorales. Otra limitación se deriva también del postulado del modelo según el cual "en cada persona en situación de pobreza duerme un empresario". Pero la mayoría de los solicitantes son, en primer término, empresarios de su vida cotidiana, que buscan financiar a corto plazo las actividades generadoras de ingresos.

Las mutuales de ahorro y crédito son históricamente los agentes locales de micro finanzas rurales, combinando la movilización del ahorro y el microcrédito. Estos actores del microcrédito se inspiraron, en su organización y en su funcionamiento, en los principios mutualistas de cajas locales de crédito agrícola o mutual del siglo XIX en Europa y Canadá. Esta cooperación es la base del modelo, donde la solidaridad comunitaria está al servicio de un proyecto regional, una construcción económica y social regionalizada. En Benin, la *Faitière* de cajas de ahorro y crédito agrícola mutuo (FECECAM), creada en 1990, pertenece a este modelo. En Cotonou, ella ofrece microcréditos a las mujeres, crédito individual y colectivo. El modelo de crédito-ahorro sobre el cual se basa supone un aporte mínimo de ahorro del 10%. Su objetivo consiste en apoyar el mejoramiento de las capacidades de los individuos ("libertad de elección" en el sentido de Amartya Sen), al financiar la salud, al mismo tiempo que mantiene la rentabilidad de cada caja.

En los países en desarrollo, se trata principalmente de actividades agrícolas que requieren préstamos a corto plazo, que están involucradas por el microcrédito ofrecido por las organizaciones de micro finanzas rurales. En efecto, el Fondo Monetario Internacional promueve la agricultura intensiva, cuyos volúmenes de financiamiento son demasiado importantes como para adoptar modelos de microcrédito. Se trata de financiar la economía local y de mantener el financiamiento de una economía rural más bien de subsistencia.

El microcrédito no se limita a los países del Sur. En efecto, la historia de la economía financiera (bancaria y monetaria) supera la experimentación de "crédito honesto" del siglo XIV, con los monjes Recoletos y Franciscanos. La aspiración de este crédito solidario era, desde esa época, proteger a los indigentes tanto de la usura de los prestamistas de calle, que los empobrecía, como de las prácticas de donativos, que los alienaba (la deuda moral es más difícil de pagar porque afecta a la dignidad misma del receptor). En el siglo XVI, los Montes de Piedad se desarrollan en el sur de Europa de obediencia católica, que ofrece otra forma de microcrédito "social": el préstamo de empeño. No se trata, por lo tanto, de proporcionar una suma mínima previa a la manera de las mutuales de ahorro y de crédito de los países en desarrollo, sino más bien de separarse momentáneamente de la propiedad de bienes muebles, a cambio de una disponibilidad inmediata de dinero en efectivo.

A finales de 1990, el *Crédit Municipal de Nantes* fue una de los primeras en Francia en experimentar el "préstamo estabilidad", un microcrédito para cubrir los "*trésoreries domestiques en délicatesse*". Desarrolla entonces una coproducción de servicio bancario solidario en las zonas urbanas, vinculando la ingeniería social de los centros comunitarios de acción social, con la ingeniería bancaria solidaria, de conformidad con su propia esencia de establecimiento público de crédito y ayuda social. Al mismo tiempo, María Nowack crea la Asociación para el Derecho a la Iniciativa Económica (ADIE), inspirándose en el modelo del Grameen Bank para apoyar la creación de microempresas de personas con dificultades para acceder al mercado de trabajo. Estas iniciativas se encuentran apoyadas en el nivel europeo desde la década de 1990, como parte del programa de "Ahorro solidario de proximidad contra la exclusión" (ASOPE).

Bibliografía sugerida: • ARMENDARIZ DE AGHION, B., MORDUCH, J. (2005), *The Economics of Microfinance.* MIT Press; • FONTAINE, L. (2008), *L'économie morale, Pauvreté, Crédit et confiance dans l'Europe préindustrielle*, Paris, éd. Gallimard; • SEN, A. (2012), *L'idée de justice,* Paris, éd. Flammarion ; • SERVET, J.-M. (2006), *Banquiers aux pieds nus. La microfinance,* Paris, éd. O. Jacob; • WAMPFLER, B., DOLIGEZ, F., LAPENU, C.

(2010), *Organisations professionnelles agricoles et institutions financières rurale : construire une nouvelle alliance au service de l'agriculture familiale,* Cahiers de l'IRC.

PASCAL GLEMAIN

Véase también: - Trabajadores agrícolas.

Microorganismos

Véase: - Adición de sustancias.

Mitigación

Para el Derecho, el concepto de mitigación remite a los esfuerzos desarrollados para limitar o disminuir un daño y sus consecuencias. En ese sentido, se trata de un concepto utilizado principalmente en el derecho anglosajón de la responsabilidad, respecto de la obligación de minimizar el daño que se ha sufrido (*mitigation of damages*). En el Derecho Ambiental Internacional, se trata de enriquecer las actividades mundiales encaminadas a mitigar el cambio climático y adaptarse al mismo. Estas tentativas se materializan en los tratados internacionales y en las políticas nacionales. El Protocolo de Kyoto es un acuerdo internacional asumido en 1997 en el ámbito de Naciones Unidas, que procura frenar el cambio climático: es quizás el primer instrumento que abordó esta temática de la mitigación aunque no expresamente (en su texto no aparece la palabra mitigación pero sus normas se refieren a realizar acciones tendientes a mitigar los efectos del cambio climático).

La mitigación es el resultado de una decisión política y social respecto de un nivel de riesgo aceptable. Claramente, la mitigación conduce a adaptarse a un riesgo y por ello, está ligada a la idea de adaptación. La agricultura puede contribuir a mitigar, a reducir las emisiones de gases de efecto invernadero, así como su impacto, mediante: el manejo de los servicios del ecosistema; la disminución de los cambios del uso de la tierra y de la deforestación vinculada a ello; el uso de variedades de cultivo más eficaces; un mejor control de los incendios fortuitos; la nutrición mejorada de los rumiantes; un manejo más eficaz de los desechos del ganado; el manejo del suelo orgánico, la agricultura de conservación y los sistemas agroforestales. Además de reducir la emisión de gases de efecto invernadero, las tierras de pasto y cultivo bien manejadas pueden secuestrar cantidades significativas de carbono.

Las prácticas de producción alimentaria sostenible y las estrategias para la mitigación del cambio climático se apoyan mutuamente. Muchas estrategias de manejo del riesgo climático y meteorológico calzan plenamente con prácticas de agricultura y pesca sostenibles, y pueden, de esta forma, promoverse a través de muchos de los programas y políticas que persiguen una producción medioambientalmente responsable.

Bibliografía sugerida: • GODARD, O. (2010), Cette ambiguë adaptation au changement climatique, *Natures Sciences Sociétés*, dossier spécial « Adaptation aux changements climatiques », volume 18, p. 287 (consultable en línea); • OMC/PNUMA (2009), *El Comercio y el Cambio Climático*, Informe del Programa de las Naciones Unidas para el Medio Ambiente y de la Organización Mundial del Comercio (consultable en línea).

RAFAEL GONZÁLEZ BALLAR

Véase también: - Catástrofe.

Modelo alimentario

El concepto de modelo se utiliza aquí en el sentido de construcción teórica que procura comprender las relaciones entre los principales factores determinantes de una realidad compleja, en este caso la alimentación. Mientras que el "modelo alimentario" se utiliza con frecuencia para describir los sistemas de producción y distribución, el propósito se centrará en la alimentación de quienes comen (*mangeurs*).

El análisis de esta alimentación se centra generalmente en los contenidos ingeridos, expresados en términos de regímenes, directorios o aportes nutricionales. Los comportamientos alimentarios apuntan al objetivo de supervivencia de los individuos que buscan satisfacer las limitaciones biológicas de su especie omnívora. Las cantidades ingeridas dependen de las necesidades fisiológicas que varían según la edad, el sexo y las actividades, principalmente musculares, que dependen de los modos y condiciones de vida.

La condición de omnívoro de los humanos impone una diversidad en su dieta, pero con un margen de libertad que les permitió una gran adaptación a los contextos. Durante la mayor parte de la historia de la especie humana, las personas estaban limitadas en su elección alimentaria por las limitaciones climáticas de los nichos ecológicos de su hábitat. Pero las disponibilidades alimentarias locales limitadas eran a menudo insuficientes para asegurar la supervivencia y, sobre todo, el crecimiento demográfico. Este es el origen de las grandes migraciones de la especie humana que se extendieron en todo el mundo. Los seres humanos procuraron reducir gradualmente estas limitaciones mediante la transformación progresiva de la naturaleza: la agricultura, el transporte, la industrialización. Este proceso se aceleró y globalizó sobre todo durante el siglo XX. Los suministros de alimentos son actualmente dependientes en su mayoría de estos sistemas técnico-económicos de producción y distribución.

Para volver los alimentos disponibles en el espacio y el tiempo, comestibles y digeribles, los seres humanos han descubierto tecnologías de conservación y cocción: el uso del fuego (asar), del agua (hervir), del aceite (freír), del ahumado, del secado, del salado, después, de la apertización, de la congelación, de la cocción al vacío... Estas técnicas constituyen lo que comúnmente se llama los "sistemas culinarios". Pero los antropólogos (Lévi-Strauss, Fischler, Poulain) demostraron ampliamente que estos sistemas son un conjunto de técnicas que se asocian con símbolos y reglas que varían según las culturas y los grupos sociales.

Las tecnologías alimentarias han evolucionado con los niveles de conocimientos científicos y técnicos altamente correlacionados con el grado de desarrollo económico. De esta forma, los contextos en que prevalecen las penurias alimentarias han obligado bruscamente a escoger técnicas culinarias que eviten al máximo las pérdidas (la cocina al vapor), a expensas de las técnicas menos eficaces (asar al fuego, donde se pierden nutrientes preciosos como la grasa). La misma distinción se realizó en las sociedades de acuerdo con los niveles de vida de los grupos sociales. El cocido, utilizado principalmente por los pobres, se opone al asado, un símbolo de la riqueza, que únicamente aparece en la mesa de los pobres en los días festivos.

Entre las primeras lecciones de supervivencia, a los aprendices alimentarios de lo que es "bueno para comer" y de las maneras, en su mayoría sociales, de consumir, les son trasmitidas desde temprana edad por los seres cercanos (especialmente la madre) de los grupos sociales a los cuales se pertenece. Las prácticas de alimentación están bien integradas entre los elementos constitutivos de la identidad social. Los antropólogos han podido comparar los hábitos alimenticios con las lenguas maternas; Claude Fischler habla de "gramática culinaria". La observación de las migraciones muestra que los hábitos alimentarios se conservan después de varias generaciones, más tiempo que otros marcadores culturales importantes, como la lengua o las religiones.

La elección de los alimentos disponibles en la naturaleza y biológicamente comestibles es también culturalmente variable. Siguiendo una lógica de selección para la supervivencia, para evitar la muerte y/o asegurar la vida posterior a la muerte, la definición del universo de lo comestible está fuertemente impregnada por el pensamiento religioso y mágico. Creyendo que "se transforman en lo que comen", las personas evitan así lo que perciben como malo en el sentido fisiológico, pero también simbólico (lo malo, lo impuro), favoreciendo lo "bueno", lo puro. La elección de los ingredientes y sus asociaciones (las recetas), las técnicas de conservación y las modalidades de consumo de alimentos, están fuertemente determinadas por las normas religiosas o por las normas sociales. Las prohibiciones de origen religioso se establecen en la normativa alimentaria de las teocracias. Y las normativas de las democracias laicas, que se centran en los objetivos sanitarios, están a menudo impregnadas de pensamiento religioso.

La alimentación se caracteriza también por las formas de la ingesta de alimentos: su organización en el espacio y en el tiempo, el grado de socialización (más precisamente el aspecto comensal y convival). Según las culturas, las preocupaciones de higiene y los símbolos de pureza se toman en cuenta para definir los lugares de comida: un hábitat especial, la mesa cubierta con mantel (que recuerda los altares de las ceremonias religiosas), los cubiertos que marcan la distancia según la necesidad... El número de comidas diarias y su integración en los estilos de vida son muy ritualistas, especialmente durante ocasiones festivas. La elección de los "comensales" para la distribución de la alimentación está económicamente determinada (la supervivencia de la tribu, de la familia) y culturalmente normada en un universo de proximidad social. La disposición de los comensales alrededor de la mesa simboliza generalmente la jerarquía social. La escogencia de los platillos y su orden en los menús obedecen también a una exigencia ritual. Es así como la "comida gastronómica francesa" es reconocida como un elemento del patrimonio cultural por la Organización de Naciones Unidas para la Educación, la Ciencia y la Cultura (UNESCO).

Bibliografía sugerida: ◆ CORBEAU, J.-P., POULAIN, J.-P. (2002), *Penser l'alimentation, Entre imaginaire et rationalité*, Toulouse, éd. Privat; ◆ FISCHLER, C. (1990), *L'homnivore*, Paris, éd. Odile Jacob; ◆ POULAIN, J.-P. (2002), *Sociologies de l'alimentation*, Paris, PUF.

JEAN-LOUIS LAMBERT

Véase también: – Consumo - Prohibiciones alimentarias.

Mujeres

El Informe 2010-2011 de la Organización de las Naciones Unidas para la Alimentación y la Agricultura (FAO) sobre *Las mujeres en la agricultura*, consideró que las mujeres realizan el 66% de las horas trabajadas en la producción agrícola mundial, producen más del 50% de los alimentos, pero ganan sólo el 10% de los ingresos correspondientes a ese mismo sector, poseen menos del 2% de la tierra y reciben menos del 5% de los préstamos bancarios. La situación en África no es la mejor: las mujeres asumen más del 60% de la producción de víveres, mientras que sólo ocupan el 1% de la tierra, debido a restricciones de sus derechos de posesión, de explotación y de herencia de la tierra (en el continente, el derecho inmobiliario de 43 países –de un total de 48- se caracteriza por desigualdades en la adquisición y la propiedad de la tierra). Las mujeres tienen acceso al 10% de los fondos asignados a los pequeños agricultores y al 1% de los créditos totales para el sector agrícola. Finalmente, el documento señala que la jornada de trabajo de una mujer es 50% más larga que la de un hombre y pone de relieve el bajo índice de alfabetización de las poblaciones del sur del Sahara: 47% de los hombres son analfabetos, frente al 30% de las mujeres.

Este estado de la relación entre la mujer y la agricultura está particularmente bien ilustrado en Burkina Faso. A pesar del desempeño macroeconómico registrado en los últimos años debido a las sucesivas reformas, el país tiene un bajo nivel de desarrollo humano. La pobreza, aunque tiende a ser cada vez más urbana, sigue siendo abrumadoramente rural (52,3% en 2003 contra 51% en 1998) y las mujeres son más vulnerables debido a su falta de acceso a los insumos y recursos. Sin embargo, como en todas partes, se reconoció que la desigualdad de género es un problema tanto económico como social, constituyendo un obstáculo mayor en el desarrollo y la reducción de la pobreza. Eliminar la gran brecha entre los sexos en el proceso de desarrollo es un requisito para lograr un crecimiento económico sostenible, la reducción de la pobreza y los Objetivos de Desarrollo del Milenio (ODM). Además, investigaciones han demostrado que si las mujeres tuvieran el mismo acceso a los ingresos de la explotación, a los servicios agrícolas y a la tierra, y si controlaran estos recursos y sus beneficios, la producción podría aumentar significativamente.

La Red "Mujeres en Acción" (*Femmes en Action* - RFA), presente en este campo desde 2003, abordó la cuestión de las mujeres y la agricultura en zonas rurales de Burkina Faso. Se explora la situación de las mujeres productoras y procesadores rurales y su contribución a los proyectos agrícolas y de seguridad alimentaria. También audita la implementación de políticas en el plano subregional. Burkina Faso también es miembro de varias organizaciones de integración (Unión Económica y Monetaria de África Occidental - UEMOA-; Comunidad Económica de los Estados de África Occidental - CEDEAO).

En el caso específico del acceso de las mujeres a la tierra, la Red señala que la igualdad de género en la gestión de la tierra rural está lejos de estar asegurada. Aparece como una expresión específica del problema general de acceso a la tierra. Las mujeres de las zonas rurales no poseen tierras. La mujer sólo tiene una porción de tierra para fines de explotación. En el contexto actual de la política de seguridad de la tierra en Burkina Faso, las disposiciones de la Ley 034, relativa al régimen inmobiliario rural, cuestionan el viejo principio del monopolio estatal de la tierra y reconocen, al lado de los derechos del Estado, aquellos de las colectividades locales y de los particulares. Las poblaciones rurales pobres también pueden, a través de un proceso local de certificación de tierras, hacer reconocer los derechos consuetudinarios que poseen legítimamente desde hace mucho tiempo, de forma individual o colectiva. Es interesante destacar que se prevén medidas de acción positiva para facilitar el acceso de las mujeres a la tierra. Existe así toda una dinámica de diálogo y consulta, en la cual se incluyen todas las partes interesadas a nivel local, que se dedican a la gestión del suelo.

Los efectos adversos del cambio climático también se han incrementado, acentuando aún más la vulnerabilidad de las mujeres en la agricultura. La degradación de los recursos naturales (lluvias irregulares, degradación de las tierras de cultivo, etc.) ha llevado a una disminución considerable en la producción agrícola. Dada su situación socioeconómica, las mujeres no tienen todas las posibilidades de adaptación a esta nueva realidad: problemas de acceso y uso de insumos (semillas mejoradas, fertilizantes), de acceso a los dispositivos de almacenamiento de agua de lluvia y a las técnicas para la rehabilitación de las tierras degradadas, de acceso a la información en materia de adaptación al cambio climático, así como a la información meteorológica...

En el ámbito del acceso a los conocimientos útiles para el desarrollo de la producción agrícola, se observa que las mujeres figuran en segundo rango después de los hombres. La mujer, productora agrícola, tiene una agenda muy cargada, especialmente durante el horario de la temporada de lluvias: además del trabajo de campo, debe llevar a cabo las tareas del hogar. La falta de tiempo limita su participación en las actividades funcionales de alfabetización. La radio comunitaria es un canal de información por excelencia, sobre todo en las zonas rurales. En los últimos años en Burkina Faso, se hacen muchos esfuerzos en este sentido para la producción y difusión de programas de radio sobre la agricultura, pero el exceso de trabajo y la falta de recursos financieros para adquirir un aparato receptor de radio, limita el acceso de las mujeres a las informaciones necesarias para desarrollar sus actividades agrícolas.

Del mismo modo, el acceso al crédito, con las condicionalidades que esto implica, es la principal fuente de dificultades para las mujeres, a partir del hecho de que estas últimas no siempre tienen la oportunidad de encontrar medios para garantizar los créditos: la mujer, en general, no es dueña de una propiedad que pueda ser dada como garantía cuando sea necesario. Los bienes inmobiliarios (la tierra, la casa de la familia), los materiales móviles (bicicleta, motocicleta, etc.) pertenecen en general a los cónyuges.

Por último, la falta de acceso a los equipos, a los insumos agrícolas y a las tecnologías es una limitación mayor para la productividad agrícola, especialmente para la realizada por las mujeres. Por ejemplo, el 96% de los hogares encabezados por mujeres que practican el cultivo de hortalizas utilizan equipos tradicionales (azadas), mientras que el 21,5% de los hogares encabezados por un hombre utilizan arados. (Fuente: Ministerio de Promoción de la Mujeres de Burkina Faso, 2009).

Las mujeres son actoras por excelencia de la transformación de productos agrícolas en Burkina Faso, en ausencia de las unidades e industrias modernas de transformación (la mayoría de las unidades agroindustriales fueron cerrados debido a la liberalización que se dio como resultados de la adopción de programas de ajuste estructural, impuestos por las instituciones financieras internacionales). Constituidas en cooperativas, redes, etc., ellas transforman los productos para darles valor agregado y comercializar productos terminados, listos para el consumo (cereales, oleaginosas, frutas, verduras, leche...). Durante la crisis alimentaria de 2008, las mujeres que se dedican a transformar el arroz jugaron un papel importante para el sector del arroz local:

ellas compraron las producciones de sus esposos, afectadas por una caída en los precios debido a la inundación del mercado interno con producto importado.

El Gobierno y algunos colaboradores para el desarrollo apoyan a las mujeres que trabajan procesando alimentos y las ayudan a estructurarse mejor y a dotarlas de tecnologías más modernas para reducir las dificultades del trabajo y aumentar la productividad. Pero debe señalarse que algunas tecnologías puestas a disposición de las mujeres no están adaptadas, lo que las obliga a veces, a regresar a sus antiguos utencilios de trabajo. En los casos de éxito que han contribuido a volver un negocio más rentable, la actividad es recuperada rápidamente por los hombres que tienen mayores capacidades financieras. Además, las mujeres transformadoras tienen dificultades para disponer de lugares para la transformación y comercialización de sus productos.

La certificación de productos es cada vez más necesaria y las mujeres, dada su situación, no siempre disponen de los medios para certificar los productos. También, el embalaje es una preocupación de las mujeres que procesan alimentos, pues deben cumplir con las normas en vigor, a menudo con dificultad.

Las mujeres productoras y procesadoras de alimentos en Burkina Faso tienen las mismas restricciones que las mujeres que se dedican a otra actividad: la decisión de trasladarse para la promoción de las actividades agrícolas requiere el consentimiento previo del marido. Además, dado el alto nivel de analfabetismo, la mayoría de las mujeres no están al tanto de las oportunidades existentes para promover las actividades agrícolas en la subregión de África Occidental (eventos, disposiciones reglamentarias, etc.). Los mercados agrícolas locales todavía no están bien estructurados, de manera que existen deficiencias en la fijación de un precio remunerador, único y libre de especulaciones. El aislamiento de las zonas de producción es también un obstáculo. A nivel subregional, en las rutas o caminos, a pesar de las disposiciones existentes (libre circulación de personas y de mercancías, adoptadas por la UEMOA), las mujeres experimentan todas las formas de extorsión y saqueos. Esto hace que sea difícil la movilidad y la promoción de los productos agrícolas en la subregión. En 2000, un arancel externo común (AEC) se estableció en los países miembros de la UEMOA para regular el comercio en este espacio. Este AEC, muy liberal, no favorece la protección de los mercados nacionales y es necesario estudiar el impacto de esta primera liberalización del comercio en los países africanos.

La redistribución del ingreso o de los productos del sector agrícola se da a menudo de manera desfavorable para las mujeres, haciéndolas más vulnerables a los efectos de la pobreza, por cuanto constituye, al mismo tiempo, el principal obstáculo para el empoderamiento de las mujeres (que es el tercer ODM). De hecho, en la familia, la mujer a menudo no es consultada acerca de la gestión de los ingresos procedentes de la actividad agrícola. Esta situación les impide disfrutar de su trabajo, decidir sobre la asignación de los ingresos y la reinversión de una parte de ellos en la agricultura, lo que es necesario para el desarrollo de sus proyectos.

Inspiradas por las sociedades tradicionales anteriores a la colonización o creadas por la Administración, las organizaciones campesinas de Burkina Faso han adquirido un nuevo impulso desde la liberalización económica, comercial y agrícola a inicios de los años 90. Después del retiro del Estado del sector productivo, las organizaciones de campesinos han sido promovidas por el Gobierno y por los socios técnicos y financieros, con el objetivo de lograr la transferencia de ciertas funciones que antes desempeñaba el Estado: suministro de insumos, asesoramiento y divulgación a las explotaciones, recolección primaria y comercialización de productos agrícolas, etc. Es en este contexto que las mujeres productoras y procesadoras se reunieron en grupos, cooperativas o uniones para constituir organizaciones creíbles, capaces de participar en los debates sobre las políticas agrícolas. La Federación Nacional de Mujeres Rurales en Burkina Faso (FENAFER-B) es una de las organizaciones que reúnen mujeres rurales y agrícolas, constituida tras la toma de conciencia de las mujeres sobre la necesidad de organizarse y de ser solidarias para poder reafirmarse. El FENAFER-B es miembro de la Confederación Campesina de Faso (antena nacional de la Red de Organizaciones de Productores de África Occidental). Existen varias redes de mujeres procesadoras de cereales en el país y defienden los intereses de las mujeres en la transformación de los productos agrícolas y la comercialización. También debe destacarse la presencia de las cámaras regionales, que son instituciones públicas consulares y autónomas, gestionadas por los profesionales del sector agrícola. Debe reconocerse que dentro de estas organizaciones, la posición y la participación de las mujeres sigue siendo baja, por diversas razones (analfabetismo, aspectos socioculturales, débil poder económico, etc.). Esta situación no les permite comprender realmente los problemas políticos y defender sus intereses.

La CEDEAO adoptó en enero de 2005 su política agrícola (ECOWAP, en Inglés) tras una estrecha concertación con sus Estados miembros y con las organizaciones socio profesionales. Esta política regional es un punto central para la ejecución del componente agrícola de la Nueva Alianza para el Desarrollo de África (NEPAD, en inglés; véase también el programa detallado para el desarrollo de la agricultura africana - PDDAA) en la región. Su objetivo general es contribuir de manera sostenible a satisfacer las necesidades alimentarias de la población, el desarrollo económico y social y la reducción de la pobreza en los Estados miembros, así como las desigualdades entre regiones, países y áreas. Por lo tanto, esta debe: garantizar la seguridad alimentaria de la población rural y urbana de África Occidental; reducir la dependencia de las importaciones de alimentos, dando prioridad a la producción de alimentos; favorecer una integración económica y comercial justa de las explotaciones agrícolas en el conjunto de los mercados; desarrollar las capacidades humanas, crear puestos de trabajo e ingresos seguros en las diferentes etapas de la producción y contribuir al desarrollo de los servicios en las zonas rurales, a fin de mejorar las condiciones de vida de las poblaciones; garantizar una intensificación de los sistemas de producción adaptada a los diferentes contextos agroecológicos, para asegurar el crecimiento de la producción; ayudar a reducir la vulnerabilidad de las economías de África Occidental y a limitar los factores de inestabilidad y de inseguridad regional; contribuir a dotar de los mecanismos de financiamiento adecuados a la agricultura de África Occidental. Así el ECOWAP se basa en tres líneas de acción: el aumento de la productividad y la competitividad de la agricultura; la aplicación del régimen de comercio intracomunitario; y la adaptación del régimen de comercio exterior.

Con algunas diferencias, las relaciones hombre/mujer en los subsectores de la producción, tales como la agricultura, se caracterizan por una alta desigualdad y disparidades de género. La repartición tradicional de los roles de hombres y mujeres se encuentra al origen e incluso es una de las principales causas de la desigualdad en el acceso de hombres y mujeres a los recursos y a su control y al comportamiento diferenciado de los géneros en la actividad de producción agrícola. Los sistemas agrícolas están dominados y regidos en la mayoría de las empresas de Burkina Faso e incluso en la subregión de África Occidental, por un sistema patriarcal predominante, donde las mujeres y los niños simplemente son considerados como activos productivos o como una mano de obra no remunerada que no participa en la toma de decisiones. A nivel nacional y subregional, es importante que los Gobiernos y la UEMOA/CEDEAO armonicen sus políticas y vuelvan a subir de forma inmediata el AEC, introduciendo una banda arancelaria del 50% para la protección de productos agrícolas sensibles (semillas de algodón, tomate, leche, arroz, carne...), incluso antes de la finalización de las negociaciones sobre los Acuerdos de Asociación Económica. Esto podría producir un despegue de las unidades agroindustriales nacionales y reducir así la vulnerabilidad de las poblaciones pobres, principalmente las mujeres productoras agrícolas.

Bibliografía sugerida: • DIVISIÓN PARA EL ADELANTO DE LA MUJER (2008), La mujer rural en un mundo cambiante: Oportunidades y retos, *La mujer en el 2000 y después*, Departamento de Asuntos Económicos y Sociales de la Secretaría de las Naciones Unidas (consultable en línea); • ORGANIZACIÓN DE LAS NACIONES UNIDAS PARA LA ALIMENTACIÓN Y LA AGRICULTURA (FAO) (2011), *Las mujeres en la agricultura: cerrar la brecha de género en aras del desarrollo*, Roma (consultable en línea).

FRANÇOISE BIBIANE YODA

Véase también: - Derecho a la tierra – Derecho consuetudinario - Cooperativa - Trabajadores agrícolas.

Multifuncionalidad

Véase: - Agricultura - Agroecología – Coexistencia de usos de la tierra – Desarrollo sostenible.

N

Nación más favorecida

Véase: - Cláusula de la Nación Más Favorecida.

Nanotecnologías

Contrario a los nanomateriales, el término *nanotecnología* no ha sido definido en un instrumento jurídico europeo ni internacional. Sin embargo, sí se definió en una ley estadounidense de 2003, como la ciencia y la tecnología que permite comprender, medir, manipular y fabricar a escala atómica, molecular y supramolecular, a fin de crear sistemas, sustancias y mecanismos con funciones, propiedades y una organización molecular (*21st Century Nanotechnology Research and Development Act*). La Organización Internacional de Normalización (ISO) propone una definición bastante cercana: "La nanotecnología es la comprensión y control de la materia y procesos en la nanoescala, típicamente, pero no exclusivamente, por debajo de los cien nanómetros, en una o más dimensiones donde comienzan fenómenos dependientes del tamaño que normalmente posibilitan aplicaciones novedosas. Utilizando las propiedades de los materiales a nanoescala que difieren de las propiedades de los átomos individuales, moléculas y materia condensada, para crear mejores materiales, aparatos y sistemas que explotan estas nuevas propiedades."

Estas definiciones amplias muestran los distintos significados que puede adquirir este término. Hoy en día, la nanotecnología se ve comúnmente como el conjunto de técnicas que permiten trabajar en o con la materia a escala nanométrica (un nanómetro es la milmillonésima parte de un metro). Las nanotecnologías reenvían a las técnicas que permiten observar, medir, manipular y construir objetos a escala atómica, molecular y supramolecular y, en general, que posibilitan actuar y trabajar con este tipo de objetos (nano-objetos). Pero el término también se refiere a las disciplinas que estudian y manipulan estos objetos y explotan sus propiedades (nano-biología, nanomateriales y síntesis química...). También se utiliza ampliamente para referirse a todas las diferentes ramas de las nanociencias y las nanotecnologías. Por último, recubre a veces por la elipse a los objetos derivados de las nanotecnologías (nano-objetos y objetos no nanométricos, fabricados intencionalmente, constituidos de nano objetos que confieren a estos objetos no nanométricos propiedades mejoradas o específicas de la dimensión nanométrica).

En la industria alimentaria, el uso de la nanotecnología puede incluir los aditivos (ingredientes de encapsulación, textura, color), envases (bactericida, sellado), el seguimiento y la trazabilidad (sensor de microchip, captor) y el análisis (test de presencia de patógenos). Así, los aditivos anti aglomerantes como el dióxido de silicio y el dióxido de titanio se utilizan en recubrimientos de alimentos (principalmente de barras y maní con chocolate), en caramelos, goma de mascar y en la sal. También hay nano arcillas en paquetes destinados a limitar la difusión de oxígeno en las membranas alimentarias.

La legislación de la Unión Europea (UE), una de las primeras en incluir un instrumento jurídico, define los objetos derivados de la nanotecnología. Sin embargo, no existen fuentes jurídicas europeas específicas para los nanomateriales. Esta carencia se debe al hecho de que la definición jurídica de estos objetos es reciente. Empero, encontramos definiciones dispersas en diferentes textos. En el artículo 2.2.t del Reglamento nº 1169/2011 del 25 de octubre de 2011, relativo a la información alimentaria facilitada al consumidor, se define nanomaterial artificial como "cualquier material producido intencionadamente que tenga una o más dimensiones del orden de los 100 nm o menos o que esté compuesto de partes funcionales diferenciadas, internamente o en superficie, muchas de las cuales tengan una o más dimensiones del orden de 100 nm o menos, incluidas estructuras, aglomerados o agregados, que podrán tener un tamaño superior a los 100 nm, pero conservando propiedades que sean características de la nanoescala". Esta definición se desarrolla con el fin de alertar a los consumidores sobre la presencia de nanomateriales manufacturados en su alimentación (considerando nº 25 del Regl.). Una recomendación de la Comisión Europea del 18 de octubre de 2011 contiene igualmente una definición general del *nanomaterial*, pero con un alcance relativo ("material natural, secundario o fabricado que contenga partículas, sueltas o formando un agregado o aglomerado y en el que el 50% o más de las partículas en la granulometría numérica presente una o más dimensiones externas en el intervalo de tamaños comprendido entre 1 nm y 100 nm"). Por otra parte, la noción había sido previamente definida en el Reglamento nº 1223/2009 sobre productos cosméticos (véase también el Regl. nº 528/2012 de 22 de mayo de 2012, relativo a la comercialización y uso de biocidas).

La mayoría de las legislaciones nacionales no parecen contener disposiciones relativas a los nanomateriales. Por ejemplo, en China, la Ley sobre la Seguridad Alimentaria que entró en vigor en 2009 no contempla disposiciones relativas a los nanomateriales. Del mismo modo, en el caso de Malasia, México y Sudáfrica, ningún reglamento específico a los nanomateriales se ha identificado en los ámbitos de la alimentación y la agricultura. En Japón, la adopción de un reglamento específico para los nanomateriales no ha sido considerada como necesaria, por ahora.

Esta falta de instrumentos jurídicos específicos no quiere decir que los objetos de la nanotecnología no están sujetos a las normas existentes. Las normas del derecho de la propiedad intelectual, del derecho ambiental, del derecho a la salud, etc. son aplicables a los objetos y actividades que les conciernen. En virtud del Derecho Internacional, los nanomateriales pueden ser protegidos por patentes. El artículo 27.1 del Acuerdo sobre los Aspectos de los Derechos de Propiedad Intelectual relacionados con el Comercio (Acuerdo ADPIC) dispone, en efecto, que las patentes podrán obtenerse por toda invención, de producto o de procedimiento, en todos los campos de la tecnología, a condición que sea nueva, que implique una actividad inventiva y que sea susceptible de aplicación industrial. Este artículo prevé igualmente la posibilidad de disfrutar del derecho de patente sin discriminación en el campo tecnológico. En Europa, las patentes nacionales o europeas sobre invenciones en el campo de la nanotecnología pueden ser emitidas. Lo mismo sucede en los Estados Unidos de América. Un informe de la Organización de las Naciones Unidas para la Alimentación y la Agricultura (FAO) y de la Organización Mundial de la Salud (OMS), publicado en 2011, se refiere en particular a una patente registrada en los Estados Unidos que describe la posible aplicación directa de revestimientos inorgánicos sobre las superficies alimentarias como barrera a la humedad y al oxígeno, para aumentar la vida o sabor de los alimentos. Entre 2009 y 2011, 149 patentes habían sido publicadas, las cuales integran las palabras clave "nano*" y "*alimentos" en su título.

Algunos consideran también la posibilidad de aplicar el principio de precaución en materia ambiental y, en particular, en la gestión de los riesgos potenciales de los nanomateriales en general, o de los riesgos potenciales derivados de nanomateriales específicos. Del mismo modo, el Reglamento "REACH" (Regl. nº 1907/2006, relativo al registro, la evaluación y la autorización de productos químicos y la restricción de sustancias y preparados químicos) se aplica a los nanomateriales, cuando estos constituyen sustancias en el sentido del texto. Sin embargo, la aplicabilidad de las reglas internacionales, regionales o nacionales derivadas de las nanotecnologías no es suficiente. Las reglas todavía deben adaptarse a las especificidades de estos objetos (o pueden, por vía interpretativa, adaptarse a este tipo de objetos). ¿Las normas alimentarias, sanitarias y ambientales actuales permiten gestionar los riesgos asociados con los nano-objetos? ¿Garantizan un alto nivel de protección de la salud y del ambiente? ¿El derecho de patentes está adaptado a las especificidades de los nano-objetos?

En una nota publicada en su sitio web, la Organización Mundial de la Propiedad Intelectual (OMPI) señala la existencia de riesgos sobre las patentes relativas a objetos de las nanotecnologías. Indica que un problema que es común, en cierta medida, a varias otras técnicas recientes, es la concesión de patentes demasiado amplias, en parte debido a la falta de estado de la técnica, lo que puede permitir a los titulares de patentes bloquear partes enteras de la técnica. Del mismo modo, también hay un riesgo de que las patentes se invadan sus ámbitos de aplicación entre sí. Por otra parte, las lagunas o las fallas en los textos de la UE han sido identificadas, incluso en el campo de la alimentación: en 2009, el Parlamento Europeo declaró que las enmiendas importantes, adoptadas en la primera lectura de la revisión del Reglamento sobre nuevos alimentos (*novel food*), destacaban la necesidad evidente de modificar la legislación comunitaria para tratar adecuadamente la cuestión de los nanomateriales (Resolución de 24 de abril de 2009). En relación con el Reglamento REACH, se señaló también que "en la actualidad, el ámbito de aplicación del registro (es decir, si se incluyen nanoformas y, en caso afirmativo, cuántas) es con frecuencia poco claro y el nivel de información «nano específica» suministrada (por ejemplo, caracterización de sustancias, peligros, exposiciones y riesgos) es susceptible de una considerable mejora." Además, la definición del término nanomaterial adoptada por la Comisión Europea ha sido criticada. Para algunas organizaciones de protección del consumidor, el umbral establecido por la Comisión (1-100 nm) es demasiado restrictivo. La tasa del 50% relativa a la concentración de partículas en un material es también cuestionada, expertos del *Scientific Committee on Emerging and Newly Identified Health Risks* consideran este límite de concentración demasiado alto (se propone un límite de 15%). Por último, la inserción en el concepto de la Comisión de los términos "material natural" y "formado accidentalmente" es también criticada por ser resultado del cabildeo de los industriales del sector. Esto reduciría la capacidad de los poderes públicos para proteger a los consumidores y al medio ambiente de los productos que incorporan nanomateriales manufacturados, por cuanto resulta necesario estimar la cantidad del producto que contiene nanomateriales naturales o formados accidentalmente, en relación con la parte que incorpora el nanomaterial manufacturado o artificial.

Una evolución del Derecho Internacional, regional y nacional es necesaria para permitir a la sociedad el disfrute de los avances tecnológicos relacionados con la nanotecnología, al tiempo que se garantiza un alto nivel de protección de la salud y del ambiente. Es poco probable que exista, al menos en el mediano plazo, un marco jurídico único. En efecto, como ha señalado el Parlamento Europeo "la aplicación casi ilimitada de las nanotecnologías en sectores tan variados como la electrónica, el textil, el biomédico, los productos de higiene personal, los productos de limpieza, la alimentación o la energía hacen imposible el establecimiento de un marco regulador único a escala comunitaria" (Resolución de 24 de abril de 2009). Sin embargo, un "derecho común" de las nanotecnologías no está excluido. La propuesta de una definición de los nanomateriales por parte de la Comisión Europea que busca, según sus propios términos, ser una guía o referente para la elaboración de las políticas públicas, va en este sentido, aunque es probable que sea revisada (esta definición debe ser revisada en el 2014). En el nivel de la UE, esta definición es aplicada por la Agencia Europea de Sustancias y Preparados Químicos que exige a los solicitantes a caracterizar por sí mismos, sus sustancias con respecto a esta definición. La propuesta de la Comisión también ha sido retomada en buena medida en el Reglamento nº 528/2012 de 22 de mayo de 2012, relativo a los biocidas. El Derecho francés también se inspiró de ella para la definición de las sustancias en estado de nanopartículas.

La evolución del derecho será necesaria, pero no va a ser suficiente. La elaboración de herramientas técnicas será indispensable para caracterizar y manejar mejor los riesgos asociados a los nano-objetos y poder aplicar eficazmente los instrumentos jurídicos. El desarrollo seguro y responsable de las nanotecnologías en el campo de la alimentación u otras áreas también implica reflexiones éticas.

Bibliografía sugerida: ◆ CONSEIL NATIONAL DE LA CONSOMMATION (2010), *Rapport sur les nanotechnologies*, France (consultable en línea); ◆ FAO/OMS (2011), *Reunión de expertos FAO/OMS sobre la aplicación de nanotecnologías en el sector agroalimentario: Implicancias potenciales en inocuidad alimentaria*, Roma, FAO (consultable en línea); ◆ GANZLEBEN, C. et alii (2011), *Review of environmental legislation for the regulatory control of nanomaterials*, Milieu Ltd, AMEC Environment & Infrastructure UK Ltd (consultable en línea); ◆ LACOUR, S. (dir.) (2010), *La régulation des nanotechnologies, Clair-obscur normatif*, Bruxelles, éd. Larcier.

ARNAUD AUFFRAIS

Véase también: - Adición de sustancias – Biotecnologías – Etiquetado – Principio de Precaución.

Naturaleza

Véase: – Bosque – Economía de subsistencia – Pueblos autóctonos.

Necesidades fundamentales

Véase: - Derechos Fundamentales – Economía de subsistencia.

No regresión

Véase: - Principio de no regresión.

Normalización

La normalización técnica se presenta como una técnica de producción y/o distribución metódica que permite a los productores una organización racional para una mayor producción y una disminución de los costos de fabricación. Se ha convertido en un instrumento esencial de la política general de las empresas en un mundo competitivo. Tiene por objeto la información de los consumidores, a menudo víctimas de una asimetría informativa (los consumidores tienen una información pertinente muy desigual en relación con el productor/vendedor). Una de sus peculiaridades reside en que es desarrollada sobre la base de los datos del conocimiento, de un saber adquirido del cual se busca obtener aplicaciones prácticas.

La normalización es a menudo de origen privado y practicada de manera voluntaria. Para algunos, no tiene valor legal, las normas públicas obligatorias son escasas. En la práctica, la distinción entre normas voluntarias y normas obligatorias no es nítida. Los proveedores deben cumplir con las especificaciones establecidas por sus principales clientes. Además, existe una complementariedad cuasi obligatoria entre los textos "públicos" y esta fuente privada de Derecho, en la medida en que la técnica de la normalización obliga al legislador a remitirse a los expertos en relación con el contenido concreto de la norma. Resulta ejemplar en este sentido, el Derecho de la Unión Europea (UE), que opera a partir de las referencias explícitas a la labor de los organismos de normalización privados a los cuales les encarga trabajos (Comité Europeo de Normalización – CEN; Comité Europeo de Normalización Electrotécnica – CENELEC; *European Telecommunications Standards Institute* – ETSI). El Derecho Internacional, incluso con atraso en relación con la normalización europea, alienta firmemente el trabajo en este ámbito mediante la Organización Mundial del Comercio (OMC). En última instancia, los sistemas jurídicos validan incontestablemente la normalización técnica, por el reenvío del legislador o por el reconocimiento que hacen los jueces.

Económicamente, la normalización se encuentra marcada por un sello de ambigüedad: ha estado siempre marcada por la disyuntiva entre la apertura en un gran mercado y políticas de nichos. En derecho interno, se han desarrollado principalmente signos de calidad (que operan por reenvío a un pliego de condiciones, el cual sirve de referente) en una lógica inicial de segmentación del mercado. Por el contrario, en el Derecho Europeo, se pretendía originalmente la normalización "sistemática" para permitir la construcción de un gran mercado homogéneo (con circulación sin trabas del producto normalizado en todos los países de la UE). Esta voluntad de crear un mercado único tomó rápidamente por su cuenta las normalizaciones de calidad. En consecuencia, la normalización consiste en las dos cosas a la vez: libre circulación en un mercado común y segmentación de los mercados. En Francia, la normalización surge del Decreto de 26 de enero de 1984 y ha seguido experimentando un gran auge debido a su carácter obligatorio en materia de los mercados públicos y de una fuerte tradición de "calidad", sobre todo en materia agroalimentaria.

Sin embargo, un cambio decisivo debe situarse en la década de 1980 cuando la Comisión Europea tomó la iniciativa de repensar su gestión en la materia, poniendo el acento en el principio de reconocimiento mutuo que debe facilitar la libre circulación de bienes y de servicios. La Directiva nº 83/189 y la Resolución del Consejo de 7 de mayo de 1985 sentaron las bases jurídicas para que la Comisión pudiera trabajar mediante el reenvío expreso a las normas del CEN y del CENELEC. Orientaciones generales se firmaron el 13 de noviembre 1984, especificando las modalidades de cooperación entre los organismos europeos de normalización y las autoridades europeas. Mediante estos instrumentos, la Comisión dio un mandato a estas organizaciones privadas para elaborar normas técnicas.

El funcionamiento del reenvío a las normalizaciones técnicas está bien establecido en el Derecho de la UE. Las normas armonizadas europeas facilitan el uso del sello "CE", que certifica la conformidad de los productos con los textos aplicables. Cuando el producto se fabrica de acuerdo con las normas vigentes, goza de una presunción de conformidad con las exigencias esenciales y puede, por ello, circular libremente en el mercado interior. La voluntad de promover la libre circulación de bienes y servicios ha impulsado en el Derecho comunitario, el reenvío de las normas públicas a la normalización técnica, lo que le confiere un estatus jurídico indiscutible.

Este credo en el libre comercio, que es también el de la OMC, llevó finalmente a esta organización ha utilizar el reenvío a la normalización técnica. Si bien los niveles de desarrollo económico y de "cultura" en materia de normalización técnica son muy diferentes entre los Estados y explican la relativa indiferencia inicial hacia la normalización, esta situación está cambiando radicalmente. El uso de normas técnicas es muy variable y es más o menos apoyado en el marco de la OMC. El Acuerdo sobre la aplicación de Medidas Sanitarias y Fitosanitarias (Acuerdo SPS) es el más cercano al sistema comunitario, en la medida en que el texto opera con remisiones automáticas a la Comisión del Codex Alimentarius de la FAO/OMS, a la Organización Mundial de la Salud Animal y a la Organización de las Naciones Unidas para la Alimentación y la Agricultura (FAO). Según el artículo 3.2 del Acuerdo SPS, toda medida conforme a las normas internacionales se beneficia de una presunción de conformidad y compatibilidad con el Acuerdo, en cuanto a la protección de la salud y la vida de los seres humanos y de los animales. Por el contrario, en el marco del Acuerdo sobre Obstáculos Técnicos al Comercio (Acuerdo OTC), no se hace referencia específica a la normalización emanada de "oficinas de normalización designadas". Únicamente el Centro de Información de la ISO/CEI en Ginebra se menciona en el Anexo 3 del Acuerdo. En teoría, las normas técnicas internacionales no tienen un valor obligatorio, lo que no significa que no tengan un valor jurídico. En efecto, la referencia a las normas técnicas implica una presunción de conformidad de las políticas públicas de los Estados con el Acuerdo OTC; no pueden ser consideradas como "barreras no arancelarias al comercio" (medidas prohibidas en el mismo sentido que las barreras arancelarias o aduaneras).

Después de algunos años, a las ambigüedades iniciales entre la normalización/competencia/políticas de nicho, se agrega otra relativa al conflicto que puede haber entre la lógica de la competencia sobre la única base de los valores mercantiles (precio) y una lógica en la cual compiten productos y servicios que se inspira también en valores *a priori* "no mercantiles". La calidad en materia agroalimentaria reenvía, en efecto, a la consideración de valores que, en principio, son ajenos al derecho de la competencia y al derecho del consumidor en sentido estricto, pero que también tienden a incorporar en estos últimos otros valores como la salud y el ambiente (productos "orgánicos", la agricultura razonada, etc.). Esencialmente, se trata de una lógica de segmentación de los mercados, pero esta última incluye los valores relacionados con la protección del ambiente y la seguridad alimentaria (productos sanos, "buenos" para la salud).

Desde el punto de vista del derecho de la competencia, la normalización tiende principalmente a fortalecer la sustitución de productos, lo que conduce a la competencia principalmente por el precio y ahora por la calidad, que debe ser "normalizada". La principal contradicción reside en el hecho de que la normalización (y la certificación subsiguiente) constituye un factor de estimulo de la competencia, pero también puede ser potencialmente perjudicial para ella.

Sea en la elaboración o en la aplicación de las normas, las empresas más poderosas pueden imponer su propia tecnología como "el" estándar de referencia y excluir a sus competidores del mercado, especialmente a las pequeñas y medianas empresas, lo que podría ser calificado de abuso de posición dominante o de cártel cuando un acuerdo entre empresas tiene el propósito o el efecto de cerrar el mercado. Los ejemplos de condena por las autoridades de competencia son relativamente raros. La práctica de estas últimas muestra, sin embargo, que no son del todo hipotéticos. Si bien las condenas son poco frecuentes, se debe a que, en teoría, los objetivos de los acuerdos "técnicos" elaborados en el marco de la normalización han tenido esencialmente por objetivo expreso el progreso técnico y económico. La normalización al igual que la innovación y el progreso técnico se beneficia generalmente de una presunción favorable en relación con el derecho de la competencia (se parte de que la normalización cuenta con todas las virtudes, lo que es discutible).

En Europa, las normas de comercialización de los productos agrícolas y agroalimentarias son importantes; garantizan una competencia justa y evitan que el consumidor sea inducido a error en cuanto a las calidades de los productos. Las normes de comercialización actuales contienen cuatro tipos de informaciones: definición básica de la identidad del producto, clasificación del producto, menciones que dan un valor agregado al producto y exigencias en materia de etiquetado relativas al origen o al lugar de producción.

También existen reglamentos sobre la organización común de los mercados (OCM) en el sector agrícola, como el Reglamento nº 543/2011 de 7 de junio de 2011, que sustituye al Reglamento nº 1580/2007 relativo a las modalidades de aplicación de reglamentos europeos en lo que se refiere a las normas de comercialización de frutas y hortalizas frescas. En cuanto a la calidad, Europa normalizó la denominación de origen protegida (DOP), la Indicación

Geográfica Protegida (IGP), la Especialidad Tradicional Garantizada (ETG), la marca "Agricultura Ecológica" ("orgánica") y el sello "Regiones ultraperiféricas" (productos de las Azores, Canarias, la Guayana Francesa, Guadalupe, La Reunión, Madeira y Martinica) y, finalmente, los sistemas de certificación.

Bibliografía sugerida: ◆ BOY, L. (2006), Les liens entre la norme technique et la norme juridique en droits communautaire et international, in *Les enjeux de la normalisation technique internationale, Entre environnement, santé et commerce international,* bajo la dirección de E. Brosset et E. Truilhé-Marengo, Paris, éd. La Documentation française, p. 57; ◆ RACINE, J.-B. (1998), Normalisation, certification et droit de la concurrence, *Revue internationale de droit économique*, n° 2, p. 147.

LAURENCE BOY †

Véase también: - Certificación – Codex Alimentarius – Etiquetado – Signos de calidad.

Nuevo orden económico internacional

Véase: – Patrimonio común de la Humanidad.

Nuevos alimentos

Véase: - Biotecnologías – Clonación animal – Etiquetado – Nanotecnologías – Organismo genéticamente modificado – Principio de Precaución.

O

Obesidad

Véase: - Malnutrición por exceso.

Objetivos de Desarrollo del Milenio

Véase: - Derecho a la alimentación – Derechos Fundamentales – Desarrollo sostenible– Programa Mundial de Alimentos – Seguridad alimentaria.

Obstáculos técnicos

Véase: - Acuerdo OTC - Acuerdo SPS - Derechos aduaneros y barreras no arancelarias.

Obtención vegetal

La primera mitad del siglo XX fue testigo de la aparición de nuevas tecnologías y es durante ese período que surgió la necesidad de ofrecer herramientas específicas de protección para los creadores de nuevas variedades vegetales. Si bien la práctica de la selección de plantas es tan antigua como la agricultura, las técnicas han evolucionado considerablemente a lo largo del siglo pasado y la competencia se desarrolló de manera importante. Se observó con prontitud la inadaptación de la patente como mecanismo para la protección de las variedades vegetales, debido principalmente a su naturaleza particular: los criterios de la actividad inventiva que rigen el derecho de patentes no permitían tomar en cuenta las especificidades de las variedades vegetales en su conjunto.

Ante esa circunstancia, fue adoptado un sistema *sui generis* el 2 de diciembre 1961 a través del Convenio Internacional para la Protección de las Obtenciones Vegetales (Convenio UPOV), que dio origen a la organización del mismo nombre (UPOV). El Convenio ha sido objeto de dos importantes reformas en 1978 y 1991, dando lugar, cada una de ellas, a un texto independiente al cual los Estados que ya eran miembros podían optar por adherirse. Los Estados que se adhirieron después de 1991 deben ratificar el último texto. Así, diferentes versiones de este Convenio se encuentran en vigor a la fecha y, al 1° de enero de 2013, 70 Estados, a los cuales se les agrega la Unión Europea, integran la UPOV.

El Convenio UPOV establece un título -el certificado de obtención vegetal (COV)– que permite la protección de los derechos del obtentor sobre la variedad vegetal que ha creado. Para pretender una protección en virtud de las obtenciones vegetales, una variedad debe cumplir una serie de criterios que fundamentan la concesión de derechos exclusivos sobre la planta. Esta debe ser nueva, distinta, homogénea y estable. Por lo tanto, debe ser desconocida del público y distinguirse suficientemente de las otras variedades; el conjunto de plantas que componen esa variedad debe presentar las mismas características y estas deben estar presentes en todas las generaciones de esta variedad.

Las disposiciones generales que conforman el derecho de las obtenciones vegetales se definen en el Convenio de la UPOV, pero cada Estado debe incorporarlas en su ordenamiento interno y dispone de un cierto margen de maniobra para hacerlo. El certificado de obtención vegetal confiere un derecho exclusivo sobre la variedad vegetal protegida. El alcance de los derechos que otorgaba anteriormente el certificado se limitaba solamente a "la producción con fines comerciales, la puesta a la venta, la comercialización del material de reproducción o de multiplicación vegetativa, en su calidad de tal, de la variedad." (art. 5.1 de la Convención de 1961).

En otras palabras, antes de desarrollar estas actividades, era necesario obtener la autorización del titular del certificado (el obtentor). Esto significaba, *a contrario*, que tal autorización no era necesaria para otros usos de las semillas. De tal manera, los agricultores tenían derecho de conservar una parte de sus cosechas para usarla el año siguiente, incluso cuando la variedad vegetal cultivada estaba protegida por un COV -lo que se conoce como el privilegio del agricultor relativo a las semillas de granja-. Sin embargo, los derechos de los obtentores fueron objeto de una considerable expansión en 1991.

Los Estados ahora pueden prohibir a los agricultores conservar una parte de su cosecha destinada a la resiembra el año siguiente. De esa manera, en la práctica, muchos Estados han optado por no adoptar tal excepción a los derechos del obtentor, obviando la incorporación en su derecho nacional. El privilegio del agricultor es con frecuencia suprimido u objeto de una estricta regulación, como en el caso del Derecho francés (que estuvo prohibido hasta el 2011, la práctica de las semillas de granja ha sido autorizada, pero sólo para un número limitado de variedades).

El privilegio no es exclusividad de los agricultores, ya que el Convenio UPOV prevé también uno en beneficio del obtentor. Esta segunda excepción permite a otros obtentores el uso de una variedad protegida para crear otra nueva. Cierto, el privilegio del obtentor también ha sido modulado mediante la ratificación del texto de 1991, pero este sigue siendo obligatorio y se aplica en todos los Estados miembros, al contrario del privilegio del agricultor. Una tercera limitación de los derechos del obtentor puede ser implementada por los Estados miembros, por causa de interés público. En este caso, el Estado podrá limitar los derechos del titular de la variedad vegetal, pagando una "remuneración equitativa". Se trata, en última instancia, de un mecanismo clásico de licencia obligatoria.

El certificado de obtención vegetal es otorgado por un período mínimo de 20 años y para los árboles y las viñas el plazo mínimo es de 25 años. Originalmente la duración era menor, pero el texto de 1991 la amplió. En Europa, esta ha sido extendida a 25 y a 30 años respectivamente. Cada Estado miembro es libre de sancionar el incumplimiento de los derechos que confiere por medio de la acción que elija. En muchos casos se opta por la acción judicial contra el fraude de falsificación, pues el derecho de las obtenciones vegetales pertenece a la categoría de la propiedad intelectual.

El certificado de obtención vegetal tiene por objeto una variedad vegetal. Si las variedades no se pueden proteger mediante una patente, esta última sigue siendo aplicable a los procesos y a las técnicas que permiten obtener una variedad (se vuelve inoperante cuando se trata de proteger la variedad como tal). Las relaciones y la articulación entre patente y obtención vegetal son, sin embargo, complejas. El Convenio UPOV de 1961 prohibía la acumulación sobre una misma variedad de una patente y de un certificado. Sin embargo, este principio fue suprimido en 1991. Por lo tanto, ahora puede coexistir en la misma variedad un COV, que tendrá por objeto la propia variedad, y una patente, que se centrará en una secuencia genética o en un proceso. Esta coexistencia de varios títulos de propiedad sobre una misma planta vuelve más complejo el sistema de protección y puede conducir a limitar el acceso a la variedad, en la medida en que todo el que quiera usarla deberá obtener previamente la autorización de cada uno de los titulares de los derechos que pesan sobre ella.

Si bien el sistema basado en el Convenio UPOV fue visto como una alternativa real al derecho de patentes, la reforma de 1991 acercó en gran medida los dos regímenes (obtenciones vegetales y patentes). En efecto, ambas herramientas de protección son casi tan exclusivas y monopolísticas la una como la otra. Este acercamiento es aun más problemático en la medida en que el Acuerdo sobre los aspectos de los derechos de propiedad intelectual relacionados con el comercio (ADPIC) prevé en el artículo 27.3 que los vegetales pueden ser protegidos por el derecho de patentes, por "un sistema eficaz *sui generis*" o por una combinación de ambos. Si el texto parece sugerir la posibilidad de construir un sistema de protección realmente alternativo, los países del Norte hacen una interpretación muy estricta de esas disposiciones y asimilan el sistema *sui generis* al derecho de las obtenciones vegetales originado en el Convenio UPOV. Todas las tentativas de los países del Sur (por ejemplo, la Ley modelo africana para la protección de los derechos de las comunidades locales, de los agricultores y de los obtentores y para las reglas de acceso a los recursos biológicos) fueron abandonadas por ser consideradas ineficaces a los ojos de los países del Norte. Además, estos últimos cierran la posibilidad entreabierta por el artículo 27.3 al firmar con los países del

Sur, tratados bilaterales en los cuales los Estados se comprometen a adoptar un régimen conforme al Convenio UPOV.

Bibliographie sugerida: ◆ BUFFET-DELMAS D'AUTANE, V. X., DOAT, A. (2004), La protection des plantes : entre brevet et certificat d'obtention végétale, *Propriété industrielle*, n° 5, p. 8; ◆ POLLAUD-DULIAN, F. (2011), *La propriété industrielle*, Paris, éd. Economica, collection Corpus Droit privé.

CAMILLE COLLART DUTILLEUL

Véase también: - Acuerdo ADPIC – Biotecnologías – Licencia – Patente - Privilegio del agricultor - Privilegio del obtentor - Semillas.

OCDE

Véase: - Organización para la Cooperación y el Desarrollo Económicos.

OCM de productos agrícolas

Véase: - Organización común de mercados agrícolas.

OCM de productos de la pesca

Véase: - Organización común de mercados de productos de la pesca.

OCM única

Véase: - Organización común de mercados agrícolas.

Ocupación

Véase: - Menoscabos a la propiedad.

Office du Niger

Véase: - Acaparamiento de tierras – Derecho al agua – Inversiones internacionales.

Oficina Internacional del Trabajo

Véase: - Organización Internacional del Trabajo.

OGM

Véase: - Organismo genéticamente modificado.

OIT

Véase: - Organización Internacional del Trabajo.

OMC

Véase: - Organización Mundial del Comercio.

OMG

Véase: - Organismo genéticamente modificado.

OMPI

Véase: - Organización Mundial de la Propiedad Intelectual.

OMS

Véase: - Organización Mundial de la Salud.

ONG

Véase: - Amicus curiae.

Orden público

El orden público es un concepto fundamental del Derecho. Permite salvaguardar valores esenciales que un mal uso de la libertad individual podría contrariar. Sin embargo, de manera bastante paradójica, el concepto no es fácilmente determinable y, en general, se acepta que el contenido del orden público es relativamente elástico y evolutivo.

A pesar de la relativa vaguedad en su definición, es posible extraer algunas líneas de su contorno. En ese sentido, el orden público es ante todo "orden" y ello, en dos acepciones del término: orden en el sentido de ordenamiento y orden en el sentido de mandato. Así, el orden público es un mandato al servicio del ordenamiento (social, económico, etc.). Se destaca aquí el elemento característico del orden público, a saber, su carácter vinculante e imperativo: ninguna voluntad individual puede desaplicar lo que él prescribe.

También, el orden es "público": tutela intereses que exceden la esfera privada o individual. Permite proteger valores sociales o filosóficos, en todo caso valores colectivos, considerados como importantes. El orden público es una de esas palancas que permiten hacer que prevalezca el interés colectivo sobre el interés individual y constituye un medio de expresión de los valores que una sociedad se da a sí misma y que se apega a promover o defender en el ámbito interno, pero también en el ámbito internacional. De esta manera, aun cuando no son estrictamente sinónimos, orden público e interés general están relacionados: las reglas de orden público están destinadas a proteger los valores fundamentales en los que se basa el ordenamiento jurídico y, por lo tanto, están al servicio del interés general en la medida en que ellas constituyen una muralla contra cualquier mal uso de la libertad individual y la reivindicación de intereses particulares difícilmente conciliables con la preservación de un interés público preponderante.

Resulta evidente que el alimento es un valor que está ligado con el orden público: la alimentación es un valor fundamental pues concierne la esencia de la vida. Lo alimentario es, en sí mismo, elemental. El Derecho aplicable al alimento, desde la producción hasta el consumo, debería darle una gran importancia al orden público, tomando en cuenta el objeto que regula y los valores que transmite. Sin embargo, debe señalarse que no se le otorga la importancia debida al orden público. Son varias las dificultades. Si bien la noción de orden público alimentario existe sin ninguna duda, debe reconocerse que ésta no ha dado aún los frutos que podría dar. Es cierto que el orden público tiene ámbitos de aplicación muy diversos. Todo depende, en realidad, del objeto de la regla jurídica y de los fines perseguidos.

El orden público alimentario tiene gran presencia en el Derecho del Consumo. Puede hablarse aquí de un orden público de protección del consumidor. En este ámbito, el alimento es regulado como un producto de consumo. En el Derecho francés, existen numerosas disposiciones en el Código del Consumo que se aplican a los productos agroalimentarios. En este sentido, véanse las normas relativas a la información del consumidor (por ejemplo, sobre el origen de los productos de la agricultura ecológica), las normas en materia del respeto de las condiciones de higiene o las relativas a la seguridad y a la calidad de los productos. Algunas de estas reglas son acompañadas por sanciones penales, lo que refuerza el carácter de orden público. En efecto, a nivel europeo se han emitido, en términos generales, numerosas disposiciones en la materia; por ejemplo, el Reglamento nº 178/2002 de 28 de enero de 2002, por el que se establecen los principios y los requisitos generales de la legislación alimentaria, se crea la Autoridad Europea de Seguridad Alimentaria y se fijan procedimientos relativos a la seguridad alimentaria o el Reglamento nº 1169/2011 de 25 de octubre de 2011, sobre la información alimentaria facilitada al consumidor. La idea general que se persigue es la de brindarle confianza al consumidor: éste debe estar seguro de la inocuidad y de la calidad (que ha sido comunicada y que se espera) de los productos que compra en el mercado. En este caso, el orden público persigue particularmente un objetivo comercial (es decir, de buen funcionamiento del mercado).

Sin embargo, el alimento no es únicamente abarcado por un orden público de protección. También está comprendido por el interés general en el sentido propio del término, a través de las problemáticas de salud pública o de protección del ambiente (véase el tema de los organismos genéticamente modificados). La idea de un orden público alimentario "de dirección" es plausible. Incluso podría pensarse en un orden público aún más ambicioso, en la medida en que se concebiría al alimento como una condición elemental de subsistencia. En efecto, actualmente el orden público se acerca a los Derechos

Humanos (el respeto de los Derechos Humanos es parte de los principios básicos del orden público). ¿En la medida en que el derecho a la vida es el primer Derecho Humano y el derecho a la alimentación es una extensión de este, no debería ser también de orden público? Aun más, ¿Todo lo que se relaciona con la alimentación no debería ser también considerado como un valor de orden público intangible y, por lo tanto, formar parte del núcleo principal del orden público? La cuestión es abordada con gravedad en el plano internacional. ¿Podría considerarse un orden público internacional, incluso mundial, que garantice y proteja el derecho a la alimentación? La noción de seguridad alimentaria (que es una faceta de la nueva noción de seguridad humana) ¿No encarna ya valores propios del orden público a nivel internacional? ¿No podríamos hacer referencia en la materia al cuerpo de normas imperativas de Derecho Internacional, reunidos bajo la denominación de *jus cogens*? Estas preguntas resultan difíciles de contestar debido a que la globalización se construyó sobre la base de la liberalización de los mercados. Considerar el orden público es considerar limitaciones, dicho en otros términos, límites a la libertad. Por ello, se opone a los impulsos liberales. Esta es la esencia del problema: cuando se ven afectados por situaciones específicas, pero a veces recurrentes, de escasez de alimentos o de escándalos sanitarios, los Estados se ven tentados a intervenir y recurrir al orden público para garantizar o restablecer el suministro de alimentos sanos y en cantidades suficientes para su población. En concreto, puede tratarse de prohibiciones provisionales a las exportaciones, de expropiaciones de terrenos, del retiro de productos del mercado, del sacrificio de animales, del cierre de fronteras a los productos sospechosos... En estas circunstancias se pone de manifiesto el vínculo natural entre orden público y soberanía, que expresa el poder que tiene un Estado y la capacidad exclusiva de dirigir para satisfacer las exigencias del interés general de su población. Sin embargo, a pesar de ser aparentemente legítimas, tales medidas imperativas afectan en esencia al libre comercio. La cuestión que surge es saber cuál es el margen del que disponen los Estados para intervenir, con el fin de garantizar la seguridad alimentaria (en sentido amplio) en este contexto de globalización, donde impera la libre circulación de mercancías. En otras palabras, ¿Es el orden público una herramienta que les permite salvaguardar sus intereses superiores y, en caso afirmativo, en qué condiciones?

Conviene realizar desde ya dos observaciones. Por un lado, el concepto de orden público es particularmente útil: es potencialmente un instrumento de transformación del *soft law* (es decir, un Derecho no obligatorio, cuyo cumplimiento se deja a la buena voluntad de los destinatarios de la norma) en *hard law* (literalmente Derecho "duro", es decir, un Derecho vinculante y obligatorio). Dicho en otros términos, de ser utilizado oportunamente, permitiría concretar y fortalecer el derecho a la alimentación. Por otro lado, aun cuando ha sido elevado a la categoría de derecho fundamental del ser humano por textos internacionales de primer nivel (véase el art. 25 de la Declaración Universal de los Derechos Humanos, el art. 11 del Pacto Internacional de Derechos Económicos, Sociales y Culturales), todavía resulta difícil garantizar la efectividad del derecho a una alimentación sana y adecuada. Esto puede explicarse principalmente porque este derecho fundamental colisiona a menudo con el derecho de propiedad o con la libertad de circulación de mercancías. Así, el enfrentamiento entre los dos órdenes públicos que cada uno de los derechos o libertades expresa se orienta rara vez en beneficio del derecho a la alimentación.

Sin embargo, el orden público alimentario tienen, sin duda, un lugar en el marco de la Organización Mundial del Comercio (OMC). El comercio internacional de alimentos está sujeto a ciertas reglamentaciones especiales tales como el Acuerdo sobre la Agricultura y el Acuerdo sobre la aplicación de Medidas Sanitarias y Fitosanitarias (SPS). Otros acuerdos, más generales, pueden afectar el comercio de alimentos, tales como el Acuerdo sobre Obstáculos Técnicos al Comercio (OTC) o el Acuerdo sobre los Aspectos de los Derechos de Propiedad Intelectual relacionados con el Comercio (ADPIC). En teoría, el orden público alimentario puede ser utilizado en este contexto como una excepción al libre comercio de productos alimentarios. Se trata de la función clásica del orden público: un límite a la libertad que se justifica al tomar en cuenta un interés considerado superior a la libertad (y normalmente calificado de interés general).

En el marco del Acuerdo General sobre Aranceles Aduaneros y Comercio (GATT), las excepciones generales a las normas del comercio internacional definidas en el artículo XX pueden ser asimiladas a un conjunto de consideraciones no comerciales, que constituyen un interés público imperativo, esencial para la estabilidad social, económica y política de un Estado, incluso de todos los miembros de la comunidad internacional. En ese sentido, son a menudo relacionadas con el concepto de orden público. Entre estos factores no comerciales, que pueden justificar excepciones a las libertades de circulación garantizadas por los textos, figuran: la protección de la moral pública; la protección de la salud y la vida de la personas y de los animales; la protección de las plantas; la conservación de los recursos naturales agotables... Nadie pone en duda que la protección de la vida y la salud, en particular, puede ser realizada por el orden público alimentario. Sin embargo, la compatibilidad entre las disposiciones de orden público adoptadas por un Estado sobre esta base y el principio de libre circulación de mercancías deberá ser objeto de verificación (control de la legitimidad del objetivo perseguido, de la necesidad/proporcionalidad de las medidas y de su carácter no discriminatorio). El famoso diferendo entre Estados Unidos y las Comunidades Europeas (ahora Unión Europea) sobre la carne bovina con hormonas constituye un buen ejemplo de los problemas que pueden surgir en la materia (con la necesidad de aportar la evidencia científica, cuando no de la peligrosidad del alimento, por lo menos de la plausibilidad del riesgo para la salud; *Comunidades Europeas — Medidas que afectan a la carne y los productos cárnicos -*

"hormonas"-, 1997). No obstante, el orden público alimentario no pueden ser confinado solamente a los riesgos sanitarios. También le es posible ocuparse de otros valores: las preferencias sociales, los valores sociales (por ejemplo, la situación de los agricultores) y culturales, la política de acceso a la tierra, el riesgo de hambruna, el bienestar animal, etc. La consideración de tales valores se vuelve particularmente compleja. A diferencia del riesgo sanitario, no existe en este ámbito el apoyo de la ciencia (que pretende la objetividad). Estas cuestiones son esencialmente "políticas".

El orden público no sólo concierne la circulación de los alimentos. También se relaciona con su patrimonialización (es decir, la posibilidad de ejercer sobre ellos un derecho de propiedad), a través de los derechos de propiedad intelectual. En este sentido, el artículo 27.2 del Acuerdo ADPIC, sobre las patentes, establece una excepción a la patentabilidad "para proteger el orden público o la moralidad, inclusive para proteger la salud o la vida de las personas o de los animales o para preservar los vegetales, o para evitar daños graves al medio ambiente". Se trata de una reserva llena de significado y potencial, que podría ser invocada con más frecuencia en el ámbito alimentario, en particular en relación con los derechos reconocidos sobre las semillas (patente o certificado de obtención vegetal). Cabe señalar a este respecto que el orden público se menciona aquí expresamente, a pesar de una formulación relativamente vaga. Según un informe de la Comisión de las Naciones Unidas sobre Comercio y Desarrollo (UNCTAD) de 2004, sobre la interpretación de las disposiciones del Acuerdo ADPIC, la expresión "proteger la salud o la vida de las personas o de los animales" va más allá del simple acceso a la atención médica y cubre también las necesidades fundamentales de la existencia humana, comenzando por el acceso a una alimentación sana y adecuada, así como al agua potable. A pesar de las promesas de este artículo 27.2, debe indicarse que esta palanca nunca ha sido accionada por un Estado miembro.

El orden público alimentario puede tener aún otros campos de aplicación. En este sentido, la materia del derecho de las inversiones internacionales es especialmente rica en cuestionamientos. ¿Las inversiones privadas hechas en el sector agroalimentario no deberían estar sometidas a un régimen especial en razón de su objeto particular? Al menos, ¿No existen motivos para la aplicación de determinadas reservas derivadas de un orden público alimentario? En esta materia existen litigios relativos a contratos de distribución de agua. En un caso conocido, el tribunal arbitral constituido bajo los auspicios del Centro Internacional de Arreglo de Diferencias Relativas a Inversiones (CIADI) parece haber admitido, sin decirlo expresamente, la existencia de un derecho al agua que podría justificar que ciertas medidas sean adoptadas por el Estado en contra del inversionista privado (*Biwater Gauff c/ Tanzania*, 2008). En términos más generales, podría considerarse legítimamente que el derecho a la alimentación -en tanto derecho humano-, en ciertas circunstancias establecidas por el derecho de las inversiones internacionales, autoriza al Estado receptor de la inversión a adoptar medidas para garantizar y preservar este derecho (por ejemplo, medidas de control de precios a fin de evitar un aumento en los precios de los alimentos que no podría ser soportado por la población). No es inconcebible que las prácticas de acaparamiento de tierras puedan, algún día, ser parte de litigios internacionales sobre la inversión. Estos diferendos son confiados a árbitros, jueces privados, no obstante, ellos cuentan con los medios jurídicos para construir un orden público alimentario al recurrir al concepto bien conocido, aunque discutido, de orden público transnacional. La situación de que el derecho a la alimentación sea un derecho humano contribuye, en nuestra opinión, a tal calificación.

Según se ha expuesto, la noción de orden público alimentario es un concepto que debe ser construido aún, al menos en términos de sus dimensiones más ambiciosas. Sin embargo, no deberá limitarse a una función excepcional. En efecto, confinar el orden público alimentario a una simple función de excepción de las normas de derecho común (por ejemplo, una excepción al principio de libre circulación de mercancías) puede marginalizar los casos de aplicación. En sentido propio, tendría un papel excepcional (una función de salvaguardiaen los casos más graves). Es por lo que el orden público alimentario, en una visión idealista de los desarrollos posibles, podría evolucionar no sólo para tener un papel defensivo, sino también ofensivo. No sería sólo un "escudo", se convertiría también en una "espada". Esta es la idea detrás de un posible acuerdo internacional sobre el comercio de productos agroalimentarios que incluiría un orden público positivo. Esta sería una forma de hacer lo que se denomina una "integración sustancial" de las cuestiones alimentarias. Así, el orden público sería una manera de tomar "en serio" el derecho a la alimentación. Sin embargo, la cuestión es delicada, pues reenvía, de manera más general, al tema de la regulación de la economía globalizada y a la consideración en este contexto de los valores llamados "no mercantiles".

Bibliografía sugerida: • MAHIOU, A., SNYDER, F. (dir.) (2006), *La sécurité alimentaire, Food Security and Food Safety*, Leiden, éd. Martinus Nijhoff, coll. Les Livres de droit de l'Académie de droit international de La Haye; • NOIVILLE, C. (2000), Principe de précaution et Organisation mondiale du commerce, Le cas du commerce alimentaire, *Journal du droit international*, p. 263; • RACINE, J.-B. (2012), L'ordre public alimentaire, in *De la souveraineté à la sécurité alimentaire : objectif, stratégie et moyens juridiques*, bajo la dirección de F. Collart Dutilleul et G. Parent, Québec, éd. Yvon Blais (en prensa); RIEM, F. (2013), Droits fondamentaux, ordre public et libertés économiques : introduction, in *Droits fondamentaux, ordre public et libertés économiques*, bajo la dirección de F. Collart Dutilleul et F. Riem, Bayonne, Institut universitaire Varenne, p. 13.

JEAN-BAPTISTE RACINE Y
THOMAS BREGER

Véase también: - Aguas Argentinas - Annona - Cláusula de salvaguardia- Derechos fundamentales - Inversiones internacionales - Mercados Internacionales - Organización Mundial del Comercio - Soberanía.

Organismo certificador

Véase: - Certificación.

Organismo genéticamente modificado

El desarrollo de la ingeniería genética y en particular de la transgénesis (transferencia de genes de una especie a otra) ha incorporado los organismos genéticamente modificados (OGM) a diversas actividades humanas. La industria farmacéutica fue el primer usuario (insulina, vacunas...), pero ya no es el único: las industrias agroalimentarias de hoy, los fabricantes de textiles, de papel, de detergentes utilizan también OGM. Además, desde la década de 1990, los OGM han dejado gradualmente los laboratorios experimentales o industriales para instalarse en los campos, cubriendo 160 millones de hectáreas en 2011, un incremento del 8% respecto a 2010.

Ahora nos enfrentamos a una multitud de OGM: no sólo pueden surgir en ambientes confinados (laboratorios) o ser liberados en el medio ambiente (plantas que producen un insecticida, tolerantes a herbicidas, resistentes a las enfermedades...) sino que pueden participar en un proceso de producción sin aparecer en el producto final (algunas enzimas, por ejemplo) o constituir la totalidad o parte del producto final (soja, maíz, algodón y canola GM); también pueden diferenciarse los OGM agrícolas, en el sentido que se cultivan, los OGM alimentarios, por cuanto son ingeridos por los seres humanos o los animales (por ejemplo, la papa GM) y otros OGM que tienen como única finalidad la investigación y la experimentación o la producción industrial no alimentaria (biocombustibles a partir de cultivos GM). Esta conciencia sobre la heterogeneidad de los OGM es fundamental, ya que según sea su destino, el proceso en el que participan y los ambientes en los que van a ser utilizados, los problemas serán diferentes.

Los OGM a veces se han cultivado sin amparo alguno en una norma jurídica específica (Argentina o Canadá, por ejemplo). Sin embargo, con el desarrollo de los OGM, una serie de problemas jurídicos surgieron y han tenido que ser atendidos aplicando el Derecho existente o mediante normas específicamente establecidas. Ahora, abogados y ciudadanos se enfrentan a reglas jurídicas cuyas fuentes son dispersas, debido a la heterogeneidad de los OGM y de su dimensión multiespacial: Derecho Internacional (Protocolo de Cartagena; Acuerdo sobre los Obstáculos Técnicos al Comercio - OTC - o sobre la aplicación de Medidas Sanitarias y Fitosanitarias – SPS - celebrados en el marco de la Organización Mundial del Comercio – OMC -; Convenio Internacional para la Protección de las Obtenciones Vegetales – “Convenio UPOV”; Unión Europea - UE –; Unión Africana - UA...), nacional, incluso local (decisiones de las autoridades locales), etc.

El Derecho ha sido tan utilizado o desarrollado en el campo de la ingeniería genética que los OGM son objeto de un verdadero debate de sociedad de orden económico, alimentario, sanitario, ambiental, ético y social. Estos debates, que ahora cubren gran parte del planeta y de sus ciudadanos, cuestionan directamente al menos tres áreas que el Derecho regula: la protección de la salud y el ambiente contra los riesgos potenciales de los OGM; la garantía o la adaptación de los derechos y libertades de los diversos protagonistas que se enfrentan o están asociados a los OGM; y el desarrollo de procedimientos para la toma de decisión colectiva que permitan velar por una "buena gobernanza" en materia de los OGM.

Como ocurre con cualquier innovación científica y tecnológica, el desarrollo de los OGM plantea, en primer lugar, la cuestión de los riesgos inducidos. Esto es particularmente significativo ya que algunos OGM son ingeridos por los seres humanos o los animales y son diseminados en la naturaleza. Dependiendo del contexto, la comprensión jurídica del riesgo de los OGM varía. Esta diversidad puede ilustrarse a partir de tres preguntas: ¿Hay que evaluar los riesgos? ¿Cómo? ¿Qué debe evaluarse?

La necesidad de evaluar *a priori* los riesgos de los OGM no es compartida por todos. Varias orientaciones son posibles, lo que tiene un impacto directo sobre la naturaleza de las normas de derecho eventualmente aplicables. Resulta evidente que este problema se elimina si un país decide prohibir los OGM en su territorio (Argelia, Angola, Benín...). En este caso, la regla de Derecho se presenta bajo la forma de una prohibición, que podría ser considerada como incompatible con las normas del comercio internacional (principio de libre circulación de mercancías). La evaluación preliminar del riesgo también se puede subestimar, si un país o un grupo de países considera que las empresas que crean los transgénicos son lo suficientemente responsables como para poner en el mercado únicamente productos seguros. Siguiendo esta orientación, no es necesario el desarrollo de normas de Derecho para verificar *ex ante* los efectos de los OGM: si hay daño, la víctima puede pedir al juez el beneficio de las normas nacionales de responsabilidad civil, penal o administrativo (véase el caso canadiense *Hoffman* 2002: recurso presentado por agricultores orgánicos que no pudieron mantener su certificación "agricultura orgánica" a causa de la contaminación de sus campos por un polen transgénico cuyo origen estaba en unos cultivos vecinos); en este contexto, la prevención de riesgos surge indirectamente de la sanción y la eficacia del sistema depende de su efecto disuasorio. Por último, la evaluación preliminar de los riesgos también es descartada, al menos inicialmente, en los países que consideran que el hecho de que un producto se derive de un proceso particular no lo hace, *a priori*, un producto diferente. De acuerdo con esta perspectiva, resulta suficiente concentrarse en el producto genéticamente modificado (GM) final, compararlo con otros productos similares que ya están en el mercado y observar si son nutricionalmente idénticos: si el producto GM es considerado equivalente al producto similar, no hay necesidad de llevar a cabo un análisis de riesgo, dado que el producto de referencia ya ha sido probado. Esta concepción se basa en el principio de "equivalencia sustancial" promovido por la Organización para la Cooperación y el Desarrollo Económico (OCDE) en materia de inocuidad, y que es aplicado principalmente por los Estados Unidos y por la OMC.

Por el contrario, la evaluación previa del riesgo OGM puede ser juzgada indispensable, ya sea directamente o después de una primera fase de análisis de la equivalencia sustancial de un producto "nuevo" (cuando el producto GM no tiene equivalente). No se trata aquí de comparar los componentes nutricionales, sino de evaluar los efectos de un producto GM.

Incluso antes de preguntarse cuáles son los efectos a evaluar, es necesario definir un método, un procedimiento. En este sentido, una cuestión jurídica debe ser evocada. Esta concierne los datos que pueden ser solicitados para proceder a la evaluación. La respuesta parece clara a primera vista: la evaluación del riesgo debe basarse en argumentos científicos y métodos probados o reconocidos (Protocolo de Cartagena, Derecho de la UE...). Incluso la *Food and Drug Administration* de los Estados Unidos exige bases científicas notorias cuando la equivalencia sustancial no ha sido demostrada y que, por lo tanto, es necesario evaluar el "nuevo" alimento. Esta prueba científica también se convierte en uno de los argumentos centrales en caso de diferendos ante la OMC, porque los Acuerdos SPS y OTC prohíben cualquier obstáculo al comercio a menos que la restricción se base en una argumentación científica indiscutible (ver los tres diferendos iniciados en 2003, *Comunidades Europeas - Medidas que afectan a la aprobación y comercialización de productos biotecnológicos*). Sin embargo, el "reconocimiento" de los datos científicos utilizables es problemático, ya que parece excluir elementos de información de trabajos marginales o controvertidos que podrían ser determinantes para el futuro, dada la incertidumbre propia de los riesgos asociados a las innovaciones.

El principio de precaución, es decir, tomar en cuenta los riesgos sospechados e inciertos, nunca está lejos de un análisis de riesgos, pero su interpretación y su alcance difieren según el país o grupos de países. Además, el enfoque de precaución es reconocido más a menudo en la fase de gestión del riesgo, después de que el OGM ha sido evaluado y cultivado o comercializado.

Finalmente, la evaluación previa implica la definición acerca de cuáles son los riesgos a evaluar. Esta cuestión es fundamental, por cuanto delimita el ámbito de aplicación del análisis de riesgos. La lectura de los distintos ordenamientos jurídicos ofrece una respuesta relativamente homogénea: la evaluación general se limita a investigar los impactos ambientales y sanitarios, las otras consideraciones son indiferentes o son reenviadas a las normas técnicas de coexistencia en caso de "cultivo". Sin embargo, algunos sistemas jurídicos no están totalmente cerrados a la consideración de los impactos socioeconómicos, sobre todo cuando la decisión final sobre el cultivo de OGM o su comercialización está en manos de los órganos políticos (propuesta de reforma de la UE).

La aprehensión del riesgo OGM diverge según el país y los grupos de países. Los métodos de evaluación varían y, sobre todo, proceden de diversas apreciaciones culturas sobre la innovación y sobre los modos de fabricación. Aunque la tendencia es hacia el acercamiento debido a la globalización del debate sobre los OGM y de las negociaciones internacionales (Protocolo de Cartagena), no existe una homogeneidad en los derechos que regulan los riesgos OGM. De este modo, tras informes controvertidos (véase especialmente el estudio "Séralini"), sólo la Unión Europea ha reforzado su procedimiento de evaluación previa a la autorización de los riesgos de la comercialización de los alimentos obtenidos a partir de OGM (Reglamento nº 503/2013 de 3 de abril de 2013).

En segundo lugar, paralelamente al problema de la evaluación de riesgos, el debate sobre los OGM se ha centrado en la garantía de las libertades. Cada uno de los protagonista confrontado o asociado a los OGM, argumenta el irrespeto a su libertad y la necesidad de limitar la de los demás. En este aspecto, el recurso al Derecho resulta ser necesario por cuanto debe trazar los límites entre libertades, así como garantizar su ejercicio.

La libertad de las empresas que han desarrollado o que desean vender OGM puede expresarse a través de uno de los principios fundamentales aplicables a la comercialización de los productos: la libre circulación. Los empresarios e industrias "favorables" a los OGM piden lógicamente la aplicación más amplia posible de esta libertad protegida por textos y decisiones judiciales en todos los niveles de Derecho y de los cuales la OMC es el garante más explícito. Esta orientación lleva a considerar que toda regla de Derecho que restrinja la circulación de los OGM (cláusulas de salvaguardia, medidas de emergencia, regla de coexistencia) debe ser interpretada de manera restrictiva y puede ser analizada como una barrera ilícita al comercio, ya que no hay evidencia científica de que los OGM en cuestión tengan un impacto negativo sobre el ambiente o la salud. Es por ello que varias moratorias europeas que creaban zonas libres de OGM han sido invalidadas por el Tribunal de Justicia de la Unión Europea (TJUE) y por la OMC.

Del mismo modo, si un Miembro de la OMC prohíbe *a priori* la circulación de OGM en su territorio, estará quebrantando el Derecho Internacional aplicable.

Los productores industriales y comercializadores de OGM se benefician a veces de un mecanismo muy interesante conocido como "reconocimiento mutuo", vigente principalmente en la Unión Europea. A partir de su afirmación, este principio les permitió no tener que multiplicar las solicitudes y los procedimientos (notificación, autorización) porque la validación por parte de una autoridad nacional de una primera solicitud relativa a un OGM determinado, se impone a todas las regiones o países vinculados. En términos de circulación de productos, este sistema es particularmente eficiente.

Por último, los inventores de OGM se benefician más concretamente de dos armas jurídicas eficaces para proteger su libertad de acción y asegurar la circulación de sus innovaciones. La primera es el secreto de la invención, que puede, en algunas circunstancias, justificar que ciertas informaciones no se hagan públicas. Este derecho al secreto permite reservar el conocimiento y evitar que los competidores aprovechen la "receta OGM" y que no disfruten gratuitamente de la innovación. Esto garantiza la eficacia de la segunda arma otorgada a los inventores, basada en el derecho de propiedad: la posibilidad de patentar la técnica para la creación de un nuevo OGM agrícola o beneficiarse de la protección de las obtenciones vegetales. En esta área se centra el conflicto jurídico más fuerte, por una parte, en relación con el alcance del derecho derivado de la obtención vegetal (por parte de un obtentor) y, por otra parte, sobre la posible violación al privilegio de los agricultores a sembrar las semillas de la cosecha anterior (véase el caso canadiense *Monsanto Canada Ltd. v/ Schmeiser,* 2004).

Sin embargo, los derechos y las libertades de los creadores, exportadores, importadores y distribuidores de OGM no son absolutos. Su alcance puede ser limitado en función de las orientaciones políticas y sociales que se ven reflejadas en los textos jurídicos. Así, cuando se estableció un proceso de "validación" pública antes del uso de los OGM, se constituyó una primera barrera justificada por imperativos de protección de la salud pública y del ambiente, siendo éstos los argumentos más fuertes frente al principio de la libre circulación de mercancías. La mayor parte de los sistemas jurídicos también incluyen una disposición para bloquear, al menos temporalmente, la importación, la comercialización o el cultivo de OGM que ya están en circulación, cuando informaciones revelen un nuevo riesgo ligado al OGM; se trata de las famosas clausulas de salvaguardia o medidas de emergencia.

El principio de precaución puede aplicarse aquí plenamente si ha sido establecido, pues al inicio puede tratarse de un riesgo simplemente sospechado. Sin embargo, la validez y el efecto de estas medidas dependen de la capacidad de demostrar más adelante la existencia de un peligro para el ambiente o la salud. Así, se encuentra aquí la limitación jurídica relacionada con el carácter científico y a la exclusión de consideraciones socioeconómicas. Finalmente, cuando se permite que los OGM sean diseminados en campo abierto, ciertas medidas técnicas de coexistencia pueden ser impuestas con el fin de evitar los efectos adversos de los cultivos transgénicos en el ambiente o en los cultivos vecinos no OGM (zonas de amortiguamiento, condiciones de almacenamiento o de limpieza del material...). Actualmente, algunos abogan por el abandono parcial de esta concepción de la llamada "coexistencia flexible" y proponen definir áreas dedicadas a los OGM para circunscribir las dificultades. De todos modos, debe entenderse que no se trata de poner en duda el uso de OGM, sino de adaptar los cultivos al contexto local, aún cuando algunos sistemas jurídicos, a través de las normas de coexistencia, prevén la posibilidad de prohibir en ciertas áreas, determinados cultivos OGM autorizados (propuesta de reforma de la UE).

Aplicado a la producción agrícola, el Derecho puede desglosarse de la siguiente manera: cuando existe un régimen de autorización o de notificación, los productores que quieren emplear OGM solo podrán utilizar semillas y plantas GM consideradas conformes en los términos de estos procedimientos; asimismo, los agricultores "OGM" pueden ser sometidos a reglas de cultivo o de organización que tienen como fin garantizar la coexistencia entre las cadenas o la ausencia de peligro para el ambiente o la salud. Entonces, parece ser que el Derecho no organiza más que la limitación de la libertad de los productores GM. En realidad, la situación es más compleja: por un lado, el productor no GM no controla la aplicación de las denominadas medidas de coexistencia que están a cargo del productor de OGM; por otro lado, la eficacia en la práctica de las denominadas reglas de coexistencia es ampliamente refutada. En este contexto, el Derecho podría ser analizado como una ficción, porque propone un modelo de segmentación de los mercados y de los cultivos que, desde el punto de vista biológico (diseminación, contaminación cruzada) y económico (monopolio de distribución de semillas) un estudio a profundidad podría desmentir. Algunos incluso afirman que se trata de un Derecho discriminatorio, que solo protege la libertad del productor de OGM.

Otros dos elementos clave pueden alterar el principio de libre circulación de mercancías y, por lo tanto, limitar a los vendedores de OGM. El primero es un requisito de trazabilidad impuesto por algunos sistemas jurídicos, lo que lleva a los intermediarios sucesivos a mantener una especie de "hoja de ruta" para todos los productos agrícolas y alimentarios que producen y venden (UE). Esta obligación tiene un impacto real: permite encontrar a las empresas responsables en caso de daños causados por un OGM; constituye una herramienta de control para las empresas, principalmente los distribuidores, que han decidido no vender o no comprar productos GM. Las eventuales obligaciones positivas en materia de etiquetado ("contiene OGM") y negativas ("sin OGM") son el segundo obstáculo para la expresión absoluta de la libre circulación de mercancías. De acuerdo con sus promotores (la UE, por ejemplo), estas obligaciones garantizan a los consumidores la libre elección de los productos que desean comer. Sin embargo, el etiquetado no cubre todos los usos: los productos alimenticios derivados de animales alimentados con OGM constituyen, en ese sentido, una excepción; asimismo, la obligación de etiquetado puede no imponerse a los coadyuvantes tecnológicos o al polen en la miel. El etiquetado obligatorio no es compartido por todos, algunos consideran que este procedimiento discrimina los productos a pesar de que estos no se consideran diferentes. Esta perspectiva es fundamental, ya que, para algunos países, el hecho de inducir al consumidor en error puede constituir un engaño, sancionado por el Derecho.

De esta manera, el Derecho propone una visión relativamente favorable al desarrollo de las empresas que desean comercializar los OGM. Sin embargo, existen reglas que, si son instauradas, permiten limitar su libertad y ofrecen tanto a las instituciones públicas como a las empresas o particulares, principalmente a los agricultores no OGM y a los consumidores, la oportunidad de ejercer su derecho a la "libre elección". Entonces, todo depende de las orientaciones seguidas por los países y, en este ámbito, el panorama mundial es bastante desigual.

Por último, la controversia OGM también ha puesto de manifiesto la dificultad de establecer una "buena gobernanza" en materia de OGM, es decir, proponer normas jurídicas que permitan tanto a los actores públicos como privados intervenir en el proceso de decisión, facilitando la aplicación del Derecho al democratizar la toma de decisiones. En el análisis, un cierto número de sistemas jurídicos organizan efectivamente una gobernanza de múltiples niveles y con múltiples actores: según los contextos jurídicos, pueden intervenir diferentes autoridades políticas o administrativas, empresas solicitantes, agencias de expertos científicos, diferentes Estados que integran la zona o el respectivo diferendo, ciudadanos o sus asociaciones representativas o actores socioeconómicos... Sin embargo, este enfoque general no debe ocultar que algunos tienen poderes más determinantes que otros.

En su conjunto, el Derecho da al "político" la última palabra y los otros protagonistas sólo pueden aconsejar o dar una opinión. No obstante, esto no es tan simple. En realidad, las autoridades públicas tienen un poder variable que puede depender de los OGM en cuestión (alimentarios o no) y de su confinamiento (medio confinado o diseminación). Según los sistemas jurídicos, se encontrarán formas graduales de control estatal: desde la homologación de un autocontrol de la empresa "OGM", pasando por la evaluación de ese autocontrol (Estados Unidos), hasta la autorización previa (UE). Esta graduación también puede encontrarse en el caso de los Estados federales o asimilados en el nivel de la decisión: federal, cuando se trata de los OGM o de uso de OGM considerados menos importantes; nacional o local en el caso contrario.

Los principales beneficiarios de la limitación eventual del control estatal son las empresas que quieren desarrollar los OGM. Sin ni siquiera aventurarse en el tema del cabildeo (*lobbying*), el análisis del Derecho muestra que en varios casos, los procedimientos instaurados (o la ausencia de estos) confían a estas empresas la totalidad o parte de la decisión sobre la experimentación, la diseminación o la comercialización. En particular, cuando los datos científicos que permiten evaluar la composición nutricional o los riesgos provienen única y exclusivamente de la experticia aportada por el mismo peticionario o cuando el control de la autoridad pública se ejerce al mínimo. Es por esto que algunos Estados consideran que el procedimiento de notificación/validación es insuficiente en el tanto que la decisión se basa en el trabajo realizado principalmente por el solicitante. Prefieren entonces, establecer un procedimiento de autorización que implica no sólo una evaluación de riesgos por parte del peticionario, sino también por parte de las autoridades competentes y sus eventuales agencias especializadas (UE).

En el mismo sentido, si bien para el Derecho las decisiones conciernen a una apreciación política, la práctica demuestra que son dependientes de la apreciación científica. Por lo tanto, cuando participan expertos para evaluar los riesgos ambientales o sanitarios, estos dan un informe que, jurídicamente, no obliga al tomador de decisiones; pero, éste último debe fundamentar su decisión únicamente en elementos científicos, por lo que no tiene más opción que seguir las conclusiones del informe. Por lo tanto, este dispositivo vuelve al "político" dependiente del "científico". Esta ambigüedad torna aun más difícil la ya compleja cuestión de la independencia de los expertos. Generalmente, esta última se demuestra a partir de las declaraciones de intereses de los científicos, pero a veces la imparcialidad de algunos no puede garantizarse debido a los vínculos intrínsecos entre la investigación genética y las empresas productoras de OGM (véase el caso de la Autoridad Europea de Seguridad Alimentaria). También se plantea la cuestión de la calidad de los expertos: dado el debate de sociedad que surge de los OGM, a menudo se sugiere la presencia de especialistas en ciencias sociales al lado de los expertos en ciencias de la vida.

Otro elemento dificulta el establecimiento de una "buena gobernanza" de los OGM: cuando ha sido establecida, la participación ciudadana es generalmente prevista en diferentes niveles del Derecho (Protocolo de Cartagena, UA, UE...). Sin embargo, se trata a menudo de simples consultas, a través de Internet, durante la tramitación de las solicitudes de autorización o de reformas legislativas, por ejemplo. Salvo cuando un derecho de referéndum popular es organizado (Suiza), las reglas relativas a los OGM están lejos de aplicar el conjunto de las facetas del concepto de participación, tal como lo propone la Declaración de Río (1992) o el Convenio de Aarhus (1998), es decir, no sólo se trata de la información, sino también de una concertación, incluso de un rol del público en la decisión.

Si la participación ciudadana es débil en Derecho, puede ser realmente fuerte de hecho. El Derecho forma parte de un complejo conjunto de factores que afectan a la gobernanza en el ámbito de los OGM. En él se establecen las bases, pero puede verse superado por las dinámicas sociales que impiden su aplicación estricta o que la modulan o la destruyen. Con los OGM, el Derecho se ve atrapado en las redes de la expresión popular frente a las innovaciones, que cristalizan los temas políticos, filosóficos y éticos. Por lo tanto, los que practican la destrucción de los ensayos de campo de OGM (los "*faucheurs*") justifican sus acciones ilegales, a veces violentas, alegando un sentimiento de "no derecho" asociado con la necesidad de actuar urgentemente. Estos movimientos, calificados por algunos de desobediencia civil, podrían haber sido apoyados o reforzados por decisiones políticas locales que prohíben los OGM en algunos territorios (véase el caso europeo *Land Oberösterreich y Austria c/ Comisión*, 2007). En algunas partes del mundo, son tan fuertes que han producido una parálisis total de las instituciones y la inaplicación parcial del Derecho (por ejemplo, en la UE). Esta observación empaña el objetivo de "buena gobernanza" en el sentido de que las reglas de decisión no son compartidas y aceptadas por todos los actores que intervienen en la decisión. Sin embargo, esta conclusión no se puede generalizar a todos los países y a todos los ciudadanos.

Las problemáticas jurídicas en torno al tema de la gobernanza en el ámbito de los OGM siguen siendo de actualidad. De este modo, se unen a todas aquellas que conciernen la protección de las libertades y la evaluación de los riesgos. El derecho de los OGM se presenta como un trabajo empírico que, en función de los eventos sociales, ambientales y sanitarios futuros, deberá ser adaptado, reformado o transformado. En consecuencia, los laboratorios no son exclusivos para la investigación genética.

Bibliografía sugerida: ◆ BODIGUEL, L., CARDWELL, M. (dir.) (2010), *The regulation of genetically modified organisms: comparative approaches*, Oxford, Oxford University Press; ◆ BOURRINET, J., MALJEAN-DUBOIS, S. (dir.) (2002), *Le commerce international des organismes génétiquement modifiés*, Paris, éd. La Documentation française; ◆ CAIN, B. (2002), *Legal aspects of gene technology*, Londres, éd. Sweet & Maxwell; LEE, M. (2008), *EU Regulation of GMOs, Law and decision making for a new technology*, Londres, Edward Elgar Publishing; ◆ NIHOUL, P., MAHIEU, S. (dir.) (2005), *La sécurité alimentaire et la réglementation des organismes génétiquement modifiés*, Bruxelles, éd. Larcier.

LUC BODIGUEL

Véase también: - Análisis de riesgos - Agricultura orgánica – Biodiversidad – Biotecnologías - China - Clonación de animales - Diferendos de la OMC - Estado de necesidad – Etiquetado - Principio de precaución – Riesgo.

Organización común de mercados agrícolas

El artículo 40 del Tratado de Funcionamiento de la Unión Europea (TFUE) prevé la creación de una organización común de los mercados agrícolas (OCM), con el fin de alcanzar los objetivos de la Política Agrícola Común (PAC), que se enumeran en el artículo 39 del TFUE y que son: aumentar la productividad agrícola, garantizar un nivel de vida equitativo a la población agrícola, estabilizar los mercados, garantizar la seguridad del suministro y asegurar precios razonables para los consumidores. Esta OCM puede adoptar diversas formas dependiendo del producto.

De esta manera, una OCM regula la producción y el comercio de los productos agrícolas europeos de acuerdo con los objetivos de la PAC. Las medidas necesarias para la consecución de estos objetivos pueden ser: la regulación de precios, subvenciones a la producción o la comercialización, sistemas de almacenamiento y de transferencia de los excedentes de producción y mecanismos comunes de estabilización de las importaciones o exportaciones (art. 40.2 del TFUE).

Desde la introducción de la PAC, el Consejo Europeo estableció mediante reglamentos, varias OCM que permitieron orientar la producción, estabilizar los precios y garantizar la seguridad del suministro de 21 productos o grupos de productos agrícolas. Estas OCM sectoriales fueron sustituidas en 2007 por un único reglamento, denominado "OCM única", que concierne a la casi totalidad de los productos agrícolas (Reglamento nº 1234/2007 de 22 de octubre de 2007, por el que se crea una organización común de mercados agrícolas y se establecen disposiciones específicas para determinados productos agrícolas). El artículo 1º del Reglamento define su ámbito de aplicación (cereales, arroz, azúcar, semillas, frutas, verduras, leche, carne bovina...), especifica los sectores excluidos y establece medidas particulares para algunos de ellos (productos apícolas, principalmente)

El nuevo texto incluye disposiciones sobre el mercado interno, el comercio con terceros países y disposiciones específicas para determinados sectores. Por otra parte, teniendo en cuenta "el objetivo de crear un conjunto coherente de normas sobre la política de mercado" (considerando 83 del Reglamento), la OCM única incorpora las disposiciones pertinentes del Reglamento nº 1184/2006 de 24 de julio de 2006, sobre aplicación de determinadas normas sobre la competencia a la producción y al comercio de productos agrícolas. Así, la OCM única define la forma como las normas de la PAC se articulan con el Derecho de la Competencia (arts. 175 y ss. del Reglamento nº 1234/2007).

Bibliografía sugerida: • LORVELLEC, L. (2002), Les organisations communes de marché, in *Écrits de droit rural et agroalimentaire*, Paris, éd. Dalloz, p. 532.

FABRICE RIEM

Véase también: – Cártel - Derecho de la Competencia - Desarrollo Sostenible - Organización común de mercados de productos de la pesca.

Organización común de mercados de productos de la pesca

En el contexto europeo, la organización común de mercados (OCM) de productos de la pesca, a pesar de haber sido prevista por el Tratado de Roma de 1957, nació con dificultad luego de una crisis que se produjo en 1964, al eliminarse las barreras aduaneras intracomunitarias. Esta crisis dio lugar a la adopción del Reglamento nº 2142/70 de 20 de octubre 1970, que establece una organización ampliamente inspirada en el modelo que ya existía para el sector de las frutas y legumbres. Concebida originalmente para garantizar la libre circulación de mercancías y asegurar una cierta estabilidad de los precios para los productores, la OCM ha sido posteriormente objeto de revisiones con cierta regularidad y se rige actualmente por el Reglamento nº 104/2000 de 17 de diciembre de 1999.

Los productos abarcados son los de la pesca, es decir, aquellos capturados, pero también se incluyen los productos de la acuicultura, independientemente del tratamiento o de la transformación a la que sean sometidos (productos vivos, frescos, congelados, salados, ahumados, en salmuera o incluso en polvo, en harina). La OCM de productos de la pesca debe contribuir a una gestión sostenible de los recursos marinos, permitiendo una estabilización de los precios, un ajuste entre la oferta y la demanda y un suministro regular del mercado en interés de los consumidores y de los productores. La tarea es difícil por cuanto la pesca es aleatoria y la producción comunitaria es globalmente deficitaria. La Unión Europea es altamente dependiente de los recursos pesqueros de terceros países.

Han sido instauradas normas comunes de comercialización con el fin de eliminar del mercado los productos de calidad insatisfactoria y mejorar, de ese modo, la rentabilidad de la producción. Los productos de la pesca solo pueden ser vendidos o comercializados si cumplen las normas de comercialización relativas a la clasificación por categoría de calidad, de talla o de peso, de embalaje, de presentación y de etiquetado. Los Estados miembros deben controlar la conformidad de los productos con dichas normas de comercialización. Entre los textos aplicables, cabe mencionar por ejemplo, el Reglamento nº 2406/96, que define las categorías de frescura y calibrado. En cuanto a las normas sanitarias, el conjunto del dispositivo fue reformado en 2004. También, el Reglamento nº 3759/92 del 17 de diciembre de 1992 modificó profundamente a la OCM en el sector de productos de la pesca y de la acuicultura, previendo la adopción de normas de comercialización, el fortalecimiento del papel de los grupos de productores y la actualización tanto de las medidas de intervención, como del régimen de intercambios con terceros países; el objetivo consistió en corregir los efectos más negativos del desequilibrio entre la oferta y la demanda, estabilizar los precios para asegurar a los pescadores un ingreso mínimo y fomentar la competitividad general de la flota pesquera comunitaria en los mercados mundiales. Por su parte, el Reglamento nº 104/2000 del 17 de diciembre de 1999 incorporó en la OCM una nueva preocupación: la información de los consumidores (art. 4). De ahora en adelante, una rotulación apropiada debe indicar el nombre comercial de la especie, el método de producción (pesca en agua dulce, en el mar, o crianza), así como la zona de captura. El objetivo claramente enunciado consiste en garantizar la trazabilidad de los productos del mar en un contexto de crisis alimentaria (véase, para más detalles, el Regl. nº 2065/2001).

El eje de esta organización consiste en un sistema de precios que permite activar mecanismos de intervención financiera, cuando el precio del pescado cae por debajo de un umbral determinado. El elemento básico para la definición de estos mecanismos es el precio de orientación fijado anualmente por el

Consejo. Este precio sólo concierne algunos productos de la pesca. Se calcula tomando en cuenta el promedio de precios de los mercados mayoristas o en los puertos, durante las últimas tres campañas de pesca y siguiendo las perspectivas de evolución de la producción y de la demanda. En función de estos precios de orientación, la Comisión establece anualmente unos precios mínimos, igualmente llamados precio de retirada, por debajo de los cuales las organizaciones de productores deben retirar los productos del mercado. Cada precio de retirada se calcula en función del precio de orientación, al que no debe superar en un 90%, pero también según la frescura, la talla y la presentación del producto. Las organizaciones de productores están autorizadas para retirar de la venta los productos que arriban y cuyo precio de venta no supera el precio de retirada. El pescador recibe una compensación económica a cargo de la organización de productores y de los fondos comunitarios, destinada a asegurarle un ingreso mínimo. Los productos retirados se destinan ya sea a organizaciones benéficas, a la fabricación de alimentos para animales o a otros fines no alimentarios. Algunos productos pueden ser procesados y almacenados durante por lo menos 5 días, antes de ser vendidos. Se da entonces una ayuda para cubrir los costos técnicos de transformación y almacenamiento, así como los costos financieros.

Para beneficiarse de las medidas de apoyo del mercado previstas por la OCM, la organización de productores debe haber sido reconocida, mediante un procedimiento que consiste en una autorización concedida por el Estado miembro luego de haberse verificado la conformidad de la constitución y de los estatutos de la organización respectiva, con la normativa aplicable. El reconocimiento se otorgará si se adhieren a la organización de productores el 20% del total de buques habitualmente presentes en la zona respectiva, los cuales deben alcanzar un umbral de producción mínimo del 15% de la producción total de la zona o del 30% de la producción en un puerto o en un mercado importante en dicha zona, para la especie o el grupo de especies respecto de las cuales se solicita el reconocimiento. El Estado miembro tiene libertad de imponer condiciones más estrictas cuando se cumplen estos umbrales mínimos. El artículo 4 del Reglamento nº 2939/94 del 2 de diciembre de 1994, establece los documentos que deben aportarse con el propósito de obtener la autorización. Además, los Reglamentos n° 3318/ 94 del 22 de diciembre de 1994 y nº 2636/95 del 13 de noviembre de 1995, desarrollan un procedimiento de reconocimiento específico que abandona el criterio de representatividad, para condicionar el reconocimiento a la presentación de un plan de mejora de la calidad y de la comercialización de la producción.

Cada organización de productores elabora y envía a las autoridades competentes del Estado miembro respectivo, un programa operativo de campaña de pesca que comprende: la estrategia de comercialización para adaptar el volumen y la estrategia de oferta en el mercado; un plan de capturas o un plan de producción según las especies; medidas preventivas para adaptar la oferta para especies que son difícilmente comerciables; y las sanciones aplicables a los asociados que contravengan las decisiones adoptadas. La adhesión a una organización de productores es en principio facultativa, pero el derecho emanado de la Unión Europea prevé un procedimiento de extensión de las disciplinas de la organización para los no asociados, a partir del momento en que esta sea representativa de la producción y comercialización de una parte del litoral (Regl. nº 1886/2000, del 6 de septiembre de 2000). Asimismo, el Estado miembro puede decidir que los no asociados están obligados en todo o en parte a aportar las cotizaciones pagadas por los productores asociados, pero también pueden beneficiarse de una indemnización por las cantidades de productos que no han podido ser comercializadas.

Bibliografía sugerida: ◆ BEURIER, J.-P. (dir.) (2009), *Droits maritimes*, Paris, éd. Dalloz, coll. Action.

GWENAËLLE PROUTIERE-MAULION

Véase también: - Calidad de los productos - Desarrollo Sostenible - Organización común de mercados agrícolas - Política Pesquera Común.

Organización de las Naciones Unidas para la Alimentación y la Agricultura

La Organización de las Naciones Unidas para la Alimentación y la Agricultura (FAO) es un organismo especializado de las Naciones Unidas, creado en 1945 para luchar contra el hambre en el mundo. Las cuestiones agrícolas y alimentarias preocupaban entonces a los Aliados, tanto como la paz a la que contribuyeron. La primera piedra fue colocada en la Conferencia de Hot Springs (1943) que se centró principalmente en tres áreas: el aumento de la producción agrícola, la mejora de los circuitos de distribución y la adaptación del consumo de alimentos a las necesidades de las poblaciones. La Declaración Final, redactada por el canadiense Pearson, expresa la convicción que motivó a los participantes a lo largo de los debates, según la cual: "*the first cause of hunger and malnutrition is poverty*" ("la causa fundamental del hambre y la malnutrición es la pobreza"), así como la voluntad común de accionar varias palancas (desarrollo del empleo, garantía de ingresos suficientes para los productores, protección del consumidor, expansión del comercio internacional, limitación de las fluctuaciones de precios de los productos agrícolas y alimentarios...) para garantizar el acceso universal a una alimentación vital. En sus memorias, Pearson dice: "hemos apostado decididamente por un enfoque social y no beligerante, centrado en el progreso, la seguridad y el bienestar [y] con el fin de no aceptar la doctrina mezquina que promueve la estabilidad económica y el progreso mediante la penuria, denunciando una situación en la cual una minoría vive en la abundancia y comodidad, mientras que dos tercios de las personas en el mundo pasan hambre y miseria" (*traducción libre*). Con este objetivo, la FAO fue creada antes de que la agricultura y la alimentación fueran finalmente relegadas, al final del conflicto mundial, detrás de las cuestiones más generales relacionadas con el comercio internacional.

Solo los Estados, a los cuales se agrega la Unión Europea, son miembros de la FAO, que reúne 191 miembros. Su sede está en Roma. Como organismo especializado de las Naciones Unidas (ONU), participa en los trabajos del Consejo Económico y Social de las Naciones Unidas (ECOSOC), que coordina las actividades de las catorce agencias de la ONU y de las comisiones regionales especializadas en los ámbitos económico y social. Desarrolla también cooperaciones con otras instituciones, especialmente aquellas con sede en Roma (Fondo Internacional de Desarrollo Agrícola – FIDA -, Programa Mundial de Alimentos - PMA) para fortalecer sus esfuerzos comunes en pro de la seguridad alimentaria y el desarrollo agrícola sostenible en el largo plazo. La FAO desarrolla igualmente colaboraciones con el Banco Mundial en el marco de un programa de cooperación técnica, donde la FAO identifica y prepara los proyectos agrícolas susceptibles de ser financiados por el Banco. Asimismo, desarrolló acuerdos similares con bancos regionales de desarrollo. Por último, la FAO estableció, junto con la Organización Mundial de la Salud (OMS), una comisión cuya labor consiste en dictar las normas internacionales en materia alimentaria (*Codex Alimentarius*). Además, administra conjuntamente con la misma OMS, el Comité Mixto de Expertos en Aditivos Alimentarios (JECFA).

El órgano plenario de la FAO es la Conferencia, la cual fija la política general y aprueba el presupuesto de la Organización. Reúne a los Estados Miembros, a los Miembros Asociados y a los Observadores (Estados, organizaciones intergubernamentales, organizaciones no gubernamentales - ONG). Los miembros asociados participan en las deliberaciones de la Conferencia, pero no tienen derecho a voto y no pueden ocupar cargos. La Conferencia formula recomendaciones sobre las cuestiones relativas a la alimentación y a la agricultura. Se reúne cada dos años en sesión ordinaria, pero puede reunirse cada año en sesión extraordinaria. La Conferencia elige al Consejo y al Director General de la FAO. El Consejo comprende 49 Estados miembros, es el órgano ejecutivo de la Conferencia que actúa en el intervalo de sus sesiones, dentro de los límites de las facultades delegadas por ella. Se ocupa específicamente de las cuestiones relativas a la situación mundial de la alimentación y de la agricultura, y a las actividades actuales y futuras de la Organización, incluido su programa de trabajo y presupuesto. En el ejercicio de sus funciones, el Consejo está asistido por comités, en particular por el Comité del Programa, el Comité de finanzas y el Comité de Asuntos Constitucionales y Jurídicos.

Entre estos órganos directores, cabe mencionarse especialmente la existencia del Comité de Seguridad Alimentaria Mundial al cual se refiere el artículo III. 9 del Acta Constitutiva de la FAO y que fue objeto de una importante reforma en 2009. Integrado por los Estados que lo solicitan al Director General, por el PMA y el FIDA, este Comité es ahora susceptible de acoger también a las ONG y a actores del sector privado. Asimismo, está previsto que un número mínimo de representantes de la sociedad civil, fijado por el Comité, participe en las discusiones. Aunque privados del derecho a voto, estos representantes están invitados a participar en los debates sin necesidad de esperar a que los miembros hayan intervenido y a presentar documentos y propuestas formales. Así, encuentran en este Comité, que es escuchado por la Asamblea General de las Naciones Unidas y cuya vocación consiste en ser "la principal plataforma internacional e intergubernamental incluyente para el trabajo conjunto de todas las partes interesadas con miras a garantizar la seguridad alimentaria y nutricional para todos", un foro en el cual compartir su experiencia y su experticia y donde proponer soluciones de reforma. En la práctica, varias ONG han aprovechado la oportunidad para presentar sus análisis sobre los fenómenos del llamado acaparamiento de tierras y de la volatilidad de los precios agrícolas durante las sesiones de 2010 y 2011.

El presupuesto de la FAO está compuesto de contribuciones de los Estados miembros y de aportes - más modestos – de los Estados asociados. Su presupuesto ordinario para 2010-2011 ascendió a mil millones de dólares. Las contribuciones voluntarias de los miembros y de otros socios son cercanas a los 1,2 mil millones de dólares y apoyan la asistencia técnica y la ayuda de emergencia (incluida la rehabilitación) para los Gobiernos, así como el apoyo directo a su actividad básica. La FAO fue así una de las principales organizaciones beneficiarias del Programa de las Naciones Unidas para el Desarrollo (PNUD). Además, desde la década de 1970 emplea fondos fiduciarios que tienen la particularidad de permitir una afectación de sumas giradas a proyectos específicos. Los trabajos financiados por los fondos fiduciarios son muy diversos y se relacionan principalmente con las enfermedades de plantas, la mejora de semillas, el desarrollo de la ganadería, la consolidación del crédito agrícola o también con la capacitación de los campesinos.

La información es la primera tarea asignada a la FAO por su Acta Constitutiva (véase el art. 1°). Recopila las informaciones provenientes de los Estados y de otras organizaciones internacionales; lleva a cabo encuestas en el terreno; y difunde sus resultados a través de su sitio web y de boletines informativos, revistas, informes y otras obras que publica. Su oficina jurídica ejerce también una función de asesoría y de asistencia, enviando técnicos al lugar a solicitud de un Estado. Por último, es un lugar de intercambio, en la sede de la Organización o en las oficinas descentralizadas, para las negociaciones sobre los principales temas de la alimentación y la agricultura.

La Organización publica cada año una serie de informes que proporcionan datos valiosos, en particular, sobre el estado mundial de la inseguridad alimentaria, de la agricultura, de la pesca y de los mercados agrícolas. Estudios temáticos complementan estas fuentes de información (el papel de la mujer, los biocombustibles, las biotecnologías, la ayuda alimentaria...) y gran cantidad de estadísticas clasificadas por país están disponibles. Pero entre estas publicaciones, una ocupa un lugar aparte: se trata de las Directrices voluntarias que apoyan la realización progresiva del derecho a una alimentación adecuada en el contexto de la seguridad alimentaria nacional, aprobadas por el Consejo de la FAO en 2004.

Estas directrices han sido desarrolladas por un grupo de trabajo que actúa bajo mandato del Consejo de la FAO. Son instrumentos que no implican ninguna obligación jurídicamente vinculante para los Estados o las organizaciones internacionales - de ahí su carácter voluntario -, que están destinados a orientar la acción de los Gobiernos en la realización del derecho a una alimentación adecuada. Han sido formuladas 19 recomendaciones para este fin, a menudo en términos muy generales. Se le solicita a los Estados: garantizar la existencia de un entorno económico y social tranquilo y estable; implementar políticas públicas de combate a la pobreza y de desarrollo sostenible; respetar los derechos fundamentales; y garantizar el acceso a la justicia (Directriz 1). La FAO les solicita también tomar medidas para desarrollar y apoyar las actividades económicas, incluyendo a la agricultura (Directriz 2). La Directriz 4 se refiere al mercado, que es considerado como una solución en la lucha contra la inseguridad alimentaria (a través, por ejemplo, de la movilización del ahorro, del establecimiento de niveles adecuados y sostenibles de la inversión productiva gracias a los créditos en condiciones favorables o de la prevención de las prácticas anticompetitivas). El texto incita también al reconocimiento explícito en la legislación nacional, del derecho a la alimentación (Directriz 7) y a la implementación de reformas agrarias (Directriz 8). Por último, se hacen propuestas para garantizar la seguridad sanitaria de los alimentos (Directriz 9) o para sensibilizar a las jóvenes generaciones sobre la protección de la biodiversidad (Directriz 11).

El modelo de las directrices se empleó recientemente en el ámbito de la pesca (Directrices Internacionales para Asegurar la Pesca Sostenible en Pequeña Escala, 2011), así como en el ámbito particularmente espinoso de las inversiones inmobiliarias y de los "acaparamientos" de tierras (Directrices voluntarias sobre la gobernanza responsable de la tenencia de la tierra, la pesca y los bosques en el contexto de la seguridad alimentaria nacional, 2012).

A pesar de estos factores, la influencia de la FAO se reduce, su burocracia está siendo señalada por una auditoría externa. Debe encontrar la manera de reposicionarse, particularmente en relación con las ONG, y de aclarar sus posturas que a veces pueden parecer contradictorias; una ambigüedad ilustrada, por ejemplo, por el apego expresado en repetidas ocasiones en sus Directrices, a un sistema de comercio internacional del cual muchos en la sociedad civil denuncian la impotencia, en el estado actual, para garantizar el objetivo de la seguridad alimentaria y el acceso a la alimentación.

Bibliografía sugerida: • FOUILLEUX, È. (2009), À propos de crises mondiales... Quel rôle de la FAO dans les débats internationaux sur les politiques agricoles et alimentaires ?, *Revue française de science politique*, volume 59, p. 757 (consultable en línea); • HAMBIDGE, G. (1955), *The Story of FAO*, New York, Van Nostrand; • SOUDJAY, S. (1996), *La FAO, Organisation des Nations Unies pour l'alimentation et l'agriculture*, Paris, éd. L'Harmattan.

ANNABEL QUIN Y
JEAN-PHILIPPE BUGNICOURT

Véase también: - Acuicultura – Codex Alimentarius – Conferencia de Hot Springs – Fondo Internacional de Desarrollo Agrícola – Inversiones Internacionales- Seguridad alimentaria.

Organización de las Naciones Unidas para la Educación, la Ciencia y la Cultura

Véase: – Patrimonio común de la Humanidad.

Organización Internacional del Trabajo

Fundada en 1919, la Organización Internacional del Trabajo (OIT) sobrevivió a la desaparición de la Sociedad de Naciones (SDN) -el precursor de la Organización de las Naciones Unidas (ONU)- y se convirtió en una agencia especializada de la ONU en 1946. Es una institución tripartita que reúne en igualdad de condiciones a los representantes de Gobiernos, empleadores y trabajadores, para discutir temas relacionados con el trabajo y la política social. En particular, tiene por objetivo garantizar condiciones humanas de trabajo en todo el mundo y luchar así contra la injusticia, la miseria y las privaciones que sufren muchos trabajadores, tal como se afirma en el Preámbulo de la Constitución de la OIT. El logro de estos objetivos parte, en concreto, del rechazo categórico de la asimilación del trabajo a una mercancía, principio invocado por la Conferencia General de la OIT en 1944.

La Conferencia General es el órgano plenario que reúne a todos sus miembros una vez al año. Adopta las normas internacionales del trabajo y establece el programa y el presupuesto de la Organización. Entre las sesiones de la Conferencia, la OIT es dirigida por el Consejo de Administración, compuesto por 28 miembros gubernamentales, 14 miembros empleadores y 14 miembros trabajadores. Este Consejo de Administración dirige la Oficina Internacional del Trabajo, encargada de centralizar toda la información relacionada con la reglamentación internacional de las condiciones de los trabajadores y de someter a la discusión de la Conferencia asuntos específicos que conducen a la adopción de nuevos textos.

Hasta le fecha la OIT ha adoptado 189 convenios y 201 recomendaciones, estas últimas son normas que, a la diferencia de los primeros, no tienen en principio carácter obligatorio para los Estados. Algunos están incluidos explícitamente en los códigos de conducta de ciertas empresas multinacionales y en los derechos nacionales. Algunos de los convenios se refieren al trabajo forzoso (Convenio nº 105), a la libertad sindical (Convenio nº 87) o a la edad mínima (Convenio nº 138), mientras que otros buscan especialmente mejorar las condiciones de los trabajadores agrícolas. En este sentido se citan, entre otros, el Convenio relativo a la edad de admisión de los niños al trabajo agrícola (Convenio nº 10), el Convenio relativo a la indemnización por accidentes del trabajo en la agricultura (Convenio nº 12) o, más recientemente, el Convenio relativo a la seguridad y la salud en la agricultura (Convenio nº 184).

Por último, desde 2009, la OIT ayuda a una treintena de países en el diseño, la implementación o la mejora de su sistema de bienestar social. Se busca, en particular, la elaboración de un "Piso de protección social" (*Social protection floor*), con el objetivo de procurar que las poblaciones rurales especialmente vulnerables a ciertos riesgos y a las situaciones de pobreza, tengan acceso a una alimentación adecuada y a la cobertura sanitaria.

Bibliografía sugerida: • MAUREL, Ch., OIT et responsabilité sociale des sociétés transnationales depuis 1970, in *L'Organisation internationale du travail – Origine, Développement, Avenir*, PUR, 2011, p. 179 (consultable en línea).

ANNABEL QUIN Y
JEAN-PHILIPPE BUGNICOURT

Véase también: - Trabajadores agrícolas.

Organización Mundial de la Propiedad Intelectual

Véase: - Acuerdo ADPIC – Indicaciones geográficas – Obtención Vegetal.

Organización Mundial de la Salud

Véase: - Codex Alimentarius – Higiene - Reglamento Sanitario Internacional.

Organización Mundial del Comercio

Creada por los Acuerdos de Marrakech en 1994, la Organización Mundial del Comercio (OMC), que tiene su sede en Ginebra, es la institución cercana a las Naciones Unidas que sucedió al sistema multilateral del GATT (Acuerdo General sobre Aranceles Aduaneros y Comercio), con posterioridad a las negociaciones de la Ronda Uruguay (1986-1994). En funcionamiento a partir del 1º de enero de 1995, la OMC tiene 159 Estados miembros (en marzo de 2013), 25 países con estatus de observador al igual que 7 organizaciones internacionales: La Organización de las Naciones Unidas (ONU), el Banco Mundial, la Conferencia de las Naciones Unidas sobre Comercio y Desarrollo (UNCTAD), el Fondo Monetario Internacional (FMI), la Organización de las

Naciones Unidas para la Alimentación y la Agricultura (FAO), la Organización Mundial de la Salud, la Organización Mundial de la Propiedad Intelectual (OMPI) y la Organización para la Cooperación y el Desarrollo Económico (OCDE).

Desde un punto de vista orgánico, la OMC es dirigida por un órgano supremo (la Conferencia Ministerial), conformado por los representantes de todos los Estados miembros. Se reúne al menos una vez cada dos años, y es a la vez órgano de impulso de las prioridades y órgano de decisión de todos los asuntos relevantes de cualquiera de los acuerdos comerciales multilaterales. También, es quien designa al Director General de la OMC, bajo cuya autoridad funciona la Secretaría.

En el intervalo de las conferencias, las prerrogativas de la OMC son ejercidos por un Consejo General, compuesto por representantes de todos los Estados miembros y que se reúne cuando se requiere, por lo general cada dos meses. Tiene dos tareas esenciales. Se convierte en órgano de solución de diferencias para supervisar la aplicación de los procedimientos de solución y en órgano de examen de las políticas comerciales de los miembros de la OMC. Otros tres órganos principales actúan bajo la dirección del Consejo General: el Consejo del Comercio de Mercancías, encargado de la aplicación de todos los acuerdos relativos al comercio de mercancías previstos en el Anexo 1A del Acuerdo sobre la OMC; el Consejo del Comercio de Servicios y el Consejo de los aspectos de los derechos de propiedad intelectual relacionados con el comercio, que supervisan la aplicación de sus respectivos acuerdos (anexos 1B y 1C); finalmente, los Comités Especializados que se crean en distintos niveles, en los cuales los representantes de todos los miembros pueden participar.

Heredera de numerosas rondas de negociaciones sobre la liberalización del comercio internacional desde 1945, la OMC persigue este movimiento en el nivel mundial al organizar las normas de la competencia internacional entre los Estados y como resultado de las negociaciones y las decisiones adoptadas por sus miembros. Ciertos sectores de actividad económica que no se incluyeron en el sistema del GATT, son regulados por acuerdos específicos que adaptan el proceso de integración (en particular, textiles y vestido; agricultura), ampliándose así los ámbitos de su competencia. La OMC retoma los principios fundamentales del GATT: el principio de no discriminación, que se concreta, en primer término, a través de la cláusula de la nación más favorecida (según la cual todo Estado miembro que otorga un beneficio a otro Estado debe extenderlo también a todos los otros miembros) y, en segundo término, de la cláusula de trato nacional o de la igualdad de trato (según la cual todos los Estados miembros deben tratar a los bienes y servicios extranjeros de la misma forma que lo hacen con los nacionales); el principio de la protección del mercado y de la producción nacional por medio de la introducción de aranceles consolidados (bajo reserva de excepciones generales a favor de los acuerdos regionales y de los países en desarrollo), los Estados están así protegidos contra futuros aumentos al conceder aranceles consolidados y establecidos definitivamente (a reserva de revisión) a todos los miembros de la OMC; el principio de prohibición de las restricciones cuantitativas a las importaciones y a las exportaciones, salvo las medidas de protección contra las importaciones masivas para proteger a un sector nacional amenazado.

La OMC condena principalmente dos categorías de prácticas comerciales consideradas como desleales. Por un lado, se prohíbe el dumping de los países exportadores, que consiste en introducir un producto en un mercado extranjero a un precio inferior al que está en curso en el mercado nacional del país exportador. Si el dumping afecta al Estado importador, este último podrá entonces proceder, durante un máximo de cinco años, a establecer aranceles aduaneros suplementarios llamados "antidumping" o a una limitación de las cantidades de productos que se importan. Por otro lado, limita el apoyo de los Estados (subsidios) a una rama de producción o a una empresa, estando establecida la prohibición como regla general, la cual puede variarse. En este sentido, el Acuerdo sobre Subvenciones y Medidas Compensatorias (Acuerdo SMC) distingue entre las subvenciones prohibidas *per se* (por ejemplo, cuando un Estado impone a los operadores subvencionados la utilización, en el marco de su actividad, de productos nacionales en detrimento de productos importados) y aquellas que, sin estar prohibidas en sí mismas, pueden ser impugnadas por los demás miembros. Las ayudas a la agricultura son, a su vez, reguladas por una cláusula especial del Acuerdo sobre la Agricultura.

Los principios directores deben ser combinados con ciertas reglas especiales o acuerdos particulares relativos a diferentes servicios estratégicos de importancia económica. Tal es el caso del Acuerdo sobre los Aspectos de los Derechos de Propiedad Intelectual relacionados con el Comercio (Acuerdo ADPIC), que se ocupa de los derechos de propiedad intelectual para liberalizarlos y protegerlos contra la falsificación y la piratería, o del Acuerdo general sobre el Comercio de Servicios (AGCS), que es un acuerdo marco que establece los principios que se consideran necesarios para la expansión de este comercio y su liberalización gradual, resultante de las rondas sucesivas de negociaciones multilaterales.

Varios dispositivos permiten a los Estados escapar (lícitamente) de una forma más o menos permanente e importante a sus obligaciones. Algunos son regímenes especiales, como el de los acuerdos regionales de comercio o el de los países en desarrollo (por ejemplo, se conceden períodos de transición para permitir que algunos miembros adapten su derecho nacional a las obligaciones internacionales). Otros dispositivos permiten "un respiro" del sistema en determinadas circunstancias, a través de: derogaciones (por ejemplo, en circunstancias excepcionales); cláusulas de salvaguardia (en caso de emergencia para permitir, por ejemplo, el ajuste de la rama de producción nacional); y excepciones en sentido estricto (especialmente justificadas en razón de la protección de la salud, de los animales o de los recursos naturales agotables).

Rebasando el objetivo de liberalizar el comercio mundial, la OMC se impuso en primer lugar, a medida que se aceleraba el proceso de globalización del comercio, como uno de los principales actores en el orden económico internacional, considerándose ahora a los Estados como un marco económico y jurídico demasiado estrecho para regular el comercio mundial. A través de la liberalización del comercio, la Organización persigue el objetivo de estimular el crecimiento como una garantía para el mantenimiento de la paz internacional. Sin embargo, la preeminencia de esta institución internacional es criticada por el hecho de que sigue siendo poco democrática, unificando los estilos de vida y las culturas en beneficio de los intereses puramente comerciales, sin preocuparse por las condiciones de producción. Convertida en un foro planetario donde se expresan las contradicciones del orden económico mundial basado en el liberalismo, la OMC continúa siendo un campo de batalla dominado por las grandes potencias económicas, como lo ilustran las diversas rondas de negociaciones que se han llevado a cabo.

La primera Conferencia Ministerial (Singapur, diciembre de 1996) buscó evaluar la aplicación de los Acuerdos de la Ronda Uruguay. Se crearon tres grupos de trabajo para conocer "nuevos temas": comercio e inversión, comercio y competencia, transparencia en la contratación pública. La segunda Conferencia Ministerial (Ginebra, mayo de 1998) concluyó con tres Acuerdos en materia de telecomunicaciones, servicios financieros y tecnologías de la información; y además adoptó un acuerdo provisional sobre el comercio electrónico. La tercera Conferencia (Seattle, diciembre de 1999) cerró por la imposibilidad de llegar a un acuerdo en razón de cuatro puntos altamente controvertidos: la agricultura, la cláusula social, el derecho del ambiente y el papel de los países en desarrollo en el comercio internacional. La cuarta Conferencia Ministerial (Doha, noviembre de 2001) inauguró una nueva ronda sobre el tema del desarrollo, con el fin de establecer un comercio global que tome en cuenta el desarrollo de los países pobres, en particular en el ámbito del comercio agrícola. La quinta Conferencia Ministerial (Cancún, septiembre de 2003) culminó sin una posición común y la misma observación cabe para la sexta Conferencia Ministerial (Hong Kong, diciembre de 2005), sin lograr avances sobre todo en el sector clave de la agricultura. Los países en desarrollo - a cambio de facilidades de acceso a los bienes industriales y a sus mercados de servicios - esperaban que los Estados Unidos y Europa redujeran los subsidios al sector agrícola. Después de cinco años de negociaciones, la nueva ronda se suspendió indefinidamente el 24 de julio de 2006, a falta de acuerdo entre los países industrializados sobre la reducción arancelaria a las importaciones de productos agrícolas, así como sobre la reducción de los subsidios a la agricultura.

En la práctica, el orden comercial mundial, establecido hasta ese momento por los países industrializados, es seriamente cuestionado por varios países emergentes, como China, India o Brasil. El final del "Acuerdo Multifibras" desde el 1º de enero de 2005, proporciona una notable ilustración. Se elimina el sistema de cuotas, que durante treinta años había regido el comercio mundial de textiles y de prendas de vestir. La nueva repartición del mercado condena a las industrias textiles europea y estadounidense, las cuales, por falta de competitividad (principalmente salarial), pierden rápidamente grandes partes de mercado y, de seguido, su *know-how* en beneficio de países como India y, sobre todo China, que muy pronto se vuelve líder en este sector.

Desde la Conferencia de Doha, la OMC ha sido criticada por falta de transparencia; la idea de reformar la Organización crece gradualmente en torno a algunas propuestas: en primer lugar, respetar el doble principio de la igualdad y de la transparencia en la toma de decisiones en las negociaciones multilaterales, lo que implica en particular acabar con la naturaleza confidencial de las deliberaciones realizadas por el Órgano de Solución de Diferencias; en segundo lugar, difundir más eficaz y rápidamente la información dirigida a las poblaciones para mejorar el diálogo con el público (la sociedad civil irrumpió bruscamente en la escena de la Conferencia de la OMC en Seattle, con la presencia de miles de ONG de todo el mundo y ampliamente ligadas a la corriente antiglobalización).

Con motivo de la sétima Conferencia Ministerial (Ginebra, noviembre de 2009), los países miembros de la OMC están tratando de concluir un proyecto de acuerdo que prevé la reducción gradual de los subsidios agrícolas de los países desarrollados: la Unión Europea debería reducir los suyos en una proporción de entre el 75% y el 85%, al mismo tiempo que aceptaría una reducción arancelaria para los productos agrícolas. A cambio, los países emergentes se comprometerían a reducir sus aranceles para los productos industriales y a abrir sus servicios a la competencia. Estas negociaciones fracasaron. La creciente importancia de China e India, tanto en el flujo de bienes manufacturados como en las inversiones directas de las multinacionales, provoca fuertes inquietudes en el seno de los países desarrollados, ligadas en particular al movimiento de reubicación de los sitios de producción. Al mismo tiempo, algunos países en desarrollo temen que su acceso preferencial a los mercados del Norte sea eliminado y su situación económica y social se agrave. Pero, frente a la anemia de la económica mundial causada por la crisis de las deudas soberanas y bancarias, la OMC se ha enfocado en el objetivo de reducir los déficit públicos durante la Cumbre de Toronto, en 2010.

En la octava Conferencia Ministerial (Ginebra, diciembre de 2011), a pesar de un importante trabajo llevado a cabo para avanzar en la facilitación del comercio, manteniendo al mismo tiempo el trato especial y diferenciado para los países en desarrollo, las diferencias con respecto a las reducciones en los productos industriales bloquearon las negociaciones. En particular, no tuvieron éxito ni la reforma al Entendimiento Relativo a las Normas y Procedimientos por los que se Rige la Solución de Diferencias, ni las negociaciones sobre la agricultura y el algodón. A pesar de este fracaso, la OMC se comprometió a aumentar los esfuerzos para fortalecer la cooperación multilateral (rechazo de todas las nuevas medidas proteccionistas) con el fin de encontrar soluciones globales a las dificultades y riesgos económicos actuales, para evitar el agravamiento de las tensiones en el comercio y la inversión.

La OMC continúa marcada por vivas tensiones en torno a su misión principal - el establecimiento de la liberalización del comercio - a pesar de que no hay unanimidad sobre el significado de este término. Las posiciones de los distintos socios, Estados del Norte o Estados del Sur, parecen ser muy divergentes, incluso en el seno de una Ronda de Doha dedicada al desarrollo, en proceso de negociación desde 2001. La vocación universal de la OMC se ha convertido en una de las encrucijadas donde aparecen las contradicciones del mundo contemporáneo. La proliferación de acuerdos regionales, incluso bilaterales, demuestra una fragilidad de la Organización cuando debe asegurar la expansión de las actividades económicas cubiertas, garantizando la conformidad del comercio con las reglas sociales o ambientales existentes o en germen.

En un entorno donde las disputas comerciales están en aumentando, tanto entre las grandes potencias, como entre el Norte y el Sur, la OMC es cada vez más solicitada por los Estados para resolver los litigios sobre sus respectivas obligaciones, por medio del Órgano de Solución de Diferencias (OSD), convirtiéndose así en algo más que un simple foro de negociaciones. El mecanismo de solución de diferencias en vigor desde los Acuerdos de Marrakech, es uno de los avances más notables. Al 3 de octubre del 2011, 427 diferendos han sido iniciados ante el OSD desde su creación. Las recomendaciones de este último, que constituye una "cuasi jurisdicción" internacional, revisten un carácter ejecutorio, por cuanto permiten exigirle a un Estado miembro que se ajuste a las reglas comerciales de la OMC (suspensión de medidas ilícitas y/o aceptación de contramedidas por el Estado miembro condenado para reparar las faltas denunciadas por el Estado actor). Se trata de un sistema escalonado, que incluye un proceso de consulta preliminar que conduce finalmente, a falta de acuerdo entre las partes, a la decisión de un Grupo Especial de expertos seleccionados por los Estados en litigio. Después de las observaciones formuladas por estos últimos, el Grupo Especial presenta sus conclusiones que son adoptadas de manera casi automática por todos los miembros de la OMC, en el OSD. El Estado en desacuerdo puede recurrir ante el Órgano de Apelación compuesto por siete miembros permanentes e independientes, cuyas recomendaciones tendrán un carácter definitivo. El Estado que ha ganado puede tomar represalias comerciales contra el Estado adversario, mientras este último ajusta las reglas o medidas comerciales en litigio, siempre que sean proporcionales y limitadas en el tiempo.

Un rápido análisis de los diferendos refleja el estado de las relaciones comerciales internacionales, con un peso de disputas que involucran a Estados Unidos y a la Unión Europea de acuerdo con el volumen del comercio mundial realizado por estos dos bloques (cerca del 40%). Los principales diferendos se refieren a cuestiones agrícolas (carne bovina tratada con hormonas, camarones, organismos genéticamente modificados, bananos...); industriales (aeronáutica, automotriz); y de servicios. Si el OSD sigue siendo de difícil acceso para los países menos adelantados, debido a la falta de transparencia, en particular en la selección de los jueces o en la toma de decisiones, la igualdad de trato entre los Estados y el fortalecimiento del Derecho Internacional, por su carácter vinculante, es ya una consecuencia de la labor pretoriana realizada.

Bibliografía sugerida: • GHERARI, H. (2012), L'OMC à bout de souffle, *Revue générale de droit international public*, p. 111; • PACE, V. (2000), *L'Organisation mondiale du commerce et le renforcement de la réglementation juridique des échanges commerciaux internationaux*, Paris, éd. L'Harmattan; • RAINELLI, M. (2011), *L'Organisation mondiale du commerce*, Paris, éd. La Découverte, 9e éd.

SANDRINE DRAPIER

Véase también: - Acuerdo ADPIC - Acuerdo General sobre Aranceles Aduaneros y Comercio - Acuerdo General sobre el Comercio de Servicios - Acuerdo OTC - Acuerdo sobre la Agricultura - Acuerdo SPS - Amicus curiae - Carta de La Habana - Cláusula de la Nación Más Favorecida - Cláusula de Trato Nacional – Codex Alimentarius – Coherencia - Comercio Justo - Conferencia de Hot Springs - Diferendos de la OMC - Mercados internacionales - Orden público – Privilegio del agricultor.

Organización no gubernamental

Véase: - Amicus curiae.

Organización para la Cooperación y el Desarrollo Económicos

La Organización para la Cooperación y el Desarrollo Económico (OCDE) es una organización intergubernamental que se creó con la entrada en vigor de su Convención en 1961. Esta organización continuó con el trabajo de la Organización Europea de Cooperación Económica (OECE), creada por los Gobiernos europeos a finales de la Segunda Guerra Mundial para administrar el Plan Marshall. Esto explica porque sus miembros, que ahora son 34 en total, son principalmente los Estados del continente europeo (a los cuales se unen Canadá, Estados Unidos, Japón, Australia, Nueva Zelanda, México, Corea del Sur, China e Israel). Es preciso tener en cuenta que la Comisión Europea participa en el trabajo de la Organización y sus Estados miembros, pero no tiene derecho a voto en las decisiones y recomendaciones. La OCDE desarrolla además, las relaciones de cooperación con varios países o regiones que no son miembros.

El Consejo, integrado por un representante de cada país miembro y un representante de la Comisión Europea, dirige la Organización; puede decidir sobre diferentes tipos de actos, adoptados en principio "por mutuo acuerdo": las decisiones que son vinculantes para los Estados (por ejemplo, la Decisión- Revisión de los Sistemas de la OCDE para la certificación varietal o el control de las semillas destinadas al Comercio Internacional –2000- revisada en 2013) y las recomendaciones que no lo son, pero que poseen una autoridad "moral" (por ejemplo: la Recomendación relativa a las disposiciones generales de etiquetado para la identificación de las frutas y hortalizas frescas – 1972; una recomendación sobre el uso de instrumentos económicos para facilitar la conservación y el uso sostenible de la biodiversidad – 2004). Las declaraciones se podrán igualmente emitir, pero su alcance es principalmente político (por ejemplo, la Declaración sobre Inversión Internacional y Empresas Multinacionales, que contiene las famosas Directrices de la OCDE para Empresas Multinacionales - 1976). También debemos hacer notar la existencia de algunas convenciones internacionales concertadas bajo el auspicio de la OCDE (principalmente en materia de corrupción o de impuestos).

Por mandato del Consejo, la Secretaría de la OCDE es responsable de la ejecución de los trabajos. Tiene su sede en París e incluye economistas, abogados, científicos, etc. Este Consejo es el encargado de recoger y analizar los datos. Cerca de 250 Comités y Grupos de Expertos que reúnen a los representantes de los países miembros y que trabajan sobre los datos y la forma para desarrollar la economía nacional y la cooperación.

La OCDE tiene como objetivo promover la paz a través de la cooperación y el desarrollo económicos. El artículo 1º de la Convención detalla sus objetivos. Estos consisten en promover políticas destinadas: a) a realizar la más fuerte expansión posible de la economía y del empleo y a un aumento del nivel de vida en los países miembros, manteniendo la estabilidad financiera y a contribuir así al desarrollo de la economía mundial; b) a contribuir con una sana expansión económica en los países miembros y en los no miembros en vías de desarrollo económico; c) a contribuir con la expansión del comercio mundial sobre una base multilateral y no discriminatoria, conforme a las obligaciones internacionales. Para lograr esto, la OCDE aboga por la reducción o eliminación de los obstáculos al comercio (art. 2).

La OCDE es una fuente de información de primer orden. Centraliza y difunde datos estadísticos económicos y comparativos de los Estados, sobre cada una de las temáticas que entran en su campo de estudio (la agricultura, el desarrollo, la salud, la competencia, la educación, el ambiente, la inversión internacional, los impuestos, etc.) La organización publica regularmente las *Perspectivas agrícolas* de la OCDE y de la FAO (Organización de las Naciones Unidas para la Alimentación y la Agricultura), examinadas durante un período más o menos prolongado. El documento contiene elementos de información sobre diversas problemáticas del mundo agrícola (por ejemplo, biocombustibles) y, sobre todo, gráficos sobre la evolución de los precios de las materias primas agrícolas.

JUANJUAN SUN

Véase también: - Organización de las Naciones Unidas para la Alimentación y la Agricultura - Organización Mundial del Comercio.

Órgano de Solución de Diferencias

Véase: - Organización Mundial del Comercio.

Origen

Véase: - Arreglo de Lisboa - Asociación para el mantenimiento de la agricultura campesina - Denominación de origen protegida - Especialidad Tradicional Garantizada - Indicación Geográfica Protegida.

P

PAC

Véase: - Política Agrícola Común.

Países "ACP"

Véase: - Acuerdo de Asociación Económica.

Patente

Una patente es un título de propiedad industrial expedido por una autoridad nacional o una organización intergubernamental, generalmente denominada "oficina", que confiere a su titular o a sus sucesores el derecho, limitado en el tiempo, de prohibir a terceros la realización de ciertas acciones de explotación de la invención protegida por dicho título, dentro del o de los territorios concernidos por dicho título; lo anterior, a cambio de la divulgación del invento. La obtención y el mantenimiento en vigor de la patente están sujetos al pago de impuestos a las autoridades competentes.

La patente es "nacional" cuando es expedida por una autoridad nacional y se refiere al territorio de un solo país. Tal es el caso, por ejemplo, de una patente francesa, otorgada por el *Institut national de la propriété industrielle* (INPI) y que tiene sus efectos en Francia, o el de una patente otorgada por la *United States Patent and Trademark Office* (USPTO), que ofrece una protección en el territorio de los Estados Unidos. La patente es "regional" si es expedida por una administración nacional o intergubernamental que está habilitada para otorgar patentes con efectos en más de un Estado. Es el caso, por ejemplo, de una patente europea concedida por la Oficina Europea de Patentes (OEP) para varios países europeos, como podrían ser Francia, Alemania e Italia. En Europa, el Convenio sobre la Patente Europea (CPE) establece que "la patente europea confiere a su titular, a partir del día de la publicación de la nota de concesión y en cada uno de los Estados contratantes para los que haya sido concedida, los mismos derechos que le conferiría una patente nacional concedida en ese Estado" (art. 64).

El Tratado de Washington de 19 de junio de 1970 sobre la cooperación en materia de Patentes (*Patent Coopertatios Treaty*, PCT) permite presentar una solicitud internacional de patente. Si esta cumple con los requisitos legales, la solicitud no dará lugar a una sola patente internacional, sino a varias patentes nacionales o regionales. La solicitud debe ser presentada ante una oficina "receptora" que será, según el caso, una oficina nacional o una organización intergubernamental como la OEP (véase la regla 157 del Reglamento de la CPE) o la Oficina Internacional de la Organización Mundial de la Propiedad Intelectual (OMPI, regla 19 del Reglamento de ejecución del PCT) situada en Ginebra. La Oficina Internacional de la OMPI procederá entonces a la publicación de la solicitud internacional.

La patente otorga un "derecho a prohibir". El propietario de la patente puede impedir que otros exploten el invento protegido por la patente: disfruta así de un monopolio de explotación sobre esta invención, es decir, él puede ser el único con derecho a explotar el objeto patentado. Sin embargo, la concesión de una patente no garantiza a su titular que tendrá el derecho, desde su concesión, para explotar la invención. En efecto, la explotación del invento, objeto de la patente, podría estar prohibida por disposiciones legales y reglamentarias externas al derecho de patentes. Por lo tanto, disposiciones relativas a la seguridad sanitaria o alimentaria pueden impedir la explotación del invento.

Por ejemplo, la comercialización de un producto patentado puede verse retardada mientras que la respectiva autorización para dicha comercialización no haya sido emitida por la autoridad competente. Del mismo modo, la revelación de la toxicidad de un producto patentado que ya es comercializado puede conducir a su prohibición. Puede citarse el ejemplo de la comercialización en los Estados Unidos, de productos alimenticios que contienen aspartamo: el 27 de enero de 1970, la patente norteamericana titulada "*Peptide sweetening agents* " fue concedida por la USPTO. Esta patente, hoy expirada, confería a su titular un monopolio de explotación sobre las nuevas composiciones que fueran de interés por sus propiedades edulcorantes. Principalmente, estaban protegidas composiciones que contenían aspartamo, que podían ser utilizadas como agentes edulcorantes en numerosas materias comestibles (frutas, verduras, jugos, carnes y productos lácteos endulzados, productos a base de huevo...). La solicitud de autorización para usar el aspartamo como aditivo alimentario se presentó en 1973. En 1974, la *Food and Drug Administration* (FDA) aprobó el uso del aspartamo como edulcorante en ciertos alimentos. Sin embargo, a raíz de objeciones basadas en la supuesta toxicidad de esta sustancia, la FDA suspendió su autorización de comercialización. Fue solo hasta 1981, 11 años después de la concesión de la patente, que la FDA emitió una nueva autorización de uso del aspartamo (como sustituto del azúcar de mesa, como aditivo en los cereales, en las mezclas para bebidas, el café instantáneo y el té, las gelatinas, budines, rellenos y productos lácteos).

Las disposiciones del derecho de patentes también pueden impedir que se explote el invento protegido. El titular de una patente que protege una invención B, cuya explotación requiere reproducir características esenciales de una invención anterior A, ya patentada, no podrá explotar su invención (B) a menos de que el titular de la patente que protege la invención A lo autorice para usar su invención. La patente sobre la invención A es una patente "dominante", siendo la patente sobre el invento B una patente "dependiente". En el ejemplo anterior, la patente que protegía las composiciones que contenían aspartamo era dominante, ya que permitía a su titular prohibir el uso de esas composiciones en otras invenciones, como en las nuevas composiciones de goma de mascar edulcoradas con aspartamo (invento B).

Los actos de explotación que el titular de una patente nacional o regional puede impedir a terceros se encuentran enumerados taxativamente por las distintas legislaciones nacionales. Se trata, al menos, de los actos contemplados en el artículo 28.1 del Acuerdo sobre los Aspectos de los Derechos de Propiedad Intelectual relacionados con el Comercio (ADPIC), en virtud del cual "la patente conferirá a su titular los siguientes derechos exclusivos: a) cuando la materia de la patente sea un producto, el de impedir que terceros, sin su consentimiento realicen actos de [...] fabricación, uso, oferta para la venta, venta o importación para estos fines del producto objeto de la patente; b) cuando la materia de la patente sea un procedimiento, el de impedir que terceros, sin su consentimiento, realicen el acto de utilización del procedimiento y los actos de [...] uso, oferta para la venta, venta o importación para estos fines de, por lo menos, el producto obtenido directamente de ese procedimiento". Por ejemplo, el "*Método para la fabricación de una pasta de hojaldre y de los alimentos a base de dicha pasta*" (*Procédé de fabrication d'une pâte levée ou levée feuilletée et aliments à base d'une telle pâte*) confiere el derecho de prohibir no solamente la utilización del método de fabricación de un alimento reivindicado por la patente, sino que también la venta de repostería que comprenda la pasta de hojaldre caracterizada, en la medida que es fabricada usando este método.

Sin embargo, algunos de los actos de explotación del invento no pueden ser prohibidos. En el seno de la Unión Europea, la Directiva nº 98/44 relativa a la protección jurídica de las invenciones biotecnológicas, menciona los actos de explotación de la invención que pueden ser realizados por un agricultor (art. 11). Además, el titular de la patente no puede prohibir los actos con fines experimentales relacionados con la invención objeto de la patente. Las diversas legislaciones nacionales prevén de esta forma una "excepción de uso experimental". Esta excepción permite realizar observaciones y experimentos sobre el invento para estudiarlo o perfeccionarlo. En consecuencia, semillas protegidas por una patente pueden ser objeto de experimentos científicos sin la autorización del titular de la patente. Tal excepción se justifica en el espíritu mismo de la patente. En efecto, uno de los fundamentos de este instrumento es el incentivo para la investigación y el desarrollo de nuevos inventos.

Los actos de explotación que el titular puede prohibir son aquellos actos de explotación de la invención descrita y reivindicada en el fascículo de la patente. El alcance de la protección conferida por la patente está, en realidad, determinado por las reivindicaciones de la patente (para la patente europea, véase el art. 69 del CPE). Las reivindicaciones son los elementos que definen el objeto de la protección solicitada, al indicar las características técnicas del invento (regla 43 del Reglamento de Ejecución del CPE), ellas son interpretadas a la luz de la descripción y de los diseños contenidos en el fascículo de la patente.

Para que el titular de la patente pueda hacer valer su derecho de prohibir a un tercero, es necesario que el tercero explote esta invención, es decir, un objeto que reproduce las características técnicas esenciales de la invención que se mencionan en las reivindicaciones de la patente. Por ejemplo, la patente europea titulada "Plantas de melón resistentes al closterovirus" (otorgada en 2011) tiene cinco reivindicaciones, de las cuales una es independiente (reivindicación 1) y cuatro son dependientes de la primera (es decir, son reivindicaciones que contienen todas las características de la reivindicación 1 y una o más características adicionales). La reivindicación 1 se refiere a una planta de la especie *Cucumis melo* resistente a un virus – el CYSDV ("*cucurbit yellow stunting disorder virus*") - que torna amarillentos a los melones y causa una disminución en su rendimiento. Esta planta se hace resistente al CYSDV gracias a la introducción de un elemento genético proveniente de otra planta de melón (*Cucumis melo var. Agrestis*). La presencia de este elemento determinado y la resistencia conferida al CYSDV son las características esenciales de la planta de melón o de la parte de la plante de melón (una semilla o un fruto para la reivindicación 5) señaladas en las reivindicaciones 1 a 5 de la patente. Las plantas de melón que no contienen el elemento genético al que se refiere la reivindicación 1, sino otro elemento que les conferiría una resistencia a otro virus distinto del CYSDV, no reproduciría las características esenciales de esta patente. Por lo tanto, el titular de la patente no podría prohibir el uso de estas otras plantas. Por otra parte, las reivindicaciones 1 a 5 de la patente se refieren a una planta de melón o a una parte de ésta. Entonces, estas reivindicaciones protegen productos, no métodos.

El titular de la patente solo puede prohibir los actos de explotación de la invención en los territorios que la patente designa. Por ejemplo, una patente europea no necesariamente confiere a su titular el derecho de impedir que terceros exploten la invención en todos los países europeos. Si la patente europea sólo cubre a Francia, Alemania e Italia, el titular de la patente no puede prohibir a terceros llevar a cabo actos de explotación de la invención en otros países europeos. Este es el principio de la territorialidad de la patente. Además, el derecho de prohibir conferido por una patente se encuentra limitado en el tiempo: este derecho cesa en el momento de expiración de la patente, teniendo entendido que la duración de la patente es, en general, de 20 años a partir de la fecha de presentación de la solicitud (véase para Europa el art 63.1 de la CPE). Sin embargo, en el caso de la patente europea un Estado contratante puede ampliar el plazo en determinadas circunstancias, en particular, si el objeto de la patente es un producto que, antes de su comercialización en dicho Estado, se encuentra sometido a un procedimiento administrativo de autorización establecido por la ley.

La patente es un título emitido en contraparte de la divulgación del invento. La CPE establece que el invento debe figurar explícitamente en la solicitud de patente europea de manera suficientemente clara y completa para que un experto sobre la materia pueda aplicarla (art. 83 del CPE). La patente europea podrá ser anulada, con efecto para un Estado contratante, si no cumple con este requisito (art. 138.1 b CPE). Esta exigencia de descripción del invento pone de manifiesto una de las funciones esenciales de la patente: es un instrumento que tiene por objetivo enriquecer el estado de la técnica, alentando a los inventores mediante la concesión de un monopolio sobre sus invenciones, a que no los conserven en secreto, sino a que los divulguen. Esta contraparte para el goce de derechos exclusivos también refleja la idea de que la patente es una especie de "contrato" entre el inventor y la sociedad.

Bibliografía sugerida: ◆ GALLOUX, J.-Ch. (2012), Le brevet européen à effet unitaire : greffe et chimère, *Propriétés intellectuelles*, n° 43, p. 193; ◆ HERMITTE, M.-A. (dir.) (1987), *Le droit du génie génétique : macro-économie, micro-économie, brevet, capital-risque, obtention végétale*, Travaux du Centre de recherche sur le droit des marchés et des investissements internationaux (CREDIMI), Paris, éd. Litec; ◆ JEHL, J. (1985), *Le commerce international de la technologie, Approche juridique*, Paris, éd. Litec ; ◆ REMICHE, B., CASSIERS V. (2010), *Droit des brevets d'invention et du savoir-faire*, Bruxelles, éd. Larcier.

ARNAUD AUFFRAIS

Véase también: - Acuerdo ADPIC - Biopiratería - Falsificación - Invención – Licencia – Obtención vegetal - Semillas.

Patrimonio común de la Humanidad

Cierta doctrina en Derecho Internacional se ha interesado en la noción de Patrimonio Común de la Humanidad en el ámbito de los bienes ambientales y de la gestión de los recursos naturales. La expresión se refiere a los bienes, espacios o recursos comunes que no han sido objeto de apropiación por parte de un Estado; sobre los cuales se ejerce colectivamente un control en aplicación de tratados y convenios internacionales.

El concepto aparece a mediados del siglo XX, en un contexto político internacional muy particular (descolonización, bipolarización del mundo, surgimiento de las relaciones Norte-Sur). Se basa en las ideas de equidad, de justicia, de búsqueda de igualdad entre los Estados. La Carta de Derechos y Deberes Económicos de los Estados, adoptada por la Asamblea General de las Naciones Unidas en 1974, año de lanzamiento del Nuevo Orden Económico Internacional, evoca el Patrimonio Común de la Humanidad en relación con los fondos marinos, demostrando que el concepto concierne principalmente el acceso a los recursos.

La aparición del concepto manifiesta, en realidad, la necesidad de cooperación internacional en el "interés común de la Humanidad". Según Kiss, se busca "compartir mejor hoy y guardar para las futuras generaciones ciertas riquezas que disponemos hoy, pero que pueden desaparecer. Es, por lo tanto, una herramienta de regulación considerada como indispensable en un contexto de globalización del comercio y de la necesidad de desarrollar un orden económico internacional más equitativo. Aparte de la idea de compartir, lo fundamental de este concepto es que aquellos que viven hoy no son más que una parte de una cadena que no debe ser interrumpida".

La dimensión transgeneracional es esencial. De hecho, esta figura no se refiere a un modelo único. El concepto de patrimonio común es cercano a la noción de las cosas comunes no apropiadas, cuyo uso puede ser regulado; no se refiere a una noción genérica que conlleva un régimen específico que asegure ciertas condiciones de conservación, de explotación y de acceso al recurso. Este concepto se dispersa en un cierto número de textos que organizan, en un modo específico, la cuestión del acceso y de la gestión del recurso. Sin embargo, a partir de los principios postulados por el embajador Pardo en 1967, pueden ser tenidos como denominador común, cierto número de elementos del régimen de los recursos así calificados: falta de apropiación nacional e instalación de una forma de propiedad común; patrimonio explotado con fines exclusivamente pacíficos; libertad de la investigación científica y acceso a los resultados; recursos explotados en el interés de la Humanidad, teniendo en cuenta las necesidades de los países pobres; explotación realizada con respeto de los principios y metas de la Carta, en el interés y por el bien de todos.

La primera aplicación de la noción de Patrimonio Común de la Humanidad concierne el espacio extra-atmosférico y las actividades de explotación que ahí se desarrollan (Tratado de las Naciones Unidas sobre los principios que deben regir las actividades de los Estados en la exploración y utilización del espacio ultraterrestre, incluso la Luna y otros cuerpos celestes, del 27 de enero 1967). Asimismo, la idea es facilitar el acceso de ciertos países a estos recursos, poner en práctica un modo de "gestión más equitativa de las riquezas aún no apropiadas y facilitar así, el progreso" o el desarrollo (Ph. Kahn). El Derecho del Mar, rápidamente citado como parte de este espacio común, también aplica el concepto de Patrimonio Común de la Humanidad. La Convención de Montego Bay (1982) establece en su artículo 136, que "la Zona [es decir, los fondos marinos y su subsuelo fuera de los límites de la jurisdicción nacional] y sus recursos son patrimonio común de la Humanidad". En este sentido, en virtud del artículo 137, "Ningún Estado podrá reivindicar o ejercer soberanía o derechos soberanos sobre parte alguna de la Zona o sus recursos, y ningún Estado o persona natural o jurídica podrá apropiarse parte alguna de la zona o sus recursos. No se reconocerán tal reivindicación o ejercicio de soberanía o de derechos soberanos ni tal apropiación. Todos los derechos sobre los recursos de la Zona pertenecen a toda la humanidad, en cuyo nombre actuará la Autoridad. Estos recursos son inalienables".

Por el contrario, la explotación de las riquezas del Antártico, en virtud del Tratado de Washington del 1º de diciembre de 1959, no se apoya en la noción de patrimonio común, a pesar de que el interés de la Humanidad de continuar con actividades exclusivamente pacíficas sí es mencionado. Las partes contratantes no renuncian a sus derechos de soberanía; simplemente se ponen de acuerdo sobre la naturaleza de la explotación y de las actividades orientadas hacia el desarrollo de la ciencia.

Por extensión, el término patrimonio común también se utiliza en un sentido más amplio (y también más vago), ligado a la noción de patrimonio cultural material. Se puede citar el ejemplo del patrimonio mundial protegido por la Convención de la UNESCO sobre el Patrimonio Mundial, Cultural y Natural, de 21 de noviembre de 1972, que considera que "ciertos bienes del patrimonio cultural y natural presentan un interés excepcional que exige se conserven como patrimonio mundial de la Humanidad entera". Una relación similar se establece también en los textos que buscan proteger, esta vez, al patrimonio cultural intangible. La Convención para la Salvaguardia del Patrimonio Inmaterial de 17 de octubre de 2003, se refiere así a "la voluntad universal y la preocupación común de salvaguardar el patrimonio cultural inmaterial de la humanidad" y un Convenio Marco del Consejo de Europa sobre el valor del patrimonio cultural para la sociedad adopta un enfoque similar. Estas dos últimas herramientas son, sin duda, bastante cercanas a los arreglos institucionales ideados por Elinor Ostrom, cuya teoría establecía que, al lado de la gestión de los recursos realizada por el Estado o por el individuo, los grupos pueden organizarse colectivamente.

El nacimiento del concepto de patrimonio común fue aclamado como la realización de un "gran avance en el Derecho Internacional" (Ph. Kahn). El balance es probablemente más mesurado. El valor de los textos internacionales es, en cierto número de casos, declarativo. De manera muy simbólica, el concepto también pudo haber sido el punto de partida del Compromiso Internacional sobre los Recursos Fitogenéticos, adoptado en 1983 por la Organización de las Naciones Unidas para la Alimentación y la Agricultura (FAO), antes de ser finalmente dejado de lado como resultado de la afirmación expresa de los derechos soberanos de los Estados. En realidad, parece que tal como lo dijo Philippe Kahn, la noción encuentra más dificultades para imponerse en sectores que tienen grandes intereses económicos (espacio extra-atmosférico, fondos marinos...).

Bibliografía sugerida: ◆ FLORY, M., Le patrimoine commun de l'Humanité dans le droit international de l'environnement, in *Droit et Environnement*, PUAM, 1995, p. 39; ◆ KAHN, Ph., Les patrimoines communs de l'Humanité : quelques réflexions, in *Les hommes et l'environnement – Quels droits pour le vingt-et-unième siècle ?*, Études en hommage à Alexandre Kiss, éd. Frison-Roche, Paris, 1998, p. 308; ◆ KISS, A.-Ch., La notion de patrimoine commun de l'Humanité, *Recueil des Cours de l'Académie de droit international*, 1982, II, Vol. 175, p. 99.

MARIE CORNU

Véase también: - Carta de Derechos y Deberes Económicos de los Estados - Cosas comunes - Recursos Naturales.

Patrimonio cultural

Véase: – Patrimonio común de la Humanidad.

Pesca

Véase: - Acuicultura - Política Pesquera Común - Recursos pesqueros.

Pesticidas

Los pesticidas son productos químicos. Se trata de compuestos de sustancias químicas destinadas al control, prevención o destrucción de plagas de diverso tipo. Su objetivo primordial consiste en proteger al ser humano de diferentes organismos susceptibles de alterar su ambiente o de propagar enfermedades actuando como vectores, competir por alimentos o dañar plantaciones agrícolas.

Existe un amplio y heterogéneo repertorio de organismos vivos considerados plagas (insectos, hierbas, pájaros, hongos, microbios, mamíferos) que son combatidos con este tipo de compuestos químicos. Las principales especies de pesticidas son: (i) los *herbicida*s cuyo fin es la eliminación o la inhibición del desarrollo de plantas herbáceas -consideradas como "indeseables" o perjudiciales para el desarrollo de cultivos- bloqueando su sistema metabólico; (ii) los *fungicidas* usados con el propósito de evitar el desarrollo de distintos tipos de hongos parásitos de cultivos; y (iii) los *insecticidas* cuyo objetivo es la eliminación de insectos que se alimentan de plantaciones y dentro de los que se subrayan compuestos organoclorados como el Dicloro-Difenil-Tricloroetano (DDT).

Si bien existen desde el siglo XIX experiencias a partir de las cuales se intentó combatir plagas mediante compuestos químicos, el descubrimiento del DDT por parte de Paul Hermann Müller a inicios de la década de 1940, impulsó fuertemente su utilización a gran escala. En esta época la expansión en el uso de pesticidas en la producción agraria se aceleró de la mano de la denominada "*Revolución Verde*", etiqueta con la que se alude al aumento de la productividad agrícola por medio de la articulación de la estrategia de incremento en el uso de pesticidas, con el monocultivo de variedades mejoradas de diferentes tipos de granos.

La difusión del empleo de los pesticidas en la agricultura generó una reacción crítica con esta estrategia por parte de diferentes actores. Entre los pesticidas masivamente empleados, el DDT -agregado principal de los *insecticidas*- ha sido considerado como ejemplo paradigmático de la actuación de estos químicos en el ambiente y en los seres vivos, debido a su fuerte resistencia a la biodegradación. Este proceso es estudiado como *bio-acumulación* que consiste en indagar en los mecanismos y capacidades de absorción de estas sustancias químicas a través del agua y de la alimentación. La acumulación de diferentes compuestos en el ambiente y en los organismos vivos ha planteado interrogantes sobre las consecuencias negativas que implica. De hecho, una de las obras que luego se erigió como elemento medular dentro del proceso de construcción del movimiento ambientalista, *Primavera Silenciosa* de la bióloga estadounidense Rachel Carson publicada en 1962, coloca el acento en los efectos nocivos en términos ambientales de los pesticidas en general y del DDT en especial. Este análisis constituyó una pieza clave para lograr la prohibición de este último por parte de la Agencia de Protección Ambiental de Estados Unidos en 1973.

El debate iniciado permanece abierto y se viene profundizando de un tiempo a esta parte en razón de la aparición, en el ámbito de la agricultura, de nuevas articulaciones de la estrategia de aplicación de pesticidas con otras innovaciones tecnológicas. En el último tercio del siglo XX hemos asistido a la proliferación del uso en la actividad agrícola de la tecnología de modificación genética de organismos, lo que contribuyó al desarrollo de una forma de producción agraria que enlaza la citada modificación en los genes y el uso de pesticidas adecuados a las propiedades que poseen las semillas manipuladas en el laboratorio.

En paralelo, se consolidaron movimientos sociales que intentan resistir al modelo de producción agraria. El uso masivo de pesticidas se presenta como uno de los ejes medulares de la problemática y se ponen de relieve las consecuencias perjudiciales que éstos generan en el ambiente y en la salud humana. Asimismo respecto de estos "efectos colaterales", han surgido en el campo científico un número importante de controversias, verbigracia, en relación con los perjuicios que algunos de estos compuestos generan tanto para el ambiente -en particular por la alteración de la biodiversidad-, como para la salud humana, ya sea derivados de la exposición a éstos durante el desarrollo de fumigaciones o por ingesta de alimentos que podrían poseer residuos de pesticidas, etc.

Los procesos de resistencia y las controversias científicas se reproducen cada vez con mayor intensidad en diferentes contextos geográficos. Entre ellos se destacan no sólo científicos que acentúan los riesgos y daños asociados al uso de pesticidas, sino también, organizaciones no gubernamentales y grupos de vecinos y campesinos que emiten alertas y, en muchas ocasiones, proporcionan información relevante: así lo han hecho el Movimiento de Trabajadores sin Tierra en Brasil, la red "Paren de Fumigar" en Argentina, los denominados "militantes anti-OGM" en Europa, entre muchos otros. Estos movimientos sociales suelen cuestionar el uso que se realiza en la agricultura de los pesticidas, llegando en gran parte de ellos a controvertirse el sistema mismo de producción agraria actual en su conjunto, proponiéndose otro tipo de agriculturas alternativas.

Los pesticidas se han transformado en un objeto de regulación por parte del Derecho. Existe una multiplicidad de regulaciones legales que se ocupan de diferentes aristas problemáticas de los pesticidas. Así existe por un lado una regulación administrativa que se encarga de autorizar la comercialización de los diferentes pesticidas, calificándolos en cada caso de acuerdo a su nivel de peligrosidad; por otro lado, se destaca un conjunto normativo en el marco de la *regulación de los usos del suelo*, que se ocupa de reglar el empleo de pesticidas en la actividad agrícola que se conocen habitualmente bajo el nombre de *leyes de protección fitosanitaria.* Estas leyes propenden, por una parte, a fijar los parámetros de la elaboración, comercialización, distribución, transporte y almacenaje de este tipo de productos así como a determinar las condiciones de su aplicación en el territorio y, por otra parte, a disponer medidas para evitar la contaminación del ambiente y los alimentos.

Al mismo tiempo, la regulación de la problemática de los pesticidas reconoce su fuente en regulaciones generadas en diferentes niveles de producción normativa. Así puede encontrarse una regulación de la problemática en el nivel global, internacional, comunitario, de los estados nación, y en los espacios subnacionales – regiones, provincias, municipios, comunas, etc. -. Simultáneamente, esta regulación no es exclusiva del "*hard law*", sino que en gran medida se encuentra compuesta por reglas de "*soft law*" *que destaca su presencia en el espacio del derecho global.* En este último ámbito destacan los estándares y clasificaciones establecidos por la Organización de las Naciones Unidas para la Alimentación y la Agricultura (FAO) y la Organización Mundial de la Salud (OMS). En particular, la clasificación sujeta a revisión periódica que establece la OMS respecto a estos compuestos químicos según su nivel de peligrosidad para el ser humano suele informar un número relevante de legislaciones locales que, con base a tales criterios, luego determinan las condiciones de aplicación de los diferentes grupos.

En el espacio internacional existen algunas convenciones importantes sobre el tema, entre las que se destacan: el *Convenio de Basilea sobre el control de movimientos transfronterizos de desechos peligrosos y su eliminación* (1989), que entró en vigor en 1992 y cuyo objeto es la reducción de la movilidad de residuos y su adecuado manejo propulsando que la eliminación de los mismos sea desarrollada en su zona de generación; el *Convenio de Rotterdam sobre el procedimiento de consentimiento fundamentado previo aplicable a ciertos plaguicidas y productos químicos peligrosos objeto de comercio internacional* (1998), cuya entrada en vigor data de 2004 y que tiende a la promoción de una responsabilidad compartida en particular respecto de aquellos compuestos considerados especialmente peligrosos; el *Convenio de Estocolmo sobre reducción y eliminación de contaminantes orgánicos persistentes* (COP; 2001) que se encuentra vigente también desde 2004 y propende a la protección del ambiente y la salud ante contaminantes de este tipo cuya persistencia reviste un riesgo importante en ambos planos. Asimismo, en el ámbito de la OMC se destaca uno de los Anexos al Tratado de Marrakech, el *Acuerdo para la aplicación de medidas sanitarias y fitosanitarias* (Acuerdo SPS).

En el marco de los procesos de integración regional y comunitario europeo se hallan normas que atienden a este tema. Entre ellas se destaca el Reglamento nº 1107/2009 *relativo a la comercialización de productos fitosanitarios* que configura una lista de sustancias activas a partir de las cuales se establece un sistema de reconocimiento mutuo y autorización zonal, se prohíben algunas sustancias químicas tóxicas y se incorpora la prohibición de las fumigaciones aéreas como regla general. En el caso del Mercosur la *Resolución 14/1995 sobre plaguicidas en productos agropecuarios alimenticios "in natura"* impulsa la adopción de los límites máximos de residuos de plaguicidas que establece el Codex Alimentarius (organismo mixto FAO/OMS). Al interior de los diferentes Estados se verifican normas que tienden a regular el empleo de estas sustancias y suelen considerar los parámetros establecidos por la OMS para su clasificación. En el caso de los Estados federales se contemplan, además, normas de índole local que refieren de manera concreta a las modalidades y condiciones de aplicación de agroquímicos e, incluso, han postulado su prohibición.

En paralelo, comienza también a detectarse en algunos países el uso de la estrategia judicial como una herramienta más para los fines de resistir e impugnar el uso de pesticidas. Así, dentro de los procesos de movilización social comienzan a traducirse los reclamos en términos de derechos, utilizando diferentes argumentos para lograr la detención de su uso. Estas iniciativas han logrado algunas sentencias favorables, verbigracia, en Argentina donde ya se suman seis sentencias favorables a reclamos de vecinos de diferentes localidades.

Bibliografía sugerida: ◆ CARSON, R. (2010), *Primavera silenciosa*, Barcelona Drakontos; ◆ KEMPF, H. (2007), *La guerre secrète des OGM*, Éditions du Seuil.

MARÍA VALERIA BERROS

Véase también: - Agricultura orgánica – Calidad de los productos.

Pienso

Véase: - Alimento.

Plaguicidas

Véase: - Pesticidas.

Pliego de condiciones

Véase: - Certificación.

Población rural

Véase: - Consumo.

Población urbana

Véase: - Consumo.

Pobreza

Véase: - Annona – Derechos Fundamentales – Exclusión social - Fondo Internacional de Desarrollo Agrícola - Fondo Mundial para la Protección Social.

Política Agrícola Común

Véase: - Agricultura - Agricultura orgánica - Biodiversidad - Mercosur - Organización común de mercados agrícolas.

Política Pesquera Común

La Política Pesquera Común es una política supranacional aplicada por la Unión Europea desde 1983, para luchar contra la sobreexplotación de los recursos haliéuticos en las zonas de pesca de los Estados miembros, situadas en el Atlántico, en el Canal de la Mancha y en el Mar del Norte. Estas zonas han sido sometidas a un régimen comunitario, para formar un "mar" comunitario en el cual sólo la Unión Europea es competente en la actualidad para regular el acceso y la explotación de estos recursos. El régimen así establecido incluye normas para la conservación y la distribución de los recursos, pero también forma parte de una política global e integral, lo que explica por qué regula igualmente el funcionamiento del mercado común de los productos de la pesca y tiene por objeto garantizar la sostenibilidad del trabajo portuario, así como los equilibrios socioeconómicos a través del desarrollo de una política estructural cuyo objetivo es lograr una adecuación entre el número de buques activos y los recursos realmente explotables. También, incluye una sección sobre "política exterior" y organiza la comercialización y el intercambio de productos del mar en el marco de la Organización Común del Mercado (Regl. nº 2371/2002 de 20 de diciembre de 2002).

La Unión Europea es la tercera potencia pesquera del mundo con cerca de 7 millones de toneladas de pescado desembarcado anualmente y más de 400.000 puestos de trabajo. Este sector es esencial para la estructuración socioeconómica de las zonas costeras y su sostenibilidad es un tema de importancia para una Unión ampliamente deficitaria en productos pesqueros.

La Política Pesquera Común nace realmente en 1983, aunque algunas medidas fueron adoptadas desde 1970. La implementación de esta política, que se basa en los artículos 32 a 39 del Tratado de Roma, ha sido difícil y lo que existe en la actualidad es el resultado de numerosos compromisos políticos, logrados a menudo a costa de una gestión racional de las poblaciones. Hoy en día sigue siendo una experiencia única de política interestatal de limitación del volumen de capturas en la zona de pesca comunitaria, que es llevada a cabo dentro de un marco jurídico supranacional.

Bibliografía sugerida: ◆ BEURIER, J.-P. (dir.) (2009), *Droits maritimes*, Paris, éd. Dalloz, coll. Action; ◆ FLAESCH-MOUGIN, C., CHARLES-LE BIHAN, D., LEQUESNE, Ch. (dir.) (2003), *La politique européenne de la pêche – Vers un développement durable ?*, Paris, éd. Apogée.

GWENAËLLE PROUTIERE-MAULION

Véase también: - Acuicultura - Organización común de mercados de productos de la pesca - Política Agrícola Común - Recursos Naturales - Recursos pesqueros.

Políticas integradas

Véase: - Comercio justo – Desarrollo sostenible.

Poor Laws

Véase: – Corn Laws.

Posesión

Véase: - Menoscabos a la propiedad.

Práctica restrictiva

Véase: - Derecho de la Competencia.

Precaución

Véase: - Principio de Precaución.

Precio

Véase: - Abuso de posición dominante – Annona - Comercio Justo - Corn Laws – India - Instrumentos financieros - Margen hacia atrás - Organización común de mercados agrícolas - Revueltas del hambre.

Prescripción adquisitiva

Véase: - Menoscabos a la propiedad.

Prescripción positiva

Véase: - Menoscabos a la propiedad.

Prevención

Véase: - Análisis del riesgo.

Principio de análisis del riesgo

Véase: - Análisis del riesgo.

Principio de Cautela

Véase: - Principio de Precaución.

Principio de coherencia

Véase: - Coherencia.

Principio de no regresión

La no regresión, considerada como un principio del Derecho Ambiental, es concebida como una guía de interpretación que prohibe, con la fuerza vinculante de un principio jurídico, todas aquellas aplicaciones o decisiones que pretendan, directa o indirectamente, retrotraer el nivel de protección otorgado a un recurso natural a un nivel inferior (cuantitativa o cualitativamente). En cierta medida, este principio tiene como fin tener por adquiridos los progresos realizados en materia de defensa y de preservación del ambiente, desde una óptica de transmisión a las generaciones futuras.

No obstante, se trata de un principio jurídico en construcción. No existe aun una expresión normativa directa y aparece tímidamente enunciado en los párrafos 20 y 26 de la Declaración de Río+20, adoptada en 2012 ("...es esencial que no demos marcha atrás a nuestro compromiso con los resultados de la Conferencia de las Naciones Unidas sobre el Medio Ambiente y el Desarollo [...] Se insta encarecidamente a los Estados a que se abstengan de promulgar y aplicar medidas económicas, financieras o comerciales unilaterales que no se ajustes al Derecho Internacional o a la Carta de las Naciones Unidas y que impidan la realización plena del desarrollo económico y social, especialmente en los países en desarrollo").

Quienes apoyan este principio consideran importante que el nivel de protección alcanzado en materia ambiental se respete y, mejor aun, que aumente. Pero la principal obligación ligada a su aplicación es la de no retroceder, la de no afectar las bases y las normas de protección del ambiente ya adquiridas, de no derogar o modificar las legislaciones existentes en la medida en que esto implique la reducción o que afecte negativamente el nivel actual de protección.

Si esta idea prosperace en el Derecho, podría tener fuertes implicaciones con relación a la seguridad alimentaria: la producción agrícola y alimentaria depende en primer lugar de la tierra y de los recursos. Por un lado, la preservación creciente y sin regresión de los recursos naturales permite garantizar la seguridad alimentaria a largo plazo. Por el otro, esta preservación creciente y sin regresión conducirá a frenar el productivismo en la agricultura y, en consecuencia, a modificar las vías por las cuales la seguridad alimentaria se garantiza en la actualidad.

Bibligrafía sugerida: • PRIEUR, M., SOZZO, G. (dir.) (2012), *La non-régression en droit de l'environnement*, Bruxelles, éd. Bruylant.

RAFAEL GONZÁLEZ BALLAR

Véase también: - Recursos naturales.

Principio de Precaución

Como toda actividad, la producción agrícola y los intercambios económicos y comerciales que de ella se derivan implican riesgos o peligros para las personas - en este caso, los consumidores de alimentos. Para garantizar su seguridad, el Derecho interviene en las etapas previas para organizar las cadenas de producción, transformación o distribución, definiendo las obligaciones a cargo de los operadores del sector agroalimentario (seguimiento, autocontrol...). También actúa en las etapas posteriores dando a las víctimas la oportunidad de obtener una indemnización por los daños que pudieran sufrir. Sin embargo, el Derecho no reacciona de manera uniforme ante el riesgo: cuando este es considerado desconocido, debido a que el estado actual de la ciencia no permite revelarlo, la responsabilidad de los operadores se excluye, incluso en presencia de una obligación general de seguridad (hipótesis de los riesgos de desarrollo). No obstante, frente al riesgo realizado, la víctima tiene derecho a pedir una reparación. Entre estos dos extremos se encuentran el riesgo comprobado, al cual se le aplica el principio de prevención y el riesgo sospechado, que es incierto pero lo suficientemente grave como para no ser imaginario; el principio de precaución se ocupa exclusivamente de este último.

El principio de precaución apareció por primera vez en la Convención de Viena para la Protección de la Capa de Ozono (1985), antes de ser consagrado explícitamente en el Derecho internacional o regional (Directivas de la Unión Europea sobre el uso confinado y la liberación de organismos genéticamente modificados – OGM –, 1990 -actualmente derogada-; en el art. 2.2 del Convenio sobre la protección del medio marino del Atlántico Nordeste, 1992; principio 15 de la Declaración de Río de 1992; art. 3 de la Convención de Nueva York sobre el Cambio Climático, 1992; art. 1 del Protocolo de Cartagena sobre Seguridad de la Biotecnología, 2000...). Hasta el momento, su ámbito de predilección habían sido casi exclusivamente la materia ambiental. Pero la Unión Europea (UE) no limitó el principio de precaución a la preservación del ambiente. El Tratado de Maastricht (1992) también le asignó un objetivo de protección de la salud humana (art. 130 R) y en la actualidad ambos temas se encuentran a menudo vinculados (véase el Convenio de Estocolmo sobre Contaminantes Orgánicos Persistentes, 2001). Esto explica que la UE haya decidido aplicarlo en áreas donde la seguridad de las personas se encuentra en juego (por ejemplo, el art. 8 de la Directiva nº 2001/95 de 3 diciembre de 2001, sobre la seguridad general de los productos). El sector alimentario no fue excluido, el Derecho de la UE contiene una disposición especial en su legislación marco aplicable a las actividades agroalimentarias (art. 7 del Reglamento nº 178/2002 de 28 de enero de 2002). En efecto, este sector constituye un terreno natural para la aplicación del principio de precaución, en particular en lo que respecta a la introducción en el mercado europeo de nuevos alimentos (*novel food*), a la utilización de las biotecnología en la agricultura y en la alimentación (OGM, clonación) o, en general, a las prácticas que generan interrogantes o preocupaciones en cuanto a la inocuidad de los productos que se consumen (carne bovina con hormonas), incluso en relación con las crisis sanitarias graves (crisis de las vacas locas).

La definición más completa del principio de precaución resulta ser precisamente la del artículo 7 del Reglamento nº 178/2002: "En circunstancias específicas, cuando, tras haber evaluado la información disponible, se observe la posibilidad de que haya efectos nocivos para la salud, pero siga existiendo incertidumbre científica, podrán adoptarse medidas provisionales de gestión del riesgo para asegurar el nivel elevado de protección de la salud por el que ha optado la Comunidad, en espera de disponer de información científica adicional que permita una determinación del riesgo más exhaustiva. [...] Las medidas adoptadas [...] serán proporcionadas y no restringirán el comercio más de lo requerido para alcanzar el nivel elevado de protección de la salud por el que ha optado la Comunidad, teniendo en cuenta la viabilidad técnica y económica y otros factores considerados legítimos para el problema en cuestión. Estas medidas serán revisadas en un plazo de tiempo razonable, en función de la naturaleza del riesgo observado para la vida o la salud y del tipo de información científica necesaria para aclarar la incertidumbre y llevar a cabo una determinación del riesgo más exhaustiva". Esta definición tiene el mérito de destacar los dos pilares sobre los que se asienta el principio de precaución: la evaluación de riesgos, procedimiento a cargo de expertos (Autoridad Europea de la Seguridad Alimentaria, por ejemplo); la gestión del riesgo, que consiste en la aplicación de medidas, como el retiro de los productos (no debemos olvidar el componente de "comunicación", que obliga a los Estados miembros a informar a los consumidores acerca de los riesgos, con el fin de garantizar la transparencia y la sensibilización).

Naturalmente, la aplicación de tales medidas de gestión de los riesgos afecta a la libre circulación de mercancías y de servicios, en vigor en múltiples espacios regionales (UE, Tratado de Libre Comercio de América del Norte - TLCAN...) o internacionales (Organización Mundial del Comercio - OMC). Para ser legítimas, la medidas de gestión de riesgos deben cumplir con condiciones tanto generales (persecución de un objetivo legítimo, ausencia de discriminación, proporcionalidad en relación con el objetivo perseguido, coherencia) como particulares. Deben estar basadas en la *incertidumbre científica* acerca de la existencia de un riesgo para el ambiente o para la salud. Los datos científicos actuales no deben permitir resolver la cuestión de forma definitiva (pues en el caso de riesgos establecidos, las medidas ya no serían de precaución, sino de prevención; en caso de riesgo constatado, estas medidas ya no se justifican) al mismo tiempo, deben permitir que sea creíble la hipótesis del riesgo. Debido a que estas medidas constituyen la respuesta que el Derecho aporta a una amenaza incierta, dejan de estar justificadas cuando se elimina la incertidumbre. Es por ello que *son provisionales o temporales*. Además, como las medidas de precaución aparecen como obstáculos al comercio, excepcionalmente admitidos, quienes las aplican deben poner en marcha, en un plazo razonable, trabajos destinados a confirmar o negar la existencia del riesgo sospechado. Este deber de investigación, cuya ejecución implica necesariamente un costo, tiene como objetivo descartar la hipótesis de una aplicación indefinida de las excepciones al principio de libre circulación. Sirve así para mitigar la posible inercia de los Estados "cautos".

El principio de precaución no es considerado como tal por las normas comerciales multilaterales. Entiéndase que este no aparece formalmente en los textos de la OMC. Sin embargo, se expresa a través de las cláusulas de salvaguardia que permiten a un Estado, por un tiempo determinado, sustraer ciertos productos o servicios del mercado internacional con el fin de someterlos a un régimen de excepción. El conjunto de condiciones a las cuales se encuentran sometidas las medidas de precaución son retomadas, en términos que recuerdan el artículo 7 del Reglamento nº 178/2002, en el artículo 5 del Acuerdo sobre la Aplicación de Medidas Sanitarias y Fitosanitarias (Acuerdo SPS). Tales condiciones han sido enunciadas de manera perfectamente clara en el caso *Japón - Medidas que afectan a los productos agropecuarios* (1999), que fue juzgado por el Órgano de Solución de Diferencias (OSD). Sin embargo, en la OMC el principio de precaución no está considerado como un principio de Derecho Internacional. Por lo tanto, no prevalece frente a los Acuerdos (lo que resultó evidente en el diferendo *Comunidades Europeas - Medidas que afectan a la carne y los productos cárnicos*, 1996). En realidad, las instancias de Ginebra solamente ven las medidas adoptadas sobre su fundamento y son analizadas en calidad de medidas sanitarias o fitosanitarias. Al extremo, puede señalarse que resulta ser inútil invocarlo ante el OSD. En el caso del *Amianto* (1998) a menudo citado como un ejemplo, la Unión Europea tuvo éxito sin que haya resultado útil evocar el principio de precaución como fundamento de la legislación francesa que prohibía la importación de fibras de amianto canadienses. Más recientemente, en el marco del diferendo *OGM* que enfrentó a Europa y a los Estados Unidos, Canadá y Argentina (*Comunidades Europeas - Medidas que afectan a la aprobación y comercialización de productos biotecnológicos*, 2006), una vez más el OSD se mostró en desacuerdo con el estatus de principio general del Derecho Internacional, a pesar de la inclusión expresa del principio de precaución en el Protocolo de Cartagena (2000), aplicable a la seguridad de los productos biotecnológicos, pero no ratificado por los Estados Unidos.

Resulta necesario realizar una aclaración en este punto: los Estados tienen derecho a elegir el nivel de protección que consideren apropiado para sí mismos y su población. Este derecho se infiere del preámbulo y del artículo 3.3 del Acuerdo SPS. De ello se desprende que un Estado puede, en teoría, adoptar medidas radicales de precaución en su mercado, para protegerse contra la realización de un riesgo sospechado (véase el caso *Australia - Medidas que afectan a la importación de salmón*, 1998). Sin embargo, esta posibilidad contradice los argumentos del caso *OGM*. En efecto, a partir de la publicación del informe del Grupo Especial, el futuro de las legislaciones nacionales “anti OGM” se ha visto considerablemente nublado: el OSD consideró que, en materia de tecnologías de lo vivo, existen informaciones científicas “suficientes” que no muestran ningún riesgo para la salud humana, por lo que ninguna medida de precaución puede ser adoptada en este ámbito (excepto en caso de emergencia o en caso de crisis sanitaria), pues todo riesgo ha sido descartado. El enfoque del Grupo Especial constituye una verdadera toma de posición, que pasa por alto la división que existe en la comunidad científica y las dudas e inquietudes de las poblaciones de consumidores (hasta ahora, el principio de precaución se aplica en respuesta a un riesgo sanitario y no social o cultural). Sólo en caso de que nuevos elementos emergieran, que cuestionaran los famosos datos científicos actuales de la ciencia, tales medidas podrían ser aplicadas, a condición de que un segundo procedimiento de evaluación de riesgos sea realizado previamente.

La relativa mala suerte internacional del principio de precaución se explica en parte por la desconfianza que rodea la motivación del Estado que lo invoca a su favor: ¿La medida realmente se aplica considerando un riesgo o en respuesta a un temor infundado? ¿Es sincera o disimula una voluntad proteccionista? ¿A partir de qué momento se considera seriamente la hipótesis de un riesgo que no puede ser verificado por completo? Debe admitirse que, si bien el problema está claramente identificado – colocar a la persona y a su ambiente al abrigo de un peligro (objetivo descrito en la obra de Hans Jonas, *El principio de responsabilidad*) -, en la práctica el manejo del principio es delicado. Por otra parte, a pesar de lo bien que pueda ser caracterizado, el riesgo incierto deja sin responder la cuestión de las consecuencias jurídicas que provoca: queda por decidirse si el principio de precaución conduce a la prohibición, a la restricción, a una simple información o a una advertencia al consumidor, a quien podría responsabilizarse al reconocérsele una libertad de elección. En Europa, el cuestionamiento se realiza con vehemencia en relación con los alimentos derivados de OGM (frente a los cuales las instituciones oscilan constantemente entre la prohibición y el etiquetado). En estas circunstancias, no es de extrañar que la pertinencia del principio de precaución sea cuestionada, en particular en los Estados Unidos: a pesar de que algunas ciudades de América del Norte han adoptado códigos de buena conducta inspirados directamente en el principio de precaución (sobre todo en materia ambiental), las libertades de empresa y de comercio no son sacrificadas sin previa prueba sobre la nocividad de un producto. En síntesis, la duda beneficia a los operadores quienes son *a priori* libres para comerciar, y el juez solo va a intervenir en caso de accidente, condenando al responsable al pago de daños y perjuicios por un monto potencialmente muy alto (*punitive damages*).

Otras interrogantes deben agregarse a estas consideraciones iniciales: en primer lugar, ¿el principio se aplica solamente a las autoridades públicas o también a los operadores privados? En otras palabras, ¿podemos culpar legalmente a una empresa por no haber actuado de conformidad con el principio de precaución? La cuestión es objeto de debate en el Derecho Europeo. La lectura del Reglamento nº 178/2002 nos permite observar que la aplicación del principio no parece imponérsele sólo al Estado. Si bien las "medidas provisionales de gestión del riesgo" a las que hace referencia el artículo 7 aparecen desarrolladas y aplicadas por una autoridad pública, resulta diferente al dispositivo establecido en los artículos 19 y 20 del mismo texto. Dedicados a las "Responsabilidades respecto a los alimentos", estas dos disposiciones organizan la reacción que debe tener un operador de la empresa alimentaria cuando "considere o tenga motivos para creer que un alimento que ha importado, producido, procesado fabricado o distribuido no cumple los requisitos de inocuidad de los alimentos" (art. 19). En particular, el explotador debe retirar y recuperar el producto, informar a las autoridades competentes y a los consumidores. Los términos utilizados en el Reglamento hacen eco del principio de precaución del artículo 7. Las medidas que los operadores deben adoptar son del mismo orden que aquellas aplicadas por las autoridades. Estos operadores participan en el dispositivo de vigilancia y de precaución construido por la UE. Cuando se recuerda también que el Reglamento nº 178/2002 tiene por objeto "asegurar un nivel elevado de protección de la salud de las personas y de los intereses de los consumidores en relación con los alimentos" (art. 1), no debería sorprender la cooperación de los operadores privados y la extensión a estos de las obligaciones derivadas del principio de precaución. Queda por determinar cuáles son las "responsabilidades" a las que se refiere el encabezado de los artículos 19 y 20. Sin comprometerse en el terreno resbaladizo de la responsabilidad civil, se puede estimar que las sanciones administrativas (incluso penales) se encuentran entre las que pueden ser impuestas por las autoridades públicas, en ausencia de una reacción apropiada del "operador o explotador" (lo que es competencia de los Estados miembros de la UE).

Para concluir, debe observarse que la aplicación del principio implica necesariamente costos que los operadores pueden incluir en los productos adquiridos por los consumidores. Esta aplicación también puede crear distorsiones en la competencia, en la medida en que el principio no es universal: si bien, en nombre de este último, la UE impone a las empresas europeas una serie de obligaciones, el costo que estas implican para los operadores no es igualmente asumido por sus competidores, quienes se encuentran fuera del mercado interno europeo y no están sujetos a tales obligaciones. Por último, al reconocerse el principio, quedan todavía interrogantes pendientes, empezando por esta: ¿corresponde al operador o a la colectividad (al Estado) soportar las consecuencias de un retiro del mercado de un producto alimentario, como medida de precaución, en vista de un riesgo que en última instancia será descartado por análisis realizados posteriormente? La lógica favorece la primera opción, pero entonces debe tenerse consciencia de que las pérdidas ocasionadas pueden ser muy grandes y no es seguro que el operador pueda en todos los casos encontrar reparación en una aseguradora.

Bibliografía sugerida: • BOY, L. *et alii* (2003), La mise en œuvre du principe de précaution dans l'Accord SPS de l'OMC – Les enseignements des différends commerciaux, *Revue économique*, volume 54, p. 1291 (consultable en línea); • COLLART DUTILLEUL, F. (2001), *Principe de précaution et responsabilité dans le domaine alimentaire*, Conseil national de l'alimentation, Avis n° 30 (consultable en línea); • JONAS, H. (1999), *Le principe responsabilité, une éthique pour la civilisation technologique*, Paris, éd. Flammarion; • NOIVILLE, Ch. (2000), Principe de précaution et Organisation mondiale du commerce – Le cas du commerce alimentaire, *Journal du droit international*, 2000, p. 263.

JEAN-PHILIPPE BUGNICOURT

Véase también: - Análisis del riesgo – Biotecnologías - Cláusula de Salvaguardia - Derecho Europeo de la Alimentación - Diferendos de la OMC - Organismo genéticamente modificado - Principio de Transparencia – Riesgo - Riesgo ambiental.

Principio de Protección de los intereses del consumidor

La legislación alimentaria contemporánea suele distinguir entre la protección de los intereses de los consumidores, por una parte, y la protección de la salud, por otra parte. Esta distinción se puede observar tanto en las normas que regulan el Derecho Comercial Internacional, como en la Unión Europea (UE) y, por lo tanto, en los distintos ordenamientos nacionales de los Estados miembros de la UE. Igualmente, tal distinción se encuentra en otros ordenamientos nacionales y regionales fuera de Europa.

En el plano internacional, en particular en el ámbito de la Organización Mundial del Comercio (OMC), la distinción se refleja en la creación de dos regímenes diferentes para la regulación de las barreras no arancelarias al comercio. El primero rige los "obstáculos técnicos" (por medio del Acuerdo sobre Obstáculos Técnicos al Comercio – Acuerdo OTC) y el segundo se aplica a las medidas sanitarias y fitosanitarias (regidas por el Acuerdo sobre la aplicación de Medidas Sanitarias y Fitosanitarias – Acuerdo SPS). En términos generales, puede decirse que la protección de los intereses de los consumidores se encuentra integrada en el primer texto, mientras que el segundo tiene en cuenta el objetivo de proteger su salud.

A nivel comunitario europeo, el Reglamento nº 178/2002 ("*Food Law*") retoma también la distinción. Esta se encuentra tanto en los objetivos generales de la legislación alimentaria (art. 5.1), como en sus principios generales (arts. 6 al 8). El hecho de considerar por separado estas dos áreas conduce a la creación de dos políticas de protección diferentes, en función de su finalidad: La protección de la salud se hace a través de la promoción del análisis del riesgo, mientras que la protección de los intereses de los consumidores se hace por medio de la garantía de que puedan elegir su alimentación en conocimiento de causa. Es en este punto que fundamentalmente se centra el Derecho.

La Legislación alimentaria europea concibe la protección de los intereses de los consumidores a la vez como un objetivo general y como un principio general, a sabiendas de que la aplicación del principio condiciona el logro del objetivo. Así, la aplicación del principio implica el establecimiento de una serie de dispositivos que permiten a los consumidores elegir sus alimentos en conocimiento de causa. Por ello, la elección informada del consumidor constituye un primer objetivo concreto, diseñado para participar en la consecución del objetivo general de protección de sus intereses.

Estos dispositivos son muy diversos y diferentes actores son responsables de su aplicación, por ejemplo, las autoridades encargadas del control y de la represión de los fraudes alimentarios. Los profesionales del sector agroalimentario también deben cumplir con sus obligaciones de información para con los consumidores, incluidas las reglas del etiquetado. Además, pueden intervenir terceros cuando ejercen, por ejemplo, actividades de certificación. Todos estos esfuerzos afectan a la información que está disponible para los consumidores y que les permite tomar decisiones informadas sobre lo que van a ingerir.

En estas circunstancias, resulta comprensible que desde la óptica del Derecho de la Unión Europea, lo importante es asegurar que la información disponible sea clara y comprensible para los consumidores, con el fin de que puedan elegir. En particular, es primordial prohibir todas las prácticas que puedan inducirlos a error. Estas incluyen todo tipo de falsificación de los alimentos y, en general, todas las prácticas fraudulentas o engañosas.

En la legislación de la UE, el interés de los consumidores no sólo adopta una dimensión económica. Obviamente tal dimensión no es ignorada, pero el Derecho de la UE también toma en cuenta las prácticas equitativas en el comercio de alimentos, la protección de la salud y del bienestar de los animales, la sanidad vegetal y la preservación del ambiente. En otras palabras, los intereses de los consumidores van más allá de la esfera estrictamente económica y, de esta forma, consideraciones sociales, ambientales e incluso éticas han sido incorporadas en la política europea de información. Esto significa que la información facilitada a los consumidores puede tratar sobre aspectos ligados a cada una de estas esferas. La legislación alimentaria europea, al adoptar este principio general, ofrece a los consumidores la protección de sus preferencias alimentarias, las que pueden tener consecuencias indirectas, pero legítima, en temas que van mucho más allá de la relación de consumo. Como resultado, el consumidor alimentario se ha convertido en algo más que un simple actor económico.

HUGO ALFONSO MUÑOZ UREÑA

Véase también: - Acuerdo OTC – Biotecnologías – Consumo - Derecho Europeo de la alimentación – Etiquetado - Principio de Transparencia.

Principio de Transparencia

La transparencia es ante todo una imagen para el Derecho, que transmite una idea de apertura. Por definición, los contornos de esa imagen no son muy precisos. Es por lo que en lugar de lo que comúnmente se denomina "el" Principio de Transparencia, es preferible hablar de los "principios", en plural, por cuanto la transparencia tiene en realidad varias dimensiones. En este sentido, cabe señalar que la misma legislación establece varios principios de transparencia.

El Derecho Europeo de la Alimentación, consagrado por el Reglamento nº 178/2002 por el que se establecen los principios y los requisitos generales de la legislación alimentaria, se crea la Autoridad Europea de Seguridad Alimentaria y se fijan procedimientos relativos a la seguridad alimentaria, contiene una sección titulada "Principios de transparencia" en la que han sido colocados dos principios. El primero se denomina "consulta pública" (art. 9) y el segundo, "información al público" (art. 10). Se trata así de principios explícitamente consagrados. Esta formalización pone de manifiesto el fuerte vínculo que se desarrolla entre la *transparencia* por un lado, y las nociones de *información* y *consulta* por otro lado, en la medida en que los mecanismos que permiten la información y la consulta contribuyen a la aplicación de la transparencia.

El primer principio, relativo a la consulta, se define de la siguiente manera: "En el proceso de elaboración, evaluación y revisión de la legislación alimentaria se procederá a una consulta pública, abierta y transparente, ya sea directamente o a través de órganos representativos, excepto cuando no sea posible debido a la urgencia del asunto." En relación con el segundo, sobre la información, se afirma que "cuando existan motivos razonables para sospechar que un alimento o un pienso puede presentar un riesgo para la salud de las personas o de los animales, las autoridades, dependiendo de la naturaleza, la gravedad y la envergadura del riesgo, adoptarán las medidas apropiadas para informar al público en general de la naturaleza del riesgo para la salud, indicando, en la medida de lo posible, el alimento o el pienso, o el tipo de alimento o de pienso, el riesgo que puede presentar y las medidas que se adopten o vayan a adoptarse para prevenir, reducir o eliminar ese riesgo."

Los dos principios de transparencia fijan deberes para las autoridades, por lo que están obligadas a consultar a los ciudadanos en la elaboración, evaluación y revisión de la legislación alimentaria. Dicha consulta debe ser abierta y transparente y puede hacerse directamente o a través de órganos representativos. Asimismo, las autoridades deben informar a los ciudadanos cuando haya motivos razonables para sospechar que un alimento puede presentar un riesgo para la salud. Esta información debe lograr que sus destinatarios sean capaces de evitar el riesgo en cuestión.

El Derecho Europeo de la Alimentación establece explícitamente principios de transparencia en beneficio de los ciudadanos y esto, dentro del contexto de una legislación cuyo objetivo principal es velar por la salud y los intereses de los consumidores. Tal situación provoca, en última instancia, un acercamiento entre "ciudadanos" y "consumidores". Los consumidores y los ciudadanos son, en efecto, asimilados por necesidad, por cuanto la transparencia en beneficio de los últimos concierne evidentemente a los consumidores. Esta asimilación es el resultado de tres consideraciones. En primer lugar, como acaba de señalarse, los principios de transparencia se encuentran contenidos en una legislación que garantiza la protección del consumidor. En segundo lugar, algunos de los mecanismos que sirven para aplicar el principio de consulta pública se dirigen, en la práctica, a los consumidores o a sus representantes. Este es el caso, por ejemplo, de la participación de los consumidores en la evaluación del riesgo en Francia, de previo a la comercialización de organismos genéticamente modificados. En tercer lugar, la aplicación del principio de información al público se traduce por lo general, en una advertencia dirigida a los consumidores. En efecto, estos últimos son quienes consumen los alimentos que pueden representar un riesgo. Por último, de esta asimilación de hecho resulta una consecuencia: la puesta en evidencia de un principio implícito de transparencia que beneficia directamente a los consumidores.

En el caso de la información al público, la advertencia sobre los riesgos asociados a los alimentos se lleva a cabo en el contexto del mercado. Tal advertencia (sobre la presencia de un riesgo inaceptable) sólo tiene sentido si el alimento ya está siendo comercializado; de lo contrario, dirigirse al público no sería la medida pertinente. Como se ha mencionado, la implementación de este sistema conduce a la convergencia de facto entre las nociones de consumidor y de ciudadano, lo que pone en evidencia la aparición de un principio implícito de transparencia. Este principio se vincula con la política general de información de los consumidores y, por ello, con el Reglamento n° 1169/2011 sobre la información alimentaria facilitada al consumidor y por el que se establecen obligaciones para los profesionales del sector agroalimentario, con el fin de permitirle a los consumidores elegir sus alimentos en conocimientos de causa. Sin embargo, el Derecho de la Unión Europea sigue distinguiendo formalmente entre la transparencia debida a los "ciudadanos" y la información de los "consumidores".

Los principios de transparencia hacen posible el buen funcionamiento del sistema definido por el Derecho Europeo de la Alimentación. Estos se articulan con los demás principios generales establecidos por el Reglamento n° 178/2002: por una parte, la transparencia se combina con el principio de protección de los intereses de los consumidores (art. 8), permitiéndoles elegir su alimentación en conocimiento de causa. Por otra parte, acompaña a los principios de análisis de riesgos (art. 6) y de precaución (art. 7), al asociar a los ciudadanos a la toma de decisiones tanto en la adopción de nuevas disposiciones normativas, como en los múltiples actos de autorización previa que existen en el ámbito alimentario. Por esta razón, los principios de transparencia pasan a veces desapercibidos.

Bibliografía sugerida: • MUÑOZ UREÑA, H. A. (2011), *Principe de transparence et information des consommateurs dans la législation alimentaire européenne*, éd. Inida.

HUGO ALFONSO MUÑOZ UREÑA

Véase también: - Acuerdo OTC - Análisis del riesgo – Biotecnologías – Derecho europeo de la alimentación - Empaque – Etiquetado – Principio de protección de los intereses del consumidor - Pueblos autóctonos.

Principios de Ecuador

Véase: - Desarrollo sostenible – Inversiones internacionales - Responsabilidad social de las empresas.

Privilegio del Agricultor

El privilegio del agricultor, también conocido como "privilegio del campesino" y que hace referencia a toda semilla obtenida en las propias explotaciones de los campesinos, les permite el libre acceso a los recursos genéticos contenidos en las variedades vegetales protegidas, para replantar sus fincas con una parte de las semillas cosechadas durante el año precedente.

Esta práctica ancestral en agricultura genera problemas jurídicos importantes. En efecto, se enfrenta al reconocimiento, en el siglo XXI, de los derechos de propiedad intelectual que, por lo general, confieren un monopolio para el titular de una patente o para el obtentor, es decir, "la persona que haya creado o descubierto y puesto a punto una variedad [vegetal]", en términos del artículo 1° del Convenio de la Unión Internacional para la Protección de las Obtenciones Vegetales (Convenio UPOV). Por tanto, existe un conflicto entre esta práctica ampliamente generalizada en todo el mundo y la propiedad intelectual. En general, el conflicto se resuelve en favor de la segunda, pues se ha considerado que otorga a sus titulares unos derechos casi absolutos.

Varios textos normativos reconocen al privilegio del agricultor como una institución que limita el derecho del obtentor y/o del titular de la patente; esto tanto en el Derecho Internacional, como en el Derecho de la Unión Europea y en los derechos nacionales. De esta forma, el artículo 15 del Convenio de la UPOV, en su versión revisada de 1991, dispone que "cada Parte Contratante podrá restringir el derecho de obtentor respecto de toda variedad, dentro de límites razonables y a reserva de la salvaguardia de los intereses legítimos del obtentor, con el fin de permitir a los agricultores utilizar a fines de reproducción o de multiplicación, en su propia explotación, el producto de la cosecha que hayan obtenido por el cultivo, en su propia explotación, de la variedad protegida o de una variedad cubierta". Del mismo modo, en Europa, el artículo 14 del Reglamento n° 2100/94 de 27 de julio de 1994, relativo a la protección comunitaria de las obtenciones vegetales dispone que "los agricultores estarán autorizados a emplear, en sus propias explotaciones, con fines de propagación en el campo, el producto de la cosecha que hayan obtenido de haber plantado en sus propias explotaciones material de propagación de una variedad que, no siendo híbrida ni sintética, esté acogida a un derecho de protección comunitaria de las obtenciones vegetales." Por último, en Francia, el Código de la Propiedad Intelectual ha reconocido recientemente a las semillas obtenidas en las propias explotaciones de los campesinos por medio del artículo L. 623-24-1, que establece expresamente una excepción en beneficio de los agricultores que tienen el derecho de utilizar en su propia explotación, sin la autorización del obtentor, a efectos de la reproducción o de multiplicación, el producto de la cosecha que hayan obtenido del cultivo de una variedad protegida.

Pero cualquiera que sea el texto que define el privilegio del agricultor, la excepción se presenta por lo general rigurosamente regulada. En ese sentido, el Derecho francés, así como el de la Unión Europea solo autorizan las semillas obtenidas en las propias explotaciones de los campesinos para un número limitado de variedades (por ejemplo, garbanzos, arroz, papa, colza...). Las circunstancias de resiembra también son muy precisas y se oponen, de hecho, a cualquier uso de las semillas por una comunidad local, lo que conlleva problemas por ejemplo en África. Además, el privilegio no es gratuito, los textos que acuerdan el quebranto a los derechos del obtentor, le otorgan una compensación bajo la forma de una "remuneración equitativa" (art. 13 del Convenio de la UPOV, art. 14 del Regl. 2100/94 que exime sin embargo a los "pequeños agricultores"). Por último y lo más importante, el privilegio es facultativo en el Derecho Internacional, por cuanto, de acuerdo con las disposiciones del Convenio de la UPOV revisado en 1991, se deben salvaguardar ante todo los intereses legítimos del obtentor (art. 15.2). Por lo tanto, son los Estados quienes deben decidir si lo incluyen expresamente en sus legislaciones para hacerlo así efectivo. De lo contrario, no se aplica y puede ser neutralizado por medio de una simple cláusula incorporada en el contrato entre la empresa de semillas y el agricultor. El único obstáculo para esta práctica contractual es la hipótesis en la cual la legislación local, aplicable al contrato, impone el privilegio a los contratantes por efecto de una disposición imperativa.

La cuestión plantea tensiones innegables. En Francia, el nuevo artículo L. 623-24-1 del Código de la Propiedad Intelectual es cuestionado por los poderosos sindicatos de agricultores quienes, si bien no son hostiles a la idea de pagar una regalía al obtentor, se preocupan por la restricción progresiva de la libertad de sembrar en beneficio de éste último, cada vez que se da una reforma legal. Sin embargo, el lazo podría apretar más después de un pulso que se tiene en Bruselas, con motivo de la anunciada reforma del derecho aplicable a la materia. Pero aun hay más: las grandes empresas de semillas eluden el privilegio del agricultor mediante el desarrollo de variedades estériles (semillas "Terminator"), obligando a los agricultores a reaprovisionarse cada año.

Podemos concluir diciendo que el fuerte debilitamiento del privilegio del agricultor no siempre se observa en las batallas judiciales. Un episodio interesante se llevó a cabo en Brasil en 2012. Mientras que la Ley de Propiedad Industrial nº 9.279/96 garantiza al obtentor el pago de derechos en caso de resiembra (dispositivo relativamente clásico, como ha sido visto), otro texto (la Ley sobre la Protección de las Obtenciones Vegetales nº 9.456/97) autorizaba esta práctica sin prever una compensación para al titular de los derechos. La contradicción evidente entre las dos leyes es problemática, especialmente cuando, como en el caso ocurrido en Brasil, una planta combina las dos protecciones (una patente sobre una secuencia genética y un certificado de obtención vegetal para la variedad). De todas maneras, la problemática fue decidida por un tribunal regional que dio la razón a los sindicatos de agricultores que exigían el derecho de resiembra de sus campos gratuitamente. El tribunal también condenó a la empresa de semillas a devolver las regalías recaudadas desde 2003 (pues pesaba una duda sobre la validez de la patente en cuestión). Si bien la victoria de los campesinos sudamericanos está lejos de ser definitiva y no será suficiente para revertir significativamente la tendencia, muestra sin embargo que el Derecho es a menudo una cuestión de equilibrios y que él constituye tanto el origen de las dificultades, como parte de la solución.

Bibliografía sugerida: ◆ BOY, L. (2008), L'évolution de la réglementation internationale : vers une remise en cause des semences paysannes ou du privilège de l'agriculteur, *Revue internationale de droit économique*, 2008/3, tome XXII, p. 293; ◆ NGO, M.-A., REIS, P. (2008), La protection des variétés végétales dans le commerce international : le droit, un outil stratégique, *Propriété industrielle,* n° 10, p. 30; ◆ REIS, P. (2011), Les exceptions au monopole dans le Traité UPOV: le cas des semences de ferme ou le prétendu "privilège de l'agriculteur", in *Aspects juridiques de la valorisation des denrées alimentaires*, bajo la dirección de F. Collart Dutilleul et R. González Ballar, San José, Costa Rica, éd. Inida (consultable en línea).

MAI-ANH NGO

Véase también: - Acuerdo ADPIC - Obtención vegetal - Organización Mundial del Comercio - Privilegio del obtentor - Seguridad alimentaria - Semillas.

Privilegio del Obtentor

Junto al privilegio del agricultor, se menciona muy a menudo el del obtentor, presentado al igual que el primero como una excepción, al menos una variación, a los derechos del titular de un certificado de obtención vegetal. El artículo 15 del Convenio de la Unión Internacional para la Protección de las Obtenciones Vegetales (Convenio UPOV), en su versión revisada de 1991, lo contempla en estos términos: "El derecho de obtentor no se extenderá [...] ii) a los actos realizados a título experimental, y iii) a los actos realizados a los fines de la creación de nuevas variedades...". En otras palabras, los derechos que tiene una persona sobre una variedad vegetal (el "obtentor") no son susceptibles de obstaculizar la investigación y otros (futuros "obtentores") tienen derecho a utilizar esta variedad para realizar sus trabajos sin el consentimiento del titular de los derechos.

El privilegio del seleccionador puede ser equiparado a las licencias que se encuentran en el derecho de las patentes (contratos mediante los cuales el titular de la patente concede, a cambio de una remuneración y por un período determinado o no, el derecho a utilizar su invención). Se asimila más específicamente a una licencia de dependencia concebida para autorizar, bajo ciertas condiciones, a un individuo a desarrollar investigaciones a partir de la invención protegida de otro, especialmente con el fin de perfeccionarla (mecanismo previsto en particular en el derecho francés). En este sentido, téngase en cuenta que el mecanismo de la licencia de dependencia se aplica también a los derechos de las obtenciones vegetales, a favor del obtentor, cuando la planta que utiliza posee genes protegidos por una patente. En este caso, el obtentor en cuestión acumula una doble protección heredada de la excepción del obtentor (en relación con el primer obtentor) y del derecho de las patentes.

El privilegio del obtentor se define como "obligatorio" en el Convenio UPOV. Los Estados están obligados a incorporar la excepción en su legislación interna, sin poder renunciar a ella. Esta es una característica que lo distingue del privilegio del agricultor. No obstante, esto puede prestarse a confusión: el carácter obligatorio solo concierne al Estado, que debe incorporar la excepción en su derecho. La excepción no se impone a los profesionales, ya que éstos siguen siendo libres de renunciar a ella por vía de contrato. Asimismo, otro elemento reduce el alcance del privilegio del obtentor: Para que la excepción se aplique plenamente, es necesario que la variedad creada a partir de la planta protegida se diferencie de esta última. Es evidente que no se trata de legalizar la falsificación, sino de permitirle a una persona disfrutar de una nueva creación. Así, el artículo 15 del Convenio UPOV excluye del ámbito de la excepción a las "variedades esencialmente derivadas", consideradas no suficientemente diferentes de la planta-fuente. Sin embargo, el término "esencialmente" es objeto de debate y de interpretaciones divergentes. En estas condiciones resulta extremadamente delicada la delimitación, con exactitud, del alcance de la excepción, sobre todo cuando se sabe que el trabajo de un obtentor se realiza, por definición, a partir de lo que ya existe y que el fruto de sus investigaciones solo constituye una evolución de lo que ya existente, nunca es totalmente nuevo.

Jean-Philippe Bugnicourt

Véase también: - Obtención Vegetal - Privilegio del agricultor.

Producto alimentario

Véase: - Alimento.

Producto alimenticio

Véase: - Alimento.

Productor

Véase: - Circuitos cortos - Comercio Justo.

Productos básicos

Véase: - Carta de la Habana – Conferencia de Hot Springs – Materias primas agrícolas.

Productos defectuosos

Según la Directiva Europea nº 85/374 de 25 de julio de 1985, sobre la responsabilidad por productos defectuosos, un productor es responsable del daño causado por un defecto de su producto (art. 1º). El producto defectuoso se define además como aquel que "no ofrece la seguridad a la que una persona tiene legítimamente derecho, teniendo en cuenta todas las circunstancias", especialmente: la presentación del producto, el uso que razonablemente pudiera esperarse de él y el momento en que el producto se puso en circulación (art. 6, 1). Resulta obvio que el problema consiste en saber cuál es esa seguridad a la que legítimamente se tiene derecho y que determina el caracter defectuoso, pero cuyo contenido la Directiva no define.

La mayoría de los autores están de acuerdo en considerar - y la jurisprudencia no los contradice – que la falta de seguridad a la cual una persona tiene legítimamente derecho y partiendo del carácter defectuoso, equivale a una peligrosidad anormal de un producto. La pregunta entonces es: ¿qué es una peligrosidad anormal? Un examen atento de la jurisprudencia muestra que los tribunales razonan normalmente por medio de la comparación. En caso de litigio, los jueces confrontan, de manera implícita o explícita, el nivel de seguridad del producto en cuestión con el de productos comparables y concluyen en la existencia del defecto del producto cuando éste presenta un menor nivel de seguridad de los productos comparables.

En materia de alimentos, la seguridad a la cual puede legítimamente esperarse se muestra algunas veces como una seguridad casi absoluta, en el sentido de que los alimentos respectivos no presentan ningún peligro para quienes los consumen. Este punto de vista se ve reforzado, en el seno de la Unión Europea, por el Reglamento nº 178/2002 de 28 de enero de 2002, sobre la Seguridad Alimentaria, que establece que ningún alimento se comercializará si no es seguro (art. 14.1). Tal afirmación plantea un problema por cuanto ciertos alimentos no pueden presentar riesgos para la salud, sin que sean considerados, en el estado actual de las cosas, como defectuoso: este es particularmente el caso de ciertos alimentos capaces de provocar alergias o incluso los alimentos que, consumidos en grandes cantidades, pero no necesariamente irracionales, pueden provocar o mantener condiciones (comida demasiado grasosa o demasiado dulce, alcohol, etc.). Es difícil hoy en día definir la comida defectuosa de otra manera que no sea recurriendo al uso de la fórmula bastante vaga de la Directiva de 1985, que considera el producto defectuoso como aquel que no presenta la seguridad a la cual se tiene legítimamente derecho, e invita a proceder a una apreciación caso por caso, en función de la peligrosidad respecto de la cual debe tener conciencia un consumidor razonable.

Bibliografía sugerida: ◆ BORGHETTI, J.-S. (2004), *La responsabilité du fait des produits. Étude de droit comparé*, préf. G. Viney, Paris, éd. LGDJ; ◆ BORGHETTI J.-S., BUGNICOURT, J.-Ph., COLLART DUTILLEUL, F. (2010), Le droit civil de la responsabilité à l'épreuve du droit spécial de l'alimentation : premières questions, *Recueil Dalloz*, p. 1099; ◆ STAPLETON, J. (1994), *Product Liability*, Londres, Butterworths; ◆ VINEY, G., JOURDAIN, P. (2006), *Les Conditions de la responsabilité*, Paris, éd. LGDJ, 3e éd.

JEAN-SEBASTIEN BORGHETTI

Véase también: - Alergia alimentaria – Calidad de los productos – Seguridad de los productos.

Programa Mundial de Alimentos

El Programa Mundial de Alimentos (PMA) fue establecido en 1961 por las Resoluciones paralelas de la Conferencia de la Organización de Naciones Unidas para la Alimentación y la Agricultura (FAO) y de la Asamblea General de las Naciones Unidas. El establecimiento y la labor de este programa participan de la estrategia de desarrollo de las Naciones Unidas, basada en el artículo 55 a) de la Carta de las Naciones Unidas, por el cual la Organización y sus Estados miembros se comprometen a promover "niveles de vida más elevados, trabajo permanente para todos, y condiciones de progreso y desarrollo económico y social." El PMA cuenta con un estatus jurídico particular de "doble ascendencia", lo que le obliga a informar tanto a las Naciones Unidas (ONU) como a la FAO. Las operaciones comenzaron el 1º de enero de 1963, inicialmente por un período de tres años; desde el 1º de enero de 1966, el PMA se estableció con carácter permanente.

Anunciada como la mayor organización humanitaria del sistema de las Naciones Unidas, el programa tiene como objetivo promover el desarrollo económico y social de los países en desarrollo, al proporcionar una ayuda alimentaria multilateral. También tiene como objetivo proporcionar la ayuda internacional en forma de alimentos en situaciones de emergencia (terremotos, incendios, inundaciones, huracanes, sequías, epidemias...). Por último, se está esforzando por promover la seguridad alimentaria mundial con base en las recomendaciones formuladas por la ONU y la FAO. Sin embargo, con el tiempo la labor del PMA parece haberse concentrado principalmente en las situaciones de emergencia y el suministro de alimentos; una orientación favorable a los intereses de los países contribuyentes quienes veían en la ayuda alimentaria un medio eficaz para resolver sus problemas de excedentes agrícolas.

Dirigido por una Junta Directiva compuesta por representantes de 36 Estados miembros, el PMA con sede en Roma, cuenta con un Director Ejecutivo nombrado por un período de cinco años. La organización opera anualmente en más de 70 países, a través de las oficinas regionales y descentralizadas para proporcionar asistencia alimentaria a más de 90 millones de personas. Desde su creación, el PMA ha invertido más de 30 mil millones de dólares y ha proporcionado más de 47 millones de toneladas de productos alimenticios. Para financiar sus actividades, el PMA depende de contribuciones voluntarias, provenientes de 10 países donantes principales (Estados Unidos a la cabeza), que cubren más del 80% de las necesidades operacionales del PMA. Esta dependencia de las donaciones estatales es una fuente de inseguridad para la Organización que, dada la inestabilidad y la volatilidad de los recursos efectivamente asignados, se encuentra con muchas dificultades para cubrir sus gastos administrativos y los relacionados con la realización de programas de ayuda alimentaria. Cabe añadir el hecho de que casi el 90% de los recursos del PMA se destinan a fines específicos, a petición de los países donantes. Estos orientan y, en última instancia, condicionan así su apoyo financiero para el PMA, con lo cual la propia acción del Programa se ve afectada.

La adopción de un nuevo plan estratégico en 2008, marcó un punto de inflexión para el PMA. La estructura de *ayuda* alimentaria se ha convertido en una estructura de *asistencia* alimentaria: más allá de la tradicional entrega de alimentos para salvar vidas, el Programa debe orientar claramente sus actividades hacia proyectos de ayuda alimentaria a largo plazo, que estén directamente involucrados con la emancipación económica y social del país. Si bien la intervención alimentaria de emergencia permanece en el corazón de sus acciones, el PMA se dirige cada vez más a las autoridades públicas de los países en desarrollo para contribuir a la implementación de las estrategias nacionales de desarrollo. Entonces, la ayuda alimentaria del PMA forma parte de un enfoque más amplio en el cual los alimentos o la ayuda económica brindada constituye un vehículo para crear bienes productivos, impartir conocimientos y revitalizar las empresas locales. Entre estas iniciativas ejecutadas en colaboración con otros organismos de Naciones Unidas (UNICEF, Alto Comisionado para los Refugiados, etc.) cabe citar: el programa "Alimentación Escolar" a través del cual el PMA proporciona alimentos a casi 20 millones de niños en las escuelas cada año, alentando a las familias a mantener a sus hijos en la escuela; el programa "Alimentos por trabajo" a través del cual el PMA proporciona alimentos a los pobres, a cambio de su trabajo en proyectos destinados principalmente al desarrollo de la agricultura (trabajos de irrigación, de reforestación y de mejora del suelo); el programa de "Alimentos por formación" está dirigido a las mujeres vulnerables que, a cambio de la ayuda alimentaria, participan en formaciones profesionales o en cursos de alfabetización. Por último, otras iniciativas del PMA contribuyen tanto a revitalizar los mercados agrícolas locales, como a satisfacer las necesidades alimentarias de las poblaciones pobres. Este es el caso de los vales o bonos de compra de alimentos utilizados como una alternativa al aporte directo de víveres en los países donde existe una producción agrícola local suficiente, pero en los cuales una parte importante de la población no cuenta con los recursos para comprar estos productos alimenticios. Los bonos de compra de alimentos fortalecen los mercados locales y permiten el acceso de los más pobres a los alimentos producidos por los pequeños agricultores.

Bibliografía sugerida: ◆ ZHANG, Y., CHULKOV, N. (2009), *Examen de la gestion et de l'administration au sein du PAM : Rapport du corps commun d'inspection*, Genève, Nations Unies, WFP/EB.A/2010/13-B (consultable en línea); ◆ MELLEN, M. (2003), *À qui profite l'aide alimentaire ?*, GRAIN (consultable en línea); ◆ PMA (2010), *Próximas etapas en la aplicación del Marco de resultados estratégicos del PMA (2008-2013)*, WFP/EB.1/2010/5-D (consultable en línea).

THOMAS BREGER

Véase también: - Ayuda alimentaria – Seguridad alimentaria.

Prohibiciones alimentarias

Parece estar claro para todos que, en la actualidad, las prohibiciones alimentarias se relacionan con las religiones. En el marco del monoteismo judío y musulman, la *Torá* y la *Sharîca* determinan esas prohibiciones. Pero hay otras religiones que no son particularmente monoteístas, como el hinduismo o más aún el parsi, que se oponen al consumo de carnes animales partiendo de las creencias en la transmigración de los seres después de su muerte, que les da la forma según los méritos otorgados en su vida anterior. Habría entonces una especie de "antropofagia indirecta", si se puede decir así, la que obliga a una alimentación exclusivamente vegetariana. Se trata entonces de aspectos culturales que condicionan tales comportamientos frente a la alimentación, antes de ser de naturaleza religiosa, pues son prácticas ejercidas en colectividad y el signo de pertenencia a un grupo determinado, que se ubica fuera de otros y que se distingue de ellos. En suma, se trata esencialmente de marcadores de identidad.

Resulta muy difícil remontarse hasta aquello que pudo convertir sus actitudes en religiosas. Sin duda, las explicaciones de los higienistas del siglo XIX parecen ser bastante imperfectas y sobre todo muy parcializadas y parciales. No se comparte por completo la idea de que estas prohibiciones alimentarias tienen sus raíces en antiquísimos tabúes, con los cuales resulta muy difícil ponerse en contacto actualmente, en especial frente a la prohibición de comer carne de cerdo: si bien resulta cierto que ésta desarrolla rápidamente gérmenes nocivos y su conservación es difícil, posiblemente existe en su origen un tabú ligado a la antropofagia, pues el cerdo tiene un tipo de vida muy similar al del ser humano. El cerdo es omnívoro y, además, es reconocido actualmente que puede ser utilizado en medicina porque su cariotipo es muy parecido al del ser humano, tanto así que se practican trasplantes de las válvulas del cerdo a corazones humanos sin grandes daños. Todo esto es muy provocador, en particular respecto del estatus reservado a la animalidad, tratada por lo general de forma terrible; al darse su crianza en baterías, aun cuando hoy se sabe que existe un verdadero sufrimiento animal, que a pesar de no haber sido objeto de una toma de conciencia como lo ha sido el de los seres humanos, no por ello deja de ser menor.

Nos contentaremos aquí con precisar de lo que se tratan estas prohibiciones alimentarias en los tres monoteísmos: el judaísmo, el cristianismo y el Islam.

En el judaísmo, el término *kosher* designa al alimento ritualmente recibido como consumible y las reglas que serían entonces impuestas se aplican sólamente a los alimentos de origen animal, no a las frutas ni a las verduras. Respecto a los animales cuadrúpedos, el capítulo 14 del Deuteronomio precisa cuales pueden ser consumidos: "pueden, pues, comer de todo animal rumiante que tenga las pezuñas partidas, separadas en dos partes...". Están, por lo tanto, permitidos toros, corderos, cabritos, ciervos, gacelas, gamos, cabras monteces y toda clase de antílopes. Queda excluida, por supuesto, la carne de cerdo, que tiene el casco hendido, pero no rumea. En la *Torá* no se brinda criterio contra los pájaros, que más bien enumera solamente a los que son prohibidos y fueron los rabinos quienes compilaron una lista de 24 aves consideradas como prohibidas, al igual que sus huevos. Para los animales acuáticos, son autorizados solamente los que tienen por lo menos una aleta y una escama que se quita fácilmente, lo que proscribe el consumo de langosta, cangrejo, ostras, almejas, etc. Sobre los insectos, el capítulo 11 del Levítico permite comer cuatro tipos de insectos difíciles de identificar, mas, en todo caso, queda prohibido el consumo de reptiles, gusanos y otros artrópodos. Todo producto del animal prohibido es en sí prohibido, con la notable excepción de la miel, que el *Talmud Torah* admite con una prueba especial. El judaísmo también toma en cuenta cómo el animal fue sacrificado, a partir de que el consumo de la sangre, concebida ésta como la sede de la vida, propia de cada ser vivo, está formalmente prohibido. Además, sólo ciertas partes del animal son consumibles: así, el nervio ciático está prohibido para el consumo, igualmente, la grasa adherida al estómago y a los intestinos, que estaba destinada a ser quemada sobre los altares para las víctimas de sacrificio del Templo, sin embargo, ello no concierne a los pescados ni a las aves. Por último, en los capítulos 23 del Éxodo y 14 del Deuteronomio se precisa que "No cocerás el cabrito en la leche de su madre", proscribiendo así mezclar, en el curso de la misma comida, los alimentos lácteos y las carnes, que son conservados totalmente separados en los frigoríficos de los Judios religiosos. No se puede negar que el texto bíblico no explica en nada la razón de tales reglas; éstas dependen sólo de la voluntad divina y son pues inexplicables para los rabinos.

El cristianismo no asumió estas prohibiciones, lo que no dejó de plantear problemas severos en la historia cristiana primitiva, sobre todo cuando los judíos convertidos al cristianismo conservaron sus ritos, impidiéndoles aproximarse así a los conversos del paganismo, llamados *Goyîm*, una manera de designar a aquellos respecto de los cuales había que alejarse para no ser contaminados por su impureza. Si las primeras comunidades cristianas tenían la prohibición formal del consumo de carne consagrada a los ídolos, el cristianismo no retomó las prohibiciones rituales del judaísmo tan vinculadas a las carnes, las cuales eran *a priori* consumibles sin exceptuarse ninguna, como la sangre, por cuanto la práctica de la degollación ritual se abandó, sin duda bajo la influencia griega y romana que no la conocían. Sin embargo, con la creación de las órdenes monásticas, el consumo de algunos productos fue prohibido, en particular el de las carnes, pero no las aves de corral ni sus derivados, reemplazados por los quesos y otros productos lácteos. Empero, el objetivo propio de las órdenes monásticas tendía más a la práctica de un rigor en el ayuno y a evitar todo exceso de mesa, pues, una medida saludable, sin exceso según la Regla de San Benito, con una proscripción más rigurosa de las carnes en los Cistercienses de San Bruno. El mismo pueblo cristiano fue llamado a abstenerse únicamente del consumo de las carnes un día a la semana y durante determinados períodos denominadas de ayuno y – también – de abstinencia sexual, lo que se abandonó después del Concilio Vaticano II (1962). Las comunidades protestantes nunca se consideraron obligadas por las disposiciones del Derecho Canónico, siendo un derecho puramente humano, a pesar de haber sido forzadas a eso bajo el Antiguo Régimen.

Con el Islam tal y como se practica hoy en día, no vamos a encontrarnos muy lejos de las prohibiciones alimentarias del judaísmo, que inspiraron muy a menudo a las del Islam, a pesar de lo que los teólogos musulmanes dicen. El Corán pone un gran énfasis en lo que se opone a lo lícito (*halal*), a lo ilícito (*haram*) y los creyentes sólo deben comer lo que es lícito y lo que es “bueno” (*Tayyib*). Las prohibiciones propias de los judíos son consideradas como un castigo divino o como propio de los judíos mismos. En todo caso, el Corán insiste menos en la prohibición que en el permiso, probablemente con propósito de liberarse de prohibiciones ilegítimas y en virtud de que los alimentos que Dios le ofrece al Hombre son *a priori* buenos. La lista de alimentos prohibidos se encuentra en un grupo de versos, y al lado, se comprueba que el Corán también deroga varias prohibiciones que fueron practicadas por los árabes antes del Islam.

Esto es, en realidad, la *Sunnah*, o *Tradición unida al Profeta*, que ha hecho multiplicarse las prohibiciones alimentarias por cuanto ella añadió a las especies prohibidas, poco numerosas, en particular el cerdo, varias otras especies, como los animales provistos de colmillos (incluyendo el jabalí), todas las aves que tengan garras, el perro (que se considera impuro), los equinos (que da lugar a controversias, sobre todo por el caballo) y los animales que viven en el agua pero que no son peces. Por último, hay que añadir la prohibición absoluta del uso de bebidas alcohólicas.

Podemos así comprobar que, si el Corán había sido más bien liberal en materia de prohibiciones alimentarias, siendo en suma muy pocas, son los juristas, o *fuqahâ*, quienes fueron mucho más allá de esta permisividad y multiplicaron las prohibiciones. En cierto modo, es posible decir que la religión ya no se lee más, como en el judaísmo, sino por medio de la legislación tal y como los hombres lo han expresado y codificado. Al igual que la Biblia no lo hace, el Corán jamás precisa la motivación de las prohibiciones, si no es para plantear que aquellas que habían sido prescritas por los Judios lo habían sido para castigar sus pecados. De hecho, las leyes alimentarias del Coran procuran demostrar que están constituidas por representaciones y creencias que tienden a un modo de vida pastoral.

Bibliografía sugerida: ◆ BENKHEIRA, M. H. (2000), *Islam et interdits alimentaires. Juguler l'animalité*, Paris, PUF; ◆ BENKHEIRA, M. H. (1998), *Alimentation, altérité et sociétés. Remarques sur les tabous alimentaires coraniques,* Archives européennes de sociologie, n° 38, p. 237; ◆ WOGODER, G. (dir.) (1993), *Dictionnaire encyclopédique du judaïsme*, Paris, Cerf, éd. Robert Laffont, coll. Bouquins.

DOMINIQUE GAURIER

Véase también: – Ayuno – Consumo - Modelo alimentario.

Propiedad

Véase: - Dominium - Menoscabos a la propiedad.

Propiedad Intelectual

Véase: - Acuerdo ADPIC - Arreglo de Lisboa – Bioprospección – Falsificación – Licencia – Marca – Obtención vegetal – Patente – Privilegio del agricultor - Signos distintivos.

Propiedad privada

Véase: - Brasil – Latifundio – Reforma agraria.

Protección social

Véase: - Organización Internacional del Trabajo.

Proteccionismo y libre comercio

El libre comercio es la doctrina económica según la cual la libertad de comercio internacional contribuye al aumento de la riqueza creada y es beneficiosa para todos los países que participan en estos intercambios. El libre comercio es una condición necesaria para un crecimiento fuerte y generalizado. Por lo tanto, los Estados deben abstenerse de proteger a los productores nacionales mediante la imposición de derechos de aduana sobre las importaciones o exportaciones, fijando cuotas que restringen la importación o la exportación de un producto en particular o mediante el uso de medidas no arancelarias, como las normas sanitarias o ambientales, siempre sospechosas de estar en realidad disfrazadas de medidas proteccionistas.

El libre comercio es, con la libertad de empresa, uno de los elementos fundamentales del liberalismo. A finales del siglo XVIII aparecieron los primeros defensores, en especial Adam Smith en Gran Bretaña y Turgot en Francia, quienes denunciaron los efectos nocivos de las políticas mercantilistas intervencionistas y proteccionistas de los Estados europeos en ese período. No fue sino hasta mediados del siglo XIX cuando se llevaron a cabo con eficacia las primeras medidas de libre comercio, con la abolición de las leyes proteccionistas del trigo (*Corn Laws*) en Inglaterra en 1846 y firmaron en 1860, un Tratado de Libre Comercio entre Francia e Inglaterra, seguido por muchos otros en Europa.

Sin embargo, contrariamente a la idea generalizada, los Estados Unidos continuaron siendo proteccionistas durante todo el siglo XIX y los estados de Europa continental, ante el problema en sus déficit del comercio exterior, sobre todo en relación con Inglaterra, abandonaron gradualmente el libre comercio a partir de 1879. Este primer intento de someter la producción y, especialmente, los productos alimentarios básicos a la competencia internacional y a la regulación del mercado fracasó. Los intereses agrarios e industriales afectados reaccionaron fuertemente como lo demuestra la adopción por parte de Francia en 1892, de la "*tarif Méline*" (derechos de aduana sobre las importaciones) muy protectora de la agricultura. Sólo Gran Bretaña, fuerte gracias a su superioridad industrial y al dominio que ejercía sobre las rutas marítimas, persistió en el libre comercio.

Según la teoría de las ventajas absolutas de Adam Smith, cada país tiene la ventaja de especializarse en producciones locales y menos costosas y de importar productos cuyos costos de producción son más bajos en el extranjero. Pero, ¿qué sucede cuando los costes de producción son sistemáticamente más altos en un país, como es el caso en nuestros días en los países industrializados? ¿Deben proteger a sus productores mediante los aranceles o cuotas? Ricardo expuso, por primera vez, la teoría de los costos comparativos, que continúa en nuestros días como la principal justificación de la doctrina del libre comercio. En efecto, él demuestra razonando, mediante un ejemplo simplificado de intercambio comercial bilateral entre Inglaterra y Portugal, que a pesar de que los costos absolutos de producción de vino y tela son más altos en Inglaterra, ambos países tienen un interés en especializarse en la producción de bienes cuyo costo relativo es menor, con miras a la exportación. De ese modo, si el costo relativo del vino es más alto en Inglaterra, tendrá ventaja al especializarse en la producción de telas e importar vino de Portugal. Por el mismo costo de producción, Inglaterra obtendrá a la vez más vino y más tela que en ausencia de comercio. Ocurre lo mismo para Portugal, a pesar de sus menores costos absolutos.

El razonamiento de Ricardo supone que las diferentes tecnologías en ambos países son datos sin explicar. En la primera mitad del siglo XX, tres economistas reformulan la teoría de las ventajas comparativas (Heckscher, Ohlin y Samuelson). Cada país se caracteriza por una historia y una geografía particulares y, por tanto, diferentes cantidades de capital técnico y financiero, de mano de obra disponible, de materias primas y de diferentes condiciones climáticas. Estas son las distintas dotaciones de factores productivos que explican las especializaciones de los diferentes países. Un país exportará productos que incorporan relativamente más factores que están a su disposición de manera abundante y relativamente menos factores escasos. El comercio internacional entraña una tendencia a equiparar la remuneración de estos factores en todos los países participantes en los intercambios, ya que el factor abundante será más utilizado y por lo tanto mejor pagado; y el factor escaso se usará cada vez menos y por tanto será menos remunerado que en su ausencia.

Este "teorema de Heckscher, Ohlin y Samuelson" (HOS) constituye un poderoso argumento a favor del libre comercio, por cuanto pretende que incluso sin la posibilidad de que los factores de producción traspasen las fronteras, el comercio internacional permitirá racionalizar su uso y atenuar su escasez o utilizarlos mejor si son demasiado abundantes. Sin embargo, este teorema pone de relieve un elemento crucial del debate proteccionismo-libre comercio. El libre comercio tiende a favorecer a los poseedores de los factores de producción más abundantes y a desfavorecer a los que poseen los factores más escasos. De ese modo, Samuelson y Stolper muestran en 1941, que cuando el trabajo es relativamente escaso, los salarios son más bajos en condiciones de libre comercio. Entonces, la elección de una política comercial es únicamente un asunto de eficacia económica, un aspecto sobre el cual insisten especialmente los economistas liberales. Cualquier cambio en la política comercial con efectos redistributivos modificará la repartición de los ingresos en el país. Con independencia de la opción adoptada, cualquier cambio va a crear así ganadores y perdedores.

A partir del siglo XIX, Friedrich List sostuvo que el libre comercio puede impedir que las industrias incipientes se desarrollen y propone un proteccionismo educador, tal como se practica en Alemania y en los Estados Unidos para luchar contra la competencia de las industrias británicas. Sin embargo, según él, el libre comercio es preferible cuando los asociados comerciales han alcanzado el mismo nivel de desarrollo. El autor será así un firme partidario de la *Zollverein*, la unión aduanera establecida en 1834 entre los Estados alemanes.

Para probar la pertinencia del teorema HOS, Leontieff obtiene un resultado paradójico después de la Segunda Guerra Mundial, comparando la proporción de capital y de trabajo en las exportaciones e importaciones de los Estados Unidos. Mientras que los Estados Unidos se caracterizan entonces por una abundancia de capital, comprueba que ellos importan bienes intensivos en capital y exportan bienes intensivos en trabajo, lo que cuestiona por completo la pertinencia de este teorema.

Por último, Bairoch demuestra que el libre comercio constituye únicamente un paréntesis muy corto en la historia del capitalismo en los siglos XIX y XX y los períodos de alto crecimiento no están particularmente relacionados con los episodios de liberalización del comercio. Por ejemplo, las metrópolis imponen a sus colonias la libre entrada de sus productos industriales, lo que conduce a la progresiva desindustrialización del Tercer Mundo. En sentido contrario, el fuerte crecimiento de los Estados Unidos en el siglo XIX se acompaña de un proteccionismo sistemático.

Desde un punto de vista teórico, se observa también que el teorema HOS se basa en suposiciones poco realistas. Por una parte, supone que los métodos de producción son los mismos en todas partes y que los rendimientos son constantes (para duplicar la producción deben duplicarse las cantidades de los factores utilizados). Por otra parte, los mercados estarían todos en competencia, los vendedores y los compradores son suficientemente numerosos para que ninguno de ellos esté en condiciones de influir en los precios. Sin embargo, numerosas industrias tienen costos fijos y rendimientos crecientes. Este es el caso de las industrias de redes (ferrocarril, teléfono, distribución de agua o electricidad...) y de todas las industrias en las cuales el gasto en investigación y desarrollo o de publicidad son importantes. Los costes medios son mucho más bajos cuando la producción es importante, lo que favorece la concentración empresarial y dificulta la llegada de nuevos competidores. En estas condiciones, la competencia puede debilitarse o incluso desaparecer. Las condiciones de validez del teorema raramente se cumplen en la realidad.

Por último, la teoría de las ventajas comparativas, al igual que la teoría económica neoclásica en su conjunto, menosprecia la importancia de las relaciones de poder. Por una parte, en el modelo, la naturaleza de la especialización es irrelevante. En la práctica, una posición dominante en las exportaciones de armamento no es equivalente a una especialización en la producción de cacao o té. Por otra parte, el modelo prueba que un país se beneficia al explotar sus ventajas comparativas. Si hay ganadores y perdedores, las ganancias de los primeros son superiores a las pérdidas de los segundos. En teoría, los perdedores podrían ser compensados; pero se omite el hecho de que en la práctica nunca lo son y en los casos excepcionales en que reciben compensación, es de manera muy parcial.

Así, la teoría de las ventajas comparativas no es suficientemente capaz de explicar de manera satisfactoria la estructura y la evolución del comercio internacional durante el siglo XIX y la primera mitad del XX. Su éxito entre los economistas se debe a la vez a: la exactitud de su intuición fundamental, que sigue siendo relevante incluso si es sólo una explicación parcial; al hecho de que las situaciones de rendimientos crecientes y la competencia imperfecta no se moderaron, hasta una fecha reciente, en un marco de equilibrio general que continúa siendo la referencia básica de la teoría económica dominante. Sin embargo, la ideología liberal, que ejerce siempre un gran atractivo entre los economistas, necesitaba una teoría justificativa formalmente coherente, incluso a costa su pertinencia.

Después de la Segunda Guerra Mundial, los países industrializados comenzaron a disminuir las protecciones aplicadas en el contexto de las economías de guerra y el libre comercio fue progresivamente ganando terreno, gracias a las negociaciones arancelarias en el marco del Acuerdo General sobre Aranceles Aduaneros y Comercio (GATT). Sin embargo, sectores importantes como la agricultura y los servicios se mantienen alejados de este movimiento de liberalización. El control que los Estados ejercen sobre el flujo de bienes disminuye lentamente, pero continúa siendo fuerte en el movimiento de los factores de producción, capitales y mano de obra.

Desde los años 70, y aún más en los años 80 con la llegada al poder de Gobiernos muy liberales en dos países claves del sistema financiero y comercial internacional (Reagan en los Estados Unidos y Thatcher en el Reino Unido), la desregulación de los mercados financieros se fue implementando progresivamente. Se acompaña de una liberalización cada vez más acentuada de los flujos comerciales, en especial, con la creación de la Organización Mundial del Comercio (OMC) en 1994, la única organización internacional que tiene la capacidad de imponer sus decisiones a los Estados. El objetivo de la OMC es promover la apertura comercial, las negociaciones sobre la reducción de los aranceles y sobre las barreras no arancelarias continúan, lo que legitimó en la realidad el desarrollo de diversas formas de dumping social y ambiental. La aparición de nuevas tecnologías, especialmente en el campo de la información y la comunicación, y la desregulación de los transportes permitieron una fuerte disminución de los costos de transporte y de transacción.

Paralelamente a estas evoluciones, y en gran parte gracias a ellas, han surgido nuevos actores, cuyo poder ahora se puede comparar con el de los Estados. La producción de las empresas multinacionales representa una cuarta parte del producto interno bruto mundial. La tercera parte del comercio internacional es el comercio “intra firma”, cuyos precios son unidades de cuenta, determinadas por razones fiscales o de política interna y no por las relaciones de mercado. Las ventas en las instalaciones de las filiales extranjeras de las empresas multinacionales, que sustituyen parte del comercio internacional, representa ahora el doble del valor del comercio mundial de bienes y servicios. Además, se trata ahora en gran medida de un comercio “intra industrial”. Dos países intercambian productos muy similares, tales como automóviles, que incorporan factores de producción idénticos y reposan sobre niveles tecnológicos similares, para satisfacer una demanda interna de diversificación.

Es decir que la naturaleza del comercio mundial ha cambiado en los últimos cuarenta años y la teoría de las ventajas comparativas está totalmente superada, por cuanto presenta al libre comercio como una estrategia óptima de los Estados y no toma en cuenta el papel de las empresas en las evoluciones del comercio internacional. Este cambio se acompaña de una revisión de la teoría del comercio internacional, marcada por la contribución de Paul Krugman. En la actualidad, se basa en los supuestos de rendimientos crecientes (los costes de producción son más bajos en la medida en que la producción es importante) y de la competencia imperfecta (algunos actores pueden influir en los precios); e incorpora elementos de las estrategias corporativas. Esta nueva teoría ya no permite afirmar que una intervención bien calculada del poder público no pueda ser beneficiosa, en especial para ayudar a los productores a llevar al tamaño crítico. Esto es particularmente importante para las industrias que producen externalidades positivas para el resto de la economía, tales como la difusión de conocimientos. Por ejemplo, este es el caso de las industrias de alta tecnología. La nueva teoría del comercio internacional se une a las ideas de Friedrich List, y rehabilita el concepto de industria estratégica.

Sin embargo, esta conclusión normativa en favor de un proteccionismo inteligente no coincide con la mayoría de los economistas, que se adhieren al libre comercio. Según la economía política liberal, si los mercados son imperfectos, a causa de las externalidades, los costos de transacción y las asimetrías de información, el Gobierno lo es aún más por cuanto sus decisiones están inspiradas en los grupos de presión y no en el interés general. Por lo tanto, la política comercial de un país es altamente susceptible de ser definida a partir de consideraciones de distribución de ingresos y no de la eficacia económica. Puede argumentarse en contra de esa última posición que, si bien los más poderosos agentes económicos están a favor del libre comercio, ¡es también porque les favorece en la distribución de los ingresos!

Con razón, los economistas liberales advierten sobre la influencia excesiva de grupos de presión en la definición de las políticas públicas. Pero más que un argumento a favor del "*laissez –faire*", se trata de un argumento a favor de más limitaciones y controles a la acción de estos grupos de presión. En el ámbito político de una democracia, a pesar de todo, el peso de los actores económicamente más poderosos es más limitado que en los mercados, siempre que su influencia en la elaboración y la difusión de las informaciones sea también limitada y controlada, lo que no ocurre en la actualidad. Por lo tanto, este argumento de los liberales puede volverse en su contra y servir de base, más bien, para una intervención política que limite la influencia de grupos de presión en los medios de comunicación, fortaleciendo el control ciudadano.

En la historia, la protección ha sido la regla; el libre comercio, la excepción. Sin embargo, si el libre comercio nunca fue total, el grado de protección varió mucho; moderada en momentos de tranquilidad, muy fuerte en tiempos de guerra o de crisis graves. En el entorno actual de crisis profunda y prolongada del capitalismo global, la posición de libre comercio es mucho más difícil de sostener. Lo demuestra la tímida evolución reciente de la posición de la OMC. En efecto, desde su creación la OMC ha tenido por misión favorecer progresivamente la reducción de los aranceles, pero también la eliminación de las barreras no arancelarias, que se consideran sistemáticamente como medidas proteccionistas encubiertas. Sin embargo, en su último informe sobre el comercio mundial reconoce que estas medidas pueden responder a objetivos legítimos de política pública, como la protección de la salud de los consumidores o la lucha contra el cambio climático. Para limitar el manejo de las decisiones de política comercial por parte de los grupos de presión, el Informe recomienda que estas medidas no se tomen de manera unilateral, sino que resulten de las negociaciones internacionales en el seno de la OMC. Una vez más se trata de rechazar el análisis de la realidad en las relaciones de poder y preservar la capacidad nociva de los grupos de presión más ricos e influyentes, muy activos en las negociaciones internacionales.

Bibliografía sugerida: ◆ BAIROCH, P. (1999), *Mythe et paradoxe de l'histoire économique*, Paris, éd. La Découverte poche; ◆ BERNARD, A. (2013), La guerre des farines, in *Droits fondamentaux, ordre public et libertés économiques*, bajo la dirección de F. Collart Dutilleul et F. Riem, Bayonne, Institut universitaire Varenne, p. 153; ◆ FONTAGNE, L., Commerce international – Théories, *Encyclopædia Universalis*; ◆ KRUGMAN, P. R. (1987), Is free trade passé ?, *The Journal of Economic Perspective*, volume 1, n° 2, p. 131; ◆ ORGANIZACION MUNDIAL DEL COMERCIO (2012), *Comercio y políticas públicas: Análisis de las medidas no arancelarias en el siglo XXI*, Informe sobre el Comercio Mundial 2012, Ginebra (consultable en línea).

LAURE DESPRES

Véase también: - Carta de Derechos y Deberes Económicos de los Estados - Cláusula de Salvaguardia – Corn Laws – Organización Mundial del Comercio – Soberanía Alimentaria.

Protocolo de Cartagena

Véase: - Biodiversidad - Biodiversidad agrícola – Biotecnologías.

Protocolo de Nagoya

Véase: - Biodiversidad - Biodiversidad agrícola – Biopiratería – Bioprespección – Biotecnologías - Tratado Internacional sobre los Recursos Fitogenéticos para la Alimentación y la Agricultura.

Proximidad

Véase: - Asociación para el mantenimiento de la agricultura campesina - Circuitos cortos.

Pueblos autóctonos

Los pueblos autóctonos sufren de manera desproporcionada por el hambre, la malnutrición y múltiples enfermedades que se derivan de estas situaciones. La inseguridad alimentaria en estos pueblos se atribuye no sólo a la pobreza y a la discriminación que afligen a la mayoría de sus miembros, sino también y sobre todo: al despojo violento de sus tierras, sus recursos y su soberanía; a la modernización y a la urbanización de sus sociedades, que se traducen en cambios significativos en sus dietas y sus economías; a la criminalización de sus actividades de subsistencia; así como a la degradación del ambiente natural, en particular debido a la contaminación industrial. Este estudio se refiere al binomio "derecho y alimento" desde la perspectiva específica de la seguridad alimentaria de los pueblos autóctonos con relación al tema de las tierras. Aún cuando otras variables determinan el nivel de seguridad alimentaria de los pueblos autóctonos, la gobernanza y los derechos de propiedad son claramente asuntos prioritarios. Por lo tanto, es necesario identificar el grado en el que el Derecho podría favorecer la seguridad alimentaria de los pueblos autóctonos por la acción que se desarrolla en dos áreas principales: el acceso seguro de los pueblos autóctonos a la tierra y a los recursos (que requiere del reconocimiento y de la protección de sus derechos de propiedad) y la garantía de una participación efectiva de estos pueblos en las decisiones que afectan a sus tierras y recursos.

El reconocimiento de derechos seguros y sostenibles de propiedad sobre las tierras, para los individuos y las colectividades vulnerables se acepta como una condición esencial para el logro de la seguridad alimentaria en las zonas rurales. La relación entre los derechos de propiedad de la tierra y la seguridad alimentaria, por ejemplo, es reconocida claramente en las Directrices voluntarias en apoyo de la realización progresiva del derecho a una alimentación adecuada en el contexto de la seguridad alimentaria nacional, aprobadas por la Organización de las Naciones Unidas para la Alimentación y la Agricultura (FAO) en noviembre de 2004. La Directiva 8.1 establece, en particular, que "se podría prestar especial atención a grupos como los pastores nómadas y los pueblos indígenas y su relación con los recursos naturales." Del mismo modo, las Directrices voluntarias sobre la gobernanza responsable de la tenencia de la tierra, la pesca y los bosques en el contexto de la seguridad alimentaria nacional, adoptadas el 12 de mayo de 2012 por el Comité de Seguridad Alimentaria Mundial de la FAO, promueven que los Estados reconozcan y aseguren las posesiones de los pueblos autóctonos y de las otras comunidades que aplican sistemas consuetudinarios sobre las tierras.

De hecho, la necesidad de prestar especial cuidado a la situación de inseguridad alimentaria de los pueblos autóctonos está reconocida en diversos documentos internacionales y por un creciente número de autores. El reconocimiento y la garantía de los derechos de propiedad de los pueblos autóctonos son aceptados como condiciones esenciales para su seguridad alimentaria. Además de que estos derechos promueven el acceso directo a los alimentos nutritivos y culturalmente aceptables así como el desarrollo económico de las comunidades, también participan en la garantía de la seguridad alimentaria y la salud en general, desempeñando así un papel clave en la preservación y el desarrollo de las culturas, de los modos de vida y de los conocimientos. Esto se debe a los lazos singulares y profundos entre muchos pueblos autóctonos con la tierra y sus recursos, sobre los que se sustentan los fundamentos sociales, espirituales y materiales de su identidad cultural colectiva. La seguridad alimentaria de los pueblos autóctonos ha de ser concebida en el contexto global de las relaciones con la tierra y los recursos naturales.

Para los pueblos indígenas, la importancia de la tierra y los recursos naturales con fines culturales, espirituales y materiales, también ha sido declarada por los instrumentos internacionales destinados específicamente a estos pueblos. Mencionemos principalmente el artículo 13 de la Convenio sobre pueblos indígenas y tribales en países independientes (Convenio nº 169, 1989), que hace hincapié en "la importancia especial que para las culturas y valores espirituales de los pueblos interesados reviste su relación con las tierras o territorios...". Del mismo modo, el artículo 25 de la Declaración de las Naciones Unidas sobre los derechos de los pueblos indígenas establece que "...tienen derecho a mantener y fortalecer su propia relación espiritual con las tierras, territorios, aguas, mares costeros y otros recursos que tradicionalmente han poseído u ocupado y utilizado y a asumir las responsabilidades que a ese respecto les incumben para con las generaciones venideras".

Sin embargo, la capacidad de los pueblos autóctonos para acceder a largo plazo a la tierra y a los recursos naturales (y, por tanto, a su seguridad alimentaria) está debilitada por los procesos políticos y económicos globales y nacionales, cuyas actividades de desarrollo industrial generan efectos nocivos sobre el medio natural (por ejemplo, las emisiones de sustancias tóxicas y de gases de efecto invernadero que causan el cambio climático). De hecho, marginados económica y políticamente, los pueblos autóctonos son particularmente vulnerables a las presiones de los actores industriales y gubernamentales interesados en extraer de sus territorios tradicionales recursos naturales codiciados con fines económicos (minerales, petróleo, gas natural) o en construir infraestructuras (represas hidroeléctricas, carreteras). Además, los pueblos autóctonos sufren los impactos agudos y adversos del cambio climático en sus economías alimentarias, a causa de su estilo de vida, su ubicación geográfica y las condiciones socioeconómicas. En particular, la pérdida de la biodiversidad y la reducción de la calidad del suelo ejercen una presión creciente sobre la producción alimentaria nativa de muchos pueblos autóctonos.

En suma, los pueblos indígenas no obtienen de manera general, más que pequeños beneficios económicos del desarrollo industrial. Sin embargo, casi siempre reciben un sinnúmero de impactos negativos de estas actividades, incluyendo la pérdida o la contaminación de las tierras y de los recursos esenciales en el ejercicio de sus medios de subsistencia, la reducción de la biodiversidad e incluso en los casos más dramáticos, la expulsión a nuevos territorios. De hecho, frecuentemente, la implementación de proyectos llamados de “desarrollo” tiene el efecto de aumentar la marginación, la pobreza y la inseguridad alimentaria de los pueblos autóctonos, al no tomar en cuenta sus economías, sus necesidades y aspiraciones, para asegurar su plena participación en los beneficios del desarrollo económico y al ignorar su derecho a definir las condiciones de su propio desarrollo.

Además de la cuestión del acceso a la tierra y a los recursos, la interferencia del Derecho Estatal en las actividades de subsistencia de los pueblos autóctonos es una fuente adicional de inseguridad alimentaria. Las reglas jurídicas que rigen la práctica de la agricultura, la ganadería, la caza, la pesca y la recolección, incluidas las reglas relativas a las especies que pueden ser legalmente recolectadas, los límites cuantitativos, las temporadas, las zonas, los métodos y las cuotas de cacería y de pesca, a menudo reflejan los puntos de vista y las prácticas de la sociedad mayoritaria.

Estas herramientas para la gestión de los recursos son a menudo incompatibles con las necesidades y los órdenes normativos de los pueblos autóctonos relacionados con el ejercicio de subsistencia, así como la flexibilidad, el dinamismo y la capacidad de resiliencia que caracterizan sus economías alimentarias. Además, los pueblos indígenas a menudo tienen que hacer frente a la competencia impuesta por otros usuarios de las tierras y de los recursos naturales, entre ellos los cazadores y los pescadores comerciales y deportivos, lo que les impone a algunos de ellos una presión significativa en su capacidad para acceder al conjunto de los recursos que necesitan para alimentarse.

Debemos subrayar, por otra parte, que las amenazas a la seguridad alimentaria de los pueblos autóctonos pueden surgir del derecho, de las costumbres y de las tradiciones de sus comunidades, más que de las normas y prácticas de la sociedad mayoritaria. Por ejemplo, las reglas y los tabúes relativos al reparto de alimentos en el seno de las comunidades autóctonas podrían tener un impacto significativo en la inseguridad alimentaria de las personas, principalmente en la restricción del acceso de determinados individuos o grupos de individuos (con mayor frecuencia mujeres) a la producción alimentaria.

Por lo tanto, la seguridad alimentaria de los pueblos autóctonos requiere que su capacidad de acceso sostenible a la tierra y a los recursos naturales sea garantizada, en particular frente a los proyectos de desarrollo industrial llevadas a cabo, por lo general, al exterior de sus comunidades, teniendo efectos nefastos en el ambiente natural y social. Esta seguridad amerita, además, que el ejercicio de las actividades de subsistencia sea supervisado por un régimen jurídico suficientemente flexible para integrar sus órdenes normativos, siempre que éstos no afecten la capacidad de todas las personas a tener acceso a una alimentación suficiente, nutritiva y culturalmente aceptable.

El simple reconocimiento de los derechos a la tierra no es suficiente. Se requiere además que los pueblos autóctonos tengan acceso a los procesos de toma de decisiones para que puedan lograr un impacto en sus economías alimentarias, lo que implica su participación efectiva en la gobernanza de la tierra y de los recursos naturales. Los más importantes instrumentos internacionales relativos al ambiente y a la seguridad alimentaria afirman la importancia de esta participación de la sociedad civil y de las comunidades autóctonas. Más allá del imperativo democrático, cabe destacar que la participación de los pueblos interesados tiene por efecto aumentar la eficacia y la legitimidad de los procesos de toma de decisiones, en particular, mediante el apoyo a las opciones que mejor se adapten a las necesidades, conocimientos y valores locales y, por lo tanto, que podrían ser susceptibles de ganar más fácilmente la adhesión de los individuos y las colectividades.

Los pueblos autóctonos son a menudo marginados de las esferas del poder. Por tanto, no tienen más que un control limitado, casi inexistente, de los procesos de toma de decisiones que afectan su seguridad alimentaria, incluidos los relativos a las tierras y los recursos de los que dependen para la producción de alimentos. De hecho, las políticas y leyes susceptibles de afectar a los pueblos autóctonos, incluidas las medidas relacionadas con el ordenamiento territorial, la gestión y la protección de tierras y de los recursos naturales son a menudo diseñados e implementados sin la participación de los pueblos interesados. Su marginación en los procesos de toma de decisiones relativos al desarrollo económico y a la gestión de los recursos naturales, incluyendo la fauna silvestre, constituye una fuente de inquietudes para su seguridad alimentaria. De ello se desprende que sus órdenes normativos, conocimientos y necesidades, ligados con el ejercicio de sus actividades de subsistencia, se ignoran a menudo al concebirse y ejecutarse las decisiones relativas a la gestión de las tierras y de los recursos naturales; este mismo hecho amenaza también la capacidad de las comunidades y de sus miembros a tener una alimentación suficiente, nutritiva y culturalmente aceptable. Además, la marginación de los pueblos autóctonos afecta la eficacia misma de los sistemas de gestión del Estado, privándolos de inestimables fuentes de conocimiento sobre el ambiente al tiempo que socava su legitimidad a los ojos de esos pueblos.

Los imperativos de la participación de los pueblos autóctonos en los procesos decisionales y en la definición de los parámetros de su propio desarrollo son también claramente reconocidos por el Derecho Internacional concerniente a los pueblos autóctonos. De acuerdo con el Convenio nº 169, los pueblos indígenas "deberán tener el derecho de decidir sus propias prioridades en lo que atañe al proceso de desarrollo, en la medida en que éste afecte a sus vidas, creencias, instituciones y bienestar espiritual y a las tierras que ocupan o utilizan de alguna manera, y de controlar, en la medida de lo posible, su propio desarrollo económico, social y cultural." El mismo convenio establece además que los pueblos autóctonos tienen derecho a participar en la utilización, administración y conservación de los recursos naturales existentes en sus tierras. Por su parte, la Declaración de las Naciones Unidas sobre los derechos de los pueblos indígenas establece que "los pueblos indígenas tienen derecho a participar en la adopción de decisiones en las cuestiones que afecten a sus derechos, por conducto de representantes elegidos por ellos de conformidad con sus propios procedimientos, así como a mantener y desarrollar sus propias instituciones de adopción de decisiones." Más concretamente, el artículo 32 de la Declaración establece que los pueblos indígenas "...tienen derecho a determinar y elaborar las prioridades y estrategias para el desarrollo o la utilización de sus tierras o territorios y otros recursos". A continuación, afirma que "los Estados celebrarán consultas y cooperarán de buena fe con los pueblos indígenas interesados por conducto de sus propias instituciones representativas a fin de obtener su consentimiento libre e informado antes de aprobar cualquier proyecto que afecte a sus tierras o territorios y otros recursos, particularmente en relación con el desarrollo, la utilización o la explotación de recursos minerales, hídricos o de otro tipo.".

También vale la pena mencionar que la reivindicación por los pueblos autóctonos de un mayor control sobre el territorio y sus recursos es una parte integral del discurso sobre la soberanía alimentaria, que es objeto de una creciente atención desde hace más de una década. La noción de soberanía alimentaria, centrada en sí misma sobre la autonomía y el control comunitarios de la producción de alimentos, incorpora una amplia gama de temas relacionados con la inseguridad alimentaria (o la seguridad alimentaria) en las zonas rurales, incluidos la reforma de la tierra, el acceso y el control del territorio y de los recursos naturales. Aunque este concepto es aún incipiente, implica que todavía hay muchas zonas grises en cuanto a su significado y alcance, pero en la actualidad se integra bien al discurso de muchas organizaciones no gubernamentales y se abre paso en la investigación académica y en el seno de ciertas instituciones internacionales.

Además, hay fuertes vínculos entre la seguridad alimentaria de los pueblos autóctonos y el discurso del movimiento sociopolítico de la justicia ambiental. Este discurso se basa en la constatación de que las personas y los grupos marginados, en particular los pueblos autóctonos, las minorías étnicas y, en general, las personas pobres, asumen en forma desproporcionada los riesgos derivados de los modos dominantes de producción y de consumo; mientras que sólo participan mínimamente en los procesos contaminantes, así como en los beneficios del desarrollo industrial y de los servicios ambientales. La justicia ambiental requiere una mayor participación de los grupos sociales y de las colectividades marginales, como los pueblos autóctonos, en los procesos de toma de decisiones susceptibles de afectar su de entorno.

El Derecho Ambiental Internacional ofrece un lugar central y determinante para la soberanía del Estado en el proceso normativo. El Estado se considera una representación de toda la población, lo que hace difícil dar cuentas de las preocupaciones ligadas a la equidad "intranacional". Los grupos marginados en las instituciones nacionales, pero desproporcionadamente afectados por los problemas ambientales son excluidos desde el inicio de los foros normativos internacionales. Su participación efectiva podría permitir transformar la comprensión de la naturaleza y los desafíos de los problemas ambientales para influir en la toma de decisiones y favorecer la adaptación a las cambiantes condiciones ambientales. Dicha participación sería favorecida por diversas modificaciones en los regímenes internacionales que tratan de los problemas ambientales que afectan, de manera particularmente grave, a los pueblos autóctonos. Será suficiente dar algunos ejemplos: un grupo de expertos sobre cuestiones que afectan a los pueblos autóctonos podría ser creado, en el seno del cual los indígenas estuvieran fuertemente representados. Los tratados internacionales podrían integrar nuevas disposiciones para imponer a la Conferencia de las partes el deber de justificar la adopción o la omisión de las medidas ambientales, cuando tienen por efecto atentar contra los derechos humanos de los pueblos autóctonos y su miembros. Tal obligación de "rendición de cuentas", además de promover la transparencia, podría intensificar el debate público sobre la justicia ambiental y llamar la atención sobre la situación de los grupos más vulnerables. Además, fondos especiales podrían ser creados para financiar la participación activa y real de los pueblos autóctonos en la investigación de los problemas ambientales que afectan a sus sociedades y en los procesos de negociación de las normas internacionales. Los mecanismos de financiamiento y asistencia técnica podría ser puestos en marcha para ayudar a los pueblos autóctonos a adaptarse a la degradación ambiental.

Bibliografía sugerida: ◆ ALKON, A. H., AGYEMAN, J. (dir.) (2011), *Cultivating food justice, Race, class and sustainability*, Boston, MIT Press; ◆ BOUQUET-ELKAÏM, J. (2011), Le droit des peuples autochtones à la terre : de la reconnaissance au règlement des conflits d'usage. Étude de cas de l'exploitation du nickel calédonien, in *De la terre aux aliments, des valeurs au droit*, bajo la dirección de F. Collart Dutilleul, San José, Costa Rica, éd. Inida, p. 39 (consultable en línea); ◆ KNUTH, L. (2009), *The Right to adequate food and indigenous peoples, How can the right to food benefit indigenous peoples?*, Rome, FAO (consultable en línea); ◆ OTIS, G., LAURENT, A. (2011), Le défi des revendications foncières autochtones : la Cour européenne des droits de l'homme sur la voie de la décolonisation de la propriété ?, *Revue trimestrielle des droits de l'Homme*, n° 89, p. 43;

• THÉRIAULT, S., OTIS, G., DUHAIME, G. et alii (2005), The legal protection of subsistence: A prerequisite of food security for the Inuit of Alaska, *Alaska Law Review*, volume 22, p. 35.

GHISLAIN OTIS Y
SOPHIE THERIAULT

Véase también: - Colonización - Cosas comunes - Economía de subsistencia - Inversiones Internacionales - Principio de Transparencia - Soberanía alimentaria.

Pueblos indígenas

Véase: - Pueblos autóctonos.

Puesta en peligro de la vida de otros

Véase: - Administración de sustancias nocivas.

Purines

Véase: - Residuo.

R

Racionamiento

Véase: – Crisis alimentaria – Especulación – India – Seguridad alimentaria.

Ramadán

Véase: - Ayuno.

Rastreabilidad

Véase: - Trazabilidad.

Rastrojos

Véase: - Residuo.

Recursos naturales

El término "recursos naturales" es una expresión de uso común en textos jurídicos y no jurídicos. Sin embargo, rara vez es definida en los primeros y es objeto de las más variadas definiciones en los segundos. También ocurre que, a pesar de ser utilizada, la expresión no sea definida. En este sentido, el artículo 2 del Convenio sobre la Diversidad Biológica (Río, 1992), sin definir la noción de recursos naturales, emplea otras dos frases que son cercanas: los recursos biológicos (que incluyen "los recursos genéticos, los organismos o partes de ellos, las poblaciones, o cualquier otro tipo del componente biótico de los ecosistemas de valor o utilidad real o potencial para la humanidad") y los recursos genéticos ("el material genético de valor real o potencial").

En los instrumentos de Derecho Internacional, algunas definiciones de los recursos naturales se centran en la dimensión económica de la materia, otras en su dimensión ambiental. De tal forma, para la Organización Mundial del Comercio (OMC), los recursos naturales se componen de los "materiales existentes en el entorno natural escasos y económicamente útiles en la producción o el consumo, ya sea en estado bruto o tras haber sido sometidos a un mínimo proceso de elaboración" (Informe sobre el comercio mundial, 2010). La mayoría de productos agrícolas, incluidos los productos alimentarios, no son considerados por la OMC como recursos naturales, porque su producción requiere de otros recursos naturales como insumos, principalmente la tierra y el agua, así como diferentes tipos de fertilizantes, pero sobre todo porque son cultivados y no extraídos del medio natural. Dos excepciones importantes a este principio están constituidas por los productos de la pesca y los productos forestales, los cuales son considerados por la OMC como recursos naturales por cuanto, en su mayoría, siguen siendo extraídos de las reservas naturales y no son cultivados. Sin embargo, esta definición por interesante que sea, se basa en el carácter "económicamente útil" de las materias presentes en el medio natural.

Por su parte, la Unión Internacional para la Conservación de la Naturaleza (UICN), organización no gubernamental fundada en 1948 y que tiene el estatus de observador en las Naciones Unidas, define a los "recursos naturales" como: "*resources produced by nature, commonly subdivided into non-renewable resources, such as minerals and fossil fuels, and renewable natural resources that propagate or sustain life and are naturally self-renewing when properly managed, including plants and animals, as well as soil and water*" (los recursos de la naturaleza, no renovables -como minerales y energías fósiles- o renovables -como los animales, las plantas, la tierra o el agua- que son necesarios para la existencia y que, adecuadamente administrados, se renuevan por sí mismos).

La distinción realizada por la UICN entre recursos naturales renovables y no renovables está presente en el Convenio Africano para la Conservación de la Naturaleza y los Recursos Naturales, que es uno de los pocos instrumentos internacionales (o regionales, en este caso) donde se define a los recursos naturales. En su versión original (1968), el Convenio establecía en el artículo 3, que la expresión "recursos naturales" se refería a: los recursos naturales renovables, es decir, los suelos, las aguas, la flora y la fauna. Posteriormente, la nueva versión del texto (2003) amplió el alcance del término definiéndolo como: los recursos naturales renovables, tangibles e intangibles, en particular los suelos, las aguas, la flora y la fauna, así como los recursos no renovables (art. 5).

La conservación y la gestión de los recursos naturales son los dos principales retos a los que están dedicados los textos del Derecho Internacional. La Declaración de Estocolmo, instrumento no vinculante adoptado por la Conferencia de las Naciones Unidas sobre el Medio Ambiente en 1972, incrementó el interés de preservar los recursos naturales. De acuerdo con el Principio 2 de la Declaración, "los recursos naturales de la tierra, incluidos el aire, el agua, la tierra, la flora y la fauna y especialmente muestras representativas de los ecosistemas naturales, deben preservarse en beneficio de las generaciones presentes y futuras mediante cuidadosa planificación u ordenación, según convenga." También, la misma declaración consagra un principio específico para la preservación de cada una de las dos categorías principales de recursos naturales: "Principio 3. Debe mantenerse y, siempre que sea posible, restaurarse o mejorarse la capacidad de la tierra para producir recursos vitales renovables."; "Principio 5. Los recursos no renovables de la tierra deben emplearse de forma que se evite el peligro de su futuro agotamiento y se asegure que toda la humanidad comparte los beneficios de tal empleo". Otras Declaraciones (no vinculantes) y Convenios Internacionales aplicables en materia ambiental reconocen y afirman un derecho de soberanía de los Estados sobre sus recursos naturales (véase, por ejemplo, el art. 15.1 del Convenio sobre la Diversidad Biológica: "En reconocimiento de los derechos soberanos de los Estados sobre sus recursos naturales, la facultad de regular el acceso a los recursos genéticos incumbe a los gobiernos nacionales y está sometida a la legislación nacional"; véase también el Principio 2 de la Declaración de Río de 1992: "De conformidad con la Carta de las Naciones Unidas y los principios del derecho internacional, los Estados tienen el derecho soberano de aprovechar sus propios recursos según sus propias políticas ambientales y de desarrollo..."). En realidad, esta soberanía proclamada encuentra su origen en varias resoluciones de la Asamblea General (véanse las Resoluciones: 523 [VI] de 12 de enero de 1952; 626 [VII] de 21 de diciembre de 1952; 1314 [XIII] del 12 de diciembre 1958; 1515 [XV] de 15 de diciembre de 1960; y 1803 [XVII] de 14 de diciembre de 1962), así como en el artículo 1º del Pacto Internacional de Derechos Civiles y Políticos y en el artículo 1º del Pacto Internacional de Derechos Económicos, Sociales y Culturales, adoptados por la Asamblea General de las Naciones Unidas en su Resolución 2200 (XXI) de 16 de diciembre de 1966.

En Europa, el 21 de diciembre de 2005 la Comisión Europea propuso una estrategia temática sobre el uso sostenible de los recursos naturales cuyo objetivo general es: "reducir los impactos ambientales negativos que se derivan del uso de recursos naturales en una economía en crecimiento". Aunque no ofrece una definición de los recursos naturales, se ha incluido en el concepto a "las materias primas, por ejemplo los minerales, la biomasa y los recursos biológicos, [...] los medios naturales, como el aire, el agua y el suelo, [...] los recursos de flujo, como las energías eólica, geotérmica, solar y de las mareas, y [...el] espacio (superficie de los terrenos)". En este texto se propone la creación de un grupo internacional sobre el uso sostenible de los recursos naturales en cooperación con el Programa de las Naciones Unidas para el Medio Ambiente (PNUMA). Este grupo fue efectivamente creado en 2007, bajo los auspicios del PNUMA, con el objetivo de proporcionar evaluaciones científicas independientes y calificadas sobre el uso sostenible de los recursos naturales, para garantizar que las políticas que rigen la explotación de los recursos naturales se basan en datos científicos precisos.

El 3 de marzo de 2010, la Comisión también propuso la estrategia "Europa 2020 - Una estrategia para un crecimiento inteligente, sostenible e integrador", cuya segunda prioridad (crecimiento sostenible) busca "promover una economía que utilice más eficazmente los recursos, más verde y competitiva". Entre las siete iniciativas emblemáticas de esta estrategia está "Una Europa que utilice eficazmente los recursos", cuyo objetivo es "desligar nuestro crecimiento económico del uso de recursos y de energía, reducir las emisiones de CO_2, reforzar la competitividad y promover una mayor seguridad energética". A esta iniciativa emblemática la Comisión dedicó su Comunicación del 26 de enero de 2011 y, en esta ocasión, señaló que los recursos naturales "incluyen materias primas tales como los combustibles, los minerales y los metales, sin olvidar también los alimentos, la tierra, el agua, la biomasa y los ecosistemas". El 20 de septiembre de 2011, la Comisión propuso una hoja de ruta hacia una Europa eficiente en el uso de los recursos, en la que la visión al 2050 indica que: "Todos los recursos se gestionarán de manera sostenible, desde las materias primas hasta la energía, el agua, el aire, la tierra y el suelo. Se habrán alcanzado los objetivos intermedios sobre el cambio climático, al tiempo que se habrán protegido, valorado y restablecido sustancialmente la biodiversidad y los servicios ecosistémicos que esta sustenta."

Por su parte, en su Informe *Resource Efficiency in Europe: Policies and approaches in 31 EEA member and cooperating countries*, la Agencia Europea de Medio Ambiente (creada mediante un Reglamento de la Unión Europea de 1990) constata que, en los países que participaron en la encuesta, no existe ni una definición clara ni un entendimiento común sobre los términos "recursos" y "uso eficiente de los recursos". También constata que sólo cinco países definen formalmente el término "recursos" en sus políticas nacionales o en sus leyes y concluye que, en general, esta expresión se define o se interpreta de forma amplia en los países, más allá de las simples materias primas.

Bibliografía sugerida: ◆ DAVANTURE, S. (2006), *Les limites de l'application du droit sur les ressources naturelles : le cas des territoires palestiniens et du Sahara occidental*, Montréal, UQAM (consultable en línea); ◆ FISCHER, G. (1962), La souveraineté sur les ressources naturelles, *Annuaire français de droit international*, volume 8, p. 516; ◆ GLOWKA, L., BURHENNE-GUILMIN, F., SYNGE, H., MCNEELY, J. A., GÜNDLING, L. (1996), *Guide de la Convention sur la diversité biologique*, IUCN Environmental Policy and Law Paper, n° 30, IUCN, Gland; ◆ ORGANIZACION MUNDIAL DEL COMERCIO (2010), *Informe sobre el Comercio Mundial 2010: El comercio de recursos naturales*, Ginebra, OMC (consultable en línea).

EDGAR FERNÁNDEZ FERNÁNDEZ Y
CLAIRE MALWE

Véase también: - Biodiversidad – Bioprospección – Bosque - Gran Muralla Verde – Materias primas agrícolas - Patrimonio común de la Humanidad - Política Pesquera Común – Principio de no regresión - Suelo.

Recursos pesqueros

La Conferencia de las Naciones Unidas sobre el Desarrollo Sostenible de junio de 2012, conocida como "Río + 20", constituyó una oportunidad para recordar la importancia del sector pesquero en la realización del derecho a la alimentación y a la seguridad alimentaria de las poblaciones en el ámbito mundial. Sin embargo, hasta hace poco tiempo las estrategias de mejora de la seguridad alimentaria prestaban poca atención a este sector y a la gestión de los recursos pesqueros. Con un aumento promedio de más del 3% anual, el porcentaje de los recursos pesqueros en el consumo alimentario mundial ocupa un lugar cada vez más significativo para la seguridad alimentaria y nutricional de las poblaciones, sobre todo en los países de bajos ingresos. El consumo mundial de pescado per cápita, estimado en 18,4 kg anuales (2009), sigue estando caracterizado por importantes disparidades regionales. En los países de bajos ingresos, excluyendo a China, es de unos 10 kg, frente a casi 29 kg en los países industrializados. En África es donde el porcentaje es más bajo (9,1 kg). El consumo de pescado y la dependencia de esta fuente de alimentación son lógicamente mucho más importantes en las zonas insulares y costeras, así como en los países que disponen de un gran número de lagos y ríos.

Aunque el pescado sea objeto de un menor consumo en los países en desarrollo (PED) en comparación con el resto del mundo, en ellos representa una parte más elevada de los aportes en proteína animal. Mientras que los recursos pesqueros representan en promedio 15% del consumo de proteína animal en el mundo, este porcentaje se eleva al 20% en los PED. En África Occidental y África Central, el pescado representa más de la mitad de esos aportes. Esta constatación refuerza el análisis de la Organización de las Naciones Unidas para la Alimentación y la Agricultura (FAO) según el cual los recursos pesqueros constituyen un elemento fundamental de la seguridad alimentaria y nutricional para la población de los PED. Los pescados, ricos en micronutrientes, constituyen muy a menudo una fuente de alimentación que sigue siendo accesible para las poblaciones más pobres y que permite responder a las deficiencias nutricionales que las afectan.

De manera más indirecta, los recursos pesqueros y, concretamente, la actividad de la pesca, responden a los desafíos de la seguridad alimentaria en tanto representan una vía económica de subsistencia. Creación de empleos, fuente de ingresos y apoyo a la economía, la actividad de la pesca o de valorización de los recursos pesqueros -práctica esencialmente artesanal en la mayoría de los PED- constituye una verdadera "red de seguridad" en los ámbitos económico y social en los países de bajos ingresos, permitiendo a muchas familias y especialmente a las mujeres (que conforman casi la mitad de la fuerza de trabajo de esta actividad en el mundo) obtener los recursos económicos necesarios para la alimentación, la vivienda, la salud, etc. Olivier de Schutter, Relator Especial de la ONU sobre el Derecho a la Alimentación, señala también que frente a situaciones de crisis, provocadas por una mala cosecha, un conflicto o un incremento en la volatilidad de los precios de las materias primas alimentarias, la pesca representa una fuente importante de empleos a tiempo parcial y de ingresos temporales, así como un recurso alimentario que es, en cierta medida, gratuito. Una apreciación compartida por la FAO que, en su informe sobre la situación mundial de la pesca y de la acuicultura 2010, advierte sobre la necesidad de incrementar la producción pesquera al menos en 27 millones de toneladas en los próximos veinte años, para afrontar los retos del crecimiento demográfico y de la urbanización, y de ese modo mantener el nivel actual de consumo per cápita en el mundo.

Aspecto crucial de la seguridad alimentaria y nutricional de las poblaciones que no tienen los medios para acceder a otras fuentes de proteína de calidad, el mantenimiento e, incluso, el aumento en el aprovisionamiento de recursos pesqueros está expuesto a un cierto número de obstáculos ligados, en primer lugar, a la preservación del ambiente. Desde la década de 1950, los movimientos de intensificación y desarrollo de métodos de pesca industrial contribuyen a debilitar los ecosistemas marinos que, en el futuro, serán cada vez menos capaces de proporcionar las cantidades de peces necesarias para la salud de las personas. Los efectos de la sobrepesca (la flota pesquera mundial sería al menos dos veces mayor que la necesaria para la explotación sostenible de los océanos), de las prácticas de pesca destructivas y de desechos (técnicas de arrastre, por ejemplo), exacerbados por el cambio climático, la contaminación y la destrucción de los hábitats (desaparición de un tercio de los arrecifes de coral en los últimos cincuenta años) alteran de forma rápida y permanente las reservas de recursos haliéuticos esenciales para la alimentación humana.

Si bien el acceso a los recursos pesqueros y las actividades de la pesca están condicionadas y deben tener en cuenta los imperativos ambientales, también están siendo impactados por la explosión del comercio internacional y la globalización del sector de la pesca. Estimado en 8 millones de toneladas en 1976, el comercio internacional de productos pesqueros alcanzó 57 millones de toneladas en 2010. De ese modo, aproximadamente el 40% de la producción haliéutica es vendida en los mercados internacionales, una cifra superior a aquella que alcanzan otros productos alimentarios como el arroz (5%) o el trigo (20%). Para los PED cada vez más numerosos, la pesca se ha convertido en un sector económico clave tomando en cuenta los ingresos por las exportaciones y los ingresos públicos por la venta de derechos de acceso a las flotas de pesca. ¿Cuáles son las consecuencias para la seguridad alimentaria de las poblaciones pobres locales? Sobre este punto, las conclusiones siguen siendo inciertas. Olivier de Schutter señala que, en algunos países donde la pesca artesanal nunca se ha expandido demasiado, el desarrollo de la pesca extranjera y las inversiones cada vez más importante realizadas en las plantas de procesamiento de pescado para abastecer a los mercados extranjeros pueden mejorar también la disponibilidad de alimentos en el nivel local, sobre todo cuando los programas de gobierno reorientan los productos pesqueros de los mercados de exportación hacia los mercados locales. Al mismo tiempo, la dependencia respecto de las exportaciones para asegurar los ingresos, y respecto de las importaciones para garantizar la seguridad alimentaria, crea una cierta vulnerabilidad; las crisis económicas y la inestabilidad de los precios de los alimentos amenazan con provocar el aumento en el costo de las importaciones de pescado destinado al consumo alimentario directo en algunos PED o, en lo concerniente a sus exportaciones, de provocar una contracción de la demanda y una baja en los precios.

Otra práctica inherente a la globalización del sector de la pesca puede afectar a la seguridad alimentaria de numerosos PED, insulares y costeros: la práctica del "acaparamiento de los mares" provocada por la conclusión de acuerdos (bilaterales) de licencias y de derechos de acceso. Mediando finanzas, muchos países insulares permiten a flotas pesqueras de aguas lejanas, principalmente de los países industrializados, explotar los recursos pesqueros locales. En la actualidad esta práctica propicia la crítica. La distribución de los beneficios ligados al acceso y a la explotación de recursos por parte de las flotas extranjeras es particularmente desigual en detrimento del país de acogida. La corrupción y la desviación de fondos privan a las poblaciones locales de los beneficios generados por estos acuerdos de pesca. Las capturas ilegales, las declaraciones inexactas y las capturas accesorias realizadas por las flotas industriales extranjeras son ignoradas y no dan lugar al pago de tasas. Por último y lo más importante, ante la competencia de los buques extranjeros que pescan las mismas especies y explotan los mismos lugares, los pescadores artesanales locales no pueden llevar a cabo libremente su actividad y contribuir a la satisfacción de las necesidades alimentarias locales.

Garantizar la seguridad alimentaria de las poblaciones pobres en los PED aumentando el abastecimiento en recursos pesqueros; promover la pesca como impulso económico y social de las sociedades respondiendo a las exigencias ambientales; la integración de estas problemáticas relativas a la explotación y a la preservación de los recursos pesqueros suponen la (re)definición de los medios para garantizar la coexistencia entre la pesca industrial y los derechos de los pescadores artesanales y de las comunidades costeras. Para ello, Olivier de Schutter formula cinco recomendaciones: crear zonas de pesca exclusivamente artesanal para los pequeños pescadores y establecer medidas represivas contra las incursiones de las flotas industriales (por ejemplo: en Camboya, las autoridades han otorgado derechos de uso comunitario a los pescadores artesanales en el mayor lago de agua dulce del sudeste asiático); apoyar a las cooperativas de pescadores artesanales y ayudarlos a ascender en la cadena de valor; establecer planes de cogestión para administrar localmente los recursos haliéuticos; abstenerse de emprender proyectos de desarrollo a gran escala, tales como la extracción de arena, que tienen un impacto desfavorable en las condiciones de vida de los pescadores artesanales; y, por último, integrar en su totalidad el producto de la pesca y a los pescadores artesanales en la legislación nacional sobre estrategias alimentarias.

El acceso y la gestión de los recursos pesqueros constituyen por tanto un tema crucial para la realización del derecho a la alimentación de las poblaciones. El enfoque de los Derechos Humanos supone que los Estados se orienten hacia un uso sostenible de los recursos, garantizando al mismo tiempo que los derechos y los medios de subsistencia de los pescadores artesanales y de las poblaciones costeras sean respetados y que la seguridad alimentaria de todos los grupos de población que viven de la pesca sea mejorada. Este equilibrio difícil de lograr es, sin embargo, una vía indispensable para la realización y protección de la seguridad alimentaria de las poblaciones rurales pobres en las cuales la alimentación y los ingresos dependen de la pesca.

Bibliografía sugerida: ◆ DE SCHUTTER, O. (2012), *La Pesca y el Derecho a la Alimentación*, Informe presentado ante la 67° período de la Asamblea General de la ONU, A/67/268 (consultable en línea); ◆ KAUSHIK, S. (2004), Alimentation humaine, ressources halieutiques et avenir de l'aquaculture, in *Aquaculture et environnement*, Dossier de l'environnement de l'INRA n° 26, p. 20 (consultable en línea); ◆ ORGANIZACIÓN DE LAS NACIONES UNIDAS PARA LA ALIMENTACIÓN Y LA AGRICULTURA (2012), *El estado mundial de la pesca y la acuicultura 2012*, Departamento de Pesca y Acuicultura de la FAO, Roma (consultable en línea).

THOMAS BREGER

Véase también: - Derecho a la Alimentación - Desarrollo Sostenible - Política pesquera común - Seguridad alimentaria.

Recursos piscícolas

Véase: - Recursos pesqueros.

Referente

Véase: - Certificación.

Reforma agraria

La *reforma* no expresa solamente un cambio, una ruptura, sino también un propósito: su objetivo es mejorar una situación de hecho que los reformistas quieren abolir. Esta doble dimensión es particularmente notable en la reforma *agraria* (o "de la tierra"), que se refiere literalmente a la implementación de nuevas políticas de tierras agrícolas, pero que posee, en realidad, un mensaje muy diferente: el de la redistribución de la tierra en favor de los campesinos.

La Conferencia Internacional sobre Reforma Agraria y Desarrollo Rural (Porto Alegre, 2006) define la reforma agraria como "un instrumento para combatir la pobreza [que] debería promover la justicia social y elevar la productividad." En la Declaración Final se afirma que, además de la reducción de la pobreza mediante la ampliación del acceso a la tierra, tiene como objetivo promover el desarrollo sostenible, así como garantizar la igualdad entre hombres y mujeres. Por lo tanto, la reforma agraria tiene múltiples funciones. Se trata de una política económica y social integral, cuyo objeto no se resume a infringir los derechos de algunos para asignar títulos de propiedad al mayor número; si ella se limitara únicamente a ello, el Estado que la conduciría carecería de su objetivo. Por cuanto constituye una herramienta en la lucha contra la pobreza y la inseguridad alimentaria, asume que la tierra sea redistribuida según un criterio de utilidad. Por tanto, debe garantizarse que la productividad agrícola no se afecte negativamente por la reforma, promoverse la circulación de las producciones, etc. Es por ello que los programas de capacitación para los nuevos propietarios y las medidas de asistencia financiera y técnica acompañan la aplicación de la reforma. La creación o la modernización de la infraestructura adecuada también resulta ser necesaria (por ejemplo: caminos, tuberías de agua).

Al igual que el desarrollo sostenible o la soberanía alimentaria en los cuales el derecho tiene dificultades para concretarse a pesar de su incuestionable realidad mediática, la reforma agraria se presenta ante todo como un contenedor, un vehículo que permite poner en primer plano un conjunto de valores y reclamos presentados por la sociedad civil (véase la Declaración Bukit Tinggi, 2012). En el ámbito jurídico, es evidente que no está exenta de consecuencias: una reforma agraria produce principalmente efectos en los derechos de propiedad. Con frecuencia, tal reforma implica el traslado forzoso de los derechos sobre las tierras a favor del Estado, de una colectividad pública, de grupos privados o, más directamente, de los particulares (campesinos). Constituye pues una contrariedad para el propietario histórico, cuyas prerrogativas son frontalmente desafiadas. Este menoscabo a la propiedad (o, a veces, al uso de la tierra), que es la esencia de la reforma agraria, se vincula con la problemática de los derechos fundamentales. Contrariamente a la creencia popular, el tema de la lucha contra el hambre no es un problema de cantidad (producir más para satisfacer las necesidades básicas de todos), sino de *acceso* a una alimentación que a menudo se encuentra presenta en volúmenes suficientes; por ello debe vincularse más bien con la pobreza. Sin embargo, paradójicamente, el 75% de las personas que viven en pobreza extrema en el mundo viven en zonas rurales. Se trata de trabajadores que no son propietarios de las tierras que cultivan (trabajadores, aparceros...), o de pequeños propietarios cuya parcela de tierra no es lo suficientemente grande para su alimentación, la de su familia o la de su comunidad (se habla a menudo de "minifundios" en contraste con los "latifundios", que describen un sistema de grandes propietarios). A partir de ello, se comprenden mejor los objetivos de una reforma agraria: romper con la concentración de la tierra cultivable en manos de unos pocos grandes terratenientes, para repartirla de manera más equitativa y así asegurar la distribución de los recursos y de la riqueza. Lo que se encuentra en juego es entonces el acceso a la tierra, por cuanto contribuye a la reducción de la pobreza y, por lo tanto, condiciona el acceso a la alimentación. La reforma agraria es, en última instancia, una forma de arbitraje, de reequilibrio radical entre los derechos considerados como fundamentales y puestos en balance: la propiedad privada, por un lado; y el acceso a la tierra y a la alimentación, por el otro.

Los ejemplos abundan, todos los países ha llevado a cabo una o más reformas agrarias durante su historia. En Brasil, la Ley de 1964 sobre el régimen de la tierra se adoptó para repartir más justamente las tierras agrícolas, hasta ese momento pertenecientes a un pequeño grupo de antiguos colonos (latifundios). Los frutos están aún pendientes, el Gobierno Federal impulsó especialmente la modernización de la agricultura brasileña, un uso intensivo de insumos químicos y el desarrollo de la mecanización a expensas de una verdadera redistribución de la tierra. Este es el origen del Movimiento de los “Sin Tierra”, que reúne a los pequeños propietarios y a los trabajadores agrícolas, descendientes en su mayoría de los esclavos, obligados al éxodo tras ser desalojados o despedidos como resultado de los grandes trabajos de ordenamiento del territorio realizados desde la década de 1970. El Movimiento reivindica la aplicación de una “verdadera” reforma agraria y la recuperación de las tierras ociosas para asignarlas a los trabajadores agrícolas; una asignación autoritaria, contraria a las soluciones preconizadas por el Banco Mundial, el cual prefiere utilizar los recursos que ofrece el mercado. En efecto, el recurso a la venta es rechazado por el movimiento antiglobalización que ve en él un riesgo de endeudamiento para el nuevo propietario (las reivindicaciones del Movimiento son similares a los combates llevados a cabo en Bolivia, por una organización homónima y, en la India, por Ekta Parishad).

La búsqueda de una vía de solución fuera del mercado se encuentra en el corazón de un modelo de reforma agraria; sin embargo, no participa en la definición de esta última. Hay una pluralidad de reformas que se desarrollan según las diferentes modalidades. Las opciones “blandas”, especialmente respetuosas de un derecho de propiedad declarado como inviolable, con frecuencia son elegidas por los Gobiernos: la adquisición de tierras a través de los canales tradicionales (venta amistosa) o expropiación mediando una indemnización justa. Sin embargo, el Informe de la Conferencia de Porto Alegre señaló que “los mecanismos de redistribución de tierras piloteados por el mercado basados en una lógica de "comprador disponible: vendedor disponible" no habían resultado en un derecho a la tierra suficientemente rápido y que presentaban problemas de implementación significativos.” Además, esta alternativa requiere la movilización de recursos financieros particularmente importantes. Representa un costo exorbitante que puede ser difícil de soportar. Entonces, algunos recurren a modelos menos consensuales, basados en la desaparición de los derechos de los grandes terratenientes, sin compensación. Este experimento se llevó a cabo en Zimbabue cuando, en un primer momento, el país se vio obligado a comprar la tierra a los colonos británicos, de conformidad con un proceso lento y costoso (su derecho de propiedad estaba constitucionalmente protegido durante 10 años, según los Acuerdos de Lancaster House firmados en 1979), un régimen de confiscación fue adoptado en un segundo momento, instaurando una reforma “acelerada”, en 2000.

Originalmente concebida como una herramienta para la paz y la estabilidad social (en palabras del ex Secretario General de las Naciones Unidas, Kofi Annan), la reforma de Zimbabue no logró, sin embargo, calmar el descontento social que desgarraba al país (ocupaciones violentas, asesinato de granjeros blancos): se lleva a cabo sin transparencia; quienes ejercían el poder se arrogan las mejores tierras; pocos trabajadores agrícolas consiguen finalmente un título de propiedad y las promesas del poder (nuevas carreteras, construcción de pozos, desarrollo de la mecanización agrícola, acceso a las semillas...) no se cumplieron. La economía nacional en crisis, afectada por la fuerte caída en la producción de maíz y tabaco, primer sector de exportación. Declarada ilegal por el Corte Suprema de Harare, provocó también la hostilidad de la comunidad internacional, en particular de los Estados y las instituciones internacionales que se comprometieron a asignar fondos para la implementación de la reforma (cabe precisar, sin embargo, que mientras que el coste total de la reforma se estimó en casi 2 mil millones de dólares, sólo 180.000 fueron en realidad asignados para esta ayuda).

No debe inferirse necesariamente de la experiencia de Zimbabue que la idea de la reforma agraria "fuera del mercado" resulta inoperante y que la solución "dentro del mercado" es la única concebible; simplemente se debe comprobar que *esta* reforma fracasó. Asimismo, otros han explorado vías originales con más éxito. Así, Taiwán decidió, además de establecer una superficie máxima para la propiedad agrícola (menos de 3 hectáreas), asignarle a los grandes propietarios japoneses expropiados una compensación bajo la forma de distribución de acciones en las sociedades capitalistas recientemente creadas por el poder (Japón y Colombia procedieron de una manera comparable, con el otorgamiento de bonos del Estado).

Más allá de la diversidad de los caminos emprendidos, cualquier reforma agraria tiene como denominador común la afectación a los derechos anteriormente establecidos sobre las tierras redistribuidas: cuando estas tierras pertenecen a particulares, la propiedad privada es objeto de cuestionamiento sobre la base del interés público o, para usar una frase empleada en los derechos de latinoamericanos, la función social de la propiedad (en términos del antiguo artículo 10 de la Constitución chilena adoptada en 1967, el derecho a la propiedad privada no debe contradecir todo "cuanto exijan los intereses generales del Estado, la utilidad y salubridad públicas, el mejor aprovechamiento de las fuentes y energías productivas en el servicio de la colectividad y la elevación de las condiciones de vida del común de los habitantes"); cuando el Estado conserva la propiedad "eminente" de la tierra y que solo ha concedido el uso (exclusivo) de la tierra, es este uso el que sufre el cambio. Sin embargo, esta redistribución no siempre se lleva a cabo, en la práctica, en beneficio de los más pobres. Así, la reforma emprendida en Madagascar causó agitación social que marcó la isla a principios del siglo XXI: con el objetivo de promover el desarrollo de su economía nacional, el país se propuso asegurar los títulos de propiedad heredados de costumbres no escritas mediante la instauración de un sistema de certificados. La operación no buscaba otra cosa que permitir la clarificación de los derechos sobre las tierras con el fin de facilitar su compra y su entrega. La reforma tuvo el inconveniente de que muchos se vieron desposeídos de las tierras que cultivaban, ante la imposibilidad de aportar la prueba de sus derechos ancestrales. Esta pérdida masiva dejó libre al Estado de Madagascar para alquilar grandes extensiones de tierra; una oportunidad que aprovechó un operador coreano, apoderándose de 1,3 millones de hectáreas durante un plazo 99 años. El rápido deterioro del clima político, la ira popular, así como la caída en el precio mundial del maíz (el propósito del operador era producir este cereal) socavaron, sin embargo este proyecto.

Resulta evidente que la reforma agraria también concierne el tema del acaparamiento de tierras y, en términos más generales, de las inversiones internacionales. Se plantea, en este sentido, la cuestión de si un inversor extranjero puede beneficiarse, de una forma u otra, de la nueva política de tierras decidida en los altos niveles del Estado; si bien se trata sin duda en parte de una cuestión de oportunidad, hay que señalar que Sudáfrica consideró responder negativamente, al rechazar la asignación de tierras cultivables a los extranjeros, antes de optar por un sistema de alquiler altamente regulado (sin transferencia de propiedad). Pero también plantea, y quizás lo más importante, una segunda pregunta, que es consecuencia: un inversor extranjero, regularmente instalado en el territorio, ¿puede ser despojado por el hecho del príncipe, por el efecto de la reforma agraria? Los derechos de los inversionistas son objeto de especial atención por parte del derecho de las inversiones directas: si bien, por una parte, los tratados bilaterales entre el Estado de origen y el Estado receptor de capitales extranjeros afirman la soberanía de éste último sobre sus recursos naturales y su tierra (de acuerdo con la posición de la FAO, expresada en la Carta del Campesino de 1979), establecen, por otra parte, un marco jurídico aplicable a cualquier proyecto de inversión, incluidos aquellos relativos a los recursos naturales y la tierra, para proteger al operador extranjero contra cualquier expropiación autoritaria. Claramente, el Estado es libre de implementar su reforma (la soberanía no está limitada por el tratado), pero su decisión lo expone a indemnizar al inversor expropiado. Si bien la obligación de indemnización no es *per se* una consecuencia necesaria (han existido proyectos internacionales que permiten a los Estados confiscar, sin compensación, la propiedad extranjera por motivos legítimos restringidos, lo que también demuestra que la concepción de la propiedad privada, exclusivista y absoluta, no es necesariamente universal), no resulta ser particularmente grosera. Sin embargo, su evaluación puede causar dificultades por cuanto la indemnización se calcula por referencia al valor real de la inversión, incluido el precio de la tierra; no entran en juego ni los beneficios percibidos en razón de la actividad anterior desarrollada por el inversionista, ni las infracciones potenciales de éste (promesas incumplidas de modernización de la infraestructura o del financiamiento de programas sociales locales, etc.). Estos elementos no influyen en el cálculo de la indemnización, cuyo alto monto puede disuadir a los Estados más pobres a considerar una reforma agraria expropiatoria.

En definitiva, la reforma agraria es una política ambiciosa y, por tanto, muy sensible. Por esta razón, no siempre produce los efectos a gran escala esperados, sobre todo por cuanto, para lograr su plena vigencia, debe realizarse con un cierto radicalismo, lo que no es fácil de asumir política, económica y jurídicamente. Sin embargo, es un remedio innegable contra el hambre, la pobreza y continúan siendo considerada como tal, especialmente por la Organización de Naciones Unidas para la Alimentación y la Agricultura. El Plan de Acción de la Cumbre Mundial sobre la Alimentación instó, en 1996, a los Estados a establecer "mecanismos jurídicos [...] que permitan avanzar en la reforma agraria." Seis años más tarde, el Relator Especial de las Naciones Unidas sobre el Derecho a la Alimentación persiste, fustigando la inercia de estos últimos en la materia: la reforma agraria "debe ser una parte fundamental de las estrategias del Gobierno encaminadas a reducir el hambre. [...] debe ser justa y transparente.

Bibliografía sugerida: ◆ FONDO INTERNACIONAL DE DESARROLLO AGRÍCOLA (2001), *Informe sobre la pobreza rural: el desafío consistente en acabar con la pobreza rural*, FIDA (consultable en línea); ◆ ORGANIZACIÓN DE LAS NACIONES UNIDAS PARA LA ALIMENTACIÓN Y LA AGRICULTURA (1981), *La Carta del Campesino, Declaración de Principios y Programa de Acción de la Conferencia Mundial sobre Reforma Agraria y Desarrollo Rural*, Roma, FAO, 1981 (consultable en línea); ◆ ZIEGLER, J. (2002), *El derecho a la alimentación*, Informe del Relator Especial de la Comisión de Derechos Humanos sobre el derecho a la alimentación, A/57/356 (consultable en línea).

JEAN-PHILIPPE BUGNICOURT

Véase también: - Brasil – Derecho a la tierra - Derechos de los campesinos – Latifundio – Menoscabos a la propiedad - Soberanía alimentaria.

Región

Véase: - Denominación de Origen Protegida - Indicación Geográfica Protegida.

Reglamento Sanitario Internacional

Si bien el proceso de globalización conduce a una interdependencia en particular de las economías y, como consecuencia de ello, de las Naciones, de los sistemas políticos, de las personas y de las culturas, la salud o más precisamente los problemas de salud a los cuales está expuesta la población de un país no escapan al fenómeno. De ese modo, se habla de una forma de "globalización de los riesgos sanitarios" y de la propagación de "amenazas mundiales para la salud pública". Sin embargo, cabe aclarar que al igual que el comercio y las finanzas internacionales, la globalización de los riesgos sanitarios no es un fenómeno nuevo. En efecto, recuérdese que el primer caso documentado de una epidemia transnacional fue la plaga de Atenas (430 a. C.). Originaria de África (Etiopía), esta enfermedad se propagó a través de los buques dedicados al comercio de cereales, extendiéndose a Persia y a la Grecia antigua. Pero en nuestros días, como resultado de un aumento del comercio internacional, de la explosión en el número de viajeros a través del planeta y también al acercamiento en los estilos de vida y de consumo, la globalización de las amenazas para la salud pública conoce una aceleración sin precedentes. Esta observación puede ser constatada con respecto a las enfermedades crónicas (cáncer, enfermedades cardiovasculares, enfermedades respiratorias crónicas, obesidad), en relación con las enfermedades infecciosas (del tipo paludismo, VIH/SIDA...), y en relación con aquellas que atentan contra la inocuidad de los alimentos.

La globalización de los riesgos sanitarios y la vulnerabilidad de los Estados, sobre todo los más pobres, para responder eficazmente a la propagación de los agentes patógenos y sus efectos desestabilizadores en lo económico, lo social y lo político, han llevado a la Organización Mundial de la Salud (OMS) a adoptar un nuevo instrumento diseñado para responder a estas amenazas sanitarias, de forma coordinada y rápida. Se trata del Reglamento Sanitario Internacional (RSI) adoptado en 1969 y revisado en 2005. Vigente desde el 15 de junio de 2007, el nuevo RIS es un instrumento jurídico internacional de carácter vinculante para 194 países, entre ellos, el conjunto de Estados Miembros de la OMS. Este reglamento establece un marco de compromisos y responsabilidades para los Estados signatarios y para la OMS, destinados a "prevenir la propagación internacional de enfermedades, proteger contra esa propagación, controlarla y darle una respuesta de salud pública proporcionada y restringida a los riesgos para la salud pública y evitando al mismo tiempo las interferencias innecesarias con el tráfico y el comercio internacionales" (art. 2). Esta disposición central, relativa a la finalidad y al objeto del RIS, expresa claramente la necesidad de articular los intereses humanos ligados con la protección de la salud pública y aquellos vinculados con la continuidad de las relaciones económicas y comerciales internacionales. Una modalidad del principio de proporcionalidad se afirma, según la cual las medidas que se adopten para responder a la propagación de epidemias deben ser proporcionadas y limitadas a los riesgos que suponen para la salud pública y, con ello, evitar la creación de obstáculos innecesarios al comercio y a la vida económica internacional.

En concreto, el RSI impone a los Estados la aplicación de un sistema de información sobre todos los eventos que puedan dar lugar a emergencias de salud pública de alcance internacional, incluidos aquellos provocados por agentes químicos, materiales radioactivos y alimentos contaminados. La expresión "riesgo para la salud pública" también es definida por el RSI como "la probabilidad de que se produzca un evento que puede afectar adversamente a la salud de las poblaciones humanas, considerando en particular la posibilidad de que se propague internacionalmente o pueda suponer un peligro grave y directo" (art. 1). De esta manera, la finalidad del dispositivo del RSI es actuar a nivel de la fuente para mejorar la detección de los brotes y de otras emergencias de salud pública de alcance internacional; garantizar una apertura más rápida de investigaciones; y, finalmente, asegurar una acción colectiva internacional para ayudar a los Estados afectados a controlar estas situaciones de emergencia sanitaria, a salvar vidas y a detener o evitar la propagación de una epidemia. También, el RSI establece un código único de procedimientos sistemáticos para ser aplicados en los puertos y aeropuertos y en algunos puestos fronterizos. La OMS colabora estrechamente con los países y las otras organizaciones de las Naciones Unidas, incluidas la Organización para la Alimentación y la Agricultura (FAO) y la Organización Internacional del Trabajo (OIT), con el fin de formular recomendaciones y dar un soporte técnico para movilizar los recursos necesarios a la aplicación del RSI.

En la actualidad, el amplio ámbito de aplicación del RSI cubre algunos eventos de alcance internacional que afectan la inocuidad de los alimentos, en particular, aquellos ligados con la contaminación de alimentos o con enfermedades de origen alimentario. Más específicamente, estas situaciones de emergencia en materia de seguridad alimentaria, que requieren la intervención de conformidad con las disposiciones jurídicas del RSI, se definen como "una situación, ya sea accidental o intencional, en la que una autoridad competente indica un riesgo aún no controlado de graves efectos perjudiciales para la salud pública asociados con el consumo de alimentos, y que requiere medidas urgentes" (Comisión FAO/OMS del Codex Alimentarius, 2010).

Los escándalos sanitarios como el de la "crisis de las vacas locas" y el aumento sensible en el número de brotes graves de enfermedades de origen alimentario reportados en todos los continentes, desde finales de 1990, condujeron a la comunidad internacional a prestar mayor atención a la seguridad de los alimentos. En el ámbito mundial, las principales cuestiones relacionadas con la inocuidad de los alimentos son la propagación de los riesgos microbiológicos (bacterias *Salmonella* o *Escherichia coli*, por ejemplo), la presencia de productos químicos nocivos en los alimentos, la evaluación de nuevas tecnologías alimentarias como los alimentos genéticamente modificados y la presencia, en la mayoría de países, de sistemas sólidos para garantizar la inocuidad en la cadena alimentaria.

El marco de acción establecido por el RSI para responder a eventos sanitarios de alcance internacional involucra varios pasos: la notificación y la comunicación, la vigilancia y la verificación y, finalmente, la respuesta nacional e internacional. Cabe agregar que la OMS y la FAO también publicaron una guía específica para atender situaciones de emergencia relativas a la seguridad sanitaria de los alimentos (Marco FAO/OMS para desarrollar planes nacionales de intervención en situaciones de emergencia relativas a la inocuidad de los alimentos, 2010). La aplicación del procedimiento del "RSI" se basa pues, en un sistema de comunicación de informaciones relativas a eventos sanitarios de alcance internacional entre puntos focales nacionales para el RSI, previstos en cada Estado (arts. 4.1 y 4.2), y puntos de contacto "RSI" en la OMS. Los puntos focales nacionales tienen entre sus funciones principales: dirigir sus comunicaciones urgentes a los puntos de contacto RSI en la OMS; difundir informaciones entre los sectores competentes de la Administración del Estado Parte de que se trate (en particular, sectores responsables de la vigilancia y comunicación de datos, puntos de entrada -aeropuertos o puertos, por ejemplo-, servicios de salud pública, clínicas, hospitales...); y reunir las informaciones comunicadas por estos sectores. Entre los sectores y organismos involucrados deben figurar las entidades responsables de la agricultura, de la inocuidad de los alimentos y de la notificación de las enfermedades de origen alimentario. La colaboración entre los puntos focales nacionales para el RSI y los puntos de contacto RSI en la OMS puede apoyarse también en la experticia técnica de la Red Internacional de Autoridades de Inocuidad de los Alimentos (INFOSAN).

La notificación de un evento por parte de un Estado a la OMS es obligatoria únicamente cuando se cumplen por lo menos dos de los cuatro criterios definidos por el RSI: gravedad (el número de casos o de muertes relacionados con el evento, el período y la población afectada, la necesidad de ayuda externa para analizar o gestionar el evento...); evento insólito o imprevisto; riesgo importante de propagación internacional, riesgo importante de restricciones a los viajes o al comercio internacional. Los Estados que, con motivo de esta evaluación, han respondido positivamente a la primera y a la última cuestión tienen la obligación de notificarle el evento respectivo a los servicios competentes de la OMS. Cabe precisar igualmente que los eventos relativos a la inocuidad de los alimentos deben ser obligatoriamente notificados a la OMS, desde el momento en que conlleven cualquiera de los tres tipos de peligros que pueden estar asociados con los alimentos: químico, físico (a veces denominado "presencia de cuerpo extraño") y microbiológico.

La notificación supone el inicio del proceso interactivo de evaluación entre el país respectivo y la OMS, con el fin de determinar la naturaleza del evento y la respuesta que conviene darle. En esta etapa, la OMS se encarga de garantizar la continuidad de las actividades de monitoreo. Puede recibir información proveniente de otras fuentes distintas a las autoridades del Gobierno nacional y solicitar, de seguido, a los países involucrados la verificación de estas comunicaciones de carácter no oficial, según las cuales podrían producirse en su territorio eventos que pueden constituir una emergencia de salud pública de alcance internacional. Los países deben, en el plazo de 24 horas, suministrar a la OMS una respuesta inicial o el acuse de recibo de la solicitud, así como las informaciones de salud pública disponibles sobre el estado de los eventos mencionados. Con fundamento en la evaluación de los datos de salud pública realizada mediante las actividades de vigilancia, notificación, consulta y verificación de los informes provenientes de otras fuentes distintas de las notificaciones y de las consultas, la OMS comunica a los puntos focales nacionales para el RSI, las informaciones pertinentes (recomendaciones temporales o permanentes) que permitirán a las autoridades locales responder eficazmente a los riesgos identificados para la salud pública. También, la OMS podrá asistir a los países en sus operaciones de respuesta cuando se lo soliciten. La naturaleza de esta ayuda varía en función de las capacidades nacionales existentes, de la dimensión de la amenaza internacional y de la disponibilidad de competencias y recursos. Los Estados y la OMS pueden apoyarse igualmente en las recomendaciones y en la asistencia de la FAO, la cual desarrolló un programa de asistencia técnica para ayudar a la creación de capacidades en materia de inocuidad y de calidad de los alimentos a nivel de los países y de las regiones.

Bibliographie sugerida: ◆ FRENK, J., DANTES, O.-G. (2007), *Mondialisation et santé : enjeux pour les systèmes de santé dans un monde interdépendant*, (consultable en línea); ◆ MONDIELLI, É. (2008), Le RSI révisé. Un instrument pour faire face aux nouvelles menaces de sanitaires internationales, *in Un droit pour des hommes libres, Études en l'honneur d'Alain Fenet*, Paris, Litec, p. 169; ◆ ORGANIZACIÓN MUNDIAL DE LA SALUD (2007), *Un porvenir más seguro - Protección de la salud pública mundial en el siglo XXI*, Informe sobre la salud en el mundo – Ginebra (consultable en línea).

THOMAS BREGER

Véase también: - Crisis sanitaria - Riesgo - Riesgos Biológicos - Vacas locas (Enfermedad de las).

Regresión

Véase: - Principio de no regresión.

Regulación

Véase: - Derecho de la Competencia.

Relator Especial de las Naciones Unidas sobre el Derecho a la Alimentación

El mandato del Relator Especial de las Naciones Unidas sobre el Derecho a la Alimentación fue establecido por la Comisión de Derechos Humanos en el año 2000. Jean Ziegler, Profesor de Sociología en la Universidad de Ginebra (Suiza), fue nombrado para este cargo en septiembre. Su mandato se renovó por otros tres años suplementarios en abril de 2003 y con posterioridad el Consejo de Derechos Humanos amplió su mandato en 2006. En mayo de 2008, Olivier de Schutter, Profesor de Derecho Internacional en la Universidad Católica de Lovaina (Bélgica), le sucedió. Su mandato se renovó en mayo de 2011 hasta abril de 2014.

Para promover el derecho a la alimentación, el Relator Especial tiene a su disposición tres herramientas principales: la presentación de informes temáticos anuales al Consejo de Derechos Humanos y a la Asamblea General de las Naciones Unidas; la realización de misiones sobre el terreno con el fin de vigilar el cumplimiento del derecho a la alimentación en los países visitados; el envío de comunicaciones a los Estados en casos específicos de violación del derecho a la alimentación.

Los temas abordados por el Relator Especial en sus informes son muy variados. Por ejemplo, él trata la protección del derecho a la alimentación de las mujeres, de los niños, de los pueblos autóctonos y de los pescadores tradicionales. Expuso las relaciones entre el derecho a la alimentación y la ayuda alimentaria; entre el derecho a la alimentación y la agroecología; entre el derecho a la alimentación y el acceso a la tierra y al agua; y entre el derecho a la alimentación y la soberanía alimentaria. Analizó los desafíos de la desigualdad en las relaciones comerciales internacionales, mediante el poder de las corporaciones transnacionales, en particular las agroalimentarias, así como los derechos de propiedad intelectual sobre las semillas. Describe, además, la complementariedad de la protección de los Derechos Humanos y del Derecho Internacional Humanitario para proteger el derecho a la alimentación de las poblaciones vulnerables en situaciones de conflicto armado.

En 2004, el Relator Especial colaboró en la elaboración de las Directrices Voluntarias sobre el Derecho a la Alimentación, que fueron aprobadas unanimemente por los Estados miembros de la Organización de las Naciones Unidas para la Alimentación y la Agricultura (FAO). Y desde 2008, el Relator Especial contribuyó al hecho de que las respuestas que dieron los Estados y las Naciones Unidas a la crisis alimentaria mundial no se basó únicamente en la promoción de la seguridad alimentaria y de la ayuda alimentaria, sino también en la promoción y la protección del derecho a la alimentación.

Desde el año 2000, el Relator Especial llevó a cabo misiones en Níger, Benín, Etiopía, Brasil, Bolivia, Guatemala, Nicaragua, China, India, Bangladesh, Mongolia, en los Territorios Palestinos Ocupados y en Siria. Durante sus misiones, se reunió con representantes de los Gobiernos anfitriones y de las Naciones Unidas y de muchos movimientos sociales, tanto en la capital del país visitado como en desplazamientos sobre el terreno. Con posterioridad, presentó informes sobre la aplicación del derecho a la alimentación en cada país visitado. Estos informes contienen numerosas recomendaciones dirigidas al Estado respectivo, a los Estados socios y a las Naciones Unidas. El Relator Especial, por ejemplo, recomendó al Gobierno de Brasil que acelerara la reforma agraria; al Gobierno bengalí que acabara con la discriminación contra las mujeres, en particular en el acceso a la tierra; o al Gobierno de Etiopía y a sus socios que favorecieran el desarrollo rural estructural con ayuda alimentaria coyuntural. Sus recomendaciones se presentaron ante el Consejo de Derechos Humanos de las Naciones Unidas o ante el organismo que lo precedió, la Comisión de Derechos Humanos. En 2008, Olivier de Schutter también encabezó una misión ante la Organización Mundial del Comercio (OMC) y sometió a su consideración un informe con recomendaciones tendientes a reformar las reglas del comercio mundial para que éste haga del derecho a la alimentación un objetivo central.

El Relator Especial puede enviar comunicados (llamamientos urgentes o cartas de denuncias) a los Gobiernos, en los casos específicos de violaciones al derecho a la alimentación. En la mayoría de los casos, procede sobre la base de informaciones que recibe de organizaciones no gubernamentales (ONG) que gozan de un estatus de entidades consultivas ante las Naciones Unidas, pero también puede hacerlo sobre la base de la información enviada por un solo individuo, un grupo de individuos o una organización de la sociedad civil, cuando considera que la información es creíble y que el derecho a la alimentación está siendo amenazado. En un primer momento las comunicaciones con los Estados son confidenciales, pero si el Relator Especial no obtiene una respuesta puede denunciar públicamente al Gobierno respectivo, como lo hizo, por ejemplo, al denunciar en los medios de comunicación la remisión que hizo China de los "refugiados de hambre" norcoreanos. Y una vez al año, el contenido de estas comunicaciones y de las respuestas de los Estados se hacen públicos.

Desde la creación de su mandato en 2000, el Relator Especial sobre el derecho a la alimentación utilizó tres medios a su disposición para denunciar violaciones del derecho a la alimentación relativas al mal uso de la riqueza y al consumo de recursos naturales y, en particular, de la tierra. En sus informes temáticos, el Relator Especial denunció reiteradamente las violaciones de los derechos de los pueblos indígenas respecto de sus propios recursos, poniendo el acento sobre la tierra; y, en marzo de 2010, Olivier de Schutter sometió a consideración del Consejo de Derechos Humanos los principios mínimos para las adquisiciones y los arrendamientos de tierras a gran escala, para estimular a los actores implicados en la apropiación de tierras a respetar los derechos humanos de las poblaciones locales.

En sus numerosas misiones a los países, Jean Ziegler y Olivier de Schutter denunciaron reiteradamente las violaciones de los derechos de las poblaciones locales provocadas por la explotación de las riquezas y recursos naturales o por la mala gestión de sus ingresos, incluyendo a Guatemala, Bolivia, antes de la llegada de Evo Morales, India o Brasil. Y la mayoría de las comunicaciones del Relator Especial sobre el Derecho a la Alimentación con los Estados se referían a desalojos obligados o desplazamientos de las comunidades campesinas e indígenas a favor de empresas dedicadas a la explotación minera, de petróleo, de gas o de los recursos naturales o forestales.

El Relator Especial de las Naciones Unidas sobre el Derecho a la Alimentación constituye un mecanismo importante para las ONG y para los movimientos sociales, por cuanto es fácilmente accesible (incluso por correo electrónico o por correo postal) y él se apoya en gran medida en la cooperación con los actores de la sociedad civil para realizar adecuadamente su mandato.

Bibliografía sugerida: ◆ ZIEGLER, J., GOLAY, CH., MAHON, C., WAY, S.-A. (2011), *The fight for the right to food, Lessons learned*, Londres, Palgrave Macmillan; ◆ GOLAY, CH., MAHON, C., CISMAS, I. (2011), The impact of the UN Special Procedures on the development and implementation of economic, social and cultural rights, *The International Journal of Human Rights*, volume 15, n° 2, p. 299.

CHRISTOPHE GOLAY

Véase también: – Acaparamiento de tierras – Agroecología – Derecho a la alimentación – Organización de las Naciones Unidas para la Alimentación y la Agricultura.

Religión

Véase: - Ayuno - Consumo - Modelo alimentario - Prohibiciones alimentarias.

Requisición

Véase: - Menoscabos a la propiedad.

Residuo

Los residuos generados por el sector agroalimentario –incluyendo tanto la crianza animal, como los cultivos vegetales- son muy heterogéneos, incluso cuando se trata principalmente de residuos orgánicos. La mayoría de residuos y de subproductos tiene un valor fertilizante en el mejoramiento del suelo y, sobre todo, un valor nutritivo explotable en la alimentación animal. La producción de residuos peligrosos no está excluida en el sector agroalimentario, ya sea que se trate, por ejemplo, de residuos que presentan un riesgo infeccioso o de productos fitosanitarios no utilizados. Estos residuos deben entonces ser eliminados mediante modalidades especializadas (incineración, tratamiento físico-químico).

En el derecho de la Unión Europea, la gestión de residuos se enmarca desde los años setenta por la Directiva Marco nº 75/442/CEE, sustituida desde 2008 por la Directiva nº 2008/98/CE relativa a los residuos, llamada "Directiva madre". Una multitud de "directivas hijas" desarrollan medidas específicas relativas, sea a categorías específicas de residuos (residuos de envases, por ejemplo), sea a las modalidades especiales de eliminación y tratamiento de residuos (incineración, vertido, utilización de lodos de depuración en agricultura).

En el sentido de la Directiva "madre", el residuo es "cualquier sustancia u objeto del cual su poseedor se desprenda o tenga la intención o la obligación de desprenderse". A este respecto, el hecho de que una sustancia figure en el catálogo europeo de residuos, que aparece como anexo a la Decisión de la Comisión nº 2000/532/CE de 3 de mayo de 2000, no constituye calificación de residuo a menos que, además del criterio objetivo de la inscripción en el listado, el criterio subjetivo de la voluntad del poseedor de deshacerse de él se cumpla.

A pesar de la definición amplia de los residuos, el alcance del texto está lejos de cubrir la totalidad del sector agroalimentario. De esta forma son radicalmente excluidos del ámbito de aplicación del derecho de los residuos las "materias fecales [...] la paja y otro material natural, agrícola o silvícola, no peligroso, utilizado en la agricultura...". Esta exclusión se deriva de una sentencia del Tribunal de Justicia de la Unión Europea del 8 de septiembre de 2005, que excluía los purines de cerdo de la categoría legal de los residuos, al calificarlo de subproducto (*Comisión c/ España*, asunto C-121/03). Están igualmente excluidos, al cubrirlos otra legislación de la Unión Europea, los subproductos animales y las carcasas de animales muertos, regulados por el Reglamento Nº 1774/2002, por el que se establecen las normas sanitarias aplicables a los subproductos animales no destinados al consumo humano. Asimismo, la Directiva excluye a las aguas residuales de la categoría jurídica de los residuos. Al respecto, el Tribunal de Justicia consideró sin embargo que las aguas residuales que escapen de una red de tratamiento debían integrar el régimen de los residuos, en la medida en que la Directiva nº 91/271/CEE, sobre el tratamiento de las aguas residuales urbanas, que es el texto que normalmente las regula, no garantiza un nivel de protección equivalente al derecho de los residuos (*Thames Water Utilities c/ South East London División*, asunto C-252/05).

La Directiva "madre" busca garantizar una gestión de los residuos según modalidades adecuadas para asegurar la protección del ambiente y de la salud humana. Para ello, determina la jerarquía de los objetivos en materia de gestión de residuos, que comienza con la prevención de la producción de residuos, continúa por su reutilización, después por el reciclaje y otras formas de valorización, principalmente energética, y concluye con la eliminación de los residuos. Las operaciones de eliminación y valorización descritas en los anexos I y II de la Directiva "madre" condicionan el régimen jurídico de los residuos, especialmente en lo que respecta a las exportaciones (Regl. nº 1013/2006 relativo a los traslados de residuos).

En el plano internacional, el derecho sectorial de los residuos ha tenido poco desarrollo y la atención se concentra sobre todo en los residuos peligrosos. De esta manera, el Programa de las Naciones Unidas para el Medio Ambiente promueve la adopción de directrices y principios rectores, la cual tuvo lugar el 17 de junio de 1987 en El Cairo, sobre la gestión ambientalmente racional de los desechos peligrosos. En el mismo sentido, el capítulo 20 del Programa 21 (también llamado "Agenda 21"), aprobado en Río en 1992, hace de la gestión ambientalmente racional de residuos peligrosos, incluida la prevención del tráfico internacional ilícito de esta categoría de residuos, un objetivo prioritario para el siglo XXI. Este objetivo se refleja en el Convenio de Basilea de 22 de marzo de 1989, que establece normas destinadas a controlar los movimientos transfronterizos y a eliminar los residuos peligrosos para la salud humana y el ambiente. El Reglamento nº 1013/2006 de 14 de junio de 2006, relativo a los traslados de residuos, hace eco a la escala de la Unión Europea, de la necesidad de reforzar, simplificar y aclarar los procedimientos para el control de los traslados de residuos con el fin de mejorar la protección del ambiente. Los residuos provenientes de las industrias alimentarias y agroalimentarias están cubiertos cuando presentan ciertas características peligrosas. Más allá de estas intervenciones, el Derecho Internacional no aborda la cuestión de los residuos más que de forma incidental, por conducto de la contaminación de origen telúrica, que se extiende a partir de los vertidos de fuentes urbanas, industriales o agrícolas en el medio marino.

Bibliografía sugerida: ◆ DE SADELEER, N. (1998), *Le droit communautaire et les déchets*, Paris, éd. LGDJ; ◆ LANGLAIS, A. (2003), *Le droit et les déchets agricoles*, Paris, éd. L'harmattan.

PASCALE STEICHEN

Véase también: - Coexistencia de usos de la tierra - Responsabilidad internacional – Riesgo ambiental.

Residuos de contaminantes

Véase: - Adición de sustancias – Residuo.

Responsabilidad civil

Véase: - Acción de grupo - Alergia alimentaria – Empaque – Principio de Precaución – Productos defectuosos – Trazabilidad.

Responsabilidad internacional

En principio, la responsabilidad internacional designa de manera muy restringida a la responsabilidad imputable a un Estado por violar una obligación internacional. Es "internacional" por cuanto se sitúa en el ámbito de las relaciones entre los Estados y su régimen lo fija el Derecho Internacional. Sin embargo, cabe ampliar esta definición para incluir, bajo esta etiqueta, cualquier situación que origina una responsabilidad en razón de una conducta, actividad u operación cuya adopción, desarrollo o ejecución causa daños más allá de los límites territoriales de un Estado. Cualesquiera formas de responsabilidad se consideran, sin importar quién es el "responsable" (individuo, empresa, Estado u organización intergubernamental), y cualesquiera que sean las fuentes de las normas que regulan la responsabilidad (derecho internacional, regional o nacional); el contexto en que se produce el daño imprime el carácter internacional a la responsabilidad.

Este segundo análisis se orienta a reflejar la extrema diversidad de situaciones que implican *una* responsabilidad internacional. Cabe tomar algunos ejemplos: un proyecto de explotación de aguas de un río compartido por dos países se lleva a cabo por el Estado situado aguas arriba, de manera unilateral y sin consulta, lo cual amenaza con desviar una parte sustancial de los recursos hídricos en detrimento del Estado de aguas abajo; o contaminar las aguas del curso. Una organización regional prohibió la importación de carne por razones de salud y los países exportadores desfavorecidos por esta medida responden atacando, por ejemplo, con altos impuestos a los quesos cuando entran a su territorio provenientes de otros países miembros de la organización. Un responsable adopta una política deliberada contra las minorías a las cuales les hace padecer hambre. A un inversor extranjero de repente se le expropiaron sus bienes (contratos, locales, terrenos) por la decisión soberana del poder local. Un fabricante francés de lasañas descubrió que la calidad de la carne importada de Rumania no coincide con lo previsto en los términos del contrato, etc. En el primer caso, se planea un problema clásico de responsabilidad internacional, en el sentido estricto del término. En el segundo, detrás de la cuestión de la responsabilidad de la Organización en relación con sus socios comerciales, también se observa su eventual responsabilidad frente a los productores de quesos. En el tercero, se compromete la responsabilidad penal internacional del dirigente. Por último, en la cuarta y quinta hipótesis, el operador y el fabricante esperarán obtener una reparación.

La primera de las responsabilidades internacionales es aquella asumida por los Estados, que han sido durante mucho tiempo los únicos sujetos de Derecho Internacional. La Corte Internacional de Justicia (CIJ) estableció el principio en su sentencia *Chorzów Factory* (1928) que: constituye un principio de derecho internacional, incluso una concepción general del derecho, que cualquier violación de un compromiso implica una obligación de reparar. El proyecto de codificación de la responsabilidad del Estado por hechos internacionalmente ilícitos (2001), presentado por la Comisión de Derecho Internacional (CDI), comparte desde luego esa afirmación. Hoy en día, cualquier Estado que transgreda una regla, convencional o consuetudinaria, compromete teóricamente su responsabilidad, a menos que justifique su incumplimiento por la existencia de circunstancias especiales, excluyentes de la ilicitud (la fuerza mayor, la legítima defensa, el estado de necesidad...; véase Decisión *Projet Gabčikovo-Nagymaros* de 1997 por la cual la CIJ reconoce el concepto de "estado de necesidad ecológica"). Su responsabilidad podrá ser reconocida por la CIJ o por cualquier otra instancia creada a tal efecto (el Grupo Especial del Acuerdo de Libre Comercio de América del Norte – TLCAN, el Órgano de Solución de Diferencias - OSD - de la Organización Mundial del Comercio - OMC...) o, en ciertas circunstancias, el Consejo de

Seguridad de las Naciones Unidas (véase la Resolución 687 sobre las lecciones de la “responsabilidad” de Irak en el estallido de la Primera Guerra del Golfo). Es así como a Israel se le imputó su responsabilidad por haber construido un muro en Cisjordania: la CIJ señaló que tal construcción y la creación de los consiguientes enclaves, atribuibles al Estado de Israel, necesitaron la requisición de las tierras agrícolas, la destrucción de cultivos, la privación del acceso a los pozos, muchas circunstancias que afectaron los derechos de las personas a permanecer al abrigo del hambre que garantiza el artículo 11 del Pacto Internacional de Derechos Económicos, Sociales y Culturales (1966). En consecuencia, la construcción del muro constituye una violación injustificada del Derecho Internacional, e Israel está obligado a devolver las tierras, huertos, olivares y demás bienes inmuebles incautados o a indemnizar a las víctimas de estos ataques si su restitución resulta materialmente imposible (véase: *Opinión consultiva sobre las consecuencias jurídicas de la construcción de un muro en el territorio palestino ocupado*, en 2004). En el marco jurídico de la OMC, la aplicación de la responsabilidad de un Estado, obedece *mutatis mutandis* a los mismos mecanismos: cada Miembro tiene la obligación de cumplir los acuerdos multilaterales; así como cualquier lesión puede entrañar la aparición de un procedimiento ante el OSD que examina la realidad de la violación antes de formular las recomendaciones al Estado “responsable”. A éste se le invita entonces a ajustar su legislación a la normativa de la OMC. Si se niega, por cuanto tiene ese derecho, el OSD podrá autorizar a los Estados lesionados a aplicar medidas de represalia, o “suspensión de concesiones” destinadas a compensar el daño sufrido (en virtud del viejo principio “ojo por ojo, diente por diente”).

A pesar de que ya no aparece en el artículo 1 del proyecto de codificación de la Comisión, el daño sigue siendo en gran medida una condición de la responsabilidad internacional. El perjuicio constituido por el hecho mismo de la violación a la norma (el prejuicio “jurídico”) no se reconoce en el Derecho Internacional general, a diferencia del derecho surgido de la OMC, en la medida en que el OSD realiza el control de la compatibilidad objetiva de la legislación nacional con los acuerdos multilaterales, es decir, fuera de cualquier aplicación de ésta (*Estados Unidos — Artículo 211 de la Ley Omnibus de Asignaciones de 1998*, 2002). Si una responsabilidad sin daño (material o moral) parece *a priori* excluida, la responsabilidad sin acto ilícito (responsabilidad sin “culpa”) se consagró, sin embargo, en el caso de la Fundición de Trail (1941): los agricultores estadounidenses, establecidos cerca de una fundición de metal situada en el otro lado de la frontera, en Canadá, se quejaron de los daños a sus cultivos por la emisión de gases de azufre. Según el tribunal constituido para poner fin a la disputa, “según los principios del Derecho Internacional [...], ningún Estado tiene el derecho de usar su territorio, o a permitir que se haga dicho uso de modo que se cause un perjuicio mediante emisiones de humos en el territorio de otro Estado o en los bienes de personas que allí se encuentren, cuando el asunto es de importancia grave y el daño se aprecia mediante pruebas claras y convincentes". Un verdadero obstáculo para el ejercicio de la soberanía del Estado en su territorio, en principio absoluta, la obligación formulada ha sido desde entonces planteada en términos más generales (véase Declaración de Estocolmo, 1972; Convención sobre el derecho de los usos de los cursos de agua internacionales para fines distintos de la navegación, 1997...). Si bien ella parece estar limitada por el momento a cuestiones de contaminación del aire y del agua, nada impide imaginar su extensión a cuestiones ajenas a la preservación del ambiente (piénsese en la contaminación de los cultivos orgánicos por el polen surgido de plantas genéticamente modificadas, que no plantea únicamente un problema de protección de la biodiversidad). La responsabilidad objetiva supone una evolución del Derecho Internacional que se ocupa del desarrollo de las actividades industriales y tecnológicas portadoras de riesgos en gran escala. Sin embargo, estas actividades no sólo ponen en peligro la calidad del ambiente, sino también a la salud (por ejemplo, la emisión de dioxinas provenientes de las incineradoras).

La responsabilidad internacional clásica es, por tanto, susceptible de ser aplicada en casos extremadamente variados. La cuestión es saber hasta qué punto puede considerarse. Se estima, por ejemplo, el perjuicio causado a un Estado a raíz de la afluencia a su territorio de refugiados económicos, climáticos y "refugiados del hambre". La Asamblea General de Naciones Unidas toma muy en serio este evento por el peligro que conlleva (véase la Resolución 36/148, relativa a la Cooperación Internacional para Evitar Nuevas Corrientes de Refugiados). Esta situación puede resultar de carencias en el Estado de origen (incapacidad para satisfacer las necesidades básicas de su población) o de una política de apartheid o faminógena. En esta última hipótesis, el Derecho Internacional Penal sin duda puede movilizarse para determinar responsabilidades. Pero si las oleadas de refugiados "se provocan" con motivo de políticas ineficaces, ausentes o inadecuadas, cabe considerar la responsabilidad por hechos internacionalmente ilícitos porque las probabilidades son pocas fuera de ella. Además del problema de la prueba, se requeriría un juicio sobre la oportunidad de las decisiones tomadas por el Estado "responsable", lo cual asesta un golpe a su soberanía en sus asuntos internos.

Si el camino de la responsabilidad clásica (interestatal) probablemente lleva a un callejón sin salida, se compensa por la existencia de una alternativa: un viento sopla a favor del derecho de los refugiados a obtener una "compensación adecuada" (véase Principios de Bangkok sobre el estatuto y tratamiento de los refugiados, adoptados por la Organización Consultiva Jurídica Asia-África, 1966; Resolución 36/148 precitada). En realidad, el derecho a la indemnización únicamente es una manifestación de un movimiento que surge a partir de los años 50, el cual se dedica a consagrar la responsabilidad internacional del Estado hacia los individuos en el ámbito de los derechos fundamentales. Sin embargo, no cabe confundirse: el carácter justiciable de los derechos humanos no es una regla en el Derecho Internacional general. Sin embargo, algunos mecanismos judiciales regionales que garantizan un derecho a la reparación para las víctimas de violaciones de sus derechos fundamentales han surgido gradualmente. La Corte Interamericana de Derechos Humanos condenó a Surinam a pagar una indemnización por daño material y moral sufrido por la comunidad indígena cuyas tierras, ricas en madera y oro, fueron explotadas en términos irrespetuosos del derecho de propiedad colectiva (*Comunidad Saramaka c/ Surinam*, 2007). Del mismo modo, antes de hacer cualquier juicio sobre el fondo, la joven Corte Africana de Derechos Humanos ordenó a Kenia la suspensión de la expulsión de los Ogiek, que viven en el bosque Mau desde hace muchos siglos, así como la restauración inmediata de las medidas restrictivas respecto de las transacciones de tierras que estaban en vigor antes de que el Estado las cambiara para permitir su venta; los jueces consideraron "que existe una situación de extrema gravedad y de urgencia y un riesgo de un daño irreparable a la comunidad Ogiek por causa de la violación de sus derechos garantizados por la Carta, especialmente el disfrute de los derechos culturales y la protección de sus valores tradicionales [...], el derecho a la propiedad [y] el derecho al desarrollo económico, social y cultural" (*Comisión Africana de los Derechos Humanos de los Pueblos c/ Kenia*, 2013). La creación del Centro Internacional de Arreglo de las Diferencias Relativas a Inversiones (CIADI), también está cerca de este movimiento en la medida en que responde a la necesidad de protección de los derechos de propiedad, en contra de las decisiones del Estado de acogida de las inversiones que violen este derecho. Una expropiación injustificada implicará el pago indemnizatorio, por parte del Estado, como reparación "justa y equitativa". Cabe concluir esta breve reseña, señalando la entrada en vigor en 2013 del Protocolo Facultativo del Pacto Internacional de Derechos Económicos, Sociales y Culturales (2008). Desde luego que no se trata en estricto sentido de un mecanismo jurisdiccional y está lejos de un sistema generalizado de responsabilidad, por cuanto si bien el Comité de Derechos Económicos, Sociales y Culturales dispone de un poder de investigación, carece de la potestad sancionatoria y más bien asume un papel de mediador. Sin embargo, "las comunicaciones podrán ser presentadas por personas o grupos de personas que se hallen bajo la jurisdicción de un Estado Parte y que aleguen ser víctimas de una violación por ese Estado Parte de cualquiera de los derechos económicos, sociales y culturales enunciados en el Pacto" (art. 2), como el "derecho a un nivel de vida adecuado" (que incluye al derecho a la alimentación; art. 11 del Pacto de 1966), el derecho a beneficiarse de un sistema de seguridad social (art. 9) o de una educación (art. 13).

En el sentido en que se concibe, la responsabilidad internacional sin embargo no se refiere solamente a Estados. También incluye a las Organizaciones Intergubernamentales que, no menos que estos últimos, pueden ser culpables de violaciones a las normas jurídicas internacionales. En términos generales, su responsabilidad está sujeta en realidad a un sistema muy próximo del aplicable a los Estados. En especial se desprende de los trabajos de la Comisión y del Proyecto de artículos sobre la responsabilidad de las organizaciones internacionales (2011). La responsabilidad recae en el hecho internacionalmente ilícito y que da lugar a la reparación, en todas sus formas (compensación, medidas cautelares, restitución...). El hecho ilícito consiste en la acción de una persona – órgano, agente - que actúa bajo el mandato de la Organización o en nombre de ella. Es así como un acuerdo de compensación se concluyó entre las Naciones Unidas y Bélgica a causa de los daños provocados a los ciudadanos belgas con motivo de la intervención de las fuerzas de seguridad de la ONU en el Congo (1965).

Al igual que la responsabilidad de un Estado, la responsabilidad de una Organización suscita otro tipo de interrogantes: ¿Quién se beneficia del hecho internacionalmente ilícito? En otras palabras, ¿a la responsabilidad internacional clásica puede añadírsele una responsabilidad que ya no sería "externa", sino "interna" frente a personas pertenecientes a la organización o al Estado en causa? Para ilustrar, cabe tomar un ejemplo de la Unión Europea (UE): el régimen de derecho europeo aplicable a las importaciones de bananos se originó en una famosa disputa de la UE contra los Estados Unidos, ante las instancias de la OMC. El OSD señaló la incompatibilidad de determinados aspectos del Reglamento de la UE aplicable a la materia y permitió a las autoridades estadounidenses percibir derechos de aduana a la importación de varios productos europeos en represalia. Luego, unas empresas italianas afectadas por la medida trataron de comprometer la responsabilidad de la UE ante el Tribunal de Justicia de la Unión Europea (TJUE) en vano (*FIAMM c/ el Consejo de la UE*, 2008). Por una parte, el Tribunal rechazó la noción de la responsabilidad por culpa, al considerar que no se puede reprochar a la Unión por disfrutar de un margen de maniobra que le deja el derecho de la OMC; el OSD solo formula recomendaciones que no son vinculantes para la UE (de ahí la idea de que el hecho sea ilegal sólo en el ámbito de las relaciones entre los miembros de la OMC y que el contenido obligatorio de los acuerdos comerciales multilaterales no puede ser invocado por los particulares). Por otra parte, excluye la hipótesis de una responsabilidad sin culpa, con motivo de la actividad normativa de la UE: "si tal responsabilidad llegara a ser reconocida en su principio, requeriría como mínimo la concurrencia de tres requisitos cumulativos, constituidos por la realidad del perjuicio, la relación de causalidad entre éste y el acto en cuestión y el carácter anormal y especial de dicho perjuicio."

Si los individuos pueden comprometer con más o menos éxito la responsabilidad de los Estados o de las Organizaciones Internacionales, puede sucederles que pasen de ser las víctimas a ser los responsables. Sin embargo, dicha responsabilidad internacional no es común por cuanto carece de fundamento: lo normal es que las convenciones internacionales imponen obligaciones a los Estados y no a los individuos. En consecuencia, estos últimos no pueden jurídicamente transgredir la norma convencional y comprometer su responsabilidad. No obstante, de manera excepcional, el Derecho Internacional Penal concierne directamente a los individuos. Fija reglas de conducta que estos últimos tienen el deber de seguir y establece sanciones que se impondrán en caso de infringirlas. Por ello, un responsable político o un jefe militar puede ser perseguido por haber iniciado o implementado una práctica asimilable a un genocidio, a un crimen de apartheid o al traslado forzoso de la población. La norma internacional existe y se refiere al individuo (además, cabe señalar que en el 2007, la Corte Internacional de Justicia abrió la puerta a la responsabilidad penal internacional del Estado, junto a la de las personas físicas). Esta responsabilidad internacional individual es, sin embargo, muy limitada, ya que su ámbito de aplicación material afecta sólo a las personas que cometen delitos graves enumerados en los artículos 5 y siguientes del Estatuto de Roma de la Corte Penal Internacional (1998). Fuera de esta lista, la responsabilidad internacional no podrá comprometerse y no existirá en sentido propio.

Finalmente, hay una última forma de responsabilidad "internacional" que resulta de la aplicación de la legislación nacional más allá de toda consideración de fronteras. Su indiferencia hacia el territorio (conocido como "extraterritorialidad") puede ser accidental o deliberada. Es accidental cuando, por ejemplo, la legislación se designa por el juez para resolver una disputa internacional entre dos personas privadas: una porción de carne deteriorada proveniente de Costa Rica llega a Francia y deberán ser aplicadas las reglas costarricenses o las francesas relativas a la responsabilidad contractual, para determinar las consecuencias de la entrega de bienes que no están conformes con las estipulaciones del contrato, a pesar de que ni una ni otra están destinadas especialmente para ser implementadas en un caso así. Pero la aplicación extraterritorial de una disposición legal puede ser voluntad del legislador. Este es particularmente el caso de una ley de policía que tiene por objeto neutralizar temporalmente el comercio entre los dos países (embargo). En este caso, la responsabilidad del operador con impedimento para enviar los artículos prometidos a su cocontratante no debería, en principio, resultar comprometida. Más allá de esta situación particular, existe un tipo muy diferente, que conduce a la noción de responsabilidad "transnacional". Es concebible que un Estado trate de imponer una conducta a sus nacionales en el extranjero. El supuesto a veces se encuentra en el Derecho Penal (en contraposición a la situación particular en la que el Derecho Internacional se refiere a la conducta de un individuo, no hablamos del Derecho Internacional Penal, sino del Derecho Penal Internacional): algunas leyes nacionales prohíben a un nacional cometer una infracción que consideran grave, independientemente del lugar donde se encuentren (por ejemplo, el soborno de funcionarios públicos extranjeros, la explotación sexual de los niños...); la responsabilidad penal del autor puede entrar en concurrencia con aquella resultante eventualmente de la jurisdicción territorialmente competente. En los Estados Unidos, el *Alien Tort Claims Act* (ATCA, 1789) autoriza a las víctimas de una "*violation of the law of nations or a treaty of the United States*" para llevar su acción de responsabilidad civil (*tort*) ante los tribunales estadounidenses. Sobre esta base, algunos grupos de individuos han formulado reclamos dirigidos contra empresas afiliadas a "sociedades matrices" estadounidenses que desarrollan sus negocios en el extranjero (Coca Cola en Colombia, Unocal en Birmania, Chevron-Texaco en Nigeria...). En cada ocasión, la violación de los derechos humanos fue invocada (complicidad en secuestro y tortura, degradación profunda del ambiente). Sin embargo, la jurisprudencia estadounidense no se ha pronunciado definitivamente sobre el destino de este tipo de litigios. Dos cuestiones graves se planean jurídicamente: ¿los operadores privados pueden comprometer su propia responsabilidad por la violación de los derechos garantizados por el Derecho Internacional? Si fuere así, ¿le corresponde a los tribunales estadounidenses resolver estas disputas? La competencia que el *Act* les otorga es literalmente universal. Sólo se justifica por la violación del "derecho de gentes", de donde surge el temor de una cierta forma de imperialismo. Sin embargo, si las actividades cuestionadas tienen a veces poca relación con los Estados Unidos (véase el caso de *Royal Dutch Petroleum*, pendiente ante la Corte Suprema, que opone una Nigeriana a una compañía petrolera holandesa por actos de contaminación del Delta del Níger), el ATCA y la responsabilidad transnacional de las empresas constituirían una poderosa herramienta al servicio de la garantía de los derechos fundamentales. La Corte Suprema resolverá; el Gobierno estadounidense presentó un informe de *amicus curiae*, moderadamente favorable hacia el reconocimiento de una responsabilidad de los operadores privados.

Bibliografía sugerida: • AGUILAR CAVALLO, G. (2011), Le problème des atteintes environnementales par les activités des entreprises multinationales : le cas de l'eau au Chili, in *L'eau en droit international*, Société française pour le droit international, Paris, éd. Pedone; • HENNEBEL, L. (2006), *L'affaire Total-Unocal en Birmanie jugée en Europe et aux États-Unis* (consultable en línea); • KLEIN, P. (1998), *La responsabilité des organisations internationales*, Bruxelles, éd. Bruylant; • MUIR WATT, H. (2013), Politique du droit international privé : réflexion critique, in *Droits fondamentaux, ordre public et libertés économiques*, bajo la dirección de F. Collart Dutilleul et F. Riem, Bayonne, Institut universitaire Varenne, p. 245; • PELLET, A. (2012), Remarques sur la jurisprudence récente de la CIJ dans le domaine de la responsabilité internationale, in *Perspectives du droit international au XXIe siècle*, Liber Amicorum Professor Christian Dominicé, Leiden, Martinus Nijhoff Publishers, p. 321 (consultable en línea).

JEAN-PHILIPPE BUGNICOURT

Véase también: - Acción de grupo – Aguas Argentinas - Carácter justiciable de los derechos fundamentales – Diferendos de la OMC - Estado de necesidad – Hacer padecer intencionalmente hambre - Inversiones internacionales – Seguridad humana - Soberanía.

Responsabilidad penal

Véase: - Administración de sustancias nocivas - Alergia alimentaria - Empaque - Estado de necesidad – Trazabilidad.

Responsabilidad social de las empresas

La responsabilidad social de las empresas (RSE) y el desarrollo sostenible están estrechamente vinculados entre sí, incluso si al concepto de RSE se le pueden atribuir diferentes orígenes anteriores a la aparición de la noción de desarrollo sostenible, que nace con el Informe Brundtland en 1987 (paternalismo, ética empresarial, ciudadanía corporativa...).

La RSE puede verse como una variación de un desarrollo sostenible para las empresas que ilustra el famoso *triple bottom line*: *Profit, Planet and People* (Beneficio, Planeta y Gente). *Profit* para la dimensión económica (búsqueda de la eficacia de los dirigentes y de la rentabilidad para el accionista); *People* para la dimensión social (teniendo en cuenta los intereses de los actores respectivos); y *Planet* para la dimensión ambiental (conservación o protección de los ecosistemas y de la biodiversidad - clima, territorios, poblaciones humanas, fauna, flora...).

La RSE muestra en última instancia la existencia de una interface entre la empresa (actor económico) y su entorno. Implica una toma de conciencia sobre los datos económicos, así como también sobre los datos ambientales y sociales, a menudo calificados como datos extra financieros. La empresa parece estar llamada a abrirse a un horizonte más amplio que aquel de sus accionistas.

Las posiciones asumidas por instancias internacionales, europeas y nacionales (por ejemplo, las leyes francesas llamada "*Grenelle I*" y "*Grenelle II*", adoptadas en 2009 y 2010) confirman la proliferación de las referencias hechas a la RSE y al desarrollo sostenible en el *corpus* normativo. Si el Derecho ignoró durante mucho tiempo a la RSE, actualmente ya no es así. El Derecho contribuye activamente con este nuevo paradigma que es la RSE, al integrarla en su seno y al ofrecerle una tribuna pública.

La legislación se considera como un instrumento de la dinámica de la RSE. Esta actualidad condujo a una reorganización profunda de los estándares de la empresa. La empresa ilustra esta transformación del Derecho y constituye, al mismo tiempo, un campo de exploración particularmente rico. Esta última no solamente se sitúa en primera línea cuando es abordado el tema de la RSE, sino que se define por los textos como una de las protagonistas del éxito de las políticas de RSE. El marco jurídico resulta ser muy difícil de sintetizar por cuanto la RSE es objeto de un fenómeno de autorregulación; las propias empresas producen o coproducen directamente algunas normas. Además de las normas internacionales o nacionales que directamente les son aplicables (para algunos, limitadas, mal articuladas o incluso deficientes), las empresas desarrollan o adoptan mecanismos privados de regulación (calificados como "compromisos voluntarios") en forma de cartas éticas, códigos de conducta, principios directores, acuerdos, normas (certificables o no) o de acuerdos-marco internacionales. En definitiva, la RSE, siguiendo el movimiento de la globalización de la economía, crea un pluralismo jurídico de una complejidad sin precedentes, que implica una maraña de reglas, de normas y de valores en los diferentes niveles, provenientes de distintas fuentes, con actores tanto antiguos como nuevos.

En el nivel internacional, las Líneas directrices de la OCDE para empresas multinacionales, aprobadas en 1976 y revisadas en 2011, subrayan el papel esencial de las empresas en el ámbito de la RSE y del desarrollo sostenible y buscan paralelamente una mayor coherencia entre los objetivos económicos, ambientales y sociales más allá de las fronteras nacionales. Además del prólogo que establece expresamente que las empresas deben promover el desarrollo sostenible, el primero de los principios generales desarrollados en ese documento de la OCDE afirma que "las empresas deberán: contribuir al progreso económico, social y medioambiental para lograr un desarrollo sostenible." En este rico contexto, cabe señalar que la Organización de las Naciones Unidas (ONU), desde el 2003, había enfatizado en las obligaciones que pesan sobre las empresas en materia de RSE y de desarrollo sostenible. En ese sentido, la ONU había emitido algún tiempo atrás el "Pacto Mundial", que es esencialmente una plataforma de intercambios basada en valores universales (que reposan en diez principios) los que permiten identificar y difundir las buenas prácticas, para solicitarle directamente a las empresas su apoyo a la actividad de la organización internacional.

Ante una economía construida en torno al mercado, los Principios para la Inversión Responsable instituidos por el Secretario General de las Naciones Unidas y ejecutados por el Programa de Naciones Unidas para el Ambiente / Iniciativa Financiera (UNEP/FI), así como el Pacto Mundial de las Naciones Unidas, deben ser mencionados, por cuanto dan fe del compromiso mundial oficial de los actores financieros a favor de la incorporación de la RSE en las propias prácticas de inversión. Si bien estos principios no tienen un carácter obligatorio, proporcionan una gama de posibles acciones para incorporar las cuestiones sociales, ambientales y de gobernabilidad en el proceso de decisión de la inversión.

La Organización Internacional del Trabajo (OIT) completó el marco normativo internacional al emitir un conjunto de recomendaciones enfocadas en los temas concernientes al trabajo y a los trabajadores. La Declaración tripartita de principios sobre las empresas multinacionales y la política social, adoptada en noviembre de 1977, enuncia un objetivo clave que se revela un tanto ambicioso: "fomentar la contribución positiva que las empresas multinacionales pueden aportar al progreso económico y social y minimizar y resolver las dificultades a que pueden dar lugar las operaciones de estas empresas, teniendo en cuenta las resoluciones de las Naciones Unidas que preconizan el establecimiento de un nuevo orden económico internacional".

En el nivel europeo, muchas (¿demasiadas?) iniciativas dotadas de una normatividad jurídica variable se han sucedido desde el principio de la década del 2000: declaraciones de carácter político de los órganos decisores (Consejo y Parlamento Europeo) y no decisores de la Unión Europea (Consejo Europeo, Comité Económico y Social), comunicaciones, documentos de consulta, libros verdes de la Comisión Europea, instrumentos jurídicos vinculantes como directivas y reglamentos, por ejemplo: la Directiva nº 2004/35 de 21 de abril de 2004, sobre responsabilidad medioambiental en relación con la prevención y reparación de daños medioambientales.

Dentro de este conjunto heterogéneo, dos documentos elaborados por la Comisión Europea presentan un interés especial en relación con el establecimiento de instrumentos jurídicos. Asimismo, estos demuestran el papel pionero desempeñado por la Comisión Europea en el establecimiento de una política pública favorable a la RSE. Por una parte, la Comisión Europea publicó un Libro Verde el 18 de julio 2001, para fomentar un marco europeo para la responsabilidad social de las empresas. La RSE se define entonces como la integración voluntaria de las preocupaciones sociales y ambientales de las empresas en sus operaciones comerciales y en su interacción con los diversos interlocutores. Para Bruselas, "ser socialmente responsable no significa solamente cumplir plenamente las obligaciones jurídicas, sino también ir más allá de su cumplimiento invirtiendo "más" en el capital humano, el entorno y las relaciones con los interlocutores." Por otra parte, la Comisión publicó el 25 octubre 2011 una Comunicación sobre la RSE que procura la aplicación de una nueva estrategia para hacer emerger condiciones favorables para un crecimiento sostenible, para un comportamiento responsable de las empresas y para la creación de puestos de trabajo sostenibles en el mediano y largo plazo, con el fin de responder a la crisis que atraviesan las economías más grandes del mundo. Además de reiterar que las empresas deben respetar la legislación vigente y las convenciones colectivas, una definición moderna de la RSE ha sido propuesta: "la responsabilidad de las empresas por su impacto en la sociedad".

En esta Comunicación, la Comisión Europea considera la RSE como un concepto multidimensional que abarca diversos temas como los derechos humanos, las prácticas en materia de trabajo y de empleo, las cuestiones ambientales, la lucha contra el fraude y la corrupción, la participación y el desarrollo en el ámbito local, la integración de las personas con discapacidad, los intereses de los consumidores, la cadena de suministros y la divulgación de informaciones no financieras. Sobre el papel de los poderes públicos, el concepto se estima esencialmente como un apoyo para combinar las medidas de políticas facultativas y, cuando proceda, disposiciones reglamentarias complementarias. Sin embargo, la RSE no sólo debe desarrollarse bajo el impulso de las propias empresas, sino que las empresas deben tener además cierta flexibilidad para innovar y desarrollar un enfoque de RSE adaptado a su situación. Finalmente, la Comisión Europea recuerda la necesidad de inscribir a las futuras iniciativas europeas en la línea de los principios y orientaciones internacionalmente reconocidos, que constituyen un marco mundial evolutivo para la RSE.

Mediante esta Comunicación, el programa de acción propuesto por la Comisión Europea se articula en torno a los siguientes ejes: mejorar la notoriedad de la RSE y difundir las buenas prácticas; perfeccionar y medir el grado de confianza que inspiran las empresas; mejorar los procesos de autorregulación y de corregulación; hacer más interesante la RSE; mejorar la transparencia de las empresas en los planos social y ambiental; otorgar mayor importancia a la RSE en el contexto de la educación, la formación y la investigación; hacer énfasis en la importancia de las políticas nacionales e infranacionales en materia de RSE; aproximar los enfoques europeo y mundiale de la RSE.

Bibliografía sugerida: ◆ LOZANO, J. M., ALBAREDA L., YSA, T. (2007), *Governments and corporate social responsibility : public policies beyond regulation and voluntary compliance*, Palgrave Macmillan, ESADE; ◆ DUFOURCQ, E., BESSE, G. (dir.) (2004), *Rapport sur la responsabilité sociale des entreprises*, Ministère de l'Emploi, du Travail et de la Cohésion sociale (consultable en línea); ◆ MCBARNETT, D., VOICULESCU, A., CAMPBELL, T. (dir.) (2007), *The new corporate accountability: corporate social responsibility and the law*, Cambridge, Cambridge University Press.

IVAN TCHOTOURIAN

Véase también: - Desarrollo sostenible.

Retro-comisión

Véase: - Margen hacia atrás.

Retro-facturación

Véase: - Margen hacia atrás.

Reunión de fundos

Véase: - Agricultura - Reforma agraria.

Revueltas del hambre

Las revueltas del hambre constituyen una forma de protesta popular contra la carestía o el alto costo de alimentos básicos que, por lo general, se caracterizan por el uso de la violencia y la falta de un marco organizacional.

Recurrentes en la historia de las diferentes sociedades humanas, son cada vez más raras en el siglo XX, antes de conocer un aparente aumento durante la década del 2000, en el contexto de lo que se ha llamado la crisis alimentaria mundial.

Resulta importante evitar dos enfoques para tratar de comprender el significado: el reduccionismo económico por una parte, que tiende a describir las revueltas del hambre como una reacción mecánica contra el aumento del precio de los alimentos; y el esencialismo ahistórico, por otra parte, que vincula los disturbios a un problema global de subsistencia, extrapolable cualquiera que sea el momento y el lugar en cuestión. Lejos de estas perspectivas generalizadoras, las revueltas del hambre ocurren en situaciones locales concretas y comprometen, además de la dificultad de las poblaciones para acceder a los productos de primera necesidad, un lenguaje de la acción colectiva estructurado por precedentes y una memoria común, así como una proyección popular de lo que es legítimo o ilegítimo.

En el siglo XVIII, los países europeos se enfrentaron a muchas revueltas del hambre en un contexto caracterizado por la regularidad de las catástrofes climáticas y de las malas cosechas, pero también por el surgimiento de una nueva economía política liberalizadora del comercio de granos. Más que el término "revueltas", se utilizan con frecuencia los términos "rebelión" o "insurrección" por los contemporáneos. Si resulta de interés volver sobre esta secuencia es porque dio lugar, desde los años setenta, a numerosas lecturas e innovaciones conceptuales, recogidas y examinadas hasta hoy.

Como explica más concretamente el historiador Edward P. Thomson, para el caso de las ciudades inglesas en la segunda mitad del siglo XVIII, estas revueltas no pueden ser leídas como meras respuestas emocionales a los estímulos económicos: el concepto mismo de “revueltas” requiere, en este sentido, una utilización prudente, por cuanto puede transmitir una visión convulsiva de las clases populares y de sus movilizaciones. Sin embargo, estas últimas perciben un sentimiento colectivo de legitimidad, el cual se basa en una visión coherente de las normas sociales y de las obligaciones impuestas a los agentes económicos o a los gobiernos. Es lo que Edward P. Thompson llama “la economía moral de la multitud”: sin que ésta baste por sí misma para generar las movilizaciones, colabora a promover en ellas una coherencia y a crear a su alrededor unanimidad popular.

Esta economía moral no puede leerse como la simple declinación de un principio atemporal, según el cual cada uno deberá poder satisfacer su subsistencia: se inscribe en las memorias locales de normas y prácticas de gobierno. En el caso de la Inglaterra del siglo XVIII, es el modelo paternalista establecido por los Tudor que sirve de referencia colectiva a los “revoltosos”. Éstos, por sus experiencias y sus prácticas, reproducen, a veces con gran precisión, medidas anti-acaparamiento impuestas durante los siglos anteriores y desde entonces abrogadas. Por último, lo que impugnan los manifestantes, no sólo es el aumento del precio de productos alimentarios básicos en los mercados, sino también el advenimiento de una economía política libre de cualquier imperativo moral.

Tal lectura invita a examinar las revueltas del hambre más allá de la simple dimensión material y de sus factores socioeconómicos determinantes: se trata también de reflexionar sobre los valores colectivos y las aspiraciones políticas de los manifestantes, cuyos móviles no pueden ser *a priori* reducidos únicamente a la búsqueda del sustento.

Durante los siglos XIX y XX, las sociedades industrializadas experimentaron un descenso de las revueltas del hambre, aunque algunas movilizaciones pueden todavía ser calificadas como tales durante la gran depresión de los años 1930, incluso hasta el comienzo de los años 1940 en Francia. Este descenso se debe en parte a la mejoría en los niveles de vida en general, y de las condiciones de alimentación en particulares. Pero también se explica más fundamentalmente, tal como lo hace el historiador Charles Tilly, por la transformación de los mecanismos de la acción colectiva mediante la aparición de organizaciones políticas, sindicales y asociativas que se convirtieron en el principal marco visible de lucha y de reivindicación de las clases populares frente a las clases dominantes y a los órganos representativos del Estado: a los mecanismos comunitarios y localizados, más fuertes hasta inicios del siglo XIX, siguieron mecanismos más enfocados en las organizaciones, en la escala nacional y en las reformas -o revoluciones- institucionales. Tales cambios podrían haber conducido a que las revueltas fueran vistas como una forma "protopolítica" de la protesta, la cual únicamente encontraría su modernidad en una expresión organizacional. Sin embargo, parece más fecundo vincular sus manifestaciones a un déficit de representaciones y de oportunidades institucionales para aquellos y aquellas que son los actores, sin pronunciarse sobre un grado, cualquiera que sea, de madurez política.

Por otra parte, este descenso de las revueltas del hambre en la época contemporánea no puede ser generalizado a todo el mundo: son sus formas más espectaculares, que ocurren con mayor frecuencia en las ciudades, las que tienden a borrarse. Pero pueden continuar siendo una práctica usual, en la escala micro local, especialmente en las sociedades rurales del Sur, que son, a la vez, más vulnerables a las fluctuaciones de la producción o de los precios de los alimentos básicos y menos representadas, por lo general, por las organizaciones políticas, sindicales o asociativas. Una vez más, parece importante leer estas movilizaciones no como reacciones impulsivas frente a algo que falta, sino como motivadas por una visión común de lo que es justo. Siguiendo la lectura que hace el politólogo James C. Scott, a partir de los casos de las sociedades rurales de Asia Sudoriental durante la primera mitad del siglo XX, las revueltas, así como la amenaza que conllevan, logran traducir las expectativas normativas del campesinado en relación con las autoridades locales, que él llama una "ética de la subsistencia": es legítimo el dirigente que garantiza la subsistencia de sus administrados, en particular en los contextos de crisis. Según un acuerdo tácito, el respeto de la paz social por los campesinos supone que las autoridades cumplan esta obligación mínima.

En el período 2007-2008, varios países se enfrentan a una serie de protestas contra el alto costo de los productos básicos. Estas fueron rápidamente calificadas como "revueltas del hambre" por la prensa internacional, aunque el término "movimiento contra el costo de la vida" sin duda hubiese correspondido mejor a la subjetividad de los actores, como lo explica el antropólogo Alain Bertho. Estas movilizaciones tienen en común que se producen en las ciudades, esencialmente del Sur -aun cuando las violentas manifestaciones que estallaron en varios territorios de la ultramar francesa, en febrero y marzo de 2009, podrían englobarse en la misma dinámica-, en un contexto de aumento brusco de los precios de los alimentos.

Tres grades causas son generalmente utilizadas para explicar este aumento de los precios y las revueltas que les siguieron. La primera es la disminución de las reservas de cereales disponibles, consecuencia de accidentes climáticos, del bloqueo de tierras impuesto en ciertos países productores de cereales, pero también, más fundamentalmente, del desvío de una parte de la producción mundial de cereales para la producción de agrocombustibles. La segunda se relaciona con el cambio en los hábitos alimentarios de los países asiáticos fuertemente poblados, en especial por la creciente demanda de carne, cuya producción requiere espacio agrícola adicional. La tercera es la especulación financiera, al jugar los cereales el papel de "valor refugio" después de la crisis de los préstamos hipotecarios en el mercado inmobiliario. Sin embargo, estas causas, si bien explican el aumento global de los precios de los alimentos, no dicen nada sobre las revueltas, las que se produjeron en algunas ciudades más que en otras, cuando estas últimas fueron igualmente afectadas por la crisis alimentaria mundial.

Por tanto, parece importante deshacerse de una visión global y economicista de las revueltas de 2007-2008, pues cada una de ellas respondió ante todo a problemáticas locales. Si el incremento de los precios constituye el denominador común y basta para explicar su relativa simultaneidad, éste exacerbó también otras formas de descontento, a veces muy lejanas de la cuestión alimentaria. Las revueltas de febrero de 2008 en Duala, Camerún, explotaron en un contexto de alta tensión política, el Presidente Paul Biya había emprendido la reforma de la Constitución con el propósito de poder ser reelecto para un nuevo mandato. Las revueltas en marzo 2008 en Fria, Guinea-Conakri, tomaron como blanco principal una fábrica de producción de bauxita, de la cual el país es el principal exportador mundial. En uno y otro de estos casos, el contexto económico y la crisis alimentaria mundial no son suficientes para explicar ni las motivaciones de los manifestantes, ni sus prácticas contestatarias en el espacio urbano: sus aspiraciones materiales comunes aparecen vinculadas a consideraciones políticas locales, sin que sea posible, partiendo del punto de vista de los actores, disociar las unas de las otras. Al igual que estos dos ejemplos, cada revuelta del hambre, o movilización clasificada como tal, debe ser resituada en su entorno local de percepción.

Bibliografía sugerida: ◆ BERTHO, A. (2009), *Le Temps des émeutes*, Paris, éd. Bayard; ◆ SCOTT, J. C. (1976), *The Moral Economy of the Peasant. Rebellion and Subsistence in Southeast Asia*, Yale University Press; ◆ THOMPSON, E. P. (1991), The Moral Economy Reviewed, in *Customs in Common*, New York: New Press, p. 259; ◆ TILLY, Ch. (1984), *Les origines du répertoire de l'action collective contemporaine en France et en Grande-Bretagne, XXème siècle*, n° 4, p. 89.

VINCENT BONNECASE

Véase también: - Crisis alimentaria – Economía de subsistencia – Especulación - Seguridad alimentaria.

Riesgo

En cierto modo, el riesgo es parte de la vida. En cualquier momento, algo bueno o malo puede surgir. Si puede convertirse en una fuente de ansiedad o parálisis, el riesgo obliga, en el Derecho, a la anticipación mediante los instrumentos jurídicos de amplio espectro, como son aquellos proporcionados por el Derecho de los Seguros, el Derecho de la Responsabilidad Civil o incluso el de la Seguridad Social. Sin embargo, estas herramientas no permiten eliminar o limitar su realización. Ellas sólo tienen por objeto asumir, tan eficazmente como sea posible, sus efectos, sea que se trate de riesgos conocidos o desconocidos.

Si bien el Derecho abarca tanto los riesgos conocidos como los desconocidos, lo hace de forma diferente en cada caso. Pero más allá de esta dualidad, todo riesgo implica una incertidumbre: cuando la existencia de un riesgo es cierta, esta certidumbre reside en su realización (daño incierto); la certeza del peligro asociada con la incertidumbre del daño integra el mundo de la prevención. Esta regula los riesgos vinculados al conocimiento que tenemos sobre ellos.

Por el contrario, cuando la existencia misma del riesgo es la que parece incierta, la incertidumbre resulta ser doble: nos enfrentamos a la incertidumbre del peligro (no se sabe si los OGM son o no perjudiciales para la salud) y del daño (si fueran perjudiciales para la salud, esto no quiere decir que todos desarrollemos una enfermedad). Esta doble indeterminación de peligro y daño, compone el mundo de la precaución, la que comprende a su vez el derecho que rige los riesgos relacionados con la ignorancia. Estas dos dimensiones (prevención y precaución) caen dentro del marco general de la prudencia.

La eliminación de los riesgos es utópica. Ulrich Beck, sociólogo alemán, considera que nuestras sociedades pasaron de una lógica de distribución de la riqueza, emblemática de una sociedad industrial centrada en la producción, a una lógica de repartición de riesgos. El autor desarrolla la idea de que el destino del hombre ya no se encuentra colocado bajo el signo de la miseria, sino bajo aquel del miedo. El riesgo, a la vez inevitable e incontrolable, estaría en todas partes y el miedo sería muy difícil de disipar, porque según el autor, los avances tecnológicos que se ocupan de prevenir los riesgos, a su vez los promueven, haciendo correr otros (el ejemplo de los organismos genéticamente modificados resulta ser revelador sobre este punto).

De todos modos, el Derecho conserva su vocación de anticipar los riesgos, incluyendo el establecimiento de normas de prevención y precaución, según el grado de conocimiento del riesgo. También encontramos aquí lo esencial para el Derecho, porque cada regla o casi todas las reglas tienen por objeto directa o indirectamente la previsibilidad del comportamiento y de las relaciones.

Los riesgos son de tipos muy diferentes: sanitarios, económicos, ambientales, sociales... Encontramos esta diversidad en la industria alimentaria, en el sentido más amplio, aunque por supuesto, el riesgo para la salud es, probablemente, el que se recuerda de manera inmediata.

Podemos decir en este sentido, que el Derecho de la Alimentación es el derecho del riesgo sanitario alimentario, sin perjuicio de los objetivos económicos perseguidos: el desarrollo del sector agroalimentario, las normas de competencia, etc. Esto significa que la competencia económica solo puede desarrollarse a partir de una plataforma común que garantice una misma seguridad sanitaria de los alimentos en circulación. Para que los riesgos sanitarios sean neutralizados (o sean neutralizables), aun resulta necesario proceder a su identificación, así como a la armonización de las normas sanitarias.

La identificación de los riesgos consiste en asegurarse que el Derecho prevé su análisis, es decir, la evaluación, la gestión cuando se producen; y, en su caso, la comunicación sobre los mismos al público (de acuerdo con el enfoque adoptado por el Codex Alimentarius). Sin embargo, en este sentido el Derecho de la Unión Europea (UE) ha mostrado su debilidad, cuando se produjo en mayo de 2011, la crisis sanitaria que llevó a cuestionar a los productores de pepinos españoles y luego, a los de soja. La presencia de *Escherichia coli* en productos vegetales causó daños considerables en vidas humanas y pérdidas económicas para todas las ramas de la cadena de producción vegetal. El nuevo Derecho europeo de la Alimentación, derivado del Reglamento nº 178/2002 y aplicado gradualmente desde 2005, tenía el propósito de hacer frente a estos riesgos. En efecto, se diseñó teniendo en cuenta la crisis sanitaria "*de las vacas locas*".

No obstante, en la primera oportunidad, los riesgos no controlados reaparecieron, ahora en el ámbito de la producción vegetal. Al reflexionar, se concluye que no el Derecho de los alimentos, considerado es en sí mismo, lo que está en cuestión, toda vez que las normas sustantivas, procesales o institucionales que lo conforman tienen como finalidad gestionar todos los riesgos, indistintamente de donde provengan. Por el contrario, deben señalarse las normas que regulan los controles, cuya malla es más amplia y en particular "los planes de seguimiento y de control" que privilegian - legítimamente - la vigilancia de los productos de origen animal (véase, en particular, los Reglamentos nº 852/2004, 853/2004 y 854/2004 de 29 de abril de 2004). Si todo no se puede evitar y otras crisis accidentales se producen, una parte de los daños podrían, sin duda, haber sido impedidos si los países de la UE y sus agencias sanitarias hubieran reaccionado en forma concertada y solidaria. En el fondo, siempre existe un riesgo socioeconómico, político y administrativo que podría ser controlado.

Para neutralizar el riesgo se requiere una mayor armonización internacional de las normas sanitarias, que se ha logrado en parte, después de la implementación del Acuerdo sobre la Aplicación de Medidas Sanitarias y Fitosanitarias (Acuerdo SPS). Todos los miembros de la Organización Mundial del Comercio (OMC) tienen la obligación de basar las medidas en una evaluación científica rigurosa, sobre normas, directrices o recomendaciones internacionales. Cabe señalar que debido a la ausencia de requisitos específicos relativos al principio de precaución en el Acuerdo SPS, se podría argumentar que los Estados Miembros también pueden apartarse de los instrumentos internacionales en la materia. Cuando hay un cierto nivel de evidencia científica, pueden aplicar un nivel de protección sanitaria o fitosanitaria más elevado que aquel adoptado por sus pares, a condición de no establecer una restricción arbitraria o injustificada al comercio internacional. Del mismo modo, en los casos en que las pruebas científicas pertinentes son insuficientes, pueden tomar medidas específicas para justificar la aplicación del principio de precaución.

Además de los aspectos sanitarios, el derecho debe también hacer frente a una compleja serie de riesgos asociados entre sí. Si los riesgos de naturaleza económica, ambiental o social, no son retomados por el Derecho de la alimentación, estos se refieren a políticas públicas tan diversas como los riesgos en sí mismos. A veces vinculados con una situación de escasez, estos riesgos tienden a mantener una relación muy estrecha con la especulación en los mercados de productos básicos agrícolas o, más ampliamente, con los factores generales de la pobreza, como puede ser el caso de África. En consecuencia, frente a tal gama de incertidumbres, el Derecho debe abrir un amplio espectro de intervenciones.

Desde el punto de vista económico, los riesgos alimentarios pueden estar asociados a la inseguridad del suministro (inseguridad alimentaria), que se manifiesta por la escasez. También pueden estar relacionados con los precios de los alimentos: si los precios son demasiado bajos, los agricultores sufren las consecuencias al vender sin margen, incluso con pérdidas. Si los precios son demasiado altos, son los consumidores que sufren el aumento. En este sentido, el nivel y la volatilidad de los precios generan riesgos. Es por ello que los problemas de fijación de precios, la especulación sobre los contratos de las materias primas agrícolas, los contratos entre los productores y los grandes distribuidores, o incluso, el papel de los intermediarios, deben ser planteados si se quiere controlar los riesgos del sector de la alimentación.

Desde el punto de vista ambiental los riesgos están relacionados con el calentamiento global, la degradación del suelo y el ambiente, la sobreexplotación de los recursos naturales o el desarrollo de la urbanización o los biocombustibles... El control del riesgo no se puede lograr sino es actuando en todos los niveles - nacional, continental e internacional: no es realista pretender la gestión de riesgos ligados a fenómenos complejos integrados por una segmentación de problemas.

Por último, desde el punto de vista social, los riesgos están relacionados por una parte, con las consecuencias de los riesgos económicos y ambientales: el aumento de los precios, la escasez de productos o la amenaza de daños graves al ambiente (por ejemplo, tierras agrícolas cerca del sitio de Fukushima): obviamente se trata de situaciones que producen efectos sociales. Pero los riesgos sociales también están vinculados con las situaciones de pobreza que no permiten a las personas acceder a una dieta adecuada y saludable. El riesgo alimentario se confunde aquí con el riesgo de pobreza.

En vista de estos diversos riesgos, el Derecho juega un papel limitado. Puede cumplir un rol de iniciativa, como cuando se trata de neutralizar ciertos riesgos mediante los Derechos Fundamentales o cuando se desarrolla un Derecho del Ambiente. Pero el objetivo no está entonces, estrictamente relacionado con un riesgo alimentario. El alcance de los Derechos Humanos abarca un ámbito mucho más amplio: la misma gama de derechos económicos y sociales, empezando por el derecho a la alimentación, es parte de una dinámica que no puede tener por único objetivo, prevenir o erradicar el riesgo. En cuanto al Derecho Ambiental, tiene como objetivo principal la protección del ambiente e indirectamente el acceso a la alimentación.

Aun cuando el tema de la alimentación es directamente tratado, la identificación de los riesgos y, por lo tanto, su aprehensión por parte del Derecho, no siempre son fáciles. Por lo tanto, en materia de especulación sobre las materias primas, el vínculo que se mantiene entre el riesgo y los mercados financieros es bastante paradójico. En su creación, los mercados financieros tenían como objetivo permitir a los productores y a los compradores protegerse contra algunos de los riesgos inherentes a cualquier explotación agrícola. El productor se protegía contra la caída de los precios, mientras que el comprador se protegía contra su ascenso; estas variaciones podían deberse a múltiples factores (climáticos, sanitarios, políticos, económicos...).

Sin embargo, el desarrollo de estas técnicas para la protección contra el riesgo ha atraído a otros actores al mercado: los especuladores. Estos llevan a cabo exactamente las mismas operaciones de mercado que aquellos que buscan protegerse contra un riesgo, pero con el fin de obtener beneficios mediante el aprovechamiento de las diferencias de precios entre la fecha de celebración del contrato, por un lado y la de su ejecución, por el otro lado, que siempre es retardada o sucesiva. Así que hoy, tres categorías de operadores coexisten en el mercado: los que huyen del riesgo, los que lo buscan y los que oscilan entre estas dos posiciones. El problema es que estos operadores utilizan los mismos mecanismos financieros, por lo que es difícil distinguir entre la buena y la mala especulación y la intervención del Derecho. No obstante, la situación es tal que para el mercado sería muy difícil operar sin especuladores, quienes aportan la liquidez que le es indispensable. Excluir a estos últimos, en razón del riesgo (volatilidad de los precios) no puede hacerse sin exponer aquellos que utilizan el mercado como una protección legítima. Por tanto, la situación requiere de mucha sutileza y una mayor comprensión de los mecanismos que intervienen.

No se puede afirmar con la precisión deseada con qué se relacionan los riesgos alimentarios de carácter económico, ambiental y social en los países del Sur, ni tampoco si la pobreza en los países del Norte presenta causas comunes con aquella de los países del Sur. Solo se sabe que África está generosamente dotada de recursos naturales y agrícolas, capaces de alimentar a todo el planeta (de acuerdo con la FAO, el continente africano tiene alrededor de 700 millones de hectáreas de tierras de cultivo). Sin embargo, a pesar de sus ventajas, el hambre afecta allí a casi 236 millones de personas. ¿Cómo explicar este riesgo alimentario paradójico? Generalmente se mencionan factores naturales y coyunturales (la sequía, la inestabilidad política, la corrupción...).

Sin embargo, parece que el riesgo se mantiene debido, en gran medida, a la adopción en el ámbito nacional de alternativas políticas y jurídicas inadaptadas. Este desajuste resulta en parte de los programas de ajuste estructural impuestos en el período 1970-1990 por el Fondo Monetario Internacional y el Banco Mundial a los Estados africanos, que buscaban que las autoridades públicas abandonaran varias actividades - en particular, agrícolas - en beneficio de sectores prioritarios, a saber, la economía, la defensa, la salud, la educación... Además, la promoción del libre comercio ha orientado las materias primas agrícolas africanas hacia la exportación, transformando por ejemplo la condición de Costa de Marfil, que pasó de ser el primer productor mundial de cacao, a ser un país importador de productos elaborados a base de cacao.

Pero, la inadaptación de las políticas públicas también está ligada a la influencia de las normas internacionales. Con la firma del Convenio de la Unión Internacional para la Protección de las Obtenciones Vegetales (Convenio UPOV) y del Acuerdo sobre los Aspectos de los Derechos de Propiedad Intelectual relacionados con el Comercio (ADPIC), se ve restringido el derecho secular de los campesinos que consiste en compartir entre ellos y transmitir libremente las semillas a través de las generaciones. Las normas internacionales han alterado el derecho consuetudinario mediante la introducción del pago de cánones sobre semillas protegidas. Esta estandarización de las normas de propiedad industrial es, sin duda, un riesgo tanto en términos cuantitativos (impedir el acceso a las semillas) como cualitativos (introducción de organismos genéticamente modificados).

Estos dos ejemplos muestran la dificultad que existe en el Derecho para neutralizar los riesgos alimentarios en un contexto de ignorancia de las causalidades económicas, ambientales o sociales. El conocimiento es útil, como la diversificación de herramientas. De ahí la importancia de la Historia, incluyendo los intentos de regular el precio del trigo en Francia, desde el edicto de Turgot por el cual se planteó la liberalización del comercio de granos hasta una etapa avanzada de la Revolución Francesa (en este período, hubo una alternancia entre la libertad de precios y la libertad de las personas; en todos los casos, el derecho neutralizaría el riesgo económico y social, por supuesto, de maneras diferente según la época – la regulación de los precios del trigo o la ley marcial). De ahí la importancia de abordar también el principio de precaución, diseñado para superar la ignorancia científica en relación a los riesgos sanitarios y sobre la posibilidad de una transposición a las "ignorancias" económicas, ambientales o sociales. De ahí también, en última instancia, la reflexión sobre el desarrollo sostenible, cuyas tres dimensiones abarcan los diferentes riesgos alimentarios (económico, ambiental y social) que son distintos de los riesgos sanitarios.

Bibliografía sugerida: • BECK, U. (2008), *La société du risque, Sur la voie d'une autre modernité*, Paris, éd. Flammarion.

PROGRAMA LASCAUX

Véase también: - Acuerdo SPS – Alerta – Análisis del riesgo – Especulación – Higiene - Organismo genéticamente modificado - Principio de Precaución - Reglamento Sanitario Internacional - Riesgos Biológicos.

Riesgo ambiental

Para el Derecho, el concepto de "riesgo" no es nuevo y el de "riesgo ambiental" tampoco lo es. La responsabilidad civil, en el mundo de las relaciones entre personas privadas, y también el Derecho Público, ya lo han integrado como parte de sus análisis. En su sentido más común, se dice que el riesgo ambiental es aquella posibilidad o probabilidad de que ocurra una acción que produzca un daño al ambiente. Es claro que este riesgo ambiental no siempre puede predeterminarse, pero sí combatirse mediante técnicas apropiadas y preventivas, acordes a las actividades que se quiera desarrollar. Resulta importante indicar que este riesgo puede ser producido por la acción humana o por un fenómeno natural. En el Derecho Ambiental, se acentúa en la importancia de los análisis previos de los riesgos, bajo la forma de Estudios de

Impacto Ambiental y cada vez se tienen más en cuenta estos riesgos en la toma de decisiones y en la gestión de las políticas ambientales.

El riesgo ambiental tiene implicaciones naturalmente importantes en los ámbitos agrícola y alimentario. Sus consecuencias, mas allá de la simple afectación al ciclo biológico de la producción agrícola, van a afectar la inocuidad de los alimentos y, por ende, la salud humana.

Los problemas ambientales son sociopolítica y físicamente complejos. Por ello, es difícil tener criterios universales e igualmente aplicables por todas las jurisdicciones en el mundo, sea que se trate del análisis de riesgo en sí mismo o de la implementación del principio precautorio. El análisis de riesgo no solo se ha hecho importante en el ámbito del derecho interno. También adquiere importancia en el plano internacional. Un ejemplo importante para la agricultura proviene de la Organización Mundial del Comercio (OMC): El Acuerdo sobre la aplicación de Medidas Sanitarias y Fitosanitarias (Acuerdo SPS), de 1994, tiene como objetivo que los países signatarios del sistema comercial multilateral puedan tomar en cuenta el riesgo ambiental en la evaluación y la gestión de los riesgos sanitarios de los alimentos. Esto está implícitamente contenido en el artículo 5 del Acuerdo SPS que establece: "1. Los Miembros se asegurarán de que sus medidas sanitarias o fitosanitarias se basen en una evaluación, adecuada a las circunstancias, de los riesgos existentes para la vida y la salud de las personas y de los animales o para la preservación de los vegetales, teniendo en cuenta las técnicas de evaluación del riesgo elaboradas por las organizaciones internacionales competentes. 2. Al evaluar los riesgos, los Miembros tendrán en cuenta: los testimonios científicos existentes; los procesos y métodos de producción pertinentes; los métodos pertinentes de inspección, muestreo y prueba; la prevalencia de enfermedades o plagas concretas; la existencia de zonas libres de plagas o enfermedades; las condiciones ecológicas y ambientales pertinentes; y los regímenes de cuarentena y otros. 3. Al evaluar el riesgo para la vida o la salud de los animales o la preservación de los vegetales y determinar la medida que habrá de aplicarse para lograr el nivel adecuado de protección sanitaria o fitosanitaria contra ese riesgo, los Miembros tendrán en cuenta como factores económicos pertinentes: el posible perjuicio por pérdida de producción o de ventas en caso de entrada, radicación o propagación de una plaga o enfermedad; los costos de control o erradicación en el territorio del Miembro importador; y la relación costo-eficacia de otros posibles métodos para limitar los riesgos."

Rafael González Ballar y
François Collart Dutilleul

Véase también: - Acuerdo SPS - Análisis del riesgo - Principio de Precaución - Riesgos Biológicos - Vulnerabilidad.

Riesgo de desarrollo

Véase: - Principio de Precaución – Productos Defectuosos.

Riesgos biológicos

Por riesgos biológicos cabe designar el conjunto de circunstancias o contingencias más o menos acumuladas, que originan un evento dañoso que se ha producido, que es probable o que es incierto, y que están ligadas a la presencia, a la intervención o a la invasión de organismos vivos (individuos, poblaciones, comunidades, células microbianas) que hacen planear sobre el ser humano, sobre la naturaleza y/o sobre el ambiente una amenaza, al acercarlo manifiestamente a un peligro, que esté identificado, o que sea pretendido, hipotético o supuesto (por ejemplo, epidemia, pandemia, envenenamiento, contaminación, infección, intoxicación, bioterrorismo, peligro de muerte, etc.). Cabe observar en este punto que debido al pequeño tamaño de los microorganismos involucrados en los accidentes (del orden del micrómetro y medio, para la mayoría de los individuos bacterianos), las nociones de riesgo y de peligro son a menudo confundidas por los microbiólogo: una conserva incorrectamente esterilizada representa un peligro real; consumir el contenido es tomar un riesgo inconsiderado.

Cuando el intruso que provoca tales riesgos es de tamaño microscópico, se habla naturalmente de riesgo biológico microbiano. Este riesgo es temido en todo momento y presentado como un evento importante en la historia de la Humanidad (epidemias de peste, de cólera, de lepra, hambrunas, envenenamientos, migraciones). Históricamente, a menudo se ha ubicado en la intersección de dos cuestiones cruciales, a saber, la salud y la alimentación, bajo la forma de un riesgo alimentario profundamente preservado en la memoria de nuestras sociedades. Por cuanto, de manera evidente, los alimentos destinados a los seres humanos son también y en primer lugar, nutrientes para los microorganismos: comer sano no es comer estéril, y comer “orgánico” no nos pone al abrigo de un accidente y el sobredimensionamiento de los procedimientos técnicos (preparación, conservación, esterilización) no es una solución sosteniblemente satisfactoria.

De tal forma, el riesgo microbiano puede manifestarse directamente (la presencia del microorganismo patógeno o infeccioso es, en sí misma, fuente de riesgo, episodio aleatorio) o indirectamente (el riesgo está asociado a la ingesta de toxinas o de venenos producidos y secretados por los microorganismos). Usualmente está vinculado al metabolismo de una población microbiana en crecimiento, a veces a su densidad, a su virulencia. Aparte del consumo de setas tóxicas o alucinógenas y de algunos otros accidentes puntuales que se derivan del desconocimiento de las ciencias naturales y de la ecología microbiana, los accidentes reportados en materia de riesgos microbiológicos señalan un error humano o tecnológico, sea en el proceso de fabricación, de transporte y de distribución del objeto contaminado en cuestión, sea cuando el producto contaminado está en manos del consumidor (cosecha, preparación, conservación, almacenamiento), algunas veces de ambos (excluyendo epidemias de vectores vivos, hídricos o aéreos). Es aquí donde interviene el jurista para fijar la o las responsabilidades respectivas.

El biólogo técnico utiliza un enfoque en tres puntos: cálculo del riesgo (probabilidad de que ocurra un accidente, frecuencia conocida, tropismo microbiano); orientación técnica (parámetros, muestras, controles, dosis, análisis, medidas, cálculos, resultados); orientación reglamentaria (respecto de normas, procedimientos, control de calidad, periodicidad de los análisis, información al consumidor). Otro enfoque, de tipo social y fundado en el riesgo sanitario, podría permitirle a microbiólogos y juristas trabajar juntos para tratar situaciones comparables. Para el microbiólogo, no existe en realidad diferencia fundamental entre la víctima de la intoxicación alimentaria cuyo origen se pierde entre la crianza, el sacrificio, el despiece, el envasado del producto cárnico y las etapas de preparación que van hasta el plato servido en la mesa, y aquella víctima que se encuentra hospitalizada, alimentada por infusión por medio de un material accidentalmente contaminado, que conduce a una infección nosocomial. Finalmente, tampoco existe diferencia con la víctima de un compañero inescrupuloso, infectado por un germen de enfermedad de transmisión sexual. En los tres casos, la constante es que la víctima está bajo amenaza, posiblemente en peligro de muerte; la variable es la identificación de la fuente y del recorrido del contaminante, que puede ser simple, aleatorio o casi indescifrable. En Derecho, estos supuestos plantean dificultades. Esto podría ser remediado imaginando un mecanismo de responsabilidad solidaria, aplicado a la parte que antecede en la cadena productiva (sea esta corta, segmentada, profesional o no), la que sería tenida como colectivamente responsable de la contaminación y del accidente. Al respecto, uno de los instrumentos que debe ser adecuadamente aplicado es la trazabilidad, que contribuye a la identificación de los puntos débiles y de los agentes que están fallando. Sin embargo, debe hacerse una aclaración, si la trazabilidad es satisfactoria para los productos del sector animal, es actualmente insignificante, perfectible, e incluso dudosa para los productos del reino vegetal e inexistente para el suelo y las prácticas de cultivo.

Entre los principales riesgos alimentarios figuran las preparaciones domésticas (elaboradas por métodos empíricos de conservación y almacenamiento, fermentación, acidificación, salazón, escabechado, secado, confitado, ahumado, congelación, destilación, refinación, apertización), así como las intoxicaciones colectivas. Los gérmenes responsables son esencialmente el *Clostridium botulinum* (agente del botulismo, ligado especialmente a la miel y a los alimentos mal esterilizados obtenidos del suelo), *Clostridium difficile* (agente de colitis y diarrea), *Bacillus* (germen banal causado por los alimentos mantenidos demasiado tiempo al vapor caliente), *Staphylococcus* (agente de enterocolitis aguda), *Listeria* (germen complicado, favorecido por la negligencia y por la ruptura de la cadena de frío), *Salmonella* (a menudo implicada en intoxicaciones alimentarias y otras enfermedades gastrointestinales y que tiene su origen en el agua contaminada por materia fecal, que interfiere con el alimento en cuestión) y *Escherichia coli*. Esta última, en particular, representa un peligro real de crisis agudas o crónicas a prevenir en el futuro, en la medida en que se han desarrollado cepas particularmente virulentas, patógenas y multiresistentes. La presión de lucha ejercida por los seres humanos a partir del uso de los antibióticos, en los años 1940-1950, es la que ha seleccionado las cepas entre las más "equipadas con defensas" del mundo bacteriano actual con algunos *Pseudomonas*, *Staphylococcus* y *Mycobacterium*. El grupo de los coli, vasto y mundialmente repartido, al origen de la muerte diaria de más de 10.000 niños, debe motivar al microbiólogo a moderar el uso de antibacterianos, a imponer técnicas rápidas y fiables para la identificación de bacterias y de focalización rápida y segura de la fuente de la contaminación. Por último, otros gérmenes puntuales (*Yersinia enterocolitica*, *Shigella*, *Campylobacter jejuni*, *Vibrio parahaemolyticus*, *Aeromonas*, *protistas*) deben ser vigilados en función de los alimentos y de las estaciones (mariscos, aves de corral, agua contaminada, carne de cerdo, productos de la caza). Los accidentes reportados ponen en guardia en contra de la masificación y la uniformización de los alimentos, susceptibles de hacernos pasar del riesgo a la certeza de accidentes a gran escala. La seguridad actual reposa en la prevención y debería hacerse reposar en la responsabilidad. Desde este punto de vista, la aplicación de fechas de consumo sobre los productos aparece como una débil solución con respecto a las cuestiones de salud y seguridad.

Un ejemplo histórico será sin duda útil para comprender mejor lo que se quiere decir: el 13 de diciembre de 1895, en Ellezelles, Bélgica, fue enterrado el director de la banda de la ciudad. Siguiendo la costumbre, la familia del difunto previó, por la noche, en el albergue, una abundante comida de funeral organizada alrededor de un magnífico jamón y la cena se distribuyó abundantemente. Sin embargo, a partir de media noche un médico fue llamado de emergencia a causa de fuertes dolores en el vientre, vómitos y diarrea que afectaban a varios de los músicos de la orquesta. Su visión se nublaba, se sentían estrangulados y la parálisis les ganaba. Circuló el rumor de que un criminal se había aprovechado de la ceremonia para envenenar a los músicos. La muerte golpea tres veces y se promete que el castigo será ejemplar. Las autoridades buscan la ayuda de un brillante oficial y académico calificado. Finalmente, es el microbiólogo belga Van Ermangen quien señala al culpable: el jamón y, precisamente, un veneno que se ha propagado en el jamón, secretado por un microbio patógeno que él aísla e identifica como el germen de la enfermedad conocida del "*boudin avarié*" -"morcilla dañada"- o botulismo (*Clostridium botulinum*). Este episodio acabará -así se cree- con siglos de creencias y de temores alimentarios. Aun así el germen habrá cobrado muchísimas víctimas durante el curso de la Historia, en razón del consumo de carnes mal saladas, secadas, ahumadas o preparadas o de legumbres sucias recogidas del suelo e insuficientemente tratadas con calor (especialmente los espárragos). Un parentesco de gérmenes ha sido establecido con la bacteria del tétano y con la de gangrena (*Clostridium tetani*, *C. perfringens*) y el botulismo cobra aún algunas víctimas cada año por las mismas razones.

Entre los riesgos biológicos, se encuentran también riesgos hídricos, a menudo idénticos a los precedentes (*salmonellose*, *shigellose*, "turista", tifoidea, cólera...). El agua contaminada y consumida puede causar inmediatamente un accidente. Pero el agua también puede estar implicada "en segundo grado", como un reservorio o vector, temporal o permanente, y constituir así el origen de contaminaciones y de enfermedades más o menos graves (parasitosis, envenenamiento, contaminación, toxicidad, aerosoles). Puede verse así como se instalan gérmenes en medios acuáticos que advierten sobre una contaminación por otros gérmenes patógenos importados. La elección de un buen bioindicador de calidad del medio es imperativa (diatomeas).

Si una parte de los riesgos sanitarios no tienen relación inmediata con la alimentación y la agricultura (enfermedades nosocomiales adquiridas en el hospital, con gérmenes multirresistentes como *Klebsiella*, *Pseudomonas*, *Staphylococcus*; enfermedades emergentes: enfermedad de Lyme, etc.; enfermedades reemergentes; enfermedades de transmisión sexual, que tienen en la mayoría de los países un ruido de fondo anormalmente alto al cual la sociedad se ha acostumbrado de manera insoportable), algunos pueden ser vinculados más o menos directamente: el caso de la gripe aviaria, por ejemplo, constituye una forma de enfermedad emergente preocupante. Cabe señalar también otros riesgos hídricos vinculados a nuestras actividades industriales, agrícolas, de ocio o de viaje (*Legionelosis*, *blooms*, mareas verdes, fiebres, paludismo, hepatitis, etc.).

Otros riesgos, relacionados con la química y el ambiente, no deben ser olvidados, pudiendo ser o no que moléculas o gérmenes seleccionados y favorecidos estén colectivamente implicados. Aparen aquí el metano, el dióxido de carbono, el smog, las lluvias ácidas, las dioxinas (que originaron una reglamentación ambiental; cf., en la Unión Europea, la Directiva nº 96/82/CE de 24 de junio de 1982, llamada "Seveso"), los xenobióticos (sustancia o elementos extraños a la estructura o al funcionamiento de la biosfera), los lodos de depuración y los elementos con trazas metálicas (ETM). Los escándalos recientes que han revelado estos diferentes contaminantes, tóxicos o cancerígenos, han originado la toma de conciencia sobre que la infalibilidad microbiana es sólo un sueño y que las bacterias solo pueden reciclar las moléculas que "conocen". De donde surgen investigaciones realizadas en torno a las vías posibles de descontaminación bacteriana de ambientes contaminados (suelo, agua, sitios industriales) y el descubrimiento de que las bacterias pueden lograr la descontaminación por nitrogeno, azufre y fósforo, liberando al ser humano de los riesgos asociados en cuanto a las aguas superficiales y a los suelos agrícolas.

Por último, a propósito de los riesgos tecnológicos y, principalmente, de los organismos genéticamente modificados (OGM), se estima que se requiere una clasificación entre los "buenos" OGM, por un lado, y los malos OGM considerados "de riesgo" o "sin otro interés que no sea especulativo", por otro lado. El recurso a las biotecnologías no debe, por principio, ser descartado tomando en cuenta las esperanzas en torno a ellas, pero debe ser autorizado, e incluso fomentado, en la medida en que permanece bajo control (el riesgo biológico se vincula también con la variabilidad de la vida, de sus capacidades para innovar y adaptarse; el principal riesgo biológico para el Ser Humano sigue siendo el mismo Ser Humano). Se trata de una cierta forma de la diversidad en la que él participa. Asimismo, hay una cierta contradicción en invocar el principio de precaución para una categoría de OGM mediáticamente sensibles (maíz, tomate o papa), mientras que tecnologías comparables ya son utilizadas con la mayor discreción sobre las bacterias o en el reino animal. Combatir los OGM es una forma de renunciar al progreso y de desconfiar de la investigación, lo cual no se justifica en tanto que la investigación y el cultivo se realizan en medios autorizados y confinados. No hay incompatibilidad entre OGM, biodiversidad y desarrollo sostenible, hay urgencia en guiar la discusión para poder convencer de la asimilación del tema con el progreso.

Los humanos destruyen las bacterias por miles de millones y las bacterias matan humanos por millones; los humanos sobrevivientes se debilitan, las bacterias sobrevivientes se vuelven más fuertes. Es ciertamente útil e indispensable aprender a trabajar con ellas para "refrescar el planeta", tratar sosteniblemente la contaminación, proponer verdaderas soluciones para una energía alternativa, considerar tratamientos y antibióticos nuevos para curas menos riesgosas. Igualmente, hay que informar y educar a los consumidores que reproducen diariamente gestos que, si no ponen atención, estos los exponen a peligros. Esta vigilancia debe ejercerse también en fases anteriores, con respecto a los profesionales, en los cuales el último eslabón de la cadena confía naturalmente. En este aspecto, los juristas tienen sin duda ante sí un considerable trabajo. Deben tener siempre en mente las palabras clave que son la responsabilidad y la trazabilidad, y fijar el cursor entre lo tolerado y lo intolerable. Sin duda, un esfuerzo de clarificación del derecho continúa pendiente, el cual podría impulsar a la adopción de una ley marco, suficientemente precisa para definir las obligaciones y las sanciones, y suficientemente flexible como para permitir abarcar el mayor número de accidentes. En todo caso, el jurista debe saber que luchar intensamente contra las bacterias, sus habilidades, sus propiedades, su potencial es absurdo; ellas terminarán por reenmarcarnos, diezmarnos antes de eliminarnos, por cuanto, sobre la Tierra, las bacterias tienen todos los derechos sin tener que responder por ellos.

Bibliografía sugerida: • BUGNICOURT, M., *Dictionnaire de microbiologie générale – La vie racontée par les bactéries*, éd. Ellipses, Paris, 1995.

MAX BUGNICOURT

Véase también: - Crisis sanitaria – Higiene - Reglamento Sanitario Internacional – Riesgo.

Ronda de Doha

Véase: - Acuerdo ADPIC - Acuerdo sobre la Agricultura – Ayudas a la agricultura – Patente - Organización Mundial del Comercio.

Rotulado

Véase: - Etiquetado.

RSE

Véase: - Responsabilidad social de las empresas.

S

Salud

Véase: - Actividades agroalimentarias - Acuerdo SPS - Alergia alimentaria - Malnutrición por exceso.

Sanción

Véase: – Falsificación.

Seguridad alimentaria

En la década de 1970, tras el concepto de seguridad alimentaria se encontraban los contornos de las situaciones de hambruna y las dificultades de las poblaciones que eran víctimas del hambre. Esencialmente, se trataba la cuestión de los medios que debían establecerse para garantizar la subsistencia de los individuos, proporcionándoles la alimentación necesaria para satisfacer sus necesidades vitales. Este enfoque del problema de la inseguridad alimentaria es minimalista y fue seguido durante la primera Conferencia Mundial sobre la Alimentación, celebrada bajo el auspicio de la Organización de las Naciones Unidas para la Alimentación y la Agricultura (FAO), en Roma en 1974. Este encuentro internacional consistió fundamentalmente en una reflexión sobre la organización de la ayuda alimentaria de emergencia, el almacenamiento de alimentos y el desarrollo de un sistema de alerta rápida y eficaz. Resulta evidente que la seguridad alimentaria fue abordada solamente en términos cuantitativos.

Sin embargo, desde 1996, el año en que se llevó a cabo la Cumbre Mundial sobre la Alimentación, la seguridad alimentaria es considerada de manera más global e incluye ahora, en su definición, elementos cualitativos. Actualmente se toman en cuenta la disponibilidad de alimentos, la estabilidad en el suministro, el acceso físico y económico, así como el consumo de alimentos sanos, suficientes, nutritivos y culturalmente aceptables. La definición que contiene el Plan de Acción adoptado en la Cumbre Mundial refleja la densidad del concepto: "Existe seguridad alimentaria cuando todas las personas tienen en todo momento acceso físico y económico a suficientes alimentos inocuos y nutritivos para satisfacer sus necesidades alimenticias y sus preferencias en cuanto a los alimentos a fin de llevar una vida activa y sana". De esta ampliación del concepto se desprende que éste ha sido enriquecido, por cuanto es probable que ahora se aborden bajo la etiqueta de la seguridad alimentaria, problemáticas totalmente nuevas tales como la malnutrición por exceso (obesidad) o el consumo de alimentos derivados de organismos genéticamente modificados. En otras palabras, se hace posible incluir en la reflexión a los países económicamente desarrollados, que no estaban –en principio- incluidos en el antiguo enfoque.

El nuevo enfoque de la seguridad alimentaria requiere una serie de precisiones útiles para comprender mejor su contenido.

En primer lugar, cabe señalar que al describir la comida a la vez como "suficiente" y "sana", el Plan de Acción busca reunir bajo un mismo concepto a los aspectos cuantitativos ("*food security*") y cualitativos ("*food safety*"). Esta elección no es neutral y merece ser mencionada, ya que rompe con la posición tradicional predominante en la materia y que tendía a distinguir cuidadosamente entre los dos aspectos de la seguridad alimentaria.

En segundo lugar, el Plan de Acción se refiere a las dos dimensiones del acceso a la comida, "física y económica". El acceso físico traduce la idea elemental de que los alimentos deben estar presentes y disponibles en los mercados donde los consumidores se aprovisionan, es decir, en los lugares donde viven y los suelen consumir. Se trata de un elemento clásico cuando se piensa en el problema de la inseguridad alimentaria. Por su parte, el acceso económico refleja otra preocupación, más moderna, pues hace referencia al tema de la pobreza: garantizar la presencia de alimentos no es suficiente; es necesario garantizar también que quienes quieren alimentarse tengan los medios para adquirir y consumir. Una vez más, se trata de una evolución significativa en la medida que, hasta este momento, las vías exploradas en materia de seguridad alimentaria se limitaban en la práctica al aumento del volumen de la producción agrícola. La dimensión económica y social –la pobreza de las poblaciones (sobre todo rurales)- era en gran medida ignorada. Ahora, la definición de la seguridad alimentaria se vuelve, por el contrario, la sede de obligaciones para los Estados: asegurar a los individuos el acceso físico, material, a los alimentos; garantizar que los consumidores tengan la capacidad financiera suficiente para comprar estos productos.

En tercer lugar, el Plan de Acción parece hacer de la sostenibilidad un factor central en el nuevo enfoque del concepto de seguridad alimentaria. Esta sostenibilidad se expresa a través de la voluntad de asegurar que los individuos sean capaces de satisfacer sus necesidades alimentarias "en todo momento". Por lo tanto, no se trata ya de responder exclusivamente a eventos puntuales, a pesar de que fueran crónicos, de inseguridad alimentaria aguda (hambrunas), sino de garantizar en el largo plazo el acceso de todos a una alimentación sana y adecuada.

En cuarto lugar, al introducir la noción de "preferencias alimentarias", el Plan de Acción muestra finalmente que la seguridad alimentaria está asociada con una alimentación seleccionada y, por lo tanto, se opone a una alimentación que no fuera conforme, por ejemplo, a la cultura o a los valores locales. Esta precisión es de importancia primordial. El enfoque expresa una voluntad fuerte y sin precedentes de apertura hacia los elementos de orden sociológico, culturales, religiosos, históricos, etc. que una sociedad se da a sí misma; tantas consideraciones ausentes en las estrechas reflexiones llevadas a cabo, principalmente, en 1974. La definición plantea también la diversidad de los elementos que intervienen en el marco de un sistema alimentario global, al que se califica de multidimensional. En efecto, este sistema está ampliamente influido por el ambiente natural (condiciones climáticas, morfología y estado de los suelos...), la estructura de la población (crecimiento demográfico, esperanza de vida, estado de salud general...), el acceso y el uso de tecnologías (grado de mecanización de la agricultura, desarrollo y modernización de infraestructuras y de redes de distribución...) y, en general, el entorno económico, político y cultural del país. Cada uno de estos elementos pueden afectar la situación alimentaria de los individuos o de las comunidades y la manera en la que sus necesidades pueden y deben satisfacerse.

El objetivo de la seguridad alimentaria sostenible requiere de la combinación de diferentes factores sociales y, obviamente, el Derecho tiene su lugar en tal combinación. Esta definición ampliada de la seguridad alimentaria invita especialmente a la reflexión sobre las diversas incidencias del Derecho Económico en espera de un estado de seguridad alimentaria. En efecto, esta rama del Derecho es susceptible de tener un impacto, por una parte, en la circulación nacional, regional o internacional de los alimentos que regula y, por otra parte, sobre la naturaleza de los productos puestos a disposición por esta vía.

Las múltiples fuentes de Derecho Internacional (acuerdos multilaterales o bilaterales) que regulan el comercio de los productos alimentarios se basan únicamente en la doctrina del liberalismo para lograr la liberalización del comercio en materia alimentaria y, de esta forma, descuidan a menudo la seguridad alimentaria sostenible. El ejemplo del Acuerdo sobre la Agricultura, negociado en el marco de la Organización Mundial del Comercio (OMC), es revelador: bajo la apariencia de aplicar a los productos agrícolas un régimen especial, fuera del sistema general del Acuerdo General sobre Aranceles Aduaneros y Comercio (GATT), este Acuerdo, cuyo objetivo es la liberalización del comercio agrícola, se centra principalmente en consideraciones de naturaleza comercial y concede a la seguridad alimentaria un lugar limitado e incompleto (el art. 12 dispone que un país que quiera limitar o prohibir la exportación de productos agrícolas "tomará debidamente en consideración los efectos de esa prohibición o restricción en la seguridad alimentaria de los Miembros importadores"; sin embargo, esta "garantía" dada a los Estados cuyos intereses se verían perjudicados por la aplicación de estas medidas es asimétrico: mientras que la amenaza de la inseguridad alimentaria en estos países justifica que el Miembro tome en cuenta el impacto negativo de sus medidas antes de implementarlas, no se prevé nada con respecto a la situación económica o social del Estado que tendría la iniciativa de tal prohibición o limite a la exportación). El preámbulo del Acuerdo sobre la Agricultura indica claramente que su objetivo a largo plazo es establecer un sistema de comercio agrícola que sea a la vez equitativo y orientado hacia el mercado. No obstante, el objetivo claramente identificado en el preámbulo del Acuerdo y seguido a través de sus diversas disposiciones es el de "prever reducciones progresivas sustanciales de la ayuda y la protección a la agricultura, que se efectúen de manera sostenida a lo largo de un período acordado, como resultado de las cuales se corrijan y prevengan las restricciones y distorsiones en los mercados agropecuarios mundiales". El preámbulo agrega, en un segundo momento, que los Miembros "toman nota" de que los compromisos adoptados deberían serlo "de manera equitativa [...] tomando en consideración las preocupaciones no comerciales, entre ellas la seguridad alimentaria y la necesidad de proteger el medio ambiente". Se traza una jerarquía perjudicial, que no deja lugar suficiente a las consideraciones no comerciales que podrían orientar mejor la liberalización del comercio agrícola. De ello se desprende que, por su naturaleza y por la vocación esencialmente económica de la OMC, el Acuerdo sobre la Agricultura no garantiza un acceso sostenible a una alimentación sana y adecuada, escogida y culturalmente aceptable, para todos.

Más allá de regular la circulación mercantil de los productos, el Derecho Económico también tiene un impacto directo sobre la naturaleza de los productos que son puestos a disposición. Por ejemplo, las medidas sanitarias o fitosanitarias o los regímenes de derechos de propiedad intelectual (patentes, certificados de obtención vegetal, etc.) modelan esta disponibilidad, a menudo a expensas de la seguridad alimentaria global. En efecto, estas reglas favorecen la homogeneización de los productos disponibles a nivel mundial y amenazan *de facto* a la agrobiodiversidad. Al permitir la apropiación de la vida y de los recursos naturales, el Acuerdo sobre los Aspectos de los Derechos de Propiedad Intelectual relacionados con el Comercio (Acuerdo ADPIC) fomenta la producción a gran escala de variedades vegetales creadas o seleccionadas por las cualidades que presentan (resistencia a hongos o insecticidas, tamaño de las verduras, color de las frutas, bajo consumo de agua...), mediante la concesión de patentes o certificados de obtención vegetal que recompensan a las grandes compañías de semillas con la protección exclusiva de sus semillas. Estos derechos de propiedad industrial son, para los pequeños productores, garantía de calidad y de rendimiento y justifican el pago de regalías a favor de los titulares de los derechos. Entonces, los cultivos se orientan, de hecho, hacia esas plantas productivas protegidas, en detrimento de las variedades tradicionales cuya producción depende de las circunstancias naturales; es más aleatoria. Las medidas sanitarias y fitosanitarias también contribuyen al fenómeno de la homogeneización de los alimentos disponibles, pues se basan en normas de organizaciones internacionales de normalización que intervienen al definir métodos de producción. Estas normas son el resultado de negociaciones en las que participan el sector privado y las multinacionales del sector agroalimentario, en defensa y promoción de sus productos y de sus métodos de producción. Por tanto, resulta conveniente cuestionarse sobre las modalidades de elaboración de estas normas, en relación con el objetivo de la seguridad alimentaria mundial.

La eficacia innegable de la OMC, en tanto organización internacional que elabora y garantiza la aplicación del Derecho Internacional, termina de convencernos de la importancia de reflexionar sobre el Derecho Económico a la luz de la seguridad alimentaria mundial sostenible.

Bibliografía sugerida: ◆ DUHAIME, G., GODMAIRE, A. (2000), *Les conditions de la sécurité alimentaire durable, Un cadre conceptuel intégré,* Sainte-Foy, Québec, Université Laval, GETIC, collection des travaux de recherche; ◆ MAHIOU, A., SNYDER, F. (dir.) (2006), *La sécurité alimentaire*, Leiden, Boston, Académie de droit international de La Haye, Martinus Nijhoff; ◆ ORGANIZACION DE LAS NACIONES UNIDAS PARA LA AGRICULTURA Y LA ALIMENTACION (1996), *Declaración de Roma sobre la Seguridad Alimentaria Mundial,* Roma, FAO (consultable en línea); ◆ SCHAFFER, G. C., POLLACK, M. A. (2003), Les différentes approches de la sécurité alimentaire (comparaison UE/États-Unis), in *La sécurité alimentaire dans l'Union européenne*, bajo la dirección de J. Bourrinet et F. Snyder, Bruxelles, Bruylant, p. 129; ◆ SHAW, J. D. (2007), *World Food Security: A History since 1945*, Basingstoke, Palgrave Macmillan.

GENEVIEVE PARENT Y
SONYA MORALES

Véase también: - Acaparamiento de tierras - Acuerdos de Maputo - Agrocombustibles – Agroecología – Biodiversidad - Biodiversidad agrícola – Carta de la Habana – China - Consumo - Derecho a la Alimentación – Desarrollo sostenible - Fondo Mundial para la Protección Social - Gran Muralla Verde – HACCP – Higiene - Importación neta de alimentos – India – Organización de las Naciones Unidas para la Alimentación y la Agricultura - Privilegio del agricultor – Programa Mundial de Alimentos - Recursos pesqueros - Revueltas del hambre - Soberanía alimentaria - Vulnerabilidad.

Seguridad de los productos

Las sociedades contemporáneas han aceptado que no es posible alcanzar el "riesgo cero" en lo que respecta a los bienes ofrecidos para el consumo de los individuos y lo han traducido así en su derecho. A pesar de la imposibilidad de obtener una calidad ideal o absoluta de los productos, las sociedades han adoptado una regla en virtud de la cual, los productos que se comercializan deben ser seguros en el sentido de no presentar defectos que impliquen riesgos para la salud humana y el ambiente. De esta manera, existe en la materia un equilibrio entre el objetivo de la regla jurídica y la realidad, es decir, la imposibilidad de eliminar por completo los riesgos.

La idea de seguridad de los productos expresa la racionalidad preventiva que, hacia finales del siglo XX, vino a complementar la racionalidad reparatoria que constituyó tradicionalmente en el derecho moderno, el dispositivo central de gestión de los riesgos y que permitió establecer los límites de lo que resulta aceptable. Se encuentra expresada en diferentes documentos internacionales: Resolución de la Asamblea General de Naciones Unidas sobre la Protección del Consumidor (nº 39/248, 9 de abril de 1985), Carta de Protección del Consumidor (Consejo de Europa, 1973), Programa Preliminar de la Comunidad Económica Europea para la Política de Protección e Información de los Consumidores (1975), Directiva de la Unión Europea (UE), relativa a la seguridad general de los productos (Directiva nº 2001/95/CE, 3 de diciembre de 2001)... La seguridad de los productos puede apoyarse también, directa o indirectamente, sobre el derecho fundamental a la salud que tiene el consumidor.

Esta racionalidad preventiva aplicada a los productos de consumo, desplegó un dispositivo de herramientas dirigidas a la realización del objetivo de seguridad "física" (tal como lo menciona la Resolución nº 39/248), que incluyó la reforma del sistema de responsabilidad civil, el establecimiento de un sistema administrativo de control previo de los productos comercializados o la instauración de sistemas de tutela de los derechos del consumidor. Una pieza fundamental en la consagración de esta racionalidad preventiva ha sido el establecimiento de una obligación general de seguridad de los productos, inscrita en la *Consumer Product Safety Act* estadounidense (1972) y, en Europa, en la Directiva n° 2001/95/CE. Esta se relaciona también con: la información y la educación de los consumidores, la implementación de un mecanismo general de autorizaciones administrativas previas, la elaboración y aplicación de reglamentaciones administrativas técnicas, la creación de sistemas de seguimiento de los productos en el mercado (trazabilidad, fármacovigilancia, vigilancia alimentaria, etc.), la instalación de autoridades o agencias estatales cada vez más especializadas y la responsabilidad del sector privado.

La idea de seguridad de los productos ocupa un rol central en los sistemas de tutela del consumidor. Estos se establecen alrededor del reconocimiento de una obligación general del proveedor, quien debe garantizar la seguridad de sus productos (o servicios) de modo que la circulación de los mismos en el mercado presente un nivel de riesgo socialmente aceptable para las personas y el ambiente (En ciertas sociedades la idea de seguridad se limita a la salud de los individuos; en otras, incorpora los riesgos y daños sufridos por el patrimonio de estos individuos). Se le reconoce al consumidor un verdadero derecho a la seguridad, conforme a su expectativa legítima de un cierto nivel de calidad de los bienes de consumo, sean productos o servicios.

Los productos peligrosos son aquellos que presentan un nivel de riesgo socialmente inaceptable, pues el balance riesgo/beneficio resulta desequilibrado a favor de los riesgos (y de los perjuicios que se derivan de su realización). En consecuencia, la caracterización del producto peligroso supone el establecimiento de un estándar, por encima del cual los riesgos son aceptables y por debajo del cual se tratará de riesgos inaceptables. En particular, son productos que presentan defectos de conservación, de información, de concepción o de fabricación, o que contienen una sustancia que en sí misma es peligrosa. En materia de salud (medicamentos), la idea de efectos secundarios contribuye a definir el límite de la aceptabilidad de los riesgos en los productos, al mismo tiempo que da cuenta de la existencia de una sociedad en la que los riesgos proliferan particularmente con la preeminencia de la ciencia y la tecnología. En materia alimentaria, la Unión Europea establece, por ejemplo, una definición de alimento no seguro, en el artículo 14 del Reglamento nº 178/2002: "Se considerará que un alimento no es seguro cuando: a) sea nocivo para la salud; b) no sea apto para el consumo humano." Se precisa que, "para determinar si un alimento no es seguro, deberá tenerse en cuenta lo siguiente: a) las condiciones normales de uso del alimento por los consumidores y en cada fase de la producción, la transformación y la distribución, y b) la información ofrecida al consumidor, incluida la que figura en la etiqueta, u otros datos a los que el consumidor tiene por lo general acceso, sobre la prevención de determinados efectos perjudiciales para la salud que se derivan de un determinado alimento o categoría de alimentos." Finalmente, el artículo 14 agrega que, para "determinar si un alimento es nocivo para la salud, se tendrán en cuenta: a) los probables efectos inmediatos y a corto y largo plazo de ese alimento, no sólo para la salud de la persona que lo consume, sino también para la de sus descendientes; b) los posibles efectos tóxicos acumulativos; c) la sensibilidad particular de orden orgánico de una categoría específica de consumidores, cuando el alimento esté destinado a ella."

Esta orientación del derecho europeo de la alimentación fue motivada y justificada por la crisis de la vaca loca y otros "escándalos" alimentarios de la década de los 90. A pesar de ser objeto de debate, también se le considera el fundamento de diversas decisiones adoptadas en Europa, en particular, en materia de regulación de los alimentos producidos a partir de organismos genéticamente modificados, de la clonación, de las nanotecnologías, teniendo en todos los casos al Principio de Precaución como un principio fundamental.

El modelo regulatorio europeo de la seguridad alimentaria se transformó en un ejemplo válido para el resto del mundo. Esto hizo de la UE un actor clave en la globalización de la idea de seguridad alimentaria en su sentido amplio. Pero, a su vez, el Derecho europeo recibe la influencia de fuentes de Derecho Internacional. Muestra de ello es el ingreso en 2003 de la Unión Europea en la Comisión del *Codex Alimentarius,* como Miembro -dejando atrás su status de observador-. Incluso, aún desde antes de su ingreso como organización miembro, la UE impulsó en los grupos de trabajo diferentes normas vinculadas a la seguridad alimentaria en relación a los organismos genéticamente modificados, por ejemplo: el Documento sobre los principios de análisis de los riesgos ligados a los alimentos derivados de las biotecnologías modernas, las Directrices que rigen la conducta de evaluación de la seguridad sanitaria de los alimentos derivados de plantas con ADN recombinante o la institucionalización de un grupo internacional especial sobre alimentos derivados de las biotecnologías. Asimismo, la UE ha realizado acciones tendientes a que se reconozca el principio precautorio en el seno del *Codex Alimentarius*.

El derecho alimentario global es producido de forma centralizada por la Comisión del *Codex Alimentarius*. El reconocimiento de esta comisión como actor principal en la producción de la regulación alimentaria global ha ido desde su fundación *in crescendo*, producto de diferentes factores. Juegan convergentemente un rol importante en esta labor otras organizaciones internacionales como la Organización Internacional de las Epizootias (OIE), que también establece normas técnicas de referencia realizando una importante tarea de codificación de las mismas en el "Código Terrestre" (para los animales terrestres) y el "Código Acuático" (para los animales acuáticos). Aunque estas regulaciones pertenecen formalmente a un Derecho comúnmente calificado como *soft law*, enfatizando en la ausencia de carácter coercitivo, las normas técnicas de esas organizaciones adquieren una gran fuerza normativa mediante su aplicación en el marco del Derecho de la Organización Mundial del Comercio (OMC) y, principalmente, de la jurisprudencia del Órgano de Solución de Diferencias (OSD). El OSD considera, en efecto, que las reglas fijadas por los países importadores de alimentos pueden constituir obstáculos al comercio internacional. En consecuencia, sobre este presupuesto, el Acuerdo sobre la Aplicación de Medidas Sanitarias y Fitosanitarias (SPS) y el Acuerdo sobre Obstáculos Técnicos al Comercio (OTC) remiten a las reglas que establece el *Codex Alimentarius* y se impone así a todos los Estados miembros.

Bibliografía sugerida: • DEBOYSER, P. (2005), La régulation internationale des OGM : une nouvelle tour de Babel ?, in *La sécurité alimentaire et la réglementation des OGM*, bajo la dirección de P. Nihoul, Bruxelles, éd. Larcier, p. 241; • FRENCH, M., PHILIPS, J. (2004), Protéger les consommateurs ou soutenir les producteurs ? La politique alimentaire menée par le Royaume-Uni de 1945 à 1955, *Revue d'histoire moderne et contemporaine*, n° 51-3, p. 157 (consultable en línea); • RASTOIN, J.-L., GHERSI, G. (2010), *Le système alimentaire mondial, Concepts et méthodes, analyses et dynamiques*, Paris, éd. Quæ.

GONZALO SOZZO

Véase también: - Calidad de los productos - Codex Alimentarius – Crisis sanitaria – HACCP – Higiene – Organismo genéticamente modificado – Productos defectuosos – Trazabilidad.

Seguridad Humana

El concepto de seguridad humana se planteó por primera vez en el ámbito internacional por el Programa de Desarrollo de las Naciones Unidas (PNUD) en 1994, cuatro años después de publicar su primer Informe sobre "Desarrollo

Humano". Partiendo de la comprobación de que "para la mayoría de las personas, el sentimiento de inseguridad se debe más a las preocupaciones acerca de la vida cotidiana que al temor de un cataclismo en el mundo", el Informe invita a fijarse como objetivo la seguridad del individuo y no la del Estado y a pensar en la seguridad tanto dentro de las fronteras como fuera de aquellas. Se observa, a partir de entonces, un interés cada vez más fuerte de la comunidad internacional en sustentar esta noción y en reflexionar sobre los efectos jurídicos que ella podría producir: un interés que se ha traducido en la creación de un conjunto de instituciones y organismos de reflexión, nacional e internacional, cuyos trabajos dieron lugar a debates y a la adopción de las declaraciones y resoluciones de la Organización de las Naciones Unidas (ONU) a partir de 2005. Además de la contribución del PNUD, los trabajos más importantes de los últimos años sobre este concepto de seguridad humana fueron el informe del Grupo de Alto Nivel sobre las amenazas, los desafíos y el cambio, titulado "Un mundo más seguro: la responsabilidad que compartimos" (2004) así como el de la Comisión Internacional sobre Intervención y Soberanía de los Estados (ICISS) que se refiere a "la Responsabilidad de Proteger" (2001).

La aparición del concepto de seguridad humana, que traduce un cambio filosófico y político en el modo de entender los problemas de seguridad en el ámbito internacional, el cual presta especial atención no solo a los Estados soberanos, sino más bien a las personas, debe relacionarse con la sucesión, a principios de 1990, de los desastres humanitarios vinculados a la vez con conflictos armados (ex Yugoslavia, Ruanda...), pero también con eventos del flagelo de la pobreza y de la ausencia de desarrollo (hambruna en el Cuerno de África, estragos del SIDA, etc.). Con la conclusión de la Guerra Fría, estos eventos, y la devastación humana causados por ellos, favorecieron un proceso de reflexión sobre el sentido y las prioridades otorgados a la seguridad y a las condiciones de su realización. Para los defensores de la seguridad humana, el problema de la "seguridad" ya no debería únicamente asociarse al criterio del reconocimiento y del respeto de la soberanía (al menos en su sentido clásico) de los Estados, sino necesariamente debe entenderse en la medida de los principios y objetivos inherentes al desarrollo humano y a la protección de las personas contra toda forma de violencia (la violencia de la naturaleza y de los hombres). Las cuestiones de seguridad no son necesaria o exclusivamente las amenazas militares, sino las que afectan a las causas relativas a la pobreza, al medio ambiente, al estado político interno, etc. Por lo tanto, el concepto de seguridad humana tiende en el Derecho Internacional, a suplantar o complementar al viejo concepto de "seguridad nacional", dirigido exclusivamente a respetar la integridad "territorial " de los Estados soberanos.

En 1994, el PNUD formula el concepto de seguridad humana vinculándolo con el de desarrollo humano. La inseguridad humana se provoca por el crecimiento incontrolado de la población, la degradación ambiental, el narcotráfico, el terrorismo internacional, la inestabilidad financiera y comercial y la desigualdad a escala mundial. El desafío de la seguridad humana llama a cada Estado y al conjunto de la comunidad internacional a garantizarle a las personas la seguridad económica, financiera, alimentaria, sanitaria, ambiental, personal, sexual y política. Si la "seguridad nacional" consistía únicamente en la protección del Estado frente a las amenazas externas, la seguridad humana tiene como objetivo la liberación de las poblaciones del temor que resulta de la privación en términos de necesidades básicas y discapacidades que, en última instancia, causan un número superior de muertes que las causas más temidas. Fiel a este enfoque iniciado por el PNUD, la ICISS enriquece en 2001 el concepto, asociándolo con el de la "responsabilidad de proteger". La Comisión afirma que: "Una de las ventajas de designar el tema esencial de este debate con la expresión "la responsabilidad de proteger" es que así se centra la atención en la cuestión principal, es decir, en las necesidades de los seres humanos que buscan protección o asistencia. Con este enfoque, el eje en torno al que gira el debate sobre la seguridad se desplaza desde la seguridad territorial y la seguridad basada en el armamento hacia la seguridad basada en el desarrollo humano y el acceso a la alimentación, el empleo y la seguridad ambiental. Los componentes básicos de la seguridad humana –la seguridad de las personas frente a las amenazas contra la vida, la salud, los medios de subsistencia, la seguridad personal y la dignidad humana– pueden verse en peligro debido a una agresión externa pero también a factores internos". Frente a estas manifestaciones de la inseguridad humana, "los Estados soberanos tienen la responsabilidad de proteger a sus propios ciudadanos de las catástrofes que pueden evitarse – de los asesinatos masivos, las violaciones sistemáticas y la inanición– pero que si no quieren o no pueden hacerlo, esa responsabilidad debe ser asumida por la comunidad de Estados."

Los conceptos de seguridad humana y de responsabilidad de proteger encontraron un eco en los más altos niveles de la ONU. Pero, al consagrar su existencia en el Derecho Internacional, estos van a circunscribir únicamente su ámbito de aplicación a las situaciones de conflicto armado. En 2005, la Asamblea de los Estados indicó que "cada Estado es responsable de proteger a su población del genocidio, los crímenes de guerra, la depuración étnica y los crímenes de lesa humanidad." Es un hecho notable por cuanto la Asamblea General invita a ir más allá de la soberanía para encontrar soluciones pacíficas. Prevé la aplicación, si es necesario, de "los medios diplomáticos, humanitarios y otros medios pacíficos apropiados [...] para ayudar a proteger a las poblaciones". Los Jefes de Estado y de Gobierno también dicen estar "dispuestos a adoptar medidas colectivas, de manera oportuna y decisiva, por medio del Consejo de Seguridad, de conformidad con la Carta [...] si los medios pacíficos resultan inadecuados y es evidente que las autoridades nacionales no protegen a su población." Por lo tanto, aun cuando un Estado ejerce, en principio, una competencia exclusiva y soberana dentro de los límites de su territorio, e incluso si los otros Estados tienen, también en principio, la obligación de no intervenir en los asuntos internos de ese Estado (principio de no intervención), la injerencia con fines de protección humana (incluyendo militares, en casos extremos), ahora es posible considerarla cuando las poblaciones civiles están ante un gran peligro o en riesgo de estarlo y el Estado en cuestión no puede o no quiere poner fin a este peligro, o es su propio autor. He ahí, sin duda, un avance significativo en el Derecho Internacional que, mediante el concepto de seguridad humana, parece alejarse del concepto de la soberanía estatal cuando se trata de proteger la seguridad de las personas que residen en el territorio de otro Estado. Sin embargo, si se trata del ámbito de protección de la población y la responsabilidad concomitante de los Estados, las perspectivas se mantienen reducidas únicamente a las situaciones de conflicto armado. Del mismo modo, la cuestión de la seguridad humana sólo se circunscribió a estas situaciones. Así, en la Resolución 1674 de 28 de abril de 2006, que incorpora las disposiciones desarrolladas en el documento final de la Cumbre, el Consejo de Seguridad hizo suya la responsabilidad de los Estados de proteger a sus poblaciones "del genocidio, los crímenes de guerra, la depuración étnica y los crímenes de lesa humanidad".

Esta consagración restrictiva de los conceptos de la seguridad humana y la responsabilidad de proteger mediante las instancias de los organismos de la ONU, resultó ser finalmente decepcionante, al tomar distancia del planteamiento inicial del PNUD y el ICISS, que habían luchado por vincular las consideraciones relativas a la seguridad humana del espíritu y de los principios que rigen las estrategias del desarrollo humano. De ese modo, sirve principalmente para legitimar situaciones de emergencia humanitaria, para regresar finalmente al deber de la intervención humanitaria. Al hacer esto, deja sin respuesta la situación de las personas privadas de acceso regular a alimentos suficientes y sanos, y cuyos orígenes deben ser investigados principalmente en el impacto provocado por regulaciones económicas internacionales; por las prácticas de los operadores privados transnacionales en el comercio; y por la disponibilidad de alimentos en el territorio de los países en desarrollo cuyas políticas públicas tienen debilidades que les son imputables. Estas manifestaciones de inseguridad humana que se observan en la nutrición y la salud testimonian contradicciones existentes entre las obligaciones de los respectivos Estados, según el Derecho Internacional de los Derechos Humanos y las derivadas de acuerdos comerciales internacionales. La lógica que rige los principios del desarrollo humano consistiría entonces en considerar la responsabilidad de proteger como una obligación de cumplimiento respecto de la cual los Estados tienen una deuda y repensar la articulación entre las obligaciones del Estado en el ámbito del derecho a la alimentación y del derecho a la salud, que resultan de los acuerdos comerciales multilaterales que afectan al comercio de productos agrícolas y a la protección de los derechos de propiedad intelectual que conciernen a la explotación de las llamadas "semillas campesinas". Es, además, el sentido que conviene otorgarle a la Declaración de Doha sobre la salud pública y el Acuerdo sobre los aspectos de los derechos de la propiedad intelectual relacionados con el comercio (adoptada en 2001, en la Conferencia Ministerial de la Organización Mundial del Comercio - OMC). A pesar de la debilidad de sus avances jurídicos, esta declaración ministerial, cuyo objeto se ocupó de la cuestión del acceso a los medicamentos en los países en desarrollo, fue el primer acto oficial de la OMC en consagrar, por una parte, el vínculo entre la falta de acceso a los medicamentos y la protección de los derechos de propiedad intelectual aplicada a las innovaciones farmacéuticas; y en afirmar, por otra parte, el derecho legítimo de todos los miembros a tomar todas las medidas necesarias para proteger la salud pública, a condición sin embargo que esas medidas sean compatibles con lo dispuesto en el acuerdo comercial.

En estas áreas sensibles de la seguridad humana, la responsabilidad de proteger que incumbe a los Estados no podrían, por tanto, limitarse al ámbito agrícola y alimentario, a una simple política de asistencia, sino más bien a asegurar jurídica y políticamente la puesta a disposición de las políticas comerciales multilaterales al servicio de los derechos fundamentales respectivos, entre los cuales el derecho a la vida, el derecho a la dignidad y los que se derivan directamente como el derecho a una alimentación sana y suficiente. La comunidad internacional podría, por esta razón, inspirarse en los debates que condujeron a consagrar, como "excepción", la explotación comercial de las obras culturales: considerando que tales obras no pueden ser reconocidas como bienes que exclusivamente tienen un valor comercial. Un grupo de Estados liderados por Francia y Canadá obtuvieron que, en el ámbito cultural, sus socios suspendieran la implementación de los compromisos de liberalización del comercio (Acuerdo sobre la liberalización de los servicios y de extensión al sector de servicios audiovisuales). De modo paralelo, estos mismos Estados quisieron consignar, sostenible y jurídicamente, el principio de "excepción cultural" en el derecho internacional mediante la adopción de la Convención sobre la Diversidad Cultural en la UNESCO, el 20 de octubre de 2005.

Bibliografía sugerida: ◆ ABDELHAMID, H. *et alii.* (2009), *Sécurité humaine et responsabilité de protéger : l'ordre humanitaire international en question*, Agence universitaire de la francophonie, Paris, éditions des Archives contemporaines; ◆ COMISIÓN INTERNACIONAL SOBRE INTERVENCIÓN Y SOBERANÍA DE LOS ESTADOS (2001), *La responsabilidad de proteger*, (consultable en línea); ◆ COMMISSION DES NATIONS UNIES SUR LA SÉCURITÉ HUMAINE (2003), *La sécurité humaine maintenant*, Paris, Presses de Sciences Po; ◆ CROUZATIER, J.-M. *et alii* (2008), La responsabilité de protéger, *Aspects – Revue d'études francophones sur l'État de droit et la démocratie*, dossier n° 2 (consultable en línea).

THOMAS BRÉGER

Véase también: - Derechos Fundamentales - Hacer padecer intencionalmente hambre – Intervención – Responsabilidad internacional.

Seguridad sanitaria

Véase: - Acuerdo SPS - Análisis de riesgo – Cadena de frío - Codex Alimentarius – Control – Higiene – Principio de Precaución - Reglamento Sanitario Internacional – Riesgo – Riesgo biológico - Seguridad alimentaria – Seguridad de los productos.

Seguro

Véase: - Fondo Mundial para la Protección Social - Trabajadores agrícolas.

Semillas

Una semilla es un grano o una porción de un vegetal capaz de formar una planta entera después de la siembra. Constituye el fundamento de la agricultura y de la alimentación de las personas y de los animales. Durante milenios, los campesinos han seleccionado las semillas para resembrar sus campos en cada ciclo reproductivo. La producción y la circulación de semillas eran entonces libres. Pretendían favorecer la búsqueda de un mejor rendimiento, manteniendo simultáneamente la biodiversidad agrícola. Pero, al igual que la tierra o el agua (respecto de los cuales se denuncian "acaparamientos"), las semillas son el objetivo de un mercado, de una privatización que se concreta mediante la apertura de las puertas de la propiedad intelectual: se encuentran cada vez más protegidas por una patente o por un sistema de protección de obtenciones vegetales, ambos constituyen un monopolio exclusivo del cual goza el inventor o el obtentor, en perjuicio del primer usuario (el campesino) y que amenaza no sólo la biodiversidad agrícola (marginación de semillas que no serían jurídicamente protegibles), sino también y, sobre todo, el propio acceso a las semillas, es decir, a la producción de alimentos y a la actividad de los campesinos.

El Convenio Internacional para la Protección de las Obtenciones Vegetales (Convenio "UPOV") contenía en su versión original (1961) los privilegios del agricultor y del obtentor: por una parte, el agricultor tenía derecho a volver a sembrar semillas propias (provenientes de semillas de primera generación) y utilizar libremente la cosecha sin restricción (venta); por otra parte, para desarrollar nuevas investigaciones, un segundo obtentor podía seleccionar una semilla a partir de una variedad ya protegida por un certificado de obtención vegetal (COV), sin requerir el permiso del beneficiario de ese COV (diferencia significativa con la el derecho de patentes, que crea dependencias entre patentes). De esta manera, el Derecho Internacional no ponía en duda una práctica agrícola ancestral. Sin embargo, el Acuerdo sobre los Aspectos de los Derechos de Propiedad Intelectual vinculados con el Comercio (ADPIC), concluido en 1994, impone la protección de los "inventos" concernientes a las plantas mediante patentes o por medio de un derecho *sui generis* (que los países desarrollados interpretan como el derecho derivado del Convenio UPOV). Ambas vías implican el reconocimiento de derechos de propiedad intelectual extremadamente fuertes y exclusivos, que son de difícil conciliación con aquellos privilegios, hoy en claro retroceso (véase, sin embargo, la recuperación del privilegio del agricultor observado en Brasil, en abril de 2012, a raíz de la decisión de un tribunal regional que declaró ilegal la prohibición de utilización de "semillas propias" o "de granja").

Los criterios del Derecho de la Propiedad Intelectual convienen en especial a las semillas industriales y estandarizadas. Cabe afirmar que los criterios para patentar (novedad, actividad inventiva y aplicación industrial), así como los criterios de protección llamados "DHE" (distinción, homogeneidad, estabilidad) introducidos por el sistema del Convenio de la UPOV, fomentan su producción como la actividad biotecnológica (híbridos estériles, semillas genéticamente modificadas...). Las semillas tradicionales, también llamadas "campesinas", "de granja" o "propias", son menos estables, menos homogéneas de una planta a la otra. Entre una generación y otra, las mismas características genéticas no necesariamente estarán presentes. Por ello, estas semillas no pueden ser legalmente protegidas por una patente o por un certificado de obtención vegetal. Es necesario saber que protección y comercialización están estrechamente entrelazadas. En efecto, la comercialización de las semillas depende, al menos en Europa, de una licencia concedida por la autoridad pública y equivalente a una autorización para comercializar. Para obtenerla, la semilla en cuestión debe estar inscrita en un catálogo. Existen varios en la Unión Europea (UE), que se organizan mediante diferentes textos (Directiva nº 66/401/CEE, *relativa a la comercialización de las semillas de plantas forrajeras*; Directiva nº 66/402, *relativa a la comercialización de las semillas de cereales*...). Sistemas similares han sido implementados por algunos Estados miembros. De ese modo, junto al Catálogo Oficial de las Especies y Variedades establecido en el Derecho francés, coexisten otros catálogos comunes de variedades de especies regidas por el Derecho de la UE. Pero lo que resulta importante saber es que, para ser inscrita en el catálogo, la semilla debe cumplir con ciertos criterios... que son los mismos que se utilizan para la protección jurídica de las semillas. En otras palabras, sólo aquellas semillas que son elegibles para la protección mediante los derechos de propiedad intelectual, son admisibles para la circulación.

Un caso ilustra particularmente bien la actual marginación de las semillas tradicionales en Europa. La Asociación *Kokopelli* se oponía a una empresa de semillas francesa que la acusaba por competencia desleal, al comercializar unas semillas tradicionales y, en consecuencia, no inscritas en un catálogo. Ella invocó en su defensa que el hecho de la inscripción en el catálogo (que en el caso se derivaba del art. 3 de la Directiva nº 2002/55/CE de 13 de junio de 2002) contradecía los compromisos de conservación de la biodiversidad adoptados por Francia y la Unión Europea (Tratado Internacional sobre los Recursos Fitogenéticos para la Alimentación y la Agricultura - TIRFAA), así como la libertad de comercio y el principio de libre circulación de mercancías. A pesar de las conclusiones favorables del Abogado General, el Tribunal de

Justicia de la Unión Europea (TJUE) confirmó la legalidad de la legislación europea que imponía la obligación de comercializar únicamente las semillas inscritas en los catálogos oficiales (que prevé, en efecto, excepciones muy restrictivas para las semillas viejas). En su Decisión de 12 de julio de 2012, justifica su posición afirmando que el sistema de protección "DHE" contribuye a mejorar la productividad de los cultivos de hortalizas y, de ese modo, se opone a "la plantación de semillas potencialmente perjudiciales".

Es posible que la solución elegida por el TJUE evolucione en el futuro cercano, por cuanto la UE ha iniciado un proceso de reforma de su legislación que podría conducir a insertar las semillas tradicionales en los circuitos de comercialización, al amparo de la libertad de elección de los agricultores y del respeto a la biodiversidad. Ello supondría replantear en parte la influencia de la propiedad intelectual sobre la problemática de circulación de las semillas. Esta relativización de la confiscación de la propiedad intelectual en este ámbito también se manifestó, en otro terreno, con motivo de un diferendo resuelto por el Tribunal. En este caso, se trataba de saber si la protección jurídica de las invenciones biotecnológicas (secuencia sobre el gen) se extendía a cualquier materia en la que se incorpora el producto. La cuestión fue planteada por una multinacional que, disponiendo de una patente sobre su soja en los Países Bajos mas no en Argentina, donde se cultiva, quería oponerse a las exportaciones de harina de soja provenientes de América del Sur hacia la Unión Europea. Ella demandó a dos empresas importadoras de los Países Bajos, cuya harina contenía rastros del gen patentado. Sin embargo, el TJUE rechazó su pretensión al ponerle una condición para ampliar sus derechos: es necesario que la información genética protegida por la patente continúe ejerciendo las funciones descritas en dicha patente. El Tribunal advierte que la secuencia de ADN en cuestión no es susceptible de realizar su función cuando se incorpora a una materia inerte como la harina de soja. Esta secuencia sólo existe como un "residuo" (TJUE 6 de julio de 2010, Asunto C-428/08).

A escala internacional, la cuestión del acceso a las semillas sigue sin resolverse hasta hoy. Algunos países, incluidos los países africanos, tratan de aprovechar la oportunidad que ofrece el artículo 27 del Acuerdo ADPIC para prever una protección *sui generis*, es decir, una alternativa a la patente o al certificado de obtención vegetal a pesar de la constante oposición de las naciones más industrializadas, que protegen los intereses de las grandes industrias de semillas. Así, reflexionan sobre nuevas soluciones que combinen tradición y modernidad, que aseguren la conservación de la biodiversidad y sean útiles para las poblaciones autóctonas. Una de las propuestas se materializa con la Ley Modelo Africana cuyo éxito, sin embargo, continúa siendo muy modesto. Otra solución podría ser desarrollada: crear dos tipos de catálogos para las semillas. Uno subordinaría la inscripción de las semillas industriales al control "DHE", mientras que el otro se dedicaría exclusivamente a las variedades tradicionales o locales. Las semillas del segundo catálogo, reconocidas por sus cualidades organolépticas, serían objeto de una caracterización por parte de los sistemas nacionales de investigación agronómica. Esta reivindicación a favor de un sistema de lista doble es apoyado por muchos actores de la sociedad civil, en particular en Europa, con motivo de la reforma anunciada por la UE sobre la legislación aplicable a las semillas; esta reforma considera el acceso de las variedades tradicionales a los mercados, así como también la sumisión de estas últimos a los mismos controles de calidad impuestos a las semillas modificadas genéticamente y que son extremadamente costosos.

Bibliografía sugerida: ♦ DROSS, W. (dir.) (2012), *Le végétal saisi par le droit*, Bruxelles, éd. Bruylant; ♦ MOŸ, A.-Ch. (2011), *Étude sur le devenir juridique des variétés issues de la sélection participative paysanne*, Réseau Semences paysannes (consultable en línea); ♦ TORDJMAN, H. (2008), La construction d'une marchandise : le cas des semences, *Annales. Histoire, Sciences Sociales*, p. 1341 (consultable en línea).

SYLVESTRE YAMTHIEU

Véase también: - Acuerdo ADPIC – Derechos de los campesinos - Obtención vegetal – Patente - Privilegio del agricultor - Tratado Internacional sobre los Recursos Fitogenéticos para la Alimentación y la Agricultura.

Servidumbre

Véase: - Menoscabos a la propiedad.

Signos de calidad

Los signos o sellos de calidad son instrumentos que sirven para identificar productos que presentan una calidad específica, definida en relación con los términos de un pliego de condiciones y que, por tanto, están sujetos a una protección jurídica particular. El cumplimiento de estas cláusulas ofrece al productor la posibilidad de utilizar legítimamente estos signos al comercializar sus productos. La calidad indicada puede relacionarse con el origen geográfico de los productos o con un modo de producción sin ninguna referencia territorial. Por ejemplo, la marca "Agricultura Ecológica" (u orgánica) identifica una producción respetuosa del ambiente y el signo "*Fairtrade*" da fe de condiciones productivas que garantizan la asignación de suficientes ingresos para los agricultores. En cuanto al "*Label rouge*" francés ("etiqueta roja"), alude a productos cuyas características o condiciones de producción son garantía de una alta calidad. Sin embargo, las denominaciones "*Champagne*" o "*Parmigiano Reggiano*" se refieren a un lugar de producción histórico que imprime su calidad a la bebida alcohólica o al queso. Finalmente, cabe señalar que los mecanismos legales destinados a proteger estos signos proceden de una gestión de iniciativa privada (ejemplo del comercio justo – "Fairtrade") o pública (ejemplo de la marca "Agricultura Ecológica" que pertenece a la Unión Europea). En todos los casos, se ven complementados por un sistema de control del respecto al pliego de condiciones, por parte de los productores que utilizan el signo.

Diferentes ramas del derecho interactúan con los signos de calidad: en la medida en que son distintivos, estos contribuyen a la segmentación del mercado, así como a la valorización de los productos y constituyen así instrumentos que conciernen al Derecho de la Competencia. Como se trata de reservar el uso de un signo en beneficio de los productores que cumplan las condiciones previstas en el pliego de condiciones, surge la cuestión de su relación con la propiedad industrial (marcas, marcas colectivas, etc.) y de su lógica de apropiación exclusiva de los bienes, mediando algunas variaciones impuestas a ciertos signos como las denominaciones de origen protegidas. Por último, por cuanto la identificación de un producto sobre el cual figura un signo de calidad constituye también un medio para informar al consumidor, los signos de calidad no resultan tampoco ajenos al Derecho del Consumo.

Sin embargo, una problemática sobresale: aquella de la protección internacional de los signos de calidad o, para decirlo de otra manera, el reconocimiento de estos signos en el extranjero. En efecto, cualquiera que sea el signo protegido, quien lo utiliza legalmente en el interior de un país A, por cuanto cumpliría con los requisitos descritos en el pliego de condiciones, puede temer que otros comercialicen sus productos en un país B haciendo uso del mismo signo. Si el signo está protegido por la legislación de este segundo Estado, el productor normalmente encontrará motivos para eliminar esta competencia, si es necesario mediante una acción jurisdiccional contra la falsificación, cuando el signo protegido es una marca registrada en los Estados A y B. Pero todos los signos de calidad no se encuentran protegidos de la misma forma. Si bien las marcas están relativamente bien protegidas fuera de las fronteras nacionales, no existe una protección eficaz de los signos que valorizan una producción de calidad surgida de un conocimiento (*know-how*) local (por ejemplo: denominación de origen protegida – DOP; indicaciones geográficas protegidas – IGP). Esta laguna jurídica es principalmente el resultado de una oposición de fondo, incluso de una incomprensión de orden cultural entre los dos grandes bloques que son la Unión Europea (UE) y los Estados Unidos, la que se concreta en torno al concepto de *terroir* (región, localidad): mientras que el legislador del Viejo Continente considera, con o sin razón, que el *terroir* imprime sus características y su singularidad a los productos que de él provienen, del otro lado del Atlántico, se tiene más bien la tendencia a considerar que el trabajo del hombre es lo que hace la especificidad de estos últimos. Por esa razón, no existe (o solo existe de manera marginal) en América del Norte, un sistema de protección específicamente adaptado a la producción surgida de un *terroir*, al contrario del Derecho de la UE (véase el Regl. nº 1151/2012 sobre los regímenes de calidad de los productos agrícolas y alimenticios, que constituye el nuevo marco jurídico para las denominaciones de origen protegidas, las indicaciones geográficas protegidas y las especialidades tradicionales garantizadas).

Bibliografía sugerida: • BOISVERT, V., CARON, A. (2010), La conservation de la biodiversité: un nouvel argument de différenciation des produits et de leur territoire d'origine, *Géographie, économie, société*, volume 12, p. 307 (consultable en línea); • LE GOFFIC, C. (2010), *La protection des indications géographiques, France – Union européenne – États-Unis*, Paris, INPI, éd. Litec; • LORVELLEC, L. (2002), La protection internationale des signes de qualité, in *Écrits de droit rural et agroalimentaire*, Paris, éd. Dalloz, p. 399; • NGO, M.-A. (2007), Quel avenir pour les labels au regard de la libre circulation des marchandises ?, *Revue droit rural*, n° 356, p. 17.

JEAN-PHILIPPE BUGNICOURT

Véase también: - Agricultura orgánica – Calidad de los productos - Comercio justo - Denominación de Origen Protegida - Especialidad Tradicional Garantizada - Indicación geográfica - Indicación Geográfica Protegida – Marca - Signos distintivos - Terroir.

Signos distintivos

El término "signos distintivos" reúne un abanico de instrumentos jurídicos que tienen por principal función distinguir los productos (o servicios) que comercializa un operador, de aquellos que sus competidores introducen en el mercado. De hecho, para los consumidores estas herramientas también tienen una función de identificación, incluso de información sobre el origen del producto adquirido (¿Quién lo hizo?) o sobre su calidad.

De forma esquemática y a pesar de ciertas controversias, esta familia tiene dos ramas que pertenecen al ámbito de la propiedad intelectual: En primer término están las marcas, los nombres comerciales, las razones sociales y los nombres de dominio, que otorgan a su titular un derecho exclusivo no sobre el producto en sí, sino sobre la presentación o la promoción de este. En general, esta protección se le ofrece al operador que creó este signo y este se beneficia de prerrogativas comparables a las de un verdadero propietario (él puede usarlo libremente, puede cederlo...). En segundo término, se encuentra otra categoría de signos, que se diferencia de la primera por cuanto la protección jurídica asociada a ella no beneficia a un solo operador, sino a una colectividad (grupo de operadores que respetan un pliego de condiciones, por ejemplo). En este caso, el titular del signo rara vez es quien lo utiliza. De hecho, su uso se cede a otros que se conforman previamente a un pliego de condiciones que contiene una lista de obligaciones, las que son a la vez requisitos previos para el uso del signo. En esta categoría, bastante heterogénea, es donde suele clasificarse por ejemplo, a las denominaciones de origen, al "*label rouge*" francés, a las marcas colectivas o a la marca "*Agriculture biologique*" –"Agricultura Orgánica"-.

Cada signo distintivo está sometido a un régimen jurídico que le es propio. A diferencia de los derechos de propiedad industrial sobre las patentes, los derechos conferidos a sus titulares o quienes los utilizan no son la contraparte de una actividad creativa. Ellos sirven simplemente para identificar los productos y servicios ofrecidos por un operador, diferenciándolos de aquellos de otro. Por ello, los signos distintivos aparecen como una pieza vital en un sistema de libre competencia y, como tal, su violación es sancionada mediante acciones que reprimen la falsificación, la usurpación o, según sea el caso, la competencia desleal.

Bibliografía sugerida: ◆ LAVALLEE, S., BARENTSEIN, K. (2004), La régulation et l'harmonisation internationale des programmes d'écolabels sur les produits et les services, *Revue internationale de Droit économique*, n° 1, p. 47 (consultable en línea); ◆ LE GOFFIC, C. (2010), *La protection des indications géographiques, France – Union européenne – États-Unis*, Paris, INPI, éd. Litec.

JEAN-PHILIPPE BUGNICOURT

Véase también: - Denominación de Origen Protegida - Especialidad Tradicional Garantizada - Indicación Geográfica Protegida – Marca – Signos de calidad - Terroir.

Soberanía

La soberanía es un concepto jurídico familiar para muchos. En la terminología jurídica actual, se refiere a la autoridad suprema, la omnipotencia, el poder de dirigir, de legislar, de ejercer la fuerza de manera exclusiva. Se entiende como soberano el poder que no está sometido a ningún otro.

A pesar de que los individuos no escapan a su ámbito de aplicación, la soberanía se ejerce en primer término sobre un territorio (suelo, subsuelo, aguas superficiales, incluyendo el mar y el espacio aéreo). Implica que el titular tiene el derecho al disfrute de todo lo que se encuentra allí, empezando con los recursos naturales que puede explotar libremente como mejor lo considere (véase la Resolución 1803 [XVII] de la Asamblea General de las Naciones Unidas "Soberanía permanente sobre los recursos naturales", 1962). En consecuencia, se trata de un tema de primer orden y puede ser objeto de disputas jurídicas, especialmente en el caso de los diferendos limítrofes para los que se solicita regularmente la intervención de la Corte Internacional de Justicia (CIJ). Por ejemplo, Benín y Níger sometieron a su conocimiento, a inicios de 2000, la delimitación de su frontera común formada por el río Níger, que estaba pendiente desde 1960 cuando cesó el poder colonial francés. Se discutía, en particular, sobre un grupo de islas. El Estado de Níger reivindicaba su soberanía sobre esas tierras de pastoreo y, a este título, cobraba un impuesto. Por su parte, Benín procedió a la construcción de edificios administrativos, lo que hizo estallar un conflicto: las tropas militares de Níger intervinieron para detener los trabajos y las autoridades de Benín reaccionaron mediante el bloqueo de las vías de acceso comercial al Estado vecino, lo que impedía la importación de productos alimenticios (situación dramática cuando se sabe que Níger fue considerado en 2012 como el país menos desarrollado del mundo). Por último, la Corte resolvió atribuyendo a cada Estado una parte de las islas en disputa.

La soberanía mantiene un vínculo íntimo y casi intuitivo con el Estado. Este vínculo es histórico. Fue establecido en el siglo XVI por Bodin, en un contexto marcado por el objetivo de consolidación del poder real, para hacer valer su autoridad, ante los señoríos provinciales y las potencias extranjeras rivales (la del Vaticano, en primer lugar). La idea de que la soberanía tiene dos propósitos no ha perdido su actualidad. La soberanía tiene, en efecto, un doble rostro: es absoluta en las relaciones internas; al legislar, el soberano impone sus decisiones a todos aquellos que se encuentran en el territorio nacional aunque, en la práctica, debe hacerle frente a las fuerzas económicas que socavan su independencia. Por el contrario, en el orden internacional, la soberanía garantizada por el artículo 2º de la Carta de las Naciones Unidas (1945) es relativa, ya que topa necesariamente con las de los otros Estados. Debe señalarse que la soberanía establece una igualdad jurídica entre los Estados que son, de hecho, desiguales y que tienen muy diferentes niveles de desarrollo. Por esta razón, no es casualidad que conociera un renovado interés a mediados del siglo XX, cuando las naciones surgidas de la descolonización buscan afirmar sus nuevos poderes en la escena internacional. Adoptada en este período, la Declaración de la Asamblea General de las Naciones Unidas, sobre los principios de Derecho Internacional referentes a las relaciones de amistad y a la cooperación entre los Estados de conformidad con la Carta de las Naciones Unidas (1970) recuerda de manera redundante que: "Todos los Estados gozan de igualdad soberana. Tienen iguales derechos e iguales deberes y son por igual miembros de la comunidad internacional, pese a las diferencias de orden económico, social, político o de otra índole."

Sin embargo, una contradicción socava desde el interior el concepto propuesto en las relaciones exteriores, por cuanto la omnipotencia también resulta ser una potencia limitada. Ciertamente, la soberanía significa la independencia, la libertad y la igualdad en las relaciones internacionales. Esto se desprende de los textos del Derecho Internacional y de las jurisprudencias de la Corte Permanente de Arbitraje y de la CIJ. La Declaración de la Asamblea General de 1970 también estipula que: "Todo Estado tiene el derecho inalienable a elegir su sistema político, económico, social y cultural". Pero, paradójicamente, la soberanía no constituye por ello el argumento definitivo que autorizaría todas las acciones del Estado y que justificaría, en particular, que él pudiera desaplicar las reglas comerciales internacionales sin importar sus motivaciones. El Derecho Internacional se le impone y es así, *a fortiori*, cuando él ha consentido en obligarse, por ejemplo, al firmar y ratificar las disposiciones de un acuerdo. Debe entonces cumplir de buena fe las obligaciones convencionales que ha suscrito, tales como las derivadas de los Acuerdos de la Organización Mundial del Comercio; de no hacerlo, estaría en juego su responsabilidad internacional. Esta forma de alienación, criticada a veces como un abandono de soberanía, no es más que una consecuencia de ella; ser libre es también ser responsable.

Dado que el Estado soberano está obligado a respetar sus compromisos internacionales, utilizar el concepto de soberanía para liberarse de estas obligaciones conduce, en principio, a un callejón sin salida. Sin embargo, los excesos del liberalismo y las disparidades en el desarrollo económico han provocado que algunos reclamen, en nombre de los intereses de los pueblos, otra globalización en la cual uno de los primeros requisitos exige el cuestionamiento de los compromisos convencionales que defienden el libre comercio. El movimiento Vía Campesina propone el reconocimiento de la "soberanía alimentaria" definida como el derecho de los pueblos "a definir sus políticas agropecuarias y de producción de alimentos sin imponer el "dumping" a terceros países. Soberanía alimentaria es organizar la producción y el consumo de alimentos de acuerdo a las necesidades de las comunidades locales otorgando prioridad a la producción y el consumo locales domésticos. Soberanía Alimentaria, incluye el derecho de proteger y regular su producción nacional agrícola y ganadera, así como a proteger sus mercados domésticos del dumping de los excedentes agrícolas y de las importaciones a bajos precios de otros países. Campesinos, sin tierra, productores rurales deben tener acceso a tierra, agua, semillas y recursos productivos y servicios públicos adecuados. La Soberanía Alimentaria y la sustentabilidad son elementos altamente prioritarios frente a las políticas de comercio." Desde la perspectiva jurídica, el uso del término *soberanía* no es apropiado porque, para el Derecho, no hay soberanía sin Estado. Sin embargo, la propuesta ignora precisamente al Estado para dirigir deliberadamente la atención sobre las poblaciones y los individuos. Por otra parte, *soberanía* se justifica en vista del objetivo deseado: garantizar la independencia y la libertad de todos los pueblos en la elección de su alimentación.

En realidad, se trata de un concepto del Derecho Internacional que parece más relevante cuando se busca transmitir legalmente este mensaje: el derecho de los pueblos a la libre determinación. Consagrado en el artículo 1.2 de la Carta de las Naciones Unidas, el derecho a la autodeterminación sigue a la soberanía como si fuese su sombra, lo que se demuestra, entre otras fuentes textuales, en la Resolución 1803 [XVII] precitada, que se refiere en varios puntos al derecho a "la soberanía permanente sobre recursos y riquezas naturales como elemento básico del derecho a la libre determinación". En un inicio, se tenían en mente los pueblos indígenas que vivían bajo el yugo de las potencias coloniales, y se procuraba paliar la ausencia de Estado local mediante el reconocimiento de sus derechos -y obligaciones- comparables a los que se derivan de la soberanía. La Declaración sobre los principios de Derecho Internacional de 1970 define así que: "En virtud del principio de la igualdad de derechos y de la libre determinación de los pueblos, consagrado en la Carta, todos los pueblos tienen el derecho de determinar libremente, sin injerencia externa, su condición política y de proseguir su desarrollo económico, social y cultural, y todo Estado tiene el deber de respetar este derecho de conformidad con las disposiciones de la Carta." Sin embargo, sigue existiendo una dificultad: ¿Cómo articular estos dos conceptos inseparables en el Derecho Internacional? ¿Qué relación existe entre estos dos derechos: Equivalentes o contrapesos? ¿El derecho de los pueblos a la libre autodeterminación podría tener prioridad sobre la soberanía del Estado cuando éste no puede satisfacer las necesidades básicas de las poblaciones? ¿Está llamado a intervenir solamente en las pocas hipótesis de ausencia de un Estado y en la actualidad, por ejemplo, en beneficio de los pueblos nómadas? Resulta seductora la posibilidad de admitir que existe un derecho de los pueblos que es superior a la soberanía, que condicionaría su ejercicio. Sin embargo, la tesis implica dar un duro golpe a uno de los pilares del Derecho Internacional y no es seguro, por esta razón, que resulte viable.

Bibliografía sugerida: • CENTRE DE RECHERCHE SUR LES MARCHES ET LES INVESTISSEMENTS INTERNATIONAUX (2000), *Souveraineté étatique et marchés internationaux à la fin du 20e siècle, À propos de 30 ans de recherche du CREDIMI*, Mélanges en l'honneur de Philippe Kahn, Paris, éd. Litec; • DUPUY, R.-J. (1989), *La clôture du système international, La cité terrestre*, Paris, PUF; • TAVERNIER, P. (2001), Les différends frontaliers terrestres dans la jurisprudence de la CIJ, *Annuaire français de droit international*, p. 137 (consultable en línea); • VERHOVEN, J. (2000), Souveraineté et mondialisation : libres propos, in *La mondialisation du droit*, sous la direction d'E. Loquin et C. Kessedjian, Travaux du Centre de recherche sur les marchés et les investissements internationaux, Paris, éd. Litec.

JEAN-PHILIPPE BUGNICOURT

Véase también: - Carta de Derechos y Deberes Económicos de los Estados - Cláusula de Salvaguardia - Colonización - Mercados Internacionales - Orden público - Responsabilidad Internacional – Soberanía alimentaria.

Soberanía alimentaria

En julio de 2006, mientras que la Organización Mundial del Comercio (OMC) fracasaba nuevamente en el intento de desbloquear la Ronda de negociaciones comerciales multilaterales que había dado inicio cinco años antes en Doha, el movimiento sindical campesino internacional *Vía Campesina* gritaba victoria: ¡La Ronda de Doha ha muerto! ¡Viva la soberanía alimentaria! Se celebraba así el reconocimiento de un concepto que el movimiento había logrado poner en el foco de atención de la comunidad internacional, durante la Cumbre Mundial sobre la Alimentación celebrada bajo el auspicio de la Organización de las Naciones Unidas para la Alimentación y la Agricultura (FAO), en Roma en 1996.

Presentado como una alternativa necesaria a las políticas liberales que rigen la producción y el comercio de productos agrícolas desde la década de 1980, la soberanía alimentaria es definida por la Vía Campesina como un derecho colectivo, "el derecho de cada pueblo a definir sus propias políticas agropecuarias y en materia de alimentación, a proteger y reglamentar la producción agropecuaria nacional y el mercado doméstico a fin de alcanzar metas de desarrollo sustentable, a decidir en qué medida quieren ser autodependientes [y] a impedir que sus mercados se vean inundados por productos excedentarios de otros países que los vuelcan al mercado internacional mediante la práctica del "dumping"." Además, estas políticas deben ser ecológica, social, económica y culturalmente apropiadas a sus circunstancias únicas. Sin embargo, el Derecho Internacional aún no ha hecho de la soberanía alimentaria un concepto jurídico. Aunque sin duda sus fines buscan reforzar el objetivo de la seguridad alimentaria, su aplicación sigue siendo difícil, lo que podría originarse en el propio concepto de soberanía del que se hace uso.

Las organizaciones de la sociedad civil siguen reclamando el reconocimiento y la aplicación del concepto de soberanía alimentaria en las políticas nacionales, regionales e internacionales, revitalizando sistemáticamente el debate sobre el papel del Estado en el desarrollo de la agricultura, en la regulación del comercio agrícola y en la satisfacción de las necesidades alimentarias de la población. Varias Declaraciones de la sociedad civil han marcado el surgimiento de este concepto desde 1996, entre las que pueden citarse la Declaración de Nyeleni para la Soberanía Alimentaria (2007) y la Declaración de Montreal "por un contrato social renovado sobre la base de la soberanía alimentaria" (2007). Para sus defensores, si bien la aplicación de los principios y prácticas inherentes a la noción de la soberanía alimentaria debe marcar una ruptura con el modelo liberal de desarrollo agrícola derivado del Consenso de Washington (respuesta del Banco Mundial y del Fondo Monetario Internacional a la deuda de los países menos adelantados), de los programas de ajuste estructural y de la liberalización del comercio de productos agrícolas efectuada en el marco de la OMC, ésta no debe asimilarse a un retorno a las estrategias de autosuficiencia alimentaria, sinónimo de nacionalismo y proteccionismo. La autosuficiencia alimentaria fue la prerrogativa de las políticas agrícolas desarrolladas especialmente por los jóvenes estados independientes de África, durante las décadas 1960-1970. De inspiración claramente keynesiana, se basaban en un estatismo impecable que se aplicaba a la etapa de producción, de financiación agrícola, de comercialización y de distribución de los productos alimenticios. El objetivo de los programas de autosuficiencia era precisamente la plena satisfacción de la demanda nacional de alimentos, por la producción agrícola local. Para los defensores de la soberanía alimentaria, sin embargo, si bien cada Estado debe tener la libertad de dar prioridad a la producción agrícola local para satisfacer sus necesidades domésticas, esto no significa ignorar las interdependencias agrícolas y alimentarias internacionales. La soberanía alimentaria es más bien un conjunto de opciones políticas y estratégicas para corregir los excesos y los desequilibrios causados por el modelo liberal de desarrollo agrícola, para garantizar la seguridad alimentaria de la población, independientemente del territorio donde se encuentren. La soberanía alimentaria puede definirse como un "concepto-medio" que reposa sobre la base de una variedad de elementos: la gestión internacional de los mercados agrícolas basada en la concertación y la responsabilidad de garantizar un precio justo a los productores, para proteger los mercados internos de las importaciones de bajo precio originadas en el *dumping*; el fortalecimiento de las explotaciones campesinas y familiares de alimentos destinados a los mercados internos y locales; el acceso equitativo a los medios de producción que son la tierra, el agua, las semillas, la capacitación y el crédito; la promoción de los cultivos de alimentos y el desarrollo de circuitos cortos de comercialización; el reconociendo del papel de la mujer en la producción agrícola; la necesidad de asegurar a las comunidades locales el control sobre los recursos productivos frente a la amenaza del acaparamiento de la tierra y de los recursos genéticos por parte de empresas extranjeras; la protección de las semillas, garantizando que los agricultores puedan intercambiarlas y utilizarlas libremente (rechazo del sistema de patentes sobre la vida); y finalmente el apoyo con fondos públicos a las actividades productivas de las familias y comunidades, centrándose en la "autonomización", el control local y la producción de alimentos para la población y los mercados locales. Este último punto hace referencia a un elemento central de la definición de la soberanía alimentaria: la "autonomía alimentaria".

La autonomía alimentaria se refiere a la proporción de los alimentos que se consumen en un territorio, por lo general un Estado, y que provienen de él. Por ejemplo, según los datos emitidos por el Gobierno de Quebec, para el 2008, la autonomía alimentaria de Quebec fue del 33%, este porcentaje era cercano al 75% hace 25 años. Los defensores de la soberanía alimentaria estiman que la autosuficiencia alimentaria es indispensable para hacer frente a los efectos adversos del exceso de dependencia de las importaciones de alimentos y al sistema de ayuda alimentaria. La autonomía expresa la idea de que cada Estado debe tener la flexibilidad necesaria para definir y garantizar un grado de autonomía alimentaria ambicioso y crucial que sirva no sólo para satisfacer las necesidades alimenticias de las poblaciones locales, sino también para responder a la vulnerabilidad de los agricultores nacionales. Teniendo en cuenta sus especificidades locales, cada Estado debe tener la posibilidad, dentro de la definición de estrategias agrícolas y de aprovisionamiento alimentario nacional, de colocar el cursor entre comercio internacional y producción agrícola local, en el punto donde lo considere más adecuado para satisfacer de manera sostenible las necesidades alimentarias locales y para mantener sus perspectivas de desarrollo agrícola. Esto implica que el Estado pueda adoptar plena y libremente las políticas públicas en la materia, incluidas las medidas de protección en frontera, con el fin de preservar esta relación legítima entre quienes, en su territorio, producen alimentos y quienes los consumen. Aquí es donde entra en escena la soberanía alimentaria, es decir, el derecho de los pueblos a su política agrícola y alimentaria, a la regulación de los mercados. Esta soberanía busca restaurar así la responsabilidad y la capacidad de los Gobiernos de regular las actividades de los "operadores alimentarios", siguiendo los fines de esta seguridad alimentaria y del derecho a un trabajo decente.

De tal forma, este modelo de desarrollo agrícola orientado por los principios de la soberanía alimentaria persigue principalmente la realización de un objetivo: la seguridad alimentaria. Sin embargo, este concepto no es bien recibido en las organizaciones no gubernamentales que lo asocian: al modelo liberal de desarrollo agrícola y a la promoción de una agricultura productivista; a la liberalización del comercio de materias primas agrícolas; al repliegue de los Estados de la definición y aplicación de las estrategias agrícolas y alimentarias locales; y, por último, al sistema de ayuda alimentaria cuando los mercados son incapaces de responder a necesidades locales urgentes. Bajo el impacto de los programas de ajuste estructural y de la reintroducción de la agricultura en el ámbito de las normas de comercio internacional de la OMC, los países en desarrollo se han visto obligados a seguir el camino de la "mercantilización de los recursos agrícolas". Ahora, estos recursos deben ser tratados a la luz de los problemas comerciales asociados a una economía globalizada, en vez de serlo como bienes particulares pues son necesarios para la vida humana. La producción y explotación de los productos agrícolas han sido dejadas en manos de las fuerzas del mercado, que se suponía que crearían una dinámica de redistribución propicia para lograr el objetivo de la seguridad alimentaria. De acuerdo con este esquema de desarrollo agrícola, la seguridad alimentaria incluye la esfera de las "consideraciones no comerciales", las cuales deben tenerse en cuenta en las negociaciones y en la continuación de los acuerdos comerciales relativos a los recursos agrícolas, pero esta sigue siendo entendida sólo desde el punto de vista económico y utilitarista.

Desde finales de la década de 1980 el saldo de este modelo liberal es mixto. La mejora en el nivel global de la seguridad alimentaria ha sido conseguida a costa de la degradación ambiental y de la profundización de la brecha entre los países del Norte y los del Sur; las poblaciones de los países en desarrollo siguen estando, en su mayoría, expuestas al hambre, a la desnutrición y a la pobreza. De acuerdo con el análisis del Relator Especial de las Naciones Unidas sobre el Derecho a la Alimentación, Olivier de Schutter, en estos países, la promoción del modelo liberal de desarrollo agrícola ha contribuido principalmente a debilitar la situación agrícola y alimentaria, "ahogando" a los campesinos locales en un sistema de competencia sin límites y controlado por las firmas agroindustriales multinacionales de origen occidental, mediante la destrucción de la agricultura de autoconsumo y la exposición de los mercados domésticos a los efectos desestabilizadores de los sistemas de ayuda alimentaria. Con casi mil millones de personas que padecen hambre en el mundo, donde la mitad son campesinos y personas que viven en zonas rurales de los países en desarrollo, estas fallas se convertirían lógicamente en el soporte de las reivindicaciones de soberanía. Sin embargo, el concepto de soberanía alimentaria no se debe interpretar como un desafío a la interdependencia de las economías alimentarias y agrícolas. Es más bien un rechazo del *dumping* y la reivindicación de reglas equitativas que regulen el desarrollo del comercio mundial y destinadas a tener en cuenta las especificidades y necesidades agrícolas y alimentarias locales: un sistema agrícola y alimentario que refleje un reequilibrio entre la nivel local y el nivel global.

A pesar de todo, la soberanía alimentaria sigue siendo hoy en día un concepto esencialmente elaborado por la sociedad civil y que no tiene una existencia propia en el derecho. También, es objeto de una reflexión crítica por parte de los economistas liberales y de los movimientos anti-globalización que lo acusan de promover reflejos nacionalistas y conducir a una política de autarquía y de encierro. Para otros, la soberanía alimentaria no permite la consideración del desarrollo agrícola de los países en su conjunto, por tomar en cuenta únicamente la producción agrícola y ganadera, sin asociar la gestión de los bosques, de la pesca y del agua. Asimismo, debe añadirse un desacierto que concierne estrictamente el plano jurídico: el concepto se construye sobre la base de la noción de soberanía, que expresa, en particular, la independencia y es este el motivo que justifica la elección hecha por sus promotores, de utilizar este concepto para apoyar sus pretensiones. Sin embargo, en términos jurídicos se considera que la soberanía es indivisible y que su fuerza se deriva de su unidad absoluta. Decir que existe una de carácter alimentario no tiene mucho sentido para el Derecho e incluso se corre el riesgo de que la noción pierda toda su utilidad.

La existencia del concepto jurídico de soberanía alimentaria dependerá, en definitiva, de su consagración en un texto jurídico, vinculante o no, que no provenga exclusivamente de la sociedad civil. Aunque aisladas, algunas iniciativas locales son dignas de mención. Debe citarse el ejemplo de Venezuela que aprobó un decreto en el cual se afirma la responsabilidad de los poderes públicos de garantizar el derecho a la alimentación y la soberanía alimentaria y agroalimentaria (2008). En África occidental, las políticas agrícolas adoptadas por Senegal y Malí bajo la forma de leyes de orientación se refieren explícitamente al objetivo de la "soberanía alimentaria". El Gobierno de Senegal expresa su ambición de recuperar el mercado interno y mejorar la cobertura de las necesidades alimentarias del país, a través de una política de diversificación y sustitución de importaciones (arts. 5 y 6 de la Ley de Orientación Agro-silvo-pastoral, 2004). La intervención de los mercados ya no está prohibida, incluida la política de protección, cuando sus producciones están amenazadas por las distorsiones inducidas por las políticas de sus socios comerciales. La ley aborda esencialmente la "seguridad alimentaria", vinculándola expresamente a la "soberanía alimentaria", en términos del aumento de la disponibilidad nacional.

Un ejemplo de esta política es dado por la cebolla que se cultiva en el valle del río Senegal. A pesar de una importante capacidad de producción local, la cebolla senegalesa se encontró rápidamente en competencia con cebollas importadas principalmente de los Países Bajos, Francia y Bélgica. Esta situación expuso el mercado interno al problema de un exceso de oferta, provocando a su paso una caída de los precios de la cebolla en el mercado senegalés; los productos importados eran más accesibles que los productos locales. Frente a este problema, sobre la base de la constatación que Senegal tenía un fuerte capital humano y de producción, y que un aumento en la producción local era posible y permitiría limitar su dependencia alimentaria, el Gobierno senegalés y los productores locales decidieron en 2004, establecer un sistema de gestión de la oferta basado en el control de las importaciones, el control del volumen producido (estableciendo una cuota global de producción con el fin de ajustarla a la demanda real) y el control de precios de producción (determinación de un precio remunerador incitativo para los productores locales, pero razonable para el consumidor). En cuanto al control de las importaciones, se trató más específicamente de reducir y, después, de prohibir totalmente la importación de cebollas extranjeras durante el período de comercialización de la cebolla local, es decir, de mayo a agosto. De esta manera, en 2012 las importaciones fueron suspendidas entre el 1º de febrero y el 31 de agosto. Para justificar tal medida unilateral de restricción al comercio ante sus socios comerciales, las autoridades senegalesas se apoyaron en la cláusula de salvaguardia especial del Acuerdo sobre la Agricultura (art. 5 que prevé una excepción temporal al principio de la consolidación y de la reducción gradual de los aranceles aplicados a la entrada de determinados productos agrícolas en el mercado nacional), citando el perjuicio causado por esas importaciones a la situación de los productores locales. Este control de las importaciones ha provocado el aumentado del precio de la cebolla en el mercado senegalés durante el período de restricción de las importaciones; un aumento que se limitó con el fin de no penalizar a los consumidores. Por último, la producción total de Senegal ha experimentado un crecimiento significativo. Téngase en cuenta que la conformidad de la política voluntarista senegalesa con las normas del comercio internacional que regulan el comercio de productos agrícolas no ha sido, por el momento, objeto de discusión, a pesar de que el principio de "una prohibición total de las importaciones" de cebolla en el mercado nacional pueda parecer cuestionable en términos del derecho de la OMC, incluso sobre la base del artículo 5 del Acuerdo sobre la Agricultura. En el sistema de la OMC, la impugnación de medidas comerciales restrictivas adoptadas por un Miembro solo puede ser iniciado por otro Estado miembro, en el marco del procedimiento de solución de controversias y los principales países europeos afectados no han planteado todavía la cuestión.

La eficacia de estas iniciativas nacionales o regionales para la soberanía alimentaria exige que este concepto encuentre su lugar en el ámbito del Derecho Internacional. En el Derecho Internacional general, la aparición de reivindicaciones sobre la soberanía alimentaria pareciera poder fundamentarse en el desarrollo contemporáneo del derecho a la alimentación y del derecho al desarrollo, así como sobre la identificación de las obligaciones impuestas a los sujetos de derecho internacional para su aplicación. Es lo que pedía en 2004 el antiguo Relator Especial de las Naciones Unidas sobre el Derecho a la Alimentación, Jean Ziegler, instando a los Gobiernos "a que respeten, garanticen y hagan efectivo el derecho a la alimentación de conformidad con sus obligaciones en materia de derechos humanos. Se debe prestar atención urgente a los desequilibrios y las desigualdades existentes en el sistema comercial mundial que pueden tener graves consecuencias negativas para el derecho a la alimentación. Es el momento de examinar nuevos modelos alternativos para la agricultura y el comercio, como el propuesto por el concepto de soberanía alimentaria, que da prioridad a la seguridad alimentaria y al derecho a la alimentación para todas las personas en todo momento." De ahí a reivindicar el reconocimiento por parte de las autoridades de la ONU de un "derecho a la soberanía alimentaria", sólo hay un paso. Algunos solicitan en concreto que una resolución sea adoptada, incluso una convención internacional que consagraría la existencia de tal derecho, siempre en una dimensión colectiva. En otras palabras, el "derecho a la soberanía alimentaria" conllevaría el derecho de los pueblos a ser autónomos en lo que concierne a las decisiones relacionadas con la agricultura o la alimentación. Este derecho "colectivo" de soberanía alimentaria debería reflejarse, de seguido, en las directrices establecidas por la FAO o por la Conferencia de las Naciones Unidas sobre Comercio y Desarrollo (UNCTAD).

Resulta evidente que la eficacia de este derecho colectivo a la soberanía alimentaria supone también que sea tomado en cuenta en el ámbito del derecho económico y del comercio internacional. El derecho a la soberanía alimentaria buscaría fijar nuevas reglas jurídicas para proteger los mercados nacionales, para "legitimar" el derecho de cada Estado a definir y aplicar una estrategia agrícola nacional alternativa al modelo liberal de desarrollo agrícola impuesto al conjunto de los Estados del mundo, por los programas de ajuste estructural y las normas internacionales de comercio de la OMC. La aceptación del concepto de soberanía alimentaria por el derecho comercial internacional, contribuiría al reconocimiento de la especificidad del "bien agrícola" y de su tratamiento en la categoría genérica de "mercancías", bajo la consideración de que el acceso a estos bienes es necesario para la seguridad alimentaria y contribuye al cumplimiento por parte de los Estados, de sus obligaciones en relación con el derecho a la alimentación de su población. Esta especificidad de los "bienes agrícolas" se reflejaría en la afirmación de un estatus jurídico particular en el comercio internacional y que debería ser formalmente incorporado en la normativa de la OMC, de manera que estos bienes estén protegidos de los efectos negativos del comercio internacional y de la especulación en los precios de los productos agrícolas. Las vías jurídicas para lograr este objetivo son variadas: la adopción de un nuevo acuerdo comercial sobre la agricultura (inspirado en los principios establecidos en un texto antiguo - la Carta de La Habana); reformas sustanciales en otros acuerdos comerciales multilaterales que influyen en el contenido de las estrategias agrícolas nacionales (véase el Acuerdo sobre los Aspectos de Propiedad Intelectual relacionados con el Comercio - ADPIC, en particular las disposiciones que autorizan la privatización de los recursos genéticos agrícolas generados por la expansión de los derechos de propiedad intelectual); consagración de una interpretación extensiva de las medidas de salvaguardiaprevistas en los acuerdos comerciales existentes, con el fin de justificar excepciones a las normas sobre el comercio de materias primas agrícolas (reconocimiento de una "excepción alimentaria" basada en la defensa del orden público y/o del interés general, a través de la utilización de las cláusulas de salvaguardiaprevistas en varios acuerdos comerciales multilaterales); o, de manera más radical, como sucede con los "bienes culturales", el estableciendo de una exclusión pura y simple de los productos agrícolas del ámbito de las normas del comercio internacional.

Bibliografía sugerida: • BUISSON, M. (2011), Nécessité et possibilité d'un nouveau cadre international fondé sur la souveraineté alimentaire, *Passerelles*, Genève, International Center for Trade and Sustainable Development, volume XII, n° 1, p. 4 (consultable en línea); • CLUB DU SAHEL ET DE L'AFRIQUE DE L'OUEST (2007), *La souveraineté alimentaire en Afrique de l'Ouest, Des principes à la réalité*, Paris, OCDE (consultable en línea); • GUIGNIER, A. (2009), Le droit international face à l'insécurité alimentaire et environnementale : état des lieux et perspectives, *Écologie & politique*, n° 38, p. 109 (consultable en línea); • NICHOLSON, P., MONTAGUT, X., JAVIERA, R. (2012), *Terre et liberté ! À la conquête de la souveraineté alimentaire*, Genève, CETIM.

THOMAS BREGER Y
FREDERIC PARE

Véase también: - Acaparamiento de tierras - Cláusula de Salvaguardia - Derecho a la alimentación – Derecho a la tierra – Derechos de los campesinos - Importación neta de alimentos - Orden público – Pueblos autóctonos – Reforma Agraria - Seguridad Alimentaria - Soberanía.

Sociedad cooperativa

Véase: - Cooperativa.

Subsistencia

Véase: - Economía de subsistencia – Pueblos autóctonos - Revueltas del hambre – Seguridad alimentaria – Soberanía alimentaria.

Subvención

Véase: - Acuerdo sobre la Agricultura.

Suelo

El término "suelo" es polisémico. Hace referencia al mismo tiempo a una superficie - un terreno - y al material del cual está compuesto - la tierra -. El suelo puede definirse como la capa superior de la corteza terrestre, compuesta de partículas minerales, de materias orgánicas, de agua, de aire y de organismos vivos.

La multifuncionalidad del suelo ha sido puesta de relieve por las ciencias del suelo. Este cumple varias funciones, ecológicas, económicas, sociales y culturales: en el nivel ecológico, constituye un reservorio genético único. Es el componente esencial del sistema de producción de alimentos y también asegura el suministro de energías renovables y de materias primas. Actúa como un filtro natural para las aguas subterráneas, al mismo tiempo que constituye un gran sumidero de carbono para todo el ecosistema terrestre. Además, el suelo es el soporte físico de las actividades socioeconómicas y culturales para el desarrollo urbano, la industria, el transporte, la agricultura y la recreación. Desde un punto de vista cultural, es una fuente de informaciones arqueológicas fundamentales para el conocimiento de las civilizaciones, a la vez que sirve de soporte a los paisajes.

El suelo es un recurso frágil y no renovable, y las amenazas que pesan sobre él están ahora presentes más que nunca. En el ámbito mundial, un informe de la Organización de las Naciones Unidas para la Alimentación y la Agricultura (FAO), publicado en 2011, señala que una cantidad creciente y preocupante de las tierras agrícolas mundiales están siendo afectadas por la degradación del suelo. A pesar de ello, la producción de alimentos a escala mundial debería aumentar en un 70%, de aquí al 2050. Este aumento de las necesidades de alimentos, agregado a la demanda de otros usos concurrentes, ejercerá una presión sin precedentes sobre muchos sistemas de producción agrícola alrededor del mundo. La Unión Europea no es una excepción: se estima que más del 16% de la superficie total del territorio está siendo afectada por procesos de degradación: erosión, disminución de los niveles de materia orgánica del suelo, compactación, impermeabilización, deslizamientos, contaminación de los suelos.

Sin embargo, la protección jurídica de la calidad del suelo no está a la altura de su papel vital. Esta situación se relaciona con el estatus particular del recurso. Mientras que la protección de otros recursos naturales como el aire, el agua y la biodiversidad se pudo emprender sin dificultad, la consideración de las situaciones que atentan contra el suelo resulta todavía insuficiente, tanto en el ámbito internacional como en el regional y nacional. Esto no resulta ser tan sorprendente. El aire y el agua están protegidos porque jurídicamente están destinados al uso de todos, mientras que el suelo, en tanto que inmueble, es objeto de propiedad; su protección solo concierne a su dueño. De hecho, un marco global para el uso sostenible del suelo ha tardado en imponerse. Sin duda, las dificultades ligadas a la aprehensión de la calidad de los suelos encuentran su origen en la naturaleza compleja del recurso: por un lado, el suelo debe permanecer en un estado que le permita cumplir sus múltiples funciones; por el otro, se le requiere para un sinnúmero de actividades humanas que provocan su degradación. La aplicación de una política destinada a preservar la calidad del suelo supone el establecimiento de herramientas jurídicas de prevención de las situaciones que lo afectan y de reparación de los daños causados.

Durante mucho tiempo, el tema de la calidad del suelo se concibió jurídicamente de modo indirecto, a través de las actividades humanas capaces de producir efectos adversos sobre el recurso: instalaciones industriales, productos químicos, actividades agrícolas, residuos, etc. Actualmente y, en especial, a partir del vasto estudio de 2005 relativo a la "evaluación de los Ecosistemas para el Milenio" (*Millennium assessment*), iniciado a solicitud del Secretario General de las Naciones Unidas, que estableció la relación entre la pérdida de los servicios ecosistémicos y el riesgo de una pérdida económica mayor, se privilegia el enfoque en términos de "servicios". Sin embargo, esta nueva percepción no está del todo libre de peligro y algunos han denunciado el riesgo de desplazamiento desde un valor intrínseco hacia un valor instrumental del ambiente.

Hoy en día, la necesidad de tomar en cuenta el valor intrínseco de la materia, en tanto una riqueza común, refuerza la idea según la cual es necesario elaborar un instrumento universal de protección y uso sostenible del suelo. Algunos convenios internacionales abordan el tema, pero de forma accesoria, como el Convenio de las Naciones Unidas sobre la conservación de la Diversidad Biológica (CDB, 1992) o la Convención de las Naciones Unidas de lucha contra la desertificación (1994). Ocurre lo mismo en el nivel regional, con el reciente Protocolo sobre la gestión integrada de las zonas costeras del Mediterráneo (2008), anexo al Convenio de Barcelona para la protección del Mar Mediterráneo contra la contaminación (1976).

En el ámbito sectorial, se prefieren los llamados instrumentos de "*soft law*", no vinculantes. De hecho, junto a la Carta Mundial de los Suelos de la FAO (1981) y a la Carta revisada del Consejo de Europa sobre la protección y la gestión sostenible del suelo (2003), los instrumentos vinculantes como el Protocolo "Protección del suelo" al Convenio de los Alpes de 1991, constituyen excepciones. Sin embargo, existen algunas propuestas. En el seno de la Unión Europea, una propuesta de Directiva que establecería un marco para la protección del suelo (2006) busca precisamente la preservación de la capacidad de los suelos para cumplir con cada una de sus funciones ecológicas, económicas, sociales y culturales. Del mismo modo, un grupo de expertos trabaja desde hace varios años en la elaboración de un texto bajo los auspicios de la Unión Internacional para la Conservación de la Naturaleza (UICN). La protección del suelo podría tomar la forma de un protocolo a la Convención de las Naciones Unidas de lucha contra la desertificación, o, idealmente, de un Convenio Mundial sobre la seguridad y el uso sostenible del suelo, en un contexto donde el ligamen entre la calidad de los suelos y la seguridad alimentaria ya no tenga que demostrarse.

Bibliografía sugerida: • BRAUCH, H. G., SPRING, U. O. (2009), *Securitizing the Ground, Grounding Security*, Secrétariat des Nations Unies, UNCCD Issue Paper, n° 2 (consultable en línea); • HANNAM, I., BOER, B. (2002), *Legal and Institutional Frameworks for Sustainable Soils*, IUCN Environmental Policy and Law Paper, n° 45 (consultable en línea); • HANNAM, I., BOER, B. (2004), *Drafting legislation for sustainable soils : a guide*, IUCN Environmental Policy and Law Paper, n° 52 (consultable en línea); • ORGANIZACION DE LAS NACIONES UNIDAS PARA LA ALIMENTACION Y LA AGRICULTURA (2011), *El estado de los recursos de tierras y aguas deL mundo para la alimentación y la agricultura: Cómo gestionar los sistemas en peligro*, Roma, FAO (consultable en línea).

PASCALE STEICHEN

Véase también: – Recursos naturales.

Sui géneris (sistema de protección...)

Véase: - Acuerdo ADPIC.

Sustancias

Véase: - Adición de sustancias.

T

Terroir

En su definición original, "*terroir*" es un concepto agrícola. Un *terroir* es una porción de espacio agrario definido por la homogeneidad de sus características geológicas, pedológicas y topográficas. Corresponde a una calidad del suelo asociada a una roca madre. Se trata así de un espacio físico homogéneo, que es diferente de las zonas vecinas por su suelo, su morfología y su exposición. En una definición más amplia, el término *terroir* se utiliza actualmente en el sentido de "producto del *terroir*". Se trata de un espacio de producción de un producto típico, que es el resultado tanto de las características del medio físico, como de la acción humana. Esta acepción fue inicialmente utilizada en la viticultura y permitió definir, en Francia, las áreas de denominación de origen controlada (DOC). La definición ha sido extendida para ser utilizada en áreas donde se producen otros productos: quesos, aceitunas o incluso productos cárnicos. Posteriormente, fueron creadas zonas de producción similares en varios países europeos, con base en el modelo francés.

También, el *terroir* es reconocido como un espacio delimitado en el cual una comunidad humana ha construido, a través de la Historia, un conocimiento (*know-how* o *savoir-faire*) colectivo de producción, definido por las prácticas y que combina el medio físico y los factores humanos. De esta manera, el producto del *terroir* tiene una buena reputación debido a su calidad reconocida y típica, vinculada a su origen geográfico. Este puede recibir una denominación o un sello de indicación geográfica. En este sentido, el *terroir* es el espacio de producción de un producto emblemático de un país y que adquiere una dimensión patrimonial. Es igualmente, si no más, asociado a un *savoir-faire* que a un entorno natural.

En Francia, este es precisamente el sentido que le da el Instituto Nacional del Origen y la Calidad al señalar que el *terroir* es una zona geográfica delimitada donde una comunidad humana ha construido, a través de la historia, un saber intelectual colectivo de producción, basado en un sistema de interacciones entre un medio físico y biológico, y un conjunto de factores humanos en los que las rutinas socio-técnicas empleadas revelan una originalidad, confieren una tipicidad y crean una reputación para un producto originario de ese *terroir*. Esta ampliación del significado es contemporánea a la consideración del desarrollo local, al retorno del concepto de país y al reconocimiento de los productos "DOC" y de las indicaciones geográficas protegidas (IGP). Un producto del *terroir* expresa la calidad mediante el sabor, el gusto, el origen, la tipicidad, lo que se opone a la visión anglosajona de un producto estandarizado y sano.

En este sentido, cabe señalar que la noción de *terroir* no es aceptada en todas partes de la misma manera y esta diversidad se ve reflejada en el plano jurídico. En la Unión Europea (UE), la relación singular entre el *terroir* y los productos derivados de él ha conducido a la creación de un dispositivo de protección original (principalmente para las denominaciones de origen protegidas – DOP – y para las IGP). Las reglas se fundamentan en la idea de la existencia de este vínculo. Por lo tanto, se basan en una tendencia que no es compartida, en términos jurídicos, por todos los socios comerciales de la UE, lo que puede causar un problema de reconocimiento o de protección internacional de las indicaciones geográficas europeas. El Derecho vigente en los Estados Unidos considera que son más bien las personas y sus conocimientos (*know-how*), con independencia del lugar de producción, lo que transmite al producto su identidad. La tipicidad de un producto, supuestamente heredada de un *terroir* particular, no se toma realmente en cuenta en los Estados Unidos. Por ello, la protección de una indicación geográfica se vale de herramientas que no están específicamente destinadas a la promoción de los frutos de un *terroir*, empezando por el Derecho de Marcas (aun cuando existen denominaciones de origen en los Estados Unidos, su importancia es muy relativa).

Bibliografía sugerida: ◆ BARHAM, E. (2003), Translating terroir : the global challenge of French AOC labelling, *Journal of Rural Studies*, volume 19, n° 127; ◆ DELFOSSE, C. (dir.) (2011), *La mode du terroir et les produits alimentaires*, Paris, éd. Les Indes savantes; ◆ LE GOFFIC, C. (2007), L'appellation d'origine, reconnaissance juridique du concept géographique de terroir, *Revue de droit rural*, n° 358, p. 32; ◆ ROUDIÉ, Ph. (2001), Vous avez dit terroir ? Essai sur l'évolution d'un concept ambigu, *Journal international des sciences de la vigne et du vin*, hors-série, p. 7.

JEAN RENARD Y
JEAN-PHILIPPE BUGNICOURT

Véase también: - Calidad de los productos - Denominación de Origen Protegida - Especialidad Tradicional Garantizada - Indicación Geográfica Protegida – Marca – Signos de calidad – Signos distintivos.

Titulación

Véase: - Colonización – Derecho consuetudinario – Inversiones internacionales – Reforma agraria.

Trabajadores agrícolas

La Organización de las Naciones Unidas para la Alimentación y la Agricultura (FAO) y la Organización Internacional del Trabajo (OIT) consideran trabajadores agrícolas a todas aquellas personas que laboran en los campos de cultivo, huertos, invernaderos, unidades ganaderas e instalaciones de procesamiento básico para producir los alimentos y las fibras.

Atendiendo a una noción jurídica, se consideran trabajadores agrícolas las personas físicas que prestan sus servicios manuales o intelectuales, relacionados con el cultivo y el aprovechamiento de la tierra, por cuenta y bajo la dependencia de otra persona (empleador o empresario), titular de una explotación agrícola, forestal o pecuaria, a cambio de una remuneración. En tal sentido, si bien no existe un concepto jurídico propio y autónomo de "trabajador agrícola", el mismo coincide con el aceptado por los ordenamientos jurídico-laborales para cualquier tipo de trabajador, con las particularidades de la actividad agraria. Entendida la actividad agraria como la producción, la cría o el cultivo de productos agrícolas, forestales o pecuarios, con inclusión de la cosecha, el ordeño, la cría de animales y el mantenimiento de animales a efectos agrícolas, o el mantenimiento de la tierra en buenas condiciones agrarias y medioambientales (Véase Regl. UE 73/2009 de 19 de enero de 2009, por el que se instauran determinados regímenes de ayuda a los agricultores).

Las particularidades derivadas de la naturaleza de tales actividades agrarias determinan un mercado de trabajo caracterizado por los ciclos biológicos y climatológicos. Estas condiciones determinan fluctuaciones estacionales de producciones y cultivos, imprevisibilidad de las necesidades de mano de obra, heterogeneidad de las labores y calendarios distintos según los cultivos y las zonas agroclimáticas, y configuran un mercado laboral diferenciado con distintas categorías de trabajadores. Entre ellos se encuentran trabajadores agrícolas permanentes; trabajadores temporales o eventuales; trabajadores estacionales; trabajadores migratorios; pagados a destajo o con algún tipo de retribución "en especie" y pequeños agricultores propietarios de explotaciones agrarias que realizan tareas agrícolas pagadas a fin de completar sus propios ingresos.

Los trabajadores agrícolas permanentes son contratados por tiempo indefinido, normalmente en jornadas de trabajo a tiempo completo y con mejores y más estables condiciones laborales que otros trabajadores agrícolas. Los trabajadores eventuales, temporales y estacionales son contratados por un período de tiempo específico y limitado. En el caso de los eventuales, son empleados y remunerados al final de cada jornada trabajada o a destajo, por la tarea realizada. Los trabajadores migratorios pueden encontrarse en todas las clases de trabajadores agrícolas, permanentes o temporales y son aquellos provenientes de zonas o países distintos al lugar donde se encuentra la explotación agrícola para la que se prestan los servicios.

En lo que concierne a la remuneración, la misma puede consistir en dinero o en pagos en especie, normalmente mediante la entrega de una parte de los productos conseguidos por el trabajador como medio de cambio. No obstante y, esto le diferencia de otras figuras de trabajo agrícola autónomo, el trabajador agrícola asalariado tiene asegurado el percibo de un salario por su trabajo, a salvo de cualquier contingencia o del resultado de la actividad empresarial. En tal sentido, el trabajador agrícola asalariado no asume los riesgos de la explotación agrícola, como sí lo hacen los trabajadores autónomos o empresarios agrícolas, quienes en tanto titulares de la explotación, perciben directamente los beneficios y soportan las pérdidas.

En efecto, una de las particularidades del trabajo agrícola es la pluralidad de relaciones laborales en que se manifiesta. Así, entre el tipo de trabajo agrícola por cuenta ajena y el trabajo agrícola por cuenta propia o trabajo agrícola autónomo, se presentan fórmulas mixtas e intermedias que dificultan una separación de sus miembros en relaciones jurídicas bien determinadas. Un ejemplo de estas fórmulas se da en los pequeños agricultores propietarios de una parcela, que deben trabajan regularmente en una explotación agraria para complementar sus escasos ingresos. En estos casos, se trata de un trabajador que aparece sucesiva o simultáneamente durante el mismo período agrícola, como trabajador agrícola por cuenta propia o autónomo y como trabajador agrícola asalariado o por cuenta ajena al servicio de uno o varios empresarios agrícolas. No obstante, son considerados trabajadores agrícolas porque sus ingresos dependen del trabajo asalariado como una fuente regular de su sustento económico.

Se estima que el número de trabajadores activos en la producción agrícola mundial es de aproximadamente 1.300 millones, lo cual corresponde al 50% de la mano de obra en el mundo. La fuerza de trabajo dedicada a la agricultura representa menos del 10% de la población económicamente activa en los países industrializados, y alcanza hasta el 59% en las regiones menos desarrolladas. Sin embargo, a causa del cambio estructural y del desplazamiento de los trabajadores de la agricultura hacia sectores urbanos y más productivos, el número de trabajadores agrícolas ha disminuido y las proyecciones para los años venideros mantienen esta tendencia (es el caso de Latinoamérica y del Caribe).

Las condiciones de trabajo y las relaciones laborales de este colectivo varían considerablemente entre los trabajadores permanentes y los temporales. Los trabajadores permanentes reciben cierta seguridad laboral, salarios relativamente más altos y mayores beneficios en cuanto a vivienda, salud y condiciones de trabajo en general. Sin embargo, buena parte del trabajo agrícola asalariado lo realizan los trabajadores temporales, jornaleros y estacionales que desempeñan su trabajo sin cobertura y excluidos de la protección jurídica de sus derechos laborales fundamentales y más básicos, formando parte de la llamada economía informal, debido a que además de no ser reconocidos dentro del marco jurídico, se caracterizan por un alto nivel de vulnerabilidad. A esto se suma la migración y el empleo ocasional que están presentes de manera significativa en este colectivo. Los trabajadores agrícolas migrantes se ven aún más desfavorecidos en lo que se refiere a la protección social, remuneración, vivienda, atención médica y otros beneficios laborales. Además, como consecuencia de la migración y del desplazamientos de hombres jóvenes a las ciudades, el trabajo agrícola ha quedado en manos de muchas mujeres, aumentando la vulnerabilidad de este grupo de trabajadores.

En relación con lo anterior, los datos disponibles muestran que la distribución de los trabajadores agrícolas en el mundo es proporcional a la incidencia de la pobreza y que ésta es mayor en las áreas rurales que en las urbanas. Esta situación resulta de los bajos ingresos de los trabajadores asalariados, de los pequeños agricultores, de los agricultores que producen para su subsistencia y de los pequeños aparceros y arrendatarios que forman la mayor parte del sector rural. Asimismo, el nivel de protección de la salud en las zonas rurales es más bajo que en los centros urbanos. El desplazamiento de la población hacia las ciudades ha contribuido a una concentración de los servicios de salud en las zonas urbanas, generando un desequilibrio en la distribución de los servicios de salud con gran desventaja para el sector rural. En este contexto, la situación de los trabajadores agrícolas se agrava, debido a sus condiciones de trabajo, de vivienda y de vida, que les hacen particularmente vulnerables a los riesgos de enfermedades y accidentes profesionales. Por esta razón, principalmente en los países menos desarrollados, la prestación de servicios de salud en las comunidades rurales se presenta como un importante desafío, ya que los enfoques sanitarios tradicionales no han desarrollado mecanismos efectivos para resolver los problemas de las zonas más alejadas.

LAURA OTERO

Véase también: - Comercio Justo – Fondo Mundial para la Protección Social – Microcrédito – Mujeres – Organización Internacional del Trabajo.

Transferencia de tecnología

El objetivo de la transferencia de tecnología es el desarrollo y el crecimiento de los diversos sectores de la sociedad, mediante el acceso al conocimiento y experiencia de los grupos de investigación y a las innovaciones tecnológicas. La transferencia no sólo se manifiesta por la compra de equipos, sino también por la adquisición de nuevas tecnologías o la formación de técnicos

Se encuentra una clara referencia a la transferencia de tecnología en el artículo 4.5 de la Convención Marco de las Naciones Unidas sobre el Cambio Climático (1992). Se prevé que los países desarrollados "tomarán todas las medidas posibles para promover, facilitar y financiar, según proceda, la transferencia de tecnologías y conocimientos prácticos ambientalmente sanos, o el acceso a ellos, a otras Partes, especialmente las Partes que son países en desarrollo, a fin de que puedan aplicar las disposiciones de la Convención. En este proceso, las Partes que son países desarrollados apoyarán el desarrollo y el mejoramiento de las capacidades y tecnologías endógenas de las Partes que son países en desarrollo. Otras Partes y organizaciones que estén en condiciones de hacerlo podrán también contribuir a facilitar la transferencia de dichas tecnologías." El proceso de transferencia se estructura con 3 actores: El demandante, que en este caso serían las empresas de servicios y empresas públicas y privadas que generan gases de efecto invernadero; el oferente, que necesariamente es quien genera ciencia y tecnología (universidades, escuelas politécnicas e institutos públicos y privados de investigación y desarrollo con especialidad en alternativas tecnológicas para la disminución de los gases de efecto invernadero, así como en la gestión de la eficiencia energética); un organismo que coadyuve a una coordinación estable y fuerte para el manejo de la asistencia técnica financiera (éste debe contar con apoyo político y normativo). Se hace necesaria una estrategia política global para generar beneficios reales y toda la estructura debe estar sustentada en el concepto de desarrollo sostenible.

El Protocolo de Montreal (1985) es el texto que establece las bases para la transferencia financiera y el acceso a la tecnología, teniendo en cuenta el programa y la política nacional del Comité Nacional sobre el Clima.

El otro convenio importante en la materia es el Convenio de Río sobre la Diversidad Biológica (CDB, 1992). En su artículo 16 reafirma aspectos propios del tema de la transferencia de tecnología. En este sentido, se insiste en que el tema de la tecnología incluye también a la biotecnología. Entre las partes signatarias, tanto el acceso como la transferencia son de importancia para lograr los objetivos que propone el CDB. Lo importante es que los Estados parte deben asegurarse y facilitarse mutuamente el acceso a las tecnologías que sean necesarias para la conservación y utilización de la diversidad biológica y que el uso de los recursos genéticos no cause daños al ambiente.

Se insiste en el hecho de que "El acceso de los países en desarrollo a la tecnología y la transferencia de tecnología a esos países [...] se asegurará y/o facilitará en condiciones justas y en los términos más favorables, incluidas las condiciones preferenciales y concesionarias que se establezcan de común acuerdo" (art. 16.2). También, se busca conciliar la transferencia de tecnología con los derechos de propiedad intelectual. En efecto, se agrega que en "el caso de tecnología sujeta a patentes y otros derechos de propiedad intelectual, el acceso a esa tecnología y su transferencia se asegurarán en condiciones que tengan en cuenta la protección adecuada y eficaz de los derechos de propiedad intelectual y sean compatibles con ella" (art. 16.2). Evidentemente, se trata de una tentativa de articulación que expresa el deseo de que los derechos que se originan, por ejemplo, en una patente, no sean un obstaculo al acceso al conocimiento y a la tecnología.

Bibliografía sugerida: ◆ JEHL, J. (1985), *Le commerce international de la technologie, Approche juridique*, Paris, éd. Litec; ◆ JUDET, P., KAHN, PH., KISS, A.-CH., TOUSCOZ, J.

(dir.) (1977), *Transfert de technologie et développement*, Travaux du Centre de recherche sur le droit des marchés et des investissements internationaux (CREDIMI), Paris, éd. Litec.

RAFAEL GONZÁLEZ BALLAR

Véase también: - Biodiversidad – Bioprospección – Desarrollo sostenible.

Transformación

Véase: - Actividades agroalimentarias.

Transparencia

Véase: - Principio de transparencia.

Transporte

Véase: - Desarrollo sostenible – Derecho de la Competencia.

Tratado Internacional sobre los Recursos Fitogenéticos para la Alimentación y la Agricultura

El Tratado Internacional sobre los Recursos Fitogenéticos para la Alimentación y la Agricultura (TIRFAA) fue aprobado en Roma, con motivo de la Conferencia plenaria de la Organización de las Naciones Unidas para la Alimentación y la Agricultura (FAO), en noviembre de 2001. Entró en vigencia el 29 de junio de 2004 y actualmente cuenta con 127 Estados signatarios.

Se trata de un instrumento jurídicamente vinculante cuyo objetivo es la conservación y el uso sostenible de los recursos fitogenéticos. Estos son definidos como "cualquier material genético de origen vegetal de valor real o potencial para la alimentación y la agricultura" (art. 2). Se considera a estos recursos como muy importantes para la lucha contra el hambre y la inseguridad alimentaria en el mundo. También, el texto promueve la distribución justa y equitativa de los beneficios derivados de su utilización, lo que puede resultar benéfico, en particular, para los países en desarrollo que son importantes proveedores. Habida cuenta de su ambición, el TIRFAA complementa de cierta manera las disposiciones del Convenio sobre la Diversidad Biológica (CDB o Convenio de Río, 1992) y antecede al Protocolo de Nagoya (2010).

El Tratado obliga a los Estados a modificar su legislación nacional para que sea conforme con sus disposiciones, mediante la adopción de obligaciones sobre la conservación, la prospección, la recolección, la caracterización, la evaluación y la documentación de estos recursos, bajo una perspectiva de uso sostenible de los mismos. Con la firma del Tratado, los Estados se comprometen a incorporar en sus programas y políticas estos diversos aspectos.

De ahí la importancia de la cooperación internacional en esta materia, particularmente útil para proporcionar asistencia técnica a los países que la necesitan.

Dos puntos se destacan en el TIRFAA: los derechos de los agricultores que consagra (art. 9) y el sistema multilateral de acceso y distribución de beneficios que crea (arts. 10-13). Con respecto a los primeros, el Tratado reconoce el papel de las comunidades locales y de los agricultores en la protección de los recursos fitogenéticos y alienta a los Estados a adoptar todas las medidas necesarias para garantizar, en particular, "la protección de los conocimientos tradicionales de interés para los recursos fitogenéticos para la alimentación y la agricultura" (art. 9.2 a). Asimismo, el texto prevé la participación de los agricultores en la toma de decisiones sobre la conservación y el uso sostenible de los recursos (art. 9.2 c). En cuanto al sistema de distribución que se crea, éste es concebido como "eficaz, efectivo y transparente para facilitar el acceso a los recursos fitogenéticos para la alimentación y la agricultura y compartir, de manera justa y equitativa, los beneficios que se deriven de la utilización de tales recursos, sobre una base complementaria y de fortalecimiento mutuo" (art. 10.2). Los beneficios a los que se hace referencia implican, principalmente, el intercambio de información que "comprende catálogos e inventarios, información sobre tecnologías, resultados de investigaciones técnicas, científicas y socioeconómicas", y la transferencia de tecnologías, así como el fortalecimiento de capacidades y la distribución de beneficios derivados de la comercialización de los recursos explotados.

MIGUEL ÁNGEL MARTÍN LÓPEZ

Véase también: - Biodiversidad – Biodiversidad agrícola - Derechos de los campesinos – Semillas.

Tratado TIRFAA

Véase: - Tratado internacional sobre los recursos fitogenéticos para la alimentación y la agricultura.

Trato Nacional

Véase: - Cláusula de Trato Nacional.

Trazabilidad

La trazabilidad es una noción común en el lenguaje contemporáneo y se le encuentra en varias ramas jurídicas (Derecho de la salud, Derecho Penal, Derecho del Comercio Internacional, etc.). Sin embargo, sus orígenes son muy antiguos. Así por ejemplo, los primeros hombres dejaron "trazos" o "rastros" en las pinturas rupestres que reposan en las cavernas de Lascaux (Dordogne-Périgord, Francia). En ellas, las actividades esenciales ligadas a la caza y a la alimentación fueron objeto de "trazos" que revelan información útil aún en nuestros días. Se trata, a nuestro criterio, de una forma de "trazabilidad" de las actividades humanas.

El término trazabilidad puede ser definido de dos maneras diferentes, pero complementarias. Por una parte, es la aptitud o la capacidad de reconstituir el recorrido de un bien, un servicio o de una persona. Por otra parte, es poner a disposición la información relativa a ese recorrido. En ese sentido, la trazabilidad comprende tanto un aspecto interno como externo. El primero es la reconstitución de la "huella" que deja el bien, el servicio o la persona. Este define el contenido de la trazabilidad. El segundo es la disponibilidad de esta información para terceros, lo que define su función.

La trazabilidad permite tener elementos de información sobre un bien, un servicio o una persona, con la finalidad de establecer una vigilancia. Así encontramos que la trazabilidad es empleada por el Estado cuando busca "seguir" los movimientos de sus ciudadanos, lo cual hace mediante el uso del pasaporte. De la misma forma, los establecimientos bancarios realizan una trazabilidad completa del movimiento de nuestras cuentas. De manera similar, se establece una trazabilidad de los productos alimenticios. En estos tres ejemplos, tanto el Estado como los establecimientos bancarios y los explotadores agroalimentarios ejercen una vigilancia sobre la actividad de las personas, sobre los productos o sobre los servicios, a partir de informaciones determinadas.

Es decir, la trazabilidad comprende una vigilancia sistematizada, ordenada en función de intereses precisos. La existencia de pasaportes para los nacionales de un país, implica el interés del Estado por conocer los desplazamientos de las personas, su censo, pero también la protección de sus ciudadanos en el extranjero (principalmente intereses de orden económico o propios de la seguridad nacional). De la misma manera, cuando un explotador alimentario desarrolla un sistema de trazabilidad, busca obtener información precisa sobre el "camino" seguido por el producto en la cadena de producción. En particular, para facilitar la identificación de las diferentes personas que han intervenido, con el objeto de que las eventuales operaciones de retiro de productos en caso de accidente o de crisis sanitaria se lleven a cabo de forma eficaz (alertando a todos los eslabones de la cadena) o para remontar la cadena de responsabilidad.

En materia alimentaria, la trazabilidad es entonces la aptitud de determinar el historial, la ejecución o aplicación, así como el lugar en que se encuentra un producto que circula en el mercado (ver en similar sentido, la norma ISO 9000-2005, sobre los sistemas de gestión de la calidad —Fundamentos y vocabulario-). En el caso de un producto, la trazabilidad puede estar ligada al menos a tres aspectos diferentes. En primer lugar, puede estar relacionada con el origen de los materiales e ingredientes que lo integran. En segundo lugar, la trazabilidad puede referirse al historial de fabricación, a la distribución y al lugar donde se encuentra el producto después de la entrega. En tercer lugar, puede estar relacionada con las personas que han entrado en contacto con los ingredientes y el producto final. Estos elementos integran los sistemas de control industrial en los cuales la trazabilidad funciona hacia ambos sentidos de la cadena, en un "flujo" continuo de información que permite asegurar la identificación del producto, de sus ingredientes, así como de las personas responsables de su control, a todo lo largo del proceso de producción industrial. Esto tiene su justificación en la complejidad y en el gran tamaño de las cadenas de producción industrial. Esta situación conlleva la necesidad de contar con medidas ordenadas en los llamados "sistemas", permitiendo identificar la situación de un producto en la cadena y disponer de la información que le corresponde.

Desde esta perspectiva, la trazabilidad constituye una herramienta de gestión de la calidad, de la seguridad o del rendimiento del proceso industrial. Las modalidades de aplicación son tan variadas como flexibles. Sin embargo, todas tienen como aspecto en común el objetivo de identificar "la huella" o el camino del producto o del servicio en cuestión. Definido en un primer momento desde una perspectiva técnica, el contenido de la trazabilidad tiene también connotaciones jurídicas.

En el campo jurídico, la trazabilidad es una obligación que comprende dos ámbitos de aplicación diferentes. Tiene un amplio ámbito de aplicación cuando se deriva de la obligación general de seguridad de los productos establecida en la Directiva 2001/95. Tiene un ámbito de aplicación más reducido, cuando se deriva de la obligación específica contenida en el Reglamento nº 178/2002. En ambos casos, el objetivo general es el mismo: aquel de trazar el recorrido de productos en una cadena particular, determinando la responsabilidad de los intervinientes en relación a la seguridad de los productos.

La obligación especial de trazabilidad contenida en el Derecho Alimentario Europeo, es definida como "la posibilidad de encontrar y seguir el rastro, a través de todas las etapas de producción, transformación y distribución, de un alimento, un pienso, un animal destinado a la producción de alimentos o una sustancia destinados a ser incorporados en alimentos o piensos o con probabilidad de serlo" (Regl. nº 178/2002, art. 18). Es decir, la trazabilidad resulta ser una "capacidad" del explotador alimentario que lo hace responsable de la seguridad de los alimentos. Dada la gran cantidad de participantes en la cadena de producción alimentaria, la trazabilidad sirve a la vez como herramienta para controlar la seguridad de los alimentos y como instrumento de identificación de la persona responsable cuando una falta compromete la inocuidad de un alimento.

Bibliografía sugerida: • COLLART DUTILLEUL, F. (1997), Regards sur les actions en responsabilité civile à la lumière de l'affaire de la vache folle, *Revue Droit rural*, nº 252, p. 227; • LORVELLEC, L. (1999), Le droit face à la recherche de qualité des produits agricoles et alimentaires, *Revue Droit rural*, n° 276, p. 463; • PÉDROT, Ph. (dir.) (2003),

Traçabilité et responsabilité, Paris, éd. Economica; ◆ RAFFI, R. (2007), L'évaluation des risques alimentaire dans le droit européen et le droit français: la traçabilité des denrées alimentaires, *Petites affiches*, nº 40, p. 4.

MARLEN LEÓN GUZMÁN

Véase también: - Alerta - Análisis del riesgo - Control - Derecho Europeo de la Alimentación - Seguridad de los productos - Vacas locas (Enfermedad de las).

U

UNESCO

Véase: Organización de las Naciones Unidas para la Educación, la Ciencia y la Cultura.

Unión Europea

Véase: - Acuerdo de Asociación Económica - Adición de sustancias – Aditivos – Alimento - Denominación de Origen Protegida – Mercosur - Organización común de mercados agrícolas - Política Pesquera Común – Trazabilidad - Vacas locas (Enfermedad de las).

Unión Internacional para la Protección de las Obtenciones Vegetales

Véase: - Acuerdo ADPIC – Biotecnologías – Control – Obtención vegetal - Privilegio del agricultor - Privilegio del obtentor.

UPOV

Véase: - Unión Internacional para la Protección de las Obtenciones Vegetales.

Uso de la tierra

Véase: - Menoscabos a la propiedad.

Usucapión

Véase: - Menoscabos a la propiedad.

V

Vacas locas (Enfermedad de las)

Se le llama comúnmente enfermedad de las “vacas locas” a la encefalopatía espongiforme bovina (EEB) que, entre sus síntomas, provoca movimientos desordenados en los bovinos. Se le asocia con un episodio particularmente notorio, sobre todo en Europa: la “crisis de las vacas locas”.

Esta crisis comenzó en marzo de 1996, al anunciarse la muerte, en el Reino Unido, de varias personas a raíz de una nueva variante de la enfermedad humana llamada “de Creutzfeldt-Jakob”, que parecía estar relacionada con la EEB. En aquel momento, y aún hoy, el desarrollo de organismos mononucleares responsables de la EEB, llamados “priones”, sigue siendo poco conocido. Sin embargo, la contaminación del ganado bovino por EEB a través de la vía alimentaria y, en particular, debido a la ingesta de harinas de carne y hueso infectadas, llamadas “harinas animales”, era ya objeto de fuertes sospechas al momento del estallido de la crisis, aún cuando la evidencia directa no había sido establecida. En este sentido, la modificación en los procesos de fabricación de harinas en el Reino Unido, después de 1980, marcados por el débil calentamiento de esterilización y por el abandono en la utilización de ciertos disolventes, parecía ser una explicación probable del desarrollo de la EEB, con un efecto amplificador de la contaminación alimentaria a partir de casos esporádicos de animales enfermos, utilizados en la composición de las harinas. Por último, parecía posible y muy probable, que a pesar de la pretendida “barrera de las especies”, que presumía la opinión pública, pero que fue refutada por la comunidad científica, el hombre podía infectarse al comer carne bovina contaminada con EEB, en particular al consumir ciertos tejidos animales señalados como “materiales riesgosos” (cerebro y médula espinal, por ejemplo).

Por otra parte, el Reino Unido había prohibido el uso de proteínas de rumiantes en la alimentación del ganado bovino desde el mes de julio de 1988, sin dejar de exportar dichas harinas para su introducción en la alimentación animal. En noviembre de 1989, también se prohibió el consumo de ciertos despojos. A finales de 1988, los Países Bajos habían solicitado el establecimiento de un grupo de trabajo en Europa, para dar seguimiento a los efectos de las disposiciones británicas, sin que esta propuesta haya tenido éxito.

La crisis de la EEB tuvo un importante impacto económico y social. También, provocó nuevas orientaciones jurídicas. En el plano estrictamente jurídico, la crisis produjo un efecto revelador, por una parte, de las disfuncionalidades de las instituciones y, por otra parte, de los defectos del Derecho en relación a la garantía de la inocuidad alimentaria en el mercado europeo.

Si nos centramos en el Derecho de la Unión Europea, se constata cómo la crisis reveló deficiencias de naturaleza institucional. Las competencias otorgadas a las instituciones europeas en materia de salud pública y de agricultura eran dos posibles bases para las medidas relacionadas con la inocuidad alimentaria y, en particular, con la EEB. No obstante, la Dirección General de Salud reaccionó muy tarde. En efecto, la crisis se produjo poco después de la adopción del Tratado de Maastricht (1992), que concedió nuevas competencias a la Comisión, sobre todo en el ámbito de la salud; pero esta no las ejerció. Temiendo constantemente que los Estados miembros la acusaran de extralimitarse en sus prerrogativas, la Comisión no supo aplicar el principio de subsidiariedad (recientemente introducido por el Tratado de Maastricht), que establece que los órganos de la Comunidad solo intervienen cuando la acción estatal es insuficiente con respecto al objetivo perseguido.

Asimismo, en el seno de las instituciones europeas, la Dirección General de la Agricultura, vector histórico de la protección comunitaria de la salud, ejercía una cierta hegemonía. La agricultura, objeto de política común, era el ámbito más desarrollado en cuanto a la armonización legislativa.

Las medidas adoptadas sobre la EEB siguieron el procedimiento establecido para la toma de decisiones en materia veterinaria, llamado "procedimiento de comité" (o de "comitología"). En atención a este procedimiento, la Comisión debía consultar primero a unos expertos científicos reunidos en el Comité Científico Veterinario. De seguido, la Comisión elaboraba una propuesta, que le era presentada al Comité Veterinario Permanente, integrado por representantes de los Estados que garantizaban la protección de los intereses nacionales. Este comité adoptaba sus decisiones por mayoría calificada, sobre la base de un sistema de voto ponderado en función del peso económico de cada país representado. Si la propuesta superaba exitosamente esta etapa, se consideraba como aprobada. En caso contrario, la Comisión sólo podía dirigirse al Consejo (integrado por representantes de los Estados), que votaba nuevamente. Si se pronunciaba en contra de la propuesta, la Comisión podía adoptarla por sí sola, bajo su propia responsabilidad, pero el Consejo conservaba un derecho de veto.

Estos procedimientos complejos para la toma de decisiones no le permitían a la Comisión imponer el interés comunitario sobre los intereses de los Estados. En efecto, el Comité Científico Veterinario era consultado por la Comisión antes de adoptar cualquier decisión, incluidas las cuestiones relacionadas con la lucha contra las enfermedades animales transmisibles al hombre (zoonosis), entre las que se encuentra la EEB. En este sentido, la representación excesiva de investigadores británicos en el Comité es unánimemente señalada por los observadores. De hecho, los "especialistas" en EEB venían en su mayoría de Gran Bretaña porque la enfermedad surgió allí y la investigación sobre el tema se había desarrollado más allí que en otros lugares. No se descarta que los expertos designados hayan hecho eco del mensaje político de su Gobierno nacional, a pesar de que su papel, puramente científico, no consistía en modo alguno en representar a los Estados. Además, el Comité estaba conformado principalmente por médicos veterinarios. Una mayor participación de investigadores de otras disciplinas hubiera podido contribuir a evitar una subestimación de los riesgos asociados a la EEB, tratándose en particular de la transmisión al hombre y de las cuestiones relativas a la fabricación de harinas animales.

Al lado de las deficiencias de corte institucional, también se encontraron otras relativas al derecho sustantivo. En efecto, en ausencia de un *corpus* jurídico estructurado y operativo, las instituciones de la Unión reaccionaron con demora y sin coherencia. Por ejemplo, ninguna medida, durante la crisis, ordenó el sacrificio de animales o de rebaños. La Comisión solo autorizó puntualmente tales sacrificios, realizados sobre la base de medidas nacionales: de hecho, en 1996, las medidas de policía epidemiológica fueron esencialmente desarrolladas e implementadas por los Estados miembros.

Las instituciones europeas se limitaron durante mucho tiempo a regular, sumariamente, los intercambios intracomunitarios entre los Estados miembros, con exclusión de las medidas sustantivas relacionadas con el consumo animal o humano. La Comisión de Bruselas prohibió la exportación intracomunitaria de ganado bovino en pie proveniente del Reino Unido en julio de 1989, es decir, un año después de la aplicación de las primeras medidas británicas. Para efectos de comparación, Australia había cesado toda importación desde julio de 1988. Además, la prohibición comunitaria solo concernía a los bovinos nacidos antes del 18 de julio de 1988, fecha en la cual las harinas animales habían sido prohibidas en la alimentación de los bovinos británicos (sobre la base de medidas nacionales), lo que demostraba la sospecha comunitaria con respeto a estas harinas. A pesar de esta desconfianza, la medida de la prohibición de exportación de bovinos no fue acompañada por ninguna medida relativa a las harinas animales. Más bien, a pesar de que el Reino Unido prohibió las harinas animales en la alimentación de los bovinos británicos, seguía permitiéndose la exportación de estas harinas a los otros países europeos sin que la Comisión encontrara motivos para intervenir: aún cuando el riesgo vinculado con las harinas animales era objeto de fuertes sospechas, la Comisión dejó a los Estados miembros la decisión de imponer embargos en contra de las harinas animales británicas.

No fue sino hasta 1994 que la Comisión excluyó las harinas animales de la alimentación de los bovinos. En este sentido, tampoco se tuvo en cuenta el riesgo de contaminación “cruzada”, las harinas prohibidas para los rumiantes seguían estando autorizadas para la alimentación de otros animales, dentro de un contexto de controles insuficientes.

Por último, mientras que la Organización Mundial de la Salud ya tenía identificados (gracias a estudios sobre el "prurigo lumbar" en los ovinos, enfermedad vieja y bien conocida por los investigadores) los productos de origen animal, destinados eventualmente al consumo humano, que presentaban un alto grado de "infectividad" (potencial infeccioso), el Derecho Europeo se negó a tomar en cuenta la especificidad de los "materiales de riesgo" hasta junio de 2000, cuando fueron finalmente prohibidos para el consumo, después de numerosos aplazamientos de la decisión apropiada.

En ausencia de principios generales para estructurar la acción reglamentaria y en un contexto donde la voluntad política parecía estar ausente, las medidas comunitarias adoptadas en respuesta a la crisis de las vacas locas se mostraron notablemente inadecuadas y no estructuradas. En particular, la EEB fue por mucho tiempo tratada como un problema simplemente veterinario, sin adoptar una dimensión de problema de salud pública. Del mismo modo, las instituciones tardaron para dar una respuesta coordinada a la epidemia y a sus consecuencias. La acción de las autoridades de la Unión Europea se caracterizó por su fragmentación. Esta reveló también una toma de decisiones demasiado lenta.

Si bien el principio de precaución comenzaba a inscribirse en el Derecho Internacional y en los derechos nacionales, este no conllevaba ninguna obligación jurídica formal en materia de inocuidad de los alimentos y no fue aplicado por las instituciones comunitarias en el contexto de la crisis de las vacas locas.

Por último, la crisis se produjo poco después de la instauración del mercado único (1993). La construcción del espacio comunitario se encontraba así en mutación. En lo que respecta a la seguridad de los alimentos, el funcionamiento del mercado único se basaba en gran medida en las normas adoptadas en el Estado miembro desde donde se expedían los productos con destino a los mercados de los otros Estados miembros.

Sin embargo, la crisis puso de relieve la necesidad de establecer un marco jurídico común, operacional, para garantizar la inocuidad de los alimentos como corolario de la libre circulación de mercancías. Se volvió evidente, de forma dramática, que la garantía de la seguridad de los productos constituía un componente del correcto funcionamiento del mercado. Desde esta perspectiva, uno de los objetivos de la elaboración de la legislación alimentaria comunitaria, que se inició después de la crisis y, en particular, en 2002, es la estructuración de la policía sanitaria y su articulación con la libre circulación de mercancías.

Otra deficiencia concierne al sistema de control. En principio, la Comisión Europea vela por el cumplimiento de los tratados y, en ese sentido, es responsable de verificar la aplicación de la legislación comunitaria, al promover el control de los productos y/o de los operadores. Sin embargo, antes del estallido de la crisis de la EEB, la supervisión de los controles era mínima.

Las decisiones comunitarias en materia del desplazamiento de las harinas y de los animales preveía, en general, que las mercancías que traspasaran la frontera británica irían acompañadas de un certificado de conformidad. Así, se facilitaban los controles nacionales. Pero la supervisión, por parte del Derecho Europeo, de los procedimientos nacionales de control en el marco del comercio intracomunitario era muy limitada.

La directiva que en ese entonces era aplicable al control oficial de los alimentos, buscaba el acercamiento de las legislaciones para promover la libre circulación. Fijaba principios comunes, que eran básicos, en la elaboración e implementación de los controles sobre los productos alimenticios destinados al consumo humano. Por ejemplo, los Estados miembros debían garantizar que los productos que serían enviados a otro Estado miembro eran controlados con el mismo cuidado que los destinados a ser comercializados en su propio territorio. Otro texto, relativo a los controles sobre los piensos, también preveía la posibilidad de que la Comisión interviniera, pero a falta de impulso político nacional y comunitario, estas disposiciones no fueron aplicadas en relación con la EEB. Las medidas de control sobre los operadores y los productos siguieron siendo nacionales. Sin embargo, a nivel nacional, la instauración del nuevo mercado único provocaba cambios en las prácticas aduaneras de los Estados miembros, causando a veces una cierta incertidumbre que podría haber jugado a favor del tránsito de productos prohibidos de origen animal. Además, la organización de los controles nacionales no fue verificada a nivel comunitario, a pesar de la existencia de la Oficina de Inspección Veterinaria (OIV), que tenía facultades de investigación: por ejemplo, los controles de la OIV en el Reino Unido fueron suspendidos *de facto*, entre junio de 1990 y mayo de 1994.

En el plano institucional y con relación al hecho de que la OIV era una dependencia de la Dirección General de Agricultura, se señala la confusión de los servicios encargados respectivamente de la elaboración de los textos legislativos, de las consultas científicas y de los controles, como una característica que identifica el estado del Derecho de la Unión Europea al inicio de los años 90. A esto se suma un vacío: la ausencia de procedimiento de trazabilidad.

La trazabilidad de los productos permite dar seguimiento a la producción y a la gestión de la salud pública mediante un control *a priori*, pero también por la posibilidad de adoptar medidas *ex post*, como los retiros del mercado. En primer lugar, la identificación de los bovinos resulta ser esencial, pero surge la pregunta sobre su trazabilidad "hasta la mesa". La información sobre las harinas animales también resulta crucial, si se quiere poder distinguir los alimentos que las contienen y conocer su origen. A pesar de esto, la legislación sobre trazabilidad de las harinas estaba totalmente ausente al inicio de la crisis de la EEB, tanto a nivel nacional como comunitario. No existía disposición que regulara la composición y el etiquetado de los piensos, con excepción de las sustancias medicamentosas que podían contener.

Con respecto a los animales y a las carnes, el establecimiento de un sistema comunitario de trazabilidad presentaba importantes dificultades, dada la longitud de la cadena de suministro y la heterogeneidad de los sistemas nacionales. Sin embargo, ciertos requisitos mínimos fueron rápidamente establecidos desde el inicio de la integración europea, con el fin particular de controlar la asignación de las primas en el marco de la política agrícola común. Históricamente, la justificación de la trazabilidad como medio de vigilancia de la policía sanitaria era algo secundario, de donde provenía su principal limitación: la trazabilidad llegaba hasta el matadero.

Cuando fueron declarados los primeros casos de EEB, solamente estaba prevista una "asistencia mutua" en términos de intercambio de información entre los Estados miembros. En 1992, se estableció el marcado auricular de los animales, la obligación de mantener una base de datos nacional, así como la obligación de mantener un registro de los movimientos por parte de cada tenedor de ganado, sin que existiera un sistema comunitario unificado. Todos los bovinos debían poder ser identificados a su ingreso al matadero. Pero ninguna disposición preveía el seguimiento más allá del sacrificio.

Tras el estallido de la crisis, un reglamento estableció el sistema de identificación y de registro de animales bovinos nacidos después del 1° de enero de 1998 y creó el pasaporte bovino (Reglamento n° 1760/2000 de 17 de julio de 2000). Desde el 2000, nuevas declaraciones obligatorias fueron incluidas en el etiquetado de los productos bovinos destinados al consumo humano: indicación del Estados en el cual el animal nació, fue criado y sacrificado. Lo más importante, la trazabilidad posterior al sacrificio fue finalmente establecida.

Bibliografía sugerida: • BUTAULT, J. (2010), *Les causes juridiques de la crise de la vache folle*, HAL, hal-00716311 (consultable en línea); • SEGUIN, È. (2002), La crise de la vache folle au Royaume-Uni – Quelques explications possibles, *Revue française de science politique*, Volume 52, p. 273.

JULIA BUTAULT

Véase también: - Control - Crisis sanitaria - Derecho europeo de la alimentación - Harinas animales - Reglamento Sanitario Internacional – Trazabilidad.

Variedad Vegetal

Véase: - Acuerdo ADPIC – Biotecnologías – Licencia – Obtención vegetal.

Venta directa

Véase: - Asociación para el mantenimiento de la agricultura campesina - Circuitos cortos.

Venta forzada

Véase: - Menoscabos a la propiedad.

Venta indirecta

Véase: - Circuitos cortos.

Vino

Véase: - Indicación geográfica protegida.

Vitaminas

Véase: - Adición de sustancias.

Vulnerabilidad

El término vulnerabilidad se integró en la temática ambiental debido a los desastres naturales, a los trabajos del Panel Intergubernamental de Cambio Climático (IPCC) y a las evaluaciones sobre la vulnerabilidad de poblaciones en riesgo de sufrir escasez de alimentos, que llevó a cabo el Programa Mundial de Alimentos (PMA) en diversos países del mundo.

En general, la vulnerabilidad se refiere a un estado de fragilidad, de precariedad, como la idea de un riesgo de lesión o de agravación de una circunstancia. Las personas vulnerables están expuestas a la probabilidad de que ocurra un evento que es externo a ellas y que sería el origen de los daños para los individuos, la colectividad o, incluso, el ambiente. Asociada a la seguridad alimentaria, la vulnerabilidad se refiere a la existencia de un riesgo que amenaza el acceso a una alimentación sana y adecuada, y que responda a las necesidades nutricionales de las personas. Este riesgo puede cor caucado por la degradación de los recursos naturales, la pérdida de tierras agrícolas, el cambio climático, o por una situación política frágil e inestable, etc.

Cabe destacar que desde los años noventa, la perspectiva de vulnerabilidad se centra sobre grupos o entidades social o económicamente expuestas a cambios ambientales (trabajadores agrícolas, pescadores artesanales, etc.) y ya no sólo sobre los riesgos que corre propiamente la naturaleza. El término y el análisis de la vulnerabilidad se ha traído a colación en una serie de conferencias, seminarios internacionales, declaraciones (como la celebrada en Cochabamba sobre la "Seguridad Alimentaria con soberanía en las Américas", 2012) y en documentos de la FAO, de la Comisión Económica para América Latina y el Caribe (CEPAL), del IPCC, de la Organización Panamericana de la Salud o, incluso, del PMA.

RAFAEL GONZÁLEZ BALLAR

Véase también: – Riesgo ambiental – Seguridad alimentaria.

Tabla de términos

Los términos y expresiones que figuran en negrita han sido definidos en el presente Diccionario.

B

C

F

G

H

O

P

R

S

T

Fotocomposición:
Instituto de Investigación en Derecho Alimentario S.A. (INIDA)

Depósito Legal: Enero 2014